전자무역 및 전자거래기본법 개정 반영

개정2판

e-Trade 전자무역론

채 진 익 저

도서출판 두남

머리말

오늘날 인터넷과 정보기술의 발전, 특히 유비쿼터스 및 스마트 혁명은 우리 사회 전반에 새로운 문화가 형성되고 있으며, 또한 국내외 비즈니스 환경을 획기적으로 변화시키고 있다. 획기적 정보기술을 이용한 전자거래 또한 새로운 사회경제제도이며 새로운 문화라고 할 수 있다. 이는 경제시스템은 물론 사회제도의 전반에 획기적인 변화를 일으키고 있다.

이러한 환경은 국제무역에 있어서도 전자무역이라는 새로운 패러다임으로 형성·정착되어 오고 있는 전자무역의 획기적 발전과 활성화에 기여할 것이다. 기존의 전통적인 국제무역은 직접 해외 출장하여 해외정보 수집을 포함한 마케팅 활동, 거래처의 발굴 및 선정 및 신용조사에서부터 무역계약의 체결 및 그 이행, 그리고 국제분쟁 해결에 이르기까지 필요한 모든 절차가 종이서류를 기반으로 하며, 또한 이러한 서류의 발급 및 전달을 위해 관계 기관에 직접 접촉해야 했다.

이와 같은 국제무역거래에 이러한 모든 무역절차가 전자서류를 기반으로 온라인상에서 일원적으로 구현할 수 있는 전자무역시스템을 도입함으로써 그 효율성 향상 및 비용과 시간을 크게 절감할 수 있게 되었다. 유비쿼터스와 스마트 혁명은 전자무역의 발전에 더욱 기여할 것이다. 더욱이 인터넷과 전자시스템을 이용한 지적재산권, 서비스, 소프트웨어 등 각종 무체물의 수출입이 증가하고 있으며, 또한 가능한 한 무체화하여 거래되고 있다.

따라서 전자무역은 단지 거래기반이 종이서류에서 전자서류와 정보기술로 이전되어, 그 기반을 바탕으로 이루어지는 것에 불과하더라도 전자무역의 경제적·사회적 효과는 크기 때문에 국제무역에서 불가피한 수단이다. 이에 따라 금번 국제무역에서 전자무역이 정착·발전이 곧 국제무역의 효율성과 기업의 생산성을 향상시키고, 또한 학문적 체계 및 발전에 일조하기 위해 전자무역촉진법과 대외무역법을 비롯한 관계 법령의 개정에 따라 대폭 개정·보완하게 되었다.

전자무역은 그 기술적 기반이 인터넷과 정보기술이며, 또한 전자상거래와 e비즈니스의 개념과 정보보안을 필요로 하는 통합된 글로벌 전자무역시스템에 의한 거래이다.

따라서 본 교재는 제1부 eBiz / 전자상거래의 이해, 제2부 전자무역의 개요와 전자무역관리, 제3부 전자무역업무의 이행과 전자무역 솔루션, 제4부 국제결제제도와 전자신용장제도, 제5부 글로벌 전자무역시스템의 순으로 구성하였다. 이러한 구성체계가 전자무역의 학문적 체계를 정립·발전시키는 계기가 되기를 바라면서 전자무역의 학문적 발전을 위해 부단히 연구할 것을 또한 약속드린다.

마지막으로 본 교재를 강의교재로 채택한 경우에는 강의 여건에 따라 일부 내용을 제외하고 적정 분량을 결정하여 강의하면 될 것으로 생각된다. 그리고 본서를 보완·개정할 수 있도록 이 책에 관심을 가지는 많은 독자와 본 책의 출판을 맡아주신 도서출판 두남 전두표 사장님과 편집진에 진심으로 감사드린다.

2012년 8월

저자 씀

차 례

제1부 e-Biz/전자상거래의 이해

차 례

차 례

차 례

차 례

부 록

제 1 부

e-Biz/전자상거래의 이해

제 1 장

e-비즈니스와 전자상거래

제 1 절 e-비즈니스의 개요

최근 정보화의 발전은 전 산업분야에 걸쳐 중대한 역할을 하며 사업의 생산성과 효율성을 향상시킬 것이다. 정보기술(Information Technology: IT)의 획기적인 발전 및 디지털 네트워크화의 진전에 따라 IT를 이용하는 기업의 e-비즈니스도 도입과 확산은 내부적으로 기업의 정보화와 혁신을 통하여 비용을 절감시키는 동시에 기업경영의 효율성과 생산성을 향상시키며, 또한 이는 고객 서비스를 향상시킨다. 그리고 외부적으로는 글로벌 경제·경영의 확대와 전 세계의 단일시장을 형성시키고 있다. 따라서 이러한 정보기술의 발전으로 모든 산업에서 인터넷·정보 인프라가 구축되고 있으며, 정보기술은 가장 중요한 생산요소로 부각되었다. 또한 이러한 정보 인프라를 매개로 한 산업 간의 융합화·복합화가 빠른 속도로 진행되고 있다.

이 같은 트랜드(trend)와 환경 하에서 정보기술을 이용하여 이루어지는 경제활동을 디지털 경제(digital economy)라 한다. 미래는 실물경제와 디지털 경제가 경제활동의 양대 중심을 이룰 것이다. 따라서 e-비즈니스와 전자상거래는 정보통신기술과 정보시스템의 발전으로 형성되는 새로운 사회제도이며 새로운 문화라 할 수 있다. 이는 인간의 문화와 경제생활은 물론 의식구조와 사회구조에 획기적인 변화를 초래하는 계기가 되고 있다.

1. e-비즈니스의 도입배경과 개념

(1) e-비즈니스 도입배경

e-비즈니스라는 개념의 등장은 학술적이거나 이론적 배경을 안고 제안되었다기보다는 극히 상업적인 배경 하에 탄생한 개념이다. 1997년 IBM은 이전까지의 메인 프라임 중심의 판매 전략에서 탈피해 인터넷을 기반으로 하는 애플리케이션(application) 판매를 새로운 전략으로 설정하고 이에 대한 마케팅 캠페인(campaign)의 슬로건으로 e-비즈니스라는 개념을 다음과 같이 제안하였다. '인터넷 기술에 의해 기존의 정보시스템 자원을 통합하여 핵심적인 사업 부문을 핵심적인 사업 구성원(고객, 직원 및 공급업자 등)과 웹을 통해 연결시킴으로서 차별화된 높은 비즈니스 가치를 창출하는 안전하고, 유연하면서도 통합된 접근방식'이라는 방식을 제안하면서 e-비즈니스가 탄생하게 되었다.[1)]

(2) e-비즈니스의 개념과 정의

e-비즈니스는 기업 또는 조직체의 경영, 즉 기업의 내부 또는 외부 협력업체 등과 거래는 물론 기업 대 고객, 기업 대 기업, 기업 대 정부 또는 정부기관 등을 둘러싼 대내외 기업 또는 조직체의 환경에 인터넷과 IT(Information Technology; 정보기술)를 이용함으로써, 기업 또는 조직체의 생산성과 효율성 제고, 사업의 고부가가치화 지향 또는 달성, 새로운 사업기회의 창출 등을 통해 기업의 가치를 향상시키고, 전반적인 기업경영의 기반을 변화시키면서 산업구조 자체를 혁신하는 새로운 패러다임이다.

인터넷과 IT를 이용하여 인사·재무·회계·감사·통제 등 전사적 자원관리와 물류·생산(제조)·유통 등 공급망관리, 그리고 판매망관리, 고객관계관리 등으로 이어지는 비즈니스의 전 과정을 재설계하여 경영활동의 효율성과 생산성을 높이며 새로운 비즈니스 기회를 창출하는 새로이 조직된 혁신운동이다. 인터넷, 업무용 데이터, 인트라넷(Intranet), 엑스트라넷(Extranet), 메시징시스템(Messaging system), 음성언어, 동영상, 멀티미디어(multimedia) 등의 최신 IT(Information Technology; 정보기술)를 기반으로 기업의 내·외부 조직은 물론 전자상거래, 온라인 뱅킹, EDI(Electronic Data Interchange: 전자자료교환) 업무, 전사적인 자원관리(ERP), 고객관계관리

---

1) 이준한, e-비즈니스의 이해, 대명, 2005.

(CRM) 등에서 원격교육, 음악, 영화관람 등 공공 분야에 이르기까지 네트워크와 웹(web) 환경에서 이루어지는 모든 비즈니스를 의미한다.[2)]

다른 측면에서 e-비즈니스란 인터넷 기술에 의해 기존 정보시스템 지원을 통합하여 핵심적인 사업 부문을 핵심적인 사업 구성원(고객, 직원 및 공급업자 등)과 웹을 통해 연결시킴으로서 차별화된 비즈니스 가치를 창출하는 접근방식을 의미한다.[3)]

e-비즈니스는 정보기술을 기반으로 하는 모든 비즈니스 활동 및 기업경영의 정보화
• 인터넷과 IT를 이용하여 조달–제조–유통–판매–서비스–고객관계관리 등으로 이어지는 비즈니스의 전 프로세스에 디지털 기술과 네트워크 기술을 기반으로 한 최신의 IT를 전략적으로 활용함으로써 기존의 비즈니스 모델을 재설계 하거나 새로운 비즈니스 모델의 창출을 통해 기업의 가치를 향상시키고 고객의 평생가치를 극대화하는 비즈니스를 총칭
• 고객과 기업의 가치창출을 위하여 고도의 최신 기술의 전략적 이용뿐만 아니라 기업의 조직 및 경영방식이 급변하는 시장 환경의 변화에 따라 유연하게 전략적으로 변화해야 되는 '전략 지향적' 비즈니스를 의미

따라서 e-비즈니스는 정보기술을 기반으로 하는 모든 비즈니스 활동을 의미한다. 전자상거래, e커머스, K머스, M커머스, 인터넷 비즈니스 등 e비즈니스를 지칭하는 다양한 용어가 혼용되어 사용되고 있는데 e비즈니스를 가장 포괄적인 상위 개념으로 수용되는 것이 일반적이다. e비즈니스는 조달-제조-유통-판매-서비스-고객관계관리 등으로 이어지는 비즈니스의 전 프로세스에 디지털 기술과 네트워크 기술을 기반으로 한 최신의 IT를 전략적으로 활용함으로써 기존의 비즈니스 모델을 재설계 하거나 새로운 비즈니스 모델의 창출을 통해 경영활동의 효율성과 생산성을 향상시키고 새로운 사업기회를 발굴함으로서 기업의 가치를 향상시키고 고객의 평생가치를 극대화하는 비즈니스의 총칭을 의미한다. 고객과 기업의 가치창출을 위하여 고도의 최신 기술의 전략적 이용뿐만 아니라 기업의 조직 및 경영방식이 급변하는 시장 환경의 변화에 따라 유연하게 전략적으로 변화해야 되는 '전략 지향적' 비즈니스를 의미한다.[4)] 궁극적으로 경영활동의 효율성을 높이고, 새로운 사업기회를 창출하는 활동으로 정의할 수 있다.

---

2) http://www.ecrc-korea.or.kr/ 참고.
3) 지식경제부, e-비즈니스 백서(2006), 40면.
4) http://www.ecrc-korea.or.kr/

2. e-비즈니스의 중요성과 특징

(1) e-비즈니스의 중요성

21세기 지식정보화 사회에서 기업경영의 가장 중요한 관심사는 e-비즈니스이다. 세계경제는 모든 기업의 경영에 인터넷과 정보기술(IT)을 활용하는 산업을 중심으로 모든 분야의 e-비즈니스화가 진행·정착되어 가고 있다. e-비즈니스화는 계획, 조달, 생산, 판매, 마케팅, 고객관리 등 기업의 모든 경영활동에 혁신적인 변화를 초래하고 있으며, 성공적인 e-비즈니스화를 기업 또는 조직 경쟁력 확보의 중요한 수단으로 인식하고 있다. 이는 새로운 부가가치 창출과 원가절감으로 조직 또는 산업의 생존과 경쟁력 확보, 그리고 새로운 사업기회를 제공한다.

따라서 e-비즈니스는 업종이나 기업 또는 조직의 규모를 떠나 일시적인 유행이 아닌 생존을 위한 필수적인 사안이며, 실질적이고 새로운 가치창출과 기업성장의 동력이다. 따라서 e-비즈니스는 정보 시스템화를 통한 단순한 비즈니스 효율성의 차원을 넘어 비즈니스의 사고전환과 더불어 기업 또는 조직의 내부는 물론 외부의 비즈니스 프로세스와 혁신되는 것을 의미한다.

(2) e-비즈니스의 특징

인터넷 사용인구의 급속한 증가와 함께 빠른 속도로 확산되고 있는 e-비즈니스는 기존의 거래형태와는 다른 많은 특징을 보이고 있다. 일단 시장 환경부터 기존의 사업은 지역경제 기반의 소품종 대량생산 체제였다고 볼 수 있으나 e-비즈니스는 전 세계를 배경으로 하며 소비자들의 기호에 맞춘 다품종 소량판매를 지향한다. 또한 영업활동 시간과 공간에 있어서도 인터넷은 24시간 접속이 가능하고 전 세계와 연결되어 있기 때문에 제한된 영업시간 내에서만 거래를 하는 기존의 상거래와는 달리 언제 어디서라도 정보를 수집하고 물품거래를 할 수 있게 한다.

마케팅 방식에 있어서는 예전에는 별도의 시장조사를 하거나 영업사원이 직접 고객의 수요를 파악해야 했으나 전자상거래의 도입으로 고객의 수요 및 개인 성향을 고객활동 자체에 근거하여 실시간으로 파악할 수 있게 되었다. 기존의 일방적인 마케팅활동 대신 소비자와 일대일 커뮤니케이션이 가능해져 고객 불만대응과 고객 요구사항의 파악이 빨라진 것도 e-비즈니스의 특징이다.

유통채널의 측면에 있어서도 기존의 상거래가 기업에서 도매상과 소매상을 거쳐 소비자에게 상품이 전달되는 복잡한 방식이었던 데 반해 인터넷을 통해 직접 소비자에게 전달되기 때문에 채널이 단순해지면서 이 과정에서 발생하였던 불필요한 비용의 발생을 줄이고 소비자에게 보다 더 저렴한 가격으로 상품을 제공할 수 있게 되었다.

기존 상거래는 시장이나 상점 등 현실 공간을 판매거점으로 하였으나 인터넷을 통한 전자상거래는 가상공간에서 판매활동과 각종 기업 활동을 하는 것이 가능하다. 따라서 매장을 직접 방문하지 않아도 상품을 구입할 수 있으며 거래 방식도 직접적인 대면보다는 간접적인 대면방식으로 이루어진다고 할 수 있다.

재고관리 측면에서도 전사적 자원관리시스템(ERP)과 공급망관리시스템(eSCM), 전자조달(eProcurement) 등이 도입되는 경우 재고를 최소화하면서 최적의 물적 유통을 기할 수 있다.

소비자가 정보를 얻는 방식도 기존의 상거래에서는 중개인을 통하거나 실제상품의 이용을 통해서였으나 전자상거래에서는 인터넷에서 생산자로부터 직접적인 상품정보를 얻을 수 있고 각종 인터넷 기술의 발전에 따라 2차원 또는 3차원의 사진자료와 음향자료 등을 통해 상품구매 시 다양한 정보를 통한 신중한 판단이 가능하게 되었다.

이 외에도 판매와 관련한 비용 면에 있어서 전통적 상거래 방식은 영업점 운영을 위한 토지나 건물 등의 구입 또는 임대부담 등으로 인해 사업전개를 위해 비교적 거액의 비용을 요구하였으나 e-비즈니스 환경에서는 영업점 운영대신 PC나 서버의 구입 혹은 임대, 홈페이지의 구축 등의 비용만이 요구되기 때문에 비교적 소액의 자본으로도 사업활동이 가능하게 되었다.[5)]

3. e-비즈니스 모델의 유형과 구성요소

(1) e-비즈니스 모델의 유형(Trimmers;1998)

Trimmers(1998)는 비즈니스 모델 아키텍처를 확인하는데 있어서 가치사슬(value chain)의 분해(deconstruction)와 재결합(re-construction)을 통해 체계적인 접근을 시도하였다. 즉 가치사슬상의 요소를 확인하고, 거래참여자의 상호활동 패턴을 분석하여 가치사슬을 따라 정보를 통합하는 방법을 밝혀냄으로써 비즈니스 모델을 구분하고자 하였다.[6)]

5) http://cafe.daum.net/free-mto/Cmpm/12

[표 1-1] Trimmers의 e-비즈니스 유형의 모델

유형	내용
전자상점(E-shop)	기업이나 점포의 웹사이트를 이용한 마케팅 모델
전자구매(E-procurement)	인터넷을 이용해 입찰공고와 협상을 통해 재화와 용역을 구매하는 모델
전자경매(E-auction)	전통적인 경매시장을 인터넷 공간으로 옮겨, 인터넷이 가지는 장점을 극대화한 사업모델
전자쇼핑몰(e-Mail)	전자상점을 한 곳에 모아놓은 것
제3장터 (Third party marketplace)	기존 오프라인 기업들이 웹 마케팅을 외주하려는 경향이 증가함에 따라 떠오르는 사업모델
가상 커뮤니티 (Virtual communities)	고객서비스를 통한 관계구축을 위해 기업들이 많이 활용하는 사업모델
부가서비스 제공 (Value chain service provider)	산업의 가치사슬(industry value chain)상의 특정한 기능에 특화하여 온라인으로 서비스를 제공하는 모델
통합 부가서비스 (Value chain integrators)	가치사슬상의 여러 단계들을 묶어서 통합 서비스를 제공하는 모델
공동 플랫폼 (Collaboration platforms)	공동 프로젝트 컨설팅에 활용
정보중개 (Information brokerage)	정보중개사업 모델을 공개된 네트워크인 인터넷상에서 구할 수 있는 수많은 정보를 수집, 가공해서 고객에게 제공하는 사업모델
신용서비스 (Trust and other services)	인터넷상에서 공증서비스, 인증서비스를 제공하는 사업모델

(2) e-비즈니스의 구성요소

e-비즈니스 프레임워크가 포함하는 구성요소는 지원요소와 기반요소로 다음과 같이 구분될 수 있다.[7]

① 지원요소

(가) 인적요소

인적요소는 e-비즈니스를 참여하는 일반 개인 및 참여조직을 의미하는데 판매자, 구매자, 중개상(intermediary), IS(information system) 전문가, 관리자 등을 포함한다.

---

6) 양유석, "전자상거래의 비즈니스 모델과 미국의 EC동향", 삼성경제연구소, 2000, 10-13면.
7) http://www.scitech.co.kr/upload/book_image/s_033/e-Business%20Ch01.PDF

이들은 연대 또는 제휴를 통한 협력적 관계 또는 경쟁적 관계를 형성하게 된다. 또한 e-비즈니스는 사회적 활동이므로 공공 규약의 적용을 받는다.

(나) 공공정책 요소

공공정책 요소들과 관련된 요소들로는 세금의 과제문제와 전자서명 등 가상공간에서의 계약 등 법률행위에 대한 효력 인정문제, 가상공간에서 소비자 개인정보의 활용 등을 포함한 개인 프라이버시(privacy) 보호문제, 그리고 기술표준 등이 주요 관심사이다. 기술표준이란 전자상거래 활동의 보편화를 위해 전자문서, 보안, 인증, 통신규약(protocol), 지불시스템, 인터페이스(interface) 등이 동일한 방식으로 이루어지는 것을 촉진하기 위한 규약이다. 표준의 중요성은 예컨대 철도망에 있어 현재 각국마다 철도의 폭이 다르고 또 사용전압이 110V, 200V 또는 220V 등으로 상이하여 철도를 이용한 수송이나 전기/전자제품의 사용이 어렵거나 원활치 못하게 되는 것을 생각해 보면 쉽게 이해가 될 것이다.

(다) 마케팅과 광고요소

마케팅과 광고요소는 온라인상의 비즈니스에서도 오프라인에서와 마찬가지로 중요한 역할을 한다. e-비즈니스에 있어 마케팅 및 광고활동들은 기존의 오프라인 비즈니스에 비해 고객에 대한 인간적인 접촉과 같은 기회를 가질 수는 없지만 의사소통, 비용, 시간, 공간, 구매활동으로의 연결(유도) 등에 있어서는 매우 유리한 장점들이 많다.

(라) 공급사슬 요소

공급사슬요소는 물류와 비즈니스 파트너들을 포함한다. e-비즈니스에서는 가상공간에서 거래가 이루어지기 때문에 가상공간상에서 전송이 가능한 디지털제품이 아닌 경우, 고객에게 제품을 전달하기 위해서는 물류기능이 반드시 필요하다. 특히, 배송서비스 품질은 고객의 기업 이미지 및 브랜드 충성도에 많은 영향을 미친다. 또한 협력업체들을 포함한 공급사슬상의 비즈니스 파트너들과의 정보시스템을 통한 협력관계 구현은 e-비즈니스의 중요한 실천요인인 만큼 상호 공감대와 협력이 중요하다.

② 기반요소

지원요소들을 받치고 있는 기반요소들은 e-비즈니스의 필수적인 주요 정보기술을 의미하는 것으로서 비즈니스 공통서비스, 메시지 전달과 정보유통, 멀티미디어 컨텐츠(contents)와 네트워크 출판, 네트워크로 나누어 볼 수 있다.

(가) 비즈니스 공통서비스 요소

비즈니스 공통서비스 요소는 거래와 관련된 기술을 의미한다. 제품선택을 위한 디렉토리(directory) 카탈로그 기술, 결제를 위한 보안 스마트 카드/인증, 전자지급, 기술은 거래호환을 위해 통일된 표준을 따르는 것이 특히 중요한데, 사이버 머니와 같이 아직은 여러 가지 표준이 경쟁하고 있는 기술 분야들이 있지만 결국 대세를 이루는 하나의 표준으로 시장이 정리될 것으로 전망되고 있다.

(나) 메시지 전달과 정보유통 요소

메시지 전달과 정보유통요소는 텍스트 또는 멀티미디어 형태로 제작된 메시지와 정보가 네트워크를 통하여 상호간에 전달되고 교환될 수 있도록 하는 EDI, HTTP(HyperText Transfer Protocol: 하이퍼텍스트 프로토콜), 전자메일(e-mail), 채팅방 등을 포함한다. 이 요소는 다양한 네트워크 형태와 멀티미디어 매체 종류 등에 관계없이 정보전달 및 교환의 보안성과 신뢰성 확보가 중요하다.

(다) 멀티미디어 컨텐츠와 네트워크 출판 요소

멀티미디어 컨텐츠와 네트워크 출판 요소는 웹상에서 표현되는 컨텐츠 출판(저작 및 표현) 기술을 의미한다. e-비즈니스 초창기에는 HTML(HyperText Markup Language: 하이퍼텍스트 생성 언어) 중심의 단순한 컨텐츠 표현기술이 주로 활용되었지만 최근에는 차세대의 정보표현 표준 언어인 XML(eXtensible Markup Language)로 대체되는 경향을 보이고 있으며 데이터의 3차원 표현이 가능한 VRML(Virtual Reality Modeling Language)도 가구배치 또는 실내장식 등 다양한 분야에서 활용이 증가되고 있다. 한편 컨텐츠를 효과적으로 검색하고 처리하기 위한 기능구현을 위해 JAVA, ASP(Active Server Page)와 같은 프로그램 언어가 주로 사용되고 있다.

(라) 네트워크 요소

네트워크요소는 e-비즈니스 활동을 위한 정보전달이 실질적으로 이루어지는 물리적인 공간 및 이와 관련된 정보기술을 말한다. 우리가 서울에서 부산까지 갈 수 있는 방법은 비행기, 철도, 고속도로, 국도, 고속버스 등의 다양한 방법이 있는 것과 마찬가지로 전자공간에서도 서울과 부산을 잇는 방법은 유일하게 단 한 가지만 있는 것은 아니다. 따라서 네트워크에는 인터넷망, PC통신망, 일반 전화망, 케이블 TV망, 무선통신망, 사설랜(LAN), 인트라넷(Intranet), 엑스트라넷(Extranet) 등이 모두 포함된다.

[표 1-2] Trimmers의 e-비즈니스 구성요소

지원 요소	기반 요소
인적 요소	비즈니스 공통서비스 요소
공공정책 요소	메시지 전달과 정보유통 요소
마케팅과 광고 요소	멀티미디어 컨텐츠와 네트워크 출판 요소
공급사슬 요소	네트워크 요소

4. e-비즈니스의 구현과 주요 시스템

(1) 전사적 자원관리(ERP; Enterprise Resource Planning)

ERP는 인사·재무·생산 등 기업의 전 부문에 걸쳐 독립적으로 운영 되던 각종 자원관리시스템을 하나로 통합, 기업 내의 인적·물적 자원의 활용도를 극대화하고자 하는 경영 혁신기법이다. 기업 내 특정 업무에 국한되어 정보화를 추진하는 것이 아니라, 모든 단위 업무를 통합·관리할 수 있도록 개발된 통합 정보시스템을 구축하는 것을 의미한다. 가상 기업을 지향하는 시스템이다.

(2) 고객관계관리(CRM; Customer Relationship Management)

CRM이란 기업이 고객과의 쌍방향성 정보교류를 통해 기업의 대 고객관계를 혁신적으로 향상시킬 수 있는 기법이다. "인터넷 등의 네트워크 기술 데이터베이스 등의 정보기술을 이용하여 고객에 대한 다양한 정보를 수집·분석하고 이를 바탕으로 고객이 원하는 제품과 서비스를 지속적으로 제공함으로써 고객을 지속적으로 유지시키고 결과적으로 고객의 평생가치를 극대화하여 기업의 수익성을 증대할 수 있는 통합된 고객관계관리 프로세스이다.[8]

(3) 공급망 관리(SCM; Supply Chain Management)

기업의 원재료의 수급에서 고객에게 제품을 전달하는 자원과 정보에 대한 일련의 흐름 전체를 시장상황에 맞추어 관리하는 것으로, 기업내외 공급망을 통합하여 계획하고 관리하며, 각 단위 시스템의 통합과 연동을 전제로 하고 있다. 이는 불확실성이

8) Ravi Kalakota and Marcia Robinson, e-Business roadmap for Success, Addison-Wesley, 1999, p.111.

큰 시장 환경에 민첩하게 대응하기 위한 기법이다.

이것은 기업 내부의 전사적 자원관리 내지 물류관리를 기업 외부와의 공급망 전체로 확장한 것이라고 이해할 수 있다.

(4) 가치창조경영(VBM; Value-based Management)

가치창조경영이란 기업의 궁극적 목표를 기업가치 극대화에 두고 기업의 각종 의사결정이나 부문의 목표와 성과를 가치로 측정하여, 이러한 가치를 기준으로 경영관리를 행함으로써 기업 전체의 가치를 제고하고자 하는 경영을 의미한다. 말하자면 VBM이란 가치를 기본으로 기업의 목표를 설정하고, 기업의 의사결정의 초점을 가치창출에 집중함으로써 기업의 전체적 가치를 극대화시킬 수 있도록 하는 경영의 접근법을 의미한다.[9)]

(5) 지식경영시스템(KMS; Knowledge Management System)

기업 내의 지식을 관리하는 시스템으로 지식경영의 기반이 된다. 기업 내의 인적자원들이 축적·보유하고 있는 모든 지식을 발굴·개발하고 체계화하여 이를 전 직원이 공유함으로써 지식이 기업 경쟁력을 향상시키는 기업정보시스템이다.

(6) 자재소요계획(MRP; Material Requirements Planning)

기업의 정보시스템을 이용하여 제품의 생산계획에 따라 그에 필요한 원자재, 부분품 등의 소요량의 흐름을 종합적으로 관리하는 관리시스템이다. 즉, 자재소요계획이라고 할 수 있다.

(7) 인적자원관리시스템(HRMS; Human Resource Management System)

기업의 인적자원 부문에 특화시킨 전사적 자원관리(ERP)시스템으로 장래 인적자원 수요를 예측하여 기업의 전략경영에 필요한 적합한 인적자원을 확보하기 위한 시스템이다. 기업 내 인적자원의 역량을 극대화하고, 또 필요한 부분에 적합한 인재를 발굴·개발하여 적재적소에 배치함으로서 기업경영의 효율성을 향상시키기 위한 전략적 인사관리시스템이다.

---

9) http://www.dpc.or.kr/info/info

[표 1-3] 주요 e-비즈니스 시스템

주요 시스템	내 용
전사적 자원관리	모든 단위 업무를 통합·관리할 수 있도록 개발된 통합정보시스템을 구축하는 것을 의미한다. 가상기업을 지향하는 시스템
고객관리	기업이 고객과의 쌍방향성 정보교류를 통해 기업의 대 고객관계를 혁신적으로 향상시킬 수 있는 기법
공급망관리	기업 내부의 전사적 자원관리 내지 물류관리를 기업 외부와의 공급망 전체로 확장한 것이라고 이해
가치창조경영	VBM이란 가치를 기본으로 기업의 목표를 설정하고, 기업의 의사결정의 초점을 가치창출에 집중함으로써 기업의 전체적 가치를 극대화시킬 수 있도록 하는 경영의 접근법을 의미
지식경영시스템	기업 내의 지식을 관리하는 시스템으로 지식경영의 기반
자재소요계획	기업의 정보시스템을 이용하여 제품의 생산계획에 따라 그에 필요한 원자재, 부분품 등의 소요량의 흐름을 종합적으로 관리하는 관리시스템
인적자원관리 시스템	기업의 인적자원 부문에 특화시킨 (ERP)시스템으로 장래 인적자원 수요를 예측하여 기업의 전략경영에 필요한 적합한 인적자원을 확보하기 위한 시스템

5. e-비즈니스 도입의 효과

e-비즈니스는 기업에 많은 긍정적 효과와 많은 가능성을 제공하는 잠재력이 큰 분야이다. e-비즈니스를 구축하는 과정에서 전략적 혁신을 이룰 수 있고, 급변하는 시장 환경에 대응하여 경영의 효율성을 도모할 수 있다. 또한 가상공간을 활용함으로써 시장의 확대와 새로운 비즈니스 모델을 창출할 수 있다.

보다 구체적으로 이러한 효과들을 설명해 보자면 우선, 기업의 차원에서는 e-비즈니스는 기업의 전반적인 환경변화를 야기 시키고 있다. 조달(구매)이나 생산, 유통, 마케팅 등 기업의 모든 활동에 있어 비즈니스 프로세스의 혁신과 이를 통한 효율성 개선과 비용 절감의 효과를 얻을 수 있다. 또한 새로운 사업기회의 포착으로 시장의 확대 및 다각화가 용이하게 되었으며 아웃소싱의 확대로 기업구조도 핵심역량 위주로 변해가면서 기업전반의 생산성과 수익성 등이 크게 증대되고 있다. 그리고 고객의 획득과 고객관계관리가 보다 개선되고 있다.

한편, 소비자의 입장에서도 전자상거래의 발전으로 상품구매에 드는 시간과 비용이 감소되었고 제품의 다양화와 상품정보 획득의 용이성으로 인해 선택의 폭이 확대되면서 효용증대의 효과를 얻을 수 있게 되었다.[10)]

(1) 미시적 효과

전자상거래가 원활히 추진될 경우 미시적으로 기업의 새로운 비즈니스 기회 창출, 새로운 제품과 서비스의 개발, 산업구조의 변화, 전통적 비즈니스 모델의 쇠퇴 등의 현상이 발생하고 있다. 특히, 인터넷을 이용하는 특화된 비즈니스 모델이 개발됨으로써 기업 내부 조직의 분권화 및 아웃소싱 확대 등 기업의 변화가 두드러졌다. 또한 전자상거래의 활성화는 새로운 상품의 개발 및 기존 상품의 변모를 이끌고, 새로운 방향으로의 산업구조의 변화를 이끌었다. 전자상거래가 원활히 추진될 경우 거시적으로 시장의 경쟁체제 정착, 경제 전체의 비용 절감, 전반적인 제품 가격의 인하, 경제의 생산성 향상과 같은 효과가 있다.[11]

(2) 거시적 효과

전자상거래의 정착은 시장에 대한 진입장벽을 제거하여 완전 경쟁시장과 유사한 경쟁 환경이 형성되었다. 기존의 중간 상인을 배제하고 정보가 신속히 유통됨에 따라 경제 전체의 거래비용이 절감된다. 경쟁의 가속화 및 거래비용의 절감을 통해 전반적인 가격인하가 발생하며, 이러한 효과가 시너지 효과를 발휘하면 우리 경제의 효율성과 생산성 향상으로 연결된다.[12]

제 2 절 전자상거래의 의의와 특징

1. 전자상거래의 정의와 대상

(1) 전자상거래의 개념

전자상거래(Electronic Commerce; EC)는 전자적인 수단, 특히 인터넷과 웹(web) 등 정보기술을 이용하는 가상공간과 정보통신망의 개념이 시장과 마케팅이라는 개념으로 도입·확대됨을 의미한다. 경제활동에 있어서 '기업, 개인, 정부 등 경제주체 간에 기존의 전통적인 종이서류를 기반으로 이루어지는 각종 상거래를 정보시스템

10) http://cafe.daum.net/free-mto/Cmpm/12
11) http://www.ecrc-korea.or.kr/
12) http://www.ecrc-korea.or.kr/

(컴퓨터)과 통신망 등의 전자적인 매체를 이용하여 이루어지는 각종 상거래'를 의미한다. 즉, 경제주체들이 주로 오프라인(off-line)으로 이루어지는 전통적인 상거래와는 달리 컴퓨터와 네트워크라는 전자매체를 통해 물품을 매매하는 행위를 통칭한다. 또 광의로는 이와 같은 협의의 개념은 물론 기업 내외에서 발생하는 모든 거래절차를 전자적으로 처리하는 것을 의미한다.

이러한 전자상거래는 인터넷이 보편화되기 이전에도 기업 간 또는 기업과 기관 간 상거래에 대한 전자 정보(문서)를 EDI(Electronic Data Interchange; 전자자료교환), 전자우편(e-Mail), 팩스(fax), 바코드(bar-code), 데이터베이스(database), 전자게시판(BBS) 등 전자적인 방식으로 교환하거나, 또는 신용카드, 직불카드, 온라인 송금 및 전자이체 등과 온라인상의 홈쇼핑·전자뱅킹 등 단순하고 다양한 형태로 존재해 왔다. 인터넷과 웹이 등장하고 대중화되면서부터 전자상거래는 정보기술을 이용한 가상 공간상에서 이루어지는 매매행위의 총칭이다. 즉 넓은 의미로 거래기업 간 또는 기업과 소비자 간 등 경제주체들이 이러한 가상공간에서 이루어지는 광고, 마케팅, 금융거래, 상품과 서비스 거래 등 모든 경제활동을 의미한다.

그러나 일반적으로 칭하는 전자상거래란 인터넷과 통신망을 이용한 가상공간에서 실시간으로 이루어지는 협의의 상거래를 의미한다.

우리나라 전자문서 및 전자거래기본법 제2조에서는 전자상거래 대신 「전자거래」라는 용어를 사용하고 있다. 본 법에서는 전자거래를 "재화나 용역을 거래함에 있어서 그 전부 또는 일부가 전자문서에 의하여 처리되는 거래"라고 정의하고 있다. 전자거래는 민간 부문을 중심으로 금전적인 대가를 전제로 하는 유상거래와 금전적인 대가를 지불하지 않는 공공적 성격의 무상거래를 모두 포괄하고 있다는 점에서 유상거래를 전제로 하는 전자상거래보다 상위의 개념이라고 할 수 있다.

> 전자상거래란 정보시스템과 인터넷을 통하여 이루어지는 상거래 행위를 의미한다. 즉 정보시스템과 인터넷을 이용하여 기업, 개인, 정부 등 경제주체 간에 이루어지는 경제활동을 의미한다. 인터넷과 네트워크, 스마트 폰, 동영상 및 웹 등 정보기술을 이용한 일체의 상거래 및 그 관련 업무를 전자적으로 수행하는 방식이라고 정의하고 있다.

(2) 전자상거래의 정의

이미 언급했듯이 전자상거래라고 하면 정보시스템과 인터넷을 통하여 이루어지는 상거래 행위를 의미한다. 즉 정보시스템과 인터넷을 이용하여 기업, 개인, 정부 등

경제주체 간에 이루어지는 경제활동을 의미한다. 한편 Kalakota와 Whinston 교수는 어느 관점에서 접근하느냐에 따라 다르게 정의하고 있다. 즉 통신의 관점, 비즈니스 프로세스의 관점, 서비스의 관점, 및 온라인상의 관점 등과 같이 보는 관점에 따라 다음([표 1-4] 및 [표 1-5])와 같이 서로 다른 정의를 내리고 있다.

[표 1-4] 관점에 따른 전자상거래의 정의

보는 관점	정 의
통신 측면	전자상거래는 전화선, 컴퓨터 네트워크, 인터넷 혹은 이 이외의 다른 통신수단을 통한 정보와 제품/서비스를 제공하거나 또는 대금을 결제하는 것을 의미한다.
비즈니스의 프로세스 측면	비즈니스 거래 및 현장업무의 자동화를 위한 기술의 애플리케이션(application)이다.
서비스 측면	상품의 품질을 향상시키고 신속하고 정확한 서비스를 제공하면서 기업과 소비자가 서비스 비용을 절감할 수 있도록 해주는 도구이다.
온라인 측면	인터넷 및 기타 온라인 서비스를 이용하여 제품과 정보의 매매가 가능하도록 하는 것이다.

[표 1-5] 주요 기관의 전자상거래의 정의

정의 주체	정 의
미 국방부	종이문서를 사용하지 않고 EDI(electronic data interchange), 전자우편, 전자게시판(electronic bulletin board), 팩스(fax), 전자자금이체(EFT : electronic fund transfer) 등과 같은 정보기술(IT : information technology)을 이용한 상거래
OECD	텍스트, 음성, 화상을 포함한 디지털 정보의 교환 및 전송에 기초한 상업적 활동과 관련된 모든 행태의 거래
EU 의회	데이터, 음성, 화상 등을 포함한 데이터의 전자적 처리와 전송을 기반으로 한 기업 업무를 전자적으로 수행하는 형태
한국전자거래협회(ECRC)	기업, 개인, 정부 간 상품 및 서비스 거래에 필요한 모든 정보를 컴퓨터 및 통신망을 이용하여 교환하고 거래하는 방식
앤더슨 컨설팅	개방 네트워크를 통하여 기업과 기업, 최종 소비자 및 공공조직 간에 발생하는 상거래 행위

이러한 모든 정의는 전자상거래의 영역을 바라보는 시각에 따라 다를 수 있다는 것이다. 광의적으로 말하면 전자상거래는 새로운 비즈니스의 기회창출과 개발에 중점을 두며, 더 일반적인 용어로는 비즈니스 가치의 창출 또는 최소의 비용으로 최대의 효과를 위한 수단이다."라고 정의하고 있다.[13)]

이를 종합하면, 인터넷과 네트워크, 동영상 및 웹 등 정보기술을 이용한 일체의 상거래 및 그 관련 업무를 전자적으로 수행하는 방식이라고 정의할 수 있다. 좀 더 구체적으로는 "전자적인 수단을 포함한 인터넷과 통신망을 기반으로 한 팩스, 전자우편, 전자문서교환, 전자문서의 작성, 확인 및 승인, 전자자금이체(electronic fund transfer : EFT) 등 전자적 방법에 의하여 가상공간(cyber space)에서 이루어지는 모든 정보공유 및 상거래"라고 정의할 수 있을 것이다.

(3) 전자상거래의 대상

컴퓨터 통신망 상에서 거래되는 상품에는 컴퓨터, 냉장고, 의복, 가구, 전자부품 등과 같은 물리적 상품뿐만 아니라 컨설팅, 원격 교육, 의료행위 등과 같은 서비스도 포함된다. 또한 인터넷을 통해 매매되는 영화, MP3 파일, 컴퓨터 게임, 소프트웨어 등과 같은 디지털 상품도 포함된다. 이러한 디지털상품은 디지털 경제시대와 지식·정보화 사회의 도래로 디지털 상품의 전자상거래는 확대되고 있다. 여기에서 디지털 상품이란 디지털로 창출(생성), 유통, 저장, 이용(소비)될 수 있는 모든 상품을 의미한다. 디지털 상품은 컴퓨터를 통해 이용 또는 보거나 즐길 수 있다.

[표 1-6] 디지털상품의 종류

구 분	디지털 상품	비 고
컨텐츠 상품	엔터테인먼트, 영화, 여행 정보	다양한 정보수요 충족
모듈상품	컴퓨터 게임, 소프트웨어 등	다양한 모듈상품 제공
맞춤상품	금융 컨설팅, 부동산 컨설팅, 재테크 설계 등	고객의 사정과 욕구에 맞추어 설계

2. 전자상거래의 등장과 발전

(1) 1970년대~1980년대 초

1970년대에 보안시설 네트워크를 통한 은행 간 전자자금이체(EFT : Electronic Fund Transfer)가 도입됨에 따라 금융시장의 판도가 변했다. 거래당사자 간 전자자금이체는 전자적으로 제공된 송금정보로 전자결제를 최적화시킨다. 오늘 날에는 여러 종류의 전자자금이체(EFT)가 있다. 어느 장소에서나 용이하게 접할 수 있는 도소매

13) Kalakota, Ravi & Whinston, Andrew B., *Electronic Commerce*, Addison-Wesley, 1997, p.3.

점, 할인마트 등의 POS(point of sales; 판매시점 정보관리), 신용카드, 및 은행계정에서 직접 결제되는 직불 형태 등이 모두 여기에 포함된다.

1970년대 후반에서 1980년대 초기에 전자상거래는 EDI, CALS(Commerce at Light Speed), 전자메일과 같은 전자메시징 기술의 형태로 기업 내에서 광범위하게 확산되었다. 전자메시징은 문서작업을 축소시키고 자동화된 작업을 확대시켜 효율적으로 비즈니스 업무를 처리한다. 확인문서, 구매주문서, 선적서류 등과 같은 서류로 처리되는 전통적인 무역업무는 전자적으로 수행된다. EDI는 상거래에서 기업이 공급자로부터 혹은 공급자에게 표준화된 전자문서의 형태로 주문서, 신용장개설신청서, 통관서류 등과 같은 상거래 문서를 송수신할 수 있도록 해 준다. 예컨대 JIT(just in time; 적기공급생산)와 결합된 EDI는 공급자가 거래선에 직접 부품을 배달할 수 있도록 하여 결과적으로 재고량 감축, 창고 및 제반 비용을 절감할 수 있도록 해준다. 전자메일은 조직 내부와 조직 외부의 비 구조화된 의사소통을 원활하게 수행할 수 있도록 한다.

(2) 1980년~1990년대 초

1980년대와 1990년대 초의 전자메시징은 워크플로우(workflow) 또는 그룹웨어(groupware)라 부르는 통합컴퓨팅 시스템의 중요한 일부분이 되었다. 그룹웨어는 주로 기존의 비전자적인 방법을 취하는 것과, 비즈니스 업무의 효율성을 위해 전자 플랫폼(electronic platform)으로 접목하는 것에 초점을 맞추고 있었다. 이 기술은 1990년 초 "애플리케이션 킬러"(application killer)로 혹평받기도 했지만, 그룹웨어는 생산성과 효율성에서 작은 결실을 보았다.

1980년대 중반 전자상거래 기술이 새로운 형태의 사교적 대화(채팅실, IRC 등)와 지식공유(뉴스그룹, 파일전송 프로그램 등)를 제공하는 온라인 서비스 이용자 간에 광범위하게 확산되었다. 사교적 대화는 사이버공간에서 일원들 간에 가상적 사회의 모습을 만들어 주었으며, "글로벌 빌리지"(global village)의 개념이 대두되도록 하는 계기가 되었다. 글로벌 인터넷을 통하여 사람들은 저렴한 비용으로 전 세계의 다른 사람들과 대화를 할 수 있다.

(3) 1990년대

1990년대 월드 와이드 웹(www)이 인터넷에 출현하여 정보의 게시와 제공을 해결하는 동시에 사용의 편리성도 가져와 전자상거래의 중요한 전환점을 제시했다. 웹은 전자상거래에 있어서 비즈니스를 수행하는 데 저렴한 방법을 제공해 주며, 보다 다양한 비즈니스 활동이 가능하도록 한다. 또한 적은 규모의 비즈니스가 거의 동일한 기술적 기반을 바탕으로 자원이 풍부한 다국적 기업과 경쟁할 수 있도록 한다. 예컨대 웹을 기반으로 하는 전자출판업계에서 타임워너, 디즈니 등 거대 기업들은 PC, 모뎀 및 인터넷 계정과 같은 기반(infrastructure)에 대한 최소의 투자로 수백만의 고객을 확보한 이 새로운 분야의 몇 업체를 따라잡기 위해 많은 시간과 노력을 투자하였다.

(4) 1990년대 후반 이후

1990년대 후반에 들어서는 웹과 인터넷은 전자상거래에 있어서 경쟁의 형태와 비즈니스의 속도 및 리더쉽(leadership)의 본질을 변화시키고 있다. 새로운 패러다임 있어서 웹과 전자상거래는 산업의 중요한 동인이 되고 있다. 많은 기업들이 비즈니스의 수행 방식을 바꾸고 있다. 한편, 전자상거래는 고객을 위한 새로운 채널이 되고 있으며 다양한 산업 영역에서 선도적인 기업을 만들어 내고 있다.

기존의 회사들은 이러한 새로운 현상을 파악하고자 혼신의 노력을 하고 있다. 그런데 많은 경영자들이 전자상거래를 이해하고 파악한 이때, 그 다음의 물결인 e-비즈니스의 시대가 되었다. 치열한 경쟁과 전자상거래에 의한 새로운 기회로 인해 종래의 기업들은 유연하고 민첩하게 대처할 수 있고 고객에 초점을 맞춘 e-비즈니스를 구축하도록 압박을 받고 있다. 즉, 기업의 핵심적 부분이 변화를 맞고 있다. 따라서 이러한 구조적 진화의 다음 단계가 바로 e-비즈니스이다.

새로운 경쟁구조 하에서 경쟁하기 위해 효과적인 전략들을 개발하고자 한다면 경영자들은 차세대 전자산업과 전자기업의 기본적 구조를 이해하여야 한다. 이러한 전자기업은 앤터프라이즈 애플리케이션의 상호 연결된 웹상에 구축되는 기업이다.[14)]

(5) 2000년대 이후

2000년대에는 포털 서비스의 획기적 발전과 함께 유비쿼터스 및 스마트 혁명은 e비즈니스 기반을 획기적으로 변화시키고 있다. B2B는 단순히 기업과 기업의 거래가 온라인상에서 이루어지는 것을 의미하는 것이 아니라, 기업과 산업의 혁신수단을 의미한다. 따라서 모든 기업이 e-firm이라는 말은 이제 당연 시 되고 있으며, 더 나아가 e-industry로 진화되고 있다. e-industry라는 개념은 기존의 기업이 e비즈니스를 통하여

14) Kalakota, Ravi & Robinson, Marcia, *e-Business Roadmap for Success*, Addison-Weley, 2000. 보완함.

새롭게 혁신되는 것처럼, 산업 전체가 e비즈니스를 통하여 혁신되는 것을 의미한다.

특히 이동통신 단말기와 통신 네트워크를 이용해 각종 정보와 서비스를 이용할 수 있고, 물품매매까지도 할 수 있게 되고 있다. 전자뱅킹, e-CRM, SCM 등 e비즈니스의 구현 및 활성화, M-Commerce, T-Commerce 등 다양한 형태의 전자상거래 시장의 형성, 클라우드 컴퓨팅 활성화, 일원적 포털 전자무역시스템의 구축 및 실현, 스마트 문화의 형성 등이다.

[표 1-7] 전자상거래의 역사

기 간	주 요 내 용
1970년대	• 은행 간 전자자금이체(EFT)의 출현
	• 송금정보를 전자적으로 제공하는 전자지급 가능성 제시
	• EFT수단(신용카드) 출현
1970년대 후반~ 1980년대 초반	• EDI, E-Mail 등 전자메세징 기술 출현/확산
	• 종이에 의한 작업 감소, 자동화 확산
	〉 결제, 구매신청서, 선적서류 등의 전자화
	〉 재고관리, 자금관리 등 업무의 전자적 처리
1980년대 중반	• EC관련 신기술(Online 서비스)의 확산
	• 대화형(interaction) 통신기술의 등장(IRC, News group, FTP)
	• 가상사회(Virtual Community)의 창출, Global Village개념의 출현
	• Internet사용에 의한 세계시장에서의 경제교류 가능성 출현
1980년대 후반~ 1990년대 초반	• 전자메세징 기술의 Workflow 또는 Groupware 기술과 통합, ERP 출현
1990년대	• 월드와이드웹(www)의 출현으로 Internet의 용이한 사용법 제공
	• EC 활용의 보다 체계적인 수단과 다양한 기업응용 제공
	• 범 세계시장에서 동등한 경쟁력 제공, e-Business시대, 국제전자상거래
2000년대 이후	• 각종 포털 서비스 등장, 전자뱅킹 활성화, e-CRM, SCM 등 e비즈니스의 구현 및 활성화 • M-Commerce, T-Commerce 등 다양한 형태의 전자상거래시장 형성 • 유비쿼터스 시대 도래/uTrade Hub 구축 및 전자무역 솔루션 개발 • 클라우드 컴퓨팅 활성화 • 스마트 혁명으로 스마트 문화를 형성

3. 전자상거래의 특징과 장단점

(1) 전자상거래의 특징

개방형 네트워크인 인터넷의 이용증가와 웹 사이트, 멀티미디어 등 정보기술이 발전하면서 전자상거래는 거래에 필요한 각종 정보의 검색이나 의사결정과정에 있어서 보다 효율적이고 신속한 거래가 가능하게 되었다. 이러한 전자상거래의 특징으로는 개방성, 비대면 쌍방향성, 실시간성, 글로벌화, 유통채널 단축, 정보파악 용이 등이 있다.

우선 개방성이다. 인터넷을 이용한 전자상거래는 접속환경만 구비하면 항상 누구든지 자유롭게 참여 가능한 시장이다. 또한 기업의 업종이나 거래규모 등에 관계없이 인터넷과 웹을 통하여 전통적인 상거래와 같은 영업이 가능하다. 또 소자본으로도 신규 사업이 가능하다.

둘째, 상호 작용성이다. 고객과 판매업자는 인터넷을 이용하여 상호 간 의사소통할 수 있다. 직접적인 쌍방향 소통은 고객에게 가치를 창출해 주며, 고객과 관계구축의 단계를 마련한다. 소비자는 쇼핑몰로부터 정보를 얻는 동시에 기업도 소비자의 소비경향, 기호변화 등의 정보수집이 가능하다. 따라서 수집된 정보를 자사의 데이터베이스(database)에 저장, 데이터 마이닝(data mining)[15]하여 마케팅 자료로 활용할 수 있다.

셋째, 실시간성이다. 기업은 시간과 공간에 제약을 받지 아니하고 1일 24시간, 1년 365일 전 세계 어디에서나 실시간로 영업활동을 할 수 있으며, 또한 소비자도 가상상점에 접근 가능하다.

넷째, 글로벌화이다. 인터넷을 통하여 전 세계 어느 곳이든지 공간을 초월하여 접근할 수 있기 때문에 국경을 초월하여 의사소통 또는 매매가 가능하다. 그러나 지역과 국가에 따른 관습, 법제도 및 언어 등의 차이에 따른 장애 극복이 필요하다.

다섯째, 유통채널의 단축이다. 전자상거래는 인터넷 네트워크를 통해 공급업자와 소비자를 연결하기 때문에 전통적인 도매상, 소매상과 같은 중간 유통채널 없는 직거래 또는 최소한의 유통채널로 거래가 가능하다.

---

15) 데이터 마이닝이란 상세한 데이터를 분석하여 비즈니스 문제를 해결하기 위해 함축되어 있는 유용한 새로운 정보를 발굴하고 활용하는 과정이다.(Ronald S. Swift, *ACCELERATING Customer Relationships*, Prentice-Hall, Inc., 2001, p.102).

[표 1-8] 전자상거래와 전통적 상거래와의 비교

구 분	전자상거래	전통적인 상거래 방식
거래대상	전 세계	지역시장(지역제한)
유통채널	기업 ↔ 소비자	기업→ 물류센터 → 도매상 → 소매상→ 소비자
판매거점 및 방법	가상공간, 네트워크	영업공간, 전시
거래시간	24시간	영업시간 제한
고객수요 파악	온라인으로 수시획득, 재입력이 필요 없는 디지털 데이터	영업사원이 획득, 정보 재입력 필요
마케팅 활동	쌍방향을 통한 1:1 상호작용적 마케팅	구매자의 의사에 상관없는 일방적 마케팅
고객대응	고객 욕구(Needs)를 신속히 파악 즉시 대응	고객 욕구(Needs)를 파악하기 어렵고 대응 지연
소요자본	홈페이지의 구축/유지 등에 상대적으로 적은 비용 소요	영업장소 및 관련 시설확보에 거액의 자금 필요
결제수단	신용카드, 전자이체, 휴대폰, 전자수표, 전자화폐 등	현금, 어음, 수표 등

자료 : 삼성경제연구소 보완

(2) 전자상거래의 장단점

① 전자상거래의 장점

기업은 변화하는 소비자의 다양한 욕구를 경쟁업체 보다 신속하게 파악하여, 내부 운영을 효율화하고 외적 차원의 물류 및 마케팅 의사소통을 효과적으로 수행함으로써 지속적인 성장을 추구할 수 있다. 전자상거래는 기업의 경쟁우위를 확보하기 위한 전략적 도구로써 뿐만 아니라 소비자의 욕구를 다양하게 충족시키는 수단으로 활용될 수 있다.16)

따라서 기업의 전자상거래의 도입은 불가피하며, 소비자는 전자매체를 통한 가상공간에서 시간과 공간을 초월한 장점과 더불어 다양한 욕구를 충족하기 위해 전자상거래를 이용할 필요가 있다. 그 도입으로 인한 이점은 다음과 같다.17)

첫째, 소비자는 구입하려는 물품, 서비스 등을 시간과 공간의 물리적 제약을 받지

16) 안중호·박철우, 인터넷과 전자상거래, 홍문사, 2000, 8면.
17) 정영화·남인석, 전자상거래법, 다산출판사, 2000, 42-42면.

않고 자유롭게 구입할 수 있다.

둘째, 판매업자의 가상공간이 영업활동의 중심이 되어 현실적·물리적 제약에서 해방되어 진입비용과 영업비용을 낮춤으로써 다음의 이점을 누릴 수 있다. 즉 소자본업자도 용이하게 시장진입이 가능하고, 또 그 진입에 필요한 시간은 가상몰(cyber mall)의 구축과 영업지원에서부터 대금결제나 상품배송까지 단일의 소프트웨어로 제공되기 때문에 단기간에 불과하다. 또한 가상공간에서 이루어지므로 진열매장이나 재고관리가 필요 없다. 쇼핑몰 개장이나 상품 등의 재배열은 프로그램의 변경만으로 가능하고, 또 전자 상점은 24시간 365일 무인영업이 가능하다. 특히 정보기술을 이용한 보다 효율적인 고객관계관리 시스템을 구축할 수 있다.

셋째, 종래의 결제업자는 상품, 서비스 등의 대금결제 수단으로는 상품배송 시에 현금과 상품을 교환하거나 또는 판매자의 지정계좌에 입금 및 신용카드 결제를 고려하였다. 따라서 소비자가 금융기관을 직접 방문하여 판매자의 계좌에 입금된 것을 확인하여야 지급이 종료되었다. 그러나 전자상거래의 결제는 모두 네트워크상에서 결제가 완결된다.

넷째, 배송업자는 전자 상점에서 소비자가 소프트웨어나 디지털 서비스 같이 직접 다운로드(download)할 수 있는 상품 등 이외에는 소비자로의 배달이 필수적이다. 실제로 가상 상점의 형태도 현실의 대형 쇼핑센터와 같이 복수 가상 상점의 집합체인 가상몰(cyber mall)이 등장하였다. 가상몰도 단일한 가상 상점처럼 상품 등의 주문에서 대금결제 및 배송까지 일원적인 연계 시스템을 구축하면 전자상거래의 효율성을 극대화할 수 있다. 특히 배송업자 간 업무제휴를 통해서 배송 네트워크를 세분화하면 업무운용의 효율성이 제고되며, 또한 판매업자와 업무제휴를 통해서 새로운 사업이 창출될 것이다.

② 전자상거래의 문제점

전자상거래의 문제점으로는 첫째, 공신력의 문제가 있을 수 있다. 디지털 전송이나 저장 등 기술상의 문제가 있을 수 있고, 디지털 문서는 조작이나 흔적이 남지 않으며, 보안성 및 안정성 확보가 필요하다.

둘째, 비대면 거래에 따르는 문제이다. 정보의 방대함에 따른 정보의 유무용의 선별 및 검색에 어려움이 있고, 정보량이 적을 경우 종합적인 판단의 한계가 있다. 예컨대 실제로 전통적인 상점에서 구매할 경우에 사업자의 태도, 상점의 외양 등에 있어서는 온라인상에서는 한계가 있다.

셋째, 진입비용이다. 경우에 따라서는 인터넷에 접속하기 위한 PC, 모뎀, 소프트웨어, 통신회선 등 설치비용이 지출된다. 또 가상 상점의 관리비용, 예컨대 홈페이지 구축 및 관리비용, 수량의 주문에 따른 빈번한 물품의 발송비용 등이다.

넷째, 법제도 미흡이다. 시장에 참여하는 여러 주체, 즉 소비자, 시스템 운영자, 쇼핑몰 운영자, 은행, 통신회사 등간에 문제가 발생할 경우 책임소재를 분별하기 어려울 수 있다. 예컨대 MP3 사건에서 보듯 웹상에서의 거래에 따른 지적재산권 문제가 빈번하게 발생되고 있다.

다섯째, 계약철회의 어려움이다. 소비자는 일단 구매결정을 한 후에 구매의사를 철회하기가 어렵다.

그리고 이 이외에도 조세부과의 어려움, 정보내용의 규제, 지적재산권 보호, 개인정보 보호 등의 문제점이 있다(정영화·남인석, 전게서 참고).

[표 1-9] 전자상거래의 장단점

장 점	단 점
• 중간 유통단계 축소(기업과 소비자 직접 연결 가능) • 시공간 제약 탈피 • 거래비용 절감 • 다양한 상품 비교 가능 : 저렴한 상품 선택 • 상호 작용성(쌍방향 통신)을 통한 고객만족 극대화 • 시장의 글로벌화 : 국내외 국경의 개념 파괴 • 중소업자에게 새로운 비즈인스 기회 제공	• 공신력의 문제 : 문서조작, 거래 신뢰성 • 비대면성 : 만족스러운 상품정보 확보 어려움 • 효율적인 배달체제 구축 필요 • 대금결제시스템의 불완전성 : 주로 신용카드 의존, 개인정보 유출 가능성 • 정확한 현물확인 어려움 • 계약철회의 어려움/불편 • 정보량 과다로 인한 선택의 어려움 • 사기 가능성 : 항상 유의할 필요

4. 전자상거래의 기대효과

전자상거래는 모든 산재해 있는 상거래 절차가 통합·간소화되고 거래절차가 자동·전자화되며, 모든 거래정보가 온라인상으로 개방·노출된다. 따라서 공급업자 간 경쟁이 격화되어 제품의 다양화 및 제품가격의 하락(구매비용 절감), 업무처리의 효율성으로 공급업자의 거래비용 감소, 신속한 상거래와 업무처리, 재고관리 비용과 불량재고 감소, 인터넷과 웹을 이용한 마케팅으로 새로운 시장개척 및 사업진출 용이 등의 효과가 있다.18)

(1) 전자상거래의 경제적 효과

경제성장을 지속시키는 견인차 역할을 한다. 즉 가격인하 유도, 유통단계의 축소로 인한 사회적 비용감소, 지속적인 설비투자로 관련 산업의 발전 및 고용창출의 효과 등이 있다.

(2) 기업에 파급효과

전자상거래는 우선 최신의 정보기술을 이용한 효과적이고 경제적인 마케팅 수단이기 때문에 고객 데이터베이스(DB)를 활용한 효과적이고 차별적 마케팅의 수행이 가능하다. 둘째, 지역적 제한이 없기 때문에 판매거점의 축소로 이에 따른 간접비용(토지 사용료 등)을 줄일 수 있다. 셋째, 웹 사이트를 통하여 마케팅 활동이 가능하기 때문에 전통적인 마케팅에 비해 비교적 저렴하게 광고, 홍보, 고객서비스를 실행할 수 있다. 넷째, 거래절차의 간소화 및 자동화로 거래비용의 절감과 기업경영의 효율성이 향상되고, 이는 또한 고객의 고객서비스의 질을 향상시킬 수 있다. 시장의 지역적 제한이 없기 때문에 새로운 시장 개척 및 판매기회가 확대된다. 그리고 전 세계시장에 시공간의 제약없이 24시간 영업이 가능하다.

~ 세부적 효과 : 구매비용의 감소, 재고감소, 제품의 생산기간 단축, 보다 효율적이고 효과적인 고객서비스, 새로운 시장개척 및 판매기회의 확대 등이 있다.

(3) 기업 환경에의 파급효과

시장규모의 확대 및 시장구조의 변화로 범세계적 경쟁이 이루어진다.

(4) 소비자에의 영향

첫째, 소비자의 선택의 다양성이 증가된다. 시간적·공간적 극복으로 가상공간에서 정보, 제품, 서비스 등 다양한 선택을 제공한다.

둘째, 편리성 및 효율성의 제고로 쇼핑시간이 단축되며 시간제약이 없다.

셋째, 풍부하고 양질의 정보를 제공한다. 인터넷을 통한 많은 정보를 비교할 수 있다. 따라서 충동구매를 자제하고 합리적인 구매행태가 정착된다.

넷째, 전 세계적인 경쟁체제 도입으로 제품가격이 인하된다.

다섯째, 맞춤화로 주문형 제품의 공급이 가능하다.

---

18) http://kmh.yeungnam-c.ac.kr/NetworkProg/ec/ecommercial/ 일부 참고함.

(5) 국제무역에 미치는 영향

종이기반의 전통무역이 서류 없는 일원적(one-stop) 업무시스템의 전자무역 구현이 가능하다. 정보수집, 시장조사, 계약체결, 운송과 대금결제, 각종 서류의 작성 및 제시, 대금결제, 클레임과 분쟁해결 등의 무역거래 프로세스가 자동·전자시스템화된다.

5. 전자상거래의 거래유형

(1) 전자상거래의 특성에 따른 분류

① 구조화된 전자상거래

구조화된 전자상거래란 정형화 및 표준화된 거래형식과 데이터의 교환방식에 따라 조직적이고 체계적으로 이루어지는 전자상거래를 말한다.

ⓐ 불특정 다수의 일반 소비자들을 대상으로 하는 전자상거래로서 주로 인터넷을 이용한 온라인 쇼핑이 이에 해당한다.

ⓑ 비교적 계속성이 있는 기업 간의 거래, 즉 제조업자와 유통업자 등 계속적 거래관계가 있는 기업 간 거래에 관한 데이터를 교환함으로써 이루어지는 거래로 전자문서교환(EDI) 등의 형태로 실현되는 거래이다.

ⓒ 정부조달의 전자화로부터 시작되었지만, 민간 부문의 기업들이 설계도면이나 부품 데이터를 비롯하여 제품의 개발, 제조에서 유통 및 보수유지에 이르기까지 필요한 모든 데이터를 공유하는 것을 목표로 하여 도입하는 광속상거래(CALS)가 있다.[19)]

② 비 구조화된 전자상거래

비구조화된 전자상거래는 거래당사자 간에 정해진 표준화 없이 자유로운 내용과 형식으로 이루어지는 상거래를 의미하는 것으로 전자우편이나 전자게시판(Bulletin Board System; BBS) 등을 통하여 주로 개인 간에 1대 1로 이루어진다.

---

19) http://www.ecclass.co.kr/eclecture1-2.htm.

[표 1-10] 전자상거래의 유형

구조화된 전자상거래	비 구조화된 전자상거래
정형화 및 표준화된 거래형식과 데이터의 교환방식에 따라 조직적이고 체계적으로 이루어지는 전자상거래 여기에는 온라인 쇼핑, 전자문서교환, 광속상거래(CALS) 등이 있다.	비구조화된 전자상거래는 거래당사자간에 정해진 표준화 없이 자유로운 내용과 형식으로 이루어지는 상거래를 의미하는 것으로 전자우편(E-mail)이나 전자게시판(Bulletin board System; BBS) 등을 통하여 주로 개인 간에 1대 1로 이루어진다.

(2) 전자상거래의 거래당사자에 의한 분류

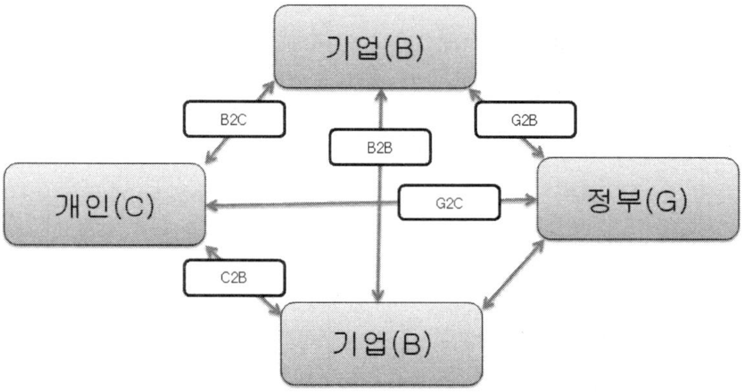

[그림 1-1] 거래당사자 간의 거래유형

[표 1-11] 거래당사자 간의 거래유형

거래유형	내 용
B2B	기업과 기업 사이에 발생할 수 있는 다양한 거래를 인터넷과 웹을 통하여 문서나 정보를 교환하는 것
B2C	BtoC 또는 B2C로 표기하며, 기업이 고객에게 온라인상에서 제품과 서비스를 제공하는 수단
C2C	제품의 공급업자나 제조업자에게 결제, 가격 및 수량 등 거래조건을 제시하고, 구매하는 거래방식으로 소비자 중심의 전자거래 형태
BG	기업 대 정부 간 거래는 기업과 정부기관 간의 모든 전자거래
G2C	정부와 시민 간 거래는 정부 및 정부기관, 공공기관, 구청(동사무소) 등 정부 측과 시민들 간에 발생하는 복지위한 각종 지불과 세금환급 등과 같은 분야에서 시민간의 전자적 처리를 포함
P2P	개인들이 공급자/소비자 입장에서 다른 사람들의 컴퓨터에 저장된 파일들을 검색하여 자신의 컴퓨터로 가져오거나 다른 사용자에게 파일을 제공하는 활동

① 기업 간 전자상거래(Business to Business EC : B2B, BtoC)

기업 간 전자상거래는 기업과 기업 사이에 발생할 수 있는 다양한 거래를 인터넷과 웹을 통하여 문서나 정보를 교환하는 것을 의미한다. 즉 주문, 조달/구매, 제조(생산), 판매, 상거래 서류 송·수신, 협상 등의 기업의 활동정보를 온라인상에서 교환하는 것이다. 재화나 용역 생산 시 원자재의 조달과 제품개발, 금융업무, 물품운송 등 기업 간의 업무처리를 인터넷과 웹(web)을 이용하여 전자적 매체로 이행하는 제반 과정을 의미한다. 이전에는 문헌에서 전자시장이라는 용어로 사용되었으며, 통상 BtoB나 B2B로 표기한다. 전자시장은 시장가격과 상품제공에 대한 정보를 교환하여 수평적인 시장에서 구매자와 판매자를 연결하는 정보시스템이다. 기업 간 거래는 가치창출이 이루어지는 활동을 기업과 기업의 거래에 초점을 맞춘 것이다.[20] 여기에 응용될 수 있는 분야는 전통적인 EDI나 광속상거래(CALS), 공급자관리, 재고관리, 선적에 필요한 문서정보, 결제관리 등이다.

최근에는 그 거래형태가 주로 e-마켓플레이스(marketplace)에서 이루어지고 있다. e-마켓플레이스는 상품의 구매와 판매를 위한 기업 간 전자상거래의 핵심으로 내부적으로는 비용절감과 외부적으로는 매출확대를 기할 수 있다. 또 기업 간 전자상거래는 기업 간 물류정보를 공유하기 때문에, 재고가 감축되고 물류의 가시성 확보(order tracking)로 납기대응이 향상되며, 전자문서 활용으로 종이제거 효과(paperless)와 리드타임 단축 및 거래비용의 절감 등의 효과가 있다.[21]

② 기업과 소비자 간 전자상거래(Business to Customer EC : B2C, BtoC)

기업 대 소비자 간 전자상거래는 BtoC 또는 B2C로 표기하며, 기업이 고객에게 온라인상에서 제품과 서비스를 제공하는 수단이다. 즉, 기업과 개인이 전자적 매체를 통신망과 결합하여 재화나 용역을 거래하는 제반 행위를 의미한다. 여기에는 기업과 고객 간에 이루어지는 거래에 초점을 맞춘 것으로 인터넷 쇼핑(온라인 주문, 온라인 시장), 전자상점(electronic shop), 전자뱅킹(자금이체, 거래조회, 계좌관리 등), 전자정보 서비스(방송, 오락, 게임 등) 및 교육, 전자중개상 등이 있으며 인터넷 광고와 마케팅, 판매, 고객 서비스 등 고객 지향적인 전자상거래가 주로 활용될 수 있다.

고객은 지속적으로 보다 편리하고 저렴한 가격을 요구한다. 전자상거래는 고객에게 온라인으로 목록을 검색하여 주거나 폰뱅킹을 통한 편리한 쇼핑방법을 제공하며,

---

20) 안중호·박철우, 전게서, 4면.

21) http://www.kebic.or.kr/model/b2b.asp.

고가의 소매점에서 구입하는 비용을 절감시켜 준다. 전자상거래는 수많은 중간 유통단계를 줄여 제조업체에 직접 주문할 수 있도록 한다. 이는 또한 제조업체로서는 재고량의 감축과 판매비용을 절감할 수 있으며, 적은 비용으로 고객에게 간접적으로 제품 및 서비스를 제공할 수 있도록 한다. 따라서 소비자의 입장에서는 시간과 비용의 절감, 기업 입장에서는 고객에 대한 새로운 채널(channel) 확보 및 새로운 사업기회의 창출 등을 가능하게 한다.[22)]

③ 기업과 정부 간 전자상거래(Business to Government Business EC : B2G, BtoG)

기업 대 정부 간 거래는 기업과 정부기관 간의 모든 전자거래를 의미한다. 정부의 조달대상을 인터넷을 통하여 공시하고 기업들이 이에 응하는 경우이다. 정부의 전자조달과 비즈니스 통신에 대한 여타 정부기관이 포함된다.

현재 이 유형의 전자상거래는 출발점에 있지만, 정부가 전자상거래의 성장을 촉진시키기 위하여 독자적인 운영을 시작하면 급속히 팽창할 것으로 보인다. 정부는 정부조달 이외에도 그러한 거래를 위하여 기업의 세금납부와 부가가치세 환급과 같은 거래를 위하여 전자상거래를 이용할 수도 있을 것이다.[23)]

④ 소비자와 기업 간 전자상거래(Customer to Business EC : C2B, CtoB)

소비자가 개인적으로 또는 단체를 이루어 기업, 즉 제품의 공급업자나 제조업자에게 결제, 가격 및 수량 등 거래조건을 제시하고, 구매하는 거래방식으로 소비자 중심의 전자거래 형태이다. 이 거래에 해당하는 역경매는 최근에 들어 B2B 영역이나 전자조달 영역으로 비즈니스 모델이 확장되고 있다.

⑤ 소비자와 소비자 간 전자상거래(Customer to Customer EC : C2C, CtoC)

소비자 간 전자상거래는 개인 소비자와 개인 소비자가 상품이나 서비스를 인터넷과 웹상에서 흥정을 하고 중계인 없이 직접 물품을 매매하는 것이 소비자 간 거래이다. 대표적인 거래로는 미국의 e베이나 우리나라의 옥션과 같은 인터넷 경매(e-Action)가 있다. 이 거래는 인터넷이라는 특성을 잘 살릴 수 있는 분야 중 하나이며 일반 소비자들 모두가 자신에게 맞는 거래를 통해 실질적인 부가가치 창출과 효과를 누릴 수 있다.

C2C 시장 규모 특성상 소수의 유명 C2C 업체 외에는 소규모로 운영되고 있는 새

---

22) http://www.kebic.or.kr/model/b2b.asp 참고.

23) http://www.ec1.wo.to/ 보완.

로운 e-마켓플레이스의 진입이 힘든 것으로 여겨진다. 판매업체나 e-마켓플레이스와의 협력 관계로 운영되는 B2C와는 달리 C2C e-마켓플레이스는 소비자가 상품을 판매하는 것이므로 고정 판매자 확보가 쉽지 않아 일정한 규모가 형성되지 않으면 운영이 어려운 형편이므로 대부분의 C2C 업체들은 B2C나 B2B e-마켓플레이스로 확장하고 있는 상황이다.[24)]

⑥ 정부와 시민 간 전자상거래(Government to Citizen EC : G2C, GtoC)

정부와 시민 간 거래는 정부 및 정부기관, 공공기관, 구청(동사무소) 등 정부 측과 시민들 간에 발생하는 복지위한 각종 지불과 세금환급 등과 같은 분야에서 시민 간의 전자적 처리를 포함한다. 전자상거래가 발전함에 따라 정부는 시민과의 거래에 있어서 전자거래를 확대 적용할 수도 있을 것이다.

⑦ PtoP(Peer to Peer)

PtoP는 'peer to peer'의 준말로, Peer가 친구나 동료를 의미하듯이 인터넷을 이용하여 다른 사용자들의 컴퓨터에 자기 집 넘나들듯이 쉽게 접속해 각종 정보와 파일을 공유할 수 있도록 해주는 시스템이다. 이 기술의 가장 큰 장점은 기존 구글(GOOGLE)과 같은 전문검색 서비스의 한계를 극복한다는 것이다. 즉 P2P는 개인들이 공급자 또는 소비자 입장에서 다른 사람들의 컴퓨터에 저장된 파일들을 검색하여 자신의 컴퓨터로 가져오거나 다른 사용자에게 파일을 제공하는 활동을 의미한다. 파일을 가져오는 입장에서는 소비자라 할 수 있고 자신의 컴퓨터의 파일을 누군가 가져간다면 공급자가 되는 것이다. 즉 개인용 컴퓨터는 클라이언트(client)인 동시에 서버(server)의 역할을 하기도 하며 개인 자신은 소비자이면서 동시에 공급자가 되기도 한다.[25)]

[표 1-12] 거래유형별 활용형태

거래유형	활용형태
B2B	CALS, EDI, EFT(전자 자금 이체), 결제관리, 재고관리
B2C	온라인 쇼핑몰, 전자뱅킹, 온라인 광고, 교육, 게임, 오락
C2C	경매, 벼룩시장
B2G	조달 EDI
G2C	온라인 행정서비스, 정보제공, 세금환급, 연금지급

24) http://www.kebic.or.kr/model/auction_c2b.asp.

25) http://www.scitech.co.kr/upload/book_image/s_033/e-Business%20Ch01.PDF

제 3 절 전자상거래의 기반과 구현

1. 전자상거래의 기반

(1) 전자상거래의 기본 요소

정부, 기업, 소비자 등 경제주체들이 다양한 형태의 경제활동을 전자적으로 수행하기 위해서는 이를 지원하는 기반구조가 필요하다. 전자상거래의 기반구조는 기술적(네트워크와 정보기술), 기능적(표준), 조직적(법·제도), 사회적(인식, 교육) 기반으로 분류할 수 있다.

전자상거래 체제의 구축에 필요한 기반요소는 특히 기업의 정보시스템 환경에 따라 매우 상이해 질 수 있으며, 전자상거래 환경의 구축과정에서 새로운 정보기술의 추가 등이 가능하다. 따라서 전자상거래 체제의 구축을 위한 기반요소는 이러한 가변적 정보기술들을 포함할 수 있는 중·장기적 정보시스템 기반이라 할 수 있다.26)

[표 1-13] 전자상거래의 기본요소

구 분	관련 기술
기술 기반(Technical Infrastructure)	통신 기술, 보안 기술
기능 기반(Functional Infrastructure)	표준(데이터 포맷, 보안 표준)
조직 기반(Organizational Infrastructure)	법, 제도, 교환약정
사회 기반(Social Infrastructure) 등	거래 관행/규칙, 사회적 인식

① 기술 기반

전자상거래의 기술 기반으로는 초고속 정보통신망을 우선 거론할 수 있으나, 이러한 네트워크 인프라뿐만 아니라 전자지불시스템, 전자화폐, 인증 서비스도 전자화된 시장거래를 지원하기 위한 기술적 하부구조의 주요 구성요소로 볼 수 있다. 즉, 통신기술이 기초가 되어야 하며 정보보호를 위하여 보안기술이 필요하다.

② 기능 기반

전자상거래의 기능적 기반은 표준에 해당된다. 전자지불시스템 관련 표준으로는 비자(VISA)와 마스터(MASTER)가 제정한 신용카드 방식의 전자상거래 절차를 규정

26) http://www.community-ec.com/ec-license/ec/ec_5.htm. 보완

한 SET(Secure Electronic Transaction)[27]이 사실상 현존하는 표준(de facto standard)으로 인정되었으나, 사용의 번거로움, 처리시간의 지연 등으로 거의 활용되고 있지 않고 있으며, 대부분의 경우 웹서버와 클라이언트(client) 간 안전한 통신을 위한 통신 규약(protocol)인 SSL(Secure Socket Layer)[28]을 이용한 보안을 수용하고 있다. 따라서 표준(데이터 포맷, 보안표준)화가 필요하다.

③ 조직 기반

국제협력기구의 주요 현안으로 대두되어 있는 글로벌 전자상거래에 대한 정책적 대응과 경제 활성화를 위해 전자상거래를 활성화하려는 그간 정부의 노력으로 전자상거래에 관한 다양한 법제가 제도화되었다. 그리고 최근에는 「전자거래기본법」을 「전자문서 및 전자거래기본법」으로 개정하였다. 「전자문서 및 전자거래기본법」의 제정·운용으로 전자문서와 전자서명이 법적 효력을 갖게 되었으며, 「전자서명법」은 국내 인증기관의 운용에 관한 제반 규정을 명문화하여 인증기관이 전자상거래의 신뢰형성을 위한 주요 기술기반으로 작용하도록 하였다.

따라서 전자상거래 시스템의 활성화와 지속적인 유지를 위하여 사회법규나 제도 등을 고려하여 구축되어야 한다.

④ 사회 기반

전자상거래의 사회적 기반은 전자상거래에 대한 사회 일반의 의식기반에 해당하는 것으로 기업, 소비자에게 전자상거래의 파급효과를 인식하게 하고 전자상거래로 발생하는 효용을 향유하도록 유도하기 위한 각종 홍보, 교육, 운동이 필요하다. 즉 전자상거래의 과정에서 발생하는 상거래 윤리, 거래관행 및 규칙 등을 준수해야 한다.

(2) 전자상거래의 구성요소

전자상거래는 정보인프라 부문, 사회·제도적 부문, 진행절차 부문, 요소기술 부문 및 응용소프트웨어 부문 등으로 구성된다.[29]

---

27) 전자상거래에서 지불정보를 안전하고 비용 효과적으로 처리할 수 있도록 규정한 프로토콜이다.

28) 웹 클라이언트와 웹 서버 간 통신을 하는데 있어서 데이터의 암호와 그 인증을 제공하기 위해 넷스케이프(Netscape Navigator)가 개발한 보안규약이다.

29) http://www.ecclass.co.kr/eclecture1-3.htm.

[표 1-14] 전자상거래의 구성요소

구 분	내 용
정보 인프라 부문	네트워크, 멀티미디어 기술, 정보고속도로 등 네트워크와 그에 관련된 기술
사회 · 제도적 부문	전자상거래의 사회 환경적 구성요소로서 인터넷 사용인구, 시장규모, 활용매체, 법제도, 사업자 등
진행절차 부문	쇼핑몰 또는 웹사이트의 접속하여 거래하는 절차
요소기술 부문	시스템간의 호환을 위한 관련 기술 및 이들의 표준화
응용 소프트웨어 부문	하드웨어인 정보처리장치 이외에 특정한 상거래업무를 처리하기 위한 응용 소프트웨어

① 정보인프라 부문

정보인프라 부문은 네트워크, 멀티미디어 기술, 정보고속도로와 일반 기업에 대한 서비스 등을 모두 포함하는 것으로, 즉 네트워크와 그에 관련된 기술을 의미하는 것이다.

② 사회·제도적 부문

사회·제도적 부문은 전자상거래의 사회·환경적 구성 요소로서 인터넷 사용인구, 시장규모, 활용매체, 법제도, 사업자 등을 들 수 있다. 특히 개인의 정보에 대한 유출이나 기술적 표준 등을 포함하여 전자상거래가 활성화되기 위해서 사회적·제도적으로 지원되어야할 장치나 법률 등을 의미하는 것이다.

③ 진행절차 부문

진행절차 부문은 전자상거래에 있어서 쇼핑몰 또는 웹 사이트의 접속하여 상품의 주문, 대금결제 시 신용카드 등의 사용에 대한 인증 및 결제, 상품배송, 마케팅기술의 활용 등에 의한 고객관리와 사후관리 활동 등의 순서를 의미한다.

④ 요소기술 부문

요소기술 부문은 전자상거래는 서로 다른 기종의 컴퓨터들이 연결되어 이루어지기 때문에 시스템 간의 호환을 위한 관련 기술 및 이들의 표준화를 의미한다. 즉 전체 네트워크 내에서 정보의 생산·교환·이전 및 호환성을 보장하는 기술적 표준, 그리고 전자상거래의 이용에 따른 이용자의 보안과 이용 상의 편리성을 위한 서비스 기술 등을 의미한다.

⑤ 응용 소프트웨어 부분

전자상거래를 하기 위해서는 하드웨어인 정보처리장치 이외에 특정한 상거래업무를 처리하기 위한 응용 소프트웨어가 필요하다. 예컨대 주식을 매매하기 위해서는 그 거래를 위한 증권거래 소프트웨어가 필요하고, 또 가상 쇼핑몰에서 물품매매를 위해서는 그 매매를 위한 소프트웨어가 필요한 데, 이와 같이 특정한 상거래업무를 실행하기 위한 각종 거래관련 소프트웨어를 의미한다. 이러한 응용소프트웨어는 그 이용자가 이용하기 편리하도록 개발하여야 한다.

2. 전자상거래의 주요 형태와 체계30)

(1) 인터넷 쇼핑몰

기업과 소비자 간 전자상거래의 가장 대표적인 형태로 일련의 상거래 과정이 온라인상에서 전자적으로 이루어지는 가상공간이 바로 인터넷 쇼핑몰이라고 할 수 있다. 이러한 사이버 쇼핑몰은 다음과 같이 두 가지 형태로 구분할 수 있다.

① 단일상점(Cyber shop)

고객이 직접 온라인 쇼핑몰에 접근할 수 있도록 구성되어 있는 형태로 고객이 구매하고자 하는 물품을 직접 구매할 수 있다. 이 방식은 고객이 구매하려는 물품을 취급하는 쇼핑몰의 웹 사이트를 정확히 알고 있을 경우 효율적인 쇼핑을 할 수 있다. 그런데 그렇지 않을 경우에는 구매하고자 하는 상품을 취급하는 상점을 찾기 위해 여러 웹 사이트를 방문해야 하는 번거로움이 있다.

[표 1-15] 전자상거래의 주요 형태와 체계

주요 형태 및 체계	내용
인터넷 쇼핑몰	단일상점(Cybershop), 몰엔몰(Mall and Malls)
전자결제시스템	사이버 공간에서 물품의 구매와 동시에 대금결제가 이루어지는 주문 · 결제 · 배달의 일원적 쇼핑(one stop shopping)이 실현 필요
물류배송체계	제조업체로부터 최종 소비자에게 이르기까지 제품 또는 서비스의 흐름 관리
보안 및 인증시스템	보안은 크게 시스템 보안과 네트워크 보안으로 구분

30) http://cafe.daum.net/erp1/I2Gk/2.

② 몰 앤 몰(Mall and Malls)

많은 종류의 상점들을 온라인상에 입점시켜 집합체로서 운영되도록 설계된 방식으로 이러한 쇼핑몰에서는 다양한 종류의 쇼핑몰과 상품을 취급하고 있기 때문에 방문 고객이 한 몰(Mall) 사이트에 방문하여 여러 가지 상품을 구매할 수 있다. 따라서 웹 방문의 빈도를 줄일 수 있어 효율적이다.

(2) 전자결제시스템

물품구입자가 인터넷상에서 물품을 구매하고 대금지급을 직접 은행을 방문하여 송금하거나, 전화상으로 신용카드 번호를 알려주는 결제방식은 거래당사자 모두에게 불편하다. 따라서 인터넷상의 사이버 공간에서 물품의 구매와 동시에 대금결제가 이루어지는 주문·결제·배달의 일원적 쇼핑(one stop shopping)이 실현되어야 한다.

이러한 전자상거래의 대금결제를 위한 전자결제시스템에는 전자화폐, 인터넷 신용카드, 전자수표, 전자자금이체 등이 있다.

(3) 물류배송체계

모든 유통경로 상의 제품 또는 서비스는 중간상 또는 고객이 원하는 장소와 시간에, 그리고 약정된 품질로 전달되어야 하는데, 물류는 이러한 제조업체로부터 최종 소비자에게 이르기까지 제품 또는 서비스의 흐름을 관리하는 것을 의미한다.

기업의 물류관리는 마케팅, 유통, 판매활동과의 전체적인 맥락에서 고려하여야 하며, 기본적인 수송과 보관 이외에 경쟁적 우위를 확보함으로써 차별적인 마케팅 활동을 수행하기 위한 전략적 도구로 활용하여야 한다. 또한 비용 효율화 차원을 넘어 신속한 배송, 안전한 배달 등 고객의 다양한 욕구를 만족시켜 주는 것으로 물류 목표의 전환을 시도하여야 한다.

물류관리는 기술의 발전과 깊은 관련을 맺고 있는데, 정보처리의 전산화, 각종 자동화된 물류설비의 발전은 개별기업의 물류활동을 보다 원활하게 수행할 수 있도록 해준다. 특히 전자상거래는 기존의 상품 구매과정과는 다르기 때문에 기업은 전자상거래 환경에 맞는 대 고객서비스 방향을 설정하고 최소의 물류비로 이를 달성할 수 있도록 각 물류 활동을 새로운 차원에서 관리해야 한다.

기업은 생존전략으로서 정보통신기술과 더불어 발전하고 있는 전자상거래 시장에서의 고객서비스 및 경쟁력 향상을 위해 대도시 중심의 물류센터 운영, 상품의 대량

확보, 배송거리 최소화, 개별 물류이동의 최소화, 물류자동화시스템의 연결, 인터넷 EDI 등을 활용한 효율적인 공급체인을 형성하는 효과적인 물류 및 배송 체계를 갖추어야 할 것이다.[31)]

(4) 보안 및 인증시스템

인터넷에서의 보안은 크게 시스템 보안과 네트워크 보안으로 나눌 수 있다. 시스템 보안이란 시스템에는 모든 고객의 거래내용이나 신용카드 번호, 계좌번호 및 비밀번호 등과 같은 개인적인 정보들이 많이 저장되어 있는데, 이것을 해커(hecker)들이 침입해 파괴하거나 도용할 수 없도록 하는 것을 말한다.

또 네트워크 보안이란 인터넷을 통해 전달되는 각종 거래에 관한 비밀정보가 중간에 제3자에 의해 누출·변경되지 않도록 하는 것이다. 이러한 문제를 해결할 수 있는 여러 가지 보안기법이 연구·개발되고 있는데, 이 중에서 대표적인 것이 암호화 방식이다.

그리고 모든 유통경로 상에 있어서 제품 또는 서비스는 중간상 또는 고객이 원하는 장소, 시간, 그리고 정해진 품질로 전달되어야 하는데, 물류는 이러한 제조업체로부터 최종 소비자에게 이르기까지 제품 또는 서비스의 흐름을 관리하는 것을 의미한다.

3. 전자상거래 구현단계

전자상거래 구현단계에서는 웹이나 온라인 서버에 접속한 고객 수, 처리채널, 현금가치 및 이익, 시장점유율의 변화, 새로운 제품개발로 연결된 고객의 피드백(feedback), 정보기반의 신상품 개발 등이 평가기준이 된다.

전자상거래 체제의 구축에 필요한 기반요소는 특히 기업의 정보시스템 환경에 따라 매우 상이해 질 수 있으며, 전자상거래 환경의 구축과정에서 새로운 정보기술의 추가 등이 가능하다.

따라서 전자상거래 체제의 구축을 위한 기반요소는 이러한 가변적 정보기술을 포함할 수 있는 중·장기적 정보시스템의 기반이라 할 수 있다.

전자상거래의 구현은 다음과 같이 크게 4단계로 나눌 수 있다.[32)]

---

31) 이동렬, 전자상거래와 e-Trading 자료.
32) 심상렬, EBS 전자상거래관리사, 에이듀넷, 2005.

[표 1-16] 전자상거래의 구현단계

구현 단계	내 용
현행 업무의 전자화 단계	종이문서의 전자화에 초점
업무처리의 증가 단계	업무처리를 전자적으로 수행하는 양이 증가한 단계로 기술을 흡수하여 일부 업무처리 프로세스의 변경을 가져오는 단계
업무절차의 혁신 단계	비즈니스 모델의 변경 단계로서 업무절차 혁신(BPR)이 필요
외부와의 업무통합 단계	새로운 고객을 확보하고 수익을 증대

(1) 현행 업무의 전자화 단계

종이문서의 전자화에 초점이 맞춰져 있으며, 이 단계에서는 기술을 얼마나 잘 수용하는 가가 관건이다. 이 경우에는 종이문서 처리에 따르는 간접비용의 감소, 정확성 증가, 거래처리 건수 및 거래처 수 등이 측정의 대상이 된다.

(2) 업무처리의 증가 단계

조직이 업무처리를 전자적으로 수행하는 양이 증가한 단계로 기술을 흡수하여 일부 업무처리 프로세스의 변경을 가져오는 단계이다. 이 단계에서 전자상거래 구현의 평가는 재고감소, 사이클 주기의 단축, 노동력의 감소, 외상채권의 기간단축 등과 같은 운영의 효율성에 초점이 맞추어진다.

(3) 업무절차의 혁신 단계

비즈니스 모델의 변경 단계로서 업무절차 혁신(BPR)이 필요하다. 이 단계에서는 신속대응(QR), 효율적 고객대응(ECR), 적기공급체제(JIT) 등의 전략을 추구하게 된다. 이 단계에서의 평가척도는 생산성, 품질, 자금회전 등을 중심으로 이루어진다.

(4) 외부와의 업무통합 단계

전자상거래는 새로운 마케팅, 판매, 유통, 고객서비스 채널의 창출을 위한 수단으로 사용된다. 인터넷 상에 홈페이지를 개설하여 새로운 고객을 확보하고 수익을 증대시키는 것이 해당된다.

4. 광속상거래(CALS)

(1) CALS의 개념

CALS(Commerce At Lighted Speed : 광속 상거래)는 제품의 발주, 수주 및 구매 절차로부터 생산과 유통, 폐기에 이르기까지 전 수명주기를 관리할 수 있는 정보체계를 말하며, 제품에 대한 총체적인 관리를 기본으로 모든 산업에 적용할 수 있는 제조업의 산업 정보화를 의미한다.

그리고 CALS는 각종 기술 자료를 디지털화하여 관련 데이터를 통합·운영하는 업무환경을 의미한다. 정보화 및 경영혁신과 비용을 절감하고 생산성을 높이기 위한 생산전략이다. 1993년 미국 국방부와 방산 업체가 중심이 되어 도입되었으며 초기에는 컴퓨터에 의한 물류통합체계의 의미로 사용되었으나 1998년부터는 전자상거래의 의미로 널리 사용되고 있다.[33)]

(2) CALS의 출현배경과 발전과정

① CALS의 출현배경

CALS는 1982년 국방 예산과 운영·유지비 절감을 위한 미국 국방부장관의 지시에 의하여 연구가 시작되었으며, 그 주원인이 낙후된 통신과 서류에 의한 업무처리라는 결론에 따라 이를 해결하기 위하여 컴퓨터 기술을 이용하고자 하는 것이 CALS의 기본개념이며, CALS가 출현하게 된 배경은 다음과 같다.[34)]

당시 미국에서 컴퓨터의 사용이 실용화되어 컴퓨터 기술의 이용이 가능하고 대중화되기 시작하였다.

둘째, 연구개발과 정보교류를 위한 국방 전산망이 구축되어 데이터의 검색과 교환, 사용을 가능하게 하는 통신 문제를 해결하게 되었다.

셋째, 장비의 획득 및 군수지원 절차에서 서류가 너무 많고, 데이터가 중복되고 부정확하며, 업무수행 기간이 많이 소요되고 비용이 많이 든다는 문제점이 있어 이를 해결할 목적으로 이러한 CALS의 개념이 출현하였다.

---

33) http://www.hong21.pe.kr/

34) http://www.hong21.pe.kr/

② CALS의 발전과정

시대의 변화와 함께 CALS 개념도 그림과 같이 변화·발전하고 있으며 이를 살펴보면 다음과 같다.

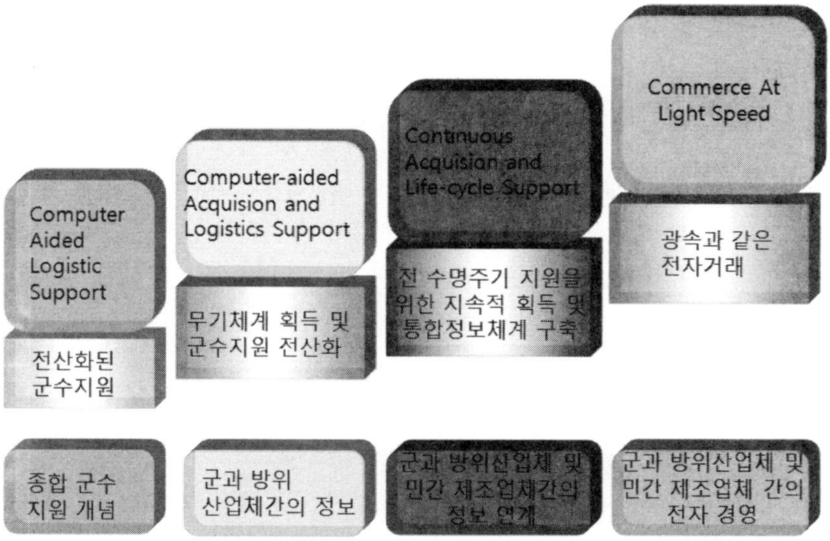

[그림 1-2] CALS의 발전단계

첫째, 처음에는 군에서 무기체계의 군수지원 전산화(Computer Aided Logistic Support)라는 개념으로 시작되었고, 이것은 초기에 무기체계의 군수지원을 위해 디지털 정보의 통합과 정보의 공유를 통한 신속한 자료처리 환경을 구축하는 개념이었다.

둘째, 다음에는 무기체계 획득 및 군수지원 전산화(Computer-aided Acquisition & Logistic Support) 내용으로 발전하였으며, 이 단계는 무기 체계의 군수지원뿐만 아니라 획득과정을 포함하는 총체적 군수지원의 개념으로 확장된 것이다. 이러한 CALS 개념을 통하여 기술정보를 한 번 입력함으로써 이루어진 데이터베이스(database)를 서로 다른 허용된 관련 기관이나 업체들이 공유함으로써 재입력 없이 여러 번 사용할 수 있어 업무혁신은 물론 상당한 비용절감을 가져오는 개념으로 발전되었다.

셋째, 그 후 생산, 조달, 운영지원 통합 정보화(Continuous Acquisition & Life-cycle Support)라는 개념으로 군수뿐만 아니라 민수산업 분야로 확산되었으며, 이 단계의 CALS는 제조업의 산업 정보화에 가장 가까운 의미로서 제품의 발주, 수주 및 구매 절차로부터 생산과 유통, 폐기에 이르기까지의 전 수명주기를 관리할 수 있는 체계를 지원해 주며, 제품에 대한 총체적 관리를 기본으로 모든 산업에 적용할 수 있음을 의미하는 개념으로까지 발전된 것이다.

넷째, 최근에는 광속의 상거래의 의미로 발전하고 있으며, 이 개념은 통신에 의한 정보의 전달 과정에 주목하고 각국의 국가 초고속 정보통신망의 구축계획 및 인터넷 사용의 확산과 더불어 전 세계를 연결하는 초고속 통신망의 기반환경이 실용화 단계에 도달함으로써 광속과 같이 빠른 초고속 전자거래의 의미로 활용되고 있다.

(3) CALS의 기본 구조

CALS의 기본구조는 생존성 있는 CALS 시스템을 구축하기 위한 중요한 환경적 요소로써, 개방형 시스템 구조의 기본 골격이라고 볼 수 있다. 특히 기존의 정보화에 대해 유용한 접근모델이 된 전사적 정보관리 모델과 일관성을 가지므로 크게 다음과 같은 내용을 충족하고 있다.

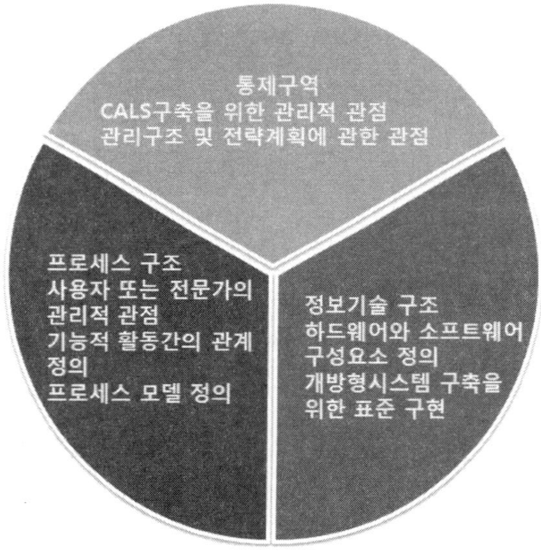

[그림 1-3] CALS 기본구조

첫째, 통제 아키텍처(architecture)는 CALS 구현을 위한 전략적 계획 및 관리 아키텍처로 구성된다. 즉 정보 아키텍처의 요구에 의한 소요 기술의 식별 및 정의, 정보자원 관리정책, 데이터의 정의 및 표준, 정보자원의 데이터 모델, 그리고 추진체제 및 업무처리 절차 등을 포함한다. 정보 아키텍처에서 표현된 자료의 요구사항과 함께 컴퓨터시스템 아키텍처에 의해 제공되는 관련 기술 및 정보 지원을 규정화하는 관리적인 관점이 바로 CALS의 통제 아키텍처이다.

둘째, 정보 아키텍처는 조직에서 필요로 하는 모든 정보 및 자료를 체계화하여 사용자가 쉽게 활용하게 하는 아키텍처이다. 정보 아키텍처의 모델을 정립하기 위해서는 디지털 데이터의 관리와 통제, 단일화된 시스템으로 전환하기 위한 표준화, ATM(Asynchronous Transfer Mode) 기반의 통신망 활용, 디지털 데이터의 수신 및 자동 검증, 글로벌 등록기관(global repository)을 이용한 기술정보 공유, 정보 일관성 보장, 기술정보에 대한 접근통제 및 정보보호 등과 같은 기반기술의 환경을 고려하여야 한다. 최근 정보 아키텍처에서의 가장 중요한 변화는 '지식기반 공학'(knowledge integrated engineering activity)을 수행하기 시작했다.

셋째, 컴퓨터시스템 아키텍처는 통제 아키텍처에 기초하여 정보 아키텍처를 구현하기 위한 제반 정보기술로써 정보통신망, 멀티미디어, 데이터베이스 관리시스템, 사용자 인터페이스시스템, 각종 응용소프트웨어들을 총칭하는 것이다. 컴퓨터시스템 아키텍처에서는 기존의 또는 구축 중인 모든 정보시스템을 분석하고, 개방형 시스템으로 구축하기 위한 표준의 적용 노력을 기울여야 한다.

따라서 조직이 효과적으로 CALS를 구현하기 위해서는 전사적 정보관리의 관점에서 세 분야에 대해 균형 있게 전략을 수립하고 다양한 전문가들의 적극적인 참여와 공동협력이 절실히 요청된다.

(4) CALS의 적용범위

CALS 개념의 적용범위는 모든 제조업 제품의 생산, 조달과 운용지원 과정에서 디지털 형태의 기술 데이터를 생성, 저장, 분배 및 사용하는 것을 포함하고 있기 때문에 제품(시스템)의 설계, 제작, 정비, 운용 및 폐기 단계까지 매우 광범위하다. 또한 기술 데이터는 기술도면(ED : Engineering Drawing), 생산과정의 데이터, 운용지원 분석(LSA : Logistic Support Analysis) 데이터, 그리고 시스템의 시험평가 및 장비의 운영 데이터 등을 포함하고 있다.

(5) CALS의 목표

CALS는 제품의 설계와 생산, 운용지원을 포함하여 관련된 절차 내에서 디지털화된 기술 자료를 서로 공유하면서 설계와 동시에 운용지원 요소까지를 동시에 고려하는 동시공학의 절차를 용이하게 제공하며, CALS는 이러한 절차의 기능적 요소를 수행 시 데이터의 공유를 통해서 개발, 엔지니어링, 그리고 생산 및 운용지원을 위해 상호간 전자적으로 데이터의 접근이 가능하도록 하기 위한 환경을 제공한다.

CALS의 목표는 리엔지니어링의 획득과 자동화 도구에 의한 획기적인 제품개발 기간의 단축, 품질의 향상 및 획득과 운용지원 비용의 감소이다. 그리고 이러한 향상된 정보와 기술공정을 지원하기 위한 통합된 환경을 제공한다.

(6) CALS 적용의 이점 및 기대효과

CALS의 적용을 통하여 서류의 감소와 시간의 단축, 그리고 이를 통한 비용과 인력의 절감효과와 함께 기존의 비효율적인 업무요소를 제거할 수 있는 등의 이점을 얻을 수 있으며, 기업과 기업 간의 CALS 적용 효과는 [그림 1-4]와 같이 결국 네트워크를 통한 정보의 교환과 통합 데이터베이스를 통한 정보의 공유가 가능하므로 자사뿐만 아니라 전 세계의 기업들과 기업통합(enterprise integration)이 가능해진다는 것이다. 이외에도 특히 대형 시스템(무기, 선박, 항공기, 기차, 대형의 자동화 장비 등)의 개발 획득 및 물류지원에 CALS의 적용을 통하여 다음과 같은 효과를 기대할 수 있다.

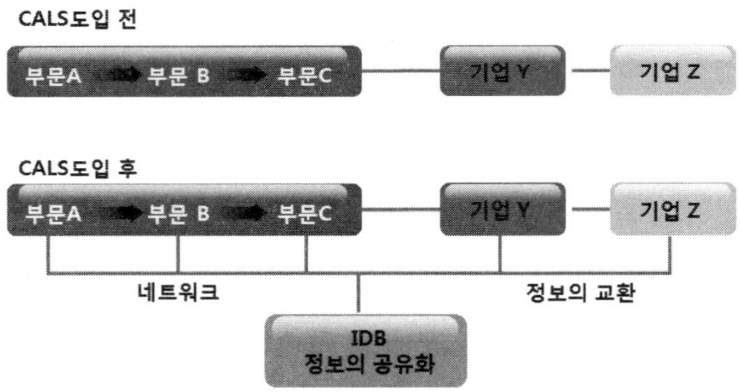

[그림 1-4] 기업 간의 CALS 적용효과

[표 1-17] CALS와 전자상거래와 비교

	CALS	E C
주체	조직(기업, 정부)	조직(기업, 정부) 및 개인
적용업무	기획, 설계, 생산, 조달, 운용 등 제품의 전체 순환주기	제품 및 서비스의 광고 중개, 매매, 배달, 대금결제 등 제반 상거래 행위
적용대상	기업, 산업군	시장(불특정 다수의 수요, 공급자
핵심기술	자료의 공유, 시스템 간 연계 및 통합기술	인터넷 기반의 응용기술
구현기술	동시공학(CE), 전자기술교범(IETM), 계약자 통합기술 정보서비스 체계(CITIS) 등	전자상점, 전자결제, 인증, Web EDI 등

제 4 절 전자상거래시장의 현황과 동향

1. 전자상거래시장의 국제동향과 전망

(1) 국제기구의 동향

전자상거래가 세계 경제에 미치는 영향이 점점 커지면서 각국 정부는 물론 관련 국제기구에서도 전자상거래에 대해 지대한 관심을 기울이고 있다. 국제기구에서의 전자상거래에 대한 논의는 OECD(Organization for Economic Cooperation and Development : 경제협력개발기구)의 주도로 1994년 이후 본격화되었으나, 전자정보의 교환 등 개별 이슈에 대한 기본적인 논의는 이미 1980년대부터 진행되었다. OECD의 경우 전자상거래에 대한 논의는 초기에는 개인정보 보호와 정보이동의 자유 등에 중점을 두었다. 그러나 최근에는 전자적 환경에서의 상업적 활동의 유용성 및 경제 질서에 미치는 영향에 대한 인식과 함께 무역, 경쟁, 정부조달, 조세 등 국제 경제활동 측면에 대한 연구 분석과 논의가 증대되고 있다.[35)]

① UN 국제무역거래법위원회(UNCITRAL)

UN 국제무역거래법위원회(UNCITRAL)에서는 96년 6월 전자메시지의 효력 및 법적 구속력, 전자서명의 인정 및 법적 효력, 전자서명 인증기관 및 배상책임, 해상운송 서류의 법적 문제 등에 관한 규정을 담은 "전자상거래에 관한 모델법"을 제정한 바 있다. 이는 법적 구속력은 없으나 향후 각국이 전자상거래 관련법을 제정할 경우 하나의 지침으로서의 역할을 할 것이다.

② 아시아·태평양 경제협력체(APEC)

APEC에서는 "민간 부문의 인프라 투자촉진을 위한 기본 골격"을 채택하여 2001년까지 아태 정보화 사회 달성을 목표로 전자상거래 촉진을 위한 암호화, 안전장치 개발 및 인적자원개발을 추진 중이다. 그리고 ESCAP(유엔 아태 경제사회이사회)는 UNCTAD(유엔 무역개발회의)와 공동으로 97년 5월 "아태 정보기술 및 전자상거래에 관한 회의"를 개최한 바 있다. 이 밖에 세계무역기구(WTO), 세계지적재산권기구(WIPO), 국제상업회의소(ICC) 등의 정부 또는 민간차원의 국제기구들에서도 전자상거래 촉진을 위해 활발한 논의가 진행되고 있다.

---

35) http://www.kebic.or.kr/common/html/kiec_frm.asp.

[표 1-18] 국제기구의 전자상거래 논의동향

국제기구	내 용
OECD	• 초기 개인정보의 보호와 정보의 자유이동 측면 중점 • 핀란드 투르크 회의 (1997.11)를 통해 OECD 전체차원으로 확산 • 향후 범세계적인 현안문제 해결을 위한 국제협력기구로 전망
APEC	• 미국의 전자상거래 정책 발표 이후로 APEC의 주요 의제로 포함 • 1998년 민간 부문의 인프라 투자촉진을 위한 기본 틀을 채택
UNCITRAL	• 1996.5 UNCITRAL에서 전자상거래에 관한 모델법 제정 • 2000.2 아태지역의 전자상거래 확산 논의
WIPO	• 1996.12 저작권 조약과 공연 및 음반조약 채택 • 시청각 작품 및 비 독창적 데이터베이스 관련 저작권 적용 여부 검토 중
WTO	• 1996.12 ITA 각료선언을 채택하고, ITA 선언 시행문 채택 • WTO 정보기술위원회에서 품목확대 협상을 위한 ITA-II 협상 • 1998년 시애틀 제3차 각료회의에서 전자상거래 무관세와 논의
ICC	• 범세계적 전자상거래 촉진을 위한 지침안 발표 • 2002. 4월 전자제시를 위한 신용장통일규칙의 부칙(eUCP) 제정

자료 : http://kmh.ync.ac.kr/NetworkProg/ec/ecommercial/7.htm.

(2) 주요국의 동향

① 미국

1989년에 국립 로렌스 리버모어 연구소(Lawrence Livermore National Laboratory)에서 전자상거래라는 용어를 처음 사용한 이후 미국은 인터넷 관련기술의 우위를 바탕으로 전 세계 전자상거래 시장과 OECD, APEC 등 국제협력기구에서의 전자상거래 관련 논의를 주도하여 오고 있다. 특히 미국 정부에서는 1997년에 「범세계적 전자상거래 기본 틀(A Framework for Global Electronic Commerce)」을 발표한 이후 1998년 말까지 「인터넷 무과세에 관한 법률(internet tax freedom act)」등 전자상거래 활성화를 위해 4개의 법률을 제정하였으며, 전자상거래를 NII(National Information Infrastructure)의 주요 응용분야로 선정하는 등 수요창출 및 환경조성에 주력하고 있다.

민간 부분에서는 1994년 조직된 비영리 컨소시엄인 Commerce Net을 중심으로 인터넷을 통한 전자상거래 실험사업이 활발히 진행되고 있으며 세계 표준을 주도하고 있다.

② 일본

민간 주도의 미국과는 달리, 일본은 1995년부터 통산성, 우정성 등 정부가 중심이 되어 본격적으로 전자상거래를 추진하고 있다. 통산성에서는 1997년 전자상거래 관련 기본원칙을 천명한 "디지털 경제시대를 향하여"라는 보고서를 발표하였으며, 1996년 설립된 ECOM(Electronic Commerce Promotion Council of Japan)을 통해 전자상거래 추진기반을 마련하고 있다. 우정성에서는 사이버비즈니스 협의회, 전자우편 협의회와 공동으로 EC 공동 플랫폼의 개발 프로젝트인 'INGECEP'(Integrated Next Generation Electronic Commerce Environment Project)를 추진하고 있다.

그러나 일본은 1997년까지 전자상거래와 관련하여 확실한 정책을 수립하지 못하였고, 이로 인해 민간 분야에서의 전자상거래 추진 속도도 발달된 정보통신 기반 구조와는 대조적으로 상당히 느렸다. 이러한 문제에 대응하여 일본 정부는 1998년 9월 전자상거래 작업반을 구성하여 일본의 전자상거래 정책 수립과 전자상거래 활성화를 지원하고 있으며 1999년 4월에 전자상거래 실행계획을 발표하였다. 민간부분에서는 Cyber Publishing Japan 컨소시엄을 시작으로 Electronic Commerce Network, Smart Island Consortium, Cyber Business Park, Smart Collar Club 등의 컨소시엄이 활동하고 있다.

인터넷 상용자 수의 측면에서 보면 일본은 세계 제2위의 잠재적인 전자상거래 시장을 형성하고 있다. 1998년 현재 일본에서의 소비자 대상 전자상거래가 680억엔, 기업 간 전자상거래가 8조 6천 2백억 엔에 달해 총 전자상거래 시장규모는 약 8조 7천억 엔에 달하고 있고, 2003년에는 각각 2조 2,500억 엔과 68조 4천억 엔을 기록했다.

③ EU

대부분의 유럽국가와 민간 기업들도 전자상거래 관련 기술개발과 정보통합 및 공유에 중점을 두고 다각적인 접근을 하고 있다. 이와 관련하여 EU 에서는 1997년 4월 「"A European Initiative on Electronic Commerce"」를 채택하여 2000년까지 추진해야 할 4가지 핵심 분야를 선정한 바 있다. 이는 전자상거래 인프라와 제품 및 서비스 이용체제 구축, 역내에 일관된 제도적 틀 마련, 기술개발 촉진 및 인식제고를 통한 역내 기업에 유리한 기업환경 조성, 국제기준의 제도적 장치 마련 등을 목표로 하고 있다.

특히 1997년 7월에는 독일정부와 공동으로 '범세계 정보망'에 대한 각료회의를 개최하고 각료 선언(Bonn Declaration)을 채택한 바 있다. 여기에서는 미국의 전자상거래 기본계획에 대한 EU의 입장을 정리하고 전자상거래의 장애요인 제거와 활성화를 위한 다각적인 논의가 이루어진 바 있다.

한편 개별국가 차원에서도 다양한 전자상거래 관련 사업이 추진되고 있다. 영국이 중심이 되어 IC카드를 이용한 전자상거래 시범서비스를 실시하고 있는 Mondex, Digi Cash사가 행하고 있는 전자캐쉬(e-cash), 전자지갑(electronic wallets)을 이용한 전자결제시스템을 개발하는 CAFE(Conditional Access For Europe) 등의 프로젝트가 대표적인 사례이며. 2000년 이르러 전자상거래 촉진, IT(Information Technology) 전문인력 양성, 교육 강화, 인터넷 접속요금 인하 등을 골자로 한 유럽집행위의 새로운 정보화 정책인 e-Europe 추진계획을 수립하고 디지털 유럽 건설을 목표로 총력을 기울이고 있다.

④ 호주

호주는 전자상거래를 통해 호주의 대외무역을 증진하기 위해 1997년 9월에 「'호주를 새로운 실크로드 위에(Putting Australia on the new silk road)'」라는 전자상거래 전략을 발표하였으며, OECD, APEC, WIPO(World Intellectual Organization) 등 국제기구의 전자상거래 관련 활동에 적극 참여하고 있다. 호주의 전자상거래 관련 정책은 MOC(Ministerial Online Council)가 주관하여 추진하고 있다. MOC에서는 전자상거래 관련 정책을 조정하는 역할을 수행하고 있다. 1997년 9월에는 NOIE(National Office for the Information Economy)를 조직하여 전자상거래의 법제도적 기본적 틀과 정보통신 기반구조에 관한 정책을 수립하였다.[36)]

2. 국내 전자상거래의 현황과 동향

국내에서는 1987년에 포항제철이 기업 간 업무에 EDI을 활용하기 시작하면서 기업 간 전자상거래가 도입되기 시작하였으며, 소비자를 대상으로 하는 전자상거래는 인터파크, 롯데홈쇼핑, 현대홈쇼핑, G 마켓, GS SHOP 등 점차 일반인을 대상으로 하는 전자상거래가 급속하게 확산되고 있으며, 규모 또한 지속적으로 증가하고 있다.

2008년 우리나라 전자상거래 시장규모는 전년에 비해 113조 5,730억원 증가한(22.0% 증가) 630조 870억원 이였으며, 이 중 사이버 쇼핑몰은 18조원을 기록 전년대비 15.1% 증가하였다. 연간 시장규모 증가율은 2005년 14%, 2006년 15% 등으로 10%대에 머물다가 2007년 24.9%로 증가 폭이 컸으나 2009년도에는 6.6%로 그 이전에 비해 다소 둔화되었다. 2009년 거래 주체별로 보면 기업 간 전자상거래가 593조원으로 전체 88.2%를 점유했다. 2011년도에는 연간 전자상거래 총 거래액은 999조원으

36) http://www.kebic.or.kr/common/html/kiec_frm.asp(①~④ 참고함)

로 2010년도 824조원에 비해 21.2% 증가하여 지속적인 상승세를 유지하고 있다.

그리고 2011년도 거래주체별로 거래액 및 구성비를 보면, 기업 간 전자상거래(B2B)가 912조 5,620억 원으로 전체의 91.3%를 차지하였으며, 기업·정부 간 전자상거래(B2G)가 58조 3,780억 원으로 5.8%, 기업·소비자 간 전자상거래(B2C)가 18조 5,220억 원으로 1.9%, 그리고 소비자 간 전자상거래(C2C)는 9조 7,880억 원으로 1.0% 비중을 차지하고 있다. 전년에 비해 기업 간 전자상거래(B2B)는 22.1%, 기업·정부 간(B2G)은 10.6%, 기업·소비자 간(B2C)은 15.7%, 소비자 간 전자상거래 금액(C2C)은 14.8% 각각 증가하였다.[37)]

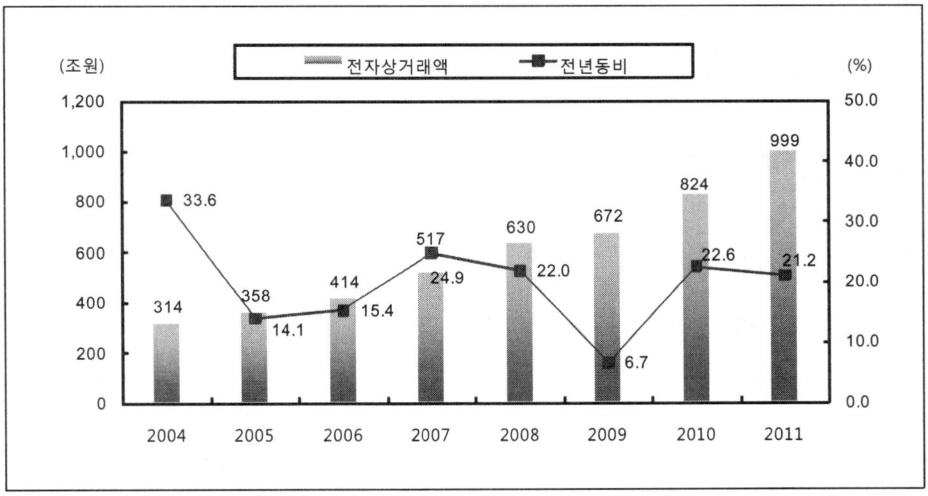

(단위: 10억원)

자료 : 통계청 보도자료

(단위 : 조원, %)

연 도	2007	2008		2009		2010		2011	
			증감율		증감율		증감율		증감율
총 거래액	516	630	22.0	672	6.67	824	22.5	999	21.2
기업 간(B2B)	464	560	20.6	593	5.90	747	25.9	913	22.1
기업·정부 간	36	52	42.0	59	13.5	52	−11.2	58	10.6
기업·소비자간	10	11	14.0	12	9.1	16	32.5	18	15.7
소비자 간	5	5	17.3	8	60.0	9	6.4	10	14.8

자료: 통계청

[그림 1-5] 연도별 전자상거래시장 규모

37) 통계청, "2011년 연간 및 4/4분기 전자상거래 통계조사 결과", 2012. 2.

제 2 장
전자거래와 정보보안

제 1 절 정보보안과 요건

1. 정보보안의 개요

(1) 정보보안의 개념

많은 사람이 이용하는 인터넷의 전자 네트워크와 그 통신채널은 근본적으로 보안성이 취약하기 때문에 많은 사람에 노출되는 전자메시지(electronic message)는 변경되거나 또는 위조될 수 있다. 따라서 전자거래에서는 그 메시지를 어떻게 보호할 것인가? 가 선결과제가 되고 있다. 즉, 인터넷상에서 거래되는 전자메시지는 원하는 대상에게 안전하게 전달되어야 하는데 다음과 같은 당면 문제를 해결하는 것이다. 즉 신원이 확인된 데이터인가?, 변조되지 아니한 데이터인가?, 데이터의 송신자가 데이터의 송신을 부인할 수 없는가?, 그리고 데이터의 비밀유지가 가능한가? 등이다. 이와 같은 문제는 사회적 목적을 위해 단순히 이용한다면 그다지 중요하지 않을 수 있으나, 어느 상거래(B2C, B2B)에 관련이 있는가? 및 자금이체가 메시지의 진정성에 의존하는 경우에는 그 중요성은 크다.[1]

오늘날 지식정보화시대[2]에서는 정보보호의 중요성이 크다. 특히 기업경영의 e-비

---

1) bolero.net, “EuroMoney Trade Finance Conference”, 29 June 2001, s. 32.

2) “정보”라 함은 자연인 또는 법인이 특정목적을 위하여 광 또는 전자적 방식으로 처리하여 부호·문자·음성·음향 및 영상 등으로 표현한 모든 종류의 자료 또는 지식을 말한다. 그리고 정보화”라 함은 정보를 생산·유통 또는 활용하여 사회 각 분야의 활동을 가능하게 하거나 효율화를 도모하는 것을 말한다(정보화촉진법 제2조 제1항 및 제2항).

즈니스화와 전자쇼핑몰, 전자뱅킹, 사이버 증권거래 등의 전자상거래 시장의 지속적인 성장을 위해서는 유통되는 정보의[3] 절대적인 보호를 전제조건으로 한다.

구체적으로 시스템이나 전자적 형태의 정보를 처리, 저장, 전송하는 모든 단계에 걸쳐, 고의적 혹은 실수에 의한 불법적인 노출, 변조, 파괴로부터 보호하고 정당한 사용자가 쉽고 빠르게 원하는 정보에 접근할 수 있도록 하는 것이다. 우리나라 「국가정보화 기본법」 제2조 제6항에서는 정보보호를 “정보의 수집, 가공, 저장, 검색, 송신, 수신 중 발생할 수 있는 정보의 훼손, 변조, 유출 등을 방지하기 위한 관리적·기술적 수단(정보보호시스템)을 마련하는 것”이라고 정의하고 있다.

특히 온라인상에서 정보 송수신 도중에 가로채거나 수정하는 등의 해킹(hecking) 당할 수 있는데, 이러한 위험으로부터 정보를 보호하고 안전하게 송수신하기 위해서 주로 암호화나 전자서명 등을 이용한다.

(2) 정보보호 기술

국가, 기업 및 개인의 정보를 보호하기 위한 정보보호 기술은 정보의 내용 변경, 정보의 불법유출, 정보의 파괴, 위조된 정보유통 등의 보안 위험으로부터 컴퓨터시스템과 네트워크의 안전성과 신뢰성을 확보하여 개인의 프라이버시(privacy) 문제, 데이터의 신뢰성 문제, 컴퓨터 범죄 등 정보화 사회가 갖는 취약점을 보완하고 자료의 기밀성을 유지하여 사용자들에게 신뢰성 있는 정보를 안전하게 제공한다.[4]

[표 2-1] **정보보호 기술**

보안 기술	내 용
시스템 보안 기술	해킹이나 바이러스 등 시스템의 약점을 이용하여 자료의 노출, 파괴, 변조, 유출 등 보안을 위협하는 요소들에 대한 대처 기술
네트워크 보안 기술	인증, 접근통제, 기밀성, 무결성, 부인방지 등 네트워크의 기본적인 정보를 보호하기 위한 암호화, 인증, 디지털 서명, 경로 제어 등
암호 기술	암호화 방식에는 비밀키 암호와 기술을 사용한 DES 등이 있으며, 공개키 암호화 기술을 사용하는 RSA(Rivest Shamir Adleman) 암호방식이 있다.
데이터베이스 보안 기술	사용자와 데이터에 등급을 두어 기밀정보의 보안을 유지하는 다단계 보안시스템
인터넷 보안	인터넷 사용을 위한 인터넷 보안 프로토콜(규약)

3) bolero.net, “EuroMoney Trade Finance Conference”, 29 June 2001, s. 32.

4) http://www.injaejeil.co.kr/injae99_1112/section2/se2_cont_net_main.html.

① 시스템 보안기술

해킹이나 바이러스 등 시스템의 약점을 이용하여 자료의 노출, 파괴, 변조, 유출 등 보안을 위협하는 요소들에 대한 대처 기술을 말한다.

② 네트워크 보안기술

인증, 접근통제, 기밀성, 무결성, 부인방지 등 네트워크의 기본적인 정보를 보호하기 위한 암호화, 인증, 디지털서명, 경로제어 등이 있으며, 이러한 기술을 복합적으로 적용한 네트워크 보호 프로토콜이 개발되고 있다.

③ 암호기술

정보보호기술의 근간이 되는 기술로 암호화 기술, 키(key)관리 기술, 디지털서명 기술, 메시지 다이제스트(message digest), 인증기술로 분류되며 기밀성, 인증, 무결성, 부인방지 등의 정보보호 서비스를 제공한다. 암호화 방식에는 비밀키 암호화 기술을 사용한 DES(Data Encryption Standard), IDEA(International Data Encryption Algorithm) 등이 있으며, 공개키 암호화 기술을 사용하는 RSA (Rivest Shamir Adleman) 암호방식 등이 있다.[5)]

④ 데이터베이스 보안기술

사용자와 데이터에 등급을 두어 기밀정보의 보안을 유지하는 다단계 보안시스템이 사용되고 있다.

⑤ 인터넷 보안

네트워크 계층에서는 IP(Internet Protocol; 인터넷 프로토콜)관련 보안표준과 다양한 암호 알고리즘, 인증 기능을 제공해 주는 인터넷 보안 프로토콜(internet secure protocol) 관련 기술이 사용되고, 전자우편 보안을 위해 PGP(pretty good privacy), PEM(privacy enhanced mail), S/MIME(secure multi-purpose internet mail extensions) 등이 사용되고 있다. 또한 인터넷 기반의 전자지급 프로토콜에는 SET(secure electronic transaction) 프로토콜이 채용되고 있다.

5) 여기에서 나오는 용어에 대한 이해는 본 장 제2절 전자인증과 전자서명 참조(72쪽).

2. 해킹(Hacking)

(1) 개념

해킹이란 보통 타인의 컴퓨터 시스템에 불법으로 접근하여 데이터를 빼내거나 파괴하는 행위를 말한다. 즉 성능이 우수한 컴퓨터 조작능력을 이용하여 타인의 컴퓨터에 침입, 그 곳에 축적되어있는 각종 귀중한 정보를 빼내거나 파괴하는 행위이다. 정체불명의 해커들이 컴퓨터망을 이용하여 저지르는 첨단 도둑행위라 할 수 있다. 컴퓨터가 대중화되면서 컴퓨터 세계에서 일어나고 있는 신종 범죄로 사회에 적지 않은 물의를 일으키고 있다.[6)]

① 해커(Hacker)

해커는 컴퓨터에 대해서 해박한 지식이나 기술을 가지고 있는 컴퓨터 광 또는 자신의 컴퓨터 실력을 과시하기 위해 타인의 컴퓨터 시스템에 몰래 침입하여 시스템을 파괴하거나 정보를 빼내는 사람으로 국가 기관 및 연구소 등의 무분별한 통신망 침해로 부정적인 이미지를 받고 있다. 해커들은 자신들에 의해 컴퓨터 시스템 및 인터넷의 보안과 기술 분야의 발전에 일부 기여했다고 주장하는데, 실제 시스템을 위해서 일하거나 시스템에 대항해서 일하는 두 부류를 모두 지칭하는 포괄적인 개념으로 사용되고 있다.

② 크랙커(Cracker)

타인이 관리하는 정보통신망에 침입하여 범죄행위(무단침입, 자료삭제, 절취 등)를 자행하는 사이버 범죄자이다.

③ 핵티비스트(Hactivist)

인터넷 기술을 사회 저항수단으로 이용하는 사람들을 지칭한다. 해커(hacker)와 액티비즘(activism)의 합성어인 핵티비즘(hactivism)에서 나온 용어이다. 핵티비스트는 정치·사회적 의사전달 수단으로 인터넷을 이용한다. 나토(NATO)의 유고 공습과정에서 유고가 나토를 상대로 벌인 사이버 시위가 대표적 사례이다. 유고 컴퓨터 전문가들은 나토 공습에 항의, 시간당 2,500건의 전자우편을 나토의 웹 사이트에 보내 시스템을 중단시켰다.

---

6) http://www.inetcare.org/damage/damage_04_01.asp?fn=22.

④ 사이버 테러(Cyber Terror)
주요 기관 정보시스템을 파괴하여 국가기능을 마비시키는 신종 테러이다.

(2) 해킹의 유형

최근 해킹기술이 고도로 발전하여 관리자의 실수나 운영시스템의 실수를 악용하던 초보적인 수준에서 벗어나 패킷 스니핑(packet sniffing)[7], IP 스푸핑(IP spoofing : IP 사기치기) 등 고난도의 해킹 방법들이 등장하게 되었다. Packet Sniffing과 IP Spoofing 방법들은 운영시스템의 오류나 전자결제시스템의 오류와 상관없이 인터넷의 고유한 구조를 이용한다. 따라서 구조적으로 이 문제를 해결하지 못한다면 전자결제 정보들은 해커들에게 완전히 노출될 수밖에 없고, 이것은 인터넷에서의 전자거래 자체를 불가능하게 하는 것이 된다.[8]

① Packet Sniffing
인터넷상에서 정보를 송수신할 때 가장 기본이 되는 정보단위는 패킷(packet)이다. 일반적으로 패킷들은 이더넷(ethernet)[9] 케이블을 타고 전송이 된다. A라는 호스트가 B라는 호스트로 패킷을 송신할 경우 그 패킷을 이더넷(Ethernet)에 송신하고 그 패킷은 수신 주소의 호스트만이 수신하게 된다. 그런데 호스트 B가 아닌 다른 호스트가 그 패킷을 무시하지 않고 그 내용을 해커에게 전달해 준다면 아무리 네트워크 보안에 주의를 한 호스트라도 주변의 호스트가 공격을 당해서 무력해질 수밖에 없다. 스니퍼(sniffer)란 이와 같이 네트워크의 한 호스트에서 실행되어 그 주위를 오가는 패킷들을 엿보는 프로그램이다.

② IP Spoofing
IP Spoofing은 해커가 머물러 있는 호스트의 IP어드레스를 바꾸어서 해킹을 하는 것이다. 가령 A란 호스트와 B란 호스트가 하드디스크를 공유하고 있고, 그 둘 다 보안이 완벽하다고 하자. 이때 해커는 자신이 머물러 있는 호스트 IP 어드레스를 B의 어드레스로 위장한다. 그러면 호스트 화면에는 중복된 IP 주소라는 문장이 찍히게

---

7) 네트워크상에서 정보를 송수신할 때 가장 기본이 되는 정보단위를 조작해 해킹하는 것.
8) http://www.toeicmania.com/cyber/settle/body10.htm#.
9) 가장 광범위하게 설치된 근거리통신망의 대표적인 프로토콜로, 인터넷과는 다른 네트워크를 구축하는 방식 중의 하나이다. 오늘날 사용하는 컴퓨터 통신의 대부분은 이더넷 기술을 바탕으로 운영된다.

되고 B 호스트는 네트워크 기능을 잠시 상실하게 된다. 이 때 해커의 호스트는 A 호스트에게 자신이 진짜 B 호스트라는 정보를 보내어 A 호스트와 같이 하드 디스크를 공유하도록 시도한다. 성공하게 되면 해커는 A 호스트의 하드 디스크에 있는 극비 문서를 확보할 수 있게 된다.

3. 전자거래 보안요건

개방형 네트워크인 인터넷이 갖고 있는 보안상의 취약성은 암호화 방법에 의해 해결될 수 있다. 이러한 문제점을 극복하기 위하여 전자거래시스템 내에 [표 2-2]와 같은 보안요건이 구현되어야 한다.10)

[표 2-2] 전자거래 보안요건

보안요건	내 용
기밀성(Confidentiality)	특정 보안체계를 통하여 데이터의 비밀성(secret key) 유지
인증성(Authentication)	인증은 메시지의 송신자의 신원을 식별하는 과정
무결성(Integrity)	정보전달 도중에 정보가 훼손되지 않았는지 확인하는 것
부인방지(Non-repudiation)	부인방지는 정보제공자가 정보제공 사실을 부인하는 것을 방지하는 것

(1) 기밀성(Confidentiality)

특정 보안체계를 통하여 데이터의 비밀성(secret key)을 유지하는 것이다. 즉 메시지의 내용을 제3자가 획득하지 못하도록 하는 것이다. 전자결제를 위하여 은행의 계좌번호와 그 비밀번호를 인터넷을 통하여 매도인에게 전송할 때 암호화하여 전송함으로써 도청자가 그 내용을 획득하더라도 해독하지 못하도록 하는 것이다. 기밀성은 비밀키 암호화 방식 또는 공개키 암호화 방식 모두에 의해 유지할 수 있다. 비밀키 암호화 방식에서는 송신자는 미리 정해진 키(key)를 이용하여 암호화한 후 보내고, 수신자는 동일한 키를 이용하여 암호문을 복호화하면 된다. 공개키 암호화 방식에서는 송신자는 수신자의 공개키를 이용하여 암호화한 후 보내고, 수신자는 자신의 개인키를 이용하여 복호화하면 된다.

10) http://www.comedu.pe.kr/infbook/book/chp5/chp5-3.htm.

(2) 인증성(Authentication)

인증은 메시지의 송신자의 신원을 식별하는 과정이다. 예컨대 판매자의 입장에서 어떤 고객이 상품의 구매대금을 결제하기 위해서 신용카드 번호를 수신할 때 그 고객이 그 신용카드의 실제 소유자인지를 확인할 필요가 있다. 인증은 공개키 암호화 방식에 의하여 달성할 수 있다. 전달내용을 송신자와 수신자가 모두 미리 알고 있는 상황 하에서 송신자는 그 내용을 자신의 개인키(private key)를 이용하여 공개키 암호화 방식으로 송신하고, 수신자는 그것을 상대방의 공개키(public key)로 복호화한 후 그 내용을 확인하여 일치하면 그 내용의 송신자를 확인할 수 있다. 왜냐하면 복호화 했을 때 그 내용이 되도록 암호화할 수 있는 사람은 그 공개키의 쌍이 되는 개인키를 갖고 있는 그 사람뿐이기 때문이다.

(3) 무결성(Integrity)

무결성은 정보전달 도중에 정보가 훼손되지 않았는지 확인하는 것이다. 예컨대 신용카드회사의 입장에 볼 때 카드사용자가 '물품대금으로 판매자에게 50만원을 지급하겠다.'라는 내용의 메시지가 수신되어 왔을 때 이 내용이 중간에 변조된 것이 아닌지를 확인할 필요가 있다. 무결성은 메시지 다이제스트를 암호화하여 송신함으로써 이룰 수 있다. 메시지 다이제스트는 암호화 방식은 아니다. 이것은 한 방향 해쉬(One-way hash)[11] 함수를 이용하여 주어진 정보를 일정한 길이 내의 아주 큰 숫자(해시 값)로 변환해 주는 것이다.

이 함수는 한 방향(One-way)이기 때문에 주어진 정보로부터 해시 값을 만들어낼 수는 있어도, 반대로 이 해시 값으로부터 원래의 정보를 복구해낼 수는 없다. 정보와 함께 그 정보의 해시 값을 수신하는 자는 수신정보의 해시 값을 구한 후 정보와 함께 전달된 해시 값을 비교함으로써, 그 값이 동일하다면 정보의 전달 중에 정보가 변경되지 않았음을 확인할 수 있게 된다. 물론 이 해시 값은 암호화 알고리즘에 의해 암호화되어 전달되어야 한다. 그렇지 않다면 정보를 중간에서 정보를 변조한 후 그 변조된 정보의 해시 값과 함께 송신할 수 있기 때문에 해시 값이 제대로 기능하지 못하게 된다.

11) 똑같은 숫자가 나오지 않도록 한 쪽 방향으로만 암호 숫자를 늘려 가는 것을 의미함.

(4) 부인방지(Non-repudiation)

부인방지는 정보제공자가 정보제공 사실을 부인하는 것을 방지하는 것이다. 예컨대 '물품대금으로 판매자에게 50만원을 지급하겠다.'는 내용의 메시지를 보낸 구매자가 후에 그런 메시지를 송신한 적이 없기 때문에 판매자에게 50만원을 지급하지 못하겠다며 그 내용을 부인하는 것을 방지할 필요가 있다.

부인방지는 인증방법과 마찬가지 방법으로 이룰 수 있다. 만약 자신의 개인키로 암호화하여 정보를 전송한 사람이 그 후에 그러한 정보를 전송한 적이 없다고 주장하면, 정보를 받은 사람은 전송한 사람에게 그 암호화된 정보를 제시하면 된다. 왜냐하면 복호화 했을 때 그 내용이 되도록 암호화를 할 수 있는 사람은 이 공개키의 쌍이 되는 개인키를 갖고 있는 그 사람뿐이며, 그 정보 내용은 그 사람의 공개키로 해독하면 나오기 때문이다.

제 2 절 전자인증과 전자서명

1. 정보보안을 위한 암호화 시스템

(1) 암호화 시스템의 의의

네트워크로 거래되는 데이터는 일정한 프로그램을 사용한다면 누구나 판독할 수 있는 형태로 구성되어 있기 때문에 제3자가 데이터를 가로채거나 내용을 변조할 가능성이 있다. 그러한 제3자의 접근을 통제하거나 또는 전자거래 환경의 안전성을 보장하는 수단으로서 암호화 시스템은 필수적인 요소이다.

암호란 정보보안을 위하여 다른 사람들이 정보를 입수하더라도 그 내용을 알 수 없도록 하는 것으로 비밀성을 보장하기 위하여 암호 알고리즘에 의하여 평문을 암호문으로 바꾸는 과정이다. 암호는 기반구조 구축의 면에서 사이버 공간에서 기본적인 정보보호 문제를 해결해 주고, 안정성과 신뢰성을 확보하여 사이버 공간에서도 거래가 가능하도록 하며, 컴퓨터 네트워크 보안을 위한 기본 메커니즘(예컨대 침입차단 시스템에서 이용자 인증 메커니즘)을 제공하는 역할을 한다.

그리고 암호화의 기본기능은 정보 통신망에서 전송되는 중요 데이터의 불법노출을 방지하는 기밀성 기능, 통신하는 사람 간의 신분확인, 전송되는 전자문서의 위·

변조방지, 사이버 공간상에서 발생되는 전자적 행위에 대한 부인방지 등 고도의 지식정보화사회에서 새로이 야기되는 정보보호 문제를 해결하는 인증기능으로 나눌 수 있다. 따라서 사후에 분쟁발생 시 증거력을 갖춘 법적 문서의 역할을 하게 된다.

(2) 암호방식

암호학(cryptology)은 키의 개념으로 설명할 수 있다. 키는 매우 큰 숫자 중의 하나이며, 키가 가질 수 있는 가능한 값의 범위를 키 스페이스(key space)라고 부른다. 암호화(encryption)와 복호화(decryption)는 이 키를 이용하여 이루어지며, 키의 값을 제외하고는 모든 사용자가 동일한 암호화 및 복호화 알고리즘(algorithm)을 사용한다. 키 기반 암호화 알고리즘은 비밀키 암호화 방식과 공개키 암호화 방식의 두 가지로 나누어 볼 수 있다. 그리고 암호화 알고리즘은 아니지만 전달된 정보의 변조여부(무결성)나 정보를 송신한 자를 확인(인증)할 때 이용하는 것으로 메시지 다이제스트 방식이 있다.[12)]

① 비밀키 암호화 방식(Secret key Algorithm)

대칭형 암호방식(Symmetric Cryptosystems)이라고도 하며 대표적인 방식으로는 DES(Data Encryption Standard)가 있다. 비밀키(secret key) 암호화 방식에서는 암호키와 복호키가 동일하므로, 두 개체가 같은 키를 공유하면서 하나의 키를 사용하여 암호화하고 복호화 하는데 사용된다.

암호키로부터 복호키를 계산해 낼 수 있거나, 반대로 복호키로부터 암호 키를 계산해 낼 수 있을 때 이 암호화 알고리즘(crypto-algorithm)을 비밀키 암호화 방식이라 부른다.

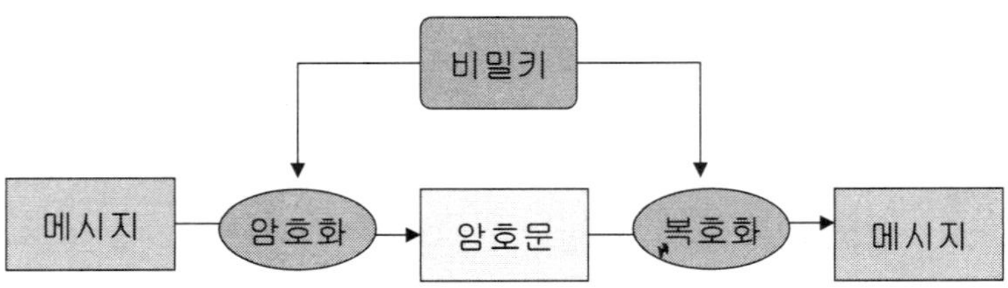

[그림 2-1] 비밀키 암호화 방식

12) http://www.comedu.pe.kr/infbook/book/chp5/chp5-3.htm.

이 방식의 장점은 암호화와 복호화가 빠르다는 점과 다양한 암호화 기법이 개발되어 있다는 것이고, 단점은 복수의 이용자가 관련되어 있을 때 키의 공유문제가 발생한다는 것과 키 자체를 상대방에게 안전하게 보내는 것이 문제가 된다.

② 공개키 암호화 방식(Public key Algorithm, Asymmetric Algorithm)

비대칭형 암호방식(Asymmetric Cryptosystems)이라고도 하며, 대표적인 방식으로는 RSA가 있다. 이 방식에서는 암호키와 복호키가 서로 다르며, 암호키로부터 복호키를 계산해 낼 수 없다. 이 방법을 공개키(public key) 방식이라 부르는 이유는 암호키가 공개되어도 된다는 것이다. 아무나 암호키를 이용하여 어떤 내용을 암호화할 수 있지만, 오직 해당 복호키를 가진 사람만이 그 암호문을 복호화를 할 수 있다. 이 때문에 이 알고리즘에서는 암호키를 공개키라고 부르고, 복호키를 개인키(private key)라고 부르며 대칭 알고리즘(symmetric algorithm)에서 이 키를 비밀키라고 부르는 것과 구별한다.

이 방식의 장점은 키를 상대방에 보내는 데 있어 보안상의 허점이 없다는 점과 정보의 기밀유지 이외에 다른 목적으로도 이용될 수 있다는 점이지만, 단점으로는 암호화·복호화 속도가 비밀키 암호와 방식에 비해 매우(약 1000배) 느리고 많은 양의 자료를 암호화·복호화하기가 불편하다는 것이다.

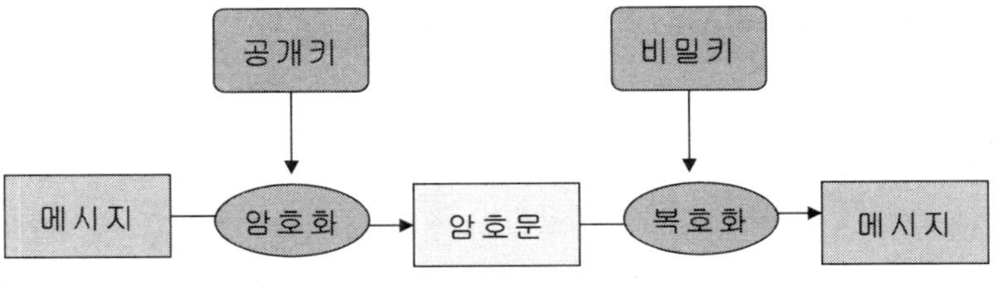

[그림 2-2] 공개키 암호화 방식

③ 복합 암호화 방식

비밀키 암호화 방식과 공개키 암호화 방식을 결합한 방식이다. 사전에 알지 못하고 비밀키도 공유하고 있지 않은 수신자에게 송신자가 암호정보를 전송한다고 가정할 경우, 송신자는 정보를 작성하여 무작위로 임의의 비밀키 또는 대칭키를 생성하여 메시지를 암호화한다. 다음으로 송신자는 이미 알고 있는 수신자의 공개키로 정보를 암호화 하는데 이용한 비밀키 또는 대칭키를 암호화하여 정보와 함께 수신자에게 보낸다. 그러면 수신자는 먼저 자신의 비밀키로 정보를 암호화하는데 사용된 암

호화된 비밀키 또는 대칭키를 복호화하고 복호화한 비밀키로 메시지를 복호화할 수 있다.[13]

2. 전자서명

(1) 전자서명의 개념

전자서명은 일반문서의 서명과 같이 전자문서에 있어서 그 작성자의 신원확인과 그 내용이 변조되지 않았다는 것을 증명할 수 있는 전자기법을 말한다. 전자서명은 육필서명(자필서명) 에 대한 전자적 대안으로서, 그 육필서명 이상의 기능을 충족시킨다. 즉 전자문서에 찍는 인감도장이나 사인(sign)을 의미한다. 따라서 전자서명은 전통적인 종이문서에서의 서명과 같이 전자문서에서 정보보안의 요소 중 무결성, 진정성, 부인방지 등을 해결하여 전자상거래의 신뢰성과 안전성을 보장하기 위한 수단이다.

그리고 전자서명은 공개키 암호화 이외의 기법에 의한 전자서명(단순한 전자서명)과 공개키 암호화 기법에 의한 디지털서명(digital signature)으로 구분할 수 있다. 디지털서명은 앞에서 본 공개키 암호화 기법을 특정한 정보에 적용한 결과를 뜻한다.

(2) 전자서명과 공인전자서명의 정의

『전자서명법』 제2조에서는 우선, 전자서명에 대해 “서명자를 확인하고 서명자가 당해 전자문서에 서명을 하였음을 나타내는데 이용하기 위하여 당해 전자문서에 첨부되거나 논리적으로 결합된 전자적 형태의 정보를 말한다.”라고 정의하고 있다. 그리고 “공인전자서명”이라 함은 다음 요건을 갖추고 공인인증서에 기초한 전자서명이라고 규정하고 있다.

즉 ㉠ 전자서명생성정보가 가입자에게 유일하게 속할 것, ㉡ 서명 당시 가입자가 전자서명 생성정보를 지배·관리하고 있을 것, ㉢ 전자서명이 있은 후에 당해 전자서명에 대한 변경여부를 확인할 수 있을 것, ㉣ 전자서명이 있은 후에 당해 전자문서의 변경여부를 확인할 수 있을 것.

13) http://www.toeicmania.com/cyber/settle/body16.htm#.

(3) 전자서명의 효력

『전자서명법』 제3조에서는 전자서명의 효력에 관해 다음과 같이 규정하고 있다.

㉠ 다른 법령에서 문서 또는 서면에 서명, 서명날인 또는 기명날인을 요하는 경우 전자문서에 공인전자서명이 있는 때에는 이를 충족한 것으로 본다.

㉡ 공인전자서명이 있는 경우에는 당해 전자서명이 서명자의 서명, 서명날인 또는 기명날인이고, 당해 전자문서가 전자 서명된 후 그 내용이 변경되지 아니하였다고 추정한다.

㉢ 공인전자서명 외의 전자서명은 당사자 간의 약정에 따른 서명, 서명날인 또는 기명날인으로서의 효력을 가진다.

3. 공인인증기관

(1) 공인인증기관의 개념

정보통신기술의 발달에 따라 전자문서의 이용이 급속도로 증가하고 있으나 전자문서를 이용한 전자거래는 비접촉·비대면으로 이루어지기 때문에 거래당사자 간에 상대방의 신원과 거래의사의 진정성 여부를 확인하기 어렵고, 타인으로 위장하여 전자문서를 부정하게 사용할 위험이 있다. 또한 전자문서는 유통과정에서 위·변조가 용이하고 문서작성 사실을 입증하기 곤란할 뿐 아니라, 전송내용의 비밀유지를 보장할 수 없다는 문제점이 있다.

따라서 이러한 전자문서 및 전자거래가 가지는 문제점을 해결하기 위해 거래 상대방의 신원을 확인하고 전자문서의 위·변조 및 부정을 방지하기 위하여 전자서명기술을 활용하며, 신뢰할 수 있는 제3자(인증기관)가 거래당사자의 전자서명을 인증해 주는 전자서명 인증제도 도입의 필요성에 따라 도입된 인증기관이다.[14] 그리고 공인인증기관은 공개키 기반구조 하에서 인증기관이 국가에서 정한 자격요건을 충족하여 인증기관으로서의 수행 자격을 얻었을 때 이를 공인인증기관이라고 하며, 공공기관으로서 법적인 관리체계 하에서 주어진 역할을 수행한다.

인증기관은 신원증명이 된 자와 공개키 사이의 관련을 확인하면 인증서(certificate)를 발급한다. 인증기관은 인증서의 진정성과 무결성을 확보하기 위하여 그 인증서에 디지털서명을 부가한다. 인증서의 공개는 하나 이상의 등록기관(depositary)에 등록

14) www.sstrust.net 보완.

함으로써 공개되는 것이 보통이다.

그리고 인증서가 공개된 후에는 등록인은 그 인증서를 어떠한 전자메시지에도 부가할 수 있다. 수신인이 발신인과 그의 공개키 간의 관련을 확인하려면 부가된 인증서를 확인함으로써 가능하다.[15)]

(2) 공인인증기관의 지정요건

『전자서명법』 제4조에서는 공인인증기관의 지정요건에 관하여 다음과 같이 규정하고 있다.

㉠ 행정안전부장관은 공인인증업무(이하 “인증업무”라 한다)를 안전하고 신뢰성 있게 수행할 능력이 있다고 인정되는 자를 공인인증기관으로 지정할 수 있다.

㉡ 공인인증기관으로 지정받을 수 있는 자는 국가기관·지방자치단체 또는 법인에 한한다.

㉢ 공인인증기관으로 지정받고자 하는 자는 대통령령이 정하는 기술능력·재정능력·시설 및 장비 기타 필요한 사항을 갖추어야 한다.

㉣ 행정안전부장관은 제1항에 따라 공인인증기관을 지정하는 경우 공인인증시장의 건전한 발전 등을 위하여 국가기관, 지방자치단체 또는 비영리법인과 특별법에 의하여 설립된 법인에 대하여는 설립목적에 따라 인증업무의 영역을 구분하여 지정할 수 있다.

㉤ 공인인증기관의 지정절차 기타 필요한 사항은 대통령령으로 정한다.

(3) 공인인증기관의 결격사유

『전자서명법』 제5조에서는 결격사유에 관해서 우선 임원 중 금치산자·한정치산자 또는 파산선고를 받은 자로서 복권되지 아니한 자, 즉 금고 이상의 실형의 선고를 받고 그 집행이 종료(집행이 종료된 것으로 보는 경우를 포함한다)되거나 집행이 면제된 날부터 2년이 경과되지 아니한 자, 금고 이상의 형의 집행유예의 선고를 받고 그 집행유예기간 중에 있는 자, 법원의 판결 또는 다른 법률에 의하여 자격이 상실 또는 정지된 자, 본 법제12조의 규정에 의하여 지정이 취소된 법인의 취소당시의 임원이었던 자(취소된 날부터 2년이 경과되지 아니한 자에 한한다). 그리고 본 제12조의 규정에 의하여 지정이 취소된 후 2년이 경과되지 아니한 법인은 공인인증기관으로 지정할 수 없다.

---

15) http://www.ec1.wo.to

4. 공인인증서

(1) 인증서의 개념

공인인증기관이 가입자의 신분과 그의 공개키 정보를 보증하기 위해 발급하는 전자문서이다. 이 경우 공인인증기관은 공인인증서를 발급받고자 하는 자의 신원을 확인하여야 한다고 규정하고 있다. 전자거래 시 전자서명 및 공인인증서를 사용하면 신원확인, 문서의 위·변조, 거래사실의 부인방지 등의 효과를 얻을 수 있다. 즉 전자서명이 인감이라면 인증서는 인감증명서의 역할을 한다. 공인인증기관에서 발급받아 법적효력을 부여받은 인증서는 인증기관에 공개되어 있는 공개키가 누구의 소유라는 것을 증명하는 것으로 이용자의 공개키, 이용자정보, 이용자의 공개키에 대한 인증기관의 전자서명이 포함되어 있다.

인증기관은 이용자의 공개키를 자신의 개인키로 암호화함으로써 그 이용자의 공개키를 인정한다. 물론 인증기관은 인증 전에 그 이용자를 실제로 확인한 후 그 이용자가 제시한 공개키를 인증하는데, 인증기관의 개인키로 암호화한 공개키를 디지털 인증서(digital certificate)라 칭한다.

디지털인증의 경우 여러 가지 암호방식을 사용하여 구현할 수 있지만 일반적으로 비대칭형 암호화 방식을 기반으로 하는 디지털 인증이 국제 표준화되고 있다.

사용자의 공개키 | 사용자정보 | 사용자의 공개키에 대한 인증기관의 전자서명 | 사용자의 인증서

[그림 2-3] 공인인증서 형태

(2) 인증서의 기능과 활용

인증서의 주요 기능은 첫째, 신원인증이다. 인터넷 상거래시 법적으로 보장된 본인확인을 가능하도록 한다. 둘째 부인방지, 즉 인증서, 전자서명, 행위 알고리즘의 조합으로 본인의 전자서명에 대한 부인을 구조적으로 차단하여 자신의 서명행위에 대한

부인을 불가능하도록 한다. 셋째, 무결성으로 전자 서명된 문서 및 정보는 무결성 검증과정을 통해 전송 중 자료가 변경되지 않았음을 보장한다.

이와 같은 전자인증서는 한국전자인증, 은행, 증권회사 등에서 발급되며, 가장 중요한 기능은 인증을 통해 거래의 신뢰를 확보하기 위해 인증소지자의 신원을 증명하는 것이며, 이는 또한 인증기관의 가장 큰 역할이다.

그리고 인증서는 하드 디스크, USB 등에 보관하여 사용되며, 전자뱅킹, 증권거래, 일반 행정 및 민원 업무, 계좌개설 및 보험가입 등 각종 전자금융, 국세청에 부가세 신고, 연말정산자료 출력 등 각종 업무에 이용된다.

[표 2-3] 공인인증서의 기능

주요기능	내 용
신원인증	본인 확인 가능
부인방지	자신의 서명행위에 대한 부인을 불가능하도록 한다.
무결성	전자 서명된 문서 및 정보는 무결성 검증과정을 통해 전송 중 자료가 변경되지 않았음을 보장

(3) 공인인증서의 발급과 그 내용

공인인증기관은 공인인증서를 발급받고자 하는 자에게 공인인증서를 발급하여야 하며, 그 인증서에는 다음의 내용이 포함되어야 한다고 규정하고 있다(전자서명법 제15조). 즉 가입자의 이름(법인의 경우에는 명칭), 가입자의 전자서명검증정보, 가입자와 공인인증기관이 이용하는 전자서명 방식, 공인인증서의 일련번호, 공인인증서의 유효기간, 인인증기관의 명칭 등 공인인증기관임을 확인할 수 있는 정보, 공인인증서의 이용범위 또는 용도를 제한하는 경우 이에 관한 사항, 가입자가 제3자를 위한 대리권 등을 갖는 경우 또는 직업상 자격 등의 표시를 요청한 경우 이에 관한 사항, 공인인증서임을 나타내는 표시 등이다.

그리고 공인인증기관은 공인인증서를 발급받고자 하는 자의 신청이 있는 경우에는 공인인증서의 이용범위 또는 용도를 제한하는 공인인증서를 발급할 수 있으며, 공인인증서의 이용범위 및 용도, 이용된 기술의 안전성과 신뢰성 등을 고려하여 공인인증서의 유효기간을 적정하게 정하여야 한다.

(4) 공인인증서의 효력소멸과 정지

우선 공인인증서는 공인인증서의 유효기간이 경과, 공인인증기관의 지정이 취소된 경우, 공인인증서의 효력이 정지된 경우, 공인인증서가 폐지된 경우에는 효력이 소멸된다. 그리고 인증업무를 휴지 또는 폐지하였거나 인증업무가 정지된 공인인증기관의 전자서명 생성정보가 분실·훼손 또는 도난·유출되는 등의 경우에는 인증업무의 안전성과 신뢰성 확보를 위하여 해당 공인인증기관이 발급한 모든 공인인증서의 효력을 정지할 수 있다.[16)]

그리고 공인인증기관은 가입자 또는 그 대리인의 신청이 있는 경우에는 공인인증서의 효력을 정지하거나 정지된 공인인증서의 효력을 회복하여야 한다. 이 경우 공인인증서 효력회복의 신청은 공인인증서의 효력이 정지된 날부터 6월 이내에 하여야 한다. 또 공인인증기관이 제1항의 규정에 의하여 공인인증서의 효력을 정지하거나 회복한 경우에는 그 사실을 항상 확인할 수 있도록 지체 없이 필요한 조치를 취하여야 한다.[17)]

(5) 공인인증서의 폐지

공인인증기관은 다음에 해당하는 사유가 발생한 경우에는 당해 공인인증서를 폐지하여야 한다. 즉 가입자 또는 그 대리인이 공인인증서의 폐지를 신청한 경우, 가입자가 사위 기타 부정한 방법으로 공인인증서를 발급받은 사실을 인지한 경우, 가입자의 사망·실종선고 또는 해산 사실을 인지한 경우, 가입자의 전자서명생성정보가 분실·훼손 또는 도난·유출된 사실을 인지한 경우이다(전자서명법 제18조).

그리고 공인인증기관은 공인인증서를 폐지한 경우에는 그 사실을 항상 확인할 수 있도록 지체 없이 필요한 조치를 취하여야 한다.

---

16) 『전자서명법』 제16조.

17) 『전자서명법』 제17조.

제 2 부 전자무역의 개요와 전자무역관리

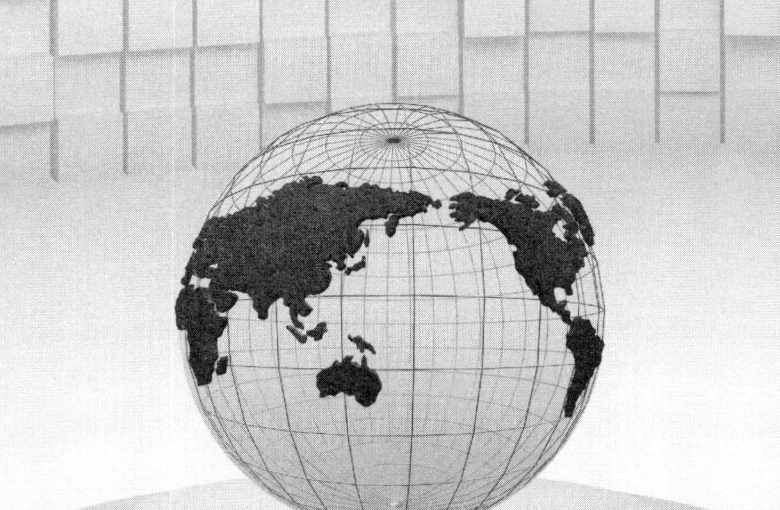

제 3 장

전자무역의 도입과 개요

제 1 절 전자무역의 도입과 개념

1. 전자무역의 새로운 패러다임

국제무역은 정보통신기술의 급속한 발전과 함께 인터넷의 초고속화와 그 이용증가는 우리의 사회문화는 물론 기업경영의 패러다임을 변화시켰고, 또한 국제간 무역거래에 있어서도 기존의 전통적인 모든 무역거래 프로세스가 자동화되는 전자무역이라는 새로운 패러다임이 형성되었다. 따라서 전 세계에 산재해 있는 해외 거래상대방과 각종 무역정보의 송수신, 해외시장조사, 무역계약의 체결, 대금결제 및 사후관리 등의 무역업무 전반에 걸쳐 인터넷과 단일의 전자무역플랫폼을 이용할 수 있게 되었다.

인터넷은 국제무역거래에서 거래상대방과 무역물품 및 해외시장 등에 관한 정보를 검색하는 수단이며, 거래당사자를 연결하고 거래상대방과 정보를 송수신 및 교섭하여 거래를 성립시킬 수 있는 도구이다. 시간과 공간의 제약 없이 전 세계의 무역업자, 무역서비스업자, 제조업자, 소비자 등은 인터넷을 통해서 직접 접촉할 수 있다. 인터넷이 전자무역의 주요 수단이 되는 이유는 시공간을 초월하여 범세계적인 활동무대로 한 정보의 수집 및 교환의 용이성, 저렴한 거래비용, 거래의 신속성, 거래의 투명성 및 정형·자동화된 전자무역시스템의 이용 등, 그리고 이로 인한 기업경영의 효율성에 있다. 결국 인터넷은 전자거래를 위한 최적의 수단이다.

따라서 인터넷과 정보기술의 발전은 기업의 정보화와 글로벌화(globalization)를 가속화시키고, 무역거래의 방식과 관습을 근본적으로 변화시키고 있다. 웹을 기반으로 하는 전자무역으로의 변화는 국제거래에 있어서의 시장조사를 비롯한 마케팅의 활동, 거래상대방의 발굴, 무역계약의 체결, 운송 및 보험계약의 체결, 대금결제 등 무역업무의 전반을 가상공간에서 시간과 공간의 제약 없이 전자적인 수단을 통하여 할 수 있게 되었다.

2. 전자무역의 도입과 발전

(1) 전자무역의 도입

종래의 전통적인 국제무역은 그 이행에 필요한 비즈니스의 비용과 관련서류의 작성비용이 매년 국제무역 비용에서 많은 비중을 차지하고 있으며, 또한 그 이행과정에서 업무적 오류, 지연 등의 비효율성 내재

↓

서류없는 전자무역거래의 필요성이 제기로 1980년대에 들어와 미국을 비롯한 선진국을 중심으로 서류없는 전자무역거래 추진

↓

무역서류의 전자화를 비롯한 자동화된 전자무역시스템으로 구현

종래의 전통적인 국제무역은 그 이행에 필요한 비즈니스의 비용과 관련서류의 작성비용이 매년 국제무역 비용에서 많은 비중을 차지하고 있으며, 또한 그 이행과정에서 업무적 오류, 지연 등의 비효율성이 내재되어 있다. 따라서 서류 없는 전자무역거래의 필요성이 제기되어 왔다. 이에 따라 1980년대에 들어와 미국을 비롯한 선진국을 중심으로 서류없는 전자무역거래가 추진되어 왔으며, 1987년 유엔에서 "UN/EDIFACT"(UN/Electronic Data Interchange For Administration, Commerce and Transport; 유엔 행정·상역 및 운송을 위한 전자자료교환에 관한 UN표준)을 제정하면서부터 확산되는 계기가 되었고, 1990년에는 CMI(Comité Maritime International ; 국제해사위원회)의 "전자선하증권에 관한 CMI규칙"이 제정되면서 전자무역의 핵심이 되는 전자선하증권의 유통문제를 해결하려 하였으나 신뢰성과 안전성 등의 문제로 진전을 보지 못했다.

그 이후 인터넷(internet)과 웹(web)의 사용이 급격히 증가하였고, 1996년에는 UNCITRAL(United Nations Commission on International Trade Law : 유엔국제무역법위원회)의 「전자상거래 모델법」이 제정되는 등 범세계적으로 전자거래에 대한 법

적 기반이 정비되는 한편, 전자 메시지의 안전성을 향상시킬 수 있는 암호화의 기법도 발전되었다. 이러한 전반적인 전자거래 환경의 개선에 따라, 그 동안 전통적인 선하증권의 권리증권적 유통기능의 구현 문제로 적극적으로 추진하지 못했으나, 근래에는 전자무역에 대한 인식제고와 관련 기술적 진보로 전통적인 무역서류의 전자화를 비롯한 자동화된 전자무역시스템으로 구현되고 있다.

[표 3-1] 무역업무 처리방식의 변화

구 분	내 용
무역거래 표준화(60년대)	신용장 통일규칙(UCP), 무역거래조건의 해석에 관한 국제규칙(INCOTERMS) ⇒ 2010년 개정(Incoterms®R 2010)
무역절차 간소화(70~80년대)	국가별 무역절차 간소화 위원회, 국제연합 유럽경제위원회 제4작업부(WP 4), CEFACT의 활동
무역업무 자동화(80~90년대)	EDI 국제표준(UN/EDIFACT), TEDIS(전자문서교환시스템; 유럽), KTNET(한국) 등
무역업무의 시스템/전자화 (2000년 이후)	e마켓플레이스, 전자무역 포털, uTrade Hub 전자무역시스템(볼레로시스템, 트레이드카드, IdenTrust 등) 전자제시를 위한 신용장통일규칙의 보칙(eUCP) uTrade 시스템 구축 및 업무처리를 위한 애플리케이션 개발

(2) 전자무역의 발전

전자무역은 이미 언급했듯이 1987년 유엔에서 “UN/EDIFACT”가 제정되면서 확산되는 계기가 되었으며, 1990년부터는 무역자동화 서비스가 제공되면서 다음과 같이 발전되어 왔다.

제 1단계로 1990년대에는 전통적인 부가가치통신망의 VAN(Value Added Network) EDI를 기반으로 한 무역자동화서비스의 제공시기이다. 이 시기는 주로 국내 무역업무의 자동화에 제한된 시기였다. 제 2단계로 1990년대 말부터 현재까지는 인터넷과 웹을 기반으로 하는 인터넷 EDI가 출현하였고, 또한 인터넷 무역포탈 서비스가 등장하여 웹 사이트에서 물품검색, 거래처 물색, 거래제의 등 초보적인 국제간 무역 업무를 할 수 있게 되었다. 그리고 제 3단계로 2002년부터는 정보기술의 발전과 더불어 무역포탈의 활용이 증가하고 있으며, 또한 전자무역시스템이 개발·도입되면서 본격적인 글로벌 전자무역의 기반이 마련되고 있다.

현재 개발·상용화되고 있는 대표적인 글로벌 전자무역시스템으로는 볼레로시스템(Bolero System), 트레이드카드(TradeCard), 아이덴트러스트(IdenTrust), 한국의 uTrade-Hub(uTrade 포털), 전자신용장 유통시스템 등이 있으며, 또한 동아사아 전자무역 네트워크(PAA), 한·일 전자무역 네트워크, ASEM 프로젝트 등과 같은 지역적인 네트워크가 있다.

[표 3-2] 전자무역의 발전과정

년대	주요 서비스	주요 내용
1987년대	UN/EDIFACT(행정/상역/운송 부문의 전자문서교환규칙) 제정	전자무역이 확산되는 계기
1990년대	VAN(부가가치통신망) EDI	주로 전자문서교환의 무역자동화
1990년말	인터넷 ED, 무역포탈서비스 등장	웹 사이트에서 물품검색, 거래처 물색 및 거래제의 등 기초적 무역업무
2000년대	지역별 및 글로벌 전자무역시스템 개발/도입, 전자무역중개기관	무역포탈 활용 증가, 볼레로시스템, 트레이드카드, 아이덴트러스트, 동아시아 전자무역 네트워크(PAA), 한/일 전자무역 네트워크, ASEM(아시아유럽정상회의) 프로젝트, SURF, SWIFTNet TSU 등
2000년 중반	전자무역 솔루션 개발 국가별 독자 시스템 개발 공인전자문서센터	볼레로 전자신용장/추심결제 애플리케이션, 한국 uTrade Hub, 전자신용장유통시스템

(3) 전자무역의 중요성

전자무역은 한국경제의 중추 산업인 무역의 구조적 혁신을 통해 국가경쟁력을 획기적으로 증대시킬 수 있는 국가 핵심전략이다.[1)]

우선 전자무역은 단순히 거래방식의 변화가 아니라 전통무역산업을 포함한 국민경제 구조와 프로세스의 혁신을 포함하는 혁명적인 변화를 내포하고 있다.

둘째, 전자무역은 한국 무역이 안고 있는 여러 문제를 근본적으로 해결할 수 있는 기회를 제공한다.

셋째, 정보통신기술의 급속한 발전과 함께 무역거래방식 역시 과거와는 전혀 다른 구조와 방식으로 변화하여 모든 무역 프로세스가 전자화되고 있다.

넷째, 전자무역은 단기적으로 무역거래 프로세스 혁신을 통해 무역관련 제비용을 혁신적으로 절감함으로서 한국무역의 고비용 구조를 획기적으로 개선할 수 있는 기

1) http://etrade.kita.net/#.

회를 제공한다.

마지막으로 수출중심 형 한국경제의 특성을 고려할 때, 기업과 산업의 IT화, e-비즈니스화는 결국 전자무역을 통해 수출의 양적 증대와 고부가가치화로 연결될 때 가치창출이 가능하다.

3. 전자무역의 개념과 실적

(1) 전자무역의 정의

지금까지 전통적인 무역거래는 여러 단계의 복잡한 절차를 거쳐야 하므로 그 만큼 많은 비용이 부담이 되고 오랜 시일이 소요되고 있다. 기존 무역거래의 절차는 수입업자와 수출업자가 해외시장조사, 거래선의 발굴 및 거래제의, 무역계약의 체결 및 계약물품의 인도 등 거래가 이행되는 과정에서 각 거래당사자는 거래상대방, 은행, 보험회사, 운송회사 등의 무역관련 당사자를 직접 방문하고 수시로 연락을 취하면서 업무를 수행하는 것이었다.

그러나 전자무역은 정보시스템과 인터넷을 이용하여 시간적·공간적 제약 없이 무역거래를 가능하도록 한다. 정보통신기술의 핵심인 인터넷을 통하여 국제상거래를 하는 것으로서 네트워크를 구성하는 가상공간 그 자체가 시장이고 업무처리의 주요한 공간이다. 따라서 수출업자는 자기 회사의 물품을 웹 사이트에 게시하고 홍보하며, 반대로 수입업자가 웹 사이트에 구매오퍼(buying offer)를 게시할 경우 수출입업자 상호간 전자수단을 통해 거래상담과 계약체결이 이루어지게 된다. 또한 인터넷을 이용하여 무역활동을 할 경우 자사제품의 효과적인 마케팅활동과 무역업무의 효율성을 향상시킬 수 있다. 따라서 무역거래 프로세스상의 이행비용을 절감시키며, 그 이행절차를 단순화시키고 업무절차가 신속하게 진행된다.

따라서 전자무역이라 함은 성공적인 국제무역을 수행하기 위해 해외시장조사를 포함한 해외마케팅에서부터 무역사후관리에 이르기까지 무역거래의 모든 프로세스를 인터넷과 전자시스템 등의 전자적 수단을 이용하여 이행(처리)함으로서 시간과 공간의 제약 없이 무역 업무를 신속·정확하고 효율적으로 처리하는 일련의 과정이며, 무역거래 프로세스의 획기적인 개선은 물론 그 효율성을 향상시키는 새로운 무역의 패러다임이다.

[표 3-3] 전자무역의 유사개념

개 념	정 의
무역자동화	무역 업무를 전자문서 교환방식으로 행하는 것(무역자동화촉진에관한 법률 제2조 1항), 2005. 12. 23일자로 '무역자동화'는 '전자무역'으로 변경됨
전자무역	무역의 일부 또는 전부가 전자무역문서에 의하여 처리되는 거래(전자무역 촉진에 관한 법률 제2조 1항)
국제전자상거래	지역 또는 국가 간의 모든 전자상거래
사이버무역	사이버 공간/가상의 공간에서 이루어지는 상거래
인터넷무역	인터넷을 이용하여 국제적으로 이루어지는 상거래

(2) 대외무역법상 무역과 전자무역의 정의

① 무역의 정의

『대외무역법』 제2조제1호에서는 국제간의 무역을 "물품과 대통령령이 정하는 용역 또는 전자적 형태의 무체물의 수출과 수입을 말한다."라고 정의하고 있다. 그리고 여기에서 "물품"이란 본 법 제2조 제2호에서는 "「외국환거래법」에서 정하는 지급수단, 증권 및 채권을 화체(化體)한 서류외의 동산을 말한다."고 규정하고 있다. 따라서 물품의 수출과 같이 새로운 수출동력으로 유망한 용역, 즉 지식서비스를 무역의 범위에 포함시켜 서비스 수출에 대해서도 수출실적으로 인정하여 무역금융 및 수출보험 등을 지원한다.

그리고 전자무역은 거래절차를 간소화하고 거래비용을 절감할 수 있기 때문에, 향후 경쟁력 있는 국제무역환경을 조성하기 위해서는 전자적 형태의 무체물에 대해서도 수출실적의 인정과 무역금융 지원 등이 가능하도록 하여 전자무역의 활성화를 위한 지원제도를 신속히 갖출 필요성이 대두됨에 따라 지식경제부는 물품의 수출·수입과 같이 정보통신망을 통하여 거래되는 소프트웨어 등 전자적 형태의 무체물의 수출·수입도 대외무역법에 의한 수출·수입의 범위에 포함하고 있다.

따라서 무역의 대상이 물품 이외에 "용역"과 "전자적 형태의 무체물"의 수출·출입이 포함되었으며, 전자무역에 대한 정의를 별도로 하고 있다.

② 용역(지식서비스)의 범위

『대외무역법시행령』 제3조에서는 「대외무역법」 제2조제1호에서 "대통령령이 정하는 용역"이라 함은 다음에 해당하는 업종의 사업을 영위하는 자가 제공하는 용역을 의미한다. 즉 경영상담업, 법무관련 서비스업, 회계 및 세무관련 서비스업, 엔지니어링 서비스업, 디자인, 컴퓨터시스템 설계 및 자문업, 「문화산업진흥 기본법」 제2조제1호의 규정에 의한 문화산업에 해당하는 업종, 「관광진흥법」 제3조제1항에 따른 관광사업에 해당하는 업종, 그리고 그 밖에 지식기반용역 등 수출유망산업으로서 지식경제부장관이 정하여 고시하는 업종과 국내의 법령 또는 대한민국이 당사자인 조약에 의하여 보호되는 특허권·실용신안권·디자인권·의장권·상표권·저작권·저작인접권·프로그램저작권·반도체집적회로의 배치설계권의 양도, 전용실시권의 설정 또는 통상실시권의 허락 등을 의미한다.

따라서 경영컨설팅, 엔지니어링, 법무, 회계, 세무, 컴퓨터시스템 설계 및 자문, 문화콘텐츠, 특허권·실용신안권 등 서비스를 해외에 제공하는 경우에도 수출실적으로 인정받아 무역금융, 수출보험, 세제 등의 혜택을 받을 수 있다. 예컨대 우리나라 SI(System Integration : 시스템 통합) 업체[2)]가 해외에 인력을 파견하여 외국기업의 ERP(Enterprise Resource Planning : 전사적 자원관리)시스템을 구축하는 서비스를 제공하면 수출실적에 해당한다.

그리고 서비스의 수출실적 확인은 한국무역협회에서 발급한 확인서와 외국환은행의 장이 확인한 입금확인서를 통해 이루어진다.

③ 전자적 형태의 무체물

『대외무역법』 제2조제1호에서 "전자적 형태의 무체물"에 대해 『대외무역법 시행령』 제4조에서는 우선 「소프트웨어산업진흥법」 제2조제1호[3)]의 규정에 의한 소프트웨어, 둘째, 부호·문자·음성·음향·이미지·영상 등을 디지털방식으로 제작하거나 처리한 자료 또는 정보 등으로서 지식경제부장관이 정하여 고시하는 것, 그리고 이들 집합체와 그 밖에 이와 유사한 전자적 형태의 무체물로서 지식경제부장관이 정하여 고시하는 것이라고 규정하고 있다. 본 조항에서 부호·문자·음성·음향·이미지·영상 등을 디지털방식으로 제작하거나 처리한 자료 또는 정보 등으로서 지식경제부장관이 정하여 고시하는 것이라 함은 「대외무역관리규정」 제4조에서 영상물(영화, 게임, 애니메이션, 만화, 캐릭터를 포함), 음향·음성물, 전자서적, 데이터베이스라고

2) 기업이 필요로 하는 정보시스템에 관한 기획에서부터 개발과 구축, 나아가서는 운영에까지 모든 서비스를 제공하는 일이다.

3) 『소프트웨어산업진흥법』 제2조 제1호 : "소프트웨어"라 함은 컴퓨터·통신·자동화 등의 장비와 그 주변장치에 대하여 명령·제어·입력·처리·저장·출력·상호작용이 가능하도록 하게 하는 지시·명령(음성이나 영상정보 등을 포함한다)의 집합과 이를 작성하기 위하여 사용된 기술서 기타 관련 자료를 말한다.

규정하고 있다.

그리고 『대외무역관리규정』 제5조에서는 전자적 형태의 무체물의 수출입으로서 영 제2조제3호라목 및 제4호라목에 따른 "그 밖에 지식경제부장관이 정하여 고시하는 방법"이란 컴퓨터 등 정보처리능력을 가진 장치에 저장한 상태로 반출·반입한 후 인도·인수하는 것을 말한다."라고 규정하고 있다. 그러나 법률·교육 소프트웨어 등을 이용하고 이에 대한 대가를 받는 행위 즉, 순수한 서비스공급에 해당하는 행위는 대외무역법에 의한 수출입 범위에 해당되지 않는다.

④ 전자무역의 정의

『전자무역 촉진에 관한법률』 제2조제1호에서는 전자무역을 「대외무역법」 제2조제1호의 규정에 의한 무역의 일부 또는 전부가 전자무역문서에 의하여 처리되는 거래를 말한다."라고 정의하고 있다. 따라서 전자무역에 대한 정의를 별도로 하고 있다. 그리고 본 법률 제2조제4호에서는 "전자무역문서"를 "전자무역에 사용되는 「전자문서 및 전자거래기본법」 제2조제1호의 규정[4]에 의한 전자문서를 말한다."라고 정의하고 있다.

(3) 물품과 무체물의 수출입 개념의 차이

일반물품의 수출입은 국내(대한민국의 주권이 미치는 지역)와 외국(국내이외의 지역) 간에 물품의 이동이 일어나는 거래로서 국경의 개념을 사용하고 있다. 그러나 전자적 형태의 무체물의 수출입은 국경을 초월한 정보처리시스템을 통하여 거래되므로 『외국환거래법』 제3조제12호 및 제13호의 규정에 의한 거주자와 비거주자 간에 소프트웨어 등을 전송 및 인도·인수하는 것을 말한다. 즉 거래주체를 기준으로 수출입의 개념을 정의하고 있다.

국내에서 거주자와 비거주자 간에 물품을 인도·인수하는 것은 주권이 미치는 영역 내에서의 물품 이동이므로 대외무역법에 의한 수출입의 범위에 포함되지 않지만, 국내에서 국내 서버 등의 정보통신망을 통하여 전자적 형태의 무체물을 외국환거래법에 의한 거주자와 비거자 간에 인도·인수하는 것은 대외무역법에 의한 수출입의 범위에 포함된다. 또한 정보통신망을 통하지 않고 국내 거주자가 비거주자에게 소프트웨어 프로그램 등을 인도할 목적으로 노트북 컴퓨터 등에 내장한 채 휴대·반출하

4) 『전자문서 및 전자거래기본법』 제2조 제1호 : "전자문서"라 함은 정보처리시스템에 의하여 전자적 형태로 작성, 송신·수신 또는 저장된 정보를 말한다.

는 경우에도 동 소프트웨어는 수출의 범위에 포함된다.

대외무역법에서 전자적 형태의 무체물을 수출입의 범위에 포함하는 목적은 물품의 수출입과 동일하게 무역금융 및 세제 등의 제도적인 지원을 받도록 하여 전자무역을 활성화시키는 데 의의가 있다. 이와 같은 제도적인 지원을 하기 위해서는 전자무역에 대한 거래확인이 필요하다.[5)]

(4) 전자적 형태의 무체물의 수출입 확인

대외무역법에서 전자적 형태의 무체물을 수출입의 범위에 포함하는 목적은 물품의 수출입과 동일하게 무역금융 및 세제 등의 제도적인 지원을 받도록 하여 전자무역을 활성화시키는 데 의의가 있다. 이와 같은 제도적인 지원을 하기 위해서는 전자무역에 대한 거래확인이 필요하다.

일반적인 물품의 수출입은 통관절차를 거치므로 수출입 확인 및 실적인정이 용이하다. 그러나 정보시스템을 통하여 거래되는 전자적 형태의 무체물에 대한 수출입 확인은 저장파일 검색 등 전문적인 기술을 필요로 하기 때문에 은행에서 수출입 대금을 영수·지급하는 경우에는 실제 수출입과 관련된 대금인지를 확인하기 어렵다. 이와 같은 이유로 지식경제부는 전자무역 수출입실적 확인업무를 수행할 수 있는 기술능력을 갖추고 있는 한국무역협회와 한국소프트웨어산업협회에 수출입 확인을 하도록 규정하고 있다.

대외무역법에서는 영 제23조 따른 전자적 형태의 무체물에 대한 수출입 사실의 확인을 받고자 하는 자는 별지 제23호 서식에 의한 수출입확인신청서에 거래사실을 입증할 수 있는 서류를 첨부하여 한국무역협회장 또는 한국소프트웨어협회장에게 신청하여야 한다. 이 경우 한국무역협회장 또는 한국소프트웨어산업협회장은 수출입 사실의 확인이 가능하고 신청 사실에 하자가 없다고 인정하는 경우에만 별지 제25호 서식에 의한 수출입확인서류를 발급하여야 한다.

그리고 수출입확인서 발급기관의 장은 신청인에게 수출입확인서의 발급심사를 위하여 필요한 자료의 제출을 요구할 수 있다. 또한 수출입확인서의 발급현황 등에 관한 매분기 실적을 다음달 20일까지 지식경제부장관과 관세청장에게 보고하여야 한다.[6)]

5) 지식경제부, 대외무역법규 주요 개정내용 해설, 2006.
6) 『대외무역관리규정』 제30조 제2항.

(5) 전자적 형태의 무체물의 수출입실적의 인정금액 및 시점

전자적 형태의 무체물의 수출실적 인정금액은 한국무역협회장 또는 한국소프트웨어산업협회장이 발급한 수출확인서에 의해 외국환은행이 입금 확인한 금액으로 하며, 수입실적 인정금액은 외국환은행의 지급금액으로 한다.7) 그리고 전자적 형태의 무체물의 수출실적의 인정시점은 외국환은행에 입금일로 하며, 그 수입실적의 인정시점은 지급일로 한다.8)

따라서 수출 또는 수입을 이행한 실적확인을 받은 거래자는 그 확인서를 외국환은행에 제출하여 당해 외국환은행이 입금을 확인함으로써 수출실적으로 인정되어 무역금융을 지원받을 수 있다.

4. 전자무역의 범위와 인프라

(1) 전자무역의 범위

전자무역 인프라의 보편화로, 도래하는 새로운 무역환경에서 창출가능하고 다양한 새로운 방식의 사업모델의 개발과 수행활동을 포함한다. 궁극적으로는 관련된 다수의 기업 및 공공기관의 개별 프로세스가 전자무역의 프로세스라는 일관된 프로세스로 융합되는 과정으로서 e-비즈니스화(e-Transformation)의 핵심 부분을 구성한다. 따라서 전자무역은 정보기술 인프라, 전자무역의 관련 산업, 그리고 전자무역의 기반이 되는 법·제도 등의 요소와 이를 토대로 하는 전자무역의 행위주체로서 여러 유형의 기업 및 이들 간의 프로세스로 파악된다.

여기에서 프로세스라고 하는 것은 기업이 수출입 과정에서 수행하는 일련의 활동, 즉 통관 및 물류, 결제 등에서 각각의 활동과 관련된 기업들 예컨대 운송회사, 외국환은행, 포워더(forwarder) 등과 주고받는 정보(업무)의 흐름으로 정의되며, 전자무역 인프라는 이러한 업무처리를 전자방식으로 처리해 주는 기능을 제공하고, 전자무역 관련 산업은 전자무역 인프라에 의해 매개되는 무역거래 프로세스 상의 다양한 기업들, 즉 금융·물류·보험·e-Marketplace(e-MP) 등을 포괄한다. 광의의 전자무역 인프라에 포함되는 전자무역 관련 법·제도는 전자무역거래 프로세스 상의 정보교환 행위가 많은 경우 법·제도에 의해 규율되기 때문에 중요한 의의를 가진다.9)

---

7) 『대외무역관리규정』 제26조 제1항 제6호.

8) 『대외무역관리규정』 제27조.

[표 3-4] 전자무역의 프로세스와 주요 업무

무역계약, 수출입요건확인, 통관, 물류, 외환, 대금결제 등 무역 프로세스의 전 과정에 걸쳐 전자무역 업무 수행

◈ 무역 프로세스

시장조사 거래선발굴 → 상역 → 외환 → 통관 → 물류 → 결제 사후관리 → 글로벌 연계

◈ 전자무역 적용 업무

상역	외환	통관	물류	Global
. 수출승인 . 원산지증명 . 요건확인 등	. 신용장개설/통지 . 내국신용장 . 세금계산서 . 대금결제 등	. 수출입신고/수리 . 관세환급 . 분할 및 정산 . 검사.검역 등	. 선적요청 . BL발급통지 . 적하목록취합 . 입출항 보고 . 화물추적 등	. PAA사업 . 동북아SCM 구축사업 . 한/유럽간 ASEM 사업

자료 : KTNET

(2) 전자무역 인프라와 전자무역플랫폼

전자무역은 정보통신기술의 핵심인 정보시스템과 인터넷을 통하여 국제간 상거래를 하는 것으로써 네트워크를 구성하는 가상공간 그 자체가 시장이고 무역업무처리의 주요 공간이다. 전자무역 인프라는 최신 정보기술을 이용하여 마케팅 업무에서부터 결제·사후관리에 이르기까지 무역업무 전 프로세스를 한 곳에서 단절 없이 처리할 수 있도록 각지에 분산되어 있는 여러 기능별 서비스 네트워크를 효과적으로 통합·연계한 전자무역 허브로서 전자무역플랫폼을 통해 무역업자에게 단일창구(single window) 서비스 제공하는 업무기반을 말한다.

여기에서 전자무역플랫폼(electronic trade platform)이란 인터넷 환경에서 무역거래 관계당사자가 언제 어디에서나 사이버공간에서 시장조사 및 정보수집, 거래처의 물색 및 선정, 거래제의, 거래협상 등 계약이전의 단계에서부터 청약과 승낙의 계약체결 과정과 신용장의 개설 및 통지, 통관절차, 대금결제 등의 계약이행 과정, 그리고 운송, 보험, 검사, 무역금융 등의 무역업무 서비스에 이르기까지 모든 무역거래의 프로세스를 단절 없이 일원적(one stop)으로 처리할 수 있는 공유기반의 단일 업무공간이다. 이는 전자무역플랫폼에 참여하는 무역거래의 여러 관계당사자가 한 곳에서 상호간에 협력적 무역업무가 가능하도록 산재되어 있는 무역관련 인프라의 통합을 의미한다.

9) 한국무역협회, 전자무역, 2003. 1, 6면.

자료 : KTNET

[그림 3-1] **전자무역플랫폼(www.utradehub.or.kr/ 참고)**

(3) 전통적 무역과 비교

전자무역은 전통무역과 비교해 보면 그 절차상에 있어서는 별다른 차이는 없지만, 방법이나 수단에 있어서는 큰 차이가 있다. 우선 해외시장조사, 거래상대방의 발굴 및 선정, 마케팅 활동 등의 방법에 많은 차이가 있으며, 거래상담 및 계약체결을 위한 무역상담도 기존과는 전혀 다른 양상을 보이고 있다. 그리고 대금결제에 있어서도 전자결제시스템(또는 전자무역플랫폼)이 이용된다는 점이다.

전통무역이 서신, 팩스, 전화 등을 이용한 무역인 반면, 전자무역은 이러한 과다한 문서·수작업이 소요되는 그 이행의 전 과정을 인터넷과 웹을 기반으로 하는 서류가 필요 없는 정보시스템을 이용하는 무역이다. 또한 시간적·공간적 제약 없이 가상공간에서 이루어진다. 즉 전통무역은 제품의 소개 및 계약체결을 위하여 해외 상대방을 직접 방문하여야 했다. 그러나 전자무역은 정보시스템과 인터넷을 이용하여 거래상대방의 선정, 상담, 계약체결 등의 절차를 가상공간을 통하여 이루어지고, 전자무역시스템(플랫폼)을 통해 통관, 물류, 결제 등의 모든 무역절차가 기업내부 시스템과 연동되어 일괄적으로 자동 처리된다. 그리고 외국의 무역자동화망과 연계되거나 또는 글로벌 전자무역시스템을 이용함으로써 무역거래의 전 과정이 자동화되는 서류 없는 전자무역이 실현될 수 있다.

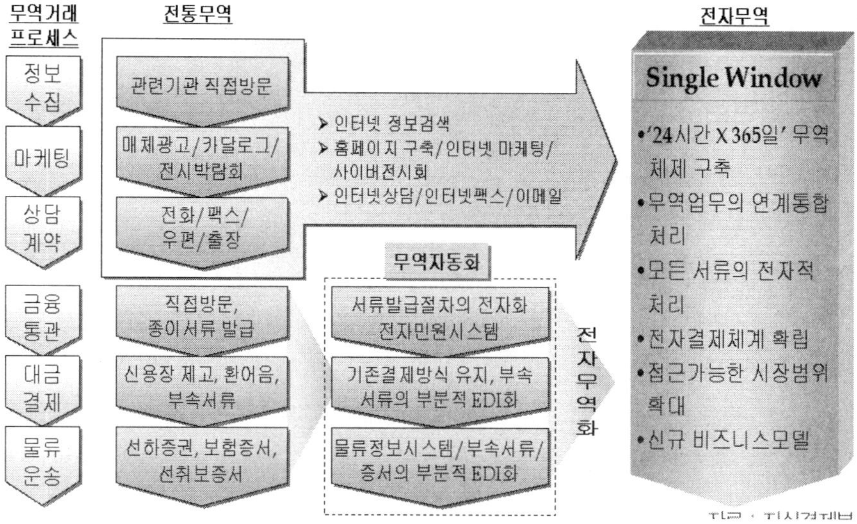

자료 : 지식경제부

[그림 3-2] 전통무역과 전자무역 비교

[표 3-5] 전통무역과 전자무역 비교

구 분	전통무역	전자무역
거래채널	기업 → 무역업자 → 기업 기업 ↔ 기업	기업→ 수출에이전트 → 기업 기업 ↔ 기업, 기업 ↔ 소비자
거래시간	영업시간 제약	시간제약 없음(24시간)
대상지역	지역제한(인력/정보 제한)	전 세계적으로 확산 가능
마케팅활동	주로 일방적 마케팅 전통적 직접 마케팅	쌍방향 상호 작용 마케팅 가능(웹/멀티미디어 등 정보기술 이용)
고객정보	전통적 방식으로 정보획득 및 재입력 및 관리 필요	온라인 수시 획득 및 지속적 보완용이/정보시스템 관리
고객대응	고객욕구/시장 파악 어려움 /대응지연	고객욕구/시장 파악 신속 및 즉시 대응 가능
의사소통	전화, 팩스 및 직접 대면 등 의사소통 어려움	웹, 전자메일 등 정보기술을 통한 신속한 교환 및 시스템 관리
대금결제	종이기반의 전통적 방식	전자거래(전자이체) 전자시스템 결제 : Bolero, TradeCard, Identrust, 전자신용장유통시스템, EDI 등
무역서류	종이서류(수작업 작성) 현장방문 서류발급, 우편 발송	시스템을 통한 자동/전자적 작성 온라인/전자시스템을 통한 교환/전송
무역통관	직접 방문 수출입 신고 및 통관의뢰	EDI 등 전자적 방법으로 수출입 신고/통관 의뢰

자료 : http:pub/docu/kr 참고함

5. 전자무역의 특징과 장점

(1) 전자무역의 특징

① 무역거래 프로세스의 통합 및 자동화(시스템화)

국제간 전자무역거래를 위한 전자무역플랫폼은 전 세계의 모든 당사자에게 온라인상에서 무역계약의 체결을 위한 시장조사, 거래협상, 무역계약의 체결, 금융제공 및 결제 등의 서비스를 제공한다. 그리고 기존에 오프라인에서 수행하던 서류작업 및 단순하고 반복적인 무역절차가 필요하지 않다. 또한 모든 제3의 당사자와 용이한 접촉 및 상호 작용은 매수인과 매도인에게 물류, 물품검사, 적하보험 및 그 이외의 모든 서비스를 포함하여 온라인상에서 필요한 서비스를 선택할 수 있다.[10)]

그리고 온라인상에서 거래이행에 필요한 모든 서류의 작성 및 송부, 그리고 이들 서류의 모든 조건 변경에 관한 모든 데이터를 안전한 업무공간에서 저장하고 업데이트(update)할 수 있으며, 필요한 자료를 이용자의 업무공간에 업로드(upload)할 수 있다. 또한 대금결제를 위한 전자서류상의 데이터를 전자적으로 대조·확인하여 결제업무를 수행할 수 있는 시스템을 갖추고 있다.[11)]

따라서 이와 같이 전통적인 무역거래의 모든 프로세스를 전자·시스템화는 물론 가상공간상에서 무역거래의 전 프로세스를 일원적으로 수행할 수 있도록 통합한다.

② 보안시스템의 구축 필요

인터넷을 이용한 전자무역은 거래절차를 간소화하고 효율성을 향상시켜 주는 대신 서비스 제공업자의 전자무역시스템과 그 이용자의 개인 정보, 결제시스템 등의 정보에 대해 철저한 보호를 요구하고 있다. 보안과 신뢰성은 전자무역시스템 인프라의 중요한 부분이다. 거래자료 보안을 위한 5대 원칙으로는 인증(authentication), 승인(authorization), 기밀성(confidentiality), 무결성(integrity), 부인방지(non-repudiation)가 있다. 따라서 전자무역시스템을 이용하기 위해서는 인증시스템을 이용하여 그 이용자를 식별·인증하고 디지털 서명 등을 필요로 한다. 이러한 요소들이 상호 작용하여 종합적인 보안시스템을 구축한다.

---

10) http://www.veritas-usa.com/index_html?history/tradecard.html~main.

11) http://www.tradecard.com/Platform/Features/TransactionManagement.html

③ 글로벌 단일시장의 형성

인터넷을 이용해 거래상대방과 접촉함으로써 상대방이 소재하는 국가는 문제가 되지 않기 때문에 공간적 제약을 받지 않는다. 따라서 새로운 단일 세계시장으로의 변화다. 지금까지 국가별로 독립적으로 운영되던 시장이 인터넷과 이를 이용하여 국제무역의 전 과정을 전자·시스템화 함으로써 가상의 단일 시장으로 통합되고 있다. 가상공간이라는 전자무역플랫폼을 이용하여 전 세계를 상대로 기업과 제품을 홍보할 수 있다. 또한 거래상대방을 발굴할 수 할 수 있다. 따라서 대기업이나 초대형 다국적 기업 못지않게 중소기업에게도 세계적인 또는 거대한 규모의 기업으로 성장할 수 있는 기회를 제공할 수 있게 되었다.[12)]

④ 글로벌시장을 대상으로 한 글로벌 마케팅 활동 가능

인터넷을 이용한 전자무역은 전 세계를 대상으로 한 마케팅 활동을 최소한의 비용으로 수행할 수 있다. 이제까지는 막대한 마케팅 비용 및 시장에 대한 정보수집과 시장분석 등의 어려움 등으로 세계적인 대기업만이 세계시장을 상대로 판촉활동 및 마케팅을 수행할 수 있었다. 그러나 인터넷과 정보기술이라는 새로운 수단의 등장으로 음성과 동영상 등 보다 효과적인 방법으로 회사와 제품을 소개하고 마케팅 활동을 수 있게 되었다.

따라서 제품이나 서비스의 개발 단계에서부터 전 세계를 대상으로 한 마케팅을 고려하여야 하며, 전자무역에 적합한 마케팅 활동 및 신제품의 개발과 함께 효과적인 주문 처리, 고객관리 및 대금회수 등을 위한 내부 시스템의 구축과 전략이 필요하다.[13)]

⑤ 무역중개업자의 역할변화

기존의 무역중개업자의 역할이 근본적으로 변하게 된다. 기존의 무역 중개업자는 전통적인 무역업무의 처리(대행) 능력이 중요하였으며, 그리고 폭넓은 유통망을 구축하고 있기 때문에 물품의 조달 및 공급능력과 대자본으로 고가의 물건이나 대량의 물품구입을 할 수 있는 능력이 중요하였다. 그러나 전자무역에서 무역중개업자는 우선 거래알선시스템 또는 전자무역시스템 등을 구축하여 얼마나 많은 유용한 정보를 확보하고 있는가와 얼마나 효율적으로 무역정보를 수집하고 제공할 수 있나, 그리고 얼마나 효과적이고 유용한 서비스 솔루션과 컨텐츠 등을 제공할 수 있는 무역업무

12) http://kr.gobizkorea.com/참고.
13) http://kr.gobizkorea.com/ 수정함.

처리시스템을 갖추고 있는가가 중요하다.

⑥ 거래처 발굴의 효율화 및 용이한 거래정보 획득

기존에는 거래처 발굴을 위해서는 거래 알선 기관에 찾아가 정보를 얻거나 각국에서 발행하는 무역업체 총람, 제조업체 총람, 기업 연감 등의 디렉토리(directory)를 찾아보거나, 해외로 배포되는 인쇄 매체나 현지의 광고 매체를 이용하였다. 또한 무역협회 등에서 주관하는 해외시장 개척단 또는 국제 박람회나 전시회 등에 참가하여 거래처를 발굴해 왔다.

그러나 인터넷에서는 각국의 정부와 무역유관기관 그리고 개별 기업들이 올려놓은 무역에 관련된 수많은 정보들을 전자무역시스템 및 정보 검색 엔진을 이용하여 손쉽게 찾아 볼 수가 있다.[14)]

⑦ 교역상품과 서비스 가격의 단일화 및 하락

인터넷에서는 정보 전문검색엔진을 이용하여 특정 물품을 어떤 나라의 어느 기업이 공급하고 있는 지를 쉽고 신속하게 검색할 수 있다. 이 때 그 특정 물품을 필요로 하는 기업과 소비자 간에는 철저한 시장원리가 적용되어 가장 경제적이고 합리적인 기준에 의한 거래가 이루어지게 된다. 따라서 인터넷에서는 가격구조가 평준화되고, 반면 제품 차별화가 확고하게 진행될 것이다. 또한 인터넷이라는 거대한 시장은 유통비용의 하락으로 전반적인 제품이나 서비스 가격의 하락을 유도할 것이다.

지금까지 수입업자는 해외의 유명 브랜드를 낮은 가격에 구입하여 높은 가격으로 국내에서 판매해 왔지만, 국제간 전자상거래시스템은 무역을 자유롭게 할 수 있도록 함으로써, 보다 자유로운 경쟁체제로 자연스럽게 가격이 하락될 것이다.[15)]

⑧ 정보의 흐름과 물류가 분리된다.

물품은 물리적 수송이 요구되며, 여러 기관이 참여하는 통관과 무역절차를 거쳐야 한다. 그러나 무역거래의 전 과정을 살펴보면 물리적 물품의 이동보다는 무역거래에 관여하는 여러 기관 사이에 송수신되는 정보의 흐름과 교환의 비중이 훨씬 크고, 이 과정에서 많은 시간의 지체와 비용이 발생한다.

전자무역의 큰 효과는 적절한 거래상대방을 신속하게 발굴하여 거래를 성사시킬 수 있다는 데에도 있지만, 그 것 보다는 무역거래의 과정을 효율적으로 그리고 신속

14) http://kr.gobizkorea.com/

15) http://www.sme.or.kr/tradehelp/thelp5/107.html.

하게 할 수 있다는 점이다. 즉 무역거래에는 제조업자, 무역업자, 운송업자, 은행, 관세청, 항만청, 보험회사 등의 많은 기관들이 관여하며, 이들이 주고받는 정보의 양이 많다. 이렇게 여러 기관이 많은 양의 정보를 주고받아야 하는 무역거래에서 인터넷 및 시스템을 이용하면 무역정보의 흐름과 교환을 원활히 할 수 있으며, 더불어 정보의 흐름이 신속해짐에 따라 기존의 무역거래 프로세스에서는 정보교환과 흐름의 지체 때문에 움직이지 못했던 물품의 이동도 원활히 이루어 질 수 있다. 정보흐름의 지체가 해소됨으로써 물류가 정보흐름에 귀속되지 않고 분리되어서 원활히 움직일 수 있는 것이다.[16)]

⑨ 중소기업과 대기업의 차이 완화

그 동안 국제무역 정보와 거래선 확보의 어려움, 국제무역에서 국가마다 요구되는 법제도와 절차상의 상이, 국제무역의 거래절차와 환경변화에 대한 정보부족으로 대기업에 의존하던 중소기업이 전자무역시스템과 인터넷을 이용하여 독자적으로 무역활동을 할 수 있는 기반이 구축되었다. 전자무역제도 하에서는 기존의 대기업이 독점적으로 누릴 수 있었던 정보와 국외의 거점을 통해 얻을 수 있던 이점이 줄어들게 되었다. 따라서 국제간 상거래는 기업의 규모 보다는 어느 기업이 소비자의 욕구를 효과적으로 충족시키느냐에 달려 있다. 그러므로 중소기업과 대기업 모두 동등한 위치에서 거래를 수행할 수 있게 된 것이다. 즉, 전자무역에서는 여러 나라에서 자재를 조달하여 생산하고 여러 나라에 공급하는 네트워크를 구축한 중소기업이 변화하는 국제무역 환경에 기동성 있게 대처하는 장점이 있일 수 있다.[17)]

(2) 전자무역의 장점

전자무역의 주요 장점으로는 무역거래 프로세스의 간소화 및 통합으로 효율성 향상, 거래의 투명성 향상, 거대한 단일의 전 세계시장, 거래처 발굴의 효율화 및 거래정보 획득의 용이, 중소기업에 성장기회 제공, 기업의 활동비용을 획기적으로 절감 등을 들 수 있다.[18)]

① 무역거래 프로세스의 간소화 및 통합으로 효율성 향상

현행의 오프라인의 무역거래 프로세스는 복잡한 절차로 많은 비용과 시간이 소요

16) 한국무역협회 무역아카데미, 전자무역, 2002-1, 15면.
17) 한국무역협회 무역아카데미, 전게서, 15면.
18) http://www.sme.or.kr/tradehelp/thelp5/101.html.

된다.[19] 또한 그 이행에 있어서 높은 업무상의 오류와 현행 오프라인 프로세스와 관련된 기타의 문제들로 인하여 기업이 송장, 구매주문서 및 기타 제 서류를 정확하게 일치시키기는 것은 어렵다. 그러나 전자시스템은 이러한 서류작업을 제거하고 모든 통신문과 정보교환을 인터넷으로 운영되는 공동의 플랫폼에 게시하여 모든 당사자가 쉽게 접근할 수 있도록 한다. 이는 거래비용을 절감하고 재입력 오류를 최소화하며, 서류와 정보를 더욱 신속하게 관리함으로써 기업은 실질적인 비용절감을 가능하게 한다.[20]

그리고 모든 무역당사자를 위해 단일의 통합된 정보시스템을 제공할 수 있으므로 거래당사자 간의 무역거래를 동시·전자적으로 이행할 수 있다. 이러한 저비용·효율적인 비즈니스 구조는 국제무역을 촉진시키고 그 효과를 극대화할 수 있으며, 고객관계를 구축·유지하는 데 요구되는 기간을 단축할 수 있다. 또 효과적인 고객관계관리[21], 더욱 신속한 경영정보의 전달, 혁신적이고 직접적인 부가가치, 새로운 비즈니스 개발을 위한 혁신적인 접근 등이 가능하다.[22]

② 거래의 투명성 향상

국제무역에서 거래당사자는 금융기관, 물류업자, 검사업자, 적하보험업자 등의 서비스 업자와 온라인상에서 접근할 수 있으며, 또한 거래당사자는 당해 거래상황을 언제든지 확인할 수 있고, 당해 거래내용을 추적할 수 있다. 따라서 모든 관계당사자는 공동의 가상공간에서 거래내용 및 관련 데이터를 입수할 수 있으며, 모든 서류에 관한 진행상황을 확인할 수 있다. 또한 이용자가 필요로 하는 정확한 정보를 입수할 수 있다.[23] 전자무역사업자는 온라인상에서 거래당사자 간에 이루어지는 거래의 이행상황을 관리하는 종합적인 시스템을 구축하고 있으며, 이용자 지향의 서비스 솔루

19) 2001년의 SITA(Societe Internationale de Telecommunication Aeronautique) 보고서에 따르면 한 번의 선적은 적어도 40여개의 서류가 작성되며, 60여개의 구체적인 프로세스를 거친다.

20) TradeCard, "Financial Supply Chain Automation : The Missing Link in Supply Chain Management" (White Paper), 2002, pp.5-6.

21) 고객의 편익과 기업의 수익 모두를 위해 고객과의 관계가 지닌 가치를 극대화하기 위해 고객을 파악, 확보 및 유지하는 일련의 활동으로 "고객유지율과 경영성과를 동시에 향상시키는 경영전략"이다(Frederick Newell, *loyalty.com*, McGraw-Hill, 2000, p.11).

22) bolero.net(Dr. Anthony W. Kirby), "The Role of Bolero", *Electronic b2b Trade*, 2001. 4. 4-5, s. 23.

23) http://www.tradecard.com/Solutions/Features.html.

션은 거래의 투명성을 향상시킨다.[24]

따라서 모든 거래당사자는 모든 무역서류를 작성, 확인, 조건변경 및 승인하기 위해서 온라인에 실시간으로 접속할 수 있으며, 또한 그 거래 데이터를 공유할 수 있다. 그러므로 거래당사자는 당해 거래의 진행사항에 관한 정보를 실시간으로 추적할 수 있으며, 당사자의 행위에 대한 책임 소재를 확인할 수 있다.

③ 기업활동 및 거래비용의 획기적인 절감

인터넷상에서 상품을 수출하는 기업의 경우 판매상품에 대한 정보를 별도의 홍보책자나 전단으로 만들지 않고 인터넷에 곧바로 전시할 수 있기 때문에 이에 따른 제품의 홍보비용을 대폭 절감할 수 있다. 해외 수입업자들도 인터넷을 이용하여 다양한 상품정보를 쉽게 얻을 수 있기 때문에 물품검색에 필요한 시간과 비용을 절약할 수 있다.

그리고 전자무역은 전자무역플랫폼을 통하여 무역거래 프로세스를 주로 수행하게 된다. 따라서 모든 관계당사자가 안전하고 표준화된 전자무역시스템을 통하여 거래상담, 정보의 취득, 계약체결 및 이를 이행하기 위한 각종의 서류와 자료를 교환할 수 있게 됨에 따라, 전통적인 무역에 의한 방법보다 국제무역거래의 이행기간의 단축과 이행비용을 대폭 절감시킨다.

④ 거래처 발굴의 효율화 및 거래정보 획득의 용이

인터넷을 이용하면 훨씬 더 적은 비용으로 효율적인 거래처 발굴이 가능하다. 기존에는 거래처 발굴을 위해서 상공회의소 등 거래알선기관에 의뢰하거나 각종 디렉토리, 해외에 배포되는 인쇄매체, 현지의 광고, 각종 박람회, 전시회의 참가 등을 이용하였다. 그러나 인터넷에서는 각국의 정부와 무역 유관기관 그리고 개별 기업들이 올려놓은 무역에 관련된 수많은 정보들을 웹 사이트를 통하여 쉽게 찾아 볼 수 있다.

⑤ 하나의 글로벌 시장

인터넷은 국가 간 장벽이나 지리적 제한이 존재하지 않는 글로벌 네트워크(global network)이다. 국가 간의 장벽이 약화되어 가고 있는 추세와 더불어 기업 활동의 무대를 전 세계로 확장하는데 좋은 수단이 되고 있다. 따라서 전 세계 대상의 글로벌 마케팅이 가능하고 지역적 장벽이 파괴된다.

---

24) http://www.tradecard.com/Platform/Features/TransactionManagement.html.

⑥ 중소기업에 성장기회 제공

인터넷을 통한 거래는 기업의 규모나 인지도보다는 어느 기업이 소비자의 욕구를 충실히 반영할 수 있느냐에 달려 있다. 따라서 우수한 제품, 서비스 능력, 창의적이고 진취적인 자세만 가지고 있다면 중소기업에게도 성장의 가능성은 열려 있다. 또한 현지 지사 등 거점이 없어도 해외시장 개척이 가능하므로 시장을 확대시킬 수 있다.

6. 전자무역의 기본요건과 구성요소

(1) 전자무역의 기본요건

전자무역을 성공적으로 수행하기 위해서는 무역기업과 관련 기업의 적극적인 도입과 수용 자세, 그리고 그 활용능력이 매우 중요하다. 즉 기업경영 차원의 정보화 전략과 인터넷 마케팅 전략은 물론 하드웨어(H/W), 소프트웨어(S/W), 통신망, 홈페이지, 전자우편 등의 인터넷 하부구조와 무역업무 수행능력, 인터넷과 웹의 활용능력 및 언어, 무역관련 법률, 외국환, 문화적 차이, 및 상관습 등에 관한 기본지식을 갖춘 전문인력이 필요하다. 그리고 기업의 규모에 적합한 시스템 구축 및 정부와 관련 기관의 적극적인 지원이 필요하다.

(2) 글로벌 전자무역의 필요성 및 전제조건

국제간 전자무역이 활성화되기 위해서는 첫째, 글로벌 연결성 확보이다. 즉 각 국가 간 네트워크상에서의 연계성을 가로막는 문제점 해결과 동시에 상이한 무역절차를 일관성 있게 재구축함이 필요하다. 둘째, 이에 수반하여 시스템의 호환성도 확보해야 한다. 셋째, 무역서류를 대신할 전자문서의 유통과 그 인증에 필요한 규칙을 재정비해야 하며, 또한 네트워크의 보안문제를 해결하여 거래절차에 있어 시스템의 안정적 기반을 제공하여야 한다.[25)]

이러한 전 프로세스를 통합한 전자무역을 도입해야 할 필요성은 모든 거래당사자가 이용하기 편리한 이용자 지향의 단절이 없는 End-to-end의 단일의 통합된 전자무역 플랫폼을 도입함으로서 전자무역의 효용성을 극대화하기 위한 것이다.

25) http://oxen.konkuk.ac.kr/~gwan/license/cyber/data/data7/cm011.htm. 보완.

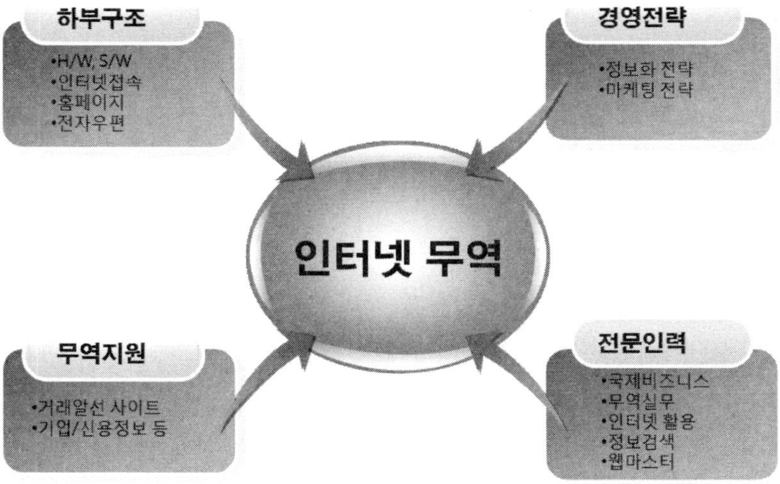

[그림 3-3] 전자무역의 기본요건

[표 3-6] 전자무역의 전제요건

전제요건	내 용
전자서류(e-Documents)	각국/거래상사자의 전자무역 준비도
상호 작용성(Interoperability)	전자무역 표준/호환성
연결성(Connectivity)	단일/통합/싱글윈도우

(3) 전자무역의 구성요소

기존의 무역방식과 다른 새로운 차원의 전자무역을 가능하게 한 많은 요소들이 있다. 이를 전자무역의 구성요소라고 할 수 있는데, 크게 제도적 요소, 기술적 요소 그리고 상업적 요소 등 세 가지로 구분해 볼 수 있다.

제도적 요소는 전자무역에 대한 법적·제도적 차원의 기반과 관련된 사항들이다. 전자무역거래가 기존의 서류를 매개로 한 무역거래와 동일한 법적 효력의 법적 기반이 조성되어야 전자무역이 활성화될 수 있다. 전자무역과 관련해서 현재 국내 법률적 기반으로는 「대외무역법」, 「전자무역촉진법」, 「무역거래기반조성법」, 「전자문서 및 전자거래기본법」, 「전자서명법」 등을 들 수 있다. 이러한 법률적 기반을 토대로 전자무역의 원활한 추진을 위한 각종 제도적 기반의 조성도 진행되고 있다. 예컨대 전자무역기반사업자, 전자무역전문서비스업자, 공인인증마크제도, 전자무역 네트워크, 전자결제제도 등이 전자무역을 구성하는 중요한 제도적 기반이라고 할 수 있다.

기술적 요소는 다량의 전자적 무역거래가 원활하게 이루어질 수 있도록 필요한 하드웨어, 소프트웨어, 통신시스템 등의 구축을 통한 기술적 차원의 기반을 의미한다. 구체적으로 전자문서, 전자카탈로그 및 전자결제 등에서의 표준화 작업이 여기에 해당하며, 다양한 전자적 무역거래를 위한 각종 솔루션과 서비스의 개발 및 초고속 정보통신망 등이 기술적 기반에 해당된다. 기술적 기반은 전자무역을 추진하는 기업의 내부적 기술기반인 CRM(Customer Relationship Management; 고객관계관리) ERP(Enterprise Resource Planning ; 전사적 자원관리), KMS(Knowledge Management System ; 지식관리시스템)[26] 등과 EDI(전자자료교환), 인터넷 솔루션, CALS (Commerce At Light Speed ; 광속상거래), SCM(Supply Chain Management ; 공급망관리) 등의 기업 외부의 기술적 기반으로 구분될 수도 있다.

상업적 요소는 전자무역의 구성 요소 중 가장 핵심을 이룬다고 할 수 있다. 상업성이 없는 전자무역은 결코 지속될 수 없기 때문이다. 전자무역의 상업적 요소란 전자적으로 무역관련 비즈니스를 수행할 수 있는 상업적 기반의 구축을 의미한다. 전자무역의 상업적 요소에는 대상 상품과 콘텐츠, 관련 물류 및 결제, 전자무역 전문인력 및 참여기관 등이 해당된다.[27]

[표 3-7] 전자무역의 구성요건

구 분	주 요 내 용
제도적 요소	• 전자거래에 대한 법적, 제도적 차원의 기반 구축 • 대외무역법, 전자무역촉진법, 전자문서 및 전자거래기본법, 전자서명법 등 • 전자무역기반사업자, 전자무역전문서비스업자, 공인인증마크제도, 전자무역 네트워크, 전자결제제도 등 • 공인전자문서센터, 공인전자문서중개자제도, 공인전자주소제도
기술적 요소	• 하드웨어, 소프트웨어, 통신망 등 기술적 차원의 기반 구축 • 표준화(전자문서, 전자카탈로그 및 전자결제 등), 각종 솔루션과 서비스의 개발 및 초고속 정보통신망 등 • CRM, ERP, KMS 등과 EDI, 인터넷, CALS, SCM 등
상업적 요소	• 전자적으로 비즈니스를 수행할 수 있는 상업적 기반 구축 • 상품과 콘텐츠, 관련 물류 및 결제, 전자무역 전문인력 및 참여기관 등 • 각종 무역알선 사이트, e-마켓플레이스, 전자무역 통합포탈 서비스

26) KMS(Knowledge Management System)은 조직 내에 다양하고 이질적인 형태로 분산되어 있는 지적 자본 및 경험을 획득하고 이를 분류 및 체계화하여 지식의 연계성을 확보하여 저장하며, 모든 조직 구성원이 보유한 지식정보를 접근할 수 있도록 하는 시스템을 의미한다.

27) http://kr.biz.yahoo.com/reference/eglossary/89/8942.heml?p=scm. 일부 수정

7. 전자무역의 비전과 기대효과

(1) 전자무역의 비전

전자무역의 미래 비전은 모든 기업과 개인이 언제 어디서나 인터넷을 통해 전 세계를 대상으로 가장 경제적이고 효과적인 방법으로 무역활동을 수행할 수 있는 시스템을 구축하는 것이다. 구체적으로는 모든 무역거래 프로세스의 일원적 처리(one-stop), 거래비용의 절감과 이용의 편리성, 안전한 거래보장 및 보안성 확보, 개방형 국제표준 수립 등을 구현하는 것이 필요하다.

궁극적으로는 무역업체가 전자무역 플랫폼을 통하여 언제 어디서나 24시간 365일 인터넷을 통해 시장조사, 바이어 발굴, 무역상담, 무역계약 등과 수출입승인, 통관, 물류, 대금결제 및 사후관리 등 모든 무역 업무를 한 곳에서 단절 없이 처리함으로써 서류 없는 완전한 전자무역을 실현하는 것이다. 따라서 모든 무역절차를 일괄 처리하는 통합된 단일의 글로벌 전자무역플랫폼을 구축하는 것이다.

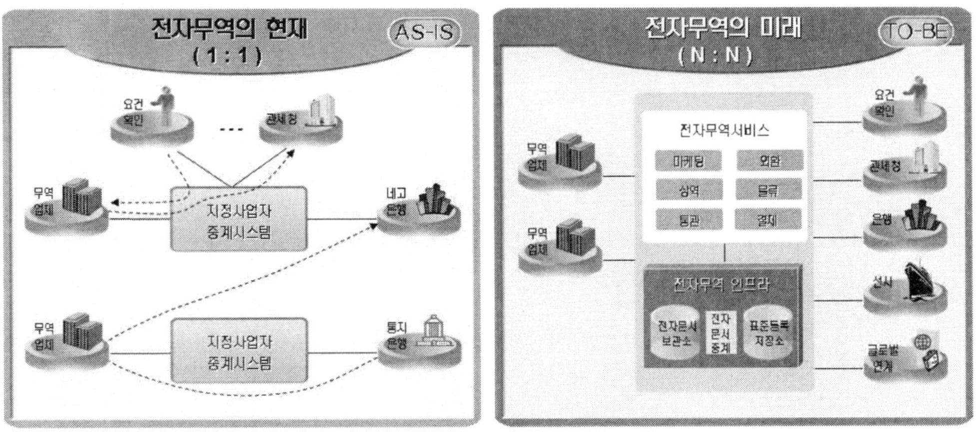

자료 : 전자무역추진센터

전자무역 비전
언제 어디서나 인터넷상의 Single Window를 통하여 시장조사에서 통관/결제에 이르는 모든 수출입 관련 업무를 가장 효과적이고 경제적인 방법으로 수행할 수 있는 시스템 구축
궁극적으로는 전자무역 플랫폼을 통해 개별 기업이 무역 업무시스템을 기업의 내부 업무정보시스템과 통합하여 통합된 업무정보시스템에서 동일·동시적으로 처리할 수 있는 시스템을 지향한다.

[그림 3-4] 전자무역의 현재와 미래

(2) 전자무역의 기대효과

전자무역은 정보기술을 활용해 국제무역의 프로세스와 구조 자체를 근본적으로 혁신하는 것으로 우리나라 기업의 무역 경쟁력을 획기적으로 강화시킬 뿐 아니라 우

[표 3-8] 전자무역의 기대효과

기대효과	내 용
거래의 투명성 향상	• 전자무역시스템의 이용으로 전자무역거래의 투명성 제고 • 업무시스템 공유로 전자무역업자 및 유관기관의 투명성 향상
기업경영의 효율성 개선 및 제고	• 무역거래 프로세스의 시스템·전자화 : 비효율적(장애) 요소 제거 • 무역거래 프로세스 간소화/자동화 • 무역유관기관 간 업무절차 통합·연계 : 무역거래의 전 프로세스의 원스탑(one-stop) 업무처리 가능 • 기업고객에 대한 서비스의 질 향상
무역업무 시간 단축 및 무역거래 부대비용 절감	• 전자무역이 이행되면 모든 무역업무처리의 시간이 획기적으로 단축된다. • 우리나라의 무역거래에 따른 부대비용은 총 수출입 금액 대비 많은 비중을 차지(평균 12% 정도). 전자무역을 도입하면 무역 프로세스 혁신을 통해 그 부대비용의 획기적인 절감을 통하여 우리나라 무역의 고비용 구조를 개선 가능[28]
국가적 위상정립	• 주도적이고 창의적인 전자무역 추진을 통해 우리나라가 향후 전자무역의 주도 국가로 부상 • 전자무역의 적극적 추진을 통해 기업하기 좋은 나라, 무역하기 좋은 나라로서의 국가이미지(National Brand Value) 확립
산업차원의 구조 혁신과 무역환경 개선	• 전자무역의 효과적 추진을 통해 우리나라 경제의 구조와 프로세스, 관련 기업과 기관을 가장 생산적이고 효율적인 방향으로 개선 • 전자무역은 우리나라의 핵심 산업인 무역 연관 산업을 중심으로 관련된 경제구조를 혁신함으로써 국가와 산업에 대한 개선 효과가 다른 어떠한 부문보다 근본적이고 광범위하게 나타남
기업의 국제경쟁력 향상	• 기업이 전자무역 환경과 시스템을 전략적으로 활용할 수 있도록 함으로써 개별 기업의 국제경쟁력 향상을 도모 • 우리나라의 특성상 전자무역 프로세스의 개선과 관련 비용의 절감, 무역거래기반 확대는 기업의 국제경쟁력 향상 도모
수출 확대 기반 제공	• 새로운 수출상품 발굴/개발과 시장 창출로 수출기반 확대 • 특히 전자무역은 무형의 디지털 재화의 수출입을 확대하고 관련 산업의 성장을 촉진

자료 : http://etrade.kita.net/# 보완함

28) 전자무역 미래모형 전자무역 기반시설 구축완료 시 : 연간 총 4조3천억원 절감효과(기존 무역자동화 효과 : 2조 5천억원) 및 uTradeHub 활성화 시 시너지 효과 1조 8천억원(전자

리나라를 홍콩·싱가포르에 버금가는 동북아 경제 허브로 도약시킬 수 있는 중요한 수단으로 인식되고 있다. 특히 전자무역은 무역 프로세스의 혁신을 통해 무역 부대 비용을 크게 절감함으로써 우리 무역의 고비용 구조를 근본적으로 개선하는 데 일조할 것으로 예상된다.

또한 전자무역은 신시장과 신제품 창출을 통해 우리나라의 수출경쟁력 제고 및 수출확대 기반을 제공하고 나아가 실질적인 국가경쟁력 제고로 직결될 것으로 보인다. 전자무역을 신속하고 효과적으로 추진시키기 위해 민관이 함께 지혜를 모아 종합적인 청사진을 제시하고 효율적인 추진체계를 마련해야 하는 이유가 여기에 있다.[29)]

8. 전자무역 · 전자상거래 · e-Business와의 관계

기업은 새로운 비즈니스 디자인, 새로운 기업 프로세스, 그리고 통합된 경영을 통해 그들의 산업 내에서 새로운 법칙들을 형성하고 있으며, 나아가 계속 변화하는 고객의 욕구를 만족시키고 있다. 또한 기업은 고객중심의 혁신이라는 새로운 물결이 전례가 없는 규모로 프로세스와 애플리케이션, 그리고 시스템의 통합을 요구하고 있다. 우리는 이러한 비즈니스 전체의 통합을 e-비즈니스라 칭한다.

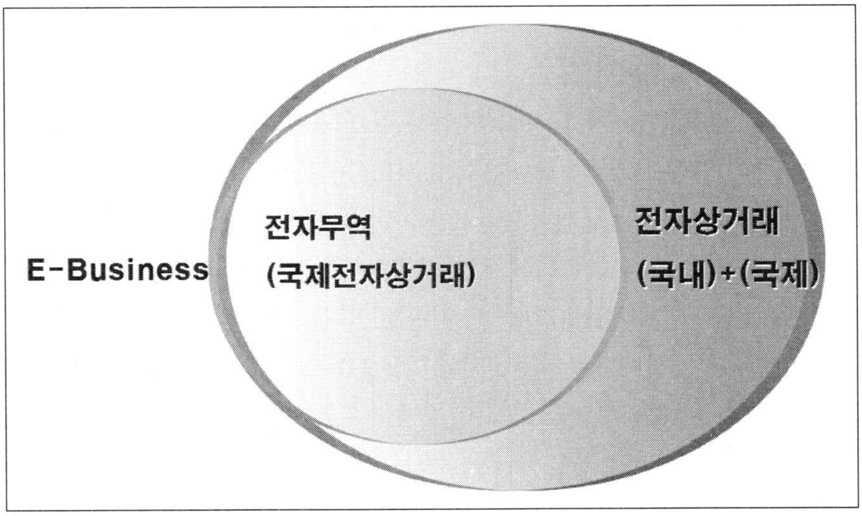

[그림 3-5] e-Trade, e-commerce 및 e-business와의 관계

무역추진센터)

29) www.uni.co.kr/uni_home/

그러면 e-비즈니스와 전자상거래 및 전자무역 간의 차이는 무엇인가? 전자상거래는 정보시스템과 전자매체를 통한 상거래 행위를 총칭한다. 그리고 전자무역은 이들 수단을 이용한 국제간의 상거래를 의미한다. 반면 e-비즈니스는 비즈니스를 하는데 엔진역할을 하는 두 가지 애플리케이션인 프론트 오피스(front office)와 백오피스(back office)를 포함하는 개념이다. 이것은 전통적 비즈니스 모델을 정보기술의 지원으로 재정립하는 것이며 고객의 가치를 극대화하는 것이다. 따라서 e-비즈니스는 전체적인 경영전략이고, 전자무역은 e-비즈니스의 중요한 한 측면으로 볼 수 있다.

제 2 절 전자무역관련 법규

1. 개요

인터넷과 정보기술의 출현은 기존 전통적 상거래의 패러다임을 혁신적으로 변화시키며, 기존 전통적인 상거래의 관습과 규범 및 법규로는 현실적으로 적용하기 어렵게 되었다. 이러한 상거래의 변화에 대하여 기존 전통적인 상거래와 같은 법률적 기반을 마련하여 기존 법·제도의 공백으로 인한 혼란을 사전에 예방함으로써 전자무역거래에 참여하는 모든 거래당사자가 안전하고 불편이 없는 무역 업무를 수행할 수 있는 필요성이 대두되었다.

이러한 패러다임의 변화에 대응하기 위하여 미국, 유럽, 일본 등 선진국과 유엔무역법위원회(UNCITRAL), 국제상업공회의소(ICC), 세계무역기구(WTO), 경제협력개발회의(OECD) 등과 같은 국제기구에서는 전자거래와 관련된 법규의 재정비 및 제정을 하였다. 이에 따라 우리나라에서도 거래기업 간 전자무역거래에 적용하기 위하여 「대외무역법」, 「전자무역 촉진에 관한 법률」, 「전자문서 및 전자거래기본법」, 「전자서명법」, 「전자통신망이용촉진등에 관한 법률」, 「소비자 보호법」 등과 같은 관련 법규들을 정비 또는 제정하였다.

2. 국제법규

전자무역(국제전자상거래)의 관련법규라 함은 각종 전자계약의 성립과 효력 또는 계약방식에 영향을 미치는 국제규칙이나 협약 및 이에 대한 법 이론의 기초를 제공하는 주요 국가의 법규 등을 말한다. 본 교재에서는 전자무역의 준거법규로 많이 인용되고 있는 대표적인 법규들을 선별하여 소개하고자 한다.[30)]

(1) 유엔 표준전자상거래법(1996)

UNCITRAL(유엔국제무역법위원회)에서는 컴퓨터를 이용한 무역정보의 교환을 촉진하기 위하여 1993 년부터 산하에 전자자료교환 및 관련통신수단의 법적 문제에 관한 표준법 초안을 위한 EDI 작업부를 구성하고 여러 차례의 회의를 거쳐 1995 년 제 28 차 UNCITRAL 총회에서 그 초안을 마련하였다.

그 후 1996년 5월 제 29 차 UNCITRAL 총회에서 이 법안의 공식명칭을 '유엔국제무역법위원회의 표준전자상거래법'(UNCITRAL Model Law on Electronic Commerce)으로 개칭하여 이를 최종적으로 채택하였다.

UNCITRAL 표준법은 모든 국가가 전자상거래에 관한 제도적인 장애를 제거하여 전자문서의 사용을 규율하는 입법을 추진하는데 필요한 도움을 줄 목적으로 제정되었다. 즉, 서명이 있는 종이문서에 의하지 아니하고 컴퓨터 통신을 이용하여 메시지를 교환하는 전자상거래에 있어서 발생할 수 있는 법적인 장애와 불명확성을 극복하기 위한 방법을 규정하고 있다.

그리고 이 표준법의 구성은 전자상거래의 일반을 다루는 제 1 편과 특수한 부문의 전자상거래를 다루는 제 2 편으로 나누어 총칙과 데이터 통신문에 대한 법적 요건의 적용, 데이터 통신문의 교환, 운송계약에의 적용 등 17개 조항으로 구성되어 있다. 특히 제 2 편은 현재 물품운송에 관한 1개장만을 두고 있으나, 이 표준법의 기초가 된 기술적·법적·상업적 발전에 따라 새로운 표준규정을 추가할 수 있도록 개방된 구조를 취하고 있다.

UNCITRAL 표준법은 전체적으로 다음과 같은 성격을 지니고 제정되어 있다.

첫째, 이는 UNCITRAL에서 제정한 법조문의 형식을 취하고 있지만 여러 나라의 가입을 전제한 협약이 아니라 각국이 전자상거래법을 제정할 때 표준으로 삼을 수 있는 이른바 '소프트法'(soft law)의 형식을 취하고 있다. 따라서 그 자체로는 구속력을 갖지 못하고 각국에서 입법화되어야 한다.

둘째, 이 표준법의 적용범위를 국제거래에 한정시키고 있지 않다. 왜냐하면 전자상거래는 국경을 넘어 이루어지게 마련이므로 국제거래에 한정하여 이를 적용한다는

---

30) 서정두, 국제상무론, 삼영사, 2003. 3, 48~56면 보완함.

것은 오히려 전자상거래의 법적인 장애가 되는 결과를 가져오기 때문이다. 그 대신에 각국은 입법화 단계에서 국제거래에 한정하여 이를 적용한다는 규정을 둘 수 있도록 하고 있다.

셋째, 이 표준법은 원칙적으로 소비자 보호 또는 정부기관의 관여가 문제되지 아니하는 순수한 상사거래에 한하여 적용한다. 다만 소비자거래[31)]나 경매 등의 공공거래를 적용범위에서 제외시켰으나, 통관절차를 고려하면 상거래와 공공거래를 구별하는 것은 그다지 실용적이지 못하다. 앞으로는 각국의 입법을 통하여 가능한 한 공공거래에도 동일한 관념을 포함시킬 필요가 있다.

넷째, 이 표준법의 적용대상은 기본적으로 전자상거래를 목표로 하고 있지만 그 개념에 대한 명시적인 규정을 두고 있지 않다. 따라서 표준화된 형식으로 전자자료를 전송하는 EDI도 적용대상에 포함시키지만, 이에 국한하지 아니하고 전자우편을 통한 통신문의 전송, 인터넷을 이용한 자유로운 형식의 통신문을 교환하는 상거래까지를 망라하는 매체 중립적인 입장을 취하고 있다.

다섯째, 이 표준법은 종이문서의 기본적인 요건을 추출하여 전자통신문이 그 요건을 충족하면 종이문서에 갈음하는 법적 효력을 인정받도록 하고 있다.

(2) 유엔 표준전자서명법(2000)

1998년 6월 UNCITRAL 제 33 차 회의에서는 1996 년의 표준전자상거래법의 후속작업으로 전자상거래 작업부에 일임하여 작성된 '전자서명에 관한 통일규칙안'(Draft Uniform Rules on Electronic Signatures)을 공포한 바 있다. 또 2000년 9월 UNCITRAL 제 37 차 회의에서는 총 12개조로 구성된 '유엔국제무역법위원회의 표준전자서명법'(UNCITRAL Model Law on Electronic Signature)을 채택하였다.[32)]

전자서명에 대한 신뢰는 전자적 수단에 의하여 거래약정을 체결하고 물품이나 권리를 이전하는데 전제가 되는 것이기 때문에, 국제적으로 통용되는 전자서명, 인증기관 및 외국 전자서명 등에 관한 통일규범이 제정된 것이다.

UNCITRAL은 각국이 전자서명에 관한 입법을 추진하고 있음을 주목하고 이를 조화시키거나 적어도 전자서명에 관한 공통된 원칙을 수립함으로써 국제적인 전자상거래의 기반을 마련하고자, 전자상거래 작업부를 구성하여 전자서명, 인증기관 및 외

---

31) "이 법은 소비자의 보호를 목적으로 하는 모든 법에 우선하지 아니한다."(제1조).

32) http://www.uncitral.org/english/sessions/unc/unc-34/483e.pdf; 서정두, 전게서, 50면.

국 전자서명 등에 관한 국제적인 표준규범을 제정하였다.

특히 표준전자서명법에서는 인증절차의 적용 가능성, 사용자·인증기관·제 3 자간의 법률관계, 등록의 필요성 등에 관하여 반영하고 있다.

(3) 유엔 표준전자자금이체법(1992)

UNCITRAL은 각국의 국제적인 전자자금거래가 급증함에 따라 전자자금거래에 관한 규정의 세계적인 통일을 위하여 1992년 5월에 「유엔국제무역법위원회의 표준국제자금이체법」(UNCITRAL Model Law on International Credit Transfers)을 제정 채택하였다.

이 표준법의 적용대상은 송신은행과 수신은행이 각기 다른 국가에 있는 국제적인 자금이체로 한정하고, 은행이 거래상 합리적인 안전대책을 강구한 경우에는 고객이 무권한 거래에 대하여 책임을 지도록 하고 있으며, 또 자금이체를 완료하지 못한 경우 그 이체의뢰은행은 원칙적으로 이체의뢰인에게 이자를 가산하여 자금이체를 의뢰한 자금을 반환하도록 하고 있다.

자금이체가 지연된 경우, 당해 지연에 대해 책임 있는 은행이 수취인에 대하여 배상책임을 부담하되 그 책임한도는 은행의 고의가 없는 한, 지연된 이자분만으로 한정함으로써 간접손실에 대한 책임은 제외하고 있다.

UNCITRAL은 각국에 이 표준법을 바탕으로 전자자금이체에 관한 법률을 마련할 것을 권유하고 있다. 대표적으로 EU에서는 이 표준법을 'EU 지침'(Directive)으로 채택한 바 있으며, 그 밖의 국가들은 민·상법 등 기존의 법체계 하에서 하부규정을 정비하고 이에 대응하고 있는 실정이다.

(4) EDI(전자자료교환) 관련 국제법규

국제무역법규로서 EDI 관련 조항을 담고 있는 법규를 대표적으로 지적한다면 INCOTERMS 2000, UCP 500 및 eUCP, CMI 규칙 등을 들 수 있다.

① Incoterms ® 2010

ICC(국제상업회의소)는 최근 EDI 방식의 급속한 보급 등에 대응하여 1990 년 개정 '정형거래조건해석에 관한 국제규칙'(International Rules for the Interpretation of Trade Terms) 때부터 전통적인 종이서류 대신에 EDI 통신문을 이용할 수 있는 법적 근거를 마련하였으며, 이는 Incoterms ® 2010에서도 마찬가지이다.

Incoterms ® 2010에서는 모든 운송방식을 위한 규칙으로 선적지 인도규칙 4개 조건과 도착지 인도규칙 3개 조건, 그리고 해상 및 내수로 운송을 위한 규칙 4개 조건으로 구성되었는데, 서류제시에 관해 이들 모든 규칙은 당사자 간의 합의나 관습에 따라 전자서류로 대체할 수 있다는 규정을 두고 있다.

② 신용장 통일규칙(UCP 600 + eUCP)

신용장규칙에서도 전자서류 관련규정을 두고 있다. ICC가 1993년에 개정한 '화환신용장 통일규칙 및 관례'(Uniform Customs and Practice for Documentary Credits : UCP 600)에서는 서류조항에 관련하여 전자문서와 전자서명 등의 효력에 관한 내용을 명시함으로써 종이 없는 무역방식을 수용하고 있다. ICC는 2001년 11월에 전자무역에 대비한 '화환신용장 통일규칙의 전자제시에 관한 보칙'(Supplement to UCP 500 for Electronic Presentation : eUCP)을 제정하여 2002년 4월 1일부터 적용하고 있다. eUCP는 무역거래에서 전자서류의 이용이 확대되고 있으나, 기존의 UCP가 종이서류 중심으로 규정하고 있으므로, 이를 극복하고 전자제시를 위한 내용을 보충적으로 규정하여 UCP 600에 추보한 규칙이다.[33)]

③ CMI 규칙

CMI (Comité Maritime International : 국제해사위원회)가 제정한 '전자선하증권에 관한 규칙'(Rules for the Electronic Bills of Lading)이 있다. 즉, 국제운송시장에서 전통적인 선하증권 대신에 EDI 등 전자식 선하증권이 급속하게 사용됨에 따라 CMI는 1990년 6월에 '전자선하증권에 관한 규칙'(이하 "CMI 규칙"이라 함.)을 채택하였다.

(5) 국제상업회의소의 GUIDEC(1997)

ICC는 1995년 11월에 전자상거래의 법적 측면과 인증기관의 설립에 관한 국제적 가이드라인이 있어야 한다는 원칙을 세우고 '전자서명의 국제인증에 관한 통일관행'(UIACP) 시안을 마련한 바 있으며, 1997년 11월에는 이를 보장(ensure)이라는 개념을 사용하여 '디지털로 보장되는 국제상거래의 일반관행'(General Usage for International Digitally Ensured Commerce : GUIDEC)의 최종 본을 발표하였다.

GUIDEC은 전자상거래에서의 중요한 사항들을 모아 용어의 사용기준을 제시하고 관련문제의 배경을 설명하고 있다. 세계적으로 널리 이용되는 공개 키 암호화(public

33) ICC, *UCP 500 + eUCP*, Publication No. 500/2, 2002, p. 53.

key cryptography) 기법에 대한 이해를 높이고, 서로 다른 법통을 조화시키기 위해 대륙법과 영미법의 처리내용을 함께 소개하고 있다.

GUIDEC은 각국의 서로 다른 법제도 하에서 현행법이나 관행상으로 디지털 통신문을 어떻게 보장하고 증명할 것인가에 대한 일반적인 틀을 마련하는 것을 목표로 하고 있다. 이를 위하여 GUIDEC은 현재의 거래관행에 따라 거래당사자간에 위험과 책임을 공평하게 분배하고, 디지털 서명자, 인증기관 및 이에 의존하는 당사자들의 권리와 책임사항을 명확하게 기술하고 있다.

(6) Bolero Rulebook(1999)

규정집은 18개국에 대한 법률 분석과 타당성 조사를 통해 만들어 볼레로협회에 의해 관리된다. 볼레로시스템 사용자는 볼레로 규정집에 동의하며, 볼레로 규정집은 영국법을 따르고 영국의 법원이 규정집의 문제에 배타적인 재판관할권을 가지고 있다. 볼레로 선하증권 규정집은 기존의 상법 및 해상법의 잘 알려진 개념·권리 및 의무를 보유하고 있어 동일한 개념적 근거에 따르고 있다. 미국의 법률제도를 포함하여 각국의 법률제도에 잘 들어맞지만, 전자적인 거래방식에 이러한 것들을 맞추고 있다. 규정집을 통한 전자선하증권의 구현 가능성을 실현시키고 있다. 규정집에 의한 구속력은 관련 법령의 부재 하에서도 계약관계를 통한 구속력이 성립된다. 해양관계법과 은행관계법이 상충되며, 전자상거래 환경이 반영되지 않은 상황에서 관계법령을 고치는 방법 대신 규정집이란 제도를 통한 구속력이 성립된다. 국내외 법에 무관하게 구속력이 성립하되 기존 국내외 법규와 상충관계가 아닌 보완관계를 형성하고 법률적 확실성(legal certainty)의 확보유도와 규정집의 범위는 참가자의 무역행위 전반이 아니고 볼레로가 제공하는 서비스에 국한된다.[34)]

(7) 유엔 국제전자계약협약안(2001)

UNCITRAL은 데이터통신문(data massages)에 의한 국제계약의 법적 장애요인을 제거하고자 2001년 제 34 차 회의에서 산하의 전자상거래 작업부에 위임하여 전자계약에 관한 국제협약안을 발표하였다.

이 협약안의 발표명칭은 '데이터통신문으로 체결되거나 입증되는 [국제] 계약협약

34) 박홍균, "전자선하증권과 기능상 동등물가치", 『국세상학』 제16권, 한국국제상학회, p.261.

예비초안'(Preliminary Draft Convention on [International] Contracts concluded or evidenced by Data Messages)이고 A 안과 B 안이 있으며, 협약의 적용범위, 총칙, 계약성립 등에 관한 총 3장 15개조로 구성되어 있다.

이 협약안은 유엔통일매매법(CISG, 1980)과 유엔표준전자상거래법(1996)을 모체로 하여 전자계약의 법적 명확성과 예측되는 문제들을 규정하는데 목적을 두고 있으며, 따라서 데이터통신문으로 체결되거나 입증되는 [국제] 계약의 성립에만 적용하고 거래당사자 간의 권리의무에 관한 내용은 제외하고 있다.

(8) 주요 국가의 전자상거래 법제

전자상거래의 관련법제는 미국이 주도하고 있다 하여도 과언이 아니며, 기타 유럽·일본 등의 주요국가의 입법동향에 대하여도 살펴보고자 한다.

① 미국의 경우

미국에서는 최근 전자상거래 관련 법률을 제정·개정하는 작업이 빠르게 진행되고 있다. 특히 통일주법전국위원회(National Conference of Commissioners on Uniform State Law)에서는 통일상법전(UCC) 제 2 편(매매)을 개정하고 소프트웨어와 기타 디지털 상품거래를 규율하기 위한 제 2B 편(라이센스)을 추가하여 각 주의 전자상거래법의 통일을 시도하고 있다.

즉, UCC 제 2B 편 추가계획은 1999년 7월에 「통일컴퓨터정보거래법」(Uniform Computer Information Transaction Act : UCITA)을 제정하기에 이르렀다.[35] UCITA는 디지털 정보거래의 계약성립과 계약조건, 계약의 해석, 담보, 계약상 권리 의무의 이전, 이행, 계약위반, 구제수단 등을 규정하고 있다.

또 통일주법전국위원회에서는 전자적 기법 또는 컴퓨터화한 기법을 이용한 거래를 지원하기 위하여 1999년 11월에 일반 계약법을 수정한 「통일전자거래법」(Uniform Electronic Transaction Act : UETA)을 제정하였으며, 2000 년 8 월 현재 아리조나 주를 비롯한 22개 주에서 이를 채택하고 있다.

나아가 통일주법전국위원회에서는 최근 거액의 전자자금이체가 늘어나자 이에 관한 법제의 정비를 위하여 1985년부터 전자결제에 관한 법안 마련에 착수하고, 1989년 8월 UCC 제 4A 편 자금이체(Funds Transfers)에 관한 법률, 즉 「전자자금이체법」을 제정하였다. 이에 따라 1989년부터 현재까지 대부분의 주에서 이를 제정법으로서 채

35) UCITA는 2002년 7월 현재 매리랜드 주, 버지니아 주 등에서 이를 채택하고 있다.

택하였다.

기타 미국변호사협회(American Bar Association : ABA)는 1996년 8월에 '디지털 서명지침'(Digital Signature Guidelines)을 공포하였으며, 전자상거래의 법적 안정 및 정보안전과 정보기술에 관한 기타 문제를 연구함으로써 전자서명에 대한 법적 대응을 위하여 노력하고 있다.

미국변호사협회의 '디지털 서명지침'은 디지털 서명에 2개의 키를 사용하는 방법, 즉 디지털 서명을 만들고 여기에 사용되는 개인 키(private key)와 디지털 서명의 진정성을 확인하는 공개 키(public key) 방법을 제시하고, 그 내용은 일반원칙, 인증기관, 등록자, 디지털 서명에 대한 신뢰 등으로 구성되어 있다.

드디어 미국 의회에서 2000년 6월에 국내외 상거래를 위한 '전자서명법'(Electronic Signatures in Global and National Commerce Act : E-Sign)을 제정하고, 동년 6월에 대통령의 서명을 받아 10월 1일부터 발효되었다.

② 유럽의 경우

독일은 멀티미디어 사회의 발전에 대비하고 인터넷 등의 이용에 따른 법적 체계의 정비를 위하여 1997년 8월에 '정보통신서비스 기반구조를 정하는 법률'(Informations und Kommunikationsdienstegesets : 일명 "멀티미디어법"이라 함.)을 제정 시행하고 있다.

이 법은 단일법이 아니라 정보통신과 관련하여 원격 서비스 이용법, 원격 서비스에서의 데이터 보호법, 디지털 서명법 등의 3 가지 법률의 제정, 그리고 형법, 질서위반법, 청소년에게 유해한 문서의 배포에 관한 법률, 저작권법, 가격표시법 등 6 가지 법률의 개정 등을 포함하는 총합적인 법률이다.[36)]

기타 유럽의 이탈리아는 1997년에 전자문서와 디지털 서명이 법적으로 효력이 있음을 규정하는 법률을 제정하였고, 덴마크 등은 디지털 서명법(안)을 마련하였으며, 또 영국의 경우 지식경제부가 1996년 6월에 '공중통신망에 있어서의 암호화 사용의 규제의사에 관한 백서'를 공포하고, 인터넷을 통하여 전송되는 정보의 무결성과 기밀성을 확보하기 위하여 노력하고 있다.

③ 일본의 경우

통산성에 설치된 전자상거래 환경정비연구회에서는 1995년 4월부터 전자상거래의 제도적 환경의 정비에 관한 포괄적인 검토를 하고 중간보고를 발표한 바 있으며, 또

36) 손경한, "전자상거래의 법적문제", 『무역상무연구』 제11권, 1998. 2, p.425.

법무성에서도 1996년 7월에 전자거래의 법제에 관한 연구회를 설치하여 전자거래와 관련하여 발생하는 여러 가지의 법적인 문제점에 관하여 민법이나 상법의 입장에서 검토를 하고 있다. 특히 전자인증 및 전자공증에 관한 연구가 상당 부분 진척되어 있다.[37)]

3. 우리나라의 전자무역 관련 법규

우리나라는 국내외의 무역환경에 대응하여 전자무역을 수행하는 데 법률적 장애를 제거하기 위해 지속적으로 시대적 변화를 반영한 전자무역 관련법규의 제·개정을 추진하고 있다. 그 동안 우리나라에서 제·개정한 전자무역관련 법규로는 대외무역법, 전자문서 및 전자거래기본법, 전자서명법, 소비자보호법, 정보통신망 이용촉진 등에 관한 법률, 전자무역 촉진에 관한 법률, 국가정보화 기본법, 저작권법, 컴퓨터프로그램 보호법 등이 있다.

(1) 전자문서 및 전자거래기본법

전자문서 및 전자거래기본법은 1999년 제정되어 동년 7월7부터 시행되었으며 전자거래 관련 법제로서 전자거래 전반에 관한 기본 법적성격을 갖고 있다. 본 법은 전자문서 및 전자거래의 법률관계를 명확히 하고 전자문서 및 전자거래의 안전성과 신뢰성을 확보하며 전자거래의 촉진을 위한 기반을 조성함으로써 국민경제의 발전에 이바지함을 목적으로 한다(전자문서 및 전자거래기본법 제1조).

본법은 2005, 2007, 2008, 2011, 그리고 최근 2012년에 개정되었다. 2005년 개정(2005. 3. 31. 법률 제7440호)에서는 첫째, 56개의 개별 법률에서 정하고 있는 기록·보고·보관 등 사인의 문서 행위를 전자문서로 할 수 있도록 규정했다(동법 제4조 2항). 둘째, 공인전자문서보관소(현행 공인전자문서센터) 규정을 신설하여 전자문서의 보관 및 증명서 발급을 할 수 있도록 규정했다(동법 제31조2의 이하).

2012년에는 6월 1일(시행 2012. 9. 2, 법률 제11461호) 자로 일부 개정하였다. 전자문서 유통의 안전성을 확보하고 전자문서 이용을 활성화하기 위하여 공인전자주소를 이용하여 전자문서를 송수신하려는 경우에는 정보통신산업진흥원에 등록하도

---

37) 內田 貴, "電子商去來と法(1)", 商事法務硏究會, 「NBL」 No. 600, 1996. 9, p.38 ; 서정두, 전게서, 56면.

록 하였다. 한편 정보통신산업진흥원은 전자문서 송수신 정보를 보관하고, 유통증명서를 발급할 수 있도록 하는 등 공인전자주소제도를 도입하고, 전자문서의 송수신 또는 중계를 전담하는 자를 지정하는 전자문서중계자제도를 새로이 도입하였다.

또한 우수 전자거래사업자 인증의 유사 표시를 금지하는 등의 제도 운영상 나타난 일부 미비점을 개선·보완하는 한편, 어려운 용어를 쉬운 용어로 바꾸고, 길고 복잡한 문장을 간결하게 하는 등 문장의 이해가 용이하도록 정비하였다.[38]

그리고 법률제명을 전자문서 유통에 관한 일반적인 사항을 규정하고 있고, 대부분 조문에서 "전자거래"를 "전자문서 및 전자거래"로 일률적으로 변경하고 있다는 점을 고려하여 법률 제명을 "전자거래기본법"에서 "전자문서 및 전자거래기본법"으로 변경하였다.

(2) 전자무역 촉진에 관한 법률

지식경제부는 1999년 무역업무 자동화를 촉진하여 무역절차의 간소화와 무역정보의신속한 유통을 실현하고 무역업무의 처리 시간과 비용을 절감하여 산업의 국제 경쟁력을 높임으로써 국민 경제의 발전에 이바지함을 목적으로 「무역업무자동화촉진에 관한 법률」을 제정·시행하여 왔다.

그러나 본 법률은 전자무역의 규모의 확대와 국제무역환경의 급격한 변화에 대응하기 위하여 「전자무역 촉진에 관한 법률」로 전면 개정(법률 제7751호, 2005. 12. 23. 공포, 2006. 7. 24. 시행)되었으며, 2007년에 일부 개정되었고 2008년 2월 29일에는 정부조직법의 개정, 그리고 동년 12월에는 양벌규정(제33조)의 보완에 따라 개정되었다. 그리고 2011년 일부 개정되었다. 개정된 본 법률은 전자무역의 기반을 조성하고 그 활용을 촉진하여 무역절차의 간소화와 무역정보의 신속한 유통을 실현하고 무역업무의 처리시간 및 비용을 줄임으로써 산업의 국제경쟁력을 높이고 국민경제의 발전에 이바지함을 목적으로 한다(전자무역 촉진에 관한 법률 제1조).

그리고 주요 내용으로는 전자무역 촉진 추진체계, 전자무역기반사업자 지정 및 운영, 전자무역 기반시설의 이용, 전자무역문서의 보관 및 증명, 전자무역문서의 이용 촉진, 전자무역문서의 보안 및 관리, 전자무역전문서비스업자, 및 전자무역 시술개발의 추진 등을 규정하고 있다.

38) http://www.law.go.kr/

(3) 전자서명법

1999년 제정되어 2011년 3월 법률 제10465호까지 8차례 개정되었다. 다른 법령에서 문서에 서명, 서명날인 또는 기명날인을 요구하는 경우, 전자문서에 공인전자서명이 있으면 법적인 효력을 갖는다. 본 법에서는 공인인증기관의 지정 및 업무, 공인인증서, 인증업무의 안정성 및 신뢰성 확보, 전자서명 인증정책의 추진 등에 관하여 규정하고 있다.

(4) 상법(전자선하증권)

전자거래를 활성화하기 위해 전자 선하증권에 관한 규정을 『상법』 제862조를 신설하였다. 본조 제1항에서는 운송인은 『상법』 제852조 또는 제855조의 선하증권을 발행하는 대신에 송하인 또는 용선자의 동의를 받아 법무부장관이 지정하는 등록기관에 등록을 하는 방식으로 전자선하증권을 발행할 수 있다. 이 경우 전자선하증권은 『상법』 제852조 및 제855조의 선하증권과 동일한 법적 효력을 갖는다고 규정하고 있다.

전자선하증권 등록기관으로 지정받기 위해서는 정보통신기사 등 12인 이상의 전문인력과 일정한 재정능력(순자산 300억원 이상), 그리고 전자선하증권의 발행과 유통에 필요한 시설과 장비를 갖추어야 한다. 전자선하증권의 권리등록부를 도입함으로서 전자선하증권의 발행, 양도, 전환 등록 등을 위해 전자선하증권 등록기관이 전자적 방식으로 관리한다. 전자선하증권에는 동법 제853조제1항 각 호에 규정한 선하증권의 기재사항이 포함되어야 하며, 운송인이 전자서명을 하여 송신하고 용선자 또는 송하인이 이를 수신하여야 그 효력이 발생한다. 그리고 전자선하증권의 권리자는 배서의 뜻을 기재한 전자문서를 작성한 다음 전자선하증권을 첨부하여 지정된 등록기관을 통하여 상대방에게 송신하는 방식으로 그 권리를 양도할 수 있다.[39)]

따라서 전자선하증권의 발행하는 경우에는 운송인의 공인전자서명을 첨부하여 등록기관에 송신하고 운송인의 전자방식으로 재현된 서명 및 약관을 송신한다. 전자선하증권을 양도하고자 할 경우에는 권리자가 전자선하증권과 함께 배서의 뜻을 기재한 전자문서를 등록기관에 송신해 양도신청을 하도록 하고, 등록기관은 이를 등록부상에 양도·등록한 후 양수인에게 전자문서로 이를 통지하도록 했다. 권리자가 운송물 인도청구를 할 경우에도 전자선하증권과 함께 운송물인도청구서를 작성해 등록

39) 『상법』 제862조제2항 및 제3항.

기관에 송신해야 한다. 단 이 경우 등록기관은 해당 전자선하증권이 양도될 수 없도록 필요한 조치를 취해야 한다.[40)]

그리고 전자선하증권의 서면 선하증권으로의 전환하는 경우 전자선하증권의 양도 등록에 관한 기록에 대해서는 배서와 동일한 효력을 인정한다. 또 전자선하증권의 등록부 폐쇄 및 서면선하증권 전환사실을 운송인에게 통지한다.

[표 3-9] 우리나라 e-Trade 관련 법률

법령명	주요내용	e-트레이드 관련내용	소관부처
대외무역법	• 자유롭고 공정한 무역원칙 • 통상진흥시책 수립 • 수출입 관리제도 운영	• 전자무역 기본개념 • 전자적 형태의 무체물	지식경제부
전자무역 촉진에 관한 법률	• 전자무역기반사업자를 통한 자동화망의 구성 및 이용	• 전자무역 업무 지정 • 지정사업자 • 전자문서의 표준화	지식경제부
상법 (전자선하증권)	• 전자선하증권의 법적 근거	• 전자선하증권의 발행/양도/배서	법무부
전자문서 및 전자거래기본법	• 전자거래 법적 효력확보 • 전자거래의 안전 및 촉진	• 전자문서 정의·효력 등 • 공인전자문서센터, 공인전자중개자 제도	지식경제부
전자서명법	• 전자인증업무의 안정성, 신뢰성 확보	• 전자서명의 법적효력 • 공인인증기관의 지정	행정안전부

자료 : 지식경제부, "정부의 전자무역 육성정책", 2002. 5. 29 수정/보완

제 3 절 세계 전자무역의 표준화와 동향

1. 전자무역의 국제 표준화 동향

(1) 전자문서 표준화의 필요성

전자상거래의 활성화를 위해서는 기반이 되는 전자문서 표준화가 필수적인데 특히 네트워크 간, 인터넷상에서의 시스템 간 상호 연동성을 보장하고, 보안 및 인증, 전자카탈로그 등 전자상거래 요소들을 포함하는 전자문서 표준화가 필수적이다.

40) 법률신문 2008. 2. 25. 보완.

만약, 국제표준기구들이 급속한 기술발전에 부응하는 해당표준을 적시에 제공치 못할 경우, 사설 표준의 난립 등으로 거래 시 비효율을 초래한다. 그러나 자생적인 사설표준(de facto standard)의 개발과 수용이 이루어 질 수도 있다.

전자문서 표준이란 기존의 문서를 통한 의사소통 대신 컴퓨터 간 통신을 위해 필요한 전자문서를 작성하는 하나의 규칙을 말한다. 즉, 전자문서 표준은 문서내용에 관한 표준으로서 수신 컴퓨터가 정보를 처리할 수 있도록 하기 위하여 정보가 송수신되는 순서를 정하는 표준이다.[41)]

(2) 국제표준화 현황

① UN/EDIFACT

1980년대 들어 경제의 글로벌화와 기업의 국제화·개방화가 진행되면서 이전의 국가표준이 그 한계점을 보이기 시작하자 1985년 9월에는 UN/ECE/WP4(국제연맹의 유럽경제위원회 제4작업부회)의 주관 하에 유럽의 TDI(운송 데이터 조정위원회)와 ANSI(the American National Standards Institute : 미국연방표준연구소), ASC(The Accredited Standards Committee) X.12의 통합을 추진하였고, 1986년 말 미국과 유럽의 표준화 기구들은 UN의 지원하래 국제 EDI표준을 제정하기 위한 합동위원회(UN-Joint Electronic Data Interchange)를 구성·활동하였다.

이러한 노력의 결과로 1987년 3월에 EDI 국제표준인 UN/EDIFACT(United Nations/Electronic Data Interchange for Administration Commerce and Transport : 행정, 상역 및 운송을 위한 전자자료교환에 관한 국제규칙)가 제정·승인되었다.

② XML(extensible markup language: 확정성 생성언어)

SGML(Standard Generalized Markup Language; 표준 마크업 언어규약)의 복잡성에 기인한 확산의 한계와 HTML(Hyper Text Markup Language)[42)]의 단순성에서 기인한 기능적인 한계 때문에 탄생한 XML(eXtensible Markup Language)은 확장이 가능한 마크업(Markup) 언어[43)]로서 1996년 W3C(World Wide Web Consortium)에서

41) 전자무역추진센터, "전자문서 표준화 현황 및 추진방향", 2008.

42) 인터넷 서비스의 하나인 월드 와이드 웹을 통해 볼 수 있는 문서를 만들 때 사용하는 프로그래밍 언어의 한 종류이다. 특히 하이퍼텍스트를 작성하기 위해 개발되었으며, 인터넷에서 웹을 통해 접근되는 대부분의 웹 페이지들은 HTML로 작성된다(NAVER 백과사전).

43) 마크업 정보를 표현하는 언어. 문서에는 문서 내용 이외에, 문서의 논리 구조나 체제와

제안한 것으로, 웹상에서 구조화된 문서를 전송 가능하도록 설계된 텍스트 기반(text-based) 형식의 언어로, 전자상거래를 하는데 문서 및 데이터 교환의 가장 강력한 수단으로 사용되고 있다. 문서의 논리구조와 내용 구조를 기술하기 위한 Meta Language(메타언어)[44]이다.

따라서 XML은 인터넷 웹페이지를 만드는 HTML(Hyper Text Markup Language)을 획기적으로 개선하여 만든 언어이다. 홈페이지 구축기능, 검색기능 등이 향상되었고, 웹 페이지의 추가와 작성이 편리해졌다.

③ ebXML(electronic business eXtensible Markup Language)

ebXML은 비즈니스 데이터를 안전하게 주고받는데 XML을 사용하는 개방형 표준을 가리킨다. ebXML은 XML 기반의 메시지 교환을 통해 (그 규모나 위치와 관계없이) 전 세계 전자상거래 시장에서 안전한 비즈니스 거래가 이루어질 수 있도록 설계되었다. ebXML 프로젝트는 1999년에 UN/CEFACT(United Nations Center for Trade Facilitation and Electronic Business; 유엔 무역 및 전자거래 진흥센터)와 OASIS (Organization for the Advancement of Structured Information Standards: 세계 최대 규모의 XML 표준화 민간기구)[45]가 합동 발기하여 시작되었으며, 회원사는 전 세계의 주요 IT(information technology: 정보기술) 공급사와 무역 관련업체를 포함하여 모두 75개사에 달한다. ebXML은 HTTP, TCP/IP, MIME, SMTP, FTP, UML, 및 XML 등과 같은 기존의 인터넷 표준에 기반을 두고 있기 때문에, 실제로 어떠한 종류의 컴퓨터 플랫폼에서도 구현될 수 있다. ebXML은 기존의 표준을 사용함으로써 사용하기 쉽고 비용도 비교적 적게 든다는 장점이 있다.

ebXML의 취지는 다음의 세 가지 기본적인 개념으로 요약할 수 있다. ⓐ 데이터

같은 문서의 서식 작성(formatting)을 지정하거나, 문서 내용의 찾아보기 또는 찾아보기 작업(indexing) 방법을 지정하거나 문서 중의 단어나 구, 화상과 같은 어떤 요소를 같은 문서 또는 다른 문서 중의 다른 요소와 연결(link)하는 방법을 지정하여 컴퓨터 시스템에 지시하는 마크업 정보가 추가된다. 마크업 언어는 문서 내에 끼워 넣는(embed) 일련의 부호로 구성된다. 대표적인 마크업 언어로는 월드 와이드 웹(WWW)의 홈 페이지에 사용되는 하이퍼텍스트 생성 언어(HTML)와 국제표준화기구(ISO)가 표준화한 표준 범용문서 생성언어(SGML)를 들 수 있다(NAVER 백과사전).

44) 대상을 직접 기술하는 언어로, 컴퓨터 프로그램 언어의 구문 규칙을 기술하기 위해 사용되는 언어이다.

45) 전자 정부, 전자 비즈니스, 웹 서비스 등 인터넷 분야 주요 이슈의 표준화를 위해 활동하고 있는 국제적인 민간 표준화 기구이다.

통신의 상호 운용성을 보장하는 토대를 제공, ⓑ 상업적 상호 운용성을 보장하는 의미적 체계를 제공, ⓒ 기업에서 무역 상대가 되어 사업을 진행키로 동의한 상대방을 찾을 수 있는 메커니즘을 제공으로 요약된다.

그리고 기반구조의 핵심 규격은 메시징 서비스, 등록기관(registry)과 저장기관(repositary), 그리고 협력적 상대와의 합의 등이며, 2001년에 확정되었다.46)

④ UNeDOCs(United Nations electronic Trade Documents : 무역문서 표준화 프로젝트)

UNeDocs는 최근에 UN/CEFACT(Centre for Trade Facilitation and Electronic Business)에서 승인이 이루어진 프로젝트로 무역 원활화를 위해 통합적인 관점에서 무역 전자문서를 표준화하고 탄력적인 적용이 가능하도록 시도하는 프로젝트이다. 본 프로젝트의 승인은 오래되지 않았지만 상당한 준비기간 및 검증기간을 거쳐 본 프로젝트가 마련이 되었다.

2000년 유럽경제위원회(UNECE)와 영국의 무역원활화 추진기관인 SITPRO(무역절차 간소화위원회)가 양해 각서를 체결하고 공동으로 UNeDocs의 개발에 착수하여 일부 구현을 통한 검증을 거치면서 2단계 프로젝트가 완성된 후, 3단계의 착수 시점

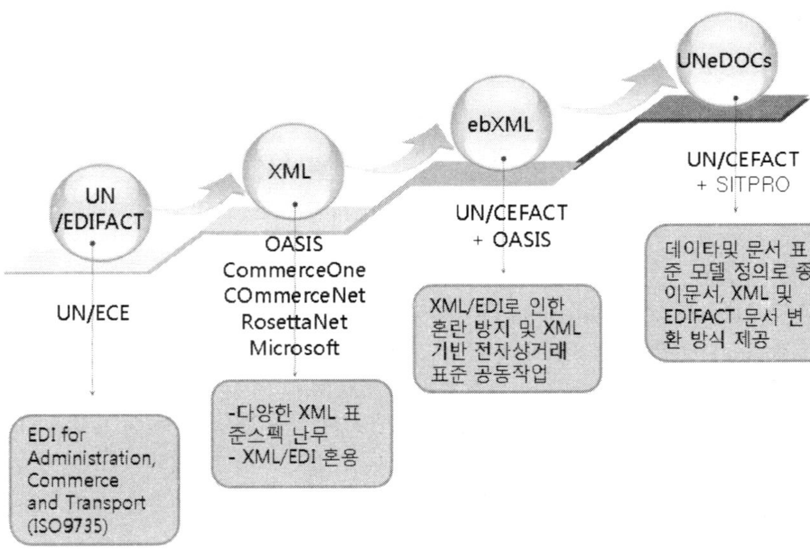

자료 : 전자무역추진센터

[그림 3-6] 국제표준화 진화과정

46) http://www.terms.co.kr.

에 국제적인 표준화 작업을 위해 UN/CEFACT에 제출하여 UN/CEFACT에서 UNeDocs의 작업이 추진되게 된 것이다.

UNeDocs는 통합적으로 무역에서 사용되는 정보를 분석하여 표준화된 모델로 정의하고, 종이문서, XML 및 UN/EDIFACT 문서로 변환해서 사용하는 방법을 제공하므로 무역업체는 자신의 여력과 능력에 따라 선별적으로 표준화된 수단으로 거래문서를 교환할 수 있게 된다. 분명 UNeDocs는 매우 실용적이고 활용성이 뛰어난 프로젝트이나, 아직은 많은 작업을 거쳐야 한다. 또한 프로젝트의 진행과정에서 폭 넓게 국제적인 무역 업계의 요구사항을 반영하고 활용성을 보장해야 하며, 적극적인 홍보를 통해 널리 알리는 작업이 수행되어야 확산이 효과적으로 이루어질 수 있을 것이다.[47)]

(3) 국제표준화 기구

① UN/CEFACT(United Nations Centre for Trade Facilitation and Electronic Business)

UN/CEFACT는 UN/EDIFACT, ebXML, UNeDocs 등 전자문서의 표준을 정립하고 무역거래 활성화를 위한 정책과 법률관련 작업 등을 통합 수행하는 UN/ECE (United Nations Economic Commission for Europe ; 유엔 유럽경제위원회) 산하 실무기구이다.

UN산하의 경제 및 사회위원회 경제 및 사회위원회(ECOSOC ; Economic and Social Council of the United Nations)가 인정한 산업체, 정부 간 기관, 회원 국가의 기구가 참여하고 있다.

UN/CEFACT의 목적은 참여된 기구를 포용하고 적극적으로 기구를 촉진해서 권고안 및 기준안을 개발하도록 하는 것이다. UN/CEFACT의 특징은 UN/CEFACT는 민간 부문 연합과 UN/CEFACT내의 실무자 단체 내에 있는 수백 명의 민간 부문 기술 전문가의 참여로 정책적 수준에서의 작업을 만들어 낸다는 데에 있다.

그리고 UN/CEFACT의 목표는 선진국, 개발도상국 그리고 그 과도기에 있는 경제국가의 사업, 무역 및 행정기관의 전체적인 능력을 향상시키고 효과적으로 적정한 서비스와 생산물을 교환함으로써 전 세계적인 상거래의 성장을 촉진하는 것이다.[48)]

47) http://blog.naver.com/stkang11/47436772.

48) http://www.ebxml.or.kr/edstandard/standardorgan1.asp.보완.

~ TBG(International Trade & Business Process Group)[49] 주요 작업[50]

- 문서단위 무역전자문서 표준화를 추진하는 UNeDocs(United Nations electronic trade Documents) 확산 노력
- 각국 Single Window 구축을 위한 UN 권고안 34번(싱글윈도우 데이터 표준화) 및 35번(싱글윈도우 법제도)에 대한 개선작업
- 무역촉진 구현 가이드(Trade Facilitation Implementation Guide) 발간 및 보급

② AFACT(Asia Pacific Council for Trade Facilitation and Electronic Business)

AFACT는 전자무역 및 전자상거래를 촉진하기 위한 아시아 태평양 지역 최대의 e비즈니스 및 무역촉진 협의체로서 16개의 회원국과 1개의 회원기구를 가지고 있다. 매년 정기회의와 EDICOM(전자상거래 컨퍼런스)이라는 컨퍼런스를 각 회원국이 돌아가며 개최한다. UN/CEFACT가 제정하는 무역 및 전자거래 표준에 의거하여 아시아 태평양 지역에서 무역 및 전자거래를 촉진하는 정책과 활동을 추진하고 있다.

따라서 회원국가의 업체, 무역 및 정부 기관의 능력을 개선 및 향상하도록 하며 제품과 서비스를 효과적으로 교환하도록 하는 것이다. 특정 주제를 다루는 산하 분야별(금융, 물류, 통관, 보안, 법제도, 기술 등) 워킹그룹 회의를 통해 회원국 간 표준화 방안 논의한다. UNeDocs, 전자정부 상호 운용성의 프레임, Single Window 확산을 위한 공동 노력한다.[51]

2. 세계 전자무역의 추진동향

차세대 전자무역 환경에 대비한 국내외 금융권의 대응속도가 더해지고 있다. SWIFT(the Society for Worldwide Interbank Financial Telecommunications : 세계은행간금융통신망)와 해외 대형은행을 비롯, 국내 선발은행들은 전자무역 환경이 크게 개선될 것으로 보고 인프라 조성을 서두르고 있다. 인터넷 기반의 전자무역을 지원

49) UN/CEFACT의 영속적인 그룹중 하나로, 적절한 무역촉진 및 전자거래 솔루션의 개발을 지원하기 위하여 UN/CEFACT 모델링 방법론(UMM : UN/CEFACT Modeling Methodology)을 사용하여 비즈니스 및 정부 프로세스를 분석하고, 국제거래 촉진과 관련된 권고안 및 우수관행의 발표, 공통 비즈니스 프로세스 및 참조모델의 명세화, 업종간의 비즈니스 요구사항의 조율 등을 담당하고 있다 (http://www.kebic.or.kr/electronPrivate/main).

50) 전자무역추진센터, “전자무역 글로벌 확산”, 2008. 2. 15.

51) http://www.ebxml.or.kr/edstandard/standardorgan1.asp.

할 차세대 무역금융서비스 환경이 무르익고 있다.

그 동안 민간 부문이 꾸준히 시도해왔던 무역서류의 전자문서교환(EDI)방식이 드디어 국가 간의 공신력을 얻어가고 있다. 이에 따라 현재 전자무역 환경을 견인하고 있는 SWIFT·볼레로·트레이드카드·아이덴트러스트 등과 각국 은행들의 금융서비스 확산노력도 더욱 힘을 얻게 되었다.

그리고 무역업무의 지침을 제시해 온 국제상공회의소(ICC) 산하 은행위원회는 신용장통일규칙(UCP : Uniforms and Customs and Practice for Documentary Credits)에 전자기반 신용장거래의 효력을 인정한 그 보칙(eUCP : Supplement to UCP 500 for electronic presentation)을 제정하고, 2002년 4월 1일부터 시행되고 있으며, 2007년 UCP의 개정에 따라 eUCP 1.1 버전으로 개정되었다.

여기에 IdenTrust와 독점계약을 맺고 있는 SWIFT의 스위프트 넷도 2002년부터 인증사업자를 다원화하고 있다. 이를 통해 인터넷 결제망인 SWIFTNet(스위프트넷)의 보급을 촉진하고 무역금융에 필요한 전자서명 인증서비스를 대폭 확대한다는 구상이다. 따라서 세계 무역시장에서 제도적 환경이 글로벌 전자무역을 뒷받침하는 추세로 변화하고 있다. 곧 각국 주요 기업을 대상으로 상용화 가능성을 타진할 수 있을 것으로 보인다.

국내 외환·조흥·한빛 등 선발은행들도 아이덴트러스트·트레이드카드·볼레로 등 각종 전자무역서비스의 상용화를 추진하고 스위프트넷의 채용계획을 수립하기로 한 것은 변화에 긴밀하게 대응하기 위한 것으로 본다.[52]

(1) 미국

미국은 명실 공히 전 세계 전자상거래를 선도하고 있다. 민간이 전자상거래를 주도할 수 있도록 규제를 최소화라고 민간의 자율성을 고취하는 정책을 추진하고 있다. 정보기반을 확립하기 위한 국가계획 중의 하나인 NII(National Information Infrastructure) 프로젝트의 주요 응용분야로 전자상거래를 선정하여 지원하였고, 1994년에는 실리콘 벨리를 중심으로 한 200여개의 기업과 정부의 공동 출자에 의해 비영리 컨소시엄(consortium)인 ‘CommerceNet’을 설립하고, 1994년부터는 16개 지역에 전자상거래 지원센터(ECRC)를 운영하여 중소기업의 전자상거래를 지원하는 등 주로 민간과의 공동작업 또는 민간 부문의 전자상거래에 대한 지원을 주로 하고 있다.

---

52) 전자신문, 2002. 4. 4.

1999년 「전자정부법」(Government Paper Elimination Act)을 제정하여 정부내 종이 서류를 최소화하는 정책을 추진하고 있다. 또 소비자보호, 전자서명, 지적재산권 등에서 OECD(Organization for Economic Cooperation and Development : 경제협력개발기구) 가이드라인(guideline)을 지원하며 글로벌 전자무역의 환경을 선도하고 있다. 미국은 현재 의회에 정보보호에 대한 의안이 상정됐으며 소비자보호와 관련해서는 OECD 가이드라인을 지지, 새로운 법률을 제정하지 않고 기존의 소비자보호에 관한 법률을 인터넷에서도 그대로 적용하고 있다. 기술 중립적인 「전자서명법」(e-Sign Legislation)도 2001년 가을에 채택했다. 특히 미국은 WTO(Word Trade Organization : 세계무역기구) 회의에서 전자상거래에 대한 무관세화 합의를 이끌어 냈다.

가장 강력한 EU(European Union : 유럽연합) 출범과 함께 WTO 및 UN에서 개도국들의 힘이 점차 강해지면서 새로운 무역환경인 전자무역을 통해 또 한 번 세계 무역질서를 장악하려는 의도도 미국의 발걸음을 더욱 재촉시키는 요인이었다.

미 상무성은 기술 부문과 통신 부문 등 2개 부문을 중심으로 정부규제를 최소화함으로써 전자상거래를 활성화하는 데 주력하고 있다. 또 IBM과 협력해 “Buyusa.com”을 운영하는 한편, “가상무역(virtual trade mission)”도 기획하는 등 중소기업의 전자거래를 지원하기 위해 다양한 지원책을 실시하고 있다. 대기업은 스스로 변화의 흐름을 포착하고 알아서 준비하지만 중소기업들은 시스템 구축비용과 실무자들의 저항 등으로 어려움이 따르므로 정부의 전자무역(e- Trade) 지원도 주로 중소기업에 초점을 두고 있다.[53)]

(2) 영국

전자상거래 지원을 위한 정부조직을 별도로 구성하여 정부개입의 최소화 원칙을 기본으로 정부가 전자상거래의 기반구축을 주도하고 있다. 1998년 7월 내각실 산하에 국가경쟁력 강화를 위한 성과혁신단(PIU : Performance and Innovation Unit)을 신설하였으며, 총리 직속으로 전자상거래 전담조직인 전자상거래 담당차관(e-Minister)과 특사(e-Envoy) 직을 신설하는 등의 노력을 기울이고 있다. 성과혁신단에서는 전자상거래 국가전략을 제시하고, 전자상거래 담당차관은 전자상거래에 대한 정치적 권한과 책임, 정부 부처 간 이견 조율을 담당하며 전자상거래 특사는 실무업무를 총괄하는 분업체제를 확립하였다.

53) 한국무역협회, 전게서, 13면.

한편, 경제 전반의 경쟁력 강화를 도모하기 위해 중소기업의 전자상거래 도입 및 활용을 적극 지원하고 있다. 민관 협력 포럼인 'Information Age Partnership'을 통하여 중소기업들의 전자상거래를 촉진하였으며 1996년 초 지식경제부(Department of Trade and Industry : DTI)에 의해 4년간 3,500만 파운드의 예산을 확보하고 ISI(Information Society Initiative)를 출범시켜 ISI 프로젝트의 일환으로 100여개의 중소기업 지원센터(ISI)를 운영하고 있다. 중소기업지원센터 간 'Business Link' 네트워크를 구축하고 2000년 4월 중소기업을 위한 인터넷 포탈(Small Business Service) 운영을 개시하였다.[54]

(3) 범아시아

미국 등 선진국은 물론이고 최근에는 한국·중국·대만·홍콩·싱가포르 등 5개 PAA(Pan Asisan eCommerce Alliance : 범아시아 전자무역 연합체) 회원국과 옵서버(observer)인 일본 및 말레이시아 등 아시아 7개국이 전자무역시스템을 연계해 공인인증서 상호 연동기반의 전자문서 시범서비스를 실시키로 합의하고 아시아 국가 간 전자무역도 본격화되고 있다.

PAA가 주도하는 민간 차원의 합의이기 때문이다. 또 거대시장 중국도 전자서명법이 시행되지 않았다는 이유로 제외되는 등 아쉬운 점이 없지는 않다. 하지만 서비스 이용자(무역업자) 간에 이루어질 실질적인 연동을 정의했다는 점에서 시사하는 바 크다. 뿐만 아니라 향후 국가 차원의 공인인증서 상호 연동에도 적지 않은 영향을 미치는 등 범아시아 전자무역에 미치게 될 파급효과는 크다고 본다.

실제로 공인인증서 상호 연동을 담당하는 트레이드밴(Trade Van : 대만)과 트레이드링크(Tradelink : 홍콩)가 공인인증기관을 겸하고 있으며, 크림슨로직(Crimson Logic : 싱가포르)·TEDI(일본)·다강넷(Dagang Net : 말레이시아) 등은 자국 공인인증기관의 인증서를 사용하고, 한국무역정보통신(KTNET:한국)이 조만간 한국내 6번째(무역 분야) 공인인증기관으로 지정될 예정이라고 한다.[55][56]

홍콩·중국 등 상대적으로 IT(Information Technology)의 수준이 낮은 동아시아 국

54) 한국무역협회, 전게서, 13면.

55) 공인인증서의 상호 연동은 전자무역 서비스를 가능케 하는 핵심 인프라다. 각국 정부가 공인인증서의 법적 효력을 인정하고 상호 연동되어야 상대국의 서류를 신뢰할 수 있기 때문이다.

56) 전자신문, 2002. 2. 15.

가도 최근 전자무역 육성정책을 활발하게 전개하고 있다. 각국의 정부는 전자무역의 발전전략의 수립과 인프라 구축에 범국가적인 역량을 집중하고 있다. 최근 글로벌 전자무역의 구축을 위한 국제협력이 활성화되고 있다.

GE(General Electronic),[57] CISCO 등 세계 유수의 기업들도 적극적인 e-비즈니스 전략을 통하여 기존 실물경제에서의 경쟁력 기반에 전자무역을 접목하여 기업의 핵심 경쟁우위의 원천으로 활용하고 있다.[58]

[표 3-10] 아시아 주요국 전자무역 추진현황

싱가포르	TradeNet	• 1989, 통관/상역 무역자동화 서비스 도입 • 1991, EDI 사용 의무화로 대다수 무역유관기관이 TradeNet과 연계하여 전자무역 시스템 도입
	TradeXchange	• 2007년 10월, 기존 G2B 문서에 더해 B2B 문서까지 처리하는 무역/물류업계 전자무역 단일 창구로 출범 • TradeNet, PortNet, MariNet, CCN(Cargo Comm. Net), Rosettanet을 연계하는 단일 인터페이스 제공 • Title Registry 도입으로 e-BL 서비스 제공
홍콩	TradeLink	• VAN/EDI 사업자로 무역자동화 서비스 제공
	DTTN (Digital Trade & Transportation Network)	• 2005, 정부(21%)와 TradeLink(51%), 무역물류업체(28%)의 합작으로 설립 • 무역, 물류, 금융업계를 위한 single window • 2006, 서비스 오픈 • 통관, 상역, 물류 관련 전자문서 교환, 화물정보제공, 부대비용 결제서비스 등
일본	NACCS(Nippon Automated Cargo Clearance System)	• 1978 기점으로 Air-NACCS, Sea-NACCS 등의 서비스 제공
	Single Window (e-Japan Plan)	• 2003, e-Japan Plan에 따라 통관시스템('NACCS), 항만물류정보시스템 (Port EDI) 및 승무원 하선허가 시스템 등 각 정보 시스템을 상호 연계 추진 • 수출입 승인에서부터 검역, 선박 및 항공기 입출항, 공·항만 물류체계에 관한 행정절차를 단일 시스템화
대만	TradeVan	• 전자무역 전담 국영업체

자료 : 전자무역추진센터 자료 참고

57) GE는 e-GE 전략을 통해 조달시스템을 전자화한 결과 원자재 비용의 20% 절감했다(지식경제부, 전게 정책자료).

58) 지식경제부, "전자무역(e-Trade) 확산전략", 2002, 3면.

3. 주요 국제기구의 논의 동향

APEC, OECD, UN 등 국제기구는 세계 전자상거래 활성화를 위한 법·조세제도 및 표준 마련 등 관련 논의를 활발하게 진행하고 있다. 국제상공회의소도 전자제시를 위한 '신용장통일규칙의 보칙'(eUCP)을 도입하여 신용장의 전자화 기반을 마련하고 있다.

[표 3-11] 전자무역 관련 국제기구 최근 논의 동향

국제기구	내 용
APEC	역내 서류 없는 무역(Paperless Trade) 구현을 위한 협력방안 • 선진국은 2005년, 개도국은 2010년까지 구현 • 각국별 서류 없는 무역을 위한 개별 행동계획(IAP) 마련
OECD	디지털 제품의 온라인 거래에 대한 소비세, 소득세 부과 논의 • 2001.1월 전자상거래 과세기준 발표
EU	1998년 EU 역내시장 이사회에서 EU 단일시장을 전자무역체계에 적합하도록 형성 • 다자 간 협상에 대비 공동전략 수립 촉구 • 프랑스가 "유럽 및 범세계적 차원에서의 전자상거래촉진 환경조성에 대한 각서" 발표
ICC	2002. 4월 전자제시를 위한 UCP의 보칙(eUCP) 제정·시행
UN	ebXML기반의 국제전자상거래 표준안 마련 전자계약 국제협약 초안 마련

자료 : 지식경제부, "전자무역 확산전략", 2002. 5 보완.

4. 우리나라의 전자무역의 추진현황

우리나라는 '전자무역'에 대한 정부의 의지가 강력해 지난 1991년에 이미 관련 법률을 제정하고 전자무역 전문기업인 KTNET(한국무역정보통신)을 출범시킴으로써 '전자무역'을 보다 체계적으로 추진해 왔다. 더불어 2001년에는 「전자무역 종합육성 시책」을 시행해 웹 기반의 '전자무역'을 본격 추진했으며, 2003년에는 '전자무역추진위원회'를 설치·운영하는 등 '전자무역'을 정부의 핵심 과제이자 차세대 중점 사업으로 추진해 현재 대다수 기업들이 이용하는 범국가적인 인프라로 자리 잡기에 이르렀다.

2003년 7월 국가 전자무역의 효율적 추진과 획기적인 발전을 위한 범국가적 협의체로서 국무총리를 위원장으로 하는 민·관 합동 '국가전자무역위원회'를 구성하였으며, 2003년 12월 국가전자무역 추진을 위한 종합계획으로서 「전자무역촉진 3개년 계획」을 수립하고 핵심 전략을 확정하였다. 그리고 정부는 2005년 12월에는 "무역자동

화"라는 용어를 "전자무역"으로 변경하고 효과적인 전자무역 기반구축에 전력해 왔다.

이처럼 전자무역은 초기의 '무역 경쟁력 강화'를 위한 수단으로 시작해 이제 한국을 대표하는 명품 브랜드의 하나로 자리 매김하고 있어 '전자무역'은 곧 우리의 무역 비전인 '무역 1조 달러, 세계무역 8강'을 앞당기는 국가 경쟁력 강화의 수단으로 대두되었다.

특히 참여정부 시절에는 그 중요성이 한층 강화돼 '전자무역'을 정부의 핵심과제이자 차세대 '코리아 프리미엄(Korea Premium)' 사업으로 중점 추진하였으며, 그리고 정부의 정책적인 지원과 풍부한 정보기술(IT)인프라, 무역업계와 관련업계의 지속적인 지원과 노력 등에 힘입어 차세대 전자무역시스템인 'u트레이드 허브(uTrade Hub)'가 새롭게 개통됐다. 이로써 기업들은 한층 업그레이드 된 전자무역시스템을 통해 계약서 작성에서부터 신용장·적하보험·선적요청 및 무역대금의 지급에 이르는 모든 무역 업무를 인터넷을 통해 일괄처리 할 수 있게 됐으며, 단절 없는 무역거래 프로세스의 실현을 통한 고비용 구조의 개선과 수출 경쟁력 강화를 기할 수 있게 됐다.[59)]

그리고 지식경제부는 2006년 하반기부터 국내기업들이 해외 거래기업과 전자무역서비스를 이용하여 무역업무 처리에 따른 시간과 비용을 절감할 수 있도록 하기 위해 글로벌 전자무역 네트워크 구축 프로젝트를 추진했다. 그 동안 전자무역은 주로 국내 무역업체와 유관기관(은행, 선사 및 포워더, 관세사 등)에만 주로 활용되어 왔으나, 앞으로는 글로벌 전자무역 네트워크 사업을 통해 국내와 해외 무역업체 간에 국가 간 전자문서 교환이 크게 늘어날 전망이다.[60)]

근래 들어서는 전자 e-L/C 유통관리시스템을 고안·개발하여 전자신용장(e-L/C) 서비스를 제공하고 있다. 그리고 KTNET에서는 uTrade Hub 서비스로 무역포탈, 물류포탈, 은행포탈, 통관포탈, 마케팅포탈, 글로벌포탈 등에 사용자가 접근하기 위한 관문으로 통합로그인, 전자무역서비스에 대한 전반적인 소개, 서브포탈에서 제공하는 공통 서비스를 제공하고 있다.[61)]

그러나 이와 같이 정부와 KTNET의 노력으로 전자무역 서비스를 제공하기 위한 많은 업무처리 기반을 구축하고 있기 때문에 물류·통관 업무를 비롯한 상당한 업무자 전자적으로 처리되고 있으나, 기업과 은행 간의 업무 및 국가 간의 전자무역 업무는 아직도 부분적으로 이루어지고 있는 실정이다. 특히 국제무역거래는 결제업무를 비롯한 무역금융 등의 업무처리, 정보보안과 신뢰성 문제, 및 전문 인력의 부재와 전

59) 한국아이닷컴, 2007. 11. 29. 일부 수정.

60) 지식경제부 보도자료(http//www.mocie.go.kr), 2006. 8. 16.

61) https://www.utradehub.or.kr/

자무역에 대한 인식 미흡 등으로 아직도 무역관련 정보검색 및 홍보를 포함한 마케팅 수준의 기초적인 단계에 머무르고 있다.[62]

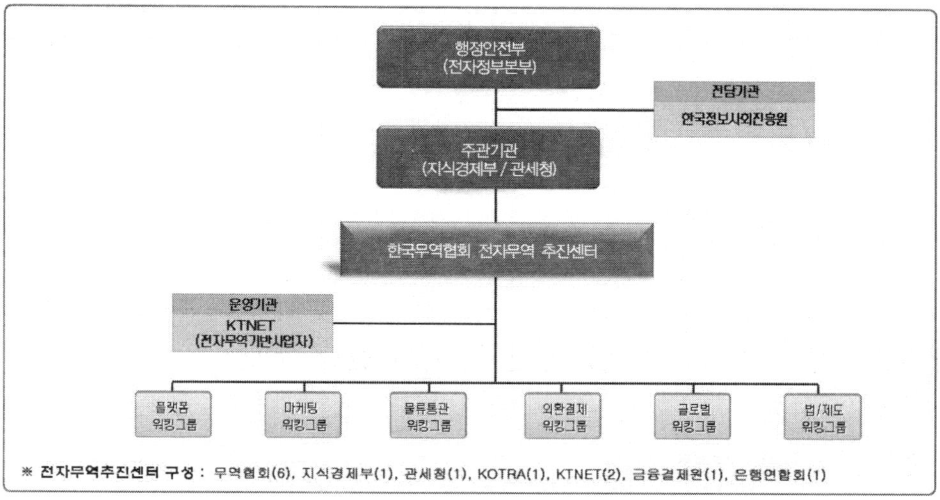

자료 : http://etrade.kita.net/etrade/committee/committee2.html

[그림 3-7] 전자무역 추진체계 조직도[63]

[표 3-12] 전자무역의 추진의 필요성

필요성	내 용
글로벌 경쟁시대의 수출 경쟁력 강화	전자무역은 무역 프로세스의 근본적인 혁신으로 무역관련 제비용 등을 절감함으로써 경쟁력 강화에 기여 이것은 계약체결 이후의 무역자동화만으로도 연간 수 조원의 부대비용 절감효과가 있으므로 전자무역이 본격화될 경우 막대한 비용절감이 가능
전자무역에 대한 관심 및 수요 증대	인터넷을 이용한 비대면 방식으로 처리할 수 있는 전자무역에 대한 관심과 수요가 급속히 증가
정부 차원의 세부전략	전자무역은 기존 전통무역과는 다른 새로운 수출상품과 시장창출을 통해 우리의 수출경쟁력을 제고하고 수출확대 기반을 제공
국제경쟁력 제고	전자무역을 통해 창출되는 새로운 사업 모델과 신규시장 개척기회는 우리 무역이 제2의 도약을 이루는 전기 마련 가능
동북아 전자무역 허브로 도약	우리나라의 주도 하에 체계적으로 달성되어야만 한국이 중국, 일본 등 경쟁국을 누르고 동북아 e-허브로 성장 가능

62) 지식경제부 보도자료(http//www.mocie.go.kr), 2006. 8. 16. 수정.

63) 국가 전자무역 사업의 중장기적 추진 필요성과 전문성을 감안, 본 과제의 전담수행은 (사)한국무역협회에 '전자무역추진센터'를 설치하고 지식경제부, 관세청, 한국무역협회, KOTRA, KTNET, DACOM, 금융결제원, 은행연합회 등 관련 실무진으로 구성하여 운영 중에 있다.

제 4 장

전자문서와 전자무역관리

제 1 절 전자문서의 관리와 공인전자문서센터 제도

1. 전자문서의 개요

(1) 전자문서의 정의와 기능

우선 우리의 일상생활에서 자주 사용되고 있는 '문서(document)'라는 용어는 문자 또는 사람이 알아 볼 수 있는 특수한 부호나 기호 등에 의하여 사상 또는 개념을 표시한 것이라고 정의할 수 있다. 전통적으로 상거래는 서류에 의해 처리되었으며, 특히 거래의 증빙으로서 종이로 된 '서면' 형태의 문서가 요구되었다. 그것은 거래와 관련해서 법적인 문제가 제기되었을 때, 이와 같은 서면이 중요한 증거로서 기능을 발휘하였기 때문이다.

오늘날 인터넷의 등장과 정보통신기술의 발전은 그것이 상거래이든 단순한 정보 교환이든 상관없이 기존의 종이문서에 의한 방식을 상당 부분 전자적 방법으로 대체하고 있다. 이와 같은 전자문서의 등장은 단순히 전통적인 종이문서의 형식만을 바꾸는데 그치지 않고 문서 및 업무의 성격에도 중대한 변화를 초래하고 있다.[1] 『전자문서 및 전자거래기본법』에서는 전자문서를 "정보처리시스템에 의하여 전자적 형태로 작성, 송신·수신 또는 저장된 정보를 말한다."라고 규정하고 있다.

---

1) http://www.ecmc.or.kr/edstandard/edocument1.asp. 보완.

(2) 전자문서의 분류

전자문서는 일반인들이 보편적으로 사용하는 워드프로세서로 작성된 문서, 즉 MP3, AVI, JPG 등의 멀티미디어파일, 기계/건축 설계분야에서 사용하는 CAD (Computer Aided Design : 컴퓨터 보조설계) 등의 도면문서 등을 포함하는 일반적인 의미의 전자문서와 전자거래 분야에 국한되어 사용되는 전자문서가 있으며, 일반 전자문서에 비해 정형화, 표준화되어 있다.[2)]

[표 4-1] 전자문서 분류

구분	내용
일반 전자문서	한글, MS 워드, 파워포인트, 엑셀 등 문서작성 소프트웨어를 사용하여 작성된 HWP, DOC, PPT, XLS, TXT, PDF 형식의 파일
	종이문서를 스캔 하거나 디지털카메라 등을 이용하여 만든 이미지 파일
	CAD(컴퓨터 보조 설계)/CAM(컴퓨터 지원 제조) 을 이용하여 작성된 도면 파일, 인터넷에서 사용되는 HTML 형식의 파일
	JPG, MP3, AVI 등 음악, 사진, 동영상 등 멀티미디어 관련 파일
전자 거래문서	전자문서교환방식(EDI : Electronic Data Interchange)을 사용한 문서
	확장형 표기 언어(XML : Extensible Markup Language)를 사용해 작성한 문서

(3) 전자거래 문서의 유형[3)]

① EDI(Electronic Data Interchange) 문서

기업 간 거래에 관한 데이터와 문서를 표준화하여 컴퓨터 통신망으로 거래 당사자가 직접 송·수신하는 정보전달 시스템이다. 주문서·납품서·청구서 등 무역에 필요한 각종 서류를 표준화된 상거래서식 또는 공공서식을 통해 서로 합의된 전자신호로 바꾸어 컴퓨터 통신망을 이용하여 거래처에 전송한다. 전자문서교환에서 사용하는 국제적인 통신표준은 현재 국제연합이 중심이 되어 만든 UN/EDIFACT(행정, 상업 및 운송 부문에 관한 전자문서교환표준)의 표준을 따르고 있다.

② XML/EDI 문서

XML/EDI는 EDI를 통하여 교환된 데이터를 XML(확장형 표기 언어)기반 타 업무 프로세스에 바로 적용될 수 있는 개방적 구조를 가지기 때문에 업무 효율성의 제고

---

2) http://www.ecmc.or.kr/edstandard/edocument1.asp.

3) http://www.ecmc.or.kr/edstandard/edocument1.asp.

등 실질적인 EDI 도입의 효과를 기대할 수 있으며, 저렴한 구축 및 운영비용과 인터넷을 바로 이용할 수 있다는 장점이 있다.[4]

③ XML(Extensible Markup Language) 문서

XML은 데이터의 저장 및 교환을 위한 대표적 문서교환 표준인 SGML(Standard Generalized Markup Language; 표준화된 범용표시 언어)[5]과 HTML(Hyper Text Markup Language; 하이퍼텍스트 생성 언어)[6]의 장점을 모두 가질 수 있도록 1996년 W3C(World Wide Web Consortium; WWW)에서 제안하였으며 웹상에서 구조화된 문서를 전송 가능하도록 설계된 정보 교환을 위한 웹 표준이며, 최근 전자거래 및 각종 업무에서 표준으로 폭넓게 채택되어 사용되고 있다.

(4) 전자문서의 효력

전자문서는 다른 법률에 특별한 규정이 있는 경우를 제외하고는 전자적 형태로 되어 있다는 이유로 문서로서의 효력이 부인되지 아니한다. 그리고 별표에서 정하고 있는 법률에 따른 기록·보고·보관·비치 또는 작성 등의 행위가 전자문서로 행하여진 경우 당해 법률에 의한 행위가 이루어진 것으로 본다.[7]

2. 전자문서의 보관과 표준화

(1) 전자문서의 요건과 보관

전자문서가 다음과 같은 요건을 갖춘 경우에는 그 전자문서의 보관으로 관계 법령이 정하는 문서의 보관에 갈음할 수 있다(전자문서 및 전자거래기본법 제5조제1항).

---

4) 본 교재 258면 5. XML/EDI의 도입과 활용 참조

5) 전자문서가 어떠한 시스템 환경에서도 정보의 손실 없이 전송, 저장, 자동처리가 가능하도록 국제표준화기구(ISO)에서 정한 문서처리 표준이다(forkim.egloos.com).

6) HTML은 웹(www)에서 하이퍼텍스트 문서를 작성하는데 사용되는 프로그래밍 언어중의 하나이다. 초기의 HTML은 단순한 텍스트 중심의 문서였지만 오늘날의 HTML 문서는 문자로 된 정보뿐만 아니라 화상, 음성이나 영상 등 다양한 멀티미디어를 포함하고 있다. 한편, XML은 HTML을 획기적으로 개선하여 개발한 언어이다. 웹 페이지 구축기능, 검색기능 등이 개선되었고, 클라이언트시스템의 복잡한 데이터 처리를 용이하게 한다. 또한 웹에 추가할 내용을 작성 및 관리하기에 편리해졌다.

7) 『전자문서 및 전자거래기본법』 제4조.

㉠ 전자문서의 내용을 열람할 수 있을 것
㉡ 전자문서가 작성 및 송신·수신된 때의 형태 또는 그와 같이 재현될 수 있는 형태로 보존되어 있을 것
㉢ 전자문서의 작성자, 수신자 및 송신·수신일시에 관한 사항이 포함되어 있는 경우에는 그 부분이 보존되어 있을 것

그리고 종이문서 이외의 전자적 형태로 작성되지 아니한 문서(전자화대상문서)를 정보처리시스템이 처리할 수 있는 형태로 변환한 문서(전자화문서)가 다음 요건을 모두 갖춘 경우에는 그 전자화문서를 보관함으로써 관계 법령으로 정하는 문서의 보관을 갈음할 수 있다. 다만, 다른 법령에 특별한 규정이 있는 경우에는 그러하지 아니하다.

㉠ 전자화문서가 전자화대상문서와 그 내용 및 형태가 동일할 것
㉡ 전자문서 및 전자거래기본법 제5조 제1항 각 호의 요건을 모두 갖출 것

이에 따른 전자화대상문서와 전자화문서의 내용 및 형태의 동일성에 관한 요건, 전자화문서의 작성 방법 및 절차, 그 밖에 필요한 사항은 지식경제부장관이 정하여 고시한다.

그리고 전자문서의 요건과 보관을 적용할 때, 송신 또는 수신만을 위하여 필요한 부분은 전자문서 또는 전자화문서로 보지 아니할 수 있다.[8)]

(2) 전자문서 보관대행의 효력

공인전자문서센터가 전자문서를 보관하는 경우에는 「전자문서 및 전자거래기본법」 제5조제1항 또는 제2항(위 (1) 전자문서의 요건과 보관)에 따른 전자문서의 보관이 행하여진 것으로 본다.[9)]

(3) 전자문서의 표준화

전자거래 표준화란 전자상거래를 하는데 필요한 다양한 기술 요소를 표준화하는 것이라고 할 수 있다. 즉, 거래를 하면서 판매자와 구매자 간에 오가는 전자문서, 상품을 판매 또는 구매하고 그에 대응하는 반대급부를 지급하는 지급·결제, 온라인상

8) 『전자문서 및 전자거래기본법』 제5조제2항~제4항.
9) 『전자문서 및 전자거래기본법』 제31조의6.

에서 상품을 거래하기 쉽게 표현되는 전자카탈로그, 상품을 규격화함으로써 부품 간의 호환성 내지 효율성을 증대하는 부품 및 상품의 표준화, 정보들이 정확한 것임을 인증해 주는 전자 보안·인증 등에 대한 표준화가 필요하여 우리나라에서도 국제적인 표준에 대응하기 위하여 국제회의에 참여하여 우리나라 의견을 반영시키려고 노력하고 있다.

여기에서 말하는 전자상거래는 1960년대 국제 운송회사들이 운송서류를 신속히 전달할 목적으로 전자문서를 표준화하여 사용한 전자문서교환(EDI)에서 시작되었다. EDI는 기업 간 거래에서 종이서류에서 발생되는 오류를 감소시키고 종이서류처리 비용을 절감시키고 종이서류를 갖고 움직이는 인력을 감소시키는 등의 여러 가지 장점을 갖고 있다.

전자상거래의 활성화를 위해서는 기반이 되는 전자문서 표준화가 필수적인데 특히 네트워크망 간, 인터넷상에서의 시스템 간 상호 연동성을 보장하고, 보안 및 인증, 전자카탈로그 등 전자상거래 요소들을 포함하는 전자문서 표준화가 필수적이다. 만약 국제표준기구들이 급속한 기술발전에 부응하는 해당표준을 적시에 제공치 못할 경우, 사설 표준의 난립 등으로 거래 시 비효율을 초래한다. 그러나 자생적인 사설표준(de facto standard)의 개발과 수용이 이루어 질 수도 있다.

전자문서 표준이란 기존의 문서를 통한 의사소통 대신 컴퓨터 간 통신을 위해 필요한 전자문서를 작성하는 하나의 규칙을 말한다. 즉, 전자문서 표준은 문서내용에 관한 표준으로서 수신 컴퓨터가 정보를 처리할 수 있도록 하기 위하여 정보가 송수신되는 순서를 정하는 표준이다.[10)]

3. 전자문서의 송수신과 확인

(1) 전자문서의 송수신의 시기 및 장소

전자문서(전자화문서)는 수신자 또는 그 대리인이 당해 전자문서를 수신할 수 있는 정보처리시스템에 입력된 때에 송신된 것으로 본다. 한편, 전자문서의 수신시기는 다음에 해당되는 때에 수신된 것으로 본다.

㉠ 수신자가 전자문서를 수신할 정보처리시스템을 지정한 경우에는 지정된 정보처리시스템에 입력된 때. 다만, 전자문서가 지정된 정보처리시스템이 아닌 정보처

10) http://cafe.naver.com/kjh791215.cafe?iframe_url=/ArticleRead.nhn%3Farticleid=2632

리시스템에 입력된 경우에는 수신자가 이를 출력한 때를 말한다.

㉡ 수신자가 전자문서를 수신할 정보처리시스템을 지정하지 아니한 경우에는 수신자가 관리하는 정보처리시스템에 입력된 때

그리고 전자문서는 작성자 또는 수신자의 영업소 소재지에서 각각 송신 또는 수신된 것으로 보며, 영업소가 둘 이상일 때에는 해당 전자문서를 주로 관리하는 영업소 소재지에서 송신·수신된 것으로 본다. 다만, 작성자 또는 수신자가 영업소를 가지고 있지 아니한 경우에는 그의 상거소에서 송신·수신된 것으로 본다.[11)]

(2) 작성자가 송신한 것으로 보는 경우

작성자의 대리인에 의해 송신된 전자문서 또는 자동으로 전자문서를 송신·수신하도록 구성된 컴퓨터프로그램이나 그 밖의 전자적 수단에 의하여 송신된 전자문서에 포함된 의사표시는 작성자가 송신한 것으로 본다.

그리고 전자문서의 수신자는 다음 어느 하나에 해당하는 경우에는 전자문서에 포함된 의사표시를 작성자의 것으로 보아 행위를 할 수 있다.

㉠ 전자문서가 작성자의 것이었는지를 확인하기 위하여 수신자가 미리 작성자와 합의한 절차를 따른 경우

㉡ 수신된 전자문서가 작성자 또는 그 대리인과의 관계에 의하여 수신자가 그것이 작성자 또는 그 대리인의 의사에 기한 것이라고 믿을 만한 정당한 이유가 있는 자에 의하여 송신된 경우,

그러나 다음의 어느 하나에 해당하는 경우에는 이를 적용하지 아니한다.

ⓐ 수신자가 작성자로부터 전자문서가 작성자의 것이 아님을 통지받고 그에 따라 필요한 조치를 취할 상당한 시간이 있었던 경우

ⓑ 위 ㉡의 경우에 전자문서가 작성자의 것이 아님을 수신자가 알았던 경우 또는 상당한 주의를 하였거나 작성자와 합의된 절차를 따랐으면 알 수 있었을 경우[12)]

11) 『전자문서 및 전자거래기본법』 제6조.

12) 『전자문서 및 전자거래기본법』 제7조.

(3) 수신한 전자문서의 독립성

수신한 전자문서는 문서마다 독립된 것으로 본다. 다만, 수신자가 작성자와 합의된 확인절차를 따르거나 상당한 주의를 하였더라면 동일한 전자문서가 반복되어 송신된 것임을 알 수 있었을 경우에는 그러하지 아니하다.[13]

(4) 수신확인

전자문서를 작성자가 수신 확인을 조건으로 전자문서를 송신한 경우 작성자가 수신 확인 통지를 받기 전까지는 그 전자문서는 송신되지 아니한 것으로 본다. 이 경우 『민법』 제534조[14]는 적용하지 아니한다.

그리고 작성자가 수신 확인을 조건으로 명시하지 아니하고 수신 확인 통지를 요구한 경우에 상당한 기간(작성자가 지정한 기간 또는 작성자와 수신자 간에 약정한 기간이 있는 경우에는 그 기간을 말한다) 내에 작성자가 수신 확인 통지를 받지 못하였을 때에는 작성자는 그 전자문서의 송신을 철회할 수 있다.[15]

(5) 작성자와 수신자 간 약정에 의한 변경

작성자와 수신자는 다른 법령에 특별한 규정이 있는 경우를 제외하고는 『전자문서 및 전자거래기본법』 제6조(송신·수신의 시기 및 장소) 내지 제9조의 규정(수신 확인)과 다른 약정을 할 수 있다.[16]

(6) 전자문서 내용의 추정

공인전자문서센터에 보관된 전자문서는 보관기간에는 그 내용이 변경되지 아니한 것으로 추정한다. 그리고 공인전자문서센터가 해당 공인전자문서센터에 보관된 전자문서의 보관사실, 작성자, 수신자 및 송신·수신 일시 등에 관한 사항에 대한 증명서를 대통령령이 정하는 방법 및 절차에 따라 발급한 경우에 그 증명서에 기재된 사항

13) 『전자문서 및 전자거래기본법』 제8조
14) 『민법』 제534조(변경을 가한 승낙): 승낙자가 청약에 대하여 조건을 붙이거나 변경을 가하여 승낙한 때에는 그 청약의 거절과 동시에 새로 청약한 것으로 본다.
15) 『전자문서 및 전자거래기본법』 제9조.
16) 『전자문서 및 전자거래기본법』 제10조. 즉, 본 교재 146~147쪽 (1) 전자문서의 송수신의 시기 및 장소(전자문서 및 전자거래기본법 제6조) 및 148쪽 (4) 수신확인 참조.

은 진정한 것으로 추정한다.[17)]

4. 공인전자주소 제도

(1) 개념과 의의

공인전자주소 제도는 전자문서 수·발신의 정확성을 확보하고 암호화 기능을 통해 안전하고 신뢰받는 전자문서의 유통 기반을 확보하기 위한 제도이다.[18)] 「전자문서 및 전자거래기본법」 제2조8에서는 공인전자주소를 "전자문서를 송신하거나 수신하는 자를 식별하기 위하여 문자·숫자 등으로 구성되는 정보로서 본 법 제18조의4(공인전자주소의 등록)에 따라 등록된 주소를 말한다."라고 규정하고 있다.

즉, 공인전자주소는 제3의 공인기관에 의해 송신과 수신이 입증되는 전자주소 체계이다. 기존 전자메일이 일반 우편이라면 공인전자주소는 내용증명 우편에 비유된다고 볼 수 있다. 공인전자주소를 원하는 법인이나 개인은 정보통신산업진흥원과 등록대행 계약을 체결한 공인전자문서중계자에게 계정을 등록하고 공인전자주소를 발급 받게 된다. 공인전자주소는 일반 이메일의 '@'이 들어가는 자리에 '#'이 들어가 '사용자 계정+구분기호(#)+기관이나 법인 또는 개인명'의 형태로 구성되며, '샵(#)메일'로 불린다.[19)]

따라서 전자문서를 송 · 수신한 기업이나 개인은 정보통신산업진흥원에 유통증명서 발급을 신청할 수 있는데, 그 유통증명서는 법적 효력을 갖는다. 공인전자주소는 법적 효력을 갖는다는 점에서 실제로는 내용증명 우편보다 공신력이 높다고 볼 수 있다.[20)] 즉, 기존 우체국에서 취급하고 있는 내용증명과 등기우편 등 기존 종이문서를 전자문서로 대체함으로써 그 이용이 확대될 것으로 보고 있다.

(2) 공인전자주소의 등록

「전자문서 및 전자거래기본법」 제18조의4에서는 공인전자주소를 이용하여 전자문서를 송신하거나 수신하려는 자는 본 법 제22조제1항에 따른 전담기관에 공인전자주소를 등록하여야 한다. 한편 해당 전담기관은 등록의 법적 절차에 따라 신청을 받

17) 『전자문서 및 전자거래기본법』 제31조의7.
18) http://www.dt.co.kr/contents.html(디지털타임즈, 2012. 5. 3)
19) http://www.dt.co.kr/contents.html(디지털타임즈, 2012. 5. 3)
20) http://www.dt.co.kr/contents.html(디지털타임즈, 2012. 5. 3)

은 경우에는 신청된 공인전자주소가 국제표준방식 등에 맞는지를 확인하고, 그 내용을 정보처리시스템에 입력하고 보관하여야 한다.

그리고 해당 전담기관은 등록을 신청한 자로부터 수수료를 받을 수 있다. 법에 따른 공인전자주소의 등록, 보관 및 수수료에 관하여 필요한 사항은 지식경제부령으로 정한다.

5. 유통증명서의 생성·발급 등

전자문서 형태로 문서를 유통하면 본인 확인 및 위·변조를 방지하기 위해 관련 기록을 정보통신산업진흥원이 운영하는 공인전자문서센터에 보관, 유통증명서를 발급해 원본 문서임을 인증 받도록 했다.[21]

(1) 유통증명서의 생성·보관

「전자문서 및 전자거래기본법」 제18조의5제1항에서는 본 법 제22조제1항에 따른 전담기관은 공인전자주소를 통하여 전자문서가 송신 또는 수신되거나 열람된 경우 다음 각 호의 사항이 포함된 정보(유통정보)를 생성·보관한다고 규정하고 있다.

㉠ 전자문서의 송신 및 수신 일시(1호)
㉡ 전자문서의 송신자 및 수신자(2호)
㉢ 그 밖에 전자문서의 송신 및 수신에 관한 사항으로서 대통령령으로 정하는 사항(3호)

그리고 작성자 및 송신자는 유통정보를 보관하고 있는 본 법에 따른 전담기관으로부터 유통증명서를 발급받을 수 있다(법 제18조의5제2항). 전담기관이 유통증명서를 대통령령으로 정하는 방법과 절차에 따라 발급한 경우에 그 유통증명서는 진정한 것으로 추정한다(법 제18조의5제3항). 그리고 유통증명서의 생성·보관 및 발급에 필요한 사항은 대통령령으로 정한다(법 제18조의5제4항)

21) http://www.etnews.com(전자신문 2011. 10. 11)

(2) 전자문서의 유통정보

「전자문서 및 전자거래기본법 시행령」 제2조의4에서는 법 제18조의5제1항제3호에 따른 전자문서의 송신 및 수신에 관한 사항은 ㉠ 전자문서의 명칭, ㉡ 전자문서의 열람 일시, ㉢ 송신자 및 수신자의 공인전자주소, ㉣ 전자문서의 해시 값, 및 ㉤고유번호이며, 전담기관은 이와 같은 유통정보를 10년간 보관하여야 한다고 규정하고 있다.

(3) 유통증명서 발급과 절차

「전자문서 및 전자거래기본법 시행령」 제2조의5에서는 전담기관은 법 제18조의5제2항에 따라 작성자, 송신자 및 수신자가 유통증명서의 발급을 요청하면 보관중인 유통정보를 확인하고 유통증명서를 발급하여야 하며, 그 전담기관은 유통증명서를 발급할 때에 「전자서명법」 제2조제2호에 따른 전자서명을 하여야 한다고 규정하고 있다.

그리고 유통증명서에는 다음 사항이 기재되어야 한다.

㉠ 전자문서의 명칭

㉡ 송신·수신·열람 일시

㉢ 송신자 및 수신자의 공인전자주소

㉣ 전자문서의 해시 값

㉤ 유효기간

㉥ 발급 일련번호

6. 공인전자문서센터의 제도와 지정기준

(1) 공인전자문서센터의 정의와 개념

공인전자문서센터라 함은 법에 따라 지식경제부의 지정을 받아 타인을 위하여 전자문서를 보관 또는 증명하거나 그 밖에 전자문서와 관련된 업무를 수행하는 자를 말한다.22) 공인전자문서센터는 전자문서의 이용을 활성화하기 위하여 전자문서를 안전하게 보관하고, 전자문서의 내용과 송수신 여부 등을 증명해 줄 수 있는 신뢰성 있는 제3의 기관(TTP : Trusted Third Party)이다.

따라서 공인전자문서센터를 통한 전자문서의 원본성 인증과 송·수신이 가능하며,

22) 『전자문서 및 전자거래기본법』 제2조제8호.

또 신뢰성 있는 제3자의 당사자로서 이용자로부터 전자문서를 접수받아 원본(진본)성을 보존하며, 이용자 요청 시 법적 효력이 적용된 전자문서와 증명서를 발급한다.[23] 2012년 6월 개정을 통하여 문서보관 위주에서 열람(전자진단서) 및 유통까지 확대되도록 공인전자문서센터의 기능을 확대했다.

(2) 역할

공인전자문서센터는 전자문서의 보관서비스, 증명·발급서비스 제공을 주된 역할로 하며, 전자문서에 법적 효력을 부여함으로서 실물문서를 대체할 수 있는 IT인프라 및 솔루션을 제공하는 역할을 수행한다.[24]

(3) 사업목적

전자문서의 생성에서 폐기까지 전자문서 생명주기 차원에서 안전성 보장을 확보, 전자문서의 범용적 활용이 가능하도록 지원하며, 전자문서의 생산, 관리, 보존 및 이용, 활용을 통해 전 산업의 e-비즈니스화를 지원함으로써 비용절감에 따른 기업의 경쟁력을 높이고, 공인전자문서센터 제도를 통한 신산업 영역을 창출하는데 있다.[25]

(4) 추진배경

전자거래의 증가로 전자문서 이용이 증가하고 있으며, 또 전자문서의 효율성에도 불구하고 전자문서 활용을 저해하는 법·제도로 인한 종이문서의 생산·유통·보관 등 종이문서 활용은 지속되고 있다. 전자문서 및 전자거래기본법은 전자문서에 종이문서와 동일한 효력을 부여하고 있으나, 전자문서는 위·변조 여부를 확인하기가 어렵기 때문에 전자문서의 활성화에 장애가 되고 있어 기업의 e-비즈니스화 지연 및 종이문서의 생산·유통·보관에 많은 비용이 발생하고 있다.

이에 따라 전자문서가 법적 효력을 포괄적으로 부여받을 수 있도록 법·제도를 개선할 필요성이 제기되었으며, 기업의 전자문서 활용 시 기술적 문제보다 신뢰성 부족이 큰 제약사항으로 작용하였다. 그리고 전자문서의 안전한 보관을 통하여 전자문서의 불변경에 대한 신뢰성을 확보할 경우 전자문서 활성화의 획기적 전기 마련할

23) http://www.ceda.or.kr/System/Introduce.jsp.
24) http://www.ceda.or.kr/System/Introduce.jsp.
25) http://www.ecmc.or.kr/policyres/storage.asp.

수 있다.[26)]

직접효과			간접효과
기업경쟁력 강화	저탄소 녹색성장	신시장 창출	국가경쟁력 강화
○ 프로세스 혁신 : - 문서처리 업무효율화를 통한 생산성 증대 (문서 검색, 열람,이동 시간 절감) - 종이문서 관리 인력 절감 및 인력 활용 효율화 ○ 종이관련 비용절감 : - 문서 생성, 유통, 보관, 폐기에 이르는 과정에서 발생되는 종이문서 비용 절감	○ 종이문서 생성, 유통, 보관, 폐기 단계에서 발생되는 탄소를 감축 할 수 있음. ○ 전자문서 활용으로 인해 절감되는 탄소량을 국내외 탄소배출권 시세(톤당 5천원)를 적용하여 경제적 효과 산출	○ 전자문서 산업 시장 확대 (공인전자문서보관소로 인한 전자문서 기술, 시스템, 유통 등 관련 수요 및 시장 확대)	○ 공인전자문서센터 기반의 전자문서 유통 · 보관 체계 확립을 통해 전자문서의 신뢰성 제고 ○ 신뢰할 수 있는 전자문서 유통 · 보관으로 거래의 투명성 제고 및 국내외 COMPLIANCE에 대응할 수 있도록 함으로써 전자문서 활용국가 위상 확보

자료 : http://www.ceda.or.kr/System/Vision.jsp

[그림 4-1] 공인전자문서센터 제도의 비전

26) http://www.ceda.or.kr/System/Introduce.jsp

따라서 공인전자문서센터를 통하여 법률적으로 요구되는 종이문서를 전자문서로 대체함으로써 완전한 서류 없는(paperless) 전자화를 실현하고, 이를 통한 업무관리, 문서관리의 질적 혁신이 가능하게 되었다.27)

(5) 주요 업무

공인전자문서센터에서는 전자문서의 보관, 증명 및 다양한 부가 업무를 제공하고 있다. 우선 전자문서 보관 서비스에는 전자문서의 생성과 폐기까지 안전하게 보관해 주는데, 그 보관의 법적 효력 부여한다. 그리고 전자문서의 증명·발급 서비스, 열람 서비스, 유통 서비스 등이 있다. 구체적인 서비스 내용은 다음과 같다.

[표 4-2] 공인전자문서센터의 주요 서비스

보관서비스	증명·발급서비스	열람서비스	유통서비스
• 문서의 생성에서 폐기까지 안전하게 보관 • 보관된 문서의 법적 효력 부여	• 보관된 문서/증명서 발급 – 보관된 문서의 내용: 불변경 추정 – 발급된 증명서의 내용: 진정성 추정	보관된 문서는 시간 및 장소의 제약 없이 검색/열람 가능	공인전자문서센터 이용자의 문서를 제3자 및 기관에서 송·수신되며, 사실 확인도 가능

자료 : http://www.ceda.or.kr/System/Work.jsp

[표 4-3] 자체 보관과 공인전자문서센터 보관의 차이점

항 목	자체보관	공인전자문서센터
보관의무	전자문서 보관 중에 변경되지 않았음을 보관자가 입증책임을 부담	법으로 지정된 제3자(TTP)가 보관함으로써 전자문서의 안전한 보관과 진본성에 대한 법적 효력을 부여받는다(법률상 보관으로 간주: 전자문서 및 전자거래기본법 제31조의6).
증명력	자체보관 문서의 진본확인 및 검증체계가 없다	공인전자문서센터에 보관된 문서는 원본으로 유지 등(진정한 증명으로 추정: 전자문서 및 전자거래기본법 제31조의 7)
장기보관	전자서명은 인증서의 유효기간 있으므로 정기보관 시 전자문서의 유효성 검증문제가 발생우려 높다	전자문서를 공인전자문서센터에 보관기간 동안 원본추정의 효력을 갖는다.
원본 종이문서 폐기	법령상 의무 보관기간 까지 보관해야 함(무단 원본 폐기는 보관의무 불이행)	공인전자문서센터에 이관이 완료되면 즉시 폐기 가능(원본 폐기의 조건: 전자화문서의 작성절차/방법에 관한 규정 제53조)

27) http://www.ceda.or.kr/System/Introduce. jsp

(6) 공인전자문서센터의 지정

지식경제부장관은 전자문서보관 등의 안전성 및 정확성을 확보하기 위하여 전자문서보관 등에 관하여 전문성이 있는 자를 공인전자문서센터로 지정하여 전자문서보관 등을 하게 할 수 있다.[28] 이러한 공인전자문서센터로 지정받을 수 있는 자는 법인 또는 대통령령으로 정하는 국가기관 등으로 한정한다. 공인전자문서센터로 지정을 받고자 하는 자는 전자문서보관 등에 필요한 인력·기술능력·재정능력과 제31조의9제6항에 따른 인적·물적 측면에서 독립성 및 그 밖의 시설·장비 등을 갖추어 지식경제부장관에게 지정을 신청하여야 한다(법 제31조의2 제1항 및 제2항).

그리고 공인전자문서센터의 인력·기술능력·재정능력과 그 밖의 시설·장비 등의 지정기준과 지정방법 및 지정절차에 관하여 필요한 사항은 대통령령으로 정한다.[29] 현재 공인전자문서센터의 사업을 검토하고 있는 대기업 계열 시스템통합(SI) 업체도 관련 인력과 설비만 갖추면 공인전자문서센터로 지정받을 수 있게 된다.

(7) 공인전자문서센터의 지정절차

전자문서 및 전자거래기본법 제31조의2제3항에 따라 공인전자문서센터로 지정을 받고자 하는 자는 공인전자문서센터 지정신청서(전자문서를 포함)에 다음 서류(전자문서 포함)를 첨부하여 지식경제부장관에게 제출하여야 한다.[30]

㉠ 법인의 임원과 제15조의5에 따른 가족관계기록사항에 관한 증명서
㉡ 정관
㉢ 제15조의4에 따른 지정기준을 갖추었음을 확인할 수 있는 증빙서류
㉣ 사업계획서(제15조의4제1항제3호에 따른 시설 및 장비의 관리·운영에 관한 계획서 포함).

이와 같이 지정신청서를 제출받은 지식경제부장관은 「전자정부법」 제36조제1항에 따른 행정정보의 공동이용을 통하여 등기사항증명서를 확인하여야 한다.

그리고 지식경제부장관은 위 서류를 갖추어 지정신청이 있는 경우(전자문서 및 전자거래기본법 시행령 제15조의2제1항에 따른) 그 지정신청이 지정기준에 적합하다고 인정하는 때에는 신청인을 공인전자문서센터의 사업자로 지정하고 공인전자문서

28) 『전자문서 및 전자거래기본법』 제31조의2 제1항.
29) 『전자문서 및 전자거래기본법』 제31조의2 제4항.
30) 『전자문서 및 전자거래기본법 시행령』 제15조의2.

센터 지정서를 교부하여야 한다. 또한 지식경제부장관은 공인전자문서센터를 지정하기 위하여 필요한 경우에는 신청인에게 자료의 제출을 요구하거나 신청인 및 관계 전문가의 의견을 들을 수 있다.

지식경제부장관은 공인전자문서센터를 지정한 때에는 이를 고시하여야 한다.

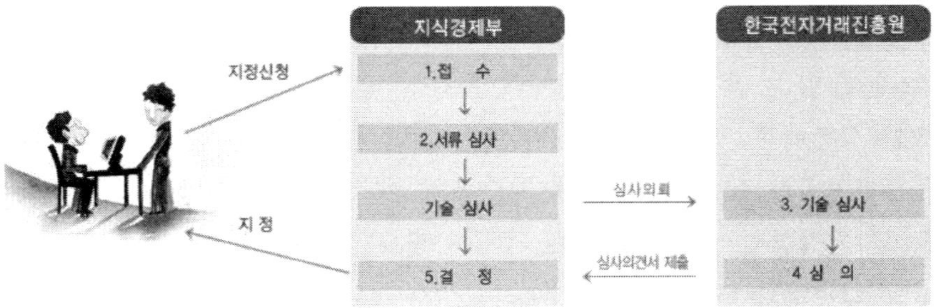

자료 : 공인전자문서센터

[그림 4-2] 지정심사 절차 및 방법

(8) 공인전자문서센터의 지정기준

공인전자문서센터로 지정되기 위해서는 자본금(재산) 80억원 이상 및 전자문서의 보관·증명·정보보호 등의 분야에서 2년 이상의 경력이 있는 12인 이상의 인력을 확보해야 한다. 또 공인전자문서센터 사업을 위해서는 전자서명 정보 확인 설비, 전자문서 보관설비, 보관된 전자문서의 일자 시간을 기록·관리하는 설비, 관련 보호설비, 증명서 발급을 위한 설비 등을 갖춰야 한다.

그리고 공인전자문서 보관의 유효기간은 2년으로 하고, 매 2년마다 기술요건 등을 반영해 갱신·심사가 이루어지며, 공인전자문서센터 업무를 양도할 경우 다른 센터에 이관해야 한다. 이와 함께 전자문서의 내용 훼손 및 변경을 방지하기 위한 각종 조치도 확보해야 한다.[31) 『전자문서 및 전자거래기본법』 제31조의2제4항에 따른 공인전자문서센터의 지정기준은 다음과 같이 규정하고 있다.[32)]

㉠ 인력·기술능력 : 전자문서의 보관·증명 그 밖에 관련된 업무(이하 "전자문서보관등"이라 한다)에 필요한 시설 및 장비를 운용하는 자로서 다음의 요건을 갖춘 인력 12인 이상

---

31) 디지털타임즈, 2008. 1. 16 일부 수정.

32) 『전자문서 및 전자거래기본법 시행령』 제15조의3.

ⓐ 정보통신기사·정보처리기사 및 전자계산기조직응용기사 이상의 국가기술 자격 또는 이와 동등한 자격이 있다고 지식경제부장관이 정하여 고시하는 자격을 갖출 것

ⓑ 위(ⓐ)에서 정하는 자격별로 지식경제부장관이 정하여 고시하는 분야에서 2년 이상의 경력이 있을 것

㉡ 재정능력 : 다음 어느 하나를 충족할 것

즉, 영리법인 : 자본금 80억원 이상, 비영리법인 : 기본재산 20억원 이상, 국가기관등 : 해당 사업에 속한 국유재산 80억원 이상

㉢ 시설 및 장비

ⓐ 전자문서 송신·수신 및 보관설비

ⓑ 공인전자문서센터에 보관된 전자문서의 일자·시각 및 운용기록을 기록·관리하는 설비

ⓒ 전자문서보관등에 관한 시설·장비 및 정보를 안전하게 운용하기 위한 보호설비

ⓓ 전자문서의 증명서 발급을 위한 설비

ⓔ 공인전자문서센터의 시스템 관리 및 복제·저장 설비

그리고 시설 및 장비에 관한 구체적 사항은 지식경제부장관이 정하여 고시한다.

[표 4-4] 공인전자문서센터의 지정기준

지정기준	내 용
인적·기술능력	정보통신기사, 정보처리기사, 전자계산기조직응용기사 이상의 기술자격 및 이와 동등한 자격자
	위 자격별로 지식경제부장관이 고시하는 분야에서 2년 이상의 경력자
재정능력	영리법인: 자본금 80억원 이상, 비영리법인: 기본재산 20억원 이상 국가기관등: 해당사업에 속하는 국유재산 80억원 이상
시설 및 장비	전자문서 송신/수신 및 보관설비 공인전자문서 보관/관리 등에 필요한 설비 등

(10) 공인전자문서센터의 결격 사유

『전자문서 및 전자거래기본법』에서는 다음 사항의 어느 하나에 해당하는 법인은 공인전자문서센터로 지정을 받을 수 없다고 규정하고 있다.

우선, 임원 및 전자문서보관 등을 직접 수행하는 직원 중 대통령령이 정하는 직원(임원 등) 중 다음의 어느 하나에 해당하는 자가 있는 법인

㉠ 금치산자 또는 한정치산자, ㉡ 파산선고를 받고 복권되지 아니한 사람

㉢ 금고 이상의 실형을 선고받고 그 집행이 종료(집행이 종료된 것으로 보는 경우를 포함한다)되거나 집행이 면제된 날부터 2년이 지나지 아니한 사람

㉣ 금고 이상의 형의 집행유예선고를 받고 그 유예기간 중에 있는 사람

㉤ 법원의 판결 또는 다른 법률에 의하여 자격이 상실되거나 정지된 사람

㉥ 법 제31조의5제1항(지정취소 및 과징금) 및 제31조의22(공인전자문서중계자의 지정취소)에 따라 지정이 취소된 자의 임원 등 이었던 사람(그 취소사유의 발생에 관하여 직접 또는 이에 상응하는 책임이 있는 사람으로서 대통령령으로 정하는 사람으로 한정)으로서 해당 공인전자문서센터 또는 공인전자문서중계자 지정이 취소된 날부터 2년이 지나지 아니한 사람.

그리고 법 제31조의5제1항(지정취소 및 과징금) 및 제31조의22(공인전자문서중계자의 지정취소)에 따라 지정이 취소된 후 2년이 지나지 아니한 자[33)]

7. 전자문서의 업무준칙의 신고 및 준수사항

(1) 업무준칙의 신고

공인전자문서센터는 업무를 개시하기 전에 전자문서 보관 등에 관한 전자문서의 보관 등 업무준칙을 지식경제부령이 정하는 바에 따라 작성하여 지식경제부장관에게 신고하여야 한다. 이 경우 그 업무준칙에는 다음에 해당하는 내용이 포함되어야 한다.

㉠ 업무의 종류, ㉡ 업무의 수행방법 및 수행절차

㉢ 전자문서보관 등의 서비스의 이용조건 및 이용요금

㉣ 그 밖에 업무수행에 관하여 필요한 것으로서 지식경제부령이 정하는 사항

그리고 공인전자문서센터는 이와 같이 신고한 사항을 변경하고자 하는 경우에는 지식경제부령이 정하는 바에 따라 지식경제부장관에게 신고하여야 한다. 한편, 지식경제부장관은 이와 같이 신고된 전자문서보관 등 업무준칙의 내용이 전자문서보관 등의 업무의 안전성 및 정확성의 확보에 지장을 주거나 전자문서보관 등의 서비스를 이

33)『전자문서 및 전자거래기본법』 제31조의3.

용하는 자의 이익을 저해할 우려가 있다고 인정하는 경우에는 상당한 기간을 정하여 당해 공인전자문서센터에 전자문서 보관 등 업무준칙의 변경을 명할 수 있다.

또한 공인전자문서센터는 전자문서 보관 등에 사용되는 시설 또는 장비를 변경하였을 때에는 지식경제부령으로 정하는 바에 따라 지식경제부장관에게 신고하여야 한다.[34)]

(2) 준수 사항

『전자문서 및 전자거래기본법』 제31조의9에서는 공인전자문서센터의 준수 사항에 대해서 다음과 같이 규정하고 있다.

㉠ 공인전자문서센터는 정당한 사유 없이 전자문서 보관 등의 서비스의 제공을 거부하여서는 아니 된다.

㉡ 공인전자문서센터는 이용자를 부당하게 차별하여서는 아니 된다.

㉢ 공인전자문서센터는 보관된 전자문서의 내용이 훼손되거나 변경되지 아니하도록 대통령령으로 정하는 바에 따라 필요한 조치를 하여야 한다.

㉣ 공인전자문서센터는 당해 정보처리시스템에 보관된 전자문서 그 밖의 관련 정보를 적법한 절차에 의하지 아니하거나 전자문서의 작성자·수신자 및 당해 이용자의 동의 없이 타인에게 제공·공개 등을 하여서는 아니 된다.

㉤ 공인전자문서센터는 전자문서 보관 등을 신뢰성 있게 수행하기 위하여 이용자와의 관계에서 인적·물적 측면에서 독립성을 유지하여야 하며, 그 기준은 대통령령으로 정한다.

8. 시정명령 및 지정취소

(1) 시정명령

지식경제부장관은 공인전자문서센터가 다음 사항의 어느 하나에 해당하면 6월 이내의 기간을 정하여 그 시정을 명할 수 있다.[35)]

㉠ 법 제31조의2제4항의 규정에 의한 공인전자문서센터의 지정기준에 적합하지 아니하게 된 경우

34) 『전자문서 및 전자거래기본법』 제31조의8.
35) 『전자문서 및 전자거래기본법』 제31조의4.

㉡ 임원 등이 법 제31조의3제1호 각목의 어느 하나에 해당하게 된 경우
㉢ 법 제31조의8제1항의 규정을 위반하여 전자문서보관 등 업무준칙의 신고를 하지 아니한 경우
㉣ 법 제31조의8제2항의 규정을 위반하여 전자문서보관 등 업무준칙의 변경신고를 하지 아니한 경우
㉤ 법 제31조의9제1항의 규정을 위반하여 전자문서보관 등의 서비스의 제공을 거부한 경우
㉥ 법 제31조의9제2항의 규정을 위반하여 이용자를 부당하게 차별한 경우
㉦ 법 제31조의9제3항의 규정을 위반하여 보관된 전자문서의 내용이 훼손되거나 변경되지 아니하도록 필요한 조치를 취하지 아니한 경우
㉧ 공인전자문서센터의 업무수행의 방법 또는 절차가 부적절하여 전자문서의 보관·송신 또는 수신의 안전성이나 전자문서에 관한 증명의 정확성을 저해할 우려가 있는 경우
㉨ 법 제31조의16제2항에 따른 보험에 가입하지 아니한 경우

(2) 지정 취소(정지) 및 고시

지식경제부장관은 법 제31조의2에 따라 공인전자문서센터로 지정을 받은 자가 다음 사항의 어느 하나에 해당하면 지식경제부령이 정하는 바에 따라 그 지정을 취소하거나 1년 이내의 기간을 정하여 그 업무의 전부 또는 일부의 정지를 명할 수 있다. 다만, 다음의 ㉠ 또는 ㉡에 해당하는 경우에는 그 지정을 취소하여야 한다.[36]

㉠ 거짓 그 밖의 부정한 방법으로 지정을 받은 경우
㉡ 업무정지 기간 중 업무를 계속하여 수행한 경우
㉢ 지정을 받은 날부터 1년 이상 업무를 시작하지 아니하거나 업무 시작 후 1년 이상 계속하여 전자문서보관 등의 업무를 하지 아니한 경우
㉣ 법 제31조의4에 따른 시정명령을 그 정하여진 기간 이내에 이행하지 아니한 경

그리고 지식경제부장관은 전자문서보관 등의 업무의 전부 또는 일부를 정지하거나 지정을 취소한 때에는 지식경제부령이 정하는 바에 따라 이를 고시하여야 한다.[37]

36) 『전자문서 및 전자거래기본법』 제31조의5 제1항.
37) 『전자문서 및 전자거래기본법 시행령』 제15조의5.

(3) 과징금 부과

지식경제부장관은 "지정을 받은 날부터 1년 이상 업무를 시작하지 아니하거나 업무 시작 후 1년 이상 계속하여 전자문서보관 등의 업무를 하지 아니한 경우 또는 시정명령을 그 정하여진 기간 이내에 이행하지 아니한 경우"[38]에 해당하여 업무정지처분을 하여야 하는 경우로서 그 업무정지가 공인전자문서센터를 이용하는 자에게 심한 불편을 주거나 공익을 해칠 우려가 있다고 인정하는 경우에는 업무정지에 갈음하여 1억원 이하의 과징금을 부과할 수 있다. 이에 따라 과징금을 부과하는 위반행위의 종류와 위반 정도 등에 따른 과징금의 금액 및 과징금의 산정방법과 그 밖에 필요한 사항은 대통령령으로 정한다.

그리고 지식경제부장관은 과징금을 납부하여야 할 자가 납부기한까지 이를 납부하지 아니하면 국세 체납처분의 예에 따라 징수한다.[39]

9. 증명서의 발급방법과 그 절차

공인전자문서센터가 법 제31조의7제2항에[40] 따른 증명서를 전자문서로 발급하는 경우에는 『전자서명법』 제2조제3호에 따라 해당 공인전자문서센터의 공인전자서명을 하여야 한다. 또 공인전자문서센터가 법 제31조의7제2항에 따라 증명서를 종이문서로 발급하는 경우에는 증명서에 공인전자문서센터의 기명날인을 하여야 하며, 전자문서의 내용이 첨부되어야 하는 경우 이를 출력하여 증명서에 철인하여야 한다.

이와 같이 증명서를 발급하는 경우 신청자의 신원과 신청자가 정당한 발급신청지위에 있는지 여부를 확인하여야 한다. 여기에서 정당한 발급신청지위에 있는 자란 다음 사항의 어느 하나를 말한다.

㉠ 전자문서보관 의뢰인
㉡ 전자문서보관 의뢰인으로부터 발급신청권한을 위임받은 자

---

38) 『전자문서 및 전자거래기본법』 제31조의5 제1항 제3호, 제4호.
39) 『전자문서 및 전자거래기본법』 제31조의5 제2항~제3항.
40) 『전자문서 및 전자거래기본법』 제31조의7 제2항 : 공인전자문서센터가 해당 공인전자문서센터에 보관된 전자문서의 보관 사실, 작성자, 수신자 및 송신·수신일시 등에 관한 사항에 대한 증명서를 대통령령으로 정하는 방법 및 절차에 따라 발급한 경우에 그 증명서에 적힌 사항은 진정한 것으로 추정한다.

㉢ 보관된 전자문서에 기재되어 있는 수신자

그리고 발급되는 증명서에는 다음 내용이 포함되어야 한다.

㉠ 발급신청자의 성명(법인의 경우에는 상호를 말한다).
㉡ 발급신청자의 주민등록번호(법인의 경우에는 법인등록번호를 말한다)
㉢ 증명서의 일련번호
㉣ 증명서의 발급신청일 및 발급일시
㉤ 증명서의 유효기간
㉥ 증명서 사용용도
㉦ 공인전자문서센터의 명칭 등 공인전자문서센터임을 확인할 수 있는 정보[41)]

10. 공인전자문서중계자 제도

(1) 개념과 의의

공공기관과 민간, 기업과 기업 간 등 사회적으로 유통되는 문서의 전자적 유통을 활성화하기 위해 공인전자문서보관소를 공인전자문서센터로 전환하고, 이를 위해 공인전자주소 제도가 도입되면서 공인전자문서중계자 제도가 신설되었다. 즉, 공인전자문서의 사회적 유통을 활성화시키기 위해 전자문서 보관·증명 등의 업무를 수행하는 공인전자문서센터 외에 공인전자문서 유통 업무를 전담하는 기관의 필요성에 의해 신설되었다.

「전자문서 및 전자거래기본법」 제2조8에서는 공인전자문서중계자에 대해 “타인을 위하여 전자문서의 송신·수신 또는 중계(전자문서유통)를 하는 자로서 제31조의18에 따라 지정받은 자를 말한다.”라고 규정하고 있다.

전자문서중계자 제도가 도입됨에 따라 증명서 발급기관과 제출기관 사이에서 전자적으로 증명서를 유통하는 “전자문서중계자”를 지정하고, 다양한 중계모델 발굴하고 있다. 공인전자문서센터는 제3자 보증이 제일 중요한 기능인 반면에 전자문서 중계자는 전자증명서의 전자발급·유통을 대행해주는 특화된 역할을 담당한다.[42)]

따라서 민간 분야 종이문서 생산이 많은 금융, 의료, 유통 분야는 종이문서 전자

41) 『전자문서 및 전자거래기본법 시행령』 제15조의8.
42) 금융IT 이슈, “녹색경제 활성화를 위한 문서확산 방안”, 2011. 01. 03

(화)문서로 대체를 추진하고 있다. 한편 무역 부문의 경우에는 수출입실적증명서, 원산지증명서, 상업송장 등의 유통확대를 추진하고 있다.

전자문서 유통서비스는 공인전자주소(#메일)를 통해 기업이 종이문서로 유통했던 모든 서류를 전자문서로 주고받을 수 있는 서비스로, NIPA 유통 허브의 주소 디렉토리 서버를 기반으로 개별 시스템이나 사이트에 구애 받지 않고 전역적으로 유통이 가능하다. 공인전자주소(#메일)를 이용해 신뢰성 있게 전자문서를 유통할 수 있기 때문에 기업에서 그동안 우려했던 보안문제가 해결돼 시장도 빠르게 확대될 것으로 기대했다.[43)]

(2) 공인전자문서중계자의 지정기준

공인전자문서중계자로 지정을 받으려는 자는 전자문서의 유통에 필요한 인력 · 시설 · 장비와 재정능력 및 기술능력을 갖추어 지식경제부장관에게 지정을 신청하여 지정받도록 하고, 지정받은 공인전자문서중계자는 전자문서 유통에 사용되는 시설 또는 장비를 변경하였을 때에는 지식경제부장관에게 신고하며, 보유한 시설 및 장비의 안전성에 대하여 지식경제부장관으로부터 정기적으로 점검을 받도록 하고 있다.[44)] 「전자문서 및 전자거래기본법」 제31조의18에서는 공인전자문서중계자의 지정기준에 대해 다음과 같이 규정하고 있다.

㉠ 지식경제부장관은 전자문서유통의 안정성과 신뢰성을 확보하기 위하여 전자문서유통에 관하여 전문성이 있는 자를 공인전자문서중계자로 지정하여 전자문서유통을 하게 할 수 있다. 이 경우 개인정보 또는 영업비밀 보호를 위하여 필요한 경우에는 금융·의료·국방 등 분야별로 대표성이 있는 자를 우선하여 지정할 수 있다.

㉡ 공인전자문서중계자로 지정을 받을 수 있는 자는 법인 또는 대통령령으로 정하는 국가기관 등으로 한정한다.

㉢ 공인전자문서중계자로 지정을 받으려는 자는 전자문서유통에 필요한 인력·시설·장비와 재정능력 및 기술능력을 갖추어 지식경제부장관에게 지정을 신청하여야 한다. 다만, 제31조의2에 따라 공인전자문서센터로 지정받은 자는 공인전

43) http://www.oss.kr/?document_srl

44) http://lawwizice.tistory.com/7285 일부 보완함.

자문서중계자요건 중 인력·재정능력을 갖춘 것으로 본다.

㉣ 지식경제부장관은 전자문서유통의 안정성과 신뢰성 확보를 위하여 공인전자문서중계자 업무준칙을 고시할 수 있다.

㉤ 지식경제부장관은 제1항 후단에 따라 공인전자문서중계자를 지정하는 경우에는 전자문서유통의 안정성과 신뢰성 확보에 필요한 조건을 붙일 수 있다.

㉥ 제1항과 제3항에 따른 공인전자문서중계자요건 및 지정절차 등에 관하여 필요한 사항은 대통령령으로 정한다.

(3) 공인전자문서중계자의 결격사유

「전자문서 및 전자거래기본법」 제31조의19에서는 다음 어느 하나에 해당하는 자는 공인전자문서중계자로 지정을 받을 수 없다고 규정하고 있다.

㉠ 임원 중 제31조의3제1호 각 목의 어느 하나에 해당하는 사람이 있는 자

㉡ 제31조의5제1항이나 제31조의22에 따라 지정이 취소된 후 2년이 지나지 아니한 자

(4) 공인전자문서중계자의 변경신고 및 안전점검

「전자문서 및 전자거래기본법」 제31조의20에서는 "공인전자문서중계자는 전자문서유통에 사용되는 시설 또는 장비를 변경하였을 때에는 지식경제부령으로 정하는 바에 따라 지식경제부장관에게 신고하여야 한다."고 규정하고 있으며, 또 본법 제31조의21에서는 "공인전자문서중계자는 보유한 시설 및 장비의 안전성에 대하여 지식경제부장관으로부터 정기적으로 점검을 받아야 한다. 그리고 공인전자문서중계자는 제31조의20에 따른 변경신고를 하였을 때에는 지식경제부장관으로부터 해당 시설 또는 장비의 안전성에 대하여 점검을 받아야 하며, 점검의 기준·시기·대상 및 절차에 관하여 필요한 사항은 지식경제부령으로 정한다."라고 규정하고 있다.

(5) 공인전자문서중계자의 지정취소

「전자문서 및 전자거래기본법」 제31조의22에서는 "지식경제부장관은 공인전자문서중계자가 다음의 어느 하나에 해당하면 지식경제부령으로 정하는 바에 따라 그 지정을 취소할 수 있으며, 다만 다음 ㉠에 해당하는 경우에는 지정을 취소하여야 한다.

㉠ 거짓이나 그 밖의 부정한 방법으로 제31조의18에 따른 지정을 받은 경우
㉡ 제31조의18제3항에 따른 공인전자문서중계자요건을 갖추지 못하게 된 경우
㉢ 임원이 제31조의19제1호에 해당하게 된 경우. 다만, 3개월 이내에 그 임원을 바꾸어 임명한 경우에는 그러하지 아니하다.
㉣ 제31조의23에 따른 시정명령을 정하여진 기간 이내에 이행하지 아니한 경우

☞ 법 제31조의23(시정명령) : 지식경제부장관은 공인전자문서중계자가 다음 각 호의 어느 하나에 해당하면 6개월 이내의 기간을 정하여 그 시정을 명할 수 있다.

1 제31조의18제4항에 따른 업무준칙을 위반한 경우
2 제31조의18제5항에 따라 붙인 조건을 이행하지 아니한 경우
3. 공인전자문서중계자의 업무수행의 방법 또는 절차가 부적절하여 전자문서유통의 안정성과 신뢰성을 현저하게 해칠 우려가 있는 경우

11. 전자거래분쟁조정위원회

전자상거래가 급속히 확대됨에 따라 전자거래로 인한 소비자의 피해와 전자거래 관련 당사자 간 분쟁의 발생이 급증하기 때문에, 이로 인하여 전자거래가 가지는 가장 큰 장점인 비용절감과 신속성을 저해되고 전자거래 분쟁은 법률적인 부분 외에 전자거래 특유의 기술적인 부분을 많이 포함하고 있어 통상의 재판절차나 기존의 조정제도보다 전문가에 의한 간이 조정제도 필요하기 때문에 도입하게 되었다. 본 위원회는 전자거래의 분쟁을 신속·공정하게 해결하고 그 피해를 구제하기 위하여 2004년 4월 12일에 설치되어 한국전자거래진흥원에서 사무국을 운영하는 산업자원부 산하의 정부위원회이다.[45)]

그리고 본 위원회에서 전자거래 분쟁의 조정대상은 기업 간 전자거래(B2B), 소비자와 기업 간 전자거래(B2C), 소비자 간 전자거래(C2C)에서 발생되는 전자거래 관련 모든 분쟁이다.

「전자문서 및 전자거래기본법」 제32조에서는 전자거래분쟁조정위원회의 설치 및 구성에 대해 다음과 같이 규정하고 있다.

---

45) http://new.yeongdo.go.kr/

① 전자거래에 관한 분쟁을 조정하기 위하여 전자거래분쟁조정위원회(이하 이 장에서 "위원회"라 한다)를 둔다.
② 위원회는 위원장 1인을 포함한 15인 이상 50인 이하의 위원으로 구성한다.
③ 위원은 다음 각호의 1에 해당하는 자중에서 지식경제부장관이 임명 또는 위촉하며, 위원장은 위원 중에서 호선한다.

1. 대학이나 공인된 연구기관에서 부교수급 이상 또는 이에 상당하는 직에 있거나 있었던 자로서 전자거래관련 분야를 전공한 자
2. 4급 이상 공무원(고위공무원단에 속하는 일반직공무원을 포함) 또는 이에 상당하는 공공기관의 직에 있거나 있었던 자로서 전자거래업무에 관한 경험이 있는 자
3. 판사·검사 또는 변호사의 자격이 있는 자
4. 「비영리민간단체 지원법」 제2조의 규정에 의한 비영리민간단체에서 추천한 자
5. 그 밖에 전자거래와 분쟁조정에 관한 학식과 경험이 있는 자

④ 위원은 비상임으로 하고, 위원의 임기는 2년으로 하며 연임할 수 있다.
⑤ 위원회의 업무를 지원하기 위하여 제22조의 규정에 의한 진흥원에 사무국을 둔다.
⑥ 위원의 자격 및 신분보장, 위원의 제척·기피·회피 등에 관하여 필요한 사항은 대통령령으로 정한다.

제 2 절 전자무역의 촉진과 전자무역관리

1. 전자무역의 촉진체계

(1) 전자무역의 촉진을 위한 시책의 수립 · 시행

지식경제부장관은 전자무역을 촉진하기 위하여 다음과 같은 전자무역촉진시책을 수립 · 시행하여야 한다.[46)]

㉠ 촉진시책의 기본 방향에 관한 사항
㉡ 전자무역기반시설[47)]의 구축과 운영에 관한 사항

46) 『전자무역 촉진에 관한 법률』 제4조.

㉢ 전자무역의 환경조성에 관한 사항
㉣ 전자무역과 관련된 국제협력에 관한 사항
㉤ 전자무역과 관련된 통계자료의 수집·분석 및 활용방안에 관한 사항
㉥ 전자무역에 관한 거래자 간의 분쟁해결을 위한 중재 등에 관한 사항
㉦ 전자무역 촉진을 위한 재원 확보 및 배분에 관한 사항
㉧ 그 밖에 전자무역의 촉진을 위하여 필요한 사항

그리고 지식경제부장관이 촉진시책을 수립할 때, 『국가정보화 기본법』 제3조제3호의 규정[48]에 따른 국가정보화와 관련된 사항은 법 제9조제1항에[49] 따른 국가정보화전략위원회의 심의를 거친 후 확정하여야 한다. 촉진시책을 변경하려는 경우에도 또한 같다. 또 지식경제부장관은 촉진시책을 시행하기 위하여 대통령령이 정하는 바에 따라 전자무역에 관한 업무를 수행하는 기관 또는 단체에 대하여 필요한 지원을 할 수 있다.

(2) 국가전자무역전문위원회 설치

정부는 촉진시책에 관한 사항, 전자무역 추진과 관련된 각 부처 간 업무의 협조에 관한 사항, 전자무역 관련 법령·제도의 정비·개선에 관한 사항, 그 밖에 전자무역 추진에 관한 주요사항 등 전자무역의 촉진에 관한 사항을 협의·조정하기 위하여 지식경제부장관 소속으로 국가전자무역위원회를 둔다.

그 위원회는 위원장을 포함하여 20인 이내로 구성하되, 위원은 당연직 위원과 위촉위원으로 구성한다. 위원장은 지식경제부장관이 되고, 당연직 위원은 대통령령이 정하는 관계 중앙행정기관의 차관급 이상의 공무원과 관계기관의 장이 되며, 위촉위원은 전자무역에 관한 학식과 경험이 풍부한 사람 중에서 위원장이 위촉한 자가 된다. 또 위원회의 효율적인 운영을 위하여 실무위원회를 둔다.

---

47) 『전자무역 촉진에 관한 법률』 제2조. : "전자무역기반시설"이라 함은 정보통신망을 통하여 무역업자와 무역관계기관을 체계적으로 연계하여 전자무역문서의 중계·보관 및 증명 등의 업무를 수행하는 정보시스템을 말한다.

48) 『국가정보화 기본법』 제3조제3호 : "국가정보화"라 함은 국가기관, 지방자치단체 및 공공기관이 정보화를 추진하거나 사회 각 분야의 활동이 효율적으로 수행될 수 있도록 정보화를 통하여 지원하는 것을 말하다.

49) 『국가정보화 기본법』 제9조: (국가정보화전략위원회) ① 국가정보화 추진과 관련된 사항을 심의하기 위하여 대통령 소속으로 국가정보화전략위원회를 둔다.

그리고 위원회 및 실무위원회의 구성·운영 등에 필요한 사항은 대통령령으로 정한다.[50]

(3) 국가전자무역전문위원회의 구성

전자무역의 촉진에 관한 사항을 협의·조정하기 위하여 지식경제부장관 소속으로 국가전자무역위원회를 둔다는 『전자무역 촉진에 관한 법률』 제5조에 따른 국가전자무역위원회의 당연직 위원은 다음과 같다.[51]

㉠ 기획재정부차관·법무부차관·행정안전부차관·문화체육관광부차관·지식경제부차관·국토해양부차관·국무총리 국무차관·통상교섭본부장 및 관세청장

㉡ 대한상공회의소 회장, 중소기업협동조합중앙회 회장, 대한무역투자진흥공사 사장 및 전자무역기반사업자의 대표

㉢ 「민법」 제32조에[52] 따라 지식경제부장관의 허가를 받아 설립된 전국경제인연합회의 회장 및 한국무역협회의 회장

그리고 위원회의 사무를 처리하기 위하여 간사 1인을 두되, 간사는 지식경제부의 고위공무원단에 속하는 공무원 중에서 지식경제부장관이 지명한다.

(4) 국가전자무역전문위원회의 운영

『전자무역촉진에 관한 법률 시행령』 제3조에 따라 전자무역전문위원회가 구성되면 다음과 같이 운영된다.[53]

㉠ 위원회의 위원장은 회의를 소집하고, 그 의장이 된다.

㉡ 위원회의 위원장이 사고로 인하여 그 직무를 수행할 수 없는 때에는 위원장이 지명하는 위원이 그 직무를 대행한다.

㉢ 위원회의 회의를 소집하려는 때에는 회의 일시·장소 및 부의사항을 회의개최 7일 전까지 각 위원에게 서면으로 통지하여야 한다. 다만, 긴급을 요하거나 부

---

50) 『전자무역 촉진에 관한 법률』 제5조.

51) 『전자무역촉진에 관한 법률 시행령』 제3조.

52) 『민법』 제32조(비영리 법인의 설립과 허가) : 학술, 종교, 자선, 기예, 사교, 기타 영리 아닌 사업을 목적으로 하는 사단 또는 재단은 주무관청의 허가를 얻어 이를 법인으로 할 수 있다.

53) 『전자무역촉진에 관한 법률 시행령』 제4조.

득이한 사유가 있는 경우에는 그러하지 아니하다.

㉣ 위원회는 재적위원 과반수의 출석으로 개의하고, 출석위원 과반수의 찬성으로 의결한다.

㉤ 위원회는 업무수행을 위하여 필요한 때에는 전문적인 지식과 경험이 있는 관계 전문가 및 공무원에 대하여 위원회의 회의에 참석하여 의견을 진술할 것을 요청할 수 있다.

㉥ 위원회에 출석한 관계전문가에게 예산의 범위 안에서 수당과 여비 그 밖에 필요한 경비를 지급할 수 있다. 다만, 공무원이 그 소관 업무와 직접적으로 관련하여 출석하는 경우에는 그러하지 아니하다.

(5) 실무위원회의 구성 및 운영

국가전자무역위원회의 실무위원회는 실무위원장 1인을 포함한 25인 이내의 실무위원으로 구성하며, 실무위원회의 위원장은 지식경제부차관이 되고, 실무위원회의 위원은 다음과 같다.[54)]

㉠ 위원회의 당연직 위원이 속하는 행정기관의 고위공무원단에 속하는 공무원, 검사(법무부의 경우에 한함) 또는 공사급 이상 외무공무원(외교통상부의 경우에 한함) 중 그 행정기관의 장이 지명하는 자 각 1인

㉡ 위원회에 당연직 위원이 속하는 민간기관의 임직원 중 그 기관의 장이 지명하는 자 각 1인

㉢ 그 밖에 전자무역의 효율적 추진을 위하여 실무위원회의 위원장이 위촉하는 자

그리고 실무위원회의 사무를 처리하기 위하여 간사 1인을 두되, 간사는 지식경제부의 고위 공무원단에 속하는 공무원 중 무역 관련 업무를 담당하는 공무원이 된다. 실무위원회는 위원회에 제출된 안건과 위원회로부터 위임되거나 위원회의 위원장으로부터 지시받은 사항을 검토·심의한다.

~『전자무역촉진에 관한 법률 시행령』 제5조 제5항 : 전자무역촉진에 관한 법률 시행령』 제4조는 실무위원회의 운영에 관하여 이를 준용한다. 이 경우 "위원회"는 각각 "실무위원회"로, "위원"은 각각 "실무위원회의 위원"으로 본다.

---

54)『전자무역촉진에 관한 법률 시행령』 제5조.

2. 전자무역기반사업자 제도

(1) 개념과 의의

지식경제부는 IT혁명 및 글로벌 경쟁시대로의 진입이 가속화되고 있어 새로운 무역패러다임으로의 조기 전환이 필요하다고 판단, 인터넷 등 최신기술을 활용하여 무역절차별 유관망을 효과적으로 연계하여 무역업체들이 단일 창구를 통해 마케팅에서 대금결제에 이르는 무역업무 전반을 단절 없이 처리할 수 있는 전자무역 기반시설을 구축하여 서비스를 개시하기 위해 전자무역에 대한 법적·제도적 뒷받침을 마련하기 위해 '2005년에 전자무역 촉진에 관한 법률을 전면개정 한 이후, 2006년 7월 동법 시행령, 동년 8월 23일자로 동법 시행규칙 공포하였으며, 2008년 12월에는 10차 개정을 비롯하여, 그 후 여러 차례(최근 2011년 13차) 개정하여 시행 중에 있다. 이 법령에서는 전자무역 관련사업의 다양성과 전문성을 고려하여 전자무역기반사업자와 전자무역전문서비스업자를 구분하고, 이에 대한 각각의 지정기준과 절차를 규정하고 있다.

전자무역기반사업자는 관세청, 은행, 운송업자 등 무역 유관기관과의 연계를 통해 전자무역 기반시설을 효율적이고 안정적으로 운영함으로써 전자무역 허브(e-Trade Hub)로서의 역할을 수행하게 될 사업자이다. 따라서 전자무역기반사업자는 무역거래자의 전자무역거래를 효율적으로 지원하고 전자무역거래의 신속한 확산을 위해 전자무역거래와 관련된 업무를 종합적으로 수행하는 기관이다.[55)]

그리고 전자무역기반사업자는 전자무역 문서의 유통을 위한 허브로서 역할을 수행하게 되며, 전자무역 기반시설의 운영업무, 전자무역 기반시설과 외국의 전자무역망 간의 연계업무, 신용장의 개설, 매입업무 등 무역관련 업무를 전자무역 기반시설을 통한 중계·보관 및 증명 등의 업무를 수행하게 된다.[56)]

(2) 전자무역기반사업자의 지정과 사업(업무)

지식경제부장관은 대통령령이 정하는 바에 의하여『전기통신사업법』제2조제1항제1호의 규정[57)]에 의한 전기통신사업자로서 자본금·인력·기술력 등 대통령령이 정

55) 지식경제부는 2006년 12월 18일, 전자무역 전문위원회를 개최하여 새롭게 구축하고 있는 전자무역 기반시설(uTradeHub)을 운영할 전자무역기반사업자로 한국무역정보통신(KTNET)을 지정하였다.

56) 지식경제부 보도자료 2006. 12. 19 일부 참조.

하는 기준에 적합한 자를 전자무역기반업무를 수행할 자로 지정할 수 있다. 그리고 전자무역기반사업자로 지정받은 자는 다음 사업을 수행할 수 있다.[58)]

㉠ 전자무역기반시설의 운영업무
㉡ 전자무역기반시설과 외국의 전자무역망 간의 연계업무
㉢ 제12조제1항 각 호의 규정에 의한 무역 관련 업무의 전자무역기반시설을 통한 중계·보관 및 증명 등의 업무
㉣ 전자무역문서의 중계사업
㉤ 제2호의 규정에 의한 연계를 활용한 사업
㉥ 전자무역기반시설을 활용한 전자무역서비스 관련 사업
㉦ 전자무역문서의 표준화에 관한 연구사업
㉧ 전자무역문서 및 무역화물유통정보 등 무역관련 정보를 체계적으로 처리·보관하여 검색 등에 활용할 수 있는 집합체(데이터베이스)의 제작·보급과 이를 활용한 사업
㉨ 무역업자 및 무역유관기관에 대한 전자무역문서 중계 등에 관련된 기술의 보급 및 보급한 기술에 대한 사후관리사업
㉩ 그 밖에 전자무역의 촉진을 위한 교육·홍보 등 대통령령이 정하는 사업[59)], 이에 관하여 『전자무역 촉진에 관한 법률 시행령』 제8조에서는 (a) 전자무역기반시설의 이용에 관한 교육 자료의 발간, 전자무역 관련 온라인 교육콘텐츠의 개발 및 보급 등 전자무역의 촉진과 확산을 위한 교육사업, (b) 전자무역의 촉진과 확산을 위한 홍보사업을 규정하고 있다.

그리고 전자무역기반사업자 외의 자는 위 ㉠, ㉡, ㉢의 업무를 수행할 수 없다.

(3) 기정기준

전자무역기반사업자의 지정절차는 우선 5단계의 지정심사를 거쳐 최종 결정을 하

57) "전기통신사업자"라 함은 이 법에 의한 허가를 받거나 등록 또는 신고를 하고 전기통신역무를 제공하는 자를 말한다.
58) 『전자무역 촉진에 관한 법률』 제6조.
59) 『전자무역 촉진에 관한 법률 시행령』 제8조(전자무역기반사업자의 업무): "대통령령이 정하는 사업"이라 함은 다음 각 호의 사업을 말한다. 즉 전자무역기반시설의 이용에 관한 교육자료의 발간, 전자무역 관련 온라인 교육콘텐츠의 개발 및 보급 등 전자무역의 촉진과 확산을 위한 교육사업, 그리고 전자무역의 촉진과 확산을 위한 홍보사업을 의미한다.

게 되며, 지식경제부는 기반사업자에게 지정증을 교부하고, 기반사업자는 지식경제부에 업무준칙을 신고해야 한다. 지정신청을 하고자 하는 기반사업자 신청자는 전자무역 기반시설을 운영할 수 있는 지정기준 이외에 전자무역 발전촉진, 이용자의 이익 등을 종합적으로 고려하여 무역 및 IT(정보기술) 전문가로 구성된 전자무역 전문위원회의 심의를 통해 최종 결정을 받게 된다.[60]

『전자무역 촉진에 관한 법률 시행령』 제6조에서는 다음과 같이 규정하고 있다.

㉠ 상법에 따른 주식회사일 것, ㉡ 납입자본금이 300억원 이상일 것, ㉢ 「정부투자기관 관리기본법」에 따른 정부투자기관 및 비영리법인을 제외한 동일한 자가 의결권 있는 주식총수의 100분의 15를 초과하여 소유하거나 사실상 지배하지 아니할 것, ㉣ 전자무역기반시설의 운영업무를 수행할 수 있는 자로서 일정한 자격요건을 모두 갖춘 인력을 15인 이상 채용할 것을 요건으로 하고 있다.

여기에서 자격요건이란 「국가기술자격법」에 따른 정보통신기사·정보처리기사 또는 전자계산기조직응용기사 이상의 국가기술자격이나 이와 동등한 자격이 있다고 지식경제부장관이 정하여 고시하는 자격, 또는 「국가기술자격법」에 따른 통신 분야 또는 정보처리 분야에서 2년 이상 근무한 경력이 있어야 한다.

그리고 다음과 같은 설비를 갖추어야 한다.

㉠ 전자무역문서 송신·수신의 중계설비 및 보관설비
㉡ 전자무역기반시설을 안전하게 운영하기 위한 보호설비
㉢ 전자무역기반시설의 시스템 관리 및 복제·저장설비
㉣ 전자무역기반시설에 보관된 전자문서의 송신·수신의 일자·시각 및 증적(證迹)을 기록·관리하는 설비
㉤ 전자무역문서의 증명서 발급을 위한 설비
㉥ 전자무역기반시설과 외국의 전자무역망과의 연계에 필요한 설비

(4) 전자무역기반사업자의 결격사유

다음의 어느 하나에 해당하는 자는 전자무역기반사업자로 지정을 받을 수 없다. 전자무역기반사업자가 법인인 경우 그 임원 중 다음의 어느 하나에 해당하는 자가 있는 때에도 또한 같다.[61]

---

60) 지식경제부 보도자료 2006. 12. 19 참조.
61) 『전자무역 촉진에 관한 법률』 제7조

㉠ 금치산자 또는 한정치산자
㉡ 파산선고를 받고 복권되지 아니한 자
㉢ 이 법을 위반하여 징역 이상의 실형의 선고를 받고 그 집행이 종료(집행이 종료된 것으로 보는 경우를 포함한다)되거나 집행이 면제된 날부터 1년이 경과되지 아니한 자
㉣ 이 법을 위반하여 징역 이상의 형의 집행유예의 선고를 받고 그 유예기간 중에 있는 자
㉤ 『전자무역 촉진에 관한 법률』 제11조제1항의 규정에 의하여 지정이 취소된 날부터 2년이 경과되지 아니한 자

따라서 전자무역기반사업자가 위의 사항 중 어느 하나에 해당하게 된 때에는 그 지정은 그 때부터 효력을 잃는다. 다만, 법인의 임원 중 그 사유에 해당하는 자가 있는 경우 3월 이내에 그 임원을 개임한 때에는 그러하지 아니하다.

(5) 지정절차

전자무역기반사업자로 지정을 받으려는 자는 전자무역기반사업자 지정신청서에 지식경제부령이 정하는 서류를 첨부하여 지식경제부장관에게 제출하여야 한다. 그리고 지식경제부장관은 전자무역기반사업자의 지정을 하는 때에는 신청인에게 전자무역기반사업자 지정증을 교부하여야 하고, 그 사실을 관계행정기관의 장과 무역유관기관의 장에게 통지하며, 관보에 공고하여야 한다.[62)]

(6) 지정신청 서류

전자무역기반사업자로 지정을 받으려는 자는 별지 제1호 서식에 따른 전자무역기반사업자 지정신청서(전자문서로 된 신청서를 포함)에 다음에 해당하는 서류(전자문서 포함)를 첨부하여 지식경제부장관에게 신청하여야 한다.[63)]

㉠ 정관
㉡ 「전기통신사업법」 제2조제1항 제1호에 따른 전기통신사업자임을 증명하는 서류
㉢ 영 제6조 제1항 제4호에 따른 인력을 채용하였음을 증명하는 서류

62) 『전자무역 촉진에 관한 법률 시행령』 제7조
63) 『전자무역 촉진에 관한 법률 시행규칙』 제3조

㉣ 영 제6조 제1항 제5호에 따른 설비를 갖추었음을 증명하는 서류
㉤ 임원의 신원증명서
㉥ 전자무역기반시설의 운영에 관한 업무방법서
㉦ 사업계획서
㉧ 자본금·주주 현황 등 사업자의 일반 현황을 기재한 서류

~ 여기에서 ㉥ 전자무역기반시설의 운영에 관한 업무방법서와 ㉧ 자본금·주주 현황 등 사업자의 일반 현황을 기재한 서류에 내용은 지식경제부장관이 정하여 고시한다.

(7) 이용요금의 신고

전자무역기반사업자는 전자무역기반시설의 운영에 필요한 비용을 조달하기 위하여 법 제6조제2항제3호에 따른 업무의 이용요금을 정하거나 변경하려는 경우에는 지식경제부장관이 정하여 고시하는 바에 따라 그 금액과 세부 명세를 적은 서류 등의 관련 자료를 첨부하여 지식경제부장관에게 신고하여야 한다.[64]

(8) 시정명령

지식경제부장관은 전자무역기반사업자가 다음의 어느 하나에 해당하는 경우에는 6월 이내의 기간을 정하여 시정을 명할 수 있다.[65]

㉠ 전자무역기반사업자의 지정기준에 적합하지 아니하게 된 경우
㉡ 업무준칙의 내용이 전자무역문서의 중계·보관 및 증명 등 업무의 안전성과 정확성의 확보에 지장을 초래하거나 이용자의 이익을 저해하는 것으로 판단되는 경우
㉢ 법률 제8조(이용요금의 신고)에 따른 신고를 하지 아니하는 경우

(9) 지정취소 및 통지

지식경제부장관은 전자무역기반사업자가 다음의 어느 하나에 해당에 경우에는 지식경제부령이 정하는 바에 따라 그 지정을 취소하거나 1년 이내의 기간을 정하여 『전자무역 촉진에 관한 법률』 제6조 제2항의 규정에 의한 사업[66]의 전부 또는 일부의

64) 『전자무역 촉진에 관한 법률』 제8조
65) 『전자무역 촉진에 관한 법률』 제10조
66) (2) 전자무역 기반사업자의 지정과 사업(업무) 참조

정지를 명할 수 있다. 다만, 다음 ㉠ 또는 ㉡에 해당하는 경우에는 그 지정을 취소하여야 한다.[67]

㉠ 거짓 그 밖에 부정한 방법으로 지정을 받은 경우
㉡ 사업정지 기간 중 사업을 계속하여 수행한 경우
㉢ 법률 제10조의 규정에 의한 시정명령을 정하여진 기간 이내에 이행하지 아니한 경우[68]
㉣ 법률 제21조제1항 본문의 규정을 위반하여 전자무역문서 및 무역정보를 공개한 경우[69]
㉤ 법률 제26조제1항의 규정을 위반하여 관계 공무원의 출입·검사를 거부·방해 또는 기피한 경우[70]

그리고 지식경제부장관은 전자무역기반사업자의 지정을 취소하거나 사업의 전부 또는 일부의 정지를 명한 때에는 그 사실을 해당 전자무역기반사업자, 관계 행정기관의 장 및 무역 유관기관의 장에게 각각 통지하고 고시하여야 한다.[71]

~ 『전자무역 촉진에 관한 법률』 제27조: 지식경제부장관은 법 제11조 제1항에 따라 전자무역기반사업자의 지정을 취소하려면 청문을 하여야 한다.

(10) 과징금 부과

『전자무역 촉진에 관한 법률』 제11조제2항에서는 지식경제부장관은 제11조제1항 제3호 내지 제6호의 규정에 해당하여 사업정지처분을 하여야 하는 경우로서 그 사업정지가 전자무역기반사업자가 제공하는 역무를 이용하는 자에게 심한 불편을 주거

---

67) 『전자무역 촉진에 관한 법률』 제11조
68) 『전자무역 촉진에 관한 법률』 제10조 참조.
69) 『전자무역 촉진에 관한 법률』 제21조 제1항: 전자무역기반사업자는 컴퓨터 파일에 기록된 전자무역문서 및 데이터베이스에 입력된 무역정보를 공개하여서는 아니 된다. 다만, 국가의 안전보장에 위해가 없고 기업의 영업비밀을 침해하지 아니하는 경우로서 대통령령이 정하는 경우에는 공개할 수 있다.
70) 『전자무역 촉진에 관한 법률』 제26조 제1항: 지식경제부장관은 전자무역문서의 중계·보관 및 증명 등의 업무의 안전성, 증명의 정확성 확보와 이용자 보호 등을 위하여 필요한 경우에는 전자무역기반사업자에 대하여 자료를 제출하게 할 수 있고, 관계 공무원으로 하여금 전자무역기반사업자의 사무실·사업장 그 밖에 필요한 장소에 출입하여 전자무역문서 중계·보관 및 증명 등의 업무에 관한 시설·장비·장부·서류 그 밖의 물건을 검사하거나 관계인에게 질문하게 할 수 있다.
71) 『전자무역 촉진에 관한 법률 시행규칙』 제5조

나 공익을 해할 우려가 있다고 인정하는 경우에는 사업정지에 갈음하여 5억원 이하의 과징금을 부과할 수 있다고 규정하고 있다.

그리고 제3항에서는 제2항의 규정에 의하여 과징금이 부과되는 위반행위의 종별·내용 및 정도에 따른 과징금의 금액 그 밖의 필요한 사항은 대통령령으로 정한다고, 또 제4항에서는 지식경제부장관은 제2항의 규정에 의한 과징금을 납부하여야 할 자가 납부기한까지 내지 아니하면 국세 체납처분의 예에 따라 징수한다고 규정하고 있다.

3. 전자무역기반시설과 무역문서의 이용

(1) 전자무역기반시설의 이용

무역업자와 무역유관기관은 전자무역문서를 사용하여 무역 업무를 하고자 하는 경우에는 전자무역기반시설을 이용할 수 있다. 다만, 전자문서의 방식으로 다음의 어느 하나에 해당하는 업무를 하는 경우에는 전자무역기반시설을 통하여야 한다.[72)]

㉠ 외국환업무취급기관의 신용장 통지업무
㉡ 외국환업무취급기관의 수입화물선취보증서 발급업무
㉢ 외국환업무취급기관의 내국신용장 개설업무
㉣ 통합공고상의 수출입요건확인기관의 요건확인서 발급업무(대외무역법 제12조제2항). 다만, 「관세법」 제226조의 규정에 의하여 세관장이 확인하는 경우를 제외
㉤ 구매확인서 발급업무(대외무역법 제18조)
㉥ 원산지증명서 발급업무(대외무역법 제37조). 다만, 세관장이 발급한 원산지증명서를 제외
㉦ 해상적하보험증권 발급업무(상법 제695조 제2호)
㉧ 외항화물운송사업자(해운법 제24조제2항)와 국내지사 설치신고를 한 자의 수하인에 대한 화물인도지시서 발급업무(해운법 제26조)

(2) 표준화된 전자무역문서의 이용

무역업자와 무역유관기관은 전자무역기반시설을 이용하여 무역업무를 하려는 경우에는 표준화된 전자무역문서를 사용하여야 한다.

---

72) 『전자무역 촉진에 관한 법률』 제12조 제1항

한편, 관세청은 신고필증, 세관장이 발급하는 원산지증명서와 단서의 규정에 의하여 확인하는 문서를 전자문서의 방식으로 전자무역기반시설에 전송하여 전자무역기반사업자의 업무와 연계될 수 있도록 하여야 한다.

그리고 전자무역기반사업자는 무역업자의 위탁을 받아 전자무역문서를 송·수신하려는 자에게 전자무역기반시설의 접속을 제공할 수 있다.[73)]

(3) 전자무역문서의 표준화와 효력

① 전자무역문서의 표준화

지식경제부장관은 전자무역의 촉진을 위하여 관계 중앙행정기관의 장과 협의하여 대통령령으로 정하는 바에 따라 전자무역문서의 표준을 정하여 고시하여야 한다. 이 경우 고시한 사항을 변경하는 때에도 또한 같다. 그리고 전자무역문서 표준화의 내용·대상 및 절차 등에 관한 사항은 대통령령으로 정한다.[74)]

② 신청/승인 등의 효력

무역업자 또는 무역관계기관이 신청등 또는 승인등을 전자무역기반시설을 통하여 전자무역문서로 처리한 경우에는 무역관련법령 등에서 정한 절차에 따라 처리된 것으로 본다.[75)]

③ 전자무역문서의 효력

무역업자 또는 무역관계기관이 전자무역기반시설을 통하여 신청등 또는 승인 등을 한 전자무역문서는 무역관련법령등에서 정한 절차에 따라 처리된 문서로 본다.[76)]

④ 표준의 제정절차와 표준화의 대상

지식경제부장관은 전자무역문서의 표준을 정하려는 때에는 미리 한국전자문서표준위원회의 심의를 거쳐야 한다.[77)] 그리고 법 제13조제2항에 따른 전자무역문서 표준화의 대상은 전자무역기반시설에서 사용되는 전자무역문서로 한다. 다만, 다른 법령에 따라 이미 표준화된 경우에는 다른 법령에서 정한 바에 따른다.[78)]

---

73) 『전자무역 촉진에 관한 법률』 제12조 제2항~제3항
74) 『전자무역 촉진에 관한 법률』 제13조.
75) 『전자무역 촉진에 관한 법률』 제14조.
76) 『전자무역 촉진에 관한 법률』 제15조.
77) 『전자무역 촉진에 관한 법률 시행령』 제11조
78) 『전자무역 촉진에 관한 법률 시행령』 제12조

4. 전자무역문서의 보관과 증명

(1) 전자무역문서의 증명과 그 증명서 발급

① 전자무역문서의 증명

전자무역기반사업자가 전자무역문서의 송수신 일시, 그 당사자 등에 관한 증명서를 발급하는 경우 그 증명서에 적힌 사항은 진정한 것으로 추정한다. 전자무역기반사업자가 이와 같은 증명서를 발급함에 있어서 준수하여야 할 표준서식·방법 및 절차 등에 대하여는 대통령령으로 정한다.

그리고 전자무역기반사업자가 전자무역문서의 증명을 위하여 전자서명을 사용하는 경우에는「전자서명법」제2조제3호에 따른 공인전자서명을 이용하여야 하고, 전자무역문서의 송·수신 시점을 확인하는 경우에는「전자서명법」제20조[79]의 규정에 따라 전자서명을 하여야 한다.[80]

② 전자무역 증명서 발급방법 및 절차

전자무역기반사업자는 법 재17조 제1항에 따른 증명서를 종이문서로 발급하는 경우에는 그 증명서에 전자무역기반사업자의 기명날인을 하여야 하며, 전자무역문서의 내용이 첨부되어야 하는 경우 이를 출력하여 증명서와 함께 묶어 간인(間印)을 하여야 한다.

그리고 전자무역기반사업자가 이와 같이 증명서를 발급하는 경우 신청자의 신원, 신청인이 다음 사항의 어느 하나에 해당하는 정당한 발급신청 권한이 있는 자인지 여부 및 증명서의 발급대상인 전자무역문서의 진위 여부를 확인하여야 한다.[81]

㉠ 전자무역문서의 송신자 또는 수신자

㉡ 전자무역문서의 송신자 또는 수신자가 지명한 자

③ 전자무역기반사업자가 보관하는 전자무역문서의 효력

전자무역기반사업자가 전자무역문서를 보관하는 경우에는『전자문서 및 전자거래기본법』제5조제1항의 규정에 따른 전자문서의 보관이 행하여진 것으로 본다.

---

79)『전자서명법』제20조 : (전자문서의 시점확인) 공인인증기관은 가입자 또는 공인인증서를 이용하는 자(이용자)의 신청이 있는 경우에는 전자문서가 당해 공인인증기관에 제시된 시점을 공인전자서명하여 확인할 수 있다.

80)『전자무역 촉진에 관한 법률』제17조.

81)『전자무역 촉진에 관한 법률 시행령』제13조.

그리고 전자무역기반사업자는 전자무역문서의 보관을 위하여 전자서명을 사용하는 경우 『전자서명법』 제2조 제3호[82]에 따른 공인전자서명을 이용하여야 한다.[83]

④ 증명서 발급에 관한 자료의 관리

전자무역기반사업자가 증명서를 발급한 경우에는 그 증명서의 발급신청일시·발급일시 및 신청자 성명에 대한 자료를 기록·관리하여야 한다.[84]

(2) 전자무역문서의 이용 촉진

정부는 전자무역문서의 이용을 촉진하기 위하여 각종 법령의 정비 등 필요한 시책을 수립·시행하여야 한다.[85] 이에 따라 지식경제부장관은 무역관련 법령 등에서 정한 신청 등에 필요한 첨부서류가 전자무역기반시설에 보관되어 있는 경우 첨부서류의 제출을 면제할 수 있으며, 전자무역기반시설에 보관되어 있지 아니한 경우에는 다음과 같은 방법으로 첨부서류를 제출하게 할 수 있다.[86]

㉠ 첨부서류가 표준화된 전자무역문서로 작성된 경우에는「전자서명법」제2조제3호에 따른 신청인의 공인전자서명을 하여 제출하는 방법

㉡ 첨부서류가 종이문서로 작성된 경우에는 당해 서류의 전자사본[87](대통령령이 정하는 바에 따라 전자무역문서로 제작한 사본을 말한다)에「전자서명법」제2조제3호에 따른 신청인의 공인전자서명을 하여 제출하는 방법

그리고 지식경제부장관이 첨부서류의 제출을 면제하는 때에는 먼저 관계 중앙행정기관의 장과 협의한 후 그 범위를 고시(인터넷 게재를 포함)하여야 한다.

---

82) 『전자서명법』 제2조 제3호 : "공인전자서명"이라 함은 다음 각목의 요건을 갖추고 공인인증서에 기초한 전자서명을 말한다.

83) 『전자무역 촉진에 관한 법률』 제16조.

84) 『전자무역 촉진에 관한 법률 시행령』 제14조.

85) 『전자무역 촉진에 관한 법률』 제18조.

86) 『전자무역 촉진에 관한 법률』 제19조.

87) 『전자무역 촉진에 관한 법률 시행령』 제15조(전자사본) : 법 제19조 제1항 제2호에 따른 전자사본이라 함은 원본인 종이문서를 스캐너로 전자 복사하여 컴퓨터 등 정보처리장치에 원본과 동일한 내용 및 형태로 복제·저장한 것으로 재현이 가능한 형태의 전자문서를 말한다.

5. 전자무역문서의 보안과 관리

(1) 전자무역문서의 및 무역정보에 관한 보안

우선 누구든지 전자무역기반사업자, 전자무역전문서비스업자, 무역업자와 무역유관기관의 컴퓨터 파일에 기록된 전자무역문서 또는 데이터베이스에 입력된 무역정보를 위조 또는 변조하거나 위조 또는 변조된 전자무역문서 또는 무역정보를 행사하여서는 아니 된다.

둘째, 누구든지 전자무역기반사업자의 컴퓨터 등 정보처리장치에 거짓정보 또는 부정한 명령을 입력하여 정보처리가 되게 하는 등의 방법으로 전자무역문서의 송·수신 일시, 그 당사자 및 거래 내용 등에 관한 증명서를 발급되게 하여서는 아니 된다.

셋째, 누구든지 전자무역기반사업자, 전자무역전문서비스업자, 무역업자와 무역관계기관의 컴퓨터파일에 기록된 전자무역문서 또는 데이터베이스에 입력된 무역정보를 훼손하거나 그 비밀을 침해하여서는 아니 된다.

넷째, 전자무역기반사업자의 임원 또는 직원이거나 임원 또는 직원이었던 자는 업무상 알게 된 전자무역문서 또는 무역정보에 관한 비밀을 누설하거나 도용하여서는 아니 된다.

그리고 전자무역기반사업자는 전자무역문서 및 데이터베이스를 3년 동안 보관하여야 한다.[88)]

(2) 전자무역문서 및 무역정보의 공개 및 그 절차

① 전자무역문서 및 무역정보의 공개

전자무역기반사업자는 컴퓨터파일에 기록된 전자무역문서 및 데이터베이스에 입력된 무역정보를 공개하여서는 아니 된다. 다만, 국가의 안전보장에 위해가 없고 기업의 영업비밀을 침해하지 아니하는 경우로서 대통령령이 정하는 경우에는 공개할 수 있다.[89)] 여기에서 "대통령령이 정하는 경우"라 함은 전자무역문서의 송신인 또는 수신인이 신청한 경우, 중앙행정기관 또는 지방자치단체가 행정목적에 필요하여 신청한 경우, 수사기관이 수사목적상 필요하여 신청한 경우, 법원의 제출명령이 있는 경우, 그리고 그 밖에 전자무역기반사업자의 요청에 따라 지식경제부장관이 공개할

88) 『전자무역 촉진에 관한 법률』 제20조.
89) 『전자무역 촉진에 관한 법률』 제21조 제1항.

필요가 있다고 인정한 경우이다.[90)]

그리고 전자무역기반사업자가 위의 단서에 따라 전자무역문서 및 무역정보를 공개하려는 경우에는 이해관계인의 의견을 들어야 한다.[91)]

② 전자무역문서 및 무역정보의 공개절차

전자무역기반사업자는 관련법에 따라 신청 또는 제출명령을 받은 정보가 국가의 안전보장에 위해가 없고 기업의 영업비밀을 침해하지 아니하는 정보에 해당하는지 여부를 결정하려는 경우에는 미리 지식경제부장관과 협의하여야 한다.

그리고 전자무역기반사업자가 법(제21조제2항)에 따라 이해관계인의 의견을 들으려는 때에는 정보공개의 신청을 받은 날부터 20일 이내에 서면 또는 전자문서로 그 의견을 들어야 한다.[92)]

6. 전자무역전문서비스업자 제도

(1) 전자무역전문서비스업자의 개념과 의의

전자무역전문서비스업자는 전자무역 기반시설에 기반하여 안정적 전자무역서비스를 제공할 수 있는 전문성과 신뢰성을 갖춘 전자무역전문서비스업자이다. 즉 전자무역기반시설을 이용하여 중개알선, 온라인 해외마케팅, 전자무역 대행, 전자무역문서의 표준화 지원, 전자무역에 관한 기술개발 및 전문인력 양성 등을 담당하게 된다. 이 제도는 종전「e-무역상사」제도를「전자무역전문서비스업자」제도로 편입하여 발전·보완한 제도이다.

본 제도의 시행 이전에 관련 업무를 하던 회사들이 전자무역전문서비스업자로 전환등록이 되어야만 영업을 계속할 수 있는 것은 아니지만, 등록된 업체는 시장의 신뢰성 확보에 도움이 되며, 정부의 지원대상이 될 수 있다.

한편 전자무역기반사업자가 전자무역의 발전과 촉진을 위한 관련 인프라 제공업체인 반면, 전자무역전문서비스업자는 이와 같은 기반을 활용하여 서비스를 개발하여 제공하는 부가서비스 제공업체라 할 수 있다.

---

90)『전자무역 촉진에 관한 법률 시행령』제16조.
91)『전자무역 촉진에 관한 법률』제21조 제2항.
92)『전자무역 촉진에 관한 법률 시행령』제17조.

(2) 전자무역전문서비스업자의 기능 및 역할

전자무역전문서비스업자 제도는 한국무역협회와 지식경제부가 공동으로 지원하는 전자무역 육성정책으로서 해외마케팅 능력이 부족한 중소기업의 무역거래 프로세스 전 업무를 포괄적으로 지원하는 제도이다. 따라서 전자무역을 수행하는데 필요한 무역업무 전반을 종합적으로 지원하여 전자무역의 활성화와 기업의 경쟁력을 지원하고 있다.[93] 현재 전자무역전문서비스업자로 활동하는 업체로는 EC21, ECplaza, 레디코리아, 매트릭스투비(Matrix2b) 등이 있으며, 주요 기능과 역할은 다음과 같다.

우선 전자무역 알선정보제공서비스이다. 즉 인터넷과 웹(web)을 이용하여 가상공간상에서 각종 무역관련 정보수집, 각종 오퍼(또는 제품 카탈로그)의 조회 또는 등록 및 관리, 거래알선 또는 중개, 제품정보 검색, 기업체 검색, 전시회 정보 등의 서비스를 제공한다. 현재 전자무역전문서비스업자의 주요 업무이다.

둘째, 해외마케팅 지원이다. 단순한 무역알선·중개에서 해외진출을 위한 무역정보서비스 및 거래상대방의 검색, 해외신용조사 대행, 해외시장 개척, 거래선 발굴, 해외홍보, 무역 비즈니스 컨설팅 및 업무대행, 계약체결 등이다.

셋째, 전자무역업무 교육지원이다. 전자무역 업무를 성공적으로 수행하기 위한 각종 실무교육 지원이다. 중소기업의 업무용 프로그램 개발 및 직원교육, 대학의 교육용 프로그램 개발 등이 있다. 중소기업의 경우 집합교육 및 업체 방문 교육을 실시하며 특히 인터넷상에서 바이어 발굴 기법에 대한 교육을 중소기업에게 실시하도록 한다.[94]

넷째, 전자무역문서의 중계다. 전자무역기반사업자의 기반시설을 이용하여 무역거래에 송수신되는 각종 무역문서를 중계하는 기능이다.

그리고 해외의 전자무역 네트워크와 연계업무, 전자무역 솔루션 제공, 전자무역의 확산, 자금지원 등의 역할 및 기능을 한다.

(2) 전자무역전문서비스업자에 대한 지원과 사업

지식경제부장관은 무역업자의 전자무역을 효율적으로 지원하고 이를 확산시키기 위하여 다음에 해당하는 사업을 하는 자로서 자본금·인력 등 대통령령으로 정하는

---

93) http://kr.ec21.com/doc/app/kcontent/support04.html.

94) 한국무역협회 전자무역 추진위원회, “e-무역상사 운영현황”, 「전자무역포럼」, 2003. 4. 30 참조.

등록요건을 갖추어 지식경제부장관에게 전자무역전문서비스업자로 등록한 자(전자무역전문서비스업자)에게 필요한 지원을 할 수 있다.95)

㉠ 정보통신망을 통한 무역거래의 알선 및 대행사업
㉡ 정보통신망을 통한 무역업자의 해외마케팅 지원사업
㉢ 전자무역문서의 중계사업
㉣ 제6조제2항제2호의 규정에 의한 연계를 활용한 사업(즉 전자무역기반시설과 외국의 전자무역망 간의 연계업무)
㉤ 전자무역기반시설을 활용한 전자무역서비스 관련 사업
㉥ 전자무역문서 및 무역정보의 데이터베이스 제작·보급 및 이를 활용한 사업
㉦ 그 밖에 전자무역의 촉진을 위한 사업으로서 대통령령으로 정하는 사업

그리고 전자무역전문서비스업자의 등록절차와 그 밖에 필요한 사항은 대통령령으로 정한다.

(3) 전자무역전문서비스업자의 등록요건

『전자무역 촉진에 관한 법률』 제22조 제1항에 따른 전자무역전문서비스업자로 등록하려는 자는 다음에 해당하는 요건을 갖추어야 한다.96)

㉠ 법 제22조 제1항 각 호의 어느 하나에 해당하는 업무(위 (2) 전자무역전문서비스업자에 대한 지원과 사업 참조)를 주된 업무로 하고, 등록 신청일 현재 그 업무를 6월 이상 수행한 상태일 것
㉡ 전자무역 전문서비스 업무를 수행하기에 적합한 운영시스템·자본금 및 인력을 갖출 것, 즉 납입자본금이 5천만원 이상일 것, 그리고 전자무역전문서비스를 수행하려는 사업을 전담하는 인력이 각각 5인 이상일 것을 요건으로 한다.97)
㉢ 전자무역문서의 중계사업이나 전자무역기반시설을 활용한 전자무역서비스 관련 사업의 어느 하나에 해당하는 업무98)를 주된 업무로 수행하는 경우에는 전자무역기반사업자와 협정을 체결하여 전자무역기반시설에 접속할 수 있는 상태일 것

95) 『전자무역 촉진에 관한 법률』 제22조.
96) 『전자무역 촉진에 관한 법률 시행령』 제18조 제1항.
97) 『전자무역 촉진에 관한 법률 시행규칙』 제6조.
98) 『전자무역 촉진에 관한 법률』 제22조제1항 제3호 내지 제5호.

㉣ 표준화된 전자문서를 사용할 것(법 제13조)

그리고 위의 요건 중 운영시스템에 관한 세부사항은 지식경제부장관이 정하여 고시하며, 자본금 및 인력에 관한 세부사항은 지식경제부령으로 정한다.[99)]

(4) 전자무역전문서비스업자의 등록절차

전자무역전문서비스업자로 등록하려는 자는 지식경제부령이 정하는 바에 따라 전자무역전문서비스업자 등록신청서에 전자무역전문서비스업자의 등록요건[100)]을 갖추었음을 증명하는 서류를 첨부하여 지식경제부장관에게 제출하여야 한다.

그리고 지식경제부장관은 전자무역전문서비스업자의 등록신청을 받은 경우 그 신청인이 법적 등록요건을 갖춘 때에는 전자무역전문서비스업자로 등록하고, 전자무역전문서비스업자 등록증을 교부하여야 하며, 그 사실을 지체 없이 공고하고, 전자무역전문서비스업자의 명단을 비치하여 누구든지 열람할 수 있게 하여야 한다.[101)]

(5) 전자무역전문서비스업자의 등록신청 및 서류

『전자무역 촉진에 관한 법률 시행령』제19조 제1항에 따라 전자무역전문서비스업자로 등록하려는 자는 별지 제3호 서식에 따른 전자무역전문서비스업자 등록신청서(전자문서로 된 신청서 포함)에 다음의 서류(전자문서를 포함)를 첨부하여 지식경제부장관에게 신청하여야 한다. 이 경우 담당 공무원은「전자정부구현을 위한 행정업무 등의 전자화촉진에 관한 법률」제21조제1항에 따른 행정정보의 공동이용을 통하여 사업자등록증(신청인이 법인인 경우에는 법인등기부 등본)을 확인하여야 하며, 신청인이 확인에 동의하지 아니하는 경우에는 이를 첨부하도록 하여야 한다.[102)]

㉠ 정관(법인인 경우에 한한다)

㉡ 전자무역전문서비스업자의 등록요건[103)]을 갖추었음을 증명하는 서류

㉢ 전자무역전문서비스에 관한 업무방법서

㉣ 사업계획서

---

99)『전자무역 촉진에 관한 법률 시행령』제18조 제2항.

100)『전자무역 촉진에 관한 법률 시행령』제18조의 등록요건 참조.

101)『전자무역 촉진에 관한 법률 시행령』제19조.

102)『전자무역 촉진에 관한 법률 시행규칙』제7조.

103)『전자무역 촉진에 관한 법률 시행령』제18조 제1항.

ⓜ 자본금·주주 현황 등 사업자의 일반 현황을 기재한 서류

그리고 전자무역전문서비스에 관한 업무방법서 내지 자본금·주주 현황 등 사업자의 일반 현황을 기재한 서류104)에 포함되는 내용은 지식경제부장관이 정하여 고시한다. 시행령 제19조 제2항에 따른 전자무역전문서비스업자 등록증은 별지 제4호서식과 같다.

(6) 전자무역전문서비스업자의 등록의 취소 및 그 통지

지식경제부장관은 전자무역전문서비스업자가 거짓 그 밖에 부정한 방법으로 등록한 경우에는 그 등록을 취소하여야 하고, 전자무역전문서비스업자의 등록의 요건(시행령 제18조)에 적합하지 아니하게 된 경우에는 그 등록을 취소할 수 있다.105)

그리고 이에 따라 전자무역전문서비스업자의 등록을 취소한 때에는 지식경제부장관은 그 사실을 해당 전자무역전문서비스업자에게 서면으로 통지하고 고시하여야 한다.106)

7. 전자무역의 기술개발과 전문인력 양성

(1) 전자무역 기술개발의 추진

정부는 전자무역의 촉진에 필요한 기술의 개발과 기술수준의 향상을 위하여 다음에 관한 사항을 추진하여야 한다.107)

㉠ 전자무역에 관한 기술의 조사·연구개발 및 개발된 기술의 활용에 관한 사항
㉡ 전자무역에 관한 기술협력·기술지도 및 기술이전에 관한 사항
㉢ 전자무역에 관한 기술정보의 원활한 유통과 산업계·학계·연구기관 등과의 협력에 관한 사항
㉣ 그 밖에 전자무역에 관한 기술개발과 관련하여 필요한 사항

(2) 전자무역 전문인력의 양성

---

104) 『전자무역 촉진에 관한 법률 시행규칙』 제7조 제1항 제3호 내지 제5호.
105) 『전자무역 촉진에 관한 법률』 제23조.
106) 『전자무역 촉진에 관한 법률 시행규칙』 제8조.
107) 『전자무역 촉진에 관한 법률』 제24조.

정부는 전자무역의 촉진을 위하여 필요한 전자무역 분야의 전문인력을 양성하는데 노력하여야 한다. 이를 위해 정부는 전문인력의 양성을 위하여 「정부출연연구기관 등의 설립·운영 및 육성에 관한 법률」에 의한 정부출연 연구기관, 「과학기술분야 정부출연연구기관 등의 설립·운영 및 육성에 관한 법률」에 의한 과학기술분야 정부출연연구기관, 「고등교육법」에 따른 학교, 「평생교육법」에 의한 원격대학 형태의 평생교육시설, 민간 교육기관, 그 밖의 관련 기관에 대하여 그 사업 수행에 필요한 경비의 전부 또는 일부를 지원할 수 있다.

그리고 이에 따른 경비의 지원에 필요한 사항은 대통령령으로 정한다.[108)]

제 3 절 전자무역관리에서 벌칙과 과징금

1. 벌칙

(1) 1년 이상 10년 이하의 징역 또는 1억원 이하의 벌금형

㉠ 법 제20조제1항의 규정을 위반하여 전자무역기반사업자·전자무역전문서비스업자·무역업자·무역관계기관의 컴퓨터파일에 기록된 전자무역문서 또는 데이터베이스에 입력된 무역정보를 위조 또는 변조하거나 위조 또는 변조된 전자무역문서 또는 무역정보를 행사한 자

㉡ 법 제20조제2항의 규정을 위반하여 전자무역기반사업자의 컴퓨터 등 정보처리장치에 거짓 정보 또는 부정한 명령을 입력하여 정보처리가 되게 하는 등의 방법으로 제17조제1항의 증명서가 발급되게 한 자

그리고 위(㉠, ㉡)에 규정된 미수범은 처벌한다.[109)]

(2) 5년 이하의 징역 또는 5천만 이하의 벌금형

㉠ 법 제6조제3항의 규정을 위반하여 전자무역기반사업자로 지정을 받지 아니하고 제6조제2항제1호 내지 제3호의 규정에 의한 업무를 행한 자

㉡ 법 제20조제3항의 규정을 위반하여 전자무역기반사업자·전자무역전문서비스

108) 『전자무역 촉진에 관한 법률』 제25조.

109) 『전자무역 촉진에 관한 법률』 제30조.

업자·무역업자·무역관계기관의 컴퓨터파일에 기록된 전자무역문서 또는 데이터베이스에 입력된 무역정보를 훼손하거나 그 비밀을 침해한 자

㉢ 법 제20조제4항의 규정을 위반하여 업무상 알게 된 전자무역문서 또는 무역정보에 관한 비밀을 누설하거나 도용한 자

㉣ 법 제20조제5항의 규정을 위반하여 전자무역문서 또는 데이터베이스를 3년 동안 보관하지 아니한 전자무역기반사업자[110)]

(3) 2천만원 이하의 벌금형

법 제12조제1항 단서의 규정을 위반하여 전자무역기반시설을 통하지 아니하고 전자문서의 방식으로 제12조제1항 각 호의 어느 하나에 해당하는 업무를 행한 자는 2천만원 이하의 벌금에 처한다.[111)]

(4) 양벌규정

법인의 대표자 또는 법인이나 개인의 대리인·사용인 그 밖의 종업원이 그 법인 또는 개인의 업무에 관하여 법 제30조 내지 법 제32조의 위반행위를 한 때에는 그 행위자를 벌하는 외에 그 법인 또는 개인에 대하여도 각 해당 조의 벌금형을 부과한다. 다만, 법인 또는 개인이 그 위반행위를 방지하기 위하여 해당 업무에 관하여 상당한 주의와 감독을 게을리하지 아니한 경우에는 그러하지 아니하다.[112)]

2. 과징금의 부과 및 납부

(1) 과징금의 부과

법 제11조제3항에 따라 과징금을 부과하는 위반행위의 종별과 정도에 따른 과징금의 금액은 별표(전자무역 촉진에 관한 법률 시행령, 별표 참조)와 같다.[113)]

---

110) 『전자무역 촉진에 관한 법률』 제31조.
111) 『전자무역 촉진에 관한 법률』 제32조.
112) 『전자무역 촉진에 관한 법률』 제33조.
113) 『전자무역 촉진에 관한 법률 시행령』 제9조.

(2) 과징금의 납부

지식경제부장관은 법 제11조제2항에 따라 위반행위를 한 전자무역기반사업자에게 과징금을 부과하려는 때에는 그 위반행위의 종별과 과징금의 금액을 명시하여 과징금을 납부할 것을 서면 또는 전자문서로 통지하여야 한다.

우선, 제1항에 따라 과징금의 납부통지를 받은 전자무역기반사업자는 납부통지일로부터 20일 이내에 과징금을 지식경제부장관이 지정하는 수납기관에 납부하여야 한다. 다만 천재·지변, 그 밖에 부득이한 사유로 인하여 그 기간 내에 과징금을 납부할 수 없는 때에는 그 사유가 없어진 날부터 7일 이내에 납부하여야 한다.

그리고 제2항에 따라 과징금의 납부를 받은 수납기관은 영수증을 납부자에게 서면으로 교부하거나 전자문서로 송부하여야 한다.

또한 과징금의 수납기관은 제2항에 따라 과징금을 수납한 때에는 그 사실을 지식경제부장관에게 서면 또는 전자문서로 지체 없이 통지하여야 한다.

마지막으로 과징금은 분할하여 납부할 수 없다.[114)]

114) 『전자무역 촉진에 관한 법률 시행령』 제10조.

제 3 부

전자무역업무의 이행과 전자무역 솔루션

제 5 장

전자무역업무의 이행과 프로세스

제 1 절 전자무역과 창업

1. 법인(개인기업) 설립준비

(1) 창업과 무역업

창업은 ① 창업자가 ② 사업아이디어를 가지고 ③ 사업자원을 투자하여 수익을 창출하는 사업체를 새로이 설립하는 행위

창업의 3대 요소 : 기업가 정신, 사업 아이디어, 자본

창업이란 협의의 의미에서 신규로 기업을 설립하여 경영활동을 수행하는 것으로, 개인이나 단체가 사업역량과 창업 아이디어를 기반으로 사업목표를 설정하고 금융자본, 물적·인적 자원 등 경영자원을 투입하여 제품이나 서비스를 제공하는 기업을 신규로 설립하는 것이다. 『중소기업 창업지원법』 제2조에서 창업이라 함은 중소기업을 새로 설립하는 것을 말한다. 사업의 승계, 기업형태의 변경, 폐업 후 사업재개에 해당하는 경우에는 창업에 해당되지 않는다. 따라서 창업이란 이윤 추구를 목적으로 하는 조직체인 기업을 새로이 설립하는 것이다.

이는 불확실한 기업환경 하에서 신규 자원의 투입에 따른 위험이 동반된다는 점을 명심해야 한다. 즉 창업자의 정신과 인적·물적 제반 사업요소들이 조직적이고 유기적으로 결합되어야 성공한다는 개념에서 출발한다. 구체적으로 도·소매업, 제조업, 건설업, 서비스업, 무역업, 기계 및 장비 임대업 등을 새로이 창업하는 것을 말한다.

창업의 3대 요소는 기업가 정신, 사업 아이디어, 자본이다.

따라서 무역업을 창업하기 위해서는 관할 세무서에서 무역업에 관한 사업자등록증을 신청·발급받아야 한다. 여기에서 무역업이란 영리를 목적으로 사업자 자신의 계산과 위험부담 하에 서로 다른 국가 간 수출입을 영위하는 자를 의미한다. 미국이나 일본 등 선진국에서는 무역업을 도·소매업 등 유통업으로 분류하고 있으나, 우리나라에서는 산업표준 분류상 별도의 업종으로 분류하여 독립된 업종으로 취급하고 있다.

무역업이란 영리를 목적으로 사업자 자신의 계산과 위험부담 하에 서로 다른 국가간 수출입을 영위하는 자를 의미한다.

그리고 무역업은 수출업자와 수입업자를 구분할 수 있으나, 수출과 수입을 겸하는 경우도 많다. 무역업자를 넓은 의미로 보면, 제조(생산)업자의 무역을 대행하고 수수료를 수취하는 무역중개업자나, 자사제품을 직접 수출입하는 제조업자를 포함하기도 한다. 무역업자에게는 자본력은 물론 풍부한 경험과 지식이 필요하기 때문에 일반적으로 규모가 큰 종합상사가 유리한 위치에 있다. 일반적으로 무역업의 창업은 다음과 같은 절차를 거치게 된다. 즉 회사설립(무역업으로 사업자등록 : 개인 또는 법인) ⇒ 한국무역협회에 무역업 통보(팩시밀리 또는 서면 등) 및 한국무역업회의 고유번호 부여 ⇒ 무역업 개시의 과정을 밟아 영업을 하게 된다.

(2) 소자본의 창업절차

우리가 용이하게 할 수 있는 소자본 창업은 진입장벽이 거의 없기 때문에 누구에게나 많은 사업기회가 주어진다. 그러나 그 만큼 경쟁이 치열하고 실패할 확률도 높다. 사업을 위한 창업 준비에서부터 아이디어 창출, 업종 및 입지 선정, 개업, 고객확보 및 관계강화를 위한 마케팅 및 비즈니스에 이르기까지 각 단계별로 치밀하고 실행 가능한 계획을 수립하고 강력하고 효과적으로 이행해야 한다.[1)]

1) http://www.magicsystem.co.kr/

[표 5-1] 소자본의 창업절차

단계	절차	내 용
1	창업 준비	창업을 결심했다면 첫 번째로 해야 할 일은 경영이념과 사업목표를 설정 창업분야에 대한 정보수집가 전문지식 습득 및 창업환경에 대한 이해와 분석 등이 필요
2	업종 선정	창업환경과 자신이 처한 환경을 객관적으로 분석하여 사회의 트랜드와 자신에게 맞는 아이템과 업종을 발굴
3	사업계획 수립	업종과 제품, 자신 및 시장 환경에 대한 조사 · 분석 결과를 토대로 마케팅 계획, 운영계획, 자금운영 및 투자 계획 등이 포함
4	입지 선정	점포사업을 할 경우 상권분석은 사업의 성패
5	자금조달	창업자금의 50% 이상은 자기자금으로 하는 것이 원칙, 자금조달 능력 중요
6	개업 준비	매매할 상품을 준비하고 종업원을 채용하고 훈련하는 일이 가징 중요. 영업허가나 신고 등 행정절차도 진행
7	개업	창업과정의 마지막 단계는 실제로 사업을 착수함으로써 시장으로 나아가는 것 도상연습이 아닌 실전에 투입되는 것

[표 5-2] 지원자금의 종류와 지원기관

자 금	지 원 기 관
지방자치단체의 창업지원자금 중소벤처기업 창업자금 신기술창업 보육자금 소상공인 창업자금 우수발명 시 작품제작 지원자금 지방중소기업 육성자금 창업자금 융자	지방자치단체 중소기업진흥공단, 기술신용보증기금 한국산업기술평가원 소상공인 자원센터 한국발명진흥회 시·도청 각 은행
신기술 개발, 기업화하려는 중소기업자에 대한 투자·융자지원	벤처캐피탈회사

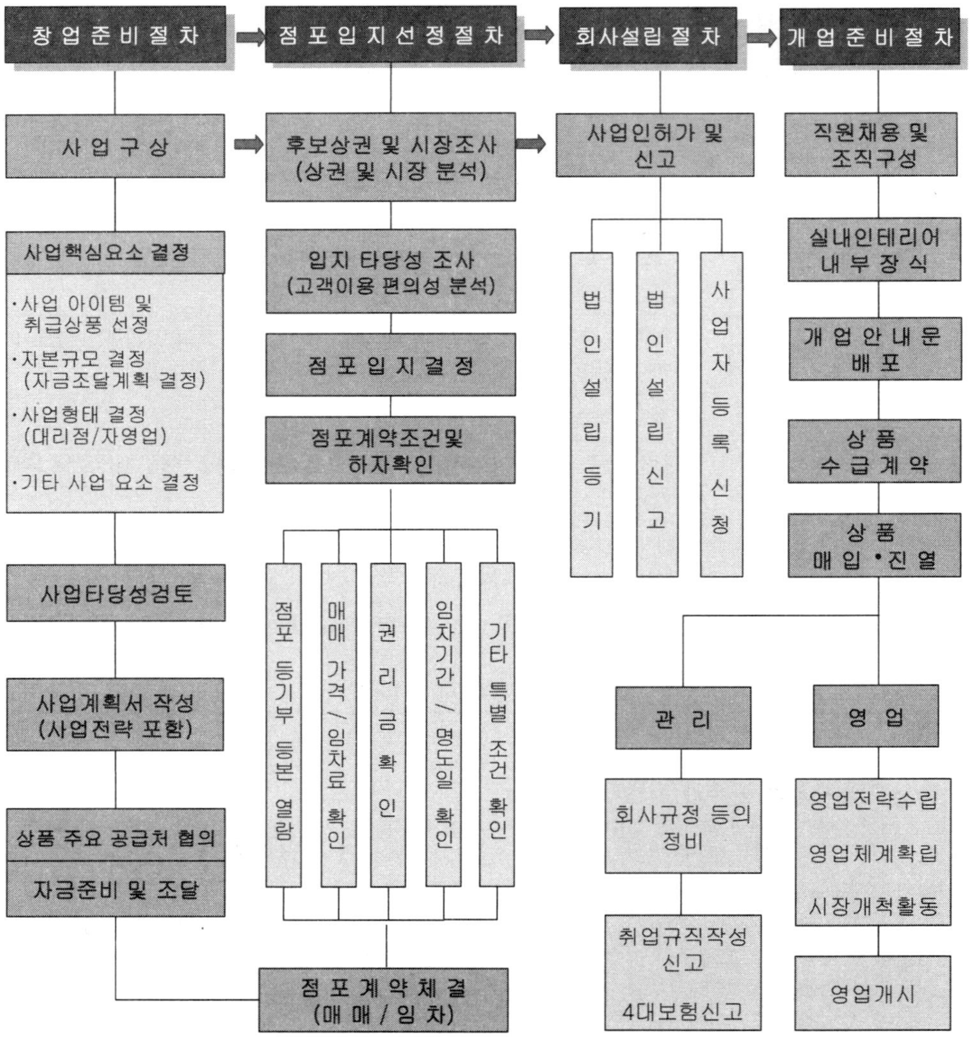

자료 : 중소기업청

[그림 5-1] 도소매업의 창업 절차도

[표 5-3] 개인기업과 법인기업의 장단점

구분	개 인 기 업	법 인 기 업
장점	• 설립등기가 필요 없고 사업자등록 만으로 사업개시가 가능하므로 기업설립이 용이 • 기업이윤 전부를 기업주가 독점할 수 있음 창업비용과 창업자금이 비교적 적게 소요되어 소자본을 가진 창업자도 창업가능 • 일정규모 이상으로는 성장하지 않는 중소규모의 사업에 안정적이고 적합 • 기업활동에 있어 자유롭고, 신속한 계획수립, 계획 변경 등이 용이 • 개인기업은 인적조직체로서 제조방법, 자금운용상의 비밀유지가 가능	• 대표자는 회사운영에 대해 일정한 책임을 지며, 주주는 주금납입을 한도로 채무자에 대해 유한책임을 짐 • 사업양도 시에는 주식을 양도하면 되므로 주식양도에 대하여 원칙적으로 낮은 세율의 양도소득세가 부과됨. 또한 주식을 상장 후에 양도하면 세금이 없음 • 일정 규모 이상으로 성장 가능한 유망사업의 경우에 적합 • 주식회사는 신주발행 및 회사채 발행 등을 통한 다수인으로부터 자본조달이 용이 • 대외 공신력과 신용도가 높기 때문에 영업수행과 관공서, 금융기관 등과의 거래에 있어서도 유리
단점	• 대표자는 채무자에 대하여 무한책임을 짐 대표자가 바뀌는 경우에는 폐업을 하고, 신규로 사업자등록을 해야 하므로 기업의 계속성이 단절됨 • 사업양도 시에는 양도된 영업권 또는 부동산에 대하여 높은 양도소득세가 부과됨	• 설립절차가 복잡하고 일정규모 이상의 자본금이 있어야 설립가능 • 주식회사인 벤처기업의 설립 자본은 2천만원 이상임. • 대표자가 기업자금을 개인용도로 사용하면 회사는 대표자로부터 이자를 받아야 하는 등 세제상의 불이익이 있음

자료 : 중소기업청

(3) 전자무역업의 창업

전자무역의 창업은 기존의 일반 무역업의 창업과 큰 차이는 없다. 다만 정보통신기술의 발달로 인터넷을 기반으로 하는 전자시스템을 이용한다는 점이 다르다고 볼 수 있다. 그러나 이 또한 사회적 기반이 정보화되어 가기 때문에 본질적으로는 큰 차이가 없다고 볼 수 있다.

전자무역은 인터넷 등 네트워크의 특성을 이용하는 무역거래로 기본적으로는 전 세계를 대상으로 상거래를 수행할 수 있기 때문에 서로 다른 국가 간의 물품이나 서비스 등의 수출입을 전제로 하여 사업계획과 창업전략을 수립하고 사업범위와 역할을 점차적으로 확대하는 전략을 추진한다. 전자무역업은 사업성 있는 아이디어를 가지고 소자본으로도 누구나 별 어려움 없이 가능하며, 더욱 많은 창업의 기회를 e-비즈니스에서 찾을 수 있다.

따라서 보다 많은 무역정보와 거래상대방을 접할 수 있고, 자신의 제품과 서비스를 전 세계에 광고 및 홍보할 수 있는 이점을 가지고 있다.[2)]

① 창업 아이템 선정

현재 국제무역에서 거래되고 있는 일반 교역상품의 경우 인터넷상에서의 온라인 무역은 현실적으로 어려운 상황이다. 따라서 국제무역에 있어 인터넷은 홈페이지를 통한 기업과 제품의 홍보, 거래처 발굴, 무역정보 수집, 거래처 신용조사, 거래상담 등 무역계약의 체결 이전까지의 정보수집 및 거래처와의 커뮤니케이션에 활용되게 된다. 당분간은 이런 현실을 감안할 때 획기적인 기술혁신이나 국제상관습의 변화가 없는 한 인터넷상에서 전 세계를 대상으로 온라인 판매가 가능한 것은 일반 교역상품이 아닌 소형 또는 소액의 표준화된 상품 내지 무형의 디지털 상품이나 서비스에 한정될 수밖에 없다고 말할 수 있다.[3] 그러나 앞으로 글로벌한 전자무역 네트워크 또는 전자무역플랫폼이 활성화되는 경우에는 기존 전자무역을 대체하는 기업 간 전자무역에서의 새로운 비즈니스 모델이 출현할 것이다.

② 전자무역의 창업모델

위에서 검토한 바와 같이 현재로서는 국제간의 물품의 수출 또는 수입을 전제로 하는 인터넷 무역을 구현하는데 있어 상품의 특성상, 그리고 기술적·제도적으로 제약요건이 많은 것이 현실이다. 따라서 전자무역의 구현을 위한 창업은 이러한 현실적 여건을 감안하여 사업범위와 역할을 점차 확산해 나가는 방향으로 단계적으로 추진하는 것이 바람직하다고 말할 수 있다.

[표 5-4] 전자무역의 창업모델

단계	내 용
전자무역 1단계	일정한 수수료를 받고 회사나 제품을 해외에 홍보하고 각종 무역 관련 정보의 수집, 분석 및 잠재 거래선 발굴 등을 통해 국내 무역업자가 잠재적인 해외 거래처와 국제간 거래가 성사될 수 있도록 일종의 무역거래 중개 내지 거래 알선 서비스를 제공하는 단계
2단계	정식으로 한국무역협회에 무역업 통보하고 자기명의로 자기책임 하에 물품을 수출 또는 수입
3단계	수출을 통해 축적된 비즈니스 경험과 안정된 거래처 확보 등을 바탕으로 수출뿐만 아니라 수입도 취급하는 명실상부한 무역업체로서 다양한 국제 비즈니스 활동을 전개하는 단계

2) http://members.tripod.lycos.co.kr/osep/ecmmerce/index.htm 참고

3) http://members.tripod.lycos.co.kr/osep/ecmmerce/index.htm

2. 법인(개인기업) 설립

인터넷과 웹을 기반으로 하는 전자무역업의 창업과정도 일반 무역업의 창업과정과 유사하다. 다만 사업장소로서 인터넷 웹 사이트를 구축하여 도메인을 등록하고 인터넷을 이용한 마케팅과 무역 업무를 이행한다는 점이 차이점이다.

(1) 사업계획 및 타당성 검토

창업을 하기 위해서는 우선 사업의 전반적인 개요, 즉 사업 아이템, 회사명, 대표자 및 임원의 구성, 사업추진의 동기 및 일정을 계획하고 그 사업의 기대효과를 검토하여야 한다. 그리고 사업의 범위, 조직계획, 제품의 조달계획, 시장현황 및 판매계획, 재무계획, 자금계획 등을 수립하여야 한다. 그 다음으로는 사업의 범위를 업태별 및 업종별로 결정하여야 한다. 업태는 전자무역업과 전자무역중개업으로 구분되고 업종별 취급품목도 결정하여야 한다.

인터넷과 웹을 이용한 전자무역거래를 하기 위한 창업은 이러한 계획 이외에도 자신이 e-비즈니스에 대한 이해와 식견 및 사업가적 능력을 갖추고 있는지와 e-비즈니스 분야에 대한 기술, 특성 및 활용방안에 대하여 기본지식을 갖추고 있는 지를 검토하여야 한다. 전자무역업의 창업은 사업의 준비기간이 여타 도소매업이나 서비스업에 비해 비교적 많은 시간이 소요되고 수익창출기간도 마케팅에 따라 큰 차이가 있다. 따라서 자신이 감당해 낼 수 있는 범위 내에서 결정할 필요가 있다.

(2) 사업자등록 신청 및 발급

개인기업의 경우 해당 업종이 정부의 인허가 사항인 경우에는 우선 관계기관으로부터 인·허가를 취득하여야 하고, 창업의 규모나 업종에 관계없이 창업자는 창업을 개시한 날로부터 20일 이내에 구비서류[4]를 갖추어 관할 세무서의 민원봉사실에서 사업자등록을 신청하고 사업자등록증을 교부받아야 한다. 사업자등록 신청 시 별도의 사무실을 확보할 필요 없이 자택주소를 그대로 신고해도 무방하며, 업태 란에는 전자무역의 특성상 부가통신 외에 필요에 따라 통신판매, 도소매, 무역업 등 자신이

---

4) 구비서류는 사업등록신청서, 사업인허가증 사본(법령에 의하여 인허가 업종인 경우), 임대차계약서(사업장을 임차한 경우), 2인 이상이 공동으로 사업을 하는 경우에는 공동사업 사실을 증명할 수 있는 서류(동업계약서 등).

하고자 하는 사업을 기재하면 된다.

(3) 창업 준비 및 소요자금 조달

객관적인 사업 타당성 분석이 끝나고 창업자 본인이 앞으로의 사업 전개에 대한 장·단기적 사업계획서를 작성한 후, 가능하면 자신이 직접 창업비용을 마련하고 부족한 부분에 대하여 은행, 벤처캐피탈, 중소기업진흥공단 등으로부터 창업자금을 융자받는 것이 바람직하다. 창업자금을 전적으로 외부로부터 조달할 때 원리금 부담으로 인해 원만한 사업을 유지하기 힘들기 때문이다. 또한 거래알선을 의뢰하는 고객을 확보하고 실제로 거래가 성사되어 그 대가로 일정한 수수료를 받기까지는 상당한 기간이 소요될 수 있음을 감안하여 운영자금의 조달에도 관심을 가져야 한다.

소요자금은 크게 고정자금과 운전자금으로 나누어 살펴 볼 수 있다. 고정자금은 사무실 확보, 컴퓨터 등 장비설치, 인터넷 접속 등이 큰 몫을 차지하며, 운전자금은 먼저 1개월분을 추정하고 예상 현금흐름에 따라 3~6개월 또는 1년분을 추정한다.[5)]

(4) 웹 사이트 구축

웹사이트 구축은 우선 홈페이지의 주소인 도메인네임을 결정한 후 기업의 문화, 업종, 마케팅 전략 및 정보기술(IT)이 효율적으로 조화를 이룰 수 있도록 설계한다.

도메인네임은 국제인터넷정보센터(www.internic.org)나 한국인터넷정보센터(www.nic.or.kr) 등과 같은 비영리 네트워크 관리기관에 등록하고 인터넷 주소를 부여받는다. 보통 미국은 기업의 경우 기업명 뒤에 com을 붙이고 한국의 경우 co.kr가 된다. 도메인네임을 정할 때 com을 이용할 것인지 co.kr을 이용할 것인지를 결정하는 것도 중요하다. 한국을 상대로만 마케팅을 하거나, 가장 한국적인 사업을 하는 경우 등은 co.kr을, 반면 국제적인 사업을 하거나 또는 세계시장을 상대로 마케팅을 할 경우에는 com을 고려할 수 있다. 그러나 co.kr은 도메인의 운용과 관련하여 분쟁이 발생할 경우에 시차 언어 등의 문제없이 신속한 대처가 가능하고, 또 국내법원 또는 분쟁조정기관을 통해 해결이 가능하다는 점을 고려할 때 장점이 있다.

한편 웹 사이트의 제작은 창업자 스스로 제작하는 방법과 외부 아웃소싱(outsourcing)하는 방법으로 나누어 볼 수 있다. 웹 디자이너, 웹 프로그래머, 웹 마케터 등의 능력이 있는 경우에는 창업자나 파트너가 직접 제작하는 것이 좋겠지만, 그

---

5) http://members.tripod.lycos.co.kr/osep/ecmmerce/index.htm.

렇지 못한 경우에는 외부의 전문 업자에게 위탁하는 경우가 많은데, 이때 각 페이지별로 창업자의 마케팅 전략을 반영한 스토리 보드(story board)를 작성하고 이를 기초로 게시할 주요 내용과 디자인, 연결될 각 사이트들을 미리 설계하는 등 체크 포인트(check point)를 만들어 두는 것이 중요하다.

이러한 웹 사이트의 설계는 표적시장에의 접근이 용이하고 갱신이나 조정이 쉬우며, 특이하고 기업문화와 특성에 맞도록 설계한다. 또한 고객과 상호작용이 가능하도록 하고 그래픽과 텍스트를 잘 조화시켜야 하며, 화려한 그래픽의 디자인 보다는 내용구성의 성실성이 더 중요하다. 그리고 제작을 의뢰할 경우 디자인의 일관성과 프로그램, 디자인 등에 대해 지속적인 유지보수 및 관리가 가능한가를 점검해야 한다.

(5) 네트워크 구축 및 인터넷 접속

인터넷에 웹 사이트를 갖기 위한 네트워크의 구축에는 자체 서버(server)를 갖거나 인터넷 서비스업체의 웹 호스팅(web hosting)이나 웹 하우징(web housing) 서비스를 이용하는 두 가지 방법이 있다. 자체 서버를 가진다는 것은 자기 집을 갖는다는 것과 같은 의미인데, 서버 컴퓨터와 소프트웨어, 전용선 및 이를 운용하고 관리할 전문인력이 필요하다. 인터넷을 잘 모르거나 대규모 사업이 아닌 경우 자신의 독립적인 서버를 비싼 비용을 들여 구축하기 보다는 웹 호스팅이나 웹 하우징 서비스를 이용하는 것이 웹 사이트 관리의 부담이나 초기 창업비용에 대한 부담을 줄일 수 있는 장점이 있다.

이러한 네트워크 구축 방법이 결정되면 제작 완료된 서버에 홈페이지를 올리고 이를 활용하기 위한 인터넷 접속을 해야 한다. 인터넷에 접속하기 위해서는 인터넷 서비스 제공업자(Internet Service Provider : ISP)에 가입하여야 하는데, 이러한 ISP의 선택은 매우 중요하다.

어떤 종류의 기술 환경을 제공해 주는지, 속도는 얼마나 빠른지, 24시간 서비스가 가능한지, 제공되는 서비스와 비교하여 이용요금은 적당한지, 웹 사이트 방문 또는 접속 통계 등 부가서비스가 가능한지, 보안유지는 철저하게 되고 있는지, 업자의 사회적 및 업계 내 신용도 등을 고려하여야 한다. 각 사업자에 대한 자세한 정보는 한국인터넷정보센터(KRNIC) 홈페이지(http://www.nic.or.kr)에 접속하면 얻을 수 있다.[6)]

6) http://members.tripod.lycos.co.kr/osep/ecmmerce/index.htm.

(6) 무역업 고유번호 신청 및 부여

대외무역법 시행령 제21조 및 제1항에 따른 무역업고유번호를 부여받으려는 자는 별지 제1호 서식에 의하여 우편, 팩시밀리, 전자우편, 전자문서교환체제(EDI) 등의 방법으로 한국무역협회장에게 신청하여야 하며, 한국무역협회장은 접수 즉시 신청자에게 고유번호를 부여하여야 한다. 그리고 무역업고유번호를 부여받은 자가 상호, 대표자, 주소, 전화번호 등의 변동사항이 발생한 경우에는 별지 제2호의 서식에 따라 변동사항이 발생한 날부터 20일 이내에 한국무역협회장에게 알리거나 한국무역협회에서 운영하고 있는 무역업 데이터베이스에 변동사항을 수정 입력하여야 한다.

그리고 영 제2항에 따라 무역업고유번호를 부여받은 자가 합병, 상속, 영업의 양수도 등 지위의 변동이 발생하여 기존의 무역업고유번호를 유지 또는 수출입실적 등의 승계를 받으려는 경우에는 변동사항에 대한 증빙서류를 갖추어 무역업고유번호의 승계 등을 한국무역협회장에게 신청할 수 있다. 이에 한국무역협회장은 무역업고유번호의 부여 및 변경사항을 확인하고 무역업고유번호관리대장 또는 무역업 데이터베이스에 이를 기록 및 관리하여야 한다.7)

[표 5-5] 법인기업의 유형분류

구 분	기업 형태	사원 구성
인적회사	합명회사	무한책임 사원만 존재
	합자회사	무한책임과 유한책임 사원
물적회사	유한회사	유한책임 사원
	주식회사	유한책임 주주로 구성

3. 창업지원시스템 활용

기업의 창업에 관한 정보지원시스템을 활용할 수 있다. 특히 이노넷(http://www.innonet.net)은 지식경제부가 중심이 되어 창업에 관한 정보를 자세하게 제공하고 있다. 즉 기업의 창업에 필요한 정보, 자금, 인력, 기술, 법률 등에 관한 지원 및 애로사항을 신속하게 해결하는 데 도움 받을 수 있는 종합적인 기업의 지원시스템이다. 중소기업이나 벤처기업에 대한 경영활동의 지원을 위해 전문분야별로 데이터베이스를

7) 『대외무역관리규정』 제24조.

구축하여 체계적으로 제공하고 있다. 그리고 이러한 자문 형태는 동아리모임을 통해서도 비공개적인 상담과 정보를 교환할 수 있다.

4. 무역지원기관

(1) 한국무역협회(http://www.kita.net)

한국무역협회는 국가무역정보망(KOTIS, http://www.kotis.net)을 구축하여 운영하고 있으며, 이를 통한 무역정보제공과 수출전략 지원 등 무역업무의 온라인화를 통한 업체지원을 목표로 하고 있다. 뿐만 아니라 전자무역 관련 입법지원사업의 일환으로 정부와 공동으로 대외무역법 개정활동 등을 지원하고 있고, 전자무역 실무추진단을 구성하여 업종별 실무자를 대상으로 실질적 어려움을 도출하여 해결하는데 노력하고 있다.

한편, 수출종합컨설팅 네트워크를 구축하여 운영하고 있으며, 이를 통해 중소 수출기업에게 해외시장 개척 및 무역절차에 대한 컨설팅을 제공하고 있다.

(2) 한국무역정보통신(http://www.ktnet.co.kr)

한국무역통신은 사이버무역 포털의 개발을 추진 중에 있으며, 한·일 및 동아시아의 전자무역 네트워크 구축사업을 진행하고 있다. 또한 통합무역자동화 솔루션 구축과 보급 사업을 추진하고 있으며, 이러한 사업들을 통해 서류 없는 무역과 무역자동화솔루션 공급을 목표로 하고 있다.

(3) 한국글로벌커머스협회(http://www.gcakorea.org)

한국글로벌커스협회(GCA)는 전자무역 활성화를 위한 정책건의를 통해 전자무역 육성특별법 제정과 정책추진부처의 일원화, 디지털제품 등의 수출추진, 차세대인터넷기술(IPv6) 제품개발 및 수출, 전자무역 관련업체의 집적화(e-Trade Center 구축), 전자무역 육성기금 조성, 신흥시장 진출 시 인적 네트워크 구축, 전자무역자유지대 설치(e-FTA) 등을 건의했다. 또한 기존 무역의 전자화와 지식정보서비스 기반의 전자무역 뿐만 아니라 우리가 개척하지 못한 기존의 전자무역 시장개척의 필요성을 강조한 바 있다.

(4) 한국전자거리협회(http://www.kcal.or.kr)

한국전자거래협회는 한·일 e-Trade Hub 구축사업과 업종별 e-MP 정보공유 네트워크(e-biz Net) 구축계획을 통해 기업 간 전자상거래 공유 네트워크 구축과 민간 부문에서 활용 가능한 국내외 정보를 조사하여 인터넷을 통해 적시 적소에 제공하는 계획을 추진하고 있다.8)

(5) 대한무역투자진흥공사(http://www.kotra.or.kr)

대한무역투자진흥공사는 중소무역업체의 전자무역 촉진을 위해 국내 기업을 위한 해외시장 개척, 전략산업 해외마케팅 및 맞춤형 수출지원 활동, 해외진출 지원 및 정보 조사, 국내기업 해외투자 및 프로젝트 진출 지원, 해외시장 정보의 수집 및 전파, 외국인투자 유치, 기업 정착 지원 및 고충처리, 정부 수임사업 수행, 무역투자 전문인력 양성, EXPO 참가 및 무역·투자유치 정책 수립 지원, 국가 무역·투자 인프라 구축·운영 등의 사업을 수행하고 있다. 이를 위해 전자무역 마켓플레이스인 'BuyKorea'(www.buykorea.org) 사이트 맵, 무역포탈 투자정보 사이트인 글로벌 윈도우(www.globalwindow.org), 해외진출정보시스템(www.ois.go.kr), 글로벌 전시포털(www.gep.or.kr) 등의 사이트를 운용하고 있다.

이 이외에도 중소기업진흥청, 중소기업진흥공단, 소상공인지원센터, 기술신용보증기금, 정보통신연구진흥원, 한국소프트웨어진흥원, 한국산업단지공단, 한국여성경제인단체 등이 있다.

[표 5-6] 주요 무역지원 기관

지원 기관	홈페이지
한국무역협회	KOTIS, http://www.kotis.net
한국무역정보통신	http://www.ktnet.co.kr
한국글로벌커머스협회	http://www.gcakorea.org
한국전자거리협회	http://www.kcal.or.kr
대한무역투자진흥공사	http://www.kotra.or.kr

8) http://www.expo-networks.com에서 (1)~(4) 인용

제 2 절 인터넷 마케팅과 전자무역 전략수립

1. 전자무역의 새로운 패러다임과 마케팅의 환경변화

기존 20세기에는 환경변화 속도에 비하면 21세기에 들어와서는 환경변화 속도가 급속도로 빨라지고 있다. 지식정보화시대의 환경변화를 살펴보면 디지털혁명이 일어나 모든 분야에서 지시정보화·디지털화되어 가고 있다. 그리고 융합화·네트워크화가 되고 있다. 따라서 인터넷 마케팅은 비즈니스의 핵심으로 보고 있다.

그러나 지식정보화 시대의 관점에서는 단순한 판매 개념이 아닌 고객, 즉 고객 가치를 파악하는 것에서 시작한다. 어느 조직 또는 기업에서 핵심적으로 추구하는 고객가치가 무엇인가 즉, 누구를 위해서 비즈니스를 하는 것인가 그리고 고객의 욕구는 무엇인가를 파악해서 이를 충족시켜 수 있는 가치 있는 상품이나 서비스를 파악하는 것이 먼저이다. 따라서 급속하게 변화하는 환경 속에서 고객의 욕구가 무엇에 영향을 받는지 또 어떻게 변화할 것인가를 미리 예측할 필요가 있다.

그리고 인터넷 마케팅에서는 많은 생산품을 파는 것을 목적인 개인별 마케팅으로서 일대일(One-to-One) 마케팅이나, 다대다(Many-to-Many) Marketing 등을 가능하게 하였다. 직접 마케팅은 양방향성이라는 성격 때문에 개인이 자발적으로 정보 제공을 할 수 있는 환경을 만들었고 표적 마케팅(target marketing)을 통해 마케팅 차별화 전략이 가능해졌다. 데이터베이스 마케팅에서 자료를 구체화시키는 방법으로는 조사방법에 시스템의 로그파일(log file)을 이용한다. 이것을 분석하는 것을 웹 로그 분석이라고 한다. 조사 대상은 직접 마케팅, 표적 마케팅의 입장에서 구체화시킨다. 또한 자료 부분에서 자료의 신뢰성을 가지기 위해 변화된 자료의 즉시 수정이 가능하다.[9)]

(1) 인터넷 마케팅의 개념

우선 마케팅이란 개인과 조직의 목적을 달성하기 위해 아이디어의 발굴, 제품, 가격, 촉진 및 유통 등을 전략적으로 계획·통제하고 실행하며 또한 이를 피드백(feedback) 조정하는 모든 체계적 경영활동을 의미한다. 또 국제마케팅은 이러한 일련의 활동을 국경을 넘어 2개국 이상에서 일어나는 마케팅 활동을 의미한다. 이러한

9) 본 절은 http://korea.internet.com 참고함.

일련의 마케팅 활동은 당해 개인과 조직의 성패를 좌우하기 때문에 아주 중요하다. 따라서 모든 분야에서의 마케팅의 중요성은 그 더욱더 커지고 있다.

그리고 인터넷 마케팅은 위와 같은 전통적인의 마케팅 활동을 인터넷 네트워크, 컴퓨터 커뮤니케이션, 그리고 쌍방향 미디어 등 정보통신 기술을 이용하여 수행하는 것을 의미한다. 즉 컴퓨터가 제공하는 통신환경인 인터넷 가상공간에서 전자적인 수단을 이용하여 소비자와 실시간으로 의사소통을 통한 마케팅 활동을 수행하는 것을 의미한다.

인터넷 마케팅의 기본 모형은 기업이 그들의 전략과 정보, 즉 경영이념과 목표 등을 자신들의 홈페이지에 공개하고 또한 그러한 가상공간에 제품이나 서비스를 당해 기업의 이념과 전략이 반영된 광고나 판촉 등을 통해 홍보하고 이용자는 가상공간에 게시한 상품정보를 통해 홈쇼핑을 하고 또 그들의 불만사항을 포함한 의견을 표현할 수 있다. 기업은 가상공간에 게시된 이용자 정보를 모니터링(monitoring)하고 해결하는 일련의 과정을 거치면서 가상공간에서 거래활동과 함께 쌍방향 커뮤니케이션이 이루어지게 된다.

(2) 전자무역 마케팅

전자무역에서도 이와 같은 인터넷 마케팅의 기술을 도입한 새로운 개념의 전자무역 마케팅 활동을 수행한다면 기존의 무역환경을 획기적으로 개선할 수 있다. 전자무역 마케팅은 전통적인 방식에 비해 효율적인 업무처리 방법과 수단이 사용된다. 기업은 인터넷과 웹 등 정보기술을 이용하여 저렴한 비용으로 국제무역을 위한 아이템 선정과 시장조사, 해외홍보와 마케팅, 해외전시회 참여, 거래선 발굴, 거래상담 등 국제무역계약의 체결 이전까지의 절차는 물론 무역거래의 이행은 위한 운송계약, 보험계약, 무역결제 등의 업무처리, 그리고 계약이행 후의 사후관리, 더욱이 해외기업의 고객관리 등의 업무절차도 인터넷과 전자무역시스템을 이용할 수 있다. 즉 전자무역 마케팅이란 인터넷을 이용하여 시·공간의 제약 없이 이와 같은 무역마케팅 활동을 수행하는 것을 의미한다. 이를 통해 무역업자는 비용절감은 물론 시간단축 및 노력을 최대한 경감할 수 있다.

따라서 기업은 인터넷상의 자사 홈페이지나 거래알선 사이트 등을 통해 자사제품과 서비스를 해외에 홍보하고 신제품이나 거래선 정보를 포함한 해외시장의 정보수집 등 해외마케팅은 물론 모든 무역거래절차를 수행할 수 있다. 이를 통해 무역거래의 효율성을 획기적으로 증가시키며, 이는 또한 기업의 생산성 향상에 기여할 것이다. 인터넷을 기반으로 하는 전자무역은 24시간 실시간으로 전 세계 어디서나 국제 교역이 가능하며 판매거점과 물리적인 장소가 필요 없게 된다.

[표 5-7] 인터넷 마케팅 개념의 주요 요소

구 분	초 점	주요 내용/목적	공 통 점
퍼스널 마케팅 1:1 마케팅	마케팅의 전개 대상	개인별로 특화된 마케팅 패키지 제공	• 관계 마케팅 사고 • 고객과의 관계구축 시도 • 정보통신 하부구조에 의한 비용 절감 및 차별화된 경쟁 우위 확보
온라인 마케팅 텔레 마케팅	마케팅 전개의 경로/형태	전자적 쌍방향 온라인 매체 사용.	
데이터베이스 마케팅	마케팅 전개의 근거/자원	고객의 태도/행동정보를 근거로 전개	

자료 : http://korea.internet.com.

(3) 인터넷 마케팅의 분류

① 직접 마케팅(Direct Marketing)

직접 마케팅은 인터넷의 출현과 함께 등장한 것으로 전통적인 마케팅에서 중요한 역할을 했던 대리점이나 중간상 같은 중간 단계가 생략되는 마케팅이다. 인터넷이라는 수단이 이러한 중간단계의 역할을 하게 되는 것이다. 고객에게 일대일 또는 소수를 대상으로 마케팅을 실시함으로써 고객에게 보다 효율적인 서비스 제공을 하고 고객 만족도를 높이기 위한 마케팅을 말한다. 따라서 수출업자가 인터넷을 통하여 소비자에게 직접 제품이나 서비스를 제공하게 되었다. 물론 제품정보에 대한 문의도 직접 받을 수 있다. 따라서 수출업자에게는 많은 기회를 제공하게 되었다.

② 관계마케팅(Relationship Marketing)

사회생활에서 개인적인 관계에 있어서도 깊은 관계를 유지하려고 노력하는 한 시간이 경과함에 따라 상호 이해와 친밀감은 심화된다. 비즈니스에서도 마찬가지이다. 고객과의 관계를 지속적으로 유지·발전시킴으로서 고객의 회사에 대한 충성도(loyalty)를 높이는 마케팅을 말한다. 관계마케팅은 고객 개개인에게 최대의 만족을 충족시켜줌으로써 다수의 충성도 낮은 고객을 확보하기 보다는 소수의 충성도 높은 고객을 확보하려는 마케팅 전략이라고 볼 수 있다.

인터넷 이용자들이 당해 사이트를 지속적으로 방문하고 있는 사이트의 컨텐츠가 유용하다고 생각하면 지속적으로 방문할 것이다. 그 후에는 습관적으로 사이트를 방문하게 되고, 이에 대해 기업이 고객에게 대한 지속적 관심과 적절한 대응을 취한다면, 어느 순간부터 자발적 참여자로서 당해 사이트 내에 오피니언(opinion)의 형성을 주도하거나 커뮤니티를 형성할 수도 있다.

③ 표적 마케팅(Target Marketing)

불특정 다수가 아닌 특정 고객을 대상으로 마케팅 활동을 하는 것을 말하는데 그 선결 요건으로서 시장세분화가 있다. 시장세분화란 불특정 다수의 시장에 어떤 기준을 가지고 여러 개의 세분화된 그룹으로 나누는 것을 말한다. 일반적으로 그 기준에는 인구통계학적 변수나 지리적 분포, 또는 각종 학력지수, 생활수준 등이 있다. 마케팅에서 표적을 정하는 것은 항해에서 목표지를 미리 정하는 것에 비유할 수 있다. 그 구체적인 목표대상 없이 어떻게 마케팅을 실시할 수 있겠는가? 표적 마케팅을 위해서는 기업의 재화나 용역의 특성과 소구할 수 있는 특징을 미리 잘 이해하고 있어야 될 미래의 방문자 층을 누구로 설정하느냐에 따라 전략의 예를 설정한다.10)

④ One to One 마케팅(Marketing)

원투원 마케팅은 개별고객의 데이터베이스(DB) 분석을 통해 서비스와 제품을 고객의 필요와 욕구에 맞게 제공해 고객유지와 장기적인 경쟁력을 확보하는 일대일 마케팅 방법을 말한다. 즉 소비자와 공급자가 인터넷을 통해 일대일로 사이버 공간에서 직접 개인적으로 만나 대화를 통해 거래 행위를 하는 것을 말한다.

원투원 마케팅은 고객과의 끊임없는 상호작용을 통해 개별 고객의 성별, 나이, 소득 등 통계학적 정보와 고객의 취미, 레저 등에 관한 정보 및 구매패턴을 DB화하여 고객에게 가장 적절한 상품, 정보, 광고를 제공하는 것이 핵심이다. 원투원 마케팅은 고객이 필요로 하는 것에 관한 예측성을 분석할 수 있는 장점이 있다.

이것은 기업에게 단지 제품이나 판매망 및 프로그램만을 관리할 것이 아니라 고객을 개별적으로 관리하라고 요구하는 하나의 전략이다. 일대일 마케팅 담당자들은 시장점유율 보다는 고객 점유율을 놓고 성패를 판가름한다. 원투원 마케팅은 정보기술(IT)을 최대한 활용하여 저마다의 존재와 특성에 따라 고객을 대접할 수 있는 인간성 회복을 위한 기술로 발돋움하고 있다.11)

10) http://korea.internet.com.

11) http://ibiznet.com.

⑤ 상호작용 마케팅(Interactive Marketing)

상호작용 마케팅 단어의 뜻 그대로 쌍방향 마케팅을 말한다. 과거의 마케팅에서 소비자가 오로지 받는 입장이었다면 상호 마케팅은 소비자가 참여하고, 경우에 따라서는 소비자가 주도하는 마케팅을 의미한다.

기업이 인터넷의 특징인 '상호작용'(Interactivity)은 메시지 전달 기능뿐 아니라 고객의 반응을 기록하고 활용하는 기능을 동시에 수행할 수 있게 함으로써 이러한 상호작용 마케팅의 요구에 가장 잘 부합된다. 이에 따라, 다양한 멀티미디어 채널을 통한 새로운 마케팅 기회에 대한 관심이 높아지고 있으며, 특히 스마트폰과 TV의 디지털화와 함께 Interactive Ads(상호작용 광고)는 새로운 상호작용 마케팅의 도구로 떠오르고 있다.[12)]

이와 같은 상호작용 기능을 활용하면 소비자들의 제품에 관한 의견을 쉽게 획득할 수 있고 제품에 대한 각종 선호도 조사를 마케팅 자료로 활용할 수 있을 것이다. 상호작용 마케팅은 신속하게 정보를 업그레이드하고 고객의 의견도 존중하여야만 효과가 있다는 것이다.

(4) 인터넷 마케팅의 특징

왜 인터넷 마케팅을 해야 하는가? 그 해답은 바로 다음과 같은 인터넷 마케팅의 특징에 있다.[13)]

① 공간 제한이 없다.

컴퓨터만 있으면 공간이 사무실이건 집이건 상관없이 세계를 상대로 마케팅 활동을 펼칠 수 있다. 해외지사나 대리점과 연결하는 일이나 외국의 소비자로부터 주문을 받는 일이 컴퓨터를 통해 가능하다. 또 전 세계를 상대로 전자게시판, 뉴스그룹 검색엔진, 전자신문 혹은 자신의 웹 사이트를 통해 광고할 수 있다.

② 시간적인 제약이 없다.

24시간 계속해서 주문을 받고 또 자신을 알릴 수 있다. 시간대가 다른 국가에서도 이용자는 언제든지 원하는 시간에 접속이 가능하므로 시간대별 광고효과의 차이가 없다.

12) http://www.kebic.or.kr/electronPrivate/main/display.asp?.

13) http://112rotc.net/force112/management/imktingterms.htm.

③ 이용자들이 정보탐색 형 의견 선도자들이다.

이용자들이 20~40대의 젊고 고학력의 구매력이 있는 정보 탐색형의 의견 선도자들이다. 따라서 이들은 자신이 알고 있는 또 다른 수백만의 사람들에게도 의견 선도자로서 적극적으로 정보를 제공해 줄 것이므로 마케터는 예상보다 더 큰 소비자 집단을 만날 수 있다.

④ 표적 집단에 대한 접근이 용이하다.

인터넷 이용자라는 특성 그 자체만으로도 마케터에게는 상당히 매력적이며 동시에 뉴스그룹이나 전자우편을 통해 가장 구체적인 필요성을 느끼는 아주 좁은 범위의 표적 집단으로 접근할 수 있다. 또 이들은 기업이 제공한 제품이나 서비스에 대하여 자신의 의견을 적극적으로 제시하므로 기업 측면에서는 소비자의 의견을 들을 수 있는 흥미로운 집단이다.

⑤ 기존 4대 매체에 비해 광고비가 저렴하다.

인터넷 웹 사이트는 회선 사용료만 부담하면 되므로 기존 매체와 비교하여 저렴하다. 물론 다른 유명 웹 사이트에서 자신의 웹 사이트로 링크되기 위해서는 광고비를 지불해야겠지만 전 세계인을 상대로 한 달간 24시간 광고하는데 드는 비용이 TV로 1회를 광고하는 것 보다 더 저렴하다. 또 인터넷을 이용하면 상대방에게 정확히 전달될 수 있고 좁은 범위의 표적 집단에게 보낼 수 있으므로 낭비를 최소화할 수 있다.

⑥ 쌍방향 커뮤니케이션이 가능하다.

원하면 온라인 채팅이나 뉴스그룹을 통해 소비자들의 시장에 대한 신뢰도, 선호도 또한 그들이 정말로 필요로 하는 것이 무엇인지를 알 수 있다. 또 소비자 불만, 제품이나 서비스에 대한 의견, 시장동향 등을 전자우편을 통해 획득할 수 있다.

⑦ 광고효과의 측정이 가능하다.

즉 이용자가 몇 번을 보았는지? 얼마나 오래 머물렀는지? 등이 자동적으로 측정이 되고 이러한 이용자의 자료를 측정하면 데이터베이스 마케팅(DB marketing)이나 직접 마케팅(direct marketing)이 가능해 진다.

(5) 인터넷 마케팅의 속성[14)]

① 커뮤니티(Community)

커뮤니티란 네트워크로 연결되어 물리적·시간적 제약에 영향을 받지 않는 공동 관심사를 가진 동호 단체(뉴스그룹, 메일링리스트, BBS 등)를 말한다. 따라서 커뮤니티에는 마음대로 들어왔다 나갔다 해서는 곤란하며, 특성화된 멤버십이 있어야 한다.

- 커뮤니티 요건
- 판매자 정보와 소비자 정보가 잘 결합해야 한다.
- 회원이 만든 정보가 강조되어야 한다.
- 다양한 경쟁 판매자를 끌어들여야 회원의 관심을 끌 수 있다.
- 영리를 추구하는 커뮤니티 조직자가 있어야 한다.

② 스피드(Speed)

인터넷 마케팅의 사이클은 빠르게 변하기 때문에 배너, 보도자료, 링크 등의 계획들을 빠르게 추진해야 한다. 일을 추진하는데 불필요한 시간을 낭비하지 않아야 하고 유연성을 가지고 신속하게 새로운 마케팅 전략을 추진해야 한다.

③ 상호작용(Interactive)

인터넷은 이메일, 포럼, 게시판 등의 서비스를 통해 고객과 실시간으로 즉각적으로 서로 교감할 수 있는 최상의 도구이다. 이러한 상호 작용적인 장점은 고객과의 상호작용을 통해 상품 개발부터 판매까지 고객의 입장이 반영되어 마케팅 전략을 수립할 수 있다.

④ 깊이(Depth)

인터넷은 개별 고객에게 깊이 있고 다양한 정보를 제공하여, 고객이 자신에게 맞는 제품을 선택할 수 있도록 해준다. 그리고 다양한 커뮤니티 도구들을 이용하여 제품에 관한 정보를 실시간으로 얻을 수 있다.

⑤ 쌍방향 커뮤니케이션

인터넷을 통한 관련 당사자들 간의 정보의 유통을 말한다. 유통되는 정보는 전자문서교환(EDI)과 같이 정형화된 정보도 포함된다. 3차원적인 동화상 정보까지도 포함한 모든 형태의 정보를 네트워크를 이용하여 이동시킬 수 있다. 정보의 크기에 제

14) http://cafe.naver.com/goldman95.cafe?iframe.

한이 없는 비정형화된 정보가 주를 이룬다. 인터넷 커뮤니케이션의 대표적이 수단은 전자우편이다.

[표 5-8] 인터넷 마케팅의 속성

속성	내용
커뮤니티(Community)	동 관심사를 가진 동호 단체(뉴스그룹, 메일링 리스트 등)
스피드(Speed)	유연성을 가지고 바르게 새로운 마케팅 전력을 추진
인터랙티브(Interactive)	고객과 실시간으로 즉각적으로 서로 교감할 수 있는 최상의 도구
깊이(Depth)	인터넷은 개별 고객에게 깊이 있고 다양한 정보를 제공 다양한 커뮤니티 도구들을 이용하여 제품에 관한 정보를 실시간으로 확보
쌍방향 커뮤니케이션	인터넷을 통한 관련 당사자들 간의 정보의 유통을 말한다. 유통되는 정보는 전자문서교환(EDI)과 같이 정형화된 정보도 포함

(6) 인터넷 마케팅의 PORTAL 전략

PORTAL은 웹 브라우저를 열고 가장 먼저 접하게 되는 사이트를 모두 지칭하는 말이다. PORTAL 전략은 소위 '6C'라고 불리는데 다음과 같다.[15)]

① 컨텐츠(Contents) 전략

Contents는 고객이 컴퓨터 화면을 통해 만나는 첫 접점으로 Contents의 3요소는 홈페이지(디자인) + 웹 사이트(기술) + 정보의 내용(내용)이다. 특히 일반고객을 대상으로 하는 Contents에는 교육(가상교육 등), 정보(뉴스레터 등), 오락(음악 등), 비즈니스(인터넷 쇼핑 등) 등이 있다.

② 커뮤니티(Community) 전략

인터넷 사용자의 경우, 소속감과 공유의식을 강하게 느끼는 곳으로 커뮤니티를 언급한다. 이러한 커뮤니티를 잘 이용할 경우 기업은 고객의 니즈(needs)를 충족하는 서비스 형태를 파악·제공할 수 있다. 다음 그림은 Cyber Community의 발전 방향을 말해 준다.

15) http://korea.internet.com/channel/content.asp?cid=74&nid=1568.

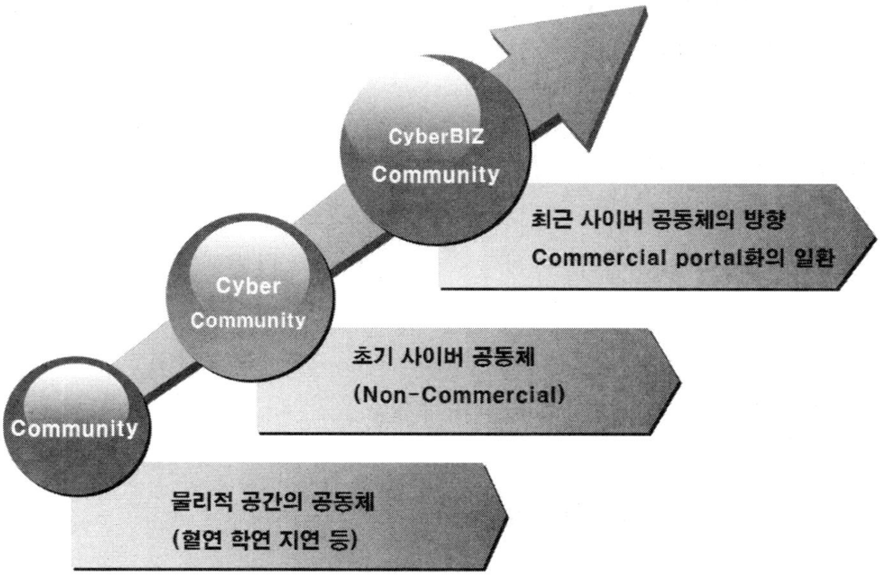

[그림 5-2] 사이버 커뮤니티의 진화

③ 커머스(Commerce) 전략

상업화(Commerce) 전략 방향으로는 광고수입, 컨텐츠 유료화, 직접 상품판매, 제휴 프로그램, DB응용, 컨퍼런스 등을 통한 오프라인(off-line)과의 연계 등이 있다.

④ 커넥션(Connection) 전략

첫째, 전자상거래 분야 등에서의 역량 강화를 통해 시장을 확대시키거나 연계(Connection) 전략을 공유하는 쌍방의 공동 이익을 추구하는 전략을 구사한다.

둘째, 자사의 부족한 역량을 강화하고 서로의 강점이 되는 역량을 제공함으로써 노력 및 비용절감을 꾀한다.

셋째, 공동전선 구축으로 경쟁자에 대한 진입 장벽을 형성하거나 강화한다.

넷째, Connection전략을 통해 신규시장 진입의 리스크(risks)를 감소시킬 수 있고 비용절감의 효과를 추구한다.

다섯째, 자원(회원, 컨텐츠)의 공유 혹은 교환을 통해 회원 증대를 추구한다.

여섯째, 인큐베이팅(incubating) 기간 동안의 불안전성을 Connection전략을 통해 보호되는 우산 효과를 추구한다.

일곱째, 쌍방의 회원정보, 기술적 규격 등에 대해 통일성 확보를 통한 표준화(De Facto)를 추구한다.

⑤ Customizing(커스터 마이징) 전략

맞춤화 전략은 시장점유율이 아닌 고객점유율에 신경을 기울이고, 충성도가 높은 고객을 발굴, 육성하는 전략을 말한다.

⑥ Communication(커뮤니케이션) 전략

이것은 효과적인 커뮤니케이션 도구(tool)를 제공함으로써 고객들의 참여를 용이하게 하는 것을 말한다. 이 마케팅 커뮤니케이션 방법론에는 홍보활동(public relations : PR), 판촉(Promotion) 등이 있다.

2. 인터넷 마케팅의 환경 분석과 전략

(1) 인터넷 마케팅의 목적과 환경 분석

가장 먼저 기업이 왜 인터넷을 도입하고 해야 하는가에 대한 목적을 검토하여야 한다. 이런 목적으로는 광고 및 홍보, 비용절감, 신규 사업의 진출, 조직의 효율화, 고객의 발굴 및 관리, 수익창출 등이 있을 수 있다.

인터넷 마케팅 전략수립을 위한 환경 분석에 있어서는 일단 자사의 강점과 약점을 파악하고, 기회와 위협에 대한 분석 실시한다. 보통 SWOT(Strengths, Weaknesses, Opportunities, Threats)분석이라고 한다. 우선 대상이 되는 목표고객을 설정하고 시장세분화를 실시한다. 고객 세분화의 기준에는 지리학적, 인구통계학적, 사회심리학적, 행태분석학적 세분화 등이 있다. 둘째, 시대성, 창의성, 간결성, 현실성, 사상성, 계층성 등 사이트의 개념을 정립한다. 셋째, 포지셔닝(positioning)은 자사의 비즈니스 모델이나 웹 사이트의 성격이 시장을 규정짓는 중요 변수들을 토대로 시장의 어디에 위치하고 있는가를 도식화하는 것으로 현재 시장에서의 위치와 나아갈 방향정립에 도움을 준다. 넷째, 인터랙티브(interactive) 설계는 온라인(on-line)사업의 강점이자 가장 중요한 포인트이다.[16)]

(2) SWOT 분석

SWOT분석은 기업의 외부환경의 변화 속에서 그 기회와 위협을 찾아내고 기업 내부의 역량이라는 측면에서 강점과 약점을 파악·조합하여, 기업이 기회를 활용하기 위해 자사의 강점을 활용하고 위협에 대비하여 자사의 약점을 보완하기 위한 전략적

16) http://korea.internet.com/channel/content.asp?cid=74&nid=1568.

대안을 찾는 프레임 워크를 제공하는 것이다.

따라서 SWOT분석은 자사의 강점과 약점을 파악하고, 기회와 위협에 대한 분석 실시하는 것을 말하는데, 이 분석에서 사용되는 4가지 요소를 강점·약점·기회·위협(SWOT)이라고 하는데, 우선 경쟁기업과 비교하여 강점과 약점은 무엇인지, 그리고 기업의 외부환경에서 유리한 기회요인은 무엇인지와 불리한 위협요인은 무엇인지를 분석하는 것이다.

① 기회 및 위협요인의 분석

SWOT의 첫 번째 단계는 대내외 환경분석과 시장분석을 통하여 자사가 처해있는 시장환경에 있어서 기회요인과 위협요인을 파악·분석하는 것이다.

② 자사의 강점과 약점 분석

SWOT의 두 번째 단계는 경쟁기업과 비교하여 자사의 강점과 약점은 무엇이지 비교·분석하여 자사의 강점을 향후 시장전략에서 어떻게 활용할 것인지 그리고 자사의 약점을 어떻게 보완할 것인지를 분석하고 전략을 강구하는 단계이다.

③ 자사의 SWOT 매트릭스 작성

SWOT의 세 번째 단계는 기회 및 위협요인 분석에서 파악한 시장환경에서 자사에게 유리하게 영향을 미치는 기회요인과 불리하게 영향을 미치는 위협요인으로 구분하여 구체적으로 작성하여 본다. 그리고 두 번째 단계에서 분석한 자사의 강점과 약점 분석에서 경쟁기업에 비하여 비교우위에 있는 강점과 비교열위에 있는 약점으로 분류하여 작성한다.

④ 매트릭스상의 자사의 위치 파악

SWOT의 마지막 단계는 여러 요인들을 분석하여 SWOT 매트릭스(matrix)상에서 자사의 위치가 어느 위치에 있는지 파악하는 것이다.

강점(Strength)	약점(Weakness)
기회요인(Opportunity)	위협요인(Threat)

[그림 5-3] SWOT 매트릭스

(3) SWOT 전략

SWOT 분석을 통하여 기업 내부의 강점과 약점을 기업 외부환경의 기회와 위협을 대응시켜 기업의 목표를 달성하기 위한 마케팅 전략적 특징은 다음과 같다.[17)]

① SO전략(강점 – 기회전략)
시장에서 기회를 활용하기 위해 자사의 강점을 적극적으로 사용하는 전략을 선택한다.

② SO전약(강점 – 위협전략)
시장에서 위협요인을 회피하기 위해 자사의 강점을 사용하는 전략을 선택한다.

③ WO전략(약점 – 기회전략)
자사의 약점을 극복함으로서 시장의 기회를 활용하는 전략을 선택한다.

④ WT전략(약점 – 위협전략)
시장의 위협을 회피하고 약점을 최소화하고 보완하는 전략을 선택한다.

3. 인터넷 마케팅믹스 전략

마케팅 믹스(Marketing Mix)란 기업이 통제할 수 있는 마케팅 수단을 어떻게 믹스(mix)하여 효율적으로 마케팅 활동을 수행할 것인가에 대한 의사결정이다. 여기에서 기업이 통제할 수 있는 전통적인 마케팅 수단은 4P로 제품(product), 가격(price), 유통(place), 촉진(promotion)을 의미한다. 그러나 인터넷 마케팅 수단은 전통적인 4P에 기초한 4A를 추가적으로 고려해야 한다. 즉 4A란 방법(any way), 제품(any product), 시간(anytime), 장소(anywhere)를 의미하는 데, 이는 “가능한 모든 제품을 언제, 어디서나 모든 방법을 동원하여 마케팅 활동을 수행하는 것”을 의미한다.

따라서 4A는 인터넷 마케팅 수단으로 기존 전통적인 마케팅의 4P에 기초한 4A라고 말할 수 있다. 이는 인터넷이라는 환경에서 마케팅을 하기 위해 기존 실물시장에서 사용하는 마케팅 도구(tool)를 인터넷과 웹 환경에 맞추어 확장한 것으로 볼 수 있다. 4A는 4P와 같이 각각 개별적으로 존재하는 것이 아니라 상호 밀접한 연관 관계를 가지고 있으며 4A와 4P를 효과적으로 믹스하여 시너지 효과를 극대화하는 것,

---

17) http://blog.naver.com/in4337/70010907858 참고함

즉 전체의 합이 부분의 합보다 크게 하는 노력이 인터넷마케팅 전략의 핵심이 된다.

(1) 제품(Product) 전략

제품에는 단지 제품 자체 품질뿐만 아니라 디자인, 포장, 서비스 등과 같은 요소들도 포함되어 있다. 제품의 품질과 기능이 우수하고 소비자들이 원하는 편익을 제공한다고 해도 그 디자인이 우수하지 않거나 포장이 세련되어 있지 않거나 또는 불안정하다든지, 그리고 제품을 판매한 후 기타 서비스가 만족스럽지 않다면 많이 판매될 수 없다. 따라서 제품전략에서는 이런 제품의 하위 믹스까지도 함께 고려해야 한다.

기업은 표적시장의 욕구를 충족시킬 수 있는 제품을 만들어야 한다. 시장에서 제품의 높은 경쟁력을 유지하기 위해서는 제품에 대한 고객의 욕구를 충족시킬 수 있어야 하고, 또 이를 위해서는 먼저 소비자의 욕구를 정확히 파악하여 소비자가 원하는 제품을 개발하고 부가가치를 높여 경쟁사의 제품과 차별화해야 한다.

디지털 산업의 출현의 특징 중의 하나는 무형제품의 수요가 증가하고 있다는 점이다. 즉, 제품의 디지털화를 통해 유형 제품이나 확장 제품의 개념이 변화하고 있다. 과거 유형상품의 상품성에 비해 온라인상에서의 전자서적, 온라인 교육, 전자음반, CD 등 무형제품의 상품성이 향상되고 있다. 따라서 온라인상에서 거래할 수 있는 무형상품 개발이나, 오프라인 상품과 연계성이 있는 상품을 개발해야 한다. 또한 브랜드 네임과 도메인 네임 간 강력한 연계성이 필요하다.[18)]

① 단독상품에서 메타상품

단독상품이란 출시된 상품자체만을 의미하나 메타상품은 제품 이외의 부가적인 가치를 가진 제품을 의미한다. 즉, 기존 상품은 상품시장에 출시됨으로서 상품판매단계로 이어지는 단순한 과정에 불과하지만 인터넷 마케팅에서의 메타상품의 개념은 하나의 상품 단계에서 머무르는 것이 아니라 상품 하나를 판매함으로 인하여 다양한 부가적인 제품 또는 서비스까지 제공되는 개념이다. 또한 기업의 입장에서는 단독상품 판매 보다는 메타상품의 판매로 인하여 기업의 이미지나 브랜드를 각인시킴은 물론 고객과의 유대가 더욱 견고해지는 방법이 된다는 점에서 이러한 제품의 변화가 이루어진다.[19)]

---

18) http://korea.internet.com.
19) http://www.hunet.co.kr/

② 메타상품의 분류

- 브랜드 상품 : 제품에 브랜드 이미지를 상품가치에 포함시킨 상품
- 패키지 상품 : 하나의 상품에 관련 다른 상품을 끼워 팔면서 가격을 낮추는 상품
- 디팩토(de facto) 스탠다드 상품 : 시장표준화 상품이란 개념으로 많은 소비자들이 사용함으로써 시장에 의해 표준화된 상품

(2) 가격(Price) 전략

마케팅 전략에서 가격은 기업의 수익에 직접적으로 영향을 미치는 요소이다. 또한 소비자가 제품을 결정할 때 중요한 결정요인이므로 여러 요소를 고려해야 하는데 이러한 가격결정은 제품, 유통, 촉진 등의 여타 마케팅 믹스의 구성 요소들에 의해 영향을 받는다. 따라서 마케팅믹스 전략에서 종합적으로 고려해야 하며 기업의 의사를 반영한 일관성 있는 가격책정이 필요하다. 가격전략의 목표는 이익 극대화를 통한 이익지향과, 매출신장과 현상유지에 있다.

인터넷 마케팅에서는 저가화 전략과 고부가가치 전략을 수립할 수 있다. 저가화 전략에는 저가화, 무료화, 역가화, 무가화 등이 있으며, 고부가가치 전략에는 특정 계층을 대상으로 하는 유료화, 고급화, 고가화, 패키지화, 메타 상품화, 머천 다이징 등이 있다.

- 저가화 : 인터넷이 출현되면서 모든 제품의 정보가 공개되면서 각 기업은 가격을 인하하여 제품을 판매하게 되었고 또 이로 인해 전반적으로 제품가격이 하락하는 현상이 나타나고 있다.
- 무료화 : 인터넷 초기 회원 확보를 위하여 무료 접속, 무료 정보 이용 등 서비스의무료 이용
- 역가화 : 인터넷의 출현으로 가능하게 된 것으로 소비자가 상품가격을 책정하는 형태로서 역경매 시장을 예로 들 수 있다. 즉 시장가격이 시장원리로 형성되는 것이 아니라 일단 소비자가 원하는 가격제시에 응할 수 있는 회사가 상품을 판매하는 형태이다.
- 무가화 : 무가화는 '무료화 + 알파(@)'의 전략으로 가격경쟁이 격화됨에 따라 가격의 무료화뿐만 아니라 상품구매를 한 만큼 혜택(포인트 등)을 제공하는 극단적인 형태의 가격전략이다.
- 머천다이징 : 상품화 계획이라고도 하며 일종의 마케팅 활동의 하나이다. 소비자

의 욕구를 충족시킬 수 있는 상품을 적정한 가격으로 적절한 시기에 적정수량을 제공하기 위한 계획이다. 시장의 수요와 고객의 욕구를 충족시키고 시장에서 상품성을 높이기 위한 일련의 활동으로, 이 활동에는 생산 또는 판매할 상품에 관한 결정, 즉 상품의 기능과 성능·디자인·포장 등의 상품화 계획, 당해 상품의 생산량 또는 판매량, 생산시기 또는 판매시기, 가격에 관한 결정을 포함한다.

(3) 유통(Place) 전략

효율적인 유통전략에 따라 소비자가 필요로 하는 시기와 장소에 상품을 공급하는 것이 유통이다. 유통의 최종 단계는 소비자와 상품이 만나는 것이므로 소비자가 시공간의 제약으로 구매에 장애가 되어서는 안 된다. 즉, 가장 효과적인 유통수단과 유통경로를 통하여 상품을 그 수요자에게 전략적·계획적으로 공급해야만 상품판매를 극대화할 수 있다.

유통경로가 한 번 결정되면 다시 조정하는데 많은 시간과 비용이 든다. 따라서 유통경로를 설계할 때는 자사상품의 특성, 시장의 특성 및 규모, 경쟁환경 등을 종합적으로 고려해서 가장 효율적인 유통구조를 구축해야 한다.

전통적인 유통전략은 상품을 일단 제조(생산)한 후에 여러 단계의 중간 유통단계를 통하여 소비자에게 전달됨으로 인하여 많은 시간과 물류비가 상당히 큰 비중을 차지하였으나, 이제는 전자상거래시스템의 도입으로 소비자가 생산자에게 직접 주문하고 공급받은 주문형 생산이 가능함에 따라 생산자에서 소비자로 직접 유통되는 유통의 변화가 이루어지고 있다. 그렇다고 중간업자가 중간상이 사라지는 것은 아니지만 여러 단계의 중간상을 대폭 축소시킬 수 있게 되었다. 또 정보의 중개라는 비즈니스 영역과 제휴 프로그램 등의 등장으로 이제는 소비자중심으로 생산자를 연결해 주는 새로운 중간상이 등장하게 되는 경향이 나타나고 있다.

(4) 촉진(Promotion) 전략

촉진은 상품에 대한 정보를 제공하고 고객의 구매의욕을 돋구어 상품구매를 촉진하는 전략이다. 기업은 촉진활동을 통해 상품개념과 그 정보를 소비자에게 제공하고 효과적인 마케팅 수단을 동원하여 자사상품이나 서비스에 대한 소비자의 구매의욕을 자극하고 설득하여 판매를 촉진하는 활동이다.

촉진전략은 최종 소비자를 대상으로 광고, 홍보, 인적판매 등의 촉진활동을 효과적이고 적극적이고 효과적으로 수행하여 소비자들이 자사상품을 구매하도록 설득한다.

기존 전통적인 촉진전략은 기본적으로는 기업에서 자사상품의 판매확대를 위한 촉진수단으로 고객에게 접근하였으나 이제는 정보기술을 이용한 전자 마케팅이 가능함에 따라 촉진전략도 쌍방향으로 가능하게 되었다. 또한 상품자체의 판매와 홍보도 중요하지만 기업의 이미지와 인지도를 인터넷을 통해 높이는 경향이 증가하고 있고 또 고객과의 상호작용이 가능하게 됨으로서 기업의 촉진활동이 더욱 활발해지고 있다.

4. 인터넷 마케팅 수단

(1) 검색엔진 등록

첫 번째 해야 할 일은 검색엔진에 자사가 구축한 사이트를 등록하는 것이다. 유명한 검색 엔진으로는 야후(yahoo.com), 네이버(naver.com), 알타비스타(altavista.digital.com), 익사이트(excite.com), 인포시크(infoseek), 라이코스(lycos.com) 등이 있다. 그 외에도 많은 검색 엔진들이 존재하고 있는데, 인터넷 무역을 위해서는 그 중 대표적인 것 50여개 정도를 골라 등록해 두면 좋다.[20]

(2) 해외 유명 사이트에서의 배너광고

인터넷 무역을 하는 업체가 국내 TV나 신문 광고를 통해서 자사제품을 선전하는 것은 아무런 효과가 없다. 인터넷 무역에서 자사의 지명도를 높여서 많은 사람이 관심을 가지게 하는 것은 많은 네티즌이 찾아올 만한 유명 사이트에서 자사를 알리는 광고를 하는 것이다.

물론 자신의 주 고객이 자주 방문할만한 사이트를 선정하여 광고를 할 때 효과가 더욱 크게 된다.

(3) 거래알선에 관한 웹 사이트에 등록

거래알선에 관한 웹 사이트는 무역인들이 많이 보고 정보를 얻어가는 장소를 말한다. 예컨대 미국의 TRADE COMPRASS나 싱가폴의 Asia Trade 등과 같은 것이 대표적인 거래알선에 관한 사이트이다. 대부분 스스로 등록하거나 전자메일을 발송하

20) http://korea.internet.com/

여 등록을 요청하면 영구등록이 가능하다.

(4) 유즈넷에 게재하기

유즈넷을 동호인들의 모임이라고 할 수 있다. 유즈넷 뉴스그룹은 몇 만개의 그룹이 있지만, 그 중 무역에 관련된 뉴스그룹은 수백 개 정도이다. 대표적인 뉴스그룹으로는 'alt.business.import-export'와 'biz.marketplace.international'이 있다. 뉴스그룹에 무역관련 기사를 게재하는 일은 그다지 어렵지 않다. 하지만 잘못했을 경우 외국인에게 심한 비난을 받는 경우가 종종 있으니 주의해야 한다.

(5) 메일링 리스트 등록과 게재

대표적인 무역 관련 메일링 리스트로는 'EUROPE-BUSINESS-DIGEST'가 있다. 참고로 메일링 리스트의 종류에 대해 알아 보려면 메일링 리스트를 전문적으로 검색하고 있는 Liszt(http://www.liszt.com)에 접속할 수 있다. 그리고 메일링 리스트에 가입하거나 기사를 게재하는 방법은 메일링 리스트마다 조금씩 다른 경우가 많다. 또한 대체로 게재 기사의 양을 제한하고 있으며, 그 중에는 형식까지 제한하는 메일링 리스트도 있다.

(6) 해외 수출입 시 전자메일 이용

메일링 리스트는 관심 사항이 같다는 것을 제외하면 상대방에 대해 정확히 모르는 채 이용하는 것이라고 할 수 있다. 반면에 전자메일 리스트를 활용하면 상대방에 대한 정보를 한 손에 쥐고 적극적으로 전자메일을 보냄으로써 시간절감은 물론 거래성사 효과도 극대화할 수 있다.

(7) 가장 중요한 것은 제품 자체의 품질

인터넷 무역을 하면서 생각해야 할 사항은 인터넷을 이용하여 자사의 제품을 수출하기 위해서는 무엇보다도 제품 자체의 품질이 우수하여야 한다는 것이다. 제품의 품질이 우수하다는 의미는 제품이 독특하다는 것과는 완전히 다른 개념이다. 독특한 제품 일수록 판매시장은 작아지게 되어 경쟁력이 떨어지게 된다. 평범하지만 품질이 뛰어나 많은 사람들이 쉽게 인정할 수 있는 제품일수록 인터넷을 이용한 무역에서 성공할 가능성이 많아진다.

제 3 절 전자무역거래 프로세스

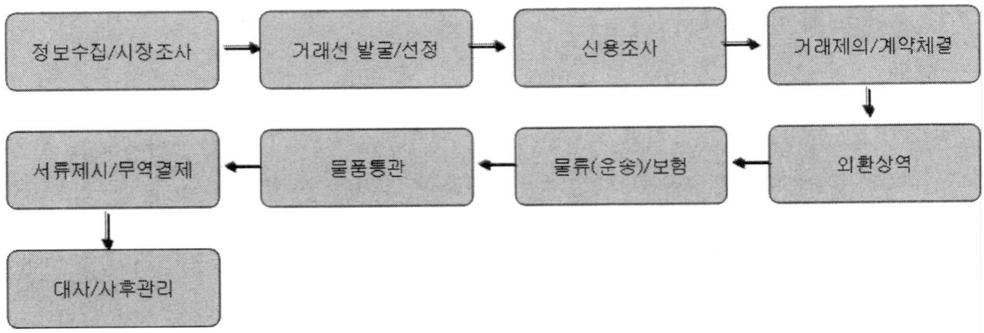

[그림 5-4] 전자무역거래 주요 프로세스

1. 해외시장조사

(1) 시장환경 분석

무역거래를 성공적으로 수행하기 위해서 무역계약을 체결하기 전에 사전 시장조사가 필요하다. 무역거래 절차의 최초 단계로서 외국 거래업자와 무역거래를 수행하는데 있어서 그 거래비용과 위험을 최소화하고 그 성과를 극대화하기 위해서는 사전에 신속하고 정확한 해외시장조사가 필수적이다. 국제기업이 당면한 특정 마케팅의 의사결정에 필요한 정보를 획득하고 활용하기 위해 관련 자료를 수집·분석하는 것이다. 즉, 개별 국가시장의 투자환경과 상품시장의 진출기회를 파악하고 각 해외시장 간의 유사점과 상이점을 비교·분석하여 진출하고자 하는 목표시장의 규모와 수요를 포함한 전반적인 시장기회를 파악하는 것이다.

해외시장에 진입시키고자 하는 특정상품의 해외시장진출에 대한 성공 가능성을 분석·조사하여 목표시장을 선정한 다음 당해 시장의 지역·경제·정치·사회 제도 등의 제반 환경을 조사하고, 그 다음으로 취급상품에 대한 세부적인 내용, 즉 통상법제, 소비자 행동의 특성, GNP 및 1인당 국민소득, 교역규모, 시장특성, 유통구조, 경쟁구조, 잠재 소비자 등을 조사하는 일련의 단계를 거치게 된다. 그리고 이를 기초로 하여 교역국 간 상이한 상관습에 대한 대응책이 검토해야 하며, 또한 제품의 품질, 가격, 수량, 결제방식 등의 거래조건과 마케팅 요소의 접목을 필요로 한다.

(2) 시장조사 방법

해외시장기회를 발견하기 위한 해외시장조사로는 KOTRA(대한무역투자진흥공사)나 해외시장조사 전문기관 등을 통하여 필요한 정보를 입수하는 간접 조사방법과 대한상공회의소, 한국무역협회 등 무역관계 기관 및 (주) 레이디코리아, EC21, EC 플라자 등과 같은 전자무역전문서비스업자의 홈페이지에 게시된 각종 무역관련 자료 및 통계, 국별 또는 지역별 무역환경이나 무역동향 등으로부터 정보를 확보하는 직접 조사방법이 있다. 또한 국내 주재 외국공관의 홈페이지 또는 자료실, 그리고 해외경제단체 및 무역전문기관 등의 홈페이지를 통해서도 해외시장조사에 대한 유용한 자료를 확보할 수 있다.

그러나 이와 같은 방법으로 특정 시장의 환경과 거래파트너 및 취급품목 등에 관련 있는 정보를 확보하는데 어려움이 있는 경우에는 직접 현지 방문조사도 적극 검토할 필요가 있다. 특히 중소기업의 경우 직접 조사의 어려움을 고려할 때 KOTRA 또는 전문 서비스기관에 해외시장조사를 위탁하는 것도 바람직한 방법이다. KOTRA는 세계 주요국에 한국무역관 또는 지점망을 구축하고 무역업체의 신청을 받아 실비로 해외시장조사를 대행해 주고 있다.

국제무역을 위한 시장조사는 인터넷을 이용하여 상당 부분은 가능하다. 다양한 검색엔진과 정보제공서비스 시스템, 시장정보 제공 사이트, 무역거래 알선 사이트 등을 통해서도 해외시장에 대한 정보를 수집할 수 있다. 특히 거래알선 사이트는 거래알선은 물론 무역정보 및 시장조사 업무도 제공하기 때문에 전자무역이 가지는 편익이라고 할 수 있다.

(3) 해외시장조사 실행단계(STP)

이러한 제반 시장분석을 기초로 STP(Segmentation, Targeting, Positioning)전략 즉, 시장세분화, 목표로 하는 세분시장의 선택 및 진출시장에서 제품의 위치를 설정한다. 시장전략으로서 표적지역의 시장에서 시장을 더욱 세분화하여 목표시장을 선정한 후, 그 목표 세분시장 내에서 거래제품의 위치를 설정하고, 마케팅믹스전략을 수립 및 실행해 가는 과정을 의미한다.

- 시장세분화 : 시장에서 다양한 개별적 욕구를 만족시키기 위해 유사한 욕구를 가진 소비자 집단으로 묶는 과정으로 이러한 욕구에 대응하는 제품을 만들기 위해서 시장세분화가 필요하다. 특정 품목의 수출입 실적, 목표시장의 경제적 특성

조사, 무역포털 사이트를 이용한 통계조사 등이 있다.

- 목표시장 선정 : 세분시장 중에서 상대적으로 경쟁우위가 있는 세분시장을 선정하고, 선정한 목표 시장에 제품 포지셔닝을 결정해야 한다. 따라서 진출 가능성이 있는 해외시장 또는 국가를 선정하는 것이며 당해 국가의 성장 잠재력, 통상 정책 등 고려하고 경제, 정치, 법제도 등을 검토한다.
- 거래선 발굴 : 이에 적합한 거래상대방을 발굴하며, 거래알선 사이트를 이용할 수 있다.

2. 거래선 발굴

해외시장에 대한 조사·분석을 통하여 목표시장에서 잠재력 있는 유망한 거래처를 발굴하는 데 있어서는 보다 엄격하고 효과적인 방법이 채택되어야 한다. 목표시장에서 신뢰할 만한 거래상대방을 발굴하면 거래관계를 체결하여야 한다. 중요한 것은 어떻게 역량이 있고 신뢰성 있는 거래상대방을 발굴할 수 있는가이다. 거래상대방의 발굴에는 다음과 같은 방법이 있다.

(1) 국내외 무역유관기관을 이용하는 방법

국내에는 대한상공회의소(KCCI), 한국무역협회(KITA), 대한무역투자진흥공사(KOTRA), 중소기업진흥공단(SBC) 등이 있고, 국외에는 각국의 상공회의소, WTC(World Trade Center), WTCA(World Trade Centers Association) 등이 있다.

(2) 자체 홍보물을 이용하는 방법

해외 거래상대방을 발굴하기 위해 해외 홍보용 전자카탈로그 등을 제작하여 잠재거래기업에 배포하는 방법이다. 이 경우 홍보물의 제작은 전문가에게 의뢰하여 제작하는 것이 바람직하며, 또 당해 홍보물을 배포하기 위한 명단은 KOTRA, 한국무역협회, 대한상공회의소 등 무역유관기관을 통하거나 또는 무역관련 알선사이트 등을 통해서 입수할 수 있다. 이외에도 국내외에서 개최되는 각종 무역전시회나 무역박람회 참가 시 배포하는 것도 효과적이다.

(3) 해외 광고를 이용하는 방법

국내에서 발간되는 해외배포용 매체인 Korea Export, Korea Trading Post, Korea Trade, Korea Buyer's Guide, World Trade Zone 등을 이용할 수 있다. 그리고 해외에서 발간되는 매체를 이용할 수 있다.

(4) 전자거래(무역) 사이트를 이용하는 방법

해외 거래상대방을 발굴하는 방법 중 하나는 전자무역 사이트를 이용하는 것이다. 이 사이트에서는 인콰이어리, 카탈로그 및 기업 디렉토리 정보를 여러 형태로 검색할 수 있으며 또한 자사의 정보를 등록할 수 있다. 국내 전자거래 사이트로는 KITA, BUYKOREA, Gobiz Korea, 중소기업진흥공단(SBC), EC21, ECPlaza 등이 있으며, 해외 사이트에는 Global Sources, Trade Asia, Alibaba, E-Commerce Europe 등이 있다.

(5) 각종 사절단 및 무역전시회 등에 참가하는 방법

각종 무역박람회 및 전시회 등에 참여하거나 사절단을 파견하여 직접 상담을 통하여 바이어를 발굴할 수 있다. 해외 전시회는 한국무역협회나 KOTRA 같은 무역지원기관 또는 지방자치단체에서 지원하는 전시회에 참가하는 것이 유리하다.

(6) 직접 해외출장을 통한 방법

이미 살펴 본 여러 방법 중 비용과 시간이 많이 들지만 직접 해당 국가를 직접 방문하여 것이 가장 좋은 방법이다. 해외출장 시 현지 공공기관 또는 무역유관기관에 비치된 Yellowpage나 업종별 디렉토리(directory)를 참고하여 직접 방문한다. 이 경우 해외출장 전 적절한 사전준비가 필요하다.

그리고 이 이 이외에도 전자무역전문서비스업자의 거래알선사이트를 이용할 수 있으며, 자사의 제품을 원하는 업자를 전문사이트 검색을 통하여 검색하는 방법 등이 있다.

3. 신용조사와 신용조회

(1) 신용조사의 의의

해외시장조사를 통하여 발굴·선정한 거래상대방에 대한 신용상태(credit standing)

를 확인하는 것은 향후 성공적인 거래 가능성을 진단하고 거래위험을 사전에 예방한다는 측면에서 매우 중요하다. 국제무역이 신용을 기반으로 이루어지고 있는 현 상황에서 신용조사는 그 중요성이 강조되고 있다.

특히 전자무역거래는 서로 다른 국가에 있는 수출업자와 수입업자가 직접 대면하여 협상하는 것이 아니라 정보시스템 또는 전자우편 등과 같은 전자적인 수단을 이용하여 무역계약을 체결하게 되고 또한 상호간 전신으로만 거래가 이행되므로 거래상대방의 신용조사가 매우 중요하다. 따라서 거래상대방과 거래를 체결하기 전에 상대방에 대한 신용상태를 포함한 치밀한 신용조사가 필요하다.

그 신용조사는 수출업자에 대해서는 물품확보 및 인도능력, 수입업자에 대해서는 대금결제능력과 그 이행에 대한 신뢰성과 기업의 일상적인 정보를 사전에 조사하는 것이다. 무역거래에서는 신용위험이 국내거래보다 높다. 예컨대 수출업자의 계약불이행 및 사기와 수입업자의 지급거절, 지급불능, 파산, 그리고 은행의 파산 또는 지급거절 등에 의한 부도위험이 있다.

(2) 신용조사의 내용

신용조사에 있어서 기준은 영업능력과 신뢰성이다. 이를 측정하기 위하여 필수적으로 조사해야 할 내용에는 상도덕(character), 자본(capital), 영업능력(capacity) 등 3C's(three C's)가 있다.

이 이외에도 거래상대국의 정치·경제적 시장상황(conditions)과 거래통화(currency), 소속국가(country), 담보능력(collateral) 가운데 두 가지를 추가하여 5C's라고도 한다. 무역거래는 서로 다른 국가 간 거래라는 점에서 무엇보다 신용이 중요하다. 따라서 신용조사의 내용 중 가장 중요한 것은 거래상대방이 상도덕(character)이라고 할 수 있다.

[표 5-9] 신용조사의 3'C

구 분	내 용
Character (상도덕)	경영자의 개성(personality), 성실성(integrity), 자질, 영업태도(attitude toward business), 업계평판(reputation), 계약이행에 대한 열의(willingness to meet obligations)나 도덕성/신뢰성 등
Capital (자본)	거래상대방의 재정상태(financial status), 즉 수권자본(authorized capital)과 납입자본(paid-up capital), 자기자본과 타인자본의 비율, 기타 자산상태 등 지급능력과 직결된 내용
Capacity (영업능력)	거래상대방의 영업형태, 생산능력, 거래규모, 판매망, 연혁 내지 경력 및 영업권(goodwill) 등 영업능력 (business ability)에 관한 내용

(3) 신용조사의 방법

일단 선정된 거래처에 대해서는 본격적인 거래에 앞서 신용조사를 하게 되는데 대개 다음과 같은 방법을 이용할 수 있다.

① 은행 조회 또는 동업자 조회

일반적으로 거래상대방 또는 자신이 거래하고 있는 은행을 통하여 신용조사(credit inquiry)를 할 수 있는데 이를 은행 조회(bank reference)라 한다. 또 거래상대방과 거래경험이 있는 현지 동업자나 상공회의소 또는 고정 거래처 등을 통하여 하는 방법도 있는데, 이를 동업자 조회(trade reference)라 한다.

② 외국의 저명한 신용조사 전문기관

무역업자들은 신용조사를 전문으로 하는 상업흥신소와 같은 신용조사 전문기관을 이용할 수 있다. 특히 Dun&Brandstreet사(미국), Bradstreet British사(영국), Tokyo Mercantile Agency(일본) 등과 같은 국제적으로 저명한 전문기관은 세계 주요 도시에 지소 및 연락 사무소를 두고 신용조사 업무를 수행하고 있다.

③ 국내 신용조사기관

우리나라에서는 국내기업은 물론 해외기업에 대한 신용조사를 전문적으로 조사해주는 기관으로 우선 신용보증기금(www.shinbo.co.kr)이 있으며, 이를 이용하면 해외의 수출업자에 대한 신용상태를 많은 비용을 들지 않고도 해외 신용조사가 가능하다.

이 밖에 대한상공회의소(KCCI), 한국무역협회(KITA), 대한무역투자진흥공사(KOTRA), 수출보험공사(KEIC) 등 무역유관기관을 활용하여 신용조사를 의뢰할 수도 있다. 특히 수출입은행의 수출신용정보센터에서도 수출입업자, 금융기관, 수출유관단체 등을 대상으로 회원제 방식에 의하여 신용정보자료를 제공하고 있다. 그러나 회원제 방식이라고 하여 상당히 엄격한 제한이 있는 것이 아니라 등록된 무역업자이면 누구나 별도의 회비나 가입비 없이 참여가 가능하므로 무역업자가 직접 국제상업흥신소를 이용하는 것 보다는 훨씬 적은 비용으로 소기의 목적을 달성할 수 있다.[21)]

이 이외에도 기업은행, 미래신용정보주식회사, 한국신용평가회사, 기술신용보증기금 등이 있다.

---

21) http://kr.blog.yahoo.com/culculu/1328622 참고함

(4) 상대국에 신용조회의 의뢰

신용조사는 이미 살펴보았듯이 상대국의 은행(은행조회) 또는 기존 거래처나 상공회의소(동업자조회) 등을 활용하여 조회할 수 있다. 그러나 거래의 중요성이 인정되거나 또는 미래 거래업자의 신용상태를 확실하게 파악할 필요가 있을 경우에는 국내외 신용조사전문기관을 이용하는 것이 바람직하다.

[표 5-10] 국내외 신용조사 관련 주요 웹사이트

신용조가 기관명		웹사이트
국내	신용보증기금	www.shinbo.co.kr
	한국수출보험공사	www.keic.or.kr
	한국기업평가	www.rating.co.kr
	한국산업경제연구원	www.mcredit.co.kr
	서울신용정보	www.sci.co.kr
	한국신용평가정보	www.kisline.co.kr
	한국신용정보	www.nice.co.kr
	나이스디앤비	www.g2brating.com/
	미래신용정보	www.miraecredit.co.kr
국외	Anderson Consulting	www.ac.com
	Fitch IBCA)	www.fitchibca.com
	J. P. Morgan)	www.jpmorgan.com
	Moodys	www.moodys.com
	Standard & Poors	www.standardpoor.com
	Thompson Financia Bankwatch	www.bankwatch.com
	World Trade Database	www.wtdb.com
	Japan Ctredit Rating Agency	www.jcr.co.jp
	Duff & Phelps Credit Rating	www.dcrco.com
	Duns & Bradstreet	www.dnb.com

4. 거래제의

해외시장조사를 통하여 발굴한 다수의 거래처들 중 가장 적절하다고 판단되는 거래상대방이 선정되면 당해 거래상대방에게 거래제의를 하게 된다. 이러한 제의는 전통적으로 직접 방문하거나 서신, 전자메일, 팩스 및 전화 등에 의해 이루어지고 있으나, 이러한 전통적인 방법 이외에도 전자무역 알선사이트 또는 전자무역시스템을 통하여 이루어 질 수도 있다. 그리고 거래제의는 불특정 다수의 업자들을 대상으로 하는 경우, 즉 간행물에 의한 방법이 있으며, 또 동일한 내용의 홍보물을 작성하여 상대방의 주소와 발신인만 추가하여 송부하는 거래권유장(circular letter)에 의하는 방법이 있으나, 일반적으로 개별적인 서신 또는 전자문서로 송부하는 방법을 주로 이용하고 있다.

이러한 서신은 자사를 소개하는 최초의 서신이므로 이를 접수하는 거래상대방이 좋은 인상을 받고, 거래를 결심할 수 있도록 호소력 있고 정중하게 작성하여야 한다. 거래권유장의 구체적인 내용은 거래환경 및 취급상품에 따라 동일하지는 않지만 다음과 같은 내용을 중심으로 작성한다.

㉠ 거래상대방을 알게 된 경위 및 향후 거래관계 희망
㉡ 거래제의 업자의 업종, 취급품목, 주요 거래국가 또는 거래상대방 등
㉢ 자국 내에서의 거래제의 업자의 평판 및 위치, 업력, 및 생산규모 등
㉣ 무역거래조건, 특히 결제, 가격 및 보험조건 등
㉤ 거래형태, 즉 수출 또는 수입, 위탁판매 또는 수탁매입 등
㉥ 신용조회처(거래은행 또는 동업자의 명의 및 주소)
㉦ 정중한 결문
㉧ 홈페이지 주소, 전신주소(cable address), 텔렉스 또는 팩시밀리 번호, e-Mail 주소 등 거래제의 업자에 관한 주요 정보

5. 전자무역계약의 체결

청약자가 제시한 거래조건에 법률적 효력을 발생할 목적으로 그 상대방이 무조건적·절대적인 승낙(acceptance)이 있는 경우에는 계약이 성립된다. 이것은 오퍼(offer)와 대응오퍼(counter offer)를 통하여 거래당사자 간에 거래조건을 협의·조정·동의하는 과정을 거친다. 그리고 거래당사자는 사후 분쟁에 대비하여 매매계약서에 거래조건 및 거래내용을 상세하게 약정해야 한다. 당해 매매계약서상에는 품질, 수량, 가격, 결제, 선적, 보험, 포장 등의 기본적인 조항과 준거법, 무역클레임, 불가항력, 상

사중재 등 거래당사자 간의 계약이행에 필요한 모든 사항을 포함하여야 사후 분쟁에 대비할 수 있다.

※ 오퍼는 매수인 또는 매도인 어느 측에서든 먼저 할 수 있다.

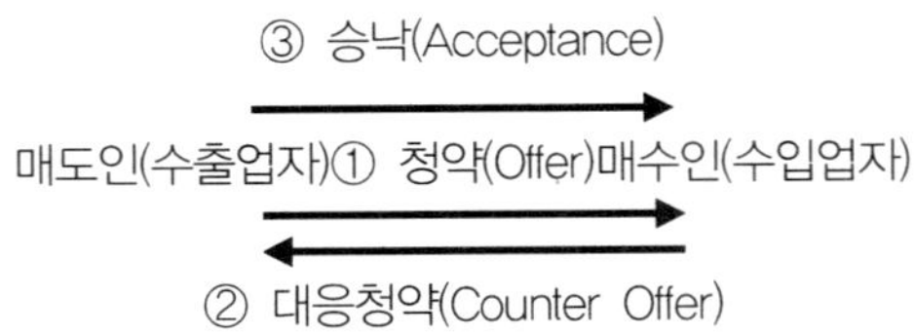

※ 청약자의 청약에 대한 승낙자의 무조건적인 완전한 의사표시의 합치에 의해 계약 성립

6. 전자무역계약의 이행절차

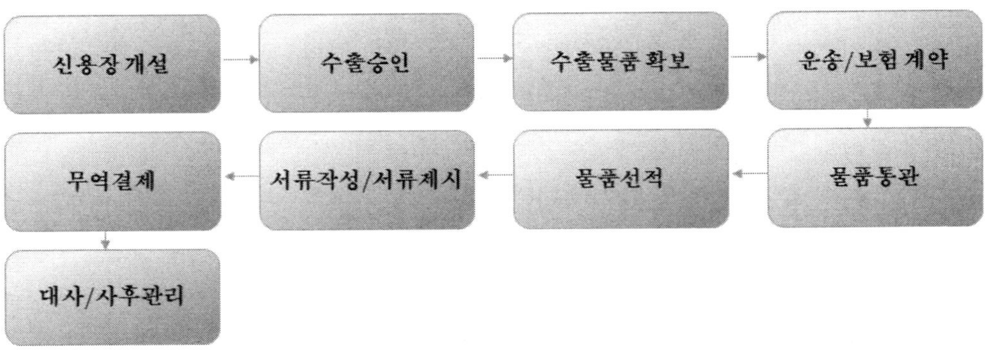

[그림 5-5] 전자무역거래 주요 프로세스

(1) 신용장 개설

매매계약에서 대금결제조건이 신용장방식인 경우, 수입업자는 거래은행에 신용장 개설을 의뢰한다. 이에 개설은행은 수입업자의 신청내용을 토대로 수입업자의 신용상태를 심사한 후 신용장의 개설여부를 결정한다. 개설은행이 신용장을 개설하기로 결정한 경우에는 정보시스템을 통하여 매도인에게 신용장의 개설통지를 한다. 수출업자는 통지받은 신용장의 내용을 검토한 후 매매계약서의 계약조건과 일치하면 수출물품을 제조하거나 또는 확보한다. 이 때 신용장의 내용이 다른 경우에는 수입업자에게 조건변경을 요청한다.

(2) 수출승인

수출승인은 대금결제사항이 제외된 상태로 수출입공고·통합공고 등에 의해 수출이 제한된 물품을 수출이 가능하도록 허가해 주는 절차이다. 수출승인제도는 1997년 3월 1일 대외무역법의 개정으로 수출입공고상 제한품목에 대하여만 승인을 얻도록 하며, 기타 품목에 대하여는 승인제도를 폐지하고 네거티브 시스템(Negative System; 원칙자유·예외규제)으로 전환하였다. 그러나 특정거래형태의 수출입[22]에 대하여는 종전과 동일하게 시행하고 있다.

따라서 수출입승인은 『대외무역법』 제10조에서는 "물품등의 수출입과 이에 따른 대금을 받거나 지급하는 것은 이 법의 목적의 범위에서 자유롭게 이루어져야 한다. 그리고 무역거래자는 대외신용도 확보 등 자유무역 질서를 유지하기 위하여 자기 책임으로 그 거래를 성실히 이행하여야 한다."라고 규정하고 있어 원칙적으로 자유이다. 그러나 예외적인 경우에는 본 법 제11조의 "수출입의 제한 등"을 비롯한 관계법령의 수출입절차에 따른다.

(3) 수출물품 확보

수출업자가 직접 제조하여 수출하는 경우는 선적기일에 맞추어 약정물품을 생산하여 인도한다. 그러나 물품을 직접 제조하지 않는 무역업자인 경우는 제조업자를 물색하여 당해 수출물품을 확보해야 한다. 이 경우 제조업자를 사전에 물색하고 거래제의를 하는 것이 바람직하다. 물품확보를 위한 자금이 필요한 경우에는 금융기관의 무역금융제도를 이용할 수 있다. 즉 거래은행에서 생산자금 또는 원자재금융[23]

22) 『대외무역법 시행령』 제20조 : (특정 거래 형태의 수출입 인정) 법 제13조제1항에서 "대통령령으로 정하는 물품등의 수출입 거래 형태"란 해당 거래의 전부 또는 일부가 다음 각 호의 어느 하나에 해당하는 수출입 거래 형태로서 지식경제부장관이 정하여 고시하는 기준에 해당하는 거래(이하 "특정거래 형태"라 한다)를 말한다. 1. 법 제11조제1항에 따른 수출 또는 수입의 제한을 회피할 우려가 있는 거래, 2. 산업 보호에 지장을 초래할 우려가 있는 거래, 3. 외국에서 외국으로 물품등의 이동이 있고, 그 대금의 지급이나 영수(영수)가 국내에서 이루어지는 거래로서 대금 결제 상황의 확인이 곤란하다고 인정되는 거래, 4. 대금 결제 없이 물품등의 이동만 이루어지는 거래이다.

23) 생산자금이란 수출용 완제품 또는 수출용 원자재를 직접 제조·가공하는 데 소용되는 자금을 말한다. 그리고 원자재 금융은 원자재 수입자금과 원자재 구매자금으로 구분된다. 우선 원자재 수입자금은 수출이행에 필요한 수출용 외국 원자재를 해외에서 일람출급(at sight) 조건으로 수입하는 데 소요되는 자금을 말하며, 원자재 구매자금이란 국내 제조업자로부터 수출용 국산 원자재 또는 외국으로부터 수입한 원자재를 내국신용장에

등과 같은 금융자금을 직접 지원 받거나, 아니면 국내 물품공급자를 수익자로 하는 내국신용장의 개설을 신청할 수 있다.

(4) 운송 및 보험계약 체결

수출업자는 신용장 또는 계약서상에 명시된 운송조건으로 운송업자와 운성계약을 체결한다. 즉 수출업자는 신용장 또는 매매계약서상 명시된 정형거래조건이 CIF(운임·보험료포함인도) 및 CFR(운임포함인도조건), CIP(운송비·보험료지급인도) 또는 CPT(운송비지급) 등과 같이 매도인이 운송계약을 체결하고 운임을 지급하기로 하는 조건으로 수출할 경우 수출업자는 국제운송계약을 체결하고 운임을 지급하여야 한다. FCA, FOB 등 수입업자가 운송비용을 부담하는 거래조건의 경우에는 수입업자가 국제운송계약을 체결한다.

그리고 계약조건에 따라 적하보험에 부보하여 항해 중 선박의 침몰, 좌초, 화재, 충돌 등의 항해 중 해상사고로 인한 재산상의 손실에 대비하여야 한다. 즉 정형거래조건이 CIF(운임·보험료포함인도), CIP(운송비·보험료지급인도) 등과 같이 매도인이 보험계약을 체결하고 보험료를 지급하기로 하는 조건으로 계약하는 경우에는 매도인이 부담한다.

(5) 물품통관

수출업자는 당해 물품을 선적하기 전까지 당해 물품의 소재지 관할세관장에게 수출신고를 하고 그 수리를 받아야 한다. 수출통관절차라 함은 수출하고자 하는 물품에 대해 세관에 수출신고를 하고 필요한 검사 및 심사를 거쳐 수출신고수리를 받아 물품을 선박 또는 비행기에 적재하기까지의 절차를 말한다. 세관에서는 이러한 관세법의 규정에 의한 일련의 절차를 통해서 관세법은 물론 대외무역법, 외국환거래법 등 각종의 수출규제에 관한 법규의 이행사항을 최종적으로 확인하게 된다.

현재 우리나라는 수출신고는 원칙적으로 EDI에 의해 진행되고 있으며 예외적인 경우에 한해 수출신고서 및 증빙서류를 세관장에게 제출하도록 하고 있다. 통관관련 사이트로는 우선 통관포털은 https://www.utradehub.or.kr, 관세·품목분류번호(HS code) 및 관세사 정보와 관련된 자료는 http://www.custrade.com에서 상세한 정보를 알 수 있다. 또 관세청 홈페이지(http://www.customs.go.kr)에서도 HS 코드를 포함한

의하여 구매하는 데 소요되는 자금을 말한다.

물품통관과 관련된 정보를 알 수 있다. 이 부문에서는 수출포장, 관세, 통관자동화, 관세환급 등에 대한 이해가 필요하다.

[표 5-11] 수출통관 업무 처리과정

수출업자	통관의뢰 받은 관세사	세 관
수출물품을 보세창고에 반입	EDI 시스템 또는 전자무역시스템을 이용하여 수출물품에 대한 수출신고서, 상업송장, 포장명세서 등을 관할세관에 제출	접수된 통관서류의 심사 및 수출물품에 대한 품명, 가격, 수량 등 조사

(6) 물품선적

수출신고가 수리된 물품은 수출신고일로부터 30일 이내에 선적하여야 한다. 다만, 선적일정의 변경 등 부득이한 사유가 있는 경우에는 통관지 세관장에게 선적기간 연장승인을 받을 수 있다. 또한 선적기간 내에 선적되지 아니하는 경우에는 수출신고 수리가 취소될 수 있으며 관세환급도 불가능하기 때문에 유의하여야 한다.

수출업자는 신용장 또는 계약서에 명시된 운송조건으로 체결된 운송계약에 따라 수출물품을 지정 선박에 선적한 후 운송회사로부터 운송서류를 발급받는다. 발급받은 운송서류는 수출대금을 회수하기 위해 환어음매입 시 거래은행에 제시한다.

그 절차는 화주가 선박회사의 선적지시서를 본선의 일등항해사(chief mate)에게 제시하면 화물을 대조한 후 무고장 본선수령증(M/R)을 교부하는데, 이를 다시 선박회사에 제출하고 운임을 납부하면 선하증권(B/L)을 발급받을 수 있다. 컨테이너 운송의 경우 본선수령증 대신에 부두 수령증(D/R)을 교부받는다.

(7) 대금결제

수출업자는 물품을 선적하면 다음과 같은 주요 회수방법 중의 한 방법으로 대금을 회수하게 된다. 이 때 전자시스템(EDI)을 이용하거나 또는 거래은행에 방문하여 수출환어음매입을 신청한다.

① 신용장방식

매매계약서상 결제방법이 신용장에 의한 경우에는 당해 물품의 선적을 완료한 후 신용장에서 요구하는 서류를 준비하여 화환어음을 발행하고 그 것을 거래은행에 매입을 의뢰하여 수출대금을 회수한다. 수출환어음의 매입(negotiation)은 외국환은행인 거래은행이 추심결제 전에 수출대금을 사전에 지급하여 수출상에 대한 금융을 원활히 제공하는 여신행위를 말한다.

② 추심방식

매매계약서상 결제방법이 DP(Documents against Payment : 지급인도조건) 또는 DA(Documents against Acceptance : 인수인도조건)인 경우에는 거래은행을 통하여 대금추심을 의뢰한다. 우리나라의 경우 거래은행과 약정에 따라 추심전 매입도 가능하다.

③ 송금방식

수출업자가 수입업자에게 운송서류를 송부하면 수입업자가 수출업자에게 직접 송금하는 방법이다.

(8) 대사/사후관리

은행과 무역업자는 선적하면, 수출의 경우에는 매 수출건별로 미회수 여부를 대조·확인하고 아직 미회수 중인 건에 대해서는 전자메일 또는 서한 등을 작성·발송을 통하여 미회수 원인을 추적·조사하고 대금을 회수하는 절차를 말한다. 한편 수입의 경우에는 수입 건에 대한 미지급 건 있는지 대조·확인하여 지급하고, 또 원자재 수입의 경우 수출이행 여부를 점검·확인하는 절차를 말한다. 그리고 일방의 거래당사자가 계약조건을 준수하지 않거나 또는 수입국에 도착된 약정물품 상에 문제가 있는 경우에는 무역클레임을 제기하고 해결한다. 이 때 해결이 거래당사자 간 해결이 안 될 경우에는 알선, 조정, 중재, 국제소송 등의 절차도 밟는다.

7. 수출보험제도

(1) 의의

수출거래에 수반되는 여러 가지 위험 가운데에서 해상보험과 같은 통상의 보험으로는 구제하기 곤란한 위험, 즉 수입자의 계약파기, 파산, 대금지급 지연 또는 거절 등의 신용위험(commercial risk)과 수입국에서의 전쟁, 내란, 또는 환거래 제한 등의 비상위험(political risk)으로 인하여 수출업자, 생산업자 또는 수출자금을 대출해 준 금융기관이 입게 되는 불의의 손실을 보상함으로써 궁극적으로 수출 진흥을 도모하기 위한 비영리 정책보험이다.[24)]

(2) 수출보험 절차

인터넷 수출보험은 개인이나 법인 또는 중소기업, 대기업을 가리지 않고 국내 수출업자라면 누구나 이용할 수 있다. 또한 소규모 사업을 개시하는 경우에도 이용이 가능한데 수출보험을 이용하기 위해서는 수출업자의 신용평가에 필요한 재무제표 등 몇 가지 서류만 제출하면 된다. 이에 따라 수출업자는 인터넷을 통해 신용장 및 무신용장거래 모두 수출보험 신청할 수 있다. 따라서 시간과 비용이 획기적으로 줄일 수 있을 뿐만 아니라 안정적이고 신뢰성 있는 무역거래를 할 수 있다.25)

(3) 수출보험의 기능26)

① 수출거래상의 불안제거 기능

수출보험은 수출거래에 따른 수출자의 위험부담을 해소하여 준다는 측면에서 수출거래의 환경 및 조건을 국내 상거래의 경우와 동일한 정도로 유리하게 조성하는 데에 제 1차적인 기능을 가지고 있다. 즉, 수입국에서 발생하는 비상위험 또는 신용위험 등으로 인하여 수출이 불가능하게 되거나 수출물품의 대금회수가 어렵게 되어 수출업자나 생산자 등이 입게 되는 손실을 보상함으로써 안심하고 수출활동을 할 수 있도록 하는 기능을 갖는다.

② 금융 보완적 기능

수출보험은 수출대금 미회수 위험을 담보하므로 금융기관으로 하여금 수출금융을 공여하게 하는 금융 보완적 기능을 가진다. 즉 수출금융 수출대금의 회수가능성 여부가 대출심사의 중요한 기준이 되는 바, 수출보험에 의하여 이를 해결할 수 있으므로 금융기관은 수출업자에게 담보요건 등에서 보다 유리한 조건으로 과감하게 수출자금을 공급할 수 있게 된다. 또한 거래상대방의 대금결제 지연 등과 같은 보험사고가 발생하여 수출대금의 회수 전망이 불투명 하거나 회수에 장기간이 소요되는 경우에 있어서도 수출업자가 입는 손실을 보상함으로써 기업자금의 유동성을 제고시켜 줄 수 있는 신용공여 기능도 수행한다.

③ 수출진흥 정책수단으로서의 기능

수출보험은 수출무역, 기타대외거래의 촉진 및 진흥을 위하여 정부지원 하에 운영

24) http://www.keic.or.kr/
25) 한국무역협회, 전게서, 70면.
26) http://www.keic.or.kr/

됨에 따라 보험료율 등을 정함에 있어 장기적 차원에서의 수지균형을 목표로 하여 가능한 한 저율로 책정하는 한편 보상비율 등에서는 최대한 수출업자에게 유리한 형태의 보상 제도를 채택하는 등 수출 경쟁력을 강화시키고, 결과적으로 수출을 촉진시키는 역할을 하게 되는 수출 진흥정책 수단으로서의 기능을 갖는다. 수출보험의 이러한 기능은, 각 국가 간 수출지원 경쟁이 심화되고 있는 가운데 수출금융 및 세제상의 우대조치 등의 직접 수출지원 수단에 대한 국제적 규제가 강화되고 있어 국제적으로 용인되고 있는 간접 지원수단인 수출보험의 역할이 더욱 중요해지고 있다. 또한 수출보험은 보험인수조건, 즉 담보하는 위험의 범위, 담보율, 보험료율 등을 수출여건에 따라 적절히 조정함으로써 수출업자의 활동을 촉진시키거나 제한할 수도 있으므로, 수출무역 및 대외거래에 대한 인허가 등의 직접적 통제방식을 간접적 통제방식으로 전환시키는 기능도 갖게 된다.

④ 해외 수입자에 대한 신용조사 기능

수출보험은 효율적인 인수 및 관리를 기하고 보험사고를 미연에 방지하기 위해 다각적으로 해외 수입자의 신용상태와 수입국의 정치·경제 사정에 관한 조사활동을 하게 되는 바, 이러한 해외 수입업자 및 수입국에 관한 신용정보를 제공하여 수출업자로 하여금 효과적으로 활용할 수 있도록 함으로써 수출업자의 신규 수입업자 확보와 수출거래 확대에 기여함과 동시에 건전한 수출거래를 유도하는 부수적 기능을 가지고 있다.

제 4 절 전자무역계약의 성립

1. 전자무역계약의 개념과 특징

(1) 전자무역계약의 개념

국제무역에서 무역계약은 서한, 팩시밀리, 전화, 구두, 텔렉스 등과 같은 통신방법을 이용하여 계약당사자 간 물품매매를 위한 거래조건에 대한 의사표시의 완전한 합치에 의하여 성립되는 계약행위를 의미한다. 즉 계약당사자 간의 매매조건에 대한 쌍방의 완전한 의사합치에 의하여 성립하는데, 그 합치는 일반적으로 일방 당사자의 청약과 그 상대방의 승낙을 통하여 이루어진다. 여기에서 청약이란 청약자가 상대방인 피청약자와 일정한 매매조건으로 무역계약을 체결하겠다는 의사표시를 말하며, 승낙은 피청약자가 무역계약을 성립시킬 목적으로 청약자의 의사표시에 절대적·무조건적으로 동의하겠다는 상대방(피청약자)에 대한 확정적 의사표시이다.

한편 전자무역거래에 있어서의 계약체결은 인터넷을 포함한 전자적인 방법을 이용하며 이루어지며, 전통적인 무역계약과 같이 일방 당사자의 전자청약에 대한 그 상대방의 전자승낙으로 성립되며 그 유효성을 인정하고 있다. 따라서 전자무역계약이란 전자적 매체를[27] 통해 성립되는 무역계약이나 협의로는 네트워크에 연결된 정보시스템에 국한된다. 즉 전자무역계약은 일정한 법률효과의 발생을 목적으로 2인 이상의 거래당사자 간에 정보시스템[28]을 이용하여 전자적으로 이루어지는 의사표시의 합치에 의하여 성립되는 무역계약의 행위를 의미한다.

전자무역에서는 전자무역 업무를 성공적으로 수행하기 위해 사전 예비 교섭단계에서부터 전자청약과 그 승낙에 의한 계약체결과 운송·보험 계약 및 대금결제 등의 계약이행이 정보시스템, 전자우편 등 전자매체를 이용한 전자적 의사표시를 통하여 가상공간에서 이루어진다는 점이 기존 무역계약과 차이가 있다.

(2) 전자무역계약의 특징과 성격

국제무역에서 무역거래 프로세스가 정보시스템을 통하여 이루어지는 전자무역계약은 계약을 성사시키기 위한 무역조건에 대한 계약당사자 간의 의사표시 및 합치의 과정이 전자적·시스템적으로 이루진다. 따라서 무역거래 절차상에서 일상적으로 이루어지는 서류의 작성, 수정, 송부, 심사(확인), 절차상의 각종 통보, 거래추적 등이 전자적·시스템적으로 이루어지고, 거래당사자 간 거래내용에 대한 정보의 취득과 제공이 용이하고 또 보관과 그 관리가 용이하다. 이는 정보시스템 상에서 조회, 송수신, 및 다운로드와 업로드 등이 용이하기 때문이다. 그리고 기업내부의 업무정보시스템과 효과적으로 연계하여 업무처리의 효율성을 향상시킨다. 또한 전자거래의 특성인 신속성, 편리성 및 절차상의 저비용은 기업경영의 효율성에 기여한다.

27) "데이터 메시지"(data message)란 UNCITRAL 전자상거래모델법 제2조 a항에 의하면 EDI, e-Mail, 전보, 텔렉스 또는 텔레카피 등을 포함한 전자적·광학적 또는 이와 유사한 방법으로 생성, 송신, 수신 또는 저장된 정보를 의미한다.

28) "정보처리시스템"이란 전자문서의 작성, 송신·수신 또는 저장을 위하여 이용되는 정보처리능력을 가진 전자적 장치 또는 체계를 말한다(전자문서 및 전자거래기본법 제2조 2항).

그러나 경우에 따라서는 거래상대방의 신뢰성 문제, 전자시스템상의 오류 등의 문제점, 의사표시의 행위자와 명의인의 동일성 여부, 분쟁해결을 위한 거래내용의 원본성(진본성) 및 그 보존의 필요성 등을 검토해야 하다.

그리고 전자무역에서서의 전자무역계약의 법률적 성격은 전통적인 무역계약의 성격, 즉 매매물품의 인도에 대한 반대급부로 경제적 급부가 제공되는 유상계약, 무역계약의 성립과 동시에 계약당사자 쌍방의 일정한 계약상 의무를 부담하는 쌍무계약, 계약당사자의 의사합치만으로 성립되는 낙성계약, 계약성립에 있어서 일정한 절차와 방식이 요구되지 않는 불요식계약, 또 무역계약의 기초가 되는 의사표시나 법률행위가 무효 또는 실효되면 당해 무역계약도 무효 또는 실효가 되는 유인 계약성(casual contract) 등의 성격을 지닌다.

[표 5-12] 전자무역계약의 법률적 성격

성 격	내 용
유상계약	매매물품의 인도에 대한 반대급부로 경제적 급부가 제공
쌍무계약	무역계약의 성립과 동시에 쌍방의 일정한 계약상 의무 부담
낙성계약	계약당사자의 의사합치만으로 성립
불요식계약	일정한 절차와 방식 불필요
유인계약성	무역계약의 기초가 되는 의사표시나 법률행위가 무효 또는 실효되면 당해 무역계약도 무효 또는 실효

(3) 전자무역계약의 효력발생 요건

국제무역에서 무역계약의 효력이란 계약조건을 이행하는데 필요한 유효성을 의미하며 이를 충족시키기 위한 요건은 다음과 같다. 우선 법률행위의 일반적 요건인 당사자가 권리능력 및 행위능력을 가지고 있어야 한다. 무역계약의 양당사자가 계약조건을 이행할 능력이 없다면 그 계약은 무효로 되며, 이로 인하여 제3자에게 책임을 전가시킬 수 없다.

둘째, 계약상 의사표시가 일치하고 하자가 없어야 한다. 계약서의 작성에 있어서 양당사자의 의사표시는 일치해야 하며 진실성이 있어야 한다. 『민법』 제107조 제1항은 "의사표시는 표의자가 진의가 아님을 알고한 것이라도 그 효력은 있다. 그러나 그 상대방이 그 표시자의 진의가 아님을 알고 있거나 이를 알 수 있었을 경우에는 무효로 한다."하고 규정하고 있고, 그리고 『민법』 제108조 제1항에서는 "상대방과 통정한 허위의 의사표시는 무효로 한다. 그리고 본 의사표시의 무효는 선의의 제삼자에게 대항하지 못한다."라고 규정하고 있다.

셋째, 계약내용이 확정·가능·적법하고 사회적 타당성이 있어야 한다. 계약은 매매당사자 간의 완전한 합의사항이기 때문에 확정되지 아니한 내용이 포함되었다면 무효가 된다. 그리고 계약은 이행가능성이 있어야 하며, 또한 적법한 절차에 의하여야 한다.

그리고 일반계약과 같이 무역계약은 성립과 동시에 효력이 발생하나 정지조건, 계약의 효력발생에 장애가 되는 사유가 있으면 계약의 성립시기와 효력발생시기가 달라질 수 있다.

2. 전자무역계약의 성립절차

무역계약은 의사의 합치만으로 성립되는 것은 아니지만 의사의 합치가 계약성립의 가장 중요한 요소가 되며, 합치가 성립하기 위해서는 실무적으로 청약(offer)과 승낙(acceptance)의 과정을 거쳐야 한다. 그리고 무역계약이 유효하게 성립하기 위해서는 계약당사자 간의 합의, 날인증서(sealed) 또는 대가(consideration) 및 법률적 효과발생의 의사 등을 구비해야 한다. 전자무역계약에서는 청약 또는 승낙의 의사표시를 전달하는 전자적 수단이 무역계약의 성립시기를 확정하는데 중요하다.

계약의 청약은 구두, 서면 기타의 행위에 의하여 행하여질 수 있다. 매도인이 일반소비자에게 매도할 물품을 광고하는 것은 청약이 아니라 청약의 유인에 해당하며, 매수인이 이에 응하여 하는 구매하겠다는 의사표시가 청약으로 된다. 전자적으로 전달된 청약에 대하여 구두 또는 서면에 의한 청약과 다른 법적 효과를 부여할 이유는 없다고 본다. 또 전자청약이 효력을 발생하기 위해서도 승낙자의 승낙 의사표시에 의하여 계약이 성립하여야 한다. 기존의 종이기반 무역거래에서 승낙은 서면, 텔렉스, 구두, 기타의 행위에 의하는 반면, 전자무역거래에 있어서의 승낙은 전자메일, 전자시스템, 인터넷 등과 같은 전자적 매개체에 의해 이루어지는 것이 다를 뿐이다.

그리고 사람의 개입 없이 컴퓨터에 의하여 계약이 성립할 수 있는가? 컴퓨터가 프로그램에 따라 자동으로 청약을 할 수 있도록 고안되어 있는 경우, 컴퓨터에 의한 자동화된 청약도 구속력 있는 청약이 될 수 있다고 보아야 할 것이다. 컴퓨터에 의한 승낙도 일반적으로는 가능하다고 볼 수 있으나, 이러한 승낙은 사람에 의한 승낙에 대한 분석과 동일한 분석에 의하여 그 유효성을 판단하여야 할 것이다.[29)]

(1) 전자청약

전자적인 방법으로 무역계약을 체결하기 위해서는 전통적인 방법과 마찬가지로 일방의 당사자가 제시한 청약의 의사표시에 그 상대방이 계약을 체결할 의도로 무조건적이고 절대적으로 동의하겠다는 승낙의 의사표시가 필요하다. 청약자의 청약서에 명시된 매매조건에 그 상대방인 피청약자의 전적인 승낙이 있는 경우에 계약을 성립시키겠다는 확정적 의사표시로 법적 구속력 있다. 청약은 매도인 또는 매수인 어느 측이든 먼저 할 수 있다. 매도인이 발행한 청약을 매도청약이라 하며, 이는 매도인이 상대방인 매수인에게 일정한 물품을 일정한 가격, 품질, 선적, 결제조건 등으로 매도하겠다는 의사표시를 말한다. 반면, 매수인이 청약하는 경우에는 매수인이 일정한 조건으로 매수하겠다는 확정적 의사표시이다. 이러한 의사표시는 상대방이 동의할 경우 법적구속을 받겠다는 의사표시이다. 전자청약의 효력발생 시기는 일반 청약과 마찬가지로 도달주의를 채택한다.30)

(2) 전자승낙

전자청약에 명시된 내용과 방식에 따라 계약을 성립시킨다는 취지로 상대방(청약자)의 청약에 대해 전적으로 동의한다는 무조건적·확정적 의사표시이다. 전자청약에 대한 전적으로 동의하겠다는 의사표시로 피청약자의 진술 또는 기타의 행위로써 침묵 또는 무작위 자체로는 승낙으로 인정되지 않는다. 데이터 메시지의 전달수단은 전자매체를 이용한다.

그리고 전자청약에 대한 승낙의 효력은 청약의 효력과 마찬가지로 승낙자의 의사표시가 청약자에게 도달되는 순간에 발생한다.31)

[표 5-13] 청약과 승낙의 효력발생 시기

구 분		유엔협약	우리나라	영국법	미국법	독일법
의사표시에 대한 일반원칙		도달주의	도달주의	도달주의	도달주의	도달주의
청약의 의사표시		도달주의	도달주의	도달주의	도달주의	도달주의
승낙의 의사 표시	동시수단	도달주의	도달주의	도달주의	발신주의	도달주의
	격지자간	도달주의	발신주의	발신주의	발신주의	도달주의

29) http://www.kyungwon.ac.kr/~profsjh/ec/e-comm.htm.

30) UNCISG Art. 15(1) ; 우리나라 『민법』 제111조 제1항.

31) UNCISG Art. 18(2).

(3) 전자무역계약의 성립과 전자메시지의 송수신

① 일반 원칙

전자무역계약의 성립시기는 청약자의 청약에 대하여 피청약자의 승낙을 전제로 이루어지기 때문에 승낙의 효력발생 시기에 따르게 된다. 일반적으로 계약의 성립시기를 결정하는 데는 발신주의와 도달주의의 원칙이 있다. 국제무역에서 무역계약의 성립에 관해 비엔나협약에서는 승낙자의 의사표시가 청약자에게 도달되는 순간에 효력이 발생한다고 규정하고 있다.[32] 따라서 전자무역계약은 전자청약에 대한 전자승낙이 청약자에게 도달되는 순간에 체결된다.

한편 계약의 성립에 대한 일반원칙에 대해 우리나라 『민법』 제111조 제1항에서도 "상대방이 있는 의사표시는 그 통지가 상대방에게 도달된 때로부터 효력이 생긴다." 라고 규정하고 있고, 동법 제531조에서는 "격지자 간의 계약은 승낙의 통지를 발송한 때에 성립한다."라고 규정하고 있다. 즉 격지가 간의 계약의 성립에 관한 한, 우리나라 민법은 "도달주의"의 예외로서 "발신주의"를 취하고 있다.

계약의 성립에 있어서 전자시스템을 포함한 전자거래는 그 특성상 일반 서한과는 달리 전화, 텔렉스 또는 팩스 등과 같이 동시적인 통신수단이다. 이러한 측면에서 대화자 간의 거래에 근접하다고 볼 수 있다. 따라서 청약 또는 승낙의 의사표시는 특수한 경우를 제외하고 시간적으로 그 메시지의 의사표시와 동시에 통지되기 때문에 의사표시의 효력발생시기에 대한 일반원칙에 따라 도달주의를 적용하여야 할 것이다.

따라서 의사표시의 도달 시기는 그 메시지가 상대방의 지정된 정보시스템에 입력된 때이다. 그러나 거래당사자 간에 수신확인에 관한 합의가 있는 경우에는 송신메시지에 대한 수신확인의 메시지가 도달한 때에 계약이 성립한다.

② 전자문서의 송수신과 도달시기

(가) 우리나라 전자문서 및 전자거래기본법

ⓐ 전자문서의 송신과 독립성

우리나라 「전자문서 및 전자거래기본법」 제7조 제1항에 의하면 작성자의 대리인에 의하여 송신된 전자문서 또는 자동으로 전자문서를 송신·수신하도록 구성된 컴퓨터 프로그램이나 그 밖의 전자적 수단에 의하여 송신된 전자문서에 포함된 의사표시는 작성자가 송신한 것으로 본다. 그리고 본조 제2항에서는 다음 어느 하나에 해당되는 경우에는 전자문서에 포함된 의사표시를 작성자의 것으로 보아 행위를 할 수 있다.

---

32) UNCISG Art. 23.

즉, 전자문서가 작성자의 것이었는지를 확인하기 위하여 수신자가 미리 작성자와 합의한 절차를 따른 경우, 또는 수신된 전자문서가 작성자 또는 그 대리인과의 관계에 의하여 수신자가 그것이 작성자 또는 그 대리인의 의사에 기한 것이라고 믿을 만한 정당한 이유가 있는 자에 의하여 송신된 경우이다.

그러나 본조 제8조에서는 수신한 전자문서는 문서마다 독립된 것으로 본다. 다만 수신자가 작성자와 합의된 확인절차를 따르거나 상당한 주의를 하였더라면 동일한 전자문서가 반복되어 송신된 것임을 알 수 있었을 경우에는 그러하지 아니하다. 즉, 전자문서가 송신되지 않은 것으로 간주되지 않는다.

ⓑ 전자문서의 수신확인

「전자문서 및 전자거래기본법」제9조 제1항에서는 전자문서 작성자가 수신 확인을 조건으로 전자문서를 송신한 경우 작성자가 수신 확인 통지를 받기 전까지는 그 전자문서는 송신되지 아니한 것으로 본다. 이 경우 『민법』 제534조[33]의 규정은 적용하지 아니한다. 그리고 본조 제2항에서는 작성자가 수신 확인을 조건으로 명시하지 아니하고 수신 확인 통지를 요구한 경우에 상당한 기간(작성자가 지정한 기간 또는 작성자와 수신자 간에 약정한 기간이 있는 경우에는 그 기간을 말한다) 내에 작성자가 수신 확인 통지를 받지 못한 때에는 작성자는 그 전자문서의 송신을 철회할 수 있다.

ⓒ 전자문서의 송수신 시기 및 장소

우선, 전자문서의 송신의 시기에 관하여 「전자문서 및 전자거래기본법」제6조제1항에서는 전자문서가 수신자 또는 그 대리인이 해당 전자문서를 수신할 수 있는 정보처리시스템에 입력한 때에 송신된 것으로 본다고 규정하고 있다. 본 조제2항에서는 수신시기에 관하여 수신자가 전자문서를 수신할 정보처리시스템을 지정한 경우에는 지정된 정보처리시스템에 입력된 때, 다만 전자문서가 지정된 정보처리시스템이 아닌 정보처리시스템에 입력된 경우에는 수신자가 이를 출력한 때를 말한다. 그리고 수신자가 전자문서를 수신할 정보처리시스템을 지정하지 아니한 경우에는 수신자가 관리하는 정보처리시스템에 입력된 때라고 규정하고 있다.

그리고 전자문서는 작성자 또는 수신자의 영업소 소재지에서 각각 송신 또는 수신된 것으로 보며, 영업소가 둘 이상인 때에는 해당 전자문서를 주로 관리하는 영업소 소재지에서 송신·수신된 것으로 본다. 다만, 작성자 또는 수신자가 영업소를 가지고 있지 아니한 경우에는 그의 상거소(常居所)에서 송신·수신된 것으로 본다.

33) 민법 제534조 : (변경을 가한 승낙) 승낙자가 청약에 대하여 조건을 붙이거나 변경을 가하여 승낙한 때에는 그 청약의 거절과 동시에 새로 청약한 것으로 본다.

(나) UNCITRAL 전자상거래 모델법

UNCITRAL 모델법 제11조에서는 “계약의 성립에 관하여 계약당사자 간에 다른 약정이 없으면 청약과 승낙은 데이터 메시지로 표시될 수 있다. 계약의 성립에 있어서 데이터 메시지를 사용하는 경우, 그 계약은 그 데이터 메시지가 그 목적을 위하여 사용되었다는 이유만으로 그 유효성 또는 구속력이 부인되지 아니한다.”고 규정하고 있다. 또, 본 법 제12조에서는 “데이터 메시지의 작성자와 수신자 간에 의사표시 기타의 진술은 단지 그 것이 데이터 메시지라는 형태만으로 그 법적 효력, 유효성 또는 구속력이 부인되지 않는다.”라고 규정하고 있다.

본 법 제14조에서는 작성자가 수신인의 수신확인 메시지를 수신한 경우에는 수신자가 관련 데이터 메시지를 수신한 것으로 추정하며, 이 추정은 데이터 메시지가 수신된 메시지와 일치한다는 것을 의미하지는 않는다고 규정하고 있다. 또 수신확인에 관련된 데이터 메시지가 적용 가능한 기준에 의하여 합의되거나 또는 그 기준에 규정된 기술적 요건을 충족한다고 명시된 경우에, 그 요건은 충족된 것으로 추정한다.

그리고 본 법 제15조에서는 계약의 성립을 위한 데이터 메시지의 송신시점은 작성자와 수신인 사이에 별도의 다른 약정이 없는 한, 데이터 메시지가 송신인 또는 발신인을 대리하여 데이터 메시지를 발송하는 자의 지배를 벗어나는 때이다. 그리고 데이터 메시지의 수신시점은 발신인과 수신인 사이에 별도의 약정이 없는 한, 수신인이 정보시스템을 지정한 경우에는 데이터 메시지가 지정된 정보시스템에 입력된 때, 또는 지정된 정보시스템이 아닌 수신인의 정보시스템으로 발송된 경우에는 수신인이 그 데이터 메시지를 검색한 때이다. 또 수신인이 정보시스템을 지정하지 아니한 경우에는, “데이터 메시지가 수신인의 정보시스템에 입력된 때”이다.[34]

(다) 전자계약에 관한 국제협약 초안

계약의 체결과 관련하여 전자계약의 체결시점은 청약에 대한 승낙의 효력이 발생된 때라고 규정하고 있다(제8조 1항). 그리고 청약은 상대방이 이를 수령한 때에 효력이 발생하고 청약에 대한 승낙은 청약자가 승낙자의 동의표시를 접수한 때에 효력이 발생한다(제8조 제2항, 제3항). 결국 전자계약의 체결시점은 청약자가 승낙자의 승낙의 의사표시를 접수한 때가 되는 것이다. 한편 청약의 유인은 청약과 원칙적으로 구별하고 있다.

전자문서에 의한 계약체결과 전자문서의 발신·수신 시점 및 장소(제10조, 제11조)

34) http://www.kyungwon.ac.kr/~profsjh/ec/e-comm.htm.참고함.

는 UNCITRAL 전자상거래모델법 제11조 및 제15조를 수용한 것이다.

본 협약초안은 자동화시스템에 의한 거래에 관하여 규정을 두고 있다(제12조). 즉 사람의 개입 없이 컴퓨터 프로그램 등에 의한 자동화시스템을 이용하여 계약을 체결하는 것도 가능하도록 하였다. 이는 캐나다 통일전자거래법 제22조를 참작한 것이다. 또한 유엔 동산매매협약 제11조에서 규정하고 있는 계약체결방식의 자유에 관한 내용을 그대로 전자계약에 관한 국제협약초안 제13조로 수용하여 규정하고 있다.

본 협약초안 제14조는 전자거래의 비 대면적인 특성상 계약당사자의 신뢰성을 확보하고 거래에 있어서 사기를 방지하기 위하여 계약당사자 일방이 상대방에게 알려야 할 정보의 내용으로서 성명, 거래등록 번호, 사업장 소재지, 전자메일 주소를 포함한 계약당사자의 연락처 등을 규정하고 있다.[35)]

(라) 미국 통일전자거래법

전자문서의 송신시기는 송신인과 수신인 사이에 별도의 약정을 한 경우가 아닌 한, 수신인이 송신된 형태의 전자문서 또는 정보를 수신할 목적으로 지정하거나 사용하는 정보처리시스템과 수신인이 전자문서를 검색할 수 있는 정보처리시스템에 정히 입력된 때, 당해 시스템에 의해서 처리 가능한 형태일 때 이루어진다고 규정하였고 송신인 또는 그 대리인이 통제할 수 없는 정보처리시스템에 입력되거나 수신인이 통제 하에 있고 수신인에 의해 지정되거나 사용하고 있는 정보처리시스템에 입력된 때에 이루어 진 것으로 규정하고 있다.

전자문서의 수신시기는 송신자와 수신자 간의 별도의 약정이 없는 한, 전자문서가 송신된 형태의 전자문서 또는 정보를 수신할 목적으로 지정하거나 사용하는 정보처리시스템과 수신인이 전자문서를 검색할 수 있는 정보처리시스템에 정히 입력 된 때, 당해 시스템에 의해서 처리 가능한 형태일 때에 이루어진다고 규정하였고 정보시스템이 있는 장소와 전자문서가 수신되었다고 간주되는 장소가 다르더라도 수신시기는 동일한 것으로 간주한다.

그리고 전자문서의 송수신 장소는 송신자와 수신자 간의 별도의 약정이 없는 한, 송신인의 영업소와 수신인의 영업소가 된다고 규정하고 있다.

③ 일반 쇼핑몰의 경우

일반적으로 쇼핑몰에서는 쇼핑몰에 제시된 상품과 금액을 보고 선택함으로써 이루어진다. 이 때 쇼핑몰에 상품정보와 가격을 제시하는 것이 청약인지 또는 청약의

35) 정완용, “UNCITRAL 제39차 전자상거래작업반회의 참가보고서”, 2002. 3. 23.

유인인지가 애매모호할 수 있다. 이러한 쇼핑몰에서의 계약은 판매자에게 계약의 성립에 관한 선택이 주어지고 구체적인 상품정보를 제공한다는 점에서 청약으로 보는 것이 타당하다. 이를 청약의 유인으로 간주하면 소비자의 청약에 대하여 승낙을 해야 할 의무가 발생하게 되고 소비자의 지위가 불안정하게 되기 때문이다.36)

3. 전자의사표시의 법적 효력과 쟁점

(1) 전자의사표시의 개념

전자의사표시란 의사표현의 수단이 컴퓨터와 같은 정보처리장치를 통하여 전자적인 방식으로 직접 표시되거나 네트워크 등을 통하여 상대방에게 전달·표시되는 것이다. 전자적 의사표시의 경우에는 개별적인 의사표시의 성립에 관한 인식이 없어도 컴퓨터가 스스로 이미 입력된 결정기준에 따라서 의사를 표시한다.

현재 정보시스템이나 네트워크를 통하여 전달되는 의사표시는 사람의 의사표시를 그대로 전달하는 경우 또는 시스템상의 프로그램에 의하여 단순히 반응하는 의사표시가 일반적이다. 그러나 반복적인 의사표시인 경우에는 향후 인공지능(artificial intelligence)과 같은 첨단기술의 발달로 정보처리장치가 일정한 판단기준과 과거의 경험을 바탕으로 입력한 자료를 검토하여 스스로 의사를 표시할 수 있는 경우가 발생할 수 있다.

따라서 전자의사표시는 사람의 의사를 단순히 전달하는 역할에서 점차 독립적으로 의사표시를 행하는 역할로 그 영역이 확대되고 있다. 전자의사표시는 전자적 의사표시는 디지털화를 통하여 자연적인 방법으로는 인식될 수 없는 기계언어로 변환되어 해독이 불가능할 수 있으며, 전자의사표시가 표시되는 것과 거의 동시에 상대방에게 도달한다.37)

(2) 전자의사표시의 법적 효력

이미 언급했듯이 '전자적 의사표시'란 '인간이 사전에 입력한 포괄적 의사를 컴퓨터가 전자적 코드로 전환하여 그 설비에 고유한 부호로 정형화한 후 일정한 프로그램에 따라 표시내용을 구체화시킴으로써 이루어지는 의사표시'로 정의할 수 있으며,

36) http://www.toeicmania.com/cyber/settle/body7.htm#.

37) 지식경제부, 국내연수보고서, 74면.

이러한 전자적 의사표시는 컴퓨터를 이용하는 인간에게 귀속시켜야 하는 바, 그 근거로써 컴퓨터는 창조적인 의사형성 능력을 결여한 단순한 기계인 동시에 권리능력이 없는 사물에 불과하기 때문이다.

이처럼 전자적 의사표시를 인간에게 귀속시키게 될 경우 별도의 새로운 법률사실로 인정할 필요는 없으며 기존의 일반적인 의사표시에 의한 계약의 법률행위와 동일하게 취급하는 것이 타당하다. 물론 이와 관련하여 전자적 의사표시를 자연적 의사표시와 완전히 동일한 것으로 취급할 수 있을 것인가에 대하여 관점에 따라 여러 해석이 존재할 수 있다. 그러나 우리나라의 『전자문서 및 전자거래기본법』 제4조에서는 "전자문서는 다른 법률에 특별한 규정이 있는 경우를 제외하고는 전자적 형태로 되어 있다는 이유로 전자문서의 효력이 부인되지 않는다."라고 규정하고 있으며 UNCITRAL(UN 국제무역법위원회)에서 제정한 『전자상거래 모델법』에서는 "계약성립을 위하여 데이터 메시지가 사용되었다는 이유만으로 그 계약의 유효성 및 집행력을 부정해서는 안 된다"라고 규정하고 있다.38)

(3) 전자의사표시의 법적 쟁점

컴퓨터 등의 정보시스템이 단순한 의사교환과 도구로서만 이용된다면 종전의 일반적인 의사표시와는 크게 다를 바가 없다. 그러나 정보(data)의 입력에 따라 정보시스템이 스스로 의사표시를 하거나 의사를 결정하는 전자의사표시를 하는 경우에는 종전과 다르다.

이 때 컴퓨터 등을 통한 매도인의 의사표시를 매도인의 의사표시로 볼 것인지 아니면 의사표시의 성립과 내용을 결정하는 것은 사람이 아니고 자료가 입력된 전자대행 수단이므로 그 수단의 동작을 대리인의 행위로 볼 것인지가 쟁점이 될 수 있다. 그러나 대리인은 최소 의사능력은 있어야 하는데 컴퓨터 등은 운영자의 프로그램에 의해 조작될 뿐 컴퓨터 자체가 의사결정을 할 수 있는 것이 아니므로 매도인의 의사표시라고 할 수 있다. 따라서 전자계약의 당사자가 일방 또는 쌍방에게 의사표시의 하자가 있다면 법률효력에 문제가 된다. 『민법』 제107조 제1항에서는 "의사표의자가 진의가 아닌 의사표시를 알고한 것이라도 그 효력은 인정된다. 그러나 그 상대방이 진의가 아니라는 것을 이미 알고 있거나 이를 알 수 있었을 경우에는 무효로 한다." 라는 취지의 규정을 하고 있다. 그리고 『민법』 제108조 제1항에서는 "상대방과 통정

38) http://www.kmuetc.or.kr/study/study13.jsp.

한(공모한) 허위의 의사표시는 무효로 한다."라고 규정하고 있다.

그런데 전자거래에서 애매한 문제가 착오일 것이다. 『민법』 제109조 제1항에서는 "법률행위 내용의 중요 부분에 착오가 있는 때에는 취소할 수 있다. 그러나 그 착오가 표시자의 중대한 과실로 인한 때에는 취소할 수 없다."고 규정하고 있다. 전자거래에서 컴퓨터의 조작실수로 입력된 정보·자료·프로그램 자체에 의한 착오 등이 있으며, 이 경우 컴퓨터 조작실수는 중대한 과실로 보기 어렵다고 보는 견해가 많다. 그러나 획일적인 결론 보다는 경우에 따라 판단하여야 할 사항이라고 본다.[39] 그리고 의사표시 상대방이 이를 받은 때에 무능력자인 경우에는 그 의사표시로서 대항하지 못한다(민법 제112조).

4. 전자무역계약의 준거법규

(1) 일반 계약법상 적용원칙

국제간 무역거래는 그 행위가 전 세계를 대상으로 여러 국가에 걸쳐 이루어지고 있으나 이를 규율할 만한 진정한 의미의 국제 통일법이 없기 때문에, 법적용의 불확실성이 항상 내재하고 있다. 따라서 관계당사자 간 무역계약의 이행과정에 있어서 분쟁이 발생하여 법의 적용문제가 제기되었을 때 적용법규에 대한 문제가 발생한다. 따라서 어느 국가의 법규를 적용할 것인가 하는 "준거법의 선택"(choice of governing law)의 문제는 매우 중요한 의미를 지닌다. 그 기준으로는 '객관주의'와 '주관주의'가 있다.

우선 객관주의는 계약당사자가 준거법을 선택하지 않은 경우에 계약의 준거법은 당해 계약과 "가장 밀접한 관계"(the closest connection)가 있는 국가의 법으로 한다.[40] 따라서 관계당사자의 의사에 관계없이 '계약체결지법'이나 '계약이행지법'과 같이 당해 계약과 가장 밀접한 관련성 또는 연결점을 찾아 일률적으로 준거법을 결정한다. 이러한 선택의 원칙은 계약에 대한 객관적 관련성을 중시한다는 점에서 '객관주의'라 칭한다. 계약체결지법은 계약을 체결한 국가의 법을 적용하여야 한다는 원칙이다. 계약이행지법은 계약이 비록 어느 특정 국가에서 체결되었다고 하더라도 계약상의 채무가 이행되는 국가의 법이 적용되어야 한다는 원칙이다.

그리고 주관주의는 준거법을 결정하는 데 있어서 계약당사자 간의 자유의사를 우

39) 김석철, 무역계약론 별쇄본, 두남, 2002, 172~173면 수정보완.
40) 계약상 채권관계의 준거법에 관한 유럽공동체협약(上)(下), 「법조」 3, 4, 5월호, 1994.

선하여야 한다는 원칙이다. 계약당사자 간의 분명한 의사표시에 따라 준거법이 결정된다는 점에서 "주관주의"라고 칭한다. 또한 준거법에 관한 명시적 선택을 하지 않았더라도 특정의 법적용에 관한 묵시적인 의사표시나 관습이 있다면 이에 따른다.

(2) 전자무역계약 상의 준거법

전자무역거래에서는 가상공간상에서 무역계약이 체결되고 이행되기 때문에 전통적인 국경의 의미는 없다. 그렇지만 웹 서버나 홈페이지(웹 사이트) 또는 정보시스템이 위치하는 장소가 전통적인 국경의 의미를 대신할 수 있다고 본다. 따라서 전자무역거래에서도 일반 계약법상의 적용원칙을 그대로 적용할 수 있다고 본다. 다만 계약과 가장 밀접한 관련성 또는 연결점을 찾아 일률적으로 준거법을 결정하는 경우, 전자무역거래와 관련된 분쟁에 있어서 이러한 관련성을 인정하기 위한 준거법을 결정하는 경우, 일반적인 사항 이외에 웹 서버의 소재지, 데이터의 입출력 장소, 송수신 행위의 장소 등도 고려하게 될 것이다. 그리고 사이버 쇼핑몰에서 이루어지는 소액거래의 경우에는 거의 국내거래와 같은 형태로 동시적으로 이루어지는 특수성을 지니고 있다. 따라서 전통적인 계약법상의 적용원칙을 그대로 적용하는 데에는 문제가 발생할 수 있다.

따라서 국제사법 상의 준거법 적용원칙을 전자무역에 적용할 경우 거래당사자 간에 합의가 있는 경우와 없는 경우로 나누어 논의될 수 있다.

① 당사자 합의가 있을 때

국제거래에 있어서 대부분의 경우에 그 준거법과 재판관할권의 결정은 국제거래상 일반적으로 이용되고 있는 '당사자자치의 원칙'(principle of party autonomy)에 의하여 결정된다. 국제물품매매계약에 관한 UN협약 제6조에서는 "본 협약의 적용을 배제하거나, 또는 제12조를 제외하고는 본 협약의 어떠한 규정의 효력을 감퇴시키거나 또는 변경시킬 수 있다."라고 규정하고 있으며, UNIDROIT 원칙[41]에서도 이와 유사한 취지로 규정하고 있다. 또한 대부분의 국내법에서 당사자자치의 원칙을 규정하고 있기 때문에 문제가 없다.[42] 우리나라의 섭외사법 제9조에는 "법률행위 및 효력에 관해서는 당사자의 의사에 의하여 적용할 법을 정한다."라고 규정하고 있다. 따

---

41) The UNIDROIT Principles, Art. 1.4 : Nothing in these Principles shall restrict the application of mandatory rules, which are applicable in accordance with the relevant rules of private international law.

42) 西 賢, 當事者自治の原則と比較法的動向, 「現代契約法大系」第9卷.

라서 전자거래를 통한 무역계약에서도 이러한 '계약자유의 원칙'이 그대로 적용되는 것이 타당하다고 생각된다.

그러나 사이버 쇼핑몰 거래의 경우, 매도인이 자신의 홈페이지에 명시한 약관에 준거법 규정이 있을 경우에 이것이 유효한지에 대한 논의가 있을 수 있다. 이에 대해서는 준거법 합의약관은 기업이 일방적으로 정한 것이므로 이에 대한 효력을 부정한다는 견해와 대량의 거래를 통일적으로 처리하기 위해서는 약관이 필요하고, 이를 인정하지 않는 경우 원활한 국제적인 소비자거래의 불가능론을 내세워 인정하자는 견해가 맞서고 있다. 더욱이 후자의 입장에서는 재판관할권 지정문제에 있어서도 소비자의 부담이 경미하므로 이를 인정하자는 견해의 논거로 내세우고 있다. 따라서 전자상거래를 통한 무역계약에서 준거법 약관은 '신의성실'에 반하지 않는 한 이를 인정하는 것이 타당하며, 그 이유로는 사이버 쇼핑몰거래는 소액거래가 대다수이고 별도의 계약서를 작성하지 않으므로 보다 신속한 분쟁의 해결을 위하여 최소한의 약관이 필요하기 때문이다.[43]

② 당사자 합의가 없을 경우

전자무역거래도 일반 계약법 상의 적용원칙에 따라 계약당사자가 준거법을 선택하지 않은 경우에는 계약당사자의 의사에 관계없이 '계약체결지법'이나 '계약이행지법'과 같이 당해 계약과 가장 밀접한 관련성 또는 연결점을 찾아 일률적으로 준거법을 결정하여야 한다고 본다. 우리나라의 섭외사법 제11조 1항에서는 "법을 달리하는 곳에 있는 자에 대하여 한 의사표시는 그 통지를 한 곳을 행위지로 본다."라고 규정하고 있고, 동조 2항에서는 "계약의 성립과 효력에 관하여는 그 청약의 통지를 한 곳을 행위지로 본다. 그 청약을 받은 자가 승낙을 한 때에 그 청약의 발신지를 알지 못한 때에는 청약자의 주소지를 행위지로 본다."라고 규정하고 있다. 따라서 전자무역거래와 관련된 분쟁에 있어서 이러한 관련성을 인정하기 위한 준거법을 결정하는 경우, 일반적인 사항 이외에 웹 서버의 소재지, 데이터의 입출력 장소, 송수신 행위의 장소 등도 고려하게 될 것이다.

이와 관련해 UCC 제2편에서는 계약조항에 준거법 조항이 없는 경우의 준거법 선택에 관한 안정적인 기반을 제시하고 있다. 즉, 온라인 계약에서 라이센서(licensor)의 소재지를 기초하는 준거법 선택의 추정원칙을 성립시키고 있다. 이러한 추정원칙에 따르지 않을 경우에는 수출업자는 인터넷을 통하여 판매하는 모든 국가나 주의

---

43) http://www.kmuetc.or.kr/study/study13.jsp, 일부 수정

법에 따라야 한다.[44)]

5. 전자무역계약의 재판관할권

전자무역계약과 이행과정에서 발생될 수 있는 재판관할 및 분쟁해결 방법은 기존 법률의 확대 또는 유추적용 또는 그 개정을 통해 해결하거나, 전자거래 관련 법적 환경을 현실세계의 그것과 전혀 달리 완전히 새롭게 구축하는 방법이 가장 좋은 방법일 수 있다. 그러나 가상공간이 가장 발달한 미국에서도 아직까지 가상공간에서 이루어진 행위만을 대상으로 한 별도의 법률은 제정하지 않고 가급적 현실세계의 규범으로 가상공간에서의 법적 문제를 해결하려는 입장을 보여주고 있다. 또한 지금까지 국제적인 논의가 가급적 기존의 법적 테두리 안에서 문제를 해결하려는 경향이 강하게 나타나고 있다.

우선 당사자의 합의에 의해 지정되어 있는 경우에는 '당사자 자치'의 원칙에 따라 지정된 법원에서 소송을 제기하면 별 문제가 되지 않는다. 하지만 재판관할권에 대한 합의가 없는 경우에는 가상시장의 글로벌적인 특성으로 말미암아 문제가 된다. 이러한 경우에는 보편적 입장을 견지할 필요가 있다. 그 근거로는 첫째 적정, 공평, 신속, 경제적인 재판운영 등의 민사소송법의 기본 이념과, 둘째 재판결과의 예측제고를 위하여 준거법 및 채권자의 권리보호 등을 고려하여 결정하여야 할 필요가 있다.

특히 채권자의 권리를 보호하기 위해서는 '최소 접촉원칙'을 적용하여 채무자의 사업에 최소한의 관련성이 있는 장소까지 연장시키는 것이 바람직하다 하겠다. 예로서 채권자의 국가에 채무자의 사업장소가 있거나, 채무자의 웹 사이트 접속이 가능한 경우에 채권자 소재국에 관할재판권을 인정한다는 것이다.

그러나 여기에도 지금까지의 재판관할과 관련된 각국의 법리적 확대 움직임(미국)이나, 대부분의 법 적용태도를 보면 재판관할권의 보편주의도 상당한 난관에 직면할 수 있다는 점이다. 왜냐하면 가상공간에서 일정한 부정적 효과를 발생시킬 경우에 재판관할 측면에서 이해관계에 따라 법정지법을 적용해 왔다는 사실이다. 물론 전자무역에 종사하는 행위자들 각자에 의한 자율규제는 이러한 상이한 각국 법의 충돌을 피할 수 있는 하나의 수단이 될 수 있을 것이다.[45)]

---

44) http://www.kmuetc.or.kr/study/study13.jsp.

45) http://www.kmuetc.or.kr/study/study13.jsp.

제 6 장

전자무역의 주요 수단과 거래알선

제 1 절 전자무역의 주요 수단

전자무역을 위한 주요 수단으로는 IP 주소, 도메인네임, URL, 전자우편(E-Mail), 메일링리스트, 유즈넷, 정보검색, 홈페이지와 FTP 소프트웨어, 일반 DB, 전문 DB, e-Marketplace 등이 있다.

1. 전자우편

전자우편은 누구나 이용할 수 있는 가장 일반화되어 있는 전자적 통신수단으로 기존의 우편, 팩스, 전화 등의 대체수단이며, 언제 어디서나 신속·정확하게 각종 정보와 서류(문서)의 송수신이 가능하고 상담 또는 거래 내역의 정리, 정보의 재전송 등 다양하고 편리한 기능이 있다.

2. 웹 사이트(홈 페이지)

국제무역에 있어서 무역회사의 소개 및 홍보, 자사제품의 홍보, 해외시장의 정보 획득, 거래처의 발굴 및 무역계약의 체결 등을 위해 자사의 홈페이지를 구축하고, 또한 국내외 수많은 거래알선 웹 사이트를 이용할 수 있다. 이러한 웹 사이트를 통하여 회사와 제품을 홍보하고 무역거래를 위한 각종 정보수집, 그리고 계약체결을 위한 전자카탈로그 게시 및 열람 등을 할 수 있다.

따라서 국제무역에서 웹 사이트는 회사가 가상의 세계에서 전 세계의 무역업자들과 교류 및 업무수행을 위한 가상공간이며, 제품전시장의 역할도 한다. 이러한 홈페이지는 무역유관기관, 전자무역전문서비스업자와 대다수 수출기업들이 보유하고 있는 무역마케팅의 수단이다.

3. 검색엔진

국제무역에서 검색엔진[1])은 인터넷상에서 각종 정보, 거래상대방 또는 물품 등을 검색하기 위해서 이용된다. 이를 위해서는 국외 많은 검색엔진을 이용할 수 있다. 검색방법으로는 검색어를 직접 입력하는 검색과 검색엔진이 제시한 몇 가지 항목들 중 사용자가 원하는 항목을 선택하는 방식으로 범위를 좁혀가는 카테고리 검색이 있다.

검색엔진은 자사의 홈페이지에 직접 등록하여 검색할 수 있으며, 또 국내외의 검색엔진 즉 Yahoo.com, Google.com, naver.com 등과 같은 검색엔진을 이용하여 무역거래를 위한 바이어, 제품, 특정산업 등 각종 정보를 검색할 수 있다. 그리고 국내외 무역서비스업자 및 무역유관기관 등의 검색엔진을 이용할 수도 있다.

4. 메일링 리스트

공통 관심을 갖고 있는 사람이 공통 화제에 대해서 그룹 내에서 정보를 교환하는 구조를 메일링 리스트라고 한다. 이것은 특정 주제에 관한 포럼(forum)이나 뉴스그룹에 전자우편 주소를 등록시켜 놓으면 그 곳에서 오고가는 각종 정보들이 자동으로 등록된 주소로 배달되는 시스템이다. 글자 그대로 풀이하면 편지를 보내는 주소록이다. 특정 컴퓨터에 자신의 전자우편 ID를 등록해 두고, 이전에 받아본 정보가 변경되었거나 새로운 정보가 있을 때마다 전자우편을 받아보는 것을 말한다. 어떤 경우에는 단순히 주소록만을 의미하기도 하지만 한걸음 더 나아가 하나의 전자우편을 동시에 여러 명(메일링 리스트에 있는 사람들)에게 전달하는 기능을 의미하기도 한다. 이 경우 메일링 리스트에 가입한 사람들끼리 하나의 전자우편에 대해 회신하면 그 내용이 다시 전체에게 전달되기 때문에 전자게시판이나 토론실과 같은 기능도 있다.[2])

따라서 국제무역에서도 이러한 메일링 리스트를 이용하여 회사안내, 전자카탈로

---

1) 인터넷상에서 각종 정보와 자료를 쉽게 찾을 수 있게 도와주는 소프트웨어 또는 웹 사이트를 말한다. 이용자의 검색어 선정과 검색조건의 적절한 지정을 통하여 검색한다.

2) http://kr.dic.yahoo.com/

그, 홍보물 등을 발송함으로서 온라인상에서 효과적으로 무역마케팅을 할 수 있다. 인터넷 이용자들이 공유하는 개념의 메일링 리스트는 신뢰성 있는 전문검색엔진을 이용하는 것이 더 효과적이다.

5. 뉴스그룹(Usenet)

전 세계적인 전자게시판 서비스인 유즈넷(Usenet)을 구성하는 뉴스·토론 시스템으로 개인적인 자료들을 배포하거나 동일한 관심사를 가진 사람들의 토론의 장으로 이용된다. 유즈넷(Usenet)은 “User’s Network”의 약어로 인터넷상에서 동일한 관심과 취미를 가진 이용자 간에 일종의 동호회를 형성하여 서로의 정보를 교환하는 인터넷 전자게시판을 말한다. 즉, 특정 주제에 관해 관심이 있는 사람끼리 그 주제에 대한 토론을 기사화하여 뉴스 형식으로 만들어 놓은 서비스로 특정 주제를 뉴스그룹이라고 부르며, 유즈넷(Usenet)이란 가상의 논리적 네트워크를 사용한다. 인터넷을 이용하는 사람들의 여론을 형성하는 공개 게시판이며, 또한 관심 분야별 주제를 나누어 운동 실황중계에서부터 일반 제품에 대한 토론까지 전 세계의 다양한 사람들이 모여 이야기를 나누는 곳이다.

따라서 국제무역에서는 공통의 관심을 가진 사람들의 토론 게시판인 유즈넷을 활용할 수 있다. 실시간 표적시장을 대상으로 직접 무역마케팅이 가능하기 때문에 즉각적으로 고객의 반응을 확인할 수 있고 홍보할 수 있다.

6. 파일전송 FTP

FTP(File Transfer Protocol)은 인터넷의 표준 파일전송 프로토콜로써 이용자의 현지시스템(local system)과 원격시스템(remote system) 간에 파일 송수신 기능을 제공하는 것을 말하며 컴퓨터 통신상의 공개자료실과 같은 기능을 하는 인터넷 서비스이다. 따라서 인터넷에 있는 풍부한 수많은 자료를 자신의 컴퓨터로 수신할 수도 있고 또한 반대로 자신의 정보를 상대방에게 보낼 수 있는 파일 전송서비스를 의미한다. 따라서 인터넷상에서 파일의 전송 및 수신에 대한 규약이며 홈페이지 컨텐츠 갱신 시 활용한다.

이 서비스는 파일통신을 위한 프로토콜로서 공용의 파일을 불특정 다수가 공유할 수 있다는 이점이 있다. 물론 인터넷에 연결된 모든 컴퓨터를 이용할 수 있는 것은 아니다. FTP의 경우도 상대방의 컴퓨터에 자신만의 ID와 패스워드를 가지고 있어야 접근이 허락된다. 하지만 이 가운데에서도 어느 누구나 접속해서 파일을 복사할 수 있도록 허락되어 있는 컴퓨터도 있다. 해당 서버에 ID가 없어도 인터넷에 존재하는 FTP 서버에 접속하여 자신이 원하는 파일(file)을 무료로 다운로드(downLoad) 하기도 하고 업로드(upload)할 수도 있는데 이러한 서버를 Anonymous FTP Server[3])라고 한다. FTP 프로그램으로는 WS-FTP나 CUTE- FTP 등이 있다.[4])

7. 전문 DB

전문 DB란 특정 문야의 데이터를 수집·가공·저장하여 새로운 형태의 색인화로 유용한 정보로 활용할 수 있도록 체계적인 데이터베이스를 구축·관리하여 인터넷을 통하여 필요한 이용자에게 정보를 제공해 주는 전문 사이트 DB를 의미한다. 그러므로 각종 기업, 무역, 법률, 통계 등 필요한 정보를 확보할 수 있다.

따라서 전문 DB를 이용하여 무역정보, 무역업자의 명단과 정보, 거래상대방의 신용상태 등을 조회할 수 있고 그 내용을 지속적으로 업그레이드할 수 있다. 이와 같은 전문 DB를 제공하는 곳은 국내에는 KOTIS(www.kotis.com), KORCHAM(www.korcham.net), KOTRA(www.kotra.co,kr), ecplazakorea(www. ecplaza.net) 등이 있으며, 국외에는 WTCA On-Line(iserve.wtca.org), TradePort(www.tradeport.org), WTDB (www.wtdb.com) 등이 있으며, 각국의 무역에 관한 정보를 검색할 수 있는 곳이다. 그리고 이 이외 Kompass(www.konpass.com), Yellow Page, EXPOGUID 등을 이용하여 바이어 명단을 확보할 수 있다.

8. IP 주소, 도메인네임 및 DNS

인터넷에서 주소를 표기하는 방법 즉, 인터넷 주소는 인터넷에 연결되어 있는 모든 컴퓨터가 가지고 있는 고유한 숫자로 표현된 주소로, 인터넷에서 이용되는 컴퓨터의 주소를 말한다. 인터넷에는 수많은 컴퓨터들이 연결되어 있다. 해당되는 컴퓨터를 인터넷에서 찾아야 하는데 이때 필요한 것이 각 컴퓨터에 할당된 IP 주소이다.

3) 수많은 'Anonymous FTP 서버'에서 누구나 암호없이 'anonymous'라고 입력하면 무료로 프로그램이나 파일을 복사해 올 수 있다.

4) http://www.internet4u.pe.kr/i-svc2.htm.

그리고 도메인네임은 인터넷상의 특정 컴퓨터를 인식하기 위하여 숫자의 조합으로 구성된 소위 IP 주소를 말하는데, IP 주소가 숫자로 되어 있어 관리 또는 이용하기가 어렵기 때문에 '도메인네임'(Domain Name)이라고 칭하는 영문단어나 알파벳으로 된 이름을 별도로 가진다.[5] 결국 IP 주소와 도메인네임은 동일한 것이다. 이러한 도메인네임은 인터넷 이용자가 인터넷을 이용할 때, DNS(Domain Name System)에 의하여 자동적으로 원래의 숫자 조합인 IP 주소로 변환되며 이용자는 그 변환과정을 인식하지 못하고 또 그럴 필요도 없다.[6]

9. 기타 수단

우선 URL이 있다. 인터넷에서 웹 사이트, 웹 페이지 또는 웹 페이지에 포함되어 있는 그림 등과 같은 정보 위치를 표시하기 위해 사용하는 주소이다. 그리고 무역 EDI를 포함한 무역자동화시스템이 있다. 국내에서는 전자무역기반사업자인 한국무역정보통신(KTNET)이 무역포탈서비스 및 EDI 등 전자무역기반 서비스를 제공하고 있다.

그리고 인터넷상에서 국제간 전자문서를 교환하는데 있어서 문서보안을 위해 Trade Sign고 같은 전자인증을 이용한다.

제 2 절 전자무역 알선서비스

1. 전자무역 알선서비스의 의의와 특징

(1) 전자무역 알선서비스의 개념과 의의

전자무역 알선서비스란 인터넷과 웹(web)을 이용하여 가상공간상에서 각종 무역 관련 정보수집, 자사 및 제품홍보, 해외마케팅, 해외시장조사 및 개척, 각종 오퍼의 조회 또는 등록, 또한 무역업무 대행, 거래상대방의 발굴, 신용조사, 거래알선/중개, 그리고 필요에 따라서는 창업지원, 자금지원, 경영지원 등을 지원하는 종합무역 정보

5) 인터넷에 연결된 컴퓨터를 네 자리로 구분된 문자로 표현한 것으로 도메인네임은 대소문자를 구별하지 않는다.

6) 예컨대 IP Address(123.234.456.7) = Domain Name(www.nic.or.kr).

서비스이다.

전자무역시스템을 통해 국내외 업자들의 알선서비스가 점증하면서 무역촉진의 수단으로 정착되어 가고 있다. 대표적인 전자무역 알선기관으로는 한국무역협회, 대한무역투자진흥공사, 중소기업진흥공단 등이 있으며, EC21, ECplaza, 레디코리아(READY KOREA), 매트릭스투비(Matrix2b) 등의 전자무역전문서비스업자가 있다. 전자무역 알선서비스의 이용이 증가함에 따라 서비스도 종전의 단순 무역알선·중개에서 무역정보서비스 및 거래상대방의 검색, 해외신용조사 및 마케팅, 신용조사 대행, 해외사장 개척, 전자메시지의 송수신, 전자무역업무의 대행, 계약체결 등 전자무역 토털 솔루션으로 변화되고 있다.

(2) 전자무역 알선의 특징

우선 전자무역 알선은 시공간의 제약이 없이 언제 어디서나 활용가능하고 목표시장의 표적 집단에 대한 접근이 용이하다.

둘째, 인터넷은 쌍방향 통신이 가능하여 실시간의 정보공유와 멀티미디어 정보의 유통이 가능하다.

셋째, 전통적인 거래알선 방법에 비하여 소요경비 절감, 오퍼정보의 효과측정 및 피드백이 가능하다.7)

[표 6-1] 전통적인 거래알선과 인터넷 거래알선의 비교

전통적인 방법	인터넷 거래알선
디렉토리 간행물 활용	전자거래 알선사이트 오퍼정보 검색
CD-ROM 정보검색	온라인 웹 디렉토리 검색
해외 홍보매체 광고	전자카탈로그 제작 및 홍보
카탈로그 제작 및 배포	개별업체 홈페이지 제작 및 홍보
전시회 및 박람회 개최	가상 전시회/박람회(Cyber Fair) 참가

자료 : http://www.kotis.net/trade

7) http://www.kotis.net/trade_guide/silmu2.html.

2. 전자무역 알선사이트의 유용성

전자시스템을 통한 거래알선은 경제성과 효율성이라는 측면에서 현재 활발하게 이용되고 있다. 그 전자거래 알선의 유용성은 다음과 같다.[8] 더욱이 전자무역시스템을 이용할 경우 획기적으로 효율성이 제고될 것이다.

(1) 전자시스템(인터넷)을 통한 기업이미지 구축

기업의 이미지 제고를 위한 CI(Corporate Identity)의 일환으로 전자시스템 또는 인터넷을 통하여 제공할 수 있는 그래픽, 동영상, 음향 등의 정보기술 수단을 이용하여 기업의 이미지를 잠재 고객을 대상으로 보다 효율적으로 구축할 수 있다. 또한 유용한 정보나 서비스를 제공함으로써 기업의 이미지를 향상시킬 수 있다. 이러한 CI를 통해 수요자들로 하여금 기업의 이미지를 효과적으로 심을 수 있으며, 나아가 구매 가능성을 높인다.

(2) 비용절감

전자시스템 또는 인터넷을 통한 거래알선은 전통적인 방식을 통한 경우에 비하여 상당한 비용의 절감효과를 거둘 수 있다. 예컨대 전통적인 무역에서 우편이나 팩스를 통한 거래권유장를 작성하여 다수의 고객에게 우편이나 팩스를 통한 송부비용 및 그 작업에 소요되는 인건비, 상대방의 견본 요청 시 송부비용 등이 있다.

(3) 시간절약

전통적인 방식을 통하여 거래처를 선정할 경우, 직접 무역관련 기관을 방문하여 관련 기업의 목록을 확보하여 해당 기업에게 우편이나 팩시밀리를 통해 권유장과 오퍼를 발송하여 조회서(inquiry)가 도착할 때까지 기다려야 하는데, 이 때 거래처 신용조사와 우편 및 팩스 송부시간 등에 있어서 인터넷 또는 전자무역 알선사이트를 이용할 경우 더욱 신속하고 효과적이다.

(4) 글로벌 시장의 잠재 고객의 창출

전 세계를 시장으로 한 마케팅이 가능하게 된다. 전통적인 방식은 시간과 비용으로

8) 남경두, 인터넷무역, 정보문화사, 2000, 176~177면

거래상대방이 제한되었지만, 전자시스템 또는 인터넷을 이용할 경우에는 한 번 등록해 두면 언제든지 재차 검색할 수 있고 전 세계 어느 곳에서도 인터넷을 통해 접속할 수 있으므로, 잠재고객의 수가 증가되며 지속적으로 광고효과를 거둘 수 있다.

(5) 중소기업의 국제화 가능성 용이

중소기업의 국제화가 보다 용이하게 이루어질 수 있다. 전자시스템 또는 인터넷을 통한 거래는 기업의 규모나 명성보다 어느 기업이 고객의 욕구에 얼마나 잘 충족시켜 주는가가 주요한 요소이므로, 양질의 제품과 서비스의 능력을 갖추고 있다면 어느 기업이든 국제기업이 될 수 있다. 또한 현지의 거점이 없더라도 글로벌한 사업전개가 가능하기 때문에 잠재시장이 확대될 수 있다. 따라서 기업의 규모에 관계없이 대등한 위치에서 경쟁할 수 있는 여건이 마련된 것이다.

3. 전자무역 알선사이트의 주요 기능(서비스)

[표 6-2] 전자무역 알선사이트의 서비스

기능(서비스)	내 용
오퍼정보열람 (View Offer/View Trade Lead)	물품매매를 원하는 오퍼를 열람 오퍼의 세부내용은 품목명을 클릭하면 가능
오퍼정보 검색 (Offer Search/Search Trade Lead)	특정 품목을 키워드(Key word)로 검색
오퍼 등록 (Post an Offer/Post Trade Lead)	무역거래 알선사이트에 등록한 상대방의 오퍼 검색뿐만 아니라 무역업자도 자신의 오퍼 등록
제품 카달로그 정보의 검색(Catalogue Search) 및 등록	전자 카탈로그는 제품 카테고리(category)별로 분류되어 있어 키워드 검색과 카테고리별 검색이 가능
주문형 오퍼정보 수신 (Offer on Demand/Trade Alert)	회원이 등록한 키워드에 해당하는 오퍼자료를 자동 검색하여 회원의 E-mail 주소로 송신하는 기능
기업정보 검색 (Company Directory)	업무 수행에 필요한 기업정보를 검색할 수 있는 서비스
기타 서비스	거래오퍼 관리시스템(Offer Manager/May Manager), 홈페이지 자동작성, 전시회 정보, 창업지원, 해외마케팅 지원, 해외시장 개척사업, 무역 및 창업(사이버 상담) 상담 등을 지원

거래알선 사이트의 주요 기능으로는 오퍼정보 열람 및 검색, 오퍼등록, 제품카탈로

그 정보검색, 주문형 오퍼정보 수신, 거래오퍼 관리시스템, 웹 사이트 링크시스템, 기업정보 검색, 전시회 정보 검색 등이 있다.[9] 그리고 앞으로는 업무대행, 자금지원, 해외마케팅 지원, 경영지도 등 기업활동 전반을 지원할 수 있는 시스템을 구출해야 할 것이다. 이 경우 전자무역전문서비스업자의 활성화와 그 기능의 확댈글 통해 가능할 것이다.

따라서 상품 및 기업 정보의 효율적 검색 및 무료제공, 매도/매수 오퍼의 열람, 신규오퍼 등록, 무역관련 뉴스와 정보교환, 국내외의 알선사이트와 연계, 거래내역 관리, 사이버 상담, 그리고 전시회에 관한 정보, 무역 및 창업 지식, 각종 통상정보 등을 검색할 수 있다.

(1) 오퍼정보 열람(View Offer/View Trade Lead)

오퍼정보 열람은 물품매매를 원하는 오퍼를 열람하는 것으로, 우선 매수오퍼 열람(Offer to Buy)은 무역업자가 물품매수를 원한다는 취지의 오퍼가 게시되어 있다. 따라서 물품매도를 원하는 경우에는 여기를 참고하면 될 것이다. 그리고 매도오퍼 열람(Offer to Sell)은 무역업자가 물품매도를 원하는 오퍼가 게시되어 있다. 따라서 물품매수를 원하는 경우 참고하면 될 것이다. 또 비즈오퍼 열람(Biz Offer)은 사업제휴, 합작투자, 입찰 등에 관한 오퍼가 게시되어 있다.

검색결과는 검색하는 오퍼의 리스트가 모든 오퍼가 최근에 등록된 순서대로 게시되어 있는데 사용자가 마음대로 조정하여 볼 수 있다. 게시된 오퍼 중 회원이 등록한 오퍼는 회원표시가 되어 있는 경우가 일반적이며, 제품의 이미지(image)를 포함하고 있는 Visual Offer의 경우 이미지 표시가 되어있다. 오퍼의 세부내용은 품목명을 클릭하면 열람할 수 있고 즉시 전자우편으로 연락이 가능하다.

(2) 오퍼정보 검색(Offer Search/Search Trade Lead)

오퍼정보 검색은 특정 품목을 키워드(key word)로 검색하는 경우를 의미한다. 검색창에 키워드를 입력해야 하는데 그 요령은 검색하고자 하는 오퍼내용과 연관성이 높은 단어, 예컨대 상품명, 국가명, 회사명 등을 키워드로 입력하면 된다. 따라서 일반적으로 통용되는 단어(예 : PC, printer, steel 등)를 입력하고 검색결과를 확인한 후 구체적인 단어를 선택하는 것이 바람직하다. 또한 사이트에 따라서 검색에 관한 다

9) 한국무역협회, 전게서, 5~60면 보완·추가함.

양한 옵션을 제공하고 있어 보다 정확한 정보를 검색할 수 있도록 지원하고 있다.

검색결과는 입력된 키워드와 일치하는 단어를 가진 총 오퍼가 열거되는데 각 오퍼의 세부내용을 열람하고자 할 경우 제목을 클릭하면 되고 세부 오퍼내용을 조회한 후 해당 업체와 거래를 원할 경우에는 전자우편으로 즉시 회신이 가능하다.

(3) 오퍼 등록(Post an Offer/Post Trade Lead)

무역거래 알선사이트에 등록한 상대방의 오퍼를 검색뿐만 아니라 무역업자도 자신의 오퍼를 등록할 수 있는데 이를 오퍼등록이라 한다. 웹 사이트의 회원인 경우에는 회원가입 시 회사정보가 이미 입력되어 있기 때문에 물품명세의 입력만으로 오퍼등록이 가능하고, 또 물품 이미지를 오퍼에 첨부할 수 있는 Visual Offer 기능을 이용할 수 있다.

오퍼내용을 입력할 때 거래신뢰성 주기 위해 가급적 상세하고 성실하게 입력하는 것이 바람직하다. 그리고 오퍼입력 시 거래상대방이 접근할 수 있는 단어를 망라하여 입력함으로써 용이하게 검색할 수 있도록 한다.

(4) 제품 카탈로그 정보의 검색(Catalogue Search) 및 등록

이미 기술한 오퍼정보가 문자정보라면 제품 카탈로그는 이미지 정보라고 할 수 있다. 이는 사용자가 작성한 홈페이지와 홈페이지 내의 제품정보인 전자카탈로그는 제품 카테고리(category)별로 분류되어 있으므로 키워드 검색과 카테고리별 검색이 가능하다.

검색요령은 오퍼정보의 검색과 유사하고 검색결과 화면에 해당 키워드를 포함하고 있는 정보가 나타나며, 제품 이미지를 등록한 경우 리스트에 작은 크기의 이미지(thumbnail)와 함께 제품명과 업체명 및 제품설명이 나타난다. 세부내용을 조회하려면 제품 이미지나 제품명을 클릭하면 해당 제품의 카탈로그 내용이 나타나고 업체명을 클릭하면 해당 업체의 회사정보가 나타난다.

그리고 이와 같이 상대방의 제품 카탈로그를 검색뿐만 아니라 무역업자도 자신의 제품 카탈로그도 등록할 수 있다.

(5) 주문형 오퍼정보 수신(Offer on Demand/Trade Alert)

주문형 오퍼수신은 매일 새로이 발생되는 오퍼정보 중 회원이 등록한 키워드에 해당하는 오퍼자료를 자동 검색하여 회원의 E-mail 주소로 송신하는 기능을 말한다. 따라서 회원은 검색기능 통해 검색하지 않아도 관심품목의 오퍼정보 검색이 가능하다. 또한 등록된 주제어를 클릭하여 오퍼자료를 검색할 수 있다.

키워드를 입력 시 관심품목의 해당 자료에 들어있을 단어를 짐작해서 입력하면 되는데 지나치게 자세한 사항(품목규격이나 숫자 등)을 입력하면 검색되지 않는 경우가 많다. 복수형과 같이 끝이 다르게 끝나는 단어를 모두 찾을 경우 와일드카드를 사용할 수 있다. 오퍼 종류는 Buy, Sell, All 중 하나를 선택해야 하는 데 수출인 경우 Buy를 선택하면 되고, 수입을 원하면 Sell를 선택하면 된다.

(6) 거래오퍼 관리시스템(Offer Manager/May Manager)

전송한 오퍼를 사후에 관리하는 기능으로서 사용자가 게재한 오퍼의 제목과 건수 등 목록이 나타난다. 그리고 이미 게재된 오퍼의 내용을 수정하여 다시 전송할 수 있고 오퍼의 내용이 더 이상 유효하지 않을 경우 삭제할 수 있다.

(7) 기업정보 검색(Company Directory)

국제간 무역거래를 성공적으로 수행하기 위해서는 거래상대방을 발굴·선정하고 또 선정된 거래상대방에 대한 신용조사 등이 필요하다. 이러한 업무를 수행하는데 필요한 기업정보를 검색할 수 있는 서비스를 말한다. 기업정보 검색은 국내를 포함하여 전 세계의 모든 기업정보를 검색하여 무역거래에 활용할 수 있다. 즉 수출입하고자 하는 대상 기업을 검색할 수 있고 또 검색된 기업의 주요 정보를 확인할 수 있다. 그러나 기업정보의 제공범위는 무역거래 알선사이트의 규모 및 상황에 따라 다를 것이다.

(8) 기타 지원서비스

거래를 지원하기 위해 홈페이지를 홍보하는 기능 중의 하나로 웹사이트 링크시스템(Website Link)를 지원하고, 전시회 정보, 창업지원, 해외마케팅 지원, 해외시장 개척사업, 무역 및 창업(사이버 상담) 상담 등을 지원하고 있다.

이와 같이 열거한 알선사이트의 기능 또는 서비스는 알선사이트에 따라 이용하는 방법에 차이가 있을 수 있으며, 제공되는 서비스의 범위도 다르다.

[표 6-3] 국외 주요 무역알선 사이트

운영기관	웹 사이트
WTCA	http://www.wtca.org
Global Trade Center	http://www.tradezone.com
UN/GTPNet ETO	http://tradepoint.tidco.co.tt/gtpneto
ALIBABA	http://www.alibaba.com
World Acess Network Direct	http://www.wand.com
swissinfo	http://trade.swissinfo.net/
Import-Export Bulletin Board	http://www.iebb.com

[표 6-4] 국내의 주요 무역알선 사이트

서비스기관 및 기업	인터넷 주소
한국무역협회(KITA)	http://www.kita.net http://www.tradekorea.com
대한무역투자진흥공사(KOTRA)	http://kotra.or.kr http://www.buykorea.org(전자무역/수출마켓플레이스) http://gep.or.kr(글로벌 전시포털)
대한상공회의소(KCCI)	http://www.korcham.net
중소기업진흥공단(SBC)	http://www.sbc.or.kr http://kr.gobizorea.com
EC21	http://www.ec21.com
ECplaza	http://www.ecplaza.net
코리아 소스	http://www.tpage.com

4. 기업정보 검색

(1) 기업정보의 범위

기업정보는 크게 동향정보와 기업현황 및 영업실적에 대한 정보로 구분할 수 있다. 동향정보는 실시간 정보검색을 요구하는 반면에 기업현황 및 영업실적은 출력된 정보의 검색을 필요로 한다. 그리고 기업현황 및 영업실적에 대한 정보는 다시 현황정보와 재무정보로 구분할 수 있다.[10)]

① 현황정보

접촉 포인트를 비롯하여 매출액 규모, 회계연도, 대표자명, 종업원 수, 자회사 현황, 주요 생산품, 회사연혁 등을 포함하고 있다.

② 재무정보

기업 기업의 금융 및 재정상태를 알 수 있는 재무정보는 기업정보의 핵심이 되는 것으로 공식적인 경로로 입수 가능한 기업정보 가운데 가장 깊이 있는 정보이자 정밀한 분석이 가능하다. 일반적으로 재무제표를 검색하는 것을 의미하는 것이지만 대차대조표, 손익계산서, 분기별 보고서와 같은 일부 보고서만 제공하는 경우도 있다.

(2) 접촉 포인트 검색

전화번호부에서 찾을 수 있는 주소, 전화번호, 연락처, 전자우편 주소 등을 검색 대상으로 하며, 현재 인터넷을 통하여 다양하게 검색할 수 있다. 해외 기업의 접촉 포인트 검색은 일반적으로 알려진 검색엔진 보다는 개별국가 또는 도시의 Yellow Page, 즉 인터넷으로 제공되는 기업명 디렉토리를 검색하는 것이 바람직하다. 현재 Yellow Page는 세계 100여개 국가에서 300여개의 웹 사이트를 통하여 서비스하고 있는 것으로 알려지고 있다.

국가별로 운영하는 Yellow Page를 검색한다면 우선 Yahoo와 같은 검색엔진을 활용하여 주제어를 해당 국가명과 디렉토리(directory) 또는 Yellow Page로 입력하여 검색하면 원하는 웹 페이지로 이동할 수 있다. 웹 페이지로 이동하면 상세한 기업의 접촉 포인트를 검색할 수 있다.[11)]

(3) 전 세계 기업정보 검색

① Kompass(www.kompass.com)

KOMPASS Group의 Global Site인 KOMPASS.com은 세계 최대의 B2B Search Engine으로 국가 간 무역거래에 필요한 제조자, 수출/수입업자의 기본적인 기업 프로필 정보를 제공함으로써 신규 거래선 개발, 동종 업체 검색 등 국가 간의 무역거래에 기여하고 있다. 본 사이트는 70여국 230만 국가별 기업 일반 정보, 상품정보, 재무정보 등을 지원하고 있다. 또한 상품명, 기업명, 브랜드명, 산업 분류별 등 다양한

---

10) http://www.kita.net/trade_guide/index.jsp.

11) http://www.kita.net/trade_guide/index.jsp. 보완

검색 서비스 지원하고 있다. 그리고 KOMPASS Search Engine은 무료/유료 2개의 버전으로 서비스를 제공하고 있다.

전체 정보 검색 및 바이어, 매도업자(수출업자) 등의 조건검색을 원하는 경우 유료회원으로 가입하여야 한다.[12)]

② ThomasNET(www.thomasnet.com)

미국 및 개나다 제조업체에 대한 CEO, 종업원 수, 업태, 설립년도, 수출입시장, 취급상품 등 일반적 현황을 포함한 기업의 프로파일의 검색이 가능하다. 본 사이트는 제품/서비스, 회사명, 브랜드명 등으로 검색할 수 있다. 그리고 기본적으로 무료로 서비스하고 있으나 회원가입(free membership)을 요구하고 있으므로 회원에 가입한 후 사용할 수 있다.

[표 6-5] 주요 전 세계 주요 기업정보 검색 사이트

사이트 명 및 주소	주요 수록정보
Kompass(http://www.konpass.com)	전 세계 80개국 230만여 개의 기업체 정보(연락처, 취급품목, 경영진 정보 등) ※ 유료/무료 운영 중
ThomasNET(www.thomasnet.com)	미국 및 개나다 제조업체에 대한 일반현황 및 주요 취급상품 검색이 가능
Access BusinessOnline Bizwiz(http://www.bizwiz.com)	인터넷에 홈페이지를 등록한 기업들의 기초 정보 ※ 자사 기업정보 등록가능
EUROPAGESW (http://www.europages.com)	유럽지역 30개국 50만여 개의 기업정보 (업체명이나 상품명 또는 카테고리별로 검색가능)
AsianNet (http://www.asiannet.com)	아시아 12개국의 기업 및 국가 정보, 수출입 오퍼정보 등 다양한 정보 제공
D&B Korea (http://www.dnbkorea.com)	전 세계 200여 개 국가(북한, 쿠바, 이라크 제외) 8,500만개 기업정보 및 기업신용조사 보고서 제공

자료 : http://www.buykorea.or.kr 일부 수정/추가

(4) 국내 기업의 주요 정보검색

① www.tradekorea.com/www.kita.net : 무역업체 검색

우리나라에 있는 전국의 무역업자를 검색할 수 있는 웹 사이트로 한국무역협회에

12) http://www.agrotrade.net/. 일부 수정/보완

서 제공하고 있다. 기업체의 요약된 프로필, 취급품목, 사무소/공장, 해외지사 및 재무정보를 검색할 수 있다. 기업체명(대표자명), 업체 디렉토리, 품목명에 대한 간단한 주제어 등으로 검색할 수 있다.

현재 한국무역협회에서 제공되고 있는 거래알선 및 기업정보 검색 등은 한민족 경제 네트워크(www.tradekorea.com)에 통합되어 운용되고 있으며, 기업정보 검색은 국내기업, 동포기업, 해외기업 및 KOMOASS 기업검색으로 구분하여 검색하도록 하고 있다. 그리고 본 사이트는 기업, 판매, 구매, 홍보마당 메뉴가 있으며 거래알선 및 마이 페이지를 운영하고 있다.

② www.korchambiz.net : 전국 기업체 총람

대한상공회의소에서 제공하고 있는 우리나라 모든 기업정보를 검색할 수 있는 사이트로, 기업정보를 업종 카테고리, 지역 카테고리, 분야별 국내기업, 해외 관련기업, 폐업기업으로 구분하고, 또 분야별 국내기업은 30대 그룹, 1,000대 기업, 유가증권/코스닥 기업, 벤처기업, 외국인 투자기업, 수출입기업 등으로 구분하고 있다. 각 기업에 대한 대표자, 설립일, 종업원 수, 취급품목, 상품정보 등을 포함한 일반 정보서비스, 그리고 현황분석 및 재무분석 등의 서비스를 제공하고 있으며, 기업명, 품명 등을 이용하여 검색할 수 있다.

그리고 본 사이트에서는 상품/거래 정보로 국내거래, 해외거래, 일본무역정보, 무역정보 및 동향, 입찰정보 및 상품정보를 제공하고 있으므로 비즈니스 파트너 등 비즈니스에 이용할 수 있다. 그리고 회원으로 가입하면 이들 정보를 등록할 수 있다.

③ www.iin.co.kr : 산업정보망

지식경제부에서 지원하는 산업정보망을 통해 제공되는 데이터베이스로서 건설, 무역, 섬유, 에너지, 전자, 전기 금속, 기계, 기타 등 분야별 자료 및 DB 제공, 업체 안내, 정보검색 서비스를 제공한다. 산업정보망 구축사업은 산업 데이터베이스를 발굴하여 보급·유통하고 IT 활용을 촉진함으로써 국내 산업 구조를 지식형 고부가가치 체계로 전환하고, 산업 경쟁력을 향상시키기 위한 국가의 정보화 사업이다. 따라서 산업정보망을 이용하여 각종 산업과 기업에 관한 DB 및 시장동향 DB, 글로벌 네트워크 등을 검색할 수 있다.

산업정보망은 산업과 관련된 모든 지식과 정보를 상호 연결하여 필요로 하는 대상에게 언제 어디서나 편리하게 제공, 활용되도록 하는 산업 부문의 정보유통 체계를 말한다. 산업정보망 구축사업은 지식경제부 주관 하에 한전 KDN에서 시행하고 있

으며, 산업경쟁력 향상을 위하여 1997년부터 다양한 정보화 사업을 추진해 왔다. 또한 2005년에는 기 개발된 DB의 품질 고도화를 추진함으로써 보다 효과적인 정보수집과 활용이 가능하도록 만전을 기하고 있다.[13)]

[표 6-6] 국내 주요 기업정보 검색 사이트

운영기관	웹 사이트
한국무역협회(KITA)	http://www.kita.net http://www.tradekorea.com
대한무역투자진흥공사(KOTRA)	http://www.buykorea.org
대한상공회의소(KCCI)	http://www.korcham.net
중소기업진흥공단(SBC)	http://www.digitalsme.com http://kr.gobizkorea.com(해외마케팅 지원)
지식경제부	http://www.mocie.go.kr
금융감독원	http//www.fss.or.kr
JOINS 기업정보	http://yp.joins.com
수출보험공사	(http://www.keic.or.kr)

13) http://www.iin.co.kr/index.jsp

제 7 장

무역자동화와 uTrade Hub 전자무역 솔루션

제 1 절 EDI와 시스템

1. EDI의 정의와 개념

EDI(Electronic Data Interchange)는 전자문서교환 또는 전자자료교환으로 전통적인 종이문서를 전자문서로 대체한 것이며, 또한 우편·전화·인편 등 전통적인 문서 전달 방법을 전자적인 전달방법으로 대체한 것이다. 따라서 서로 다른 기업 또는 조직 간에 송수신되는 각종 문서를 정보처리능력을 가진 장치(컴퓨터)와 통신회선을 통하여 표준화된 형식에 따라 전자적으로 교환되는 방식이다.[1]

EDI는 주체, 대상, 방식의 관점에서 정의할 수 있다. 주체는 교환(interchange)의 주체로서 독립된 조직의 컴퓨터 및 응용 프로그램을 의미하며, 대상은 교환의 대상을 의미한다. 즉 주문서, 송장, 카탈로그(catalog) 및 계산서 등의 비즈니스 자료가 인간의 개입 없이 컴퓨터가 자동적으로 처리할 수 있도록 구조화된 형태로 변환된 자료를 의미한다. 방식은 자료의 교환방식으로 전자적인 형태로 교환되어야 함을 의미한다.

따라서 EDI는 컴퓨터를 이용하여 제품 카탈로그, 상업송장, 주문서 및 증명서 등의 각종 서류를 정해진 전자문서 표준 및 통신 표준에 따라 전송하는 것이다.

1) 따라서 E-Mail, Fax, WWW, 네트워크나 모뎀을 통한 파일공유, 전자 카달로그, 전자게시판 등과 같은 방식의 전자자료교환은 통신매체를 이용한 자료교환방식에 속하지만, 인간의 개입유무 측면에서 EDI와 구별된다.

[표 7-1] 자료교환수단 비교

비교항목	FAX	E-mAIL	EDI
데이터전송	당사자 간 즉시 전송	VAN 경유	VAN 경유/인터넷
데이터형태	사람판독	사람판독	사람판독
데이터구조	모든 형태의 데이터	자유양식	구조화된 표준양식
데이터 입력 및 처리	수신자의 데이터 추출 및 재입력	수신자의 데이터추출 및 재입력	응용 프로그램 간 데이터 자동입력

자료 : http://www.kebic.or.kr

2. EDI의 발전과정과 추진현황

EDI는 1970년 초기 미국의 육상 운수업계들이 당시 심한 경쟁을 극복하기 위해 각종 전표를 네트워크에 의한 전자교환으로 전환하고자 한 것을 시발로 볼 수 있다. 1970년대 후반에 미국에서 구축되어 1979년 미국, 일본, 유럽에서 테스트된 CARDIS(Cargo Data Interchange System : 화물데이터 교환시스템)에 의해 실용화되었는데, CARDIS는 통신회선에 의한 온라인 데이터 교환으로, 다른 업종을 포함하는 기업 간 네트워크를 구축하여 표준 포맷에 의하여 데이터를 교환하는 것이다. 전자데이터 포맷의 표준화는 운송데이터 조정위원회(Trade Data Coordinate Committee)를 관련시킨 TDCC Syntax Rule라는 이름으로 진행되었는데, 이것이 후에 미국의 EDI 표준인 ANSI X.12의 기본이 되었다.

그러나 국가경제가 지속적으로 발전하면서 산업 간 거래가 증가하게 됨에 따라 국가표준의 개발에 대한 필요성이 제기되었다. 이에 북미의 ANSI ASCX12 (American National Standards Institute Accredited Standards Committee)와 유렵의 TDI(Trade Data Interchange)가 개발되었다.

1980년대 들어 경제의 글로벌화와 기업의 국제화·개방화가 진행되면서 국가표준이 그 한계점을 보이기 시작하자 1985년 9월에는 UN/ECE/WP4(국제연맹의 유럽경제위원회 제4작업부회)의 주관 하에 유럽의 TDI(운송 데이터 조정위원회)와 ANSI ASC X.12의 통합을 추진하였고, 1986년 말 미국과 유럽의 표준화 기구들은 UN의 지원하래 국제 EDI 표준을 제정하기 위한 합동위원회(UN-Joint Electronic Data Interchange)를 구성·활동하였다.

이러한 노력의 결과로 1987년 3월에 EDI 국제표준인 UN/EDIFACT(United Nations/

Electronic Data Interchange for Administration Commerce and Transport : 행정, 상역 및 운송을 위한 전자자료교환에 관한 국제규칙)가 제정·승인되었다(한국무역협회, 전게서 보완).

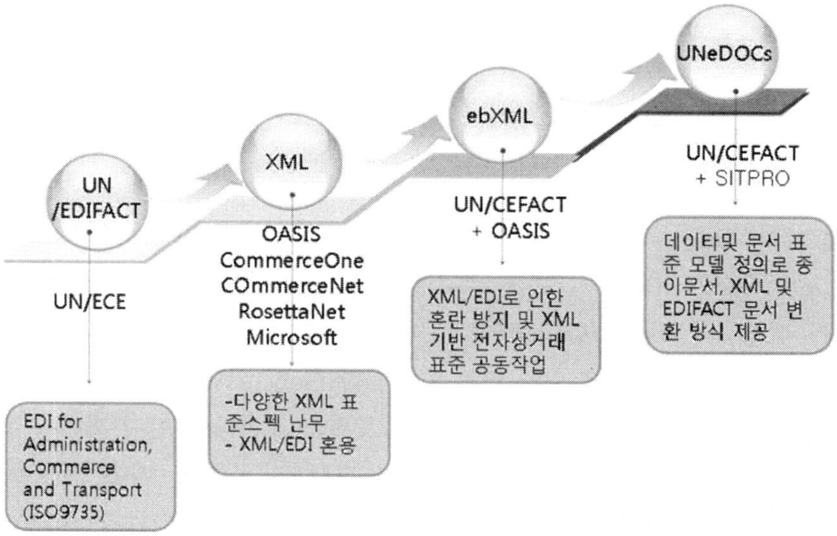

자료 : 전자무역추진센터

[그림 7-1] **전자무역표준의 발전과정**

3. EDI의 구성요소

전자적으로 문서를 생성하고 전송하기 위해서는 EDI 표준, EDI 네트워크, 사용자 시스템(EDI 하드웨어 및 소프트웨어), 그리고 거래약정이 필요하다.

(1) EDI 표준

EDI 표준이란 EDI 이용자 간에 교환되는 전자문서의 내용 및 구조, 통신방법 등에 관한 규칙으로 상이한 언어, 업무처리 방식, 양식(서식), 컴퓨터시스템 등을 보유한 거래당사자 간에 전자문서의 자유로운 상호 교환을 보장하기 위한 표준이다. 따라서 EDI 표준은 상호간 정해진 양식과 절차에 따라 송수신할 수 있도록 하는데 핵심적 역할을 한다. EDI 표준은 양식표준(전자문서 표준), 메시지표준 및 통신표준으로 구분할 수 있다.

[표 7-2] EDI 표준 분류

EDI 표준	용도에 따른 구분	전자문서표준	
		통신표준	
	사용범위에 따른 구분	전용표준	
		공통표준 산업표준	산업표준
			국가표준, 지역표준
			국제표준

자료 : http://www.kebic.or.kr

① 전자문서 표준

전자문서 표준은 EDI를 이용하는 목적은 사람의 간섭이나 데이터의 재입력 없이 데이터가 수신자의 컴퓨터에 자동적으로 재입력 처리되는 것이다. 그러기 위해서는 데이터가 수신자의 컴퓨터에 의해 읽히고 해석될 수 있는 구조화된 표준문서에 맞게 표현되어야 한다. 그러므로 EDI 표준에서는 상세한 많은 규칙이 존재하게 된다. 그 이유는 컴퓨터가 동일한 정보일지라도 다양한 형식으로 표현된 것을 스스로 알아서 해석할 수 없기 때문이다. 즉 사람은 어떠한 양식으로 정보가 접수되더라도 거기에 필요한 데이터, 예컨대 P/O(purchase order)의 경우 날짜, P/O 번호, 주문품목 등을 추출하여 이용할 수 있는 능력을 갖고 있는 반면에 컴퓨터는 지능이나 정보에 대한 적응능력이 현저히 떨어지므로 고정되고 규격화된 문서양식에 맞춰 데이터를 표현해 주어야만 읽고 해독할 수 있다.2)

② 통신표준

종이문서로 송수신하는 경우에도 정해진 방법과 절차가 있는 것처럼 전자문서로 송수신하는 방법에도 정해진 방법과 절차가 있다. 즉 종이문서의 경우에 봉투의 규격이나 양식, 처리속도에 따른 일반우편, 등기우편, 속달우편 등의 구분과 같이 전자문서에도 전자봉투의 종류, 데이터의 전송속도와 프로토콜(protocol), 전송시간과 빈도 수 등이 있다.

우선 통신표준은 CCITT(국제전신전화자문위원회) 표준을 따르고 있기 때문에 사용하는 데 별다른 문제가 없으나, 전자문서의 표준은 산업별·지역별·국가별로 상이하며 국제표준이 제정되어 있기는 하나 아직 그 국제표준을 따르지 않는 경우도 있다.

2) 김성희·장기진, e-Business 원론, 무역경영사, 2001, 176면.

그리고 시설표준으로 EDI 초기 공급자 간에 Kmart가 있었고, 특정 산업 분야의 산업공통 분야로 알려진 운송 분야의 TDCC, 식료잡화 분야의 UCS가 있다. 그리고 여러 산업 분야에 사용되는 공통표준으로는 ANSI X12를 들 수 있다. 국제표준은 이미 언급한 UN/EDIFACT이 있다. 우리나라는 UN/EDIFACT를 기초로 한 KEDIFACT이 있다.[3] 그 이후 XML, ebXML, UNeDOCs 등 표준이 있다

(2) 이용자시스템

EDI를 실행하기 위해서는 컴퓨터 하드웨어와 소프트웨어가 있어야 한다. 즉 거래당사자 간 전자문서를 송수신하기 위한 시스템(User system)으로 전자문서의 교환을 가능하게 하는 시스템을 의미한다. 회사는 일반 업무처리용 컴퓨터를 보유하고 있고, 널리 보급된 소형 컴퓨터에 EDI 소프트웨어만 설치하면 EDI를 실행할 수 있다.

EDI 소프트웨어는 각 회사마다 다른 형식으로 작성된 문서를 EDI 표준에 맞는 형식으로 변환시켜 주며, 변환된 EDI 문서를 전송하기 위해 통신표준에 맞는 전자신호(메시지)로 변환 및 복조시켜 주는 기능을 수행한다. 전자문서를 작성하고 송수신하기 위한 시스템으로, 응용 소프트웨어, 변환 소프트웨어 및 통신 소프트웨어로 구분한다. 여기에서 응용 소프트웨어와 변환 소프트웨어는 시스템개발자가 개발한 소프트웨어를 설치하며, 사용자의 문서작성 프로그램은 사용자의 편의에 맞게 개발이 가능하다.

(3) 통신 네트워크

전자화 된 데이터 교환을 위해서는 네트워크의 구축이 필수적이다. 네트워크를 구축하는 방법은 기업의 상황이나 형편에 따라 여러 가지의 방식으로 도입할 수 있다. 우선 단순하게는 모뎀과 공중망을 이용하여 거래당사자 간에 일대일(one to one)로 컴퓨터를 연결하는 직통 네트워크에 의한 방법이다. 상호 간에 데이터 통신이 가능하기 위해서는 전송속도, 라인 프로토콜 등 통신 프로토콜이 서로 동일하여야 한다.

그러나 직통으로 거래하는 당사자가 증가하게 되면 그 만큼 지원하여야 하는 통신 프로토콜 종류가 많아야 함은 물론, 각자에 대한 전송시간을 조정해야 하고, 사용하는 문서도 많아져 업무도 어렵고 복잡하게 된다. 따라서 EDI에서는 주로 부가가치 통신망(VAN : value added network)을 통해 거래상대방과 네트워크를 구축하는 제3

3) 김성희·장기진, 상게서, 176면 수정·보완함.

자 네트워크인 서비스 제공업자(service provider) 내지 VAN (Value Added Network) 사업자를 이용한다. 제3자 네트워크는 사업자가 통신사업자로부터 통신회선을 임차하거나 이용하여 또는 통신회선을 직접 보유하여 정보의 전송, 가공, 변환 등을 위해서 구축하는 방법이다.4)

(4) 거래약정

EDI 시스템을 이용하여 무역 업무를 처리하기 위해서는 다른 거래처리 시스템을 가진 거래상대방과의 자료교환이기 때문에 EDI 업무를 처리하는데 있어서 제반 사항에 대한 거래약정이 필요하다

[표 7-3] EDI의 기대효과

직접적인 효과	거래비용의 절감 : 문서처리 비용의 절감과 이를 통한 인건비 절감 거래시간의 단축 : 문서전달시간 단축, 자료의 재입력 불필요, 업무처리의 오류 감소
간접적인 효과	재고감소, 인력의 효율적인 재배치, 관리 효율성 향상, 고객서비스 향상, 효율적인 자금관리
전략적인 효과	거래상대방과의 관계개선, 전략적인 정보시스템 구축, 새로운 사업으로의 확대, 경영혁신, 경쟁우위 확보

4. 인터넷 EDI

(1) 인터넷 EDI의 도입

전통적인 EDI는 시간과 비용의 절감, 고객서비스의 향상, 업무처리의 개선 등 다양한 이점을 제공하고 있으나, 기존의 EDI는 관련 기업 및 기관 등만이 중심이 된 폐쇄성이 강한 시스템을 구축하고 있다. 따라서 정해진 특정 대상을 제외한 여타의 영역에서는 자유롭게 접속하여 원하는 정보교환이나 전자거래에 참여할 수 없다는 표준부재의 문제점을 안고 있었다. EDI 서비스를 제공하는 VAN 사업자가 다수 등장하여 상호 간에 연동해야 하는 새로운 문제가 생기며 각각 구축하는 시스템과 네트워크 구축현황 등에 관련이 있어 접속 자체에 문제점이 제기된다. 이는 시스템과 주요 가입주체(기관, 기업 등)의 정책적인 문제도 유발시킬 수 있다.5)

---

4) 김성희·장기진, 전게서, 176면 수정·보완.

이에 따라 이러한 문제점을 해결하고자 인터넷과 같은 정보통신기술의 활용이 가능한 인터넷 EDI를 활용하게 되었다. 인터넷 EDI란 통신규약(TCP/IP) 네트워크 또는 인터넷 기술을 이용한 EDI로서 주로 Web 방식을 이용한다. 전통적인 EDI와 비교해서 통신 속도가 빠르고, 도입비용과 통신비가 저렴하다는 점에서 널리 이용되고 있는 실정이다.

(3) 인터넷 EDI의 개념과 구현

인터넷 EDI란 EDI 문서를 전송함에 있어서 하부통신 프로토콜로서 TCP/IP, 즉 인터넷을 사용하는 것을 의미한다. 인터넷을 이용하므로 이용자는 지역이나 업종, 시스템에 관계없이 정보를 교환할 수 있다. 또한 자체 네트워크를 갖지 못한 이용자들도 손쉽게 EDI 문서를 전송할 수 있으며, 단기간 내에 거래관계를 체결할 수 있다. 그러나 개방적인 TCP/IP(인터넷 통신규약)를 이용함에 따라 전송되는 메시지의 분실, 변경, 허위 등의 위험요소가 존재한다. 이에 대처하기 위해 문서를 전송할 시 메시지를 암호화하여 전송하거나 전자서명을 이용한다. 현재 웹에서 인증, 기밀성, 무결성 등과 같은 보안기능의 구현은 웹의 통신 프로토콜인 HTTP(Hypertext Transfer Protocol; 하이퍼텍스트 통신규약)와 암호화 알고리즘을 통합하는 방식으로 구현되고 있다.[6]

따라서 이러한 특징을 가진 웹(web)과 인터넷을 기반으로 하는 EDI이다. 인터넷 EDI는 지역, 업종 및 시스템의 구축에 관계없이 EDI를 구현한다.

[표 7-4] 전통적 EDI와 인터넷 EDI 비교

내 용	전통적 EDI	인터넷 EDI
사용자 S/W	사용자 S/W(변환/응용) 설치후 사용	웹 브라우저
접속	VAN	인터넷(웹 서버)
보안	우수(폐쇄형)	낮음(개방형)
장점	사내 경영정보시스템(MIS)과 연결이 용이하고 복잡하고 대량의 업무처리 가능	별도 사용자 S/W 불필요
단점	별도의 S/W 설치 및 관리 필요	별도의 S/W 불필요
규모	중대형 업체에 적합	모든 규모의 업체에 적합

5) 김성희·장기진, 전게서, 187면.

6) http://www.kiec.or.kr/

5. XML/EDI의 도입과 활용

전통적인 EDI는 문서를 EDI 포맷으로 변환해야 했으며 표준 포맷문서가 없으므로 기업 간 거래량이 많으면 많을수록 비용이 더 많이 들었다. 이런 전통적인 EDI는 복잡한 프로그램 인터페이스(interface)와 구축비용으로 중소기업에게는 EDI를 사용하기에는 큰 부담이 되었다.

전통적인 EDI는 인터넷을 활성화로 웹을 통해 개방형 EDI, 상호 작용형 EDI, 웹 EDI로 발전하게 되었다. 웹 EDI는 인터넷의 성장으로 인터넷 네트워크를 통하여 문서 정보교환이 빠르고 구축비용이 저렴하다는 장점으로 많은 기업에서 사용하고 있다. 그러나 이러한 웹 EDI도 전통적인 EDI 문제점을 일부 해결하였으나, 웹 HTML(Hyper Text Markup Language) 문서가 갖는 한계 때문에 사용자가 이해하기 쉽지 않은데다 확장성과 유연성이 약하고 보안에 취약한 약점이 있다.[7)]

따라서 XML은 1998년 국제적 웹 컨소시엄인 W3C(World Wide Web Consortium)가 제작한 웹언어로, 웹상에서 EDI를 효율적으로 구현하기 위해서는 SGML(Standard Generalized Markup Language)의 유연성과 HTML(Hyper Text Markup Language)의 단순성이 결합된 새로운 언어가 필요했으며, XML은 이러한 목적에서 고안된 언어이다. 즉, XML은 웹상에서 구조화된 문서를 자유롭게 정의하고 자료의 교환이 가능

[표 7-5] 전통적 EDI와 웹 EDI/XML 인터넷의 비교

내 용	전통적 EDI	웹 EDI	XML/EDI
사용자 환경	EDI 전용	웹 브라우저 통합/표준화 환경	웹 브라우저 통합/표준화 환경
사용 용이성	어려움	용이	용이
확장성/상호 호환성	낮음	낮음	매우 유연함
네트워크	VAN에 의한 폐쇄망, 전용선	ISP를 이용한 인터넷망, 전용선	VAN, VASP를 이용한 인터넷망, 전용선
설치/유지비용	많음	많음	적음
보안/신뢰도	높음	낮음	높음
VAN/ISP 역할	중심적 역할, 전자자사서함 역할	인터넷 접속가능	저장소 제공, 에이전트 역할

자료 : http://blog.naver.com/rjm2004?

7) http://blog.naver.com/rjm2004?Redirect=Log&logNo=10022844317.

한 SGML의 장점과, 이를 인터넷상에서 손쉽게 하이퍼미디어 문서를 제공하는 HTML의 장점을 모두 갖도록 고안된 것이다.8)

그리고 XML/EDI는 기존 전통적인 EDI 보다는 확장성, 상호 작용성이 우수하면서도 설치 및 유지보수 비용이 적기 때문에 중소기업체에 유리한 방식으로 확장되고 있다. 또한 기존 애플리케이션을 수정 없이 데이터를 변경할 수 있으며 VASP(Value Added Service Provider : 부가가치서비스 제공업자) 형태의 VAN을 사용함으로써 웹 EDI보다 보안상으로 안전하다.9)

제 2 절 전자무역의 추진과 발전과정

무역 부문의 자동화는 기업과 국가의 경쟁력을 확보하기 위한 수단 및 국제교역량의 증가 및 관련 분야의 전자시스템화와 더불어 국제교역의 필수적 요구사항이 되었으며, 전자무역을 이용할 수밖에 없을 정도로 국제무역환경은 급격하게 변화하고 있다.

우리나라의 무역자동화는 통관업무 100% 실현을 비롯하여 전자무역시장을 선도하고 있으며, 미국, 일본, EU 등 선진국과 우리나라와 경쟁관계에 있는 대만, 싱가포르, 홍콩 등에서도 정착되고 있다. 무역자동화는 국제교역량의 증가와 정보기술의 발전에 따라 국제교역의 필수적 수단이 되었다.

이러한 무역자동화 추진은 2003년 12월 국가 전자무역추진을 위한 종합계획으로서 「전자무역촉진 3개년계획」을 수립하였으며, 그리고 정부는 2005년 12월에는 “무역자동화”라는 용어를 “전자무역”으로 변경하고 효과적인 전자무역 기반구축에 전력해 오고 있다. 현재 전자무역은 완전하게 구현되지 않았지만, 국내 전자무역은 그 이행을 위한 전자무역시스템은 세계적으로 선두 그룹에 속해 있다고 볼 수 있다고 볼 수 있다.

1. 전자무역의 기본 목표와 필요성

(1) 전자무역의 기본 목표

전자무역의 기반을 조성하고 그 활용을 촉진하여 무역절차의 간소화와 무역정보

8) http://cafe.daum.net/note4me/3EwM/
9) http://blog.naver.com/rjm2004?Redirect=Log&logNo=10022844317.

의 신속한 유통을 실현하고 무역업무의 처리시간과 비용을 절감하여 산업의 국제경쟁력을 높임으로써 국민경제의 발전에 이바지함을 목적으로 한다.[10)]

(2) 전자무역의 필요성

① 국내적인 요인

무역업무의 처리가 수작업으로 이루어지는 기존의 무역 업무처리로는 현재의 지식정보화시대에서는 업무처리의 효율성 개선에 장애가 되고 있었다. 우선 무역거래의 증가에 따른 업무량의 증가는 수작업으로는 이러한 업무량을 지속적으로 처리하는 데는 한계가 있다.

그리고 지속적인 업무처리의 효율성 향상으로 직접적으로는 국제거래의 프로세스의 효율성 향상, 궁극적으로는 기업경영의 효율성과 국제 경쟁력의 강화를 위해 필요하다. 잦은 항만화물의 적체 및 물류시스템의 비효율성으로 인한 과다한 물류비용의 개선이 필요하고, 또 업무절차의 간소화 및 신속화로 거래 사이클을 단축시키고 비용을 절감하여 무역업계의 경쟁력을 제고시키기 위해 무역자동화를 위한 전자무역이 필요하다.

② 국외적인 요인

우선 무역업무의 자동화는 시대적 흐름이자 국제적인 추세이다. 미국, 유럽, 일본 등 선진국은 물론 싱가포르, 대만 등의 대부분의 국가에서 무역자동화를 도입·이행하고 있다. 또 UN, 관세협력이사회(CCC), OECD 등 국제기구 및 볼레로시스템, 트레이드카드 등 글로벌 전자무역추친 사업자도 무역업무의 전자화를 적극 지원·권장하고 있으며, 국제간 전자무역의 필요성이 계속 증가하고 있다.

그리고 전통적인 국제무역의 비효율성을 제거하기 위한 무역 정보화의 시대적 요구에 대한 전자무역의 새로운 패러다임에 따른 부응이다. 국제상업회의소(ICC)는 EDI 방식의 운송서류를 수용하고 새로운 수송기법의 변화에 대응하기 위하여 인코텀즈(Incoterms®)를 개정하여 현재 "Incoterms® 2010"이 적용되고 있고, 또 "전자제시를 위한 UCP의 보칙", "전자계약에 관한 국제협약" 등이 제정되어 시행 중에 있다.

---

10) 『전자무역 촉진에 관한 법률』 제1조.

2. 전자무역(무역자동화)의 추진과정

무역업무 처리방식의 초기에는 무역서식, 무역거래조건 및 용어 등의 표준화가 추진되었으며, 이어 무역업무의 프로세스가 UN 등 국제기구의 주관 하에 적극적으로 추진되었다. 1980년대에 들어서는 세계 각국은 EDI 시스템을 이용한 무역 업무를 처리하기 시작하였다.

일본, 유럽 등 선진국은 민간 주도로 EDI가 활용되기 시작한 반면, 우리나라를 비롯한 싱가포르, 대만, 말레시아 등은 정부 주도로 EDI가 활용되기 시작하였다. 우리나라에서는 1991년 무역업무 자동화를 통하여 국가와 국제기업의 경쟁력 제고를 위해 무역자동화 사업자로 한국정보통신(Korea Trade Network : KTNET)을 설립하여, 무역 부문의 자동화 사업을 국가전략으로 추진하면서 전자무역(EDI)이 보급·확산되기 시작되었다.

1991년 12월에 「무역자동화 촉진에 관한 법률」을 제정·공포하였고, 1992년에는 KTNET을 무역자동화 및 통관자동화 전담사업자로 지정하고, 당년 11월에 무역자동화시스템을 개통하여 1994년 1월 본격적인 상역·외환 부문 서비스를 개시하였다. 또한 당년 10월 해상화물 수출통관 서비스를 개시하였고, 1995년 2월에는 내국신용장(local L/C)의 개설 및 통지서비스를 개시하였다. 1995년 4월에는 보세구역 화물관리의 전국적인 서비스 망을 구성하고, 5월에는 보험 망을 연계하여 적하보험 업무를 실시하였다. 그리고 6월에는 계산서/입출금 통지업무 서비스, 7월에는 인터넷 및 P/C 통신의 전국 서비스를 실시함에 따라 전반적인 무역자동화가 성공적으로 진행되었다.

그리고 1996년 1월 유통 부문 EDI 실시 및 전국 단일의 통합 네트워크 서비스를 형성하였고, 7월에는 수입통관 부문의 EDI 실시하였다. 또한 1996년 9월에는 지급지시 등의 자금이체 관련 서비스를 실시하여 전반적인 종합적으로 무역자동화가 구성되었다.

이와 같이 1992년부터 추진된 무역자동화 사업으로 상역, 외환, 통관, 물류 등이 연결되는 무역자동화 네트워크를 구축하여, 통관 분야의 경우 100% 자동화가 실시되었다. 아울러 상역·외환·통관·물류를 포괄하는 무역자동화시스템을 구축하고 있었으며, 무역자동화에 관한 법률, 대외무역법, 전자문서 및 전자거래기본법 등 법적 기반을 마련하기도 했다.[11)]

2000년대에 와서는 웹(web)과 인터넷을 이용한 EDI 업무의 일반화로 통관을 비롯

11) 지식경제부 보도자료(http//www.mocie.go.kr), 2006. 8. 16 보완.

한 국내 대부분의 무역업무가 자동화되었다. 따라서 세관절차를 비롯한 기업과 은행간의 무역관련 신청업무, 물류 B2B 포털사이트 운영, 각종 서류발급업무 등으로 확대하였다. 또 인터넷 기반 XML 방식의 cTradeWorld 개발에 착수하여 2003년도에 무역포달 서비스를 제공하게 되었다. 특히 2003년에는 지식경제부와 한국무역협회가 전자무역 인프라 구축사업에 착수하여, 무역거래 전 업무를 한 곳에서 수행할 수 있는 전자무역시스템의 구축을 목표로 했다.

그 2005년에는 전자신용장(e-L/C) 유통 서비스를 개발했고, 동년 12월에는 "무역자동화"라는 용어를 "전자무역"으로 변경하고 효과적인 전자무역 기반 구축에 전력해 왔다. 지식경제부는 2006년 하반기부터는 국내 기업들이 해외 거래기업과 전자무역 서비스를 이용하여 무역업무 처리에 따른 시간과 비용을 절감할 수 있도록 하기 위해 글로벌 전자무역 네트워크 구축 프로젝트를 추진하였다.

2006년 12월에는『전자무역촉진에 관한 법률』에 따라 KTNET를 국가 전자무역기반사업자로 지정하고, 지식경제부와 KTNET은 uTrade Hub를 구축의 일환으로 무역정보 수집 및 상담, 해외시장조사, 거래처 발굴, 계약체결, 운송, 통관, 대금결제에 이르는 전 무역거래 프로세스를 인터넷과 웹 등 최신 정보기술(IT)을 이용하여 처리하기 위해, 전자무역 인프라구축 및 많은 솔루션 개발하여 전자무역 서비스를 제공하게 되었다.

특히 2007년 11월에는 전 세계 200여 개국에 8,300개의 회원사를 두고 있는 세계최대 금융통신망 운영기관인 SWIFT(세계은행 간 금융통신망)와 제휴해 uTrade-Hub가 글로벌 시장으로 진출할 수 있는 발판을 마련하기도 했다.

이러한 노력에 따라 2008년 7월에는 웹상에서 모든 무역 업무를 한 번에 처리할 수 있는 웹기반 통합 서비스인 'uTrade Hub'를 개통하여 외환, 통관, 물류, 결제 및 해외마케팅, 국제 네트워크 구축 등 무역에 필요한 모든 업무를 원스톱으로 처리할 수 있는 통합 시스템을 구축하게 되었다. 그러나 중요한 건 기업의 적극적인 참여를 이끌어내는 것이다.

이와 같은 노력으로 정부는 uTrade Hub 같은 전자무역의 최대 수혜자로 중소기업을 들고 있다. 컴퓨터와 네트워크로 이루어진 시스템이다 보니 보안과 표준 문제도 소홀히 해서는 안 될 것이다.[12] 이 이외에도 전자신용장유통시스템, 전자선하증권유통시스템, 글로벌 전자무역의 추진, UNI-PASS(전자통관시스템)의 구축과 수출 등 전자무역의 구현을 위해 노력하고 있다.

12) 전자신문, 2008. 7. 30 수정

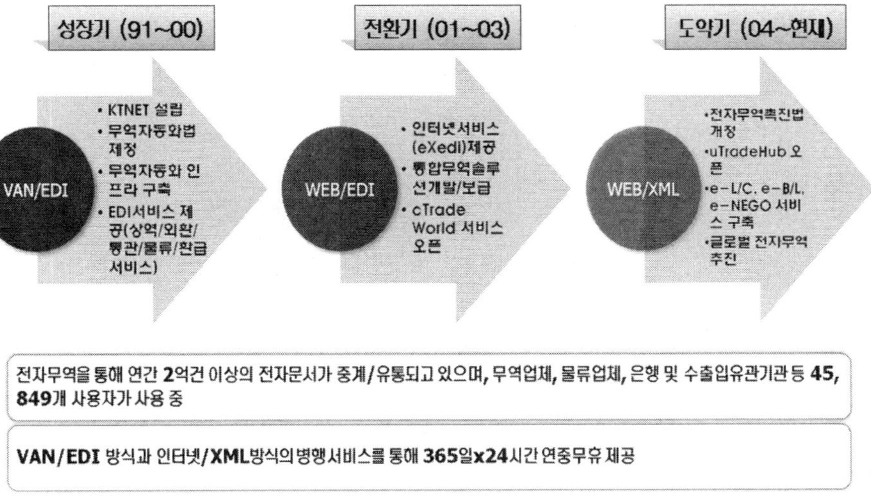

자료 : 전자무역추진센터

[그림 7-2] 무역자동화 사업 추진과정

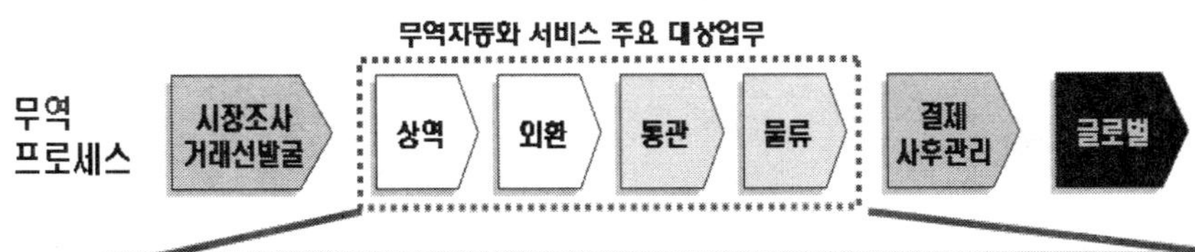

구분 (기준:'06, 천건)	상역	외환	통관	물류	합 계
	요건확인,원산지증명 등	신용장, 구매확인	수출입신고, 관세환급	보세화물, 적하목록	
자동화처리건수	8,908(43,905)		56,947	92,930	158,784
자동화율(%)	20		100	100	81.8

자료 : 전자무역추진센터

• 무역업무 중 통관 및 물류의 경우 100% 무역자동화로 업무가 처리되고 있으나 상역/외환의 경우 약 20% 수준으로 조사됨

[그림 7-3] 무역자동화 업무별 이용현황

[표 7-6] 무역자동화 주요 서비스 현황

업 무 내 역		
수출	수출신용장통지	• 수출신용장 통지(Swift망 경유) • 수출신용장 선통지 • 수출신용장 조건변경통지 • 해외양도신용장 통지 타행신용장 통지
	내국신용장	• 개설신청/조건변경신청 • 내국신용장 통지서 • 물품수령 증명서 • 물품매도 확약서 • 세금계산서 • 내국신용장 어음 도착 통보 • 내국신용장 어음 매입 및 결제
	구매확인서	• 물품매도 확약서 • 외화 획득용 원료구매 확인신청서 • 원료구매 확인서 • 세금계산서 대금결제
	수출매입업무	• 수출환어음 추심(매입)신청 • 네고 상세내역 통보 • 수출대금 입금내역 통보 • 수출환어음 처리결과 통보
	송금방식업무	• 입금통지 • 수출선수금(착수금)매각/예치/인출신청
수입	신용장개설	• 신용장 개설신청/개설 • 신용장 조건변경/응답 • 개설 수수료 통지
	수입화물선취보증서 발급(L/G)	• 수입화물선취보증서 신청 • 수입화물선취보증서 발급 • D/O 지시
	선적서류도착통보	• 수입관련 선적서류 내도통지
	송금방식업무	• 지급확인신청/확인 • 지급변경확인 신청/확인
	수입어음 Discount 내역통보	• 인수은행 할인내역을 개설은행을 경유하여 수입자에게 통지
공통	계산서업무	• 수출환어음/내국신용장어음/외화수표/ • 전신환 매입(추심)결과 • 수입신용장/내국신용장어음 결제결과 • 수출입관련 각종 수수료 처리결과
	수출입관련 대금결제	• 수출입관련 대금 지급지시 • 출금통지

자료 : http://homepage.ktnet.co.kr/ktnet

제 3 절 uTrade-Hub 구축과 전자무역 솔루션

1. 기존 무역자동화 서비스 솔루션

전자무역은 무역정보 수집 및 상담, 해외시장조사, 거래처 발굴, 계약체결, 운송, 통관, 대금결제에 이르는 전 무역거래 프로세스를 인터넷과 웹 등 최신 정보기술(IT)을 이용하여 처리하기 위해, 지식경제부와 KTNET은 전자무역 인프라구축 및 솔루션(cTradeWorld)을 개발하여 전자무역서비스를 제공하였다.[13] 현재는 uTrade Hub 통합시스템에 통합되었다.

(1) cTradeWorld 무역포털 사이트

기존의 상역, 외환, 통관 자동화 서비스를 간편하게 웹상에서 처리할 수 있도록 구현하여 무역의 전 업무를 단절 없이 일괄적으로 처리할 수 있는 국내 무역포털 서비스이다.

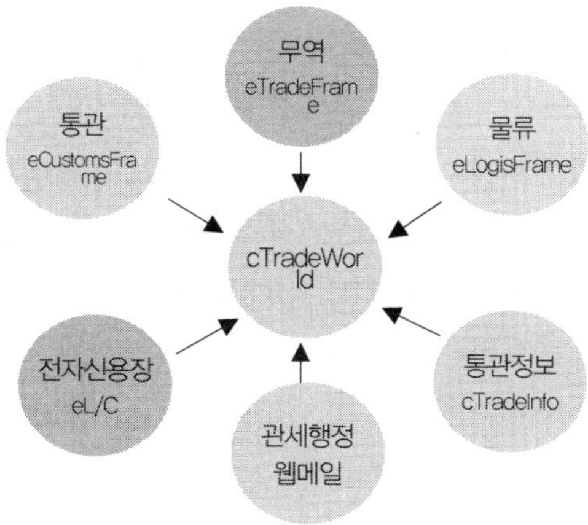

http://homepage.ktnet.co.kr/ktnet

[그림 7-4] cTradeWorld 포털사이트

---

13) 본 절의 무역자동화서비스 솔루션은 http://homepage.ktnet.co.kr/ktnet 사이트 인용·보완함. uTrade Hub 전자무역 및 무역자동화 솔루션은 지속적인 개선/변경 및 업그레이드가 수시로 되기 때문에 본 교재에서는 기본 개념만 설명함, 따라서 구체적인 절차 및 내용은 해당 웹 사이트 참고.

① 무역 eTradeFrame

이 서비스는 서류가 필요 없는 무역업무 서비스이다. 지식경제부와 한국무역협회는 전자정부 과제의 일환으로 지난 2003년부터 '전자무역서비스' 구축사업을 추진해 왔다. 시장조사, 신용평가, 시중은행, 금융결제원, 관세청, 선사/항공사 등 마케팅에서부터 결제에 이르는 수많은 무역절절차별 유관기관을 연계해 왔으며 이를 기반으로 무역업무 전반을 단절 없이 처리할 수 있는 신 개념의 국가 전자무역 허브이다.

우선 무역 eTradeFrame는 무역업자를 위한 전자무역 업무를 위한 단일 창구를 구축으로 사용자의 업무 처리절차를 간소화하고 무역업무 효율성을 높여 무역 활성화에 기여하는 것이다.

둘째, 무역업무 절차별 서비스를 구축하여 전자무역 포탈에서 모든 무역업무 프로세스를 모두 처리할 수 있도록 함으로써 무역업자 사용자에게 단일화된 작업공간(workplace)을 제공한다. 즉, 무역포탈을 통해 서류 또는 단절된 서비스 중심이 아닌 사용자 중심의 작업 공간을 구현하였다. 개별 수출입 건수 기준으로 업무 진행상황 추적, 요청 업무 처리결과, 관련 문서 등을 실시간으로 포탈의 사용자 업무 프로세스 상에서 확인할 수 있다.

셋째, 관계기관 간 연계된 무역서비스 제공을 통하여 그 관계기관 간 협업 강화 및 양질의 서비스를 무역업체에 제공한다.

넷째, 전자문서 중복제출 방지 및 유통의 간소화로 인한 비용 및 인력을 절감할 수 있다. 즉 전자문서 유통체계 개선을 통한 전자무역 프로세스 개선, 전자문서의 진정성 및 제3자 유통성 확보를 통해 동일문서 중복 제출 및 종이 원본 제출 방지 등이다.

마지막으로 국제전자상거래 표준 기반의 개방성 및 상호 운영성을 확보하고 있다. XML 문서를 표준화된 문서 설계 규칙에 따라 일관성 있게 개발 및 작성하여 전자문서의 상호 연동성을 제고한다.

② 물류 Logisframe

신속한 화물처리를 위한 선사, 항공사, 포워더 용 서비스이다. 시간과 장소의 제약 없이 인터넷으로 수출입물류업무를 처리할 수 있는 서비스이다. 외국환을 적재한 선박/항공기가 국내에 입항하거나 출항하면서 하선·보세운송·보관·통관 등 보세화물 업무처리절차를 전산화하여 수출입화물의 불법유출을 방지하고 신속한 화물처리를 도모하기 위해 구축되었다.

물류업자들이 세관을 직접 방문하여 서류로 신고하던 업무절차를 간소화하고 서식 표준화를 통한 EDI 서비스 및 적하목록 취합서비스시스템(MFCS)을 이용한 화물정보와 실시간 화물진행정보서비스 등을 제공하고 있다. 수출입물류업자의 업무기능 강화 및 효율성을 증대하고자 물류업자의 업무 프로세스를 자동으로 연계, 시간과 장소의 제약 없이 인터넷으로 이용할 수 있는 수출입화물 통합업무처리 서비스이다.

③ 통관 eCustomsFrame

관세사를 위한 수출입통관 업무 전자서비스이다. 인터넷을 통관 지원시스템 통관(eCustomsFrame)은 KTNET과 관세사회가 상호협력으로 서비스하는 수출입통관업무 전자서비스로서 VAN/EDI 방식의 기존 사용자 환경은 물론 인터넷을 이용하여 통관 업무를 편리하게 수행하고, 무역·통관·물류 연계 플랫폼을 토대를 마련하여 끊임없는 전자무역의 한 축을 형성할 시스템이다. 이는 관세사의 통관 업무를 위해 인터넷 기반에서 지원하고, 기존 관세사 시스템과의 연계를 강화하여 통관정보의 상호 공유는 물론 KTNET 내·외부의 기존 통관·무역·물류 정보시스템과 연계·통합 서비스하는 통합 포털시스템이다.

④ 통관정보 cTradeInfo

이 서비스는 국내 최대 무역 통관정보 데이터베이스이다. 관세청 수출입 통관자동화망을 통하여 신고되는 모든 국내외 수출입화물의 통관·입출항·환급·통계정보를 실시간으로 제공하여, 수출입 통관화물의 데이터베이스를 고객의 목적과 수요에 맞춤형 서비스로 가공하여 무역·화물·통관 업체 및 은행·협회·정부투자기관 등에 웹, e-Mail, FTP(File Transfer Protocol) 형태로 제공하는 수출입관련 전문 정보제공 서비스이다.

⑤ 관세행정 이메일

이 서비스는 CTW 서비스 등록 시 자동으로 부여되는 e-Mail을 통해서 관세청 관세행정 서비스 및 CTW에서 제공하는 무역, 통관, 물류, 관세정보 등을 웹 메일로 제공받을 수 있는 서비스이다.

⑥ 전자신용장 e-L/C

이 서비스는 은행으로부터 신용장, 조건변경, 수수료 등의 업무를 통지를 받을 수 있으며 매입, 양도 등의 신청 업무를 온라인으로 처리할 수 있다. 이 서비스는 종이문서를 기반으로 하는 전통적 신용장과 달리 전자적 방식에 의해 통지되는 신용장을 의미한다. 통지에서부터 수출환어음의 매입에 이르는 프로세스 전 과정을 전자화하고 체계적으로 관리하는 시스템이다.

그리고 주요 서비스로는 우선 유통관리 서비스이다. 사용자인 무역업체에게 e-L/C를 통지하고, 신용장 원본 확인을 요청하는 매입은행 등 제3자에게 공인전자문서센터에 저장된 e-L/C의 유통기능을 이용할 수 있다. 즉 e-L/C 내도·통지·관리 기능, e-L/C 양도 및 매입신청·관리 기능, e-L/C 이력관리 기능 등이 있다. 또 한도관리 서비스가 있다. 이는 사용자인 통지 및 매입 은행을 위해 e-L/C의 한도, 매입내역, 통계 등을 관리하는 기능이다.

(2) 상역/외환 전문서비스

수출입에 관련된 무역업무처리 시 종이서류가 필요없는 전자문서교환(EDI 및 XML) 기술을 도입하여 컴퓨터 통신망을 통해 송·수신함으로써 무역업무를 자동화한다. 전자무역시스템은 수출입절차 전반에 걸쳐 무역업체와 무역유관기관을 유기적으로 연결하여 무역관련 각종 전자문서와 무역정보를 24시간 Nonstop으로 중계 및 전송한다.

이 서비스는 중소기업용 무역 소프트웨어(ERP)를 이용하여 업무를 처리할 수 있으며, 수출입 규모가 큰 대형 업체의 사용자 내부 시스템연동을 위한 전문 컨설팅 서비스와 시스템 구축서비스 등 ONE-STOP TOTAL Solution 서비스를 제공한다.[14)]

향후 미국, 중국, 유럽 동아시아 등 전 세계 주요 국가의 전자무역 시스템과 연결하여 해외구간까지 서비스를 계획하고 있다.

(3) TradeSign

TradeSign은 인터넷 시대에 전자상거래를 안전하게 수행할 수 있도록 인증 및 기타 부가서비스를 제공하는 무역 분야의 유일한 인증기관이며, 국가가 지정하고 범아시아 전자상거래 연맹인 PAA(Pan-Asia eCommerce Alliance)에서 상호 인정을 승인받은 공인인증기관이다.

이 서비스의 특징은 첫째, 안정성(stability)이 있다. 이중화 시스템 구축과 3-Tier Network의 무사고 운영이다. 둘째, 신뢰성(reliability)이다. 즉 Tradesign은 국가 공인

---

14) 현재 전자무역용 S/W로 인터넷 EDI방식 : CTW 접속 (www.ctw.co.kr), 사용자 솔루션 방식 : (eTradePartner PLUS/LITE통합무역관리솔루션), 인터넷전용 무역자동화 S/W : 바로트레이드 접속 (www.barotrade.co.kr), 자체개발(문서송수신 거래기관과 약정(I/A)체결 후 사용) 등이 있다.

인증기관이며 10년 전 부터 신뢰성 있는 제3자(TTP)로 수행하고 있다. 셋째, 운영능력(capability)이 있다. 전문인력으로 구성된 무역중계센터 운영과 고객을 위한 기반 지식을 보유하고 있다. 그리고 글로벌 상호연동(interoper- ability)이다. 즉 PKI 기술 표준 준용, FIPS 140-1, CC EAL3, PAA, ASEM 등과 상호 연동하고 있다.

2. uTrade Hub 통합시스템

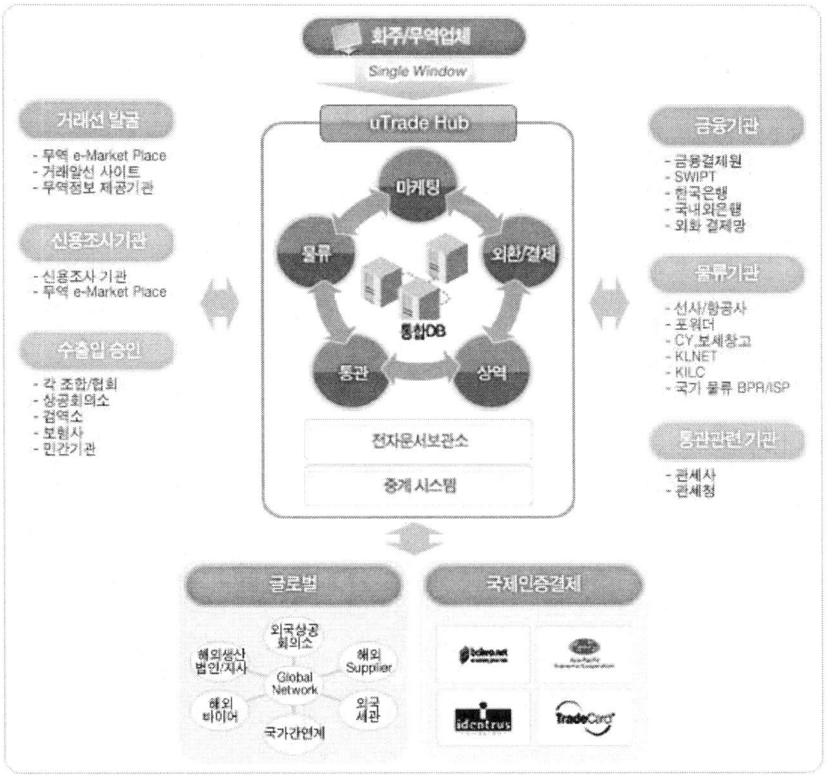

자료 : http://homepage.ktnet.co.kr/ktnet

[그림 7-5] u-Trade 개념도(www.utradehub.or.kr/ 참고)

(1) 개념

지식경제부와 한국무역협회는 전자정부의 일환으로 지난 2003년부터 '전자무역서비스' 구축사업을 추진해 왔다. 신용조사, 신용평가, 금융결제원, 관세청, 선사/항공사 등 마케팅에서 결제에 이르기까지 수많은 무역절차별 유관기관을 연계하여 왔으며 이를 기반으로 무역업무 전반을 단절 없이 처리할 수 있는 신 개념의 국가 전자무역 허브를 구현하였다.[15]

그러므로 무역업체는 인터넷을 통해 한 번 접속으로 마케팅, 상역, 외환, 통관, 물류, 결제까지 모든 무역업무 프로세스를 신속하고 편리하게 일원적(one-stop)으로 처리할 수 있게 되었다. 따라서 은행이나 수출입 관련기관을 방문할 필요 없이 언제 어디서나 복잡한 무역 업무를 처리할 수 있다.[16]

본 시스템은 무역업체에 업무진행 현황을 보여주는 'My Trade' 기능을 중심으로 모든 수출입관련 업무, 국내 구매 및 공급, 전자무역 문서보관소 등 기능을 갖추고 있다. 또 무역업체에 환 변동에 따른 위험헷지 방법을 제시해 주는 환 포지션 기능과 자금흐름을 예측하게 해주는 기능도 가지고 있다.

따라서 전자무역플랫폼을 통해 모든 기업이 언제 어디서나 인터넷을 통해 전 세계를 대상으로 가장 경제적이고 효과적인 방법으로 무역업무를 처리할 수 있게 될 것이다. 즉, 인터넷 등 최신 정보기술을 활용해 마케팅에서 결제에 이르기까지 무역업무 전반을 단절 없이 처리할 수 있도록 기존의 무역 연관망을 유기적으로 연계하기 위한 사업으로 인해 무역업체들은 업무 부대비용을 줄일 수 있게 되었다.[17]

(2) 추진배경

지식경제부는 1991년 무역자동화법 제정 이래 외환·통관·물류 등 수출입 업무 프로세스 부문별 자동화 사업을 추진하여 왔다. 특히 전자무역 단일 창구인 uTrade-Hub 구축('04~'07)을 통해 마케팅에서부터 외환, 상역, 물류 등 무역업무 전반에 걸친 업무의 개선과 법·제도의 개선 등 무역업체의 활용 확산을 위한 국내 환경의 고도화 및 최소한의 기반은 조성되었다. 그러나 그 간의 노력이 무역 전반에

---

15) 언제 어디서나 인터넷을 이용해 물류·결제 등 대부분의 무역 업무를 처리할 수 있는 uTrade-Hub가 2008년 7월 29일 본격 개통됐다. 지난해 5월 1차 개통을 시작으로 세 차례 업그레이드를 거친 후 이번에 최종 오픈한 것이다. 세계에서 처음으로 웹 기반으로 구성된 이 시스템은 우리 경제구조가 국민총생산(GDP) 대비 수출입 비중이 70% 이상을 차지할 정도로 대외 의존도가 높기 때문에 그 의미가 결코 작지 않다(전자신문 2008. 7. 30).

16) https://www.utradehub.or.kr/

17) https://www.utradehub.or.kr/, uTrade Hub 전자무역시스템은 지속적인 변화와 업그레이드 및 교재 지면상 기본 개념만 설명함. 따라서 웹 사이트를 참고하는 것이 더욱 이해가 빠를 것임.

걸친 혁신과 무역업체의 이용확산에는 한계에 이르렀으며 인터넷의 보급 확산 등 최근 정보환경의 급속한 변화는 새로운 전자무역 체제의 도입과 프로세스의 획기적인 개선을 요구하고 있었다.

따라서 무역의 특성상 진정한 의미의 단절 없는 전자무역서비스를 위해서는 해외정부 및 관계(유관)기관, 무역거래당사자 간의 글로벌 연계 추진이 필요하였다. 그리고 e-L/C, e-B/L, e-NEGO 등의 신규 서비스의 고도화 및 적용범위 확대가 필요하며, 또 이를 위한 시스템 고도화 방안 제시가 필요했다. 또한 중소기업 중심의 웹 사용자뿐만 아니라 EDI 및 솔루션 사용자까지 수용하는 사용자 확산방안 마련이 시급했다.[18)]

특히 무역규모가 급증함에 따라 수출입 건수 등 부수업무가 매년 증가하여 무역관련 업무처리 및 서류작성에 따른 부대비용의 급증하고 있다. 따라서 온라인상에서 무역업무의 전 프로세스를 단절 없이 처리할 수 있는 전자무역플랫폼의 구축이 필요했다. 이에 따라 기존의 무역자동화망을 혁신하는 인터넷 기반의 전자무역서비스 구축사업에 착수하였다.[19)]

따라서 무역업무 전반을 단절 없이(Seamless) 처리할 수 있는 새로운 개념의 국가 전자무역 허브로서 단일창구(Single Window)인 전자무역플랫폼(uTrade Platform)을 구축하여, 마케팅에서부터 결제에 이르는 무역업무 전반을 단절 없이 처리할 수 있는 'uTrade-Hub'를 구축하게 되었다.

(3 기대효과

uTrade Hub 개통으로 이제 각종 무역 업무를 종이 없이 처리할 수 있게 돼 무역서류 위·변조 문제에서 벗어날 수 있게 됐을 뿐 아니라 중소기업도 추가 투자 없이 인터넷을 통해 물류와 결제 등 대부분의 무역 업무를 처리할 수 있게 됐다.

우선, 무역업체를 위한 전자무역 단일 창구를 통하여 이용자의 업무처리를 간소화하고 효율성을 높여 무역 활성화에 기여한다. 둘째, 무역업무 절차별 서비스를 구축하여 전자무역 포탈에서 모든 무역업무 처리절차별로 모든 업무를 처리할 수 있도록 함으로써 이용자에게 단일화된 작업 공간(workplace)을 제공한다. 셋째. 유관기관 간 무역서비스 제공을 통하여 관계기관 간 협업강화 및 효율적인 서비스를 제공한다.

---

18) 전자무역추진센터, "차세대 전자무역 사업추진방안", 2008. 02. 15.

19) 전자무역 구축사업 http://www.utradehub.or.kr/ 인용함.

넷째, 전자문서의 중복제출 방지 및 유통과 절차적 간소화로 인한 비용과 인력을 절감한다. 그리고 국제 전자상거랠 표준 기반의 개방성 및 운영성을 확보 등이다.[20] 그리고 2006년 현대경제연구원에 따르면 전자무역서비스 활용에 따른 경제적 효과는 부대비용 절감 2조 1,078억원, 생산성 향상 2,947억원, IT 중복 투자비 절감 1,798억원 등 총 2조 5,823억원에 달한 것으로 추산됐다. 또 실제 전자무역을 도입한 기업들은 인건비와 서류처리 등에서 많은 비용이 절감될 것으로 보고 있다(전자신문 2008.7.30). 그리고 uTrade-Hub(XML 방식 N:N 서비스)를 통한 추가 경제적 효과는 년 약 1조 8,189억원이 될 것으로 추산했다(KTNET, 2004).

3. uTrade Hub 전자무역 솔루션

KTNET에서는 uTrade-Hub(Ubiquitous Trade Hub) 서비스로 전자무역 서비스의 사용자 환경 및 서비스를 고도화·혁신하여 사용자를 확산하고 글로벌 연계가 가능한 차세대 트레이드 허브를 구축했다.[21] uTrade-Hub는 단일의 무역업무 창구 포탈이다.

(1) 무역포탈

무역포탈은 마케팅, 상역, 외환, 통관, 물류, 결제까지 모든 무역업무 프로세스를 신속하고 편리하게 단절 없이 처리할 수 있도록 단일화된 작업공간을 제공한다. 여기에서 취급하는 주요 업무는 My Trade, 수출업무, 수입업무, 국내구매, 국내공급, 전자문서보관소(센터) 안내, 전자신용장, e-Nego, e-B/L, 요건확인 등의 업무를 처리한다.

우선 무역업자를 위한 전자무역을 위한 단일화된 업무공간을 제공함으로써 사용자의 업무 처리절차를 간소화하고 무역업무 효율성을 높여 무역 활성화에 기여한다. 또한 e-B/L, e-Nego 등을 통하여 종이 없는 무역의 기반을 마련했다. 그리고 전자문서 중복제출 방지 및 유통의 간소화로 인한 비용 및 인력을 절감할 수 있다. 즉 전자문서 유통체계 개선을 통한 전자무역 프로세스 개선, 전자문서의 진정성 및 제3자 유통성 확보를 통해 동일 문서의 중복제출 및 종이 원본제출 방지 등이다.

---

20) http://www.utradehub.or.kr/

21) https://www.utradehub.or.kr/ 인용함, 따라서 구체적인 각 업무내용 및 절차는 본 사이트 참고

(2) 마케팅포탈

마케팅 정보 종합검색시스템은 uTradeHub 상에서 무역 서비스뿐만 아니라 마케팅 정보까지 일원적(one-stop)으로 제공하기 위해 구축되었으며, 국내 유명 무역 전문사이트의 무역관련 정보를 하나로 모아 무역에 관한 전문적인 정보를 검색할 수 있도록 통합 검색서비스를 제공하고 있다. 무역에 관한 정보를 원하는 거래당사자는 누구나 자유로이 검색할 수 있다.

이 시스템의 특징은 uTrade-Hub 및 독립 URL(www.utradesearch.or.kr)로 접근 가능, 공공·민간 연계된 통합 무역자료 제공, 마케팅 정보에 대한 전문지식을 가진 업체들과의 정보연계, 각 연계기관별 무역정보의 통합·상세검색 기능, 정보 유형별로 연계정보 제공 등이 있다.

(3) 물류포탈

물류포털은 신속한 화물처리를 위한 선사, 항공사, 포워더용 서비스이다. 시간과 장소의 제약 없이 인터넷으로 수출입 물류업무를 처리할 수 있는 서비스이다. 외국환을 적재한 선박/항공기가 국내에 입항하거나 출항하면서 하선·보세운송·보관·통관 등 보세화물 업무처리절차를 전산화하여 수출입화물의 불법유출을 방지하고 신속한 화물처리를 도모하기 위해 구축되었다.

물류업자들이 세관을 직접 방문하여 서류로 신고하던 업무절차를 간소화하고 서식표준화를 통한 EDI 서비스 및 적하목록 취합서비스시스템(MFCS)을 이용한 화물정보와 실시간 화물진행 정보서비스 등을 제공하고 있다. 수출입 물류업자의 업무기능 강화 및 효율성을 증대하고자 물류업자의 업무 프로세스를 자동으로 연계, 시간과 장소의 제약 없이 인터넷으로 이용할 수 있는 수출입화물 통합업무처리 서비스이다.

(4) 은행포탈

은행포털(e-L/C ASP 포탈)은 전자신용장의 유통 및 전자매입(e-Nego) 시스템의 활성화를 위한 은행의 e-L/C 서비스를 제공하기 위한 포탈 서비스이다. 2008년 전자무역 서비스를 통하여 전자신용장의 유통체계가 완성되었다. 국내 신용장 처리의 40%를 담당하고 있는 주한 외국계 은행의 참여가 전자무역 활성화의 중요한 역할을 담당하고 있어 외국계 은행의 참여 유도 및 외국계 은행의 업무시스템을 고려하여 ASP(application service provider; 애플리케이션 서비스 제공업자) 포탈을 구축, 비용적인 측면 및 업무담당자의 접근이 용이하도록 하여 외국계 은행의 전자무역 참여의 길을 열게 되었다.

이 서비스는 은행 업무담당자의 처리를 최소화하고 데이터 처리를 편리하게 하였으며, e-Nego 시스템 지원을 통하여 전자무역 서비스의 핵심 서비스를 제공한다. 즉 e-L/C, D/A, D/P, OA(open account) 매입을 지원하고 거래내역과 잔액 등을 관리한다. 그리고 신용장 업무에 필요한 기반 데이터의 입력을 최소화하여 업무의 효율성 제고, 신용장 관련 EDI 업무 지원, 국제전자상거래 표준기반의 개방성 및 상호 운영성을 확보하고 있다.

(5) 통관포탈

통관포털은 관세사를 위한 수출입통관 업무 전자서비스이다. 인터넷을 통관 지원 시스템 통관(eCustomsFrame)은 KTNET과 관세사회가 상호 협력으로 서비스하는 수출입통관 업무 전자서비스로서 VAN/EDI 방식의 기존 사용자 환경은 물론 인터넷을 이용하여 통관 업무를 편리하게 수행하고, 무역·통관·물류 연계 플랫폼의 토대를 마련하여 지속적으로 전자무역의 한 축을 형성할 시스템이다. 이는 관세사의 통관 업무를 위해 인터넷 기반에서 지원하고, 기존 관세사 시스템과의 연계를 강화하여 통관정보의 상호 공유는 물론 KTNET 내·외부의 기존 통관·무역·물류 정보시스템과 연계·통합 서비스하는 통합 포탈시스템이다.

(6) 글로벌 포탈

해외 파트너사와의 전자문서 교환, 전자 원산지 증명서비스, 수입 적하목록 자동신고 서비스이다. 전자무역 서비스를 국내에 국한하지 않고 해외 파트너사와의 B2B 정보를 작성하여 교환할 수 있는 서비스를 제공함으로서 무역 및 물류업체의 무역자동화 혁신을 실현하고 무역부대 비용을 절감할 수 있다.[22)]

(7) FTA 원산지관리시스템

FTA Korea는 국가 전자무역인프라 서비스인 uTrade-Hub에서 제공하는 FTA 원산지관리 서비스(FTA 원산지 판정/유통/보관)이다. 웹 기반으로 별도의 설치과정 없이 원산지 판정 및 입증서류 관리를 할 수 있다. 여러 수출회사와 거래관계가 있는 중견

22) 4. 국가차원의 전자무역 인프라 구축사업 참고

또는 중소기업의 원산지관리시스템으로써 사용이 적합하다.

본 서비스의 내용으로는 원산지판정관리 서비스, 원산지증명서 발급/유통/보관 서비스, 사후 검증대비용 자료보관 서비스가 있다.

4. 기타 전자무역 시스템

(1) e-L/C 유통관리시스템

지식경제부와 KTNET는 전자무역서비스 1차 사업(2004년 12월~2005년 6월)의 일환으로 온라인상에서 모든 신용장 거래업무를 처리하는 '전자신용장(e-L/C)유통관리시스템'을 구축하였다. 은행으로부터 신용장, 조건변경, 수수료 등의 업무를 통지 받을 수 있으며, 매입, 양도 등의 신청 업무를 온라인으로 처리할 수 있다. 이 시스템은 신용장의 개설, 조건변경 및 통지에서 수출환어음의 매입에 이르는 전 과정을 전자화하고 체계적으로 관리하는 시스템이다. 본 서비스는 e-Nego의 기반 시스템으로 중요한 역할을 한다.

주요 서비스로는 사용자인 무역업자에게 e-L/C를 통지하고, 신용장 원본 확인을 요청하는 매입은행 등 제3자에게 공인전자문서센터에 저장된 e-L/C를 유통하는 기능을 이용할 수 있다. 즉 e-L/C 내도·통지·관리 기능, e-L/C 양도 및 매입신청·관리 기능, e-L/C 이력관리 기능 등이 있다. 또 한도관리 서비스가 있다. 이는 사용자인 통지 및 매입 은행을 위해 e-L/C의 한도, 매입내역, 통계 등을 관리하는 기능이다.

그리고 그 기대효과로는 무역업자 측에서는 신용장의 전자화로 관리비용의 절감, 신용장의 분실 및 훼손 방지, 제3자에게 신용장의 전달이 용이, 수시로 신용장의 진행 프로세스 확인의 용이, 보안성 확보를 인증서 사용, 한편 은행 측에서는 대 무역업자 신용장의 통지 및 매입 업무의 용이, 불법적 신용장의 위·변조의 차단, 매입요청 시 신용장 한도의 즉시 확인 가능이 있다.[23)]

(2) 전자통관시스템(UNI-PASS)

이 시스템은 1994년 전자문서교환(EDI)방식의 수출입통관시스템을 갖춘 관세청이 2003년 인터넷을 활용한 e-Customs(전자관세)사업으로 확대하면서 개발했다. 전 세계 최초의 100% 전자방식 수출입 신고 체계로 그동안 꾸준한 업그레이드를 통해 모

23) https://www.utradehub.or.kr/ 무역포탈 서비스.

든 세관신고 업무를 원스톱(one-stop)으로 간편하게 처리하고 그 결과를 실시간으로 확인할 수 있는 전자통관시스템이다.[24)]

관세청은 수입물품에 대한 관세·내국세 등 조세의 징수, 상품·여객·운송수단의 국경 출입관리, 밀수·마약·외환사범 단속을 통한 대외 거래질서의 확립 그리고 수출입 물품의 이동이 원활하게 이루어질 수 있도록 지원 등의 업무를 담당한다. 이 같은 다양한 업무를 전산화하기 위해 관세청은 단계적으로 정보시스템을 구축해 왔으며 그 결합체가 UNI-PASS이다.

그리고 UNI-PASS의 큰 특징은 해외 시장에서도 통하는 범용성을 갖춘 최첨단 통관포탈 시스템이다. 이 같은 범용성은 이미 해외에서도 인정해 국제 인증인 ISO 20000과 ISO 9001을 획득했다. UNI-PASS는 세계관세기구(WCO: World Customs Organization)가 권고하는 국제표준을 모두 반영하였을 뿐만 아니라, 모든 형태의 무역거래도 처리가 가능한 시스템이다. 또 모든 무역통관절차가 UNI-PASS를 통해 처리되고 있기 때문에 IT부문과 물류 산업을 발전시키기 위한 동력으로도 활용될 수 있다. 따라서 수출입과 중계무역 그리고 역외가공 등 외국과의 교역 과정에서 나타날 수 있는 표준 문제를 사전에 해결했다.

특히 공항·항만을 통한 수출입 통관처리 외에도 육로 통관까지 가능하도록 구축하여, 내륙에서도 문제없이 이용할 수 있다. 수출입업체·관세사·화물관련 업체 등 외부 사용자의 만족도는 수출입 통관은 물론 화물 추적관리와 수출입에 필요한 요건 확인까지도 원스톱 처리가 가능하게 돼 있어 크게 향상되었다. 원스톱 처리는 특히 보세화물관리 통관 분야의 만족도를 높였다.[25)]

기존의 전통적인 세관협력회의에서 탈피해 수출대상 국가와의 우선적인 세관협력회의 개최 및 직원 초청 연수 등을 통해 적극적인 민관합동 마케팅 활동을 전개 중이다. 아울러 중앙아시아·동남아·중남미에 이어 내년에는 동아프리카 지역에도 수출을 추진함으로써, UNI-PASS가 전 세계로 뻗어나가 국가 경제에 기여하고 동시에 국

---

24) 본 시스템은 관세청 자료 및 전자신문(2007. 7. 12)을 토대로 작성함.

25) UNI-PASS를 이용한 물류비용 절감 효과도, 연간 3조8000억원에 달하는 것으로 파악되고 있다. 지난해 한국전산원이 조사한 결과로 수출입통관 화물업무 처리 속도가 빨라짐에 따라 무역업체·관세사·보세운송업체 등 관련 기업에서 얻는 수익 증대 효과가 2조원이고, 전자통관 시스템을 이용한 수출입 통관과 업무처리시간 단축 등 직접 효과도 7000억원에 달했다. 이 밖에 공항·만 증설 억제 효과 및 무역업체 등 관련 기업의 생산유발 효과도 각각 3000억원과 8000억원으로 조사됐다(기고-김도열 관세청 정보협력국장 dykim38@customs.go.kr).

제관세 표준을 선도할 수 있도록 한다는 목표다. 이를 통해 궁극적으로 세계 모든 국가와 기업을 하나로 통합하는 글로벌 물류공급망의 기반이 되고자 최선을 다할 것이다.[26]

(3) e-B/L(전자선하증권) 유통관리시스템

우리나라『상법』제862조에 전자선하증권에 관한 규정을 두고 있다. 본조 제1항에서는 운송인은『상법』제852조 또는 제855조의 선하증권을 발행하는 대신에 송하인 또는 용선자의 동의를 받아 법무부장관이 지정하는 등록기관에 등록하는 방식으로 전자선하증권을 발행할 수 있도록 하고 있다. 이 경우 전자선하증권은『상법』제852조 및 제855조의 선하증권과 동일한 법적 효력을 갖는다고 규정하고 있다.[27]

e-B/L 시스템은 국제무역거래에서 서류 없는 전자무역을 실현하는데 있어서 핵심 서류인 선하증권(B/L)을 전자화하여 국내외적으로 단절 없이 일원적(one-stop)으로 무역 업무를 처리할 수 있는 기반이다. e-B/L 서비스는 운송사로부터 전자적으로 B/L을 수신하고, 그 소유권을 권리등록기관에 등록하여 원본은 공인전자문서센터에 보관됨으로써 선하증권(B/L)이 전자적으로 유통되기 위한 기반을 제공한다. 즉 선하증권의 전자적 유통을 위해 선하증권의 발행, 양도, 배서 등에 의한 소유권의 등록, 변경, 소멸 기능 등을 전자적으로 관리하기 위한 등록기관(title registry)을 구축하여 e-Nego 업무를 운용하기 위한 기반을 구축한다.

e-B/L의 주요 기능으로는 우선 상업송장은 선적서류의 기본 문서이며, 상업송장을 작성하면 포장명세서가 자동적으로 작성된다. 둘째, 선적 요청은 수출업자가 상업송장, 포장명세서, 수출신고필증 정보, 컨테이너 정보를 입력하여 운송사에 선적을 요청하는 것이다. 셋째, 선하증권(B/L) 조회로 e-B/L 조회와 Checked B/L 조회가 있으며, e-B/L 조회의 경우는 권리등록 상세조회, 원본 인쇄, 복사본 인쇄 등의 기능을 제공한다. 넷째, e-B/L 재발행 요청으로, 운송사로부터 수신 받은 e-B/L을 변경하거나 오류 사항이 있는 경우에 사용하는 기능이다. 다섯째, e-B/L 양도 신청 및 동의이다. 무역업체가 자신이 소유한 선하증권을 다른 무역업체에게 양도할 수 있도록 신청하는 기능을 제공하고, 또 다른 무역업체에게 양도신청 의뢰를 받고 해당 e-B/L을 양수동의나 거절할 수 있는 기능도 제공한다. 그리고 권리등록기관에 등록되어 있는 e-B/L의 소유권의 등록, 이전 등의 변경사항을 조회할 수 있는 기능도 있다.[28]

---

26) http://media.daum.net/digital/it/view.html?/전자신문
27) 본 교재

(4) e-Nego(전자매입) 시스템

e-Nego 시스템은 매입관련 문서의 전자화 및 매입서류의 자동화를 통해 수출업자가 관련 기관 및 은행을 방문하지 않고 uTradeHub 시스템을 통해 Nego(매입) 업무를 일원적(one-stop)으로 처리할 수 있는 시스템이다. e-Nego는 수출업자가 수출신용장의 조건에 따라 물품을 선적한 후 전자무역서비스를 이용하여 거래은행에 매입을 신청하고 은행은 신용장에 요구되는 서류의 일치성을 검토 후 매입거래를 처리하고 매입처리 결과를 전송하는 서비스이다.

본 시스템은 환어음 매입신청서 뿐 아니라 전자신용장(e-L/C), 전자선하증권(e-B/L), 전자보험증권(e-I/P), 전자원산지증명서(e-C/O) 등도 전자적으로 발행, 유통한다. 이에 따라 무역기업들이 e-Nego와 연계할 경우 기업의 내부 시스템에서 은행까지 연계돼 수출환어음의 매입업무를 전자적으로 처리하게 된다.[29]

5. 전자무역보험 제도

(1) 전자무역보험 제도의 개념과 의의

국제무역에서 전자무역의 활성화를 위해 전자무역의 이행에 따른 각종 위험을 제거할 필요성이 있다. 따라서 이와 같은 위험을 제거 또는 회피함으로써 전자무역을 활성화하기 위해 전자보험 제도를 도입할 필요가 있다.

이에 따라 2005년 한국무역보험공사에서는 전자무역보험 서비스를 제공하기 위해 전자무역보험 제도를 도입하였다. 전자무역보험 제도는 한국무역보험공사가 인정한 전자무역 사이트를 통해 무역계약이 체결된 결제기간 1년 이내의 일반 및 위탁가공 수출계약의 대금회수 불능에 따라 입게 되는 손실을 담보하고 있다.

따라서 이를 위한 무역계약의 체결, 수입자 신용조사, 인수한도 책정, 보험료 납부 등 전자무역보험의 모든 절차를 온라인으로 처리할 수 있다. 그러나 현재 활용되고 있지 않는 실정이다.[30]

28) 디지털 타임즈.

29) https://www.utradehub.or.kr/ 무역포탈 서비스.

30) 본 제도는 한국무역보험공사의 "단기수출보험(전자무역) 제도 해설(2005. 1)" 내용임.

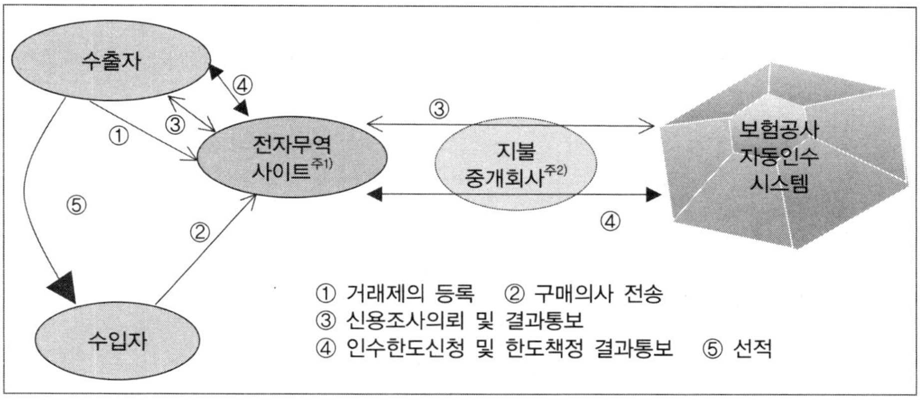

☞ 선적이후 수출통지 및 보험료 납부 과정은 도해 생략

주1) 정보통신망을 통해 무역거래알선을 수행하는 사이트

주2) 신용조사 및 보험한도 관련 데이터 중계역할과 신용조사 수수료 및 보험료 이체 업무 수행

자료 : 한국무역보험공사, 단기수출보험(전자무역) 제도 해설, 2005. 1

[그림 7-6] 전자무역보험 도해

(2) 전자무역보험의 주요 절차

구분	절차	내용
온라인	수출계약 체결	• 전자무역사이트 상에서 수출입자간 계약 체결
온라인	신용조사	• 수출업자가 전자무역사이트 상에서 수입자 신용조사를 의뢰 • 지불중개사가 수출업자와 공사간의 신용조사 의뢰내역 및 결과 전송 • 지불중개회사는 수출업자의 신용조사 의뢰 시 신용조사 수수료를 수출업자 계좌로부터 공사 앞 이체
온라인	청약 및 인수한도 책정	• 수출업자가 전자무역사이트 상에서 인수한도 신청하고 지불중개회사는 한도 신청 내역을 공사 앞 전송 • 공사는 자동인수시스템을 이용해 인수한도를 책정하고 지불중개회사 앞 결과 통보 • 지불중개회사는 전자무역사이트를 통해 수출업자 앞 인수한도 책정 결과 통보
온라인	수출통지 및 보험료수납	• 수출업자가 물품 선적 후 전자무역사이트 상에서 수출 통지를 입력하면 지불중개회사는 통지내역을 공사 앞 전송 • 공사는 납부해야할 보험료를 실시간으로 지불중개사 앞 통보하고 지불중개회사는 전자무역사이트를 통해 수출업자 앞 통보 • 수출업자가 보험료 금액 확인 후 전자무역사이트 상에서 최종 부보 확정할 경우 지불중개사는 보험료를 수출업자 계좌로부터 공사 앞 이체하고 공사는 선적일로 소급하여 보험관계 성립

오프라인	내용변경	• 사유 발생 시 공사에 서면으로 신청서 제출 • 내용변경 요건에 부합할 경우 내용변경 보험료를 수납 후 내용변경 승인
	사고발생 통지 및 보험금청구	• 사고발생 통지 및 보험금 청구는 Off-line으로 처리 • 다만, 전자무역보험의 대상거래 여부에 대한 증빙 자료는 공사가 전자무역사이트를 통해 직접 입수

(3) 절차별 세부내용

① 수출계약 체결

전자무역사이트를 통한 수출계약을 체결한다. 전자무역사이트에 수출업자가 거래제의(전자 카탈로그 등)를 등록하면 수입자가 구매의사를 밝힘으로써 거래가 성사된다.

[표 7-7] 전자무역사이트를 통한 수출거래 확정 절차

① 전자무역사이트 ⇔ 등록 수출업자에 대해 고유의 이디와 패스워드 부여	② 수출업자 ⇔ 전자무역사이트 상에서 거래제의 및 구매의사 전송	③ 수출업자 ⇔ 전자무역사이트 상에서 구현된 전자적 sales contract 확정

* 전자무역사이트 상에서 거래확정은 전자무역보험 대상여부를 결정짓는 핵심요소이며, 이를 위해 전자무역사이트 상에 전자적 형태의 sales contract를 구현하고 거래당사자가 확인(confirm)하는 시스템을 구축한다.

– 수출입자간 전자무역사이트 상에서 주고받은 모든 전자문서(구매의사 및 전자 sales contract 등 포함)는 최초 수출통지 건 성립시점에 지불중개사로 전송하여 보관한다.

② 수입업자 신용조사

① 수출자가 전자무역사이트 접속 후 의뢰대상 수입자의 정보를 입력 ② 전자무역사이트는 입력 내용을 지불중계회사 앞으로 전송 ③ 지불중계회사는 신용조사 의뢰내용을 공사 앞 전송하고 동시에 신용조사 수수료를 수출업자 계좌로부터 공사 계좌로 이체 ④ 공사는 신용조사 완료 후 그 결과를 지불중계회사 앞 전송 ⑤ 지불중계회사는 공사의 신용조사결과를 전자무역사이트로 중계 ⑥ 수출업자는 전자무역사이트에서 신용조사 결과 확인

~ 신용조사 의뢰 시 신용조사 예정 소요일수 및 결과통보방법 등을 Pop-up 창으로 고지

신용조사 절차상 수출업자는 한국무역보험공사와 접촉 없이 전자무역사이트 상에

서 신용조사 의뢰 및 결과확인의 절차를 진행한다. 그리고 전자무역사이트와 무역보험공사 사이에 지불중개회사가 수출업자의 신용조사 신청내용 및 본 공사의 평가결과를 중개한다.

③ 청약 및 인수한도 책정

<table>
<tr><th>구 분</th><th colspan="2">주 요 내 용</th></tr>
<tr><td>절 차</td><td colspan="2">• 수출업자는 전자무역사이트 상에서 모든 청약절차를 진행하고 공사의 책정한도 확인
• 전자무역사이트와 공사 사이에 지불중개회사가 수출업자의 청약내용 및 공사의 한도책정 결과를 중계</td></tr>
<tr><td>한도책정 시스템</td><td colspan="2">• 현재 운영 중인 자동 인수시스템 적용</td></tr>
<tr><td>지원대상 거래</td><td colspan="2">• 결제기간 1년 이내의 일반 수출 및 위탁가공 무역</td></tr>
<tr><td>부보율</td><td colspan="2">• 대기업 95%, 중소기업 97.5%</td></tr>
<tr><td rowspan="2">지원적격대상</td><td colspan="2">• 수출업자 : 보험공사 신용등급 F급 이상
(단, 신용장 방식인 경우 평점 부족 G급 및 미 평가 수출업자도 가능)</td></tr>
<tr><td colspan="2">• 수입업자 : 보험공사 신용등급 F급 이상
(단, 교포 수입자인 경우 인수 제한)</td></tr>
<tr><td rowspan="3">한도관리</td><td>• 수출업자</td><td>－최대 부보 가능 수입업자를 10개 이내로 제한</td></tr>
<tr><td>• 수입업자</td><td>－경합 수출업자가 있는 경우 인수한도 책정 제한</td></tr>
<tr><td>• 동일 수출입업자</td><td>－전자무역 이외의 단기 수출보험(선적 후)보험에서 유효한 인수한도가 존재하는 경우 전자무역 인수한도 책정 제한</td></tr>
<tr><td rowspan="2">한도책정 평가요소</td><td>• 무신용장</td><td>－수입업자 신용등급 －수출업자 신용등급
－대금지급지 신용도 －D/P는 5점 가산</td></tr>
<tr><td>• 신용장</td><td>－L/C 개설은행 순자산
－L/C 개설은행 소재국 신용도
－수출업자 신용등급 －대금지급 조건</td></tr>
<tr><td>인수한도 책정 가능액</td><td colspan="2">‣ 무신용장 방식 : 최대 U$30만
‣ 신용장 방식 : 최대 U$50만</td></tr>
</table>

④ 수출통지 및 보험료 수납

수출업자는 무역보험공사와 별도 접촉 없이 전자무역사이트 상에서 수출통지와 보험료를 납부한다. 그리고 전자무역사이트와 무역보험공사 사이에 지불중개회사가 수출업자의 수출통지 내용 및 무역보험공사의 성립내역을 중계하고 수출업자의 계좌로부터 무역보험공사로 보험료 이체를 수행한다.

① 수출업자가 전자무역사이트 접속 후 수출통지 내용 입력
② 전자무역사이트는 수출자의 입력 내용을 지불중개회사 앞으로 전송하고 지불중개회사는 공사로 중계
③ 공사는 성립 시 보험료를 산정하여 실시간으로 지불중개회사 앞으로 통보 하고 지불중개회사는 전자무역사이트로 예상 보험료 산정 결과 중계
④ 수출업자는 전자무역사이트 상에서 보험료 확인하고 부보여부 최종 결정
⑤ 지불중계회사는 수출자의 부보여부 결정 사실을 공사 앞 통지함과 동시에 보험료를 수출업자 계좌로부터 공사 계좌로 이체
⑥ 공사는 보험관계 성립내역을 실시간으로 지불중계회사 앞 전송하며 지불중계회사는 동 내용을 전자무역사이트로 중계
⑦ 수출업자는 전자무역사이트에서 최종 보험관계 성립내역 확인

~ 보험요율은 단기수출 개별보험 기본요율 적용

⑤ 내용 변경

수입업자 신용등급 변경 및 서면자료 제출 등 온라인화에 부적합한 부분이 있어 내용변경 신청 및 승인 등은 현행과 동일하게 오프라인으로 처리한다. 다만 기일연장에 따른 추가 보험료를 선납 받고 내용변경을 승인한다.

⑥ 사고발생 통지 및 보험금 청구

오프라인으로 처리하며 단기 수출보험(일반 수출거래 등)과 동일한 보상기준을 적용한다. 다만 전자무역사이트에서 거래확정 여부는 수출업자가 증빙하지 않고 무역보험공사가 직접 전자무역사이트 또는 지불중개회사로부터 입수한다.

6. 국가 차원의 전자무역 인프라 구축사업

전자무역은 무역거래 프로세스와 시스템 자체를 근본적으로 개선하는 것으로 우리나라 기업의 무역경쟁력을 획기적으로 강화시킬 뿐 아니라, 동북아 경제 허브로 부상할 수 있는 기반을 제공하는 중요한 수단이 되고 있다.

지식경제부는 국가 간 e-비즈니스의 대표 모델인 전자무역의 중심 국가 실현을 위해 아시아 및 유럽 각국과 서류 없는 전자무역 시스템을 구축, 전자무역 선도국가의 위상을 강화하는 데 중점을 두고 있다. 특히 2005년까지 통관은 물론 결제·물류 등 모든 무역 업무를 일원적(one-stop)으로 처리할 수 있는 단일의 통합된 전자무역 플랫폼을 구축, 연간 100억 달러 규모의 비용절감 효과를 거두는 한편 새로운 시장접근으로 신규 수출시장을 창출해 나갈 방침이다. 또 인터넷을 통한 영상 수출상담 시

스템을 본격 가동하고 인터넷 마케팅을 대행하는 e-종합무역상사의 발전기반을 조성하는 등 인터넷을 활용한 수출마케팅 지원과 전자무역 형 수출상품 창출로 21세기형 수출기반 체제를 구축해 나가고 있다.[31)]

KTNET를 주관사업자로 지식경제부가 추진하는 국가 전자무역 인프라 구축사업으로, 무역자동화서비스를 국제 전자무역 네트워크로 확장하여 국내외 무역 커뮤니티에 단절이 없고 국제간 무역거래의 전 과정을 자동화하여 서비스하는 글로벌 전자무역 서비스를 제공하기 위하여 글로벌 차원의 '전자무역시스템'과의 제휴 및 '국가별 무역 네트워크'와 의 연동을 추진하고 있다. 모든 기업이 언제 어디서나 인터넷 환경에서 전 세계 기업과 가장 경제적이고 효과적인 방법으로 모든 무역활동을 수행할 수 있는 환경과 서비스를 제공하기 위한 인프라 구축사업이다.

현재 한국, 일본, 중국, 홍콩, 싱가포르 등 동아시아 8개국 간 전자무역 네트워크(PAA) 구축사업과 독일, 영국 등 EU 회원국과의 ASEM 전자무역 네트워크 구축사업을 중심으로 해외 SI 및 국가 인프라 차원의 협업 형 글로벌 공급망 관리체계 구축이 목적인 Global SCM-Hub[32)] 구축사업을 계속 진행하고 있다.[33)]

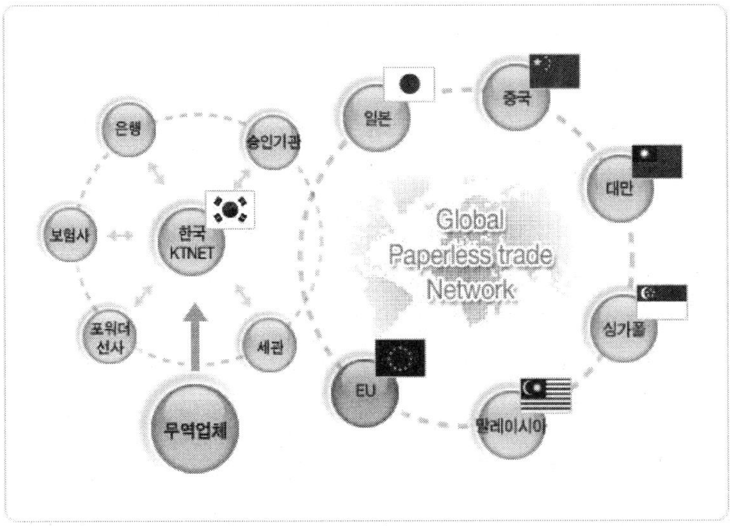

자료 : KTNET.CO.KR

[그림 7-7] 글로벌 네트워크

31) 전자신문, 2003. 11. 27.
32) 본 서 305면 참조
33) http://homepage.ktnet.co.kr/ktnet

(1) 동아시아 전자무역 연동망(PAA 프로젝트)

2000년 5월 한국(KTNET), 중국(CIECC), 홍콩(Tradelink), 대만(TradeVan), 싱가포르(CrimsonLogic) 등 동아시아 국가 5개국으로 결성된 전자무역 협의체인 PAA (Pan Asisan eCommerce Alliance)는 현재 태국, 말레시아(Dagang Net), 마카오(TEDMEV) 등이 참여하여 동아시아 9개국으로 늘어났으며(일본의 TEDI는 옵저버로 참여), "역내 서류 없는 전자무역의 실현"을 위한 협력 사업을 추진하고 있다. 이를 위해 지식경제부와 KTNET는 법·제도, 전자문서 표준, IT 인프라 및 글로벌 전자무역시스템을 구축하고 국내 이용자의 확산 및 지원을 위해 노력하고 있다.

이와 같이 서류 없는 무역의 실현을 위해 PAA는 동아시아 주요 국가의 전자무역 네트워크를 연동하여 범아시아 메가 포털(Pan Asian Mega Portal)을 구현하는 것을 그 구체적 목적으로 하고 있다. 즉, 이 사업이 목적으로 하는 것은 ① 동아시아 주요 국가의 전자무역 네트워크 간 연동을 통하여 역내 무역 커뮤니티 간에 무역거래 시 교환이 요구되는 문서 및 정보를 전자적으로 교환할 수 있는 범아시아 전자무역 네트워크를 구축하고, ② 역내 모든 기업들이 언제 어디서나 필요로 하는 정보를 얻을 수 있도록 하는 포털 사이트를 구현하며, ③ 궁극적으로 전자무역 네트워크 서비스와 포털 서비스 및 무역 e-마켓플레이스 기능을 통합하는 범아시아 메가 포털의 구현 및 서비스를 추구하는 것이다.

PAA는 온라인상에서 싱글윈도(SSO:Sigle Sign On) 환경에서 원스톱으로 업무를 처리할 수 있고 국내는 물론 글로벌 네트워크를 자유롭게 활용할 수 있다는 점이 특징이다. 이 협력 사업을 위해 현재 2개의 조직이 구축돼 있으며 그 가운데 하나인 CPA(Pan Asian Certification Police Authority)가 인증 서비스에 관한 공동의 정책과 인증 서비스의 상호 인정을 추진하고 있다.

국내에서는 KTNET가 PAA 승인 인증기관으로 지정받는 방안을 추진하고 있으며, 이와는 별도로 지식경제부 및 한국정보보호진흥원 등과 협의해 정부 대 정부 차원의 인증서 상호 인정을 추진하고 있다. PAA가 본격적으로 가동될 경우 중국·홍콩·대만·싱가포르 등 화교 경제권과의 무역에서 연간 상당한 무역거래에 따른 부대비용을 절감할 수 있을 것이다.[34)]

34) http://www.ecrc-korea.or.kr/ebizguide/issue_02.asp.

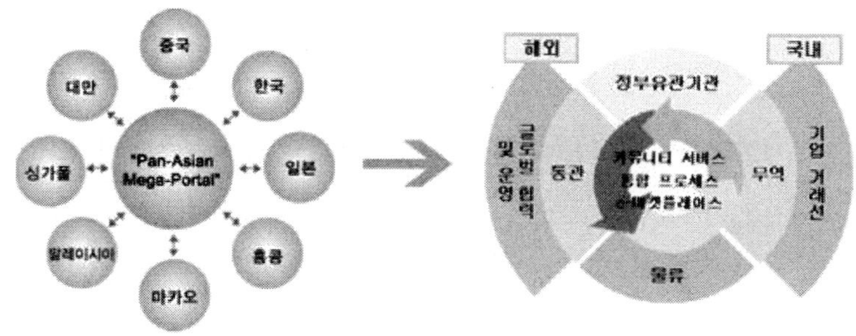

자료 : http://homepage.ktnet.co.kr

[그림 7-8] PAA Projects

(2) 한·일 e-Trade Hub

한국기업과 일본기업이 전자무역 네트워크상에서 상품 또는 서비스를 신속하고 안전하게 거래할 수 있도록 기업이 공동 이용할 수 있는 e-Trade Hub 개념의 한·일 간 전자무역을 위한 전자 인프라 사업이다. '한·일 서류 없는 무역(paperless trade)' 사업은 한·일 정상회담(2000. 9월)시 채택된 「한일 IT협력 이니셔티브」의 후속 조치로 착수되어, '현대차(한) : 미쓰비시상사(日) 간 전자문서교환'을 시범사업(Pilot Project)을 추진하였다.

현대차와 미쓰비시상사 간 추진되고 있는 1단계 시범사업은 현대차가 미쓰비시로부터 자동차용 강판을 수입하는 거래과정에서 상업송장(Invoice), 포장명세서(packing list), 선하증권(B/L) 정보 등 3개 문서를 전자적으로 송수신할 수 있도록 계획하였다.

따라서 지난 2002년 2월말에는 양국의 무역자동화 사업자인 KTNET(한국)과 TEDI(일본) 간 상업송장 등 3개의 테스트 문서가 성공적으로 송수신된 바 있었으며, 2002. 4월말에는 미쓰비시가 보낸 실제 전자문서가 현대차의 내부 전산망에 자동 연동됨으로써 현대차는 미쓰비시로부터의 강판 수입 시 통관절차까지 서류 없이 원스톱으로 처리할 수 있게 되었다.

정부는 지속적으로 전자선하증권 (e-B/L) 등 무역결제에 필요한 서류의 전자화를 적극 추진함으로써 한·일간 무역과정에서 단절 없이 서류 없는 무역기반을 마련해 나가는 동시에, 현재 추진 중에 있는 동아시아 전자무역 네트워크(PAA), 한-EU 전자무역 시범사업 등으로 확장하여 명실상부한 글로벌 전자무역의 토대를 지속적으로 추진하고 있다.[35]

35) 지식경제부, 보도자료 보완함.

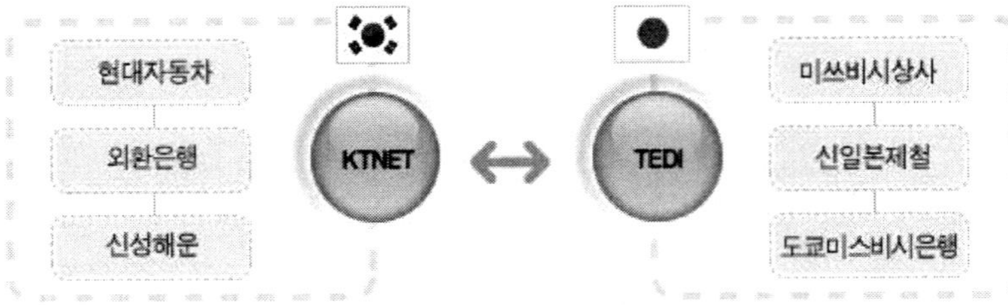

자료 : http://homepage.ktnet.co.kr

[그림 7-9] 한 · 일 전자무역망 연동프로젝트

(3) ASEM 프로젝트(Project)

2001. 10. 26 서울에서 개최된 제1차 ASEM 전자상거래회의(TFAP ; 무역원활화 행동계획)에서 우리나라가 아시아와 유럽 간 전자거래 활성화를 위한 협력 프로그램을 제안한 이래 거래 네트워크 추진을 위한 사전작업이 진행되어 왔다. 추진목적은 한국과 EU 국가 간 거래자동화이다. 특히 역점을 두고 있는 것은 「e-트레이드 구축사업」으로서, 현재 한·일간 및 아시아 5개국 간 구축을 추진하고 있는 전자무역 네트워크를 아시아와 유럽을 연결하는 네트워크로 확대하자는 프로그램이다.

이 사업은 유럽과 한국 기업 간 무역업무의 전자적 처리 및 국제결제 업무의 구현을 위한 비즈니스 프로세스 표준, 업무 모델링, 표준체계, 인프라 구축에 초점이 맞춰져 있다. 이는 아시아와 유럽 간 무역 및 전자상거래 활성화를 위해 필수적인 사업이다. 본 사업은 한-EU 기업 간 거래에 있어 국제무역 관련 프로세스를 전자 문서화하여, 각종 무역관련 제비용과 시간을 절감하고, 업무의 효율성 및 생산성을 제고하기 위한 것이다. 이를 실현하기 위하여 한, 불, 영, 독 정부 및 각 국의 대표적인 무역자동화 민간사업자들이 참여하는 아시아-유럽 전자무역 연합(ASEAL, Asia-Europe Alliance for paperless trade)을 설립하여 Hub to Hub model을 통한 국가 간 전자무역 기반을 구축하였다.

그리고 매년 개최되는 ASEM Conference on e-Commerce를 통하여 ASEM 전자무역 네트워크 구축사업의 추진 현황에 대하여 발표를 하고, ASEM 회원국들 간의 전자무역 확산을 장려하고 있다.[36]

---

36) http://homepage.ktnet.co.kr

~ 아시아-유럽 전자무역 연합(ASEAN ; Asia-Europe Alliance for paperless trade)

한국과 독일, 영국, 프랑스 등 유럽 주요 3개국 내 민간 전자무역 서비스 제공업자들 간의 사업 제휴 및 한국, 독일, 영국, 프랑스 정부 간의 국제협력을 통하여, 무역, 물류, 통관 관련 서류의 전자적 교환, 전자선하증권, 국제 전자결제의 실현을 위한 기반을 마련하고, 향후 참가 회원국을 확장하여, 궁극적으로는 아시아-유럽을 잇는 전자무역 네트워크 구축사업이다.37)

(4) Global SCM Hub

Global SCM Hub는 중소/중견 기업이 주도적으로 참여할 수 있는 국가 인프라 차원의 협업형 글로벌 공급망 관리체계를 구축하는 것이다. Global SCM Hub의 목표는 국내에 본사를 둔 중소/중견 기업이 좀 더 적합한 생산 환경과 새로운 시장을 찾아 국외로 진출할 때 진출 효과를 극대화하기 위한 국가 차원의 표준형 GSCM-Hub 국가 인프라를 구축하고 개별 기업의 참여를 유도하고 참여 기업의 생산성 향상, 재고비용 절감, 물류 가시성 확보, 공기 단축의 효과 등을 유도하고 나아가 동북아 중심 국가로서의 산업 경쟁력을 확보하게 하는데 있다.38)

37) http://homepage.ktnet.co.kr

38) http://homepage.ktnet.co.kr

제 4 부

국제결제제도와 전자신용장제도

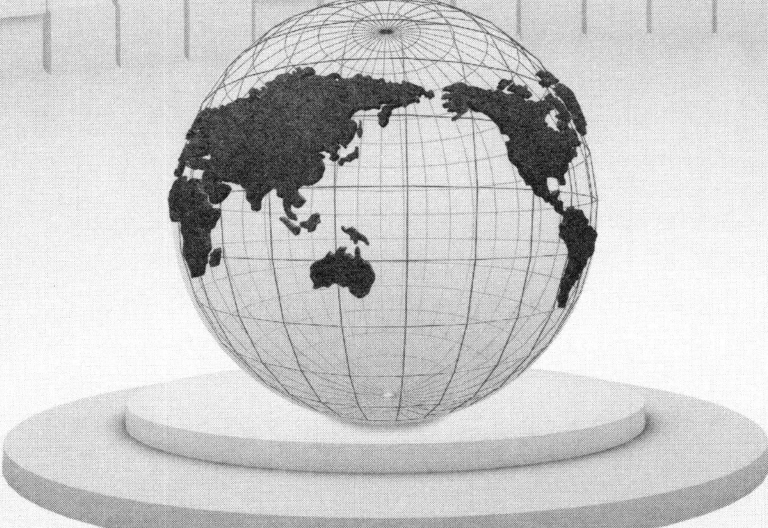

제 8 장

국제결제제도와 전자무역시스템

제 1 절 지급결제제도의 의의와 개요

1. 지급결제제도의 개념과 의의[1]

(1) 지급결제의 개념

거래상대방에게 화폐단위로 표시된 가치를 이전하는 행위를 지급결제라고 한다. 우리는 생활용품을 구입하거나 서비스를 이용하고 그 대가를 지급할 때 현금이나 수표와 같은 지급수단을 사용한다. 기업도 원자재를 구입하거나 종업원에게 급여를 줄 때 지급수단을 사용한다. 정부의 경우도 마찬가지이다.

이렇게 경제주체들이 지급수단을 이용하여 거래상대방에게 화폐단위로 표시된 가치를 이전하는 행위를 지급결제라고 한다. 우리가 사용하는 지급수단에는 여러 가지가 있지만 그 밑바탕을 이루고 있는 것은 현금이다. 현금은 중앙은행이 발행하는 지급수단으로서 그 공신력을 국가가 보장하고 있다. 그러므로 어떤 거래에서나 현금을 지급하면 더 이상의 결제과정을 거칠 필요가 없이 지급결제가 마무리된다.

그러나 현금 이외의 지급수단인 수표나 어음 등은 돈을 지급해야 할 사람이 거래하고 있는 금융기관에 맡겨 놓은 돈을 받을 사람에게 지급하여 줄 것을 요청하는 수단에 불과하다. 그러므로 이러한 지급수단을 사용하는 경우에는 해당 금액을 지급해야 할 사람의 예금계좌에서 받을 사람의 예금계좌로 이전하는 금융기관 간 자금이체라는 별도의 절차를 거쳐야 한다.

1) http://www.bok.or.kr/index.jsp 정리 · 보완함.

예컨대 어떤 고객이 상점에서 수표로 물건을 구입한 경우 상점 주인은 그 수표를 금융기관에 개설되어 있는 자기명의의 예금계좌에 입금하게 된다. 이 때 수표발행인과 상점 주인이 각각 거래하고 있는 금융기관이 같다면 그 금융기관은 수표발행인의 예금계좌에서 상점주인의 예금계좌로 수표에 표시된 금액을 이체하게 된다. 그러나 수표발행인이 거래하고 있는 금융기관과 상점 주인이 거래하고 있는 금융기관이 다른 경우 상점 주인이 거래하고 있는 금융기관은 상점 주인으로부터 입금 받은 수표를 수표발행인이 거래하고 있는 금융기관으로 보내게 된다.

그리고 수표를 서로 주고받은 금융기관 간의 자금결제는 두 금융기관이 중앙은행에 개설해 놓은 당좌예금계정 간의 자금이체를 통하여 이루어진다. 즉, 중앙은행은 수표발행인의 거래은행 당좌예금 계좌에서 자금을 출금하여 상점 주인의 거래은행 당좌예금 계좌에 입금하게 된다.

(2) 지급결제제도

지급결제제도란 거래당사자 간 거래에 있어서 현금을 지급수단으로 직접 사용·지급하는 경우에는 그 자체로서 지급결제가 마무리되지만 그렇지 않은 경우에는 지급, 청산, 결제의 세 단계를 거쳐 지급결제가 이루어진다. 우선 지급(payment)은 개인이나 기업 등 경제주체가 서로 주고받을 채권 채무를 해소하기 위하여 어음, 수표 등의 지급수단을 직접 건네주거나 금융기관에 개설된 예금계좌로 자금을 이체해 주는 것을 말한다. 또 금융기관의 신용 또는 여신을 제공받아 지급하는 것을 포함한다. 그리고 청산(clearing)은 거래은행이 서로 다른 경제주체들 간에 어음이나 수표 또는 금융기관 간 송금 등 현금 이외의 지급수단으로 지급이 이루어졌을 때 관련된 금융기관들이 서로 주고받을 금액을 계산하는 절차이다. 예컨대 국제거래에서 은행이 거래당사자로부터 다른 은행이 발행한 수료를 수취했을 경우 수표수취은행과 수표발행은행 간의 채권채무를 계산하는 것을 의미한다. 그리고 결제(settlement)는 이러한 청산과정을 거쳐 확정된 금액을 환거래은행 또는 중앙은행을 통하여 자금이체 등을 통하여 서로 주고받는 과정을 말한다.

한편 지급결제는 결제되는 자금의 특성에 따라 소액결제와 거액결제로 나누어진다. 일반적으로 소액결제의 경우 건당 거래금액이 작은 반면 건수가 많기 때문에 건별로 결제하기 보다는 일정기간(보통 1일)중 발생한 모든 거래를 합산하여 금융기관별로 주고받을 금액을 상계한 후 차액만을 결제하는 것이 보통이다. 거액결제의 경우에는 건당 거래금액이 큰 반면 건수는 적기 때문에 거래가 이루어지는 즉시 건별로 거래 금액을 서로 주고받는 방식으로 결제하는 것이 보통이다.

지급결제제도는 이와 같이 개인, 기업, 정부 등 경제주체들의 경제활동에서 발생하는 지급결제가 원활히 이루어지도록 해 주는 제도적 장치로서 지급수단(payment instruments), 지급결제 참가기관, 청산 및 결제기관, 전산시스템 그리고 업무처리 규정 등으로 구성된다.

(3) 지급수단

우리나라에서는 현금뿐만 아니라 어음, 수표, 계좌이체, 각종 카드 및 전자화폐 등 현금 이외의 지급수단이 거래규모나 거래의 성격에 따라 다양하게 사용되고 있다. 어음은 그 발행인이 이를 소지한 사람에게 일정금액을 지급할 것을 약정하거나 제3자에게 지급을 위탁하는 증서이다. 전자를 약속어음, 후자를 환어음이라고 부르는데 양자 모두 기업 간의 자금거래에 주로 이용된다.

수표는 금융기관의 당좌예금 계좌에 자금을 예치해 놓은 사람이 일정 금액을 그 소지인에게 지급해 주도록 그 금융기관에 위탁하는 유가증권이다. 수표는 개인이나 기업, 정부 등 경제주체들 간의 자금거래 등에 널리 이용되고 있다.

계좌이체는 현금이나 어음, 수표 등 장표를 지급수단으로 이용하지 않고 돈을 줄 사람이 거래하는 은행의 예금계좌에서 돈을 받을 사람이 거래하는 은행의 예금계좌로 자금을 이체하는 것을 말한다. 대표적인 계좌이체 방법으로서는 지로, 인터넷 뱅킹, 온라인 송금 등을 들 수 있다.

2. 지급결제시스템

[표 8-1] 우리나라 지급결제시스템 유형

지급결제시스템	내 용
거액결제시스템	한국은행이 운영하는 지급결제시스템으로서 우리나라에서 하나뿐인 거액결제시스템
소액결제시스템	개인이나 기업 등 결제주체들 간의 자금이체를 처리하고 그 결과 발생하는 금융기관간의 자금대차 금액을 정산하는 지급결제시스템
증권결제시스템	주식이나 채권 등을 사고 팔 때 그 증권의 소유권을 이전하고 매매대금을 결제하는 지급결제시스템
유가증권시장 결제시스템	유가증권시장결제시스템은 참가기관인 증권회사 간에 이루어진 상장 주식 및 채권 등 유가증권 거래를 결제하는 지급결제시스템이며 협회중개시장결제시스템은 참가기관인 증권회사간의 등록주식 거래를 결제하는 지급결제시스템

우리나라의 주요 결제시스템으로는 거액결제시스템, 각종 소액결제시스템 및 증권결제시스템 등이 있다.[2)]

(1) 거액결제시스템

한국은행금융결제망(BOK-Wire, 이하 한은금융망)은 한국은행이 운영하는 지급결제시스템으로서 우리나라에서 하나뿐인 거액결제시스템이다. 한은금융망에는 은행, 증권회사, 보험회사 등 대다수 금융기관들이 참가하고 있다. 참가기관들은 한국은행에 개설되어 있는 당좌예금 계정 간의 자금이체를 통하여 한국은행은 물론 다른 금융기관과 주고받을 자금을 결제하고 있다.

(2) 소액결제시스템

소액결제시스템은 개인이나 기업 등 경제주체들 간의 자금이체를 처리하고 그 결과 발생하는 금융기관 간의 자금대차 금액을 정산하는 지급결제시스템이다. 우리나라의 소액결제시스템에는 금융결제원이 운영하는 어음교환시스템, 지로시스템, 현금자동인출기(CD)공동망 등 11개의 시스템이 있다. 이러한 소액결제시스템의 참가기관은 주로 은행들이다.

금융결제원이 운영하는 이러한 소액결제시스템 외에도 우리나라에서는 신용카드사가 운영하는 신용카드결제시스템, 이동통신회사가 운영하는 모바일결제시스템, 전자화폐 발행기관이 운영하는 전자화폐결제시스템 등 다양한 형태의 소액결제시스템들이 생겨나고 있다.

(3) 증권결제시스템

증권결제시스템은 주식이나 채권 등을 사고 팔 때 그 증권의 소유권을 이전하고 매매대금을 결제하는 지급결제시스템이다. 이 시스템에서는 증권의 소유권을 장부상으로 매도자에서 매수자 앞으로 이전하는 계좌대체(book-entry)와 증권 매매대금을 매수자의 예금계좌에서 매도자의 예금계좌로 이체하는 자금이체가 이루어진다.

우리나라의 증권결제시스템에는 증권거래소와 증권예탁원이 운영하는 유가증권시장결제시스템, 증권예탁원과 증권업협회가 운영하는 협회중개시장결제시스템, 증권예탁원이 운영하는 채권장외시장결제시스템 및 기관결제시스템 등이 있다.

---

2) http://www.bok.or.kr/index.jsp 일부 보완.

(4) 유가증권시장결제시스템

유가증권시장결제시스템은 참가기관인 증권회사 간에 이루어진 상장 주식 및 채권 등 유가증권 거래를 결제하는 지급결제시스템이며 협회중개시장결제시스템은 참가기관인 증권회사 간의 등록주식 거래를 결제하는 지급결제시스템이다. 채권장외시장결제시스템과 기관결제시스템은 증권회사와 기관투자자 간의 유가증권 매매거래나 위탁매매거래에 따르는 결제를 처리하는 지급결제시스템이다.

3. 청산 및 결제기관

금융결제원이 운영하는 11개 소액결제시스템의 경우 금융결제원이 각 소액결제시스템에 참가하고 있는 금융기관 간의 대차금액을 상계한 후 금융기관끼리 주고받을 차액결제 금액을 산출하는 청산기관의 역할을 수행한다. 금융결제원에서 산정한 금융기관 간 차액결제 금액은 한은금융망을 통해 최종 결제기관인 한국은행에 통지되며 한국은행은 이를 각 금융기관의 당좌예금 계정에 이체함으로써 결제를 마무리한다.

증권결제시스템의 경우 유가증권시장결제시스템은 증권거래소가 청산기관으로서 참가기관인 증권회사 간에 주고받을 금액을 산출하고 증권예탁원이 증권거래소의 위탁을 받아 결제업무를 처리하고 있다.

또한 협회중개시장결제시스템, 채권장외시장결제시스템 및 기관결제시스템은 증권예탁원이 청산 및 결제 업무를 모두 담당하고 있다.

제 2 절 전자결제시스템

1. 전자결제시스템의 의의와 특징

(1) 전자결제시스템의 개념과 의의

우리가 상업생활에서 상거래 활동은 우선 물품을 매매하기 위한 거래상 선정하기 위한 조사가 이루어지고, 그 다음에는 거래제의, 흥정 및 협상, 거래합의, 그리고 물품(상품) 인도 등과 같은 과정을 거친 후에 지급결제가 이루어지며, 또 이러한 과정에서 하자가 발견되는 경우에는 클레임과 그 해결 등 사후관리가 이루어진다. 통상적으로 지급은 거래주체 간 채권 및 채무 관계에서 지급을 행하는 행위를 의미하고 결제는 매매거래에 따른 대금지급의 과정을 의미한다고 할 수 있다. 따라서 결제시스템이라 하면 이러한 과정을 포괄하여야 하며, 또 이러한 절차를 반영해야 한다.

최근 인터넷과 정보기술을 이용한 전자상거래가 활성화됨에 따라 이제는 백화점 또는 일반 할인점 등에서 구매할 수 있는 대부분의 물품을 컴퓨터를 통하여 구매할 수 있게 되었으며, 이러한 모든 거래는 전자결제방식으로 이루어진다. 여기에서 전자결제란 물품이나 서비스의 대가를 전자적 수단을 통하여 지급 및 결제하는 것을 말한다. 그리고 전자결제시스템은 인터넷과 컴퓨터를 이용한 가상공간에서 이러한 거래 및 결제업무를 수행할 수 있는 전자금융결제 서비스 체계를 의미한다. 전자결제시스템은 이러한 일련의 전자상거래의 전자결제 과정을 이행하는 하드웨어 및 소프트웨어로 구성된 시스템을 의미한다. 이는 국제간 전자상거래 프로세스에 있어서 그 거래기간을 단축하고 시간과 비용의 감축을 통하여 국제거래의 효율성을 향상시킴으로서 기업의 경쟁력을 개선하는데 있다.

그리고 전자결제시스템은 거래절차, 전자결제수단, 운영 네트워크 및 이와 관련된 모든 제도적 장치를 총칭하는 개념이라고 할 수 있다. 이러한 결제과정에는 서비스 운영업자, 지급수단, 참여기관 및 은행 간 결제시스템이 관련되어 있다. 거래당사자 간의 비대면 거래를 특징으로 하는 전자결제시스템에서는 정보의 보안문제가 중요시되기 때문에 보안과 암호 등 전자인증과 관련된 기관과의 협력을 통한 안전하고 효율적인 결제시스템의 개발과 정착이 중요한 과제가 된다.[3] 전통적인 무역거래 프로세스의 종이 없는 완전한 전자무역을 구현하기 위해서는 효과적인 전자결제시스템의 구축이 핵심이다.

(2) 전자결제의 특징과 이점

전자결제의 특징은 이용고객이 금융기관을 직접 방문할 필요가 없고 현금 등의 실물 이동이나 소지가 필요 없으며, 전자화된 메시지의 교환으로 거래에서 발생된 자금상의 채권·채무를 결제할 수 있다는 점이다. 이로 인한 이점으로는 이용고객은 실물을 소지할 필요가 없어 현금 소지의 위험부담이 감소되고 시간과 공간적인 제약을 해소함은 물론, 금융업무 처리의 간소화로 생산성 향상이 가능해 진다. 반면 은행은 수수료 수입증대 효과를 얻을 수 있고 은행 경영혁신을 이루는 계기가 될 것이다.

3) http://blog.daum.net/skatn1666/4450161 일부 참고

또한 국가의 전체적인 입장에서 본다면, 자금운용이 전자수단을 이용함으로써 투명성을 제고할 수 있고, 국가 간의 거래 시에는 복잡한 환율에 구애받지 않는 단위의 전자화폐의 개념도 떠오를 수 있다.4)

(3) 전자결제 시장

전자결제 시장은 전자결제시스템과 전자결제 서비스로 구성된다. 그러나 초기 전자결제 시장은 전자결제시스템과 전자결제 서비스가 세분화되지 못하였다. 왜냐하면 전자상거래에 대처할 만한 새로운 전자결제시스템이 구축되지 못하였기에 때문에 전통적인 지급결제방식(주로 신용카드 방식)을 온라인에서 가능하도록 변경 사용하였으며, 이에 인터넷상의 연결을 가능케 해주는 지급결제 게이트웨이(Payment Gateway) 서비스로 대변되는 전자결제서비스는 신용카드에 특화된 전자결제 트랜잭션을 처리해주는 기능에만 머물러 있었다.

그러나 기술의 발달과 기존 전자결제시스템의 한계를 극복하려는 노력과 함께 다양한 전자결제시스템이 등장함에 따라, 기존의 PG서비스를 중심으로 다양한 전자결제시스템을 통합하여 판매자와 구매자에게 제공하는 서비스 중심의 전자결제서비스 시장을 형성하게 되었고, 현재는 전자결제 시장의 한 축을 담당하고 있다.

전자결제시장의 다른 한 축인 전자결제시스템에는 신용카드 방식, 은행 계좌이체, IC카드형 전자화폐, 네트워크형 전자화폐, 모바일 지급결제, ARS(자동응답시스템) 결제, 전자우편 결제, 버추얼카드, 전자수표 등 다양한 방식이 존재한다.5)

2. 전자결제제도의 전제조건

(1) 전자결제시스템의 전제조건

전자결제시스템은 안전한 거래를 위해 암호방식의 이용, 개인정보의 보호와 익명성 보장 및 소액거래의 지원을 위한 저렴한 결제비용이 전제되어야 한다.6)

---

4) 한국은행, "전자상거래 지급결제수단 현황", 2001. 5.
5) 김준한, "소프트웨어 및 인터넷 콘텐츠 편: 전자 지급결제 시스템", 정보통신연구원, 2002. 9, 56-57면 일부 수정함.
6) http://www.ndealer.com/member-files/files/3-11.htm.

① 암호방식의 이용

암호방식을 이용한 결제시스템은 암호 알고리즘이 파괴되지 않을 경우에만 그 안전성이 유지된다. 고액거래를 지원하는 시스템 일수록, 암호의 수명이 장기 일수록 범죄의 발생률은 증가한다. 따라서 전자결제시스템의 안전을 위하여 키를 수시로 변경하거나 거래당사자 간에 신뢰성을 제공하는 등의 다양한 다단계 보안능력이 제공되어야 한다.

② 개인정보와 익명성

개인정보는 특정한 기술을 이용하여 분석될 수 있고, 그 정보는 기업의 고객 선호도, 생활양식 등을 파악하기 위한 자료로 판매되는 경우에는 소비자의 프라이버시(privacy)를 침해할 수 있다. 그러나 거래와 관련된 프라이버시와 익명성이 완전히 보장되는 결제시스템은 불법적인 돈 세탁, 밀수거래, 조세회피 등의 수단으로 활용될 수 있다. 따라서 적절한 감시추적을 가지면서 개인의 프라이버시와 익명성이 보장되어야 한다.

③ 소액지불과 처리 비용

신용카드에 의한 결제는 수수료가 높기 때문에 소액을 지원하는 경우, 거래금액보다 수수료가 더 크게 발생되는 경우가 있다. 따라서 소액거래를 지원하기 위해서는 결제처리 비용이 낮아야 한다.

(2) 전자결제보안의 전제조건

전자상거래 및 그에 따른 대금결제는 가상공간에서 비 대면으로 이루어지므로 다음과 같은 조건이 충족되어야 한다.

① 상호 인증(Authentication)

거래상대방, 즉 메시지의 내용을 송신한 자의 신원을 확인할 수 있도록 하는 기능으로 송신자와 수신자가 적법한 거래당사자임을 확인할 수 있어야 한다. 매도인의 입장에서는 어떤 고객이 물품을 구매한 후 그 대금으로 신용카드, 휴대폰 등의 번호를 수신했을 때 그 고객이 당해 신용카드 또는 휴대폰 등의 실제 소유자인지를 확인할 필요가 있다.

② 기밀성(Confidentiality)

거래당사자 외의 제3자가 메시지의 송신내용을 획득 또는 알아볼 수 없도록 하는 것, 즉 전자거래의 경우 그 거래내용이 제3자에게 노출되지 않도록 하는 것이다. 예컨대 물품거래 후 전자결제 시 인터넷을 통해 신용카드의 번호 및 비밀번호, 은행의 계좌번호와 그 비밀번호 등을 매도인에게 송신할 때 그것을 암호화하여 전송함으로써 제3자(도청자)가 그 내용을 획득하더라도 해독하지 못하도록 하는 것이다.

③ 무결성(Integrity)

정보전달 도중, 즉 송수신 메시지가 전송 도중 훼손 또는 변조되지 않았는지 확인하는 것이다. 전자거래의 경우 그 거래내용의 훼손 또는 변조나 거래 승인되지 않은 거래의 생성을 방지하기 위한 것이다. 예컨대 구매자가 신용카드로 결제하는 경우, 카드 이용자가 "A가 매도인에게 100만원을 결제하겠다."라는 메시지를 전송하였을 때, 그 내용이 전송 도중에 훼손 또는 변조된 것이 아닌지를 확인하는 것이다.

④ 부인방지(Non-repudiation)

정보 제공자의 정보제공 사실에 대한 부인방지, 전자거래의 경우 이미 성립된 거래에 대한 부당한 부인을 방지하기 위한 것이다. "A가 물품을 구매한 후에 매도인에게 100만원을 결제하겠다."라는 메시지를 송신한 후에 이러한 메시지를 전송한 적이 없다고 부인하는 것을 방지하는 것이다.

(3) 전자결제시스템의 보안문제와 대책[7)]

① 보안(Security)

각종 정보, 데이터, 전산자원을 고의적 또는 실수에 의한 불법적인 노출, 변조, 파괴, 지체로부터 보호하며, 전자적인 형태의 정보를 처리, 저장, 전송하는 모든 단계에 걸쳐서 보호하는 것이다.

(가) 시스템 공격

어떤 컴퓨터 시스템에 부당하게 침입한 자가 정보를 유출하거나 파괴하는 등 불법적으로 사용하는 것을 말한다. 침입자는 외부인인 경우도 있지만, 내부인인 경우도 많다. 따라서 적절한 시스템 운영지침과 내부 사용자에 대한 보안 대책이 필요하다.

(나) 데이터 공격

시스템 내에 저장된 데이터에 대한 공격과 통신망을 통해 이동하는 데이터에 대한 공격이 있다. 시스템 내에 저장된 데이터에 대한 공격은 앞의 시스템 공격을 방지하

7) 심상렬, 전자상거래 운영 및 관리 제2강 자료(EBS 방송강의 교재), 2000.

기 위해서는 기밀성, 자료의 통합성 등에 대한 보증이 있어야 한다.

(다) 비즈니스 공격

기존 상거래의 사기행위가 전자상거래에서도 일어나는 것을 비즈니스 공격이라 한다. 이것을 막기 위해서는 전자적 암호 시스템뿐만 아니라 제도적인 장치, 법적인 보장, 보험 등의 보완이 있어야 한다.

② 부인방지(Non-Repudiation)

전자상거래에서의 보안문제로는 신용카드 정보의 불법적인 노출, 개인 신상정보의 노출, 금액의 불법적 변조 및 타인으로 위장, 거래 부인 등이 있다.

③ 전자상거래에서의 보안대책

(가) 암호화(Encryption)

암호화란 누구나 알 수 있는 평문을 허용된 사람 이외에는 알아볼 수 없는 형태의 암호문으로 바꾸어 주는 변환과정을 말한다. 기본적인 암호화 방법으로는 비밀숫자나 키를 이용해서 단순 문자로 구성된 메시지를 암호화 문자로 바꿔주는 것이 있다.

(나) 암호화 방식

대칭형 방식	비대칭형 방식
동일한 키 사용 속도가 빠름 비밀키 알고리즘(DES) 키 관리 및 분배 곤란	서로 다른 키 사용 속도가 느림 공개키 알고리즘(RSA) 키 분내, 전자서명에 사용

(다) 전자서명(Electronic Signature)

종이문서에 대한 진위 여부를 확인하기 위해 사용하던 인장이나 서명을 전자문서에 기반을 둔 전자적 거래 또는 업무에서도 같은 기능을 갖도록 전자적으로 구현한 것을 말한다. 전자결제 시스템에서 사용되는 전자서명은 특별한 방식으로 만들어진 디지털 정보인데, 이것은 두 가지 기능, 즉 메시지 인증 기능과 사용자 인증 기능을 갖는다.

(라) 블라인드 전자서명(Blind Electronic Signature)

전자화폐 시스템에서 사용자가 전자현금을 전자은행으로부터 인출할 때 사용되는 시리얼 번호를 은행이 알게 되어 사용자의 현금 사용 상황을 역 추적할 수 있는 위험을 방지하기 위해 디지캐시사가 고안한 서명 기법이다.

(마) 전자화폐 이중사용 방지(Non-Double Spending)

전자화폐는 결국 디지털 데이터이다. 이는 동일하게 복사할 수 있기 때문에 사용자가 이를 복사해서 현금을 두 번 이상 사용할 때 방지할 수 없도록 현금을 받은 편에서 항상 은행에 이 현금이 두 번 사용된 것이 아닌지 확인하는 것이 필요하다.

3. 전자결제의 형태와 유형

현재 B2C 전자상거래에서 주로 이용되는 지급결제수단은 그 결제형태에 따라 엑세스(access)형과 가치저장(stored value)형으로 구분할 수 있다. 엑세스형은 인터넷 등 네트워크를 통한 지급지시에 의해 결제되는 형태이고, 가치저장(stored value)형은 화폐가치를 전자기호로 저장하였다가 지급결제에 사용되는 형태이다.

엑세스형은 정보통신기술의 발달로 기존 결제수단(계좌이체, 신용카드)의 이용범위가 확대된 것으로 볼 수 있으나, 가치저장형(전자화폐)은 전통적인 화폐와는 완전히 다른 새로운 결제수단이다.[8)]

[표 8-2] B2C 전자상거래 지급결제수단 유형

유 형		특 징
엑세스형	계좌이체형	PC통신, 인터넷 등을 통해 구매자구좌에서 판매자구좌로 대금을 이체
	신용카드형	인터넷을 통해 신용카드정보를 판매자에게 전달하여 결제(실거래에서의 신용카드 사용과 유사)
	전자수표형	수표에 관한 정보를 네트워크를 통해 송신하여 결제(기존의 수표거래를 인터넷상에서 구현)
가치저장형 (전자화폐)	IC카드형	화폐가치를 전자화하여 IC카드에 저장하였다가 지급수단으로 사용
	네트워크형	화폐가치를 전자화하여 PC 등에 저장하였다가 인터넷 등의 네트워크를 통해 지급결제에 사용

자료 : 한국은행, "전자상거래 지급결제수단 현황", 2001. 5.

~ 우리나라의 경우 전자화폐는 현재 보급 초기단계에 있으며 실제 전자상거래에서는 계좌이체형(ATM 등을 통한 온라인입금 포함) 및 신용카드형 결제방식이 약 3:7의 비율로 이용되고 있다.

8) 한국은행, "전자상거래 지급결제수단 현황", 2001. 5.

4. 국제간 소액거래 전자결제시스템

국제간 소액거래에 주로 이용되는 주요 결제시스템으로는 전자자금이체, 전자화폐 및 신용카드가 있다.[9)]

(1) 전자자금이체

전자자금이체(electronic fund transfer)는 전통적인 환어음 등의 금융서류와 운송서류 등의 거래서류에 대한 추심이체 방식과는 달리 최초 지급지시인(originator)의 지급지시에 따라 송금은행과 중개은행을 통하여 지급은행이 수익자에게 대금을 전자적으로 이체하는 것이다.

(2) 신용카드

신용카드는 단순히 현금을 대신하는 역할만 하는 것이 아니다. 원하는 때에 한도만큼 돈을 빌릴 수 있는 증표가 되는 것이고, 신용카드사 입장에서는 회원이 원할 때 정해진 한도 내에서 자금을 대여한다는 의사표시가 되는 것이다. 매번 돈이 필요할 때마다 계약서를 작성하고 신용도를 확인하는 대출절차를 대폭 감축하여, 계약서 작성은 최초에 한 번만 하고, 개인별 신용도에 따라 미리 한도를 정하는 것이다.[10)]

신용카드 방식에서는 이미 비자마스터 등 세계 유수의 신용카드회사들이 IBM, 마이크로소프트, Netscape 등 컴퓨터 통신업체들과 공동으로 전자무역결제 표준안인 SET(Secure Electronic Transaction)을 개발하여 상용화된 제품 및 서비스를 제공하기 시작하고 있다. 그러나 현재 전자결제에서 국제적으로 활용도가 높은 것은 신용카드(Credit Card)이지만 이는 B2C 간, 즉 소액거래에 주로 사용되고 있으며, B2B 간의 거액 거래에서는 사용이 미미한 실정이다.

우선, 무역거래는 1만 달러에서 10만 달러까지의 거래가 매우 높은 비중을 차지하고 있는데 이 정도의 거래금액은 통상적인 신용카드로는 사용한도가 초과되기 때문에 거래 시 카드발급기관에 별도의 한도초과 승인을 받아야 한다는 불편이 따른다. 둘째, 컴퓨터 통신망을 통해 카드번호가 송수신되는 경우 이에 대한 보안이 미흡하다는 문제가 있다. 물론 다양한 기술적 방법을 통해 카드번호가 노출되지 않도록 노력은 하고 있지만 실제 인터넷 망을 통해 노출된 카드번호로 부정한 사용이 일어난

---

9) 금융결제원, 전게 연구자료, 73-74 참고.

10) http://www.creworld.co.kr/200807/main.jsp

사례가 있기 때문에 카드 사용을 꺼리게 된다. 셋째, 대부분의 국가에서는 외국환의 지급에 대해 어떤 식으로든 규제나 관리가 이루어지고 있기 때문에 신용카드를 통한 외환결제에 대한 별도의 확인과정이 필요한데 이 확인절차는 아직 사이버 공간에서 이루어지지 않고 있어 결국 신용카드를 통한 전자거래를 방해하게 된다. 이처럼 신용카드는 전자무역거래에서 일견 사용에 적절한 결제수단인 것 같으면서도 실제 사용에 있어서는 적지 않은 문제점을 지니고 있기 때문에 보완 내지는 대체를 필요로 하고 있다.

소액거래에서 신용카드는 빠르게 진화하고 있다. 신용카드에 첨단기술이 접목된 덕분이다. 멀티미디어를 구현할 수 있는 신용카드가 나오는가 하면 휴대전화 USB와의 접목을 통해 '카드 없는 카드'도 현실화되고 있다. 모바일 신용카드 경쟁도 뜨겁다. 앞으로 몇 년 안에 보편화될 것으로 판단하고 있는 신용카드사들은 앞 다퉈 모바일 신용카드를 도입하고 있다. 카드사 관계자는 "아직까지는 첨단기능 카드의 매출 비중이 높지는 않지만 앞으로는 카드형 신용카드뿐 아니라 USB형이나 모바일 카드 등이 보편화할 것"이라고 내다보고 있다.[11)]

(3) 전자화폐

전자화폐(electronic money 또는 electronic cash)란 국제결제은행의 기능적 특성에 의거 전자화폐를 컴퓨터칩이 내장된 카드나 공중정보통신망과 연결된 개인용 컴퓨터 등의 전자기기에 전자기호 형태로 화폐적 가치를 저장하였다가 물품 등의 구매에 사용할 수 있는 전자지급수단이다. 그리고 전자수표란 자신의 컴퓨터에서 수표를 발행하여 상대방에게 전송하는 형태의 전자적 결제방식을 말한다. 기존의 종이수표와 달리 대면이나 우편으로 전달할 필요 없이 네트워크로 전송하기 때문에 실시간 결제가 가능하고 또한 위변조 및 분실의 위험성이 적다는 장점이 있다.

전자화폐나 전자수표[12)]도 기반구축이 되어 있는 일부국가나 특정 지역을 중심으로 B2C 간의 전자결제에 사용되고 있고 전자자금이체(Electronic Fund Transfer: EFT) 방식도 미국과 같이 기반 구축이 되어 있는 특정 국가에서는 자국 내의 전자자금 이체에 활용되고 있으나 B2B 무역거래를 위한 전자결제시스템의 기반은 아직까지 취약한 실정에 있다.

---

11) http://news.empas.com/show.tsp/20080630n22953/

12) 미국은 금액기준으로 B2B 전자상거래 결제수단의 약 50%를 전자수표인 e-check가 차지하고 있어 미국 재무성이 주도하여 수표를 전자결제화를 추진하고 있다.

제 3 절 국제무역결제제도의 의의와 개요

1. 국제무역결제제도의 개념과 의의

국제무역거래에서는 이미 언급한 국내 거래와는 달리 국가가 서로 다른 매도업자와 매수업자 간 무역거래에 따른 채권채무관계의 청산은 국제무역의 특성상 현금으로 직접 결제하기는 어렵다. 따라서 국제무역업자 사이에 금융기관이 개입하여 그들의 의뢰에 따른 단순한 대금송금에서부터 서류 수·발송 및 무역금융 지원, 그리고 필요에 따라서는 대금결제 보장업무 등을 하게 된다. 따라서 무역업자는 상황에 적합한 결제방법을 약정하여 국제간 결제문제를 해결하게 된다.

국제간 무역결제제도에서 핵심이 되는 결제방법은 수익자가 제시하는 약정서류가 신용장의 조건에 일치하는 한 개설은행에 의해 대금지급이 보장되는 신용장(Letter of Credit)방식, 또 거래당사자 간의 거래과정에서 거래당사자의 요청으로 은행이 서류의 송부 또는 접수 및 결제대금의 송금 또는 수령 등에 소극적으로 관여하지만 지급보장이 되지 않는 서류인수인도조건(Documents against Acceptance : D/A) 및 어음

[표 8-3] 전통적인 국제간 주요 무역결제방식

주요 방식	세 부 내 용	결 제 방 법
신용장방식 (L/C)	At Sight(일람출급식) Usance(기한부지급) • Banker's U/S, Shipper's U/S	은행의 조건부 지급의무 • 일시불로 결제(일람출급) • 약정된 기일동안 외상결제(기한부)
추심결제방식	어음인수서류인도조건 (D/A : Documents against Acceptance) 어음지급서류인도조건 (D/P : Documents against Payment)	은행을 통한 서류송부 및 대금결제 은행은 지급의무 없음 • D/P : 일시불 지급 • D/A : 약정기간 외상결제
송금결제방식	사전송금(Advanced Payment) • CWO(Cash with Order) 물품 인수전 송금하는 방식	은행 불개입 거래당사자 간 서류송부 및 대금결제 • 전신환(T/T : Telegraphic Transfer) • 우편환(M/T : Mail Transfer) • 송금수표(Demand Draft) 사전/사후 기준은 물품 또는 서류 인도 기준임
	사후송금(Deferred Payment) • COD(Cash On Delivery) • CAD(Cash again Documents)	
기타 방식	국제팩토링, 국제포피팅	국제팩토링 회사 또는 포피팅 회사를 통한 대금결제
	오픈 어카운트(Open Account)	은행을 통한 서류인수/대금결제 경우에 따라서는 은행에 채권매각 가능

지급인도조건(Documents against Payment : D/P)과 같은 추심(Collection)방식, 그리고 국제무역거래에 은행의 개입이 없는 순수한 거래당사자자 간의 거래로 주로 소액거래에 이용되고 있는 전신송금환(T/T), 우편송금환(M/T), 송금수표(D/D) 등과 같은 송금(Remittance)방식 등이 이용되어 오고 있다.

한편 그 동안 가장 많이 이용되어 오던 신용장방식의 이용이 점차 감소하고 있는 반면, 추심방식과 송금방식과 같은 무신용장방식의 이용이 증가하고 있으며, 근래에 들어서는 기존의 거래방식보다 신속·간편하고 상황에 따라 은행에 수출채권을 매각할 수 있는 오픈 어카운트(Open Account)의 방식이 증가하는 추세에 있다. 이는 기업의 국제화에 따른 국제시장에서의 신뢰기반 구축, 본지사간의 거래비중의 증가, 거래당사자 간 거래관계의 지속으로 상호 신뢰관계 구축, 및 국가 신용도의 향상 등으로 거래위험도가 과거보다 낮아짐에 따라 간편한 방식을 선호하기 때문인 것으로 생각된다. 그러나 아직도 거액거래에서는 상당 부분은 계속 신용장제도가 이용되고 있다.

본 장에서는 국제전자무역시스템 및 전자무역결제제도의 이해를 위해 전통적인 주요 무역결제제도에 관해 요약하고자 한다.

2. 결제시기와 결제통화

(1) 결제시기

국제간 무역거래에서 대금결제(payment)에는 먼저 물품의 선적 혹은 인도와 대금지급과의 시간적 차이에 따라 다음과 같이 구분될 수 있다.

[표 8-4] 결제시기에 따른 구분

결제 방법	내 용
선지급 (Advanced Payment)	물품의 선적 또는 인도되기 전에 물품대금을 미리 지급 여기에는 CWO(Cash with Order)가 있다.
동시지급 (Concurrent Payment)	계약물품의 선적 또는 인도나 해당 운송서류의 인도와 동시에 물품대금을 지급 여기에는 COD(Cash On Delivery : 현물상환지급), CAD(Cash against Documents : 서류상환지급) 등
후지급 (Deferred Payment)	물품의 선적 또는 인도나 해당 운송서류를 인도한 후 일정한 기간이 경과되어야 대금 결제 여기에는 D/A(Document against Acceptance : 서류인수도지급), 사후송금 방식 등
혼합지급 (Mixed Payment)	선 지급, 동시지급 및 후 지급 방식 중 어느 두 가지 이상의 방식이 혼합되어 대금결제가 이루어지는 방식

① 선지급(Advanced Payment)

이 방식은 물품의 선적 또는 인도되기 전에 물품대금을 미리 지급하는 조건으로, 여기에 해당되는 것은 물품의 주문과 동시에 대금지급이 이루어지는 CWO(Cash with Order) 방식, 신용장의 수익자가 신용장을 수령한 후 물품선적 이전에 물품대금을 선대하는 선대용장(red clause L/C) 방식 등을 들 수 있다.

② 동시지급(Concurrent Payment)

이 방식은 계약물품의 선적 또는 인도나 해당 운송서류의 인도와 동시에 물품대금을 지급하는 방식이다. 여기에는 현물인도와 동시에 대금을 지급하는 COD(Cash on Delivery : 현물상환지급)와 운송서류인도와 동시에 현금결제가 이루어지는 조건인 CAD(Cash against Documents : 서류상환지급)가 있다.

그리고 신용장방식에서는 관련 운송서류가 매수업자에게 제시되면 당해 매수업자가 이를 인수함과 동시에 대금결제를 이행하는 일람지급방식(at sight)이 해당되며, 무신용장거래인 추심방식에는 추심은행(collecting bank)이 매수업자(drawee)의 대금지급과 동시에 관련 운송서류를 인도하는 지급인도방식(D/P : Documents against Payment)이 있다.

③ 후지급(Deferred Payment)

이 방식은 물품의 선적 또는 인도나 해당 운송서류를 인도한 후 일정한 기간이 경과되어야 대금결제가 이루어지는 방식으로 외상거래조건에 해당한다. 여기에는 단기 연지급과 중장기 연지급의 두 가지로 구분할 수 있는데, 그 기준은 통상 물품의 선적이나 인도 후 또는 해당 운송서류의 인도 후 1년 이내에 결제가 이루어지면 단기 연지급, 그 이상의 기간 즉, 1년 초과 10년 이내(때로는 20년까지)의 기간에 결제되면 중장기 연지급이라 한다. 구체적으로는 기한부/연지급 신용장 방식, 추심방식의 D/A(Document against Acceptance : 서류인수도지급), 사후송금방식, 중장기연불방식(deferred payment on long or medium term), 위탁판매방식(sales on consignment basis), 상호계산방식(open account) 등이 있다.

④ 혼합지급(Mixed Payment)

혼합지급은 이미 언급한 선지급, 동시지급 및 후지급 방식 중 어느 두 가지 이상의 방식이 혼합되어 대금결제가 이루어지는 방식이다. 대표적인 것으로는 누진지급(progressive payment basis) 방식이 있다. 이 결제방식은 대금을 일시에 지급하지 않고 계약 시, 선적 시, 도착 시 등으로, 또는 진행도에 따라 분할 지급하는 방식으로 분할지급(instalment payment)의 형태를 취한다.

(2) 결제통화

무역계약에서 매도인과 매수인은 계약에서 정하는 바에 따라 물품을 인도하고 대금을 지급하게 되는데, 이 때 대금결제를 하기 위한 통화는 통상적으로 ① 자국통화로 결제하는 방법, ② 상대국 국가의 통화로 결제하는 방법, ③ 제3국의 통화로 결제하는 방법 등 세 가지의 형태가 있다. 이 중에서 어느 통화로 결제할 것인가는 계약당사자 간의 합의나 약정된 방법에 의한다. 그리고 "USD", "EUR" 등과 같은 결제통화의 표시와 해당 국가명도 함께 표기하여 오해의 여지를 없애는 것이 바람직하다.

3. 결제방법

현재 이용되고 있는 국제간 무역결제수단은 크게 신용장 방식(Letter of Credit)과 무신용장 방식(Transaction without L/C)으로 구분되며, 다시 무신용장 방식은 추심방식(Collection)과 송금방식(Remittance), 그리고 국제팩토링 방식(International Factoring)과 포피팅 방식(Forfaiting) 등 특수한 결제방식으로 구별할 수 있다.

(1) 신용장 방식

신용장이란 수입업자의 요청에 따라 개설은행이 개설한 신용장에서 요구하는 약정서류가 당해 신용장의 조건과 일치하게 제시하는 조건으로 개설은행이 대금지급을 보장하는 조건부 지급확약서이다. 즉, 개설은행이 상업신용(commercial credit)을 은행신용(bank credit)으로 전환시켜주는 금융수단이다. 신용장은 수출업자의 대금회수 위험이나 금융적 불편을 대폭 해소할 수 있는 편리성 때문에 무역거래의 결제수단으로 가장 많이 이용되어 왔으나 현재는 감소하는 추세이다.

수출대금의 회수는 수출입계약에 따라 선적을 완료하고 운송회사로부터 선하증권을 발급받으면 환어음과 선적서류를 작성하여 거래 외국환은행(매입은행)에 매입 또는 추심을 의뢰함으로써 이루어진다. 매입은행의 입장에서 볼 때 수출환어음의 매입은 일종의 여신행위이기 때문에 신용이 불확실한 수출업자의 수출환어음의 매입은 기피한다. 매입은행이 본 어음을 매입하는 경우 이를 실무상 용어로 네고(nego)라 하며 매입은행은 매입대금을 신용장 개설은행에 상환청구하거나 환거래은행(correspondent bank)을 통해 수입업자에게 추심하게 된다.

(2) 추심결제 방식

추심결제 방식은 은행의 대금지급에 대한 보장없이 오직 수입업자의 신용만을 믿고 매매계약서를 근거로 대금을 추심하는 방식이다. 즉, 이 방식은 단순히 매매당사자 간의 무역계약에 따라 수출업자는 물품을 선적한 후 관련서류를 첨부한 화환어음을 환거래은행을 통하여 수입업자에게 제시하면 수입업자가 그 어음을 지급 또는 인수하여 결제하는 방법이다. 여기에는 D/P(Documents against Payment : 지급인도조건)와 D/A (Documents against Acceptance : 인수인도조건)가 있으며, 우리나라의 경우에는 거래은행과 약정에 따라 추심 전 매입도 가능하다.

D/P, D/A는 신용장거래처럼 은행이 대금지급을 보장하지 않고, 대금결제는 전적으로 수입업자의 신용에 의하기 때문에 신용장방식보다 거래위험이 크나, 수출입대금의 결제과정에서 은행이 선의로 개입함으로써 송금방식에 비하여 상대적으로 거래위험이 상당히 제거되는 거래방식으로 무신용장 방식에서는 가장 많이 이용되고 있다. 예컨대 D/P의 경우 수입지의 추심은행은 수입업자의 대금결제가 이루어지는 경우에만 서류를 인도하기 때문에 거래위험을 축소시킬 수 있다. 그래도 추심방식은 거래당사자의 신용에 의존한다는 점에서 거래위험이 있으며 지속적인 거래관계를 통해 상호 신뢰할 수 있는 경우 또는 본지사 간인 경우에 비용절감과 편리성의 측면에서 이용되고 있다.

① D/P 방식

수출업자가 수출물품을 선적하고 수입업자를 지급인으로 하는 일람출급화환어음을 발행하여 선적서류와 함께 거래은행을 통하여 수입국의 추심은행 앞으로 어음대금을 추심의뢰하면 추심은행은 수입업자에게 서류도착 통지 및 당해 어음을 제시하여 수입업자의 대금지급과 동시에 선적서류를 인도하고 당해 결제대금을 추심의뢰은행에 송금하여 결제하는 거래방식이다.

② D/A 방식

추심은행이 수출업자의 기한부 화환어음을 관련 선적서류와 함께 수입업자에게 제시하여 수입업자가 당해 환어음을 인수하면 선적서류를 인도하고 어음의 만기일에 수입업자로부터 결제대금을 수취하여 추심의뢰은행에게 송금하여 결제하는 거래방식이다.

(3) 송금결제 방식

국제무역에서 수출업자가 수입업자에게 운송서류를 송부하면 수입업자가 수출업자에게 직접 송금하는 방법이다. 여기에는 물품 또는 선적서류의 수령 전에 송금하는 사전송금방식과 물품 또는 선적서류를 수령한 후에 결제대금을 송금하는 사후송금방식이 있다.

① 사전송금

수입업자가 물품수령 전에 물품대금의 전액을 외국환은행을 통하여 수출업자에게 미리 송금하면 수출업자는 약정기일 이내에 이에 상응하는 물품을 인도하는 방식이다. 사전송금은 수출업자의 입장에서는 선수금에 해당되며 수입업자의 입장에서는 선지급금에 해당된다. 따라서 수출업자는 수출대금의 회수가 보장되기 때문에 안전한 데 비해 수입업자는 대금지급 후 물품을 계약기일 이내에 수출업자로부터 약정물품을 수령하지 못하거나 품질 등이 계약조건과 다른 물품을 수취하는 데 따르는 위험을 부담해야 한다.

② 사후송금

수출업자가 먼저 수입업자 앞으로 물품을 선적하고 수입업자는 물품을 수령한 후에 물품대금의 전액을 외국환은행을 통하여 수출업자에게 지급하는 방식을 말하며 대금교환도(COD) 방식 및 서류인도(CAD) 방식도 선적 이후에 대금이 결제된다는 점에서 사후송금방식에 해당된다. 사후송금방식에서 수입업자는 약정물품을 수취할 수 있다는 점에서 안전하지만, 수출업자는 물품대금을 약정기간 이내에 수령하지 못하거나 또는 수입업자의 부당한 클레임 제기 등으로 인한 대금회수 위험을 부담하게 된다.

(가) COD(Cash on Delivery)

물품을 수입업자에게 인도하면서 대금을 수취하는 결제방식으로 주로 수입업자 소재지 국가에 수출업자의 지사나 대리인이 있는 경우, 수출업자가 동 지사나 대리인에게 물품을 송부하면 수입업자가 동 수출업자의 지사나 대리인을 방문하여 물품의 품질 등을 검사한 후 대금을 결제하는 방식을 의미한다.

(나) CAD(Cash against Document)

수출업자가 물품을 선적하고 수입업자에게 직접 또는 수출국에 소재하는 수입업자의 대리인에게 선적서류를 인도하면서 대금을 회수하는 방식의 거래를 의미한다.

만약 CAD 방식의 선적서류를 은행을 통하여 추심하면 D/P 방식거래가 되며 D/P 방식에서는 환어음이 사용된다.

③ 혼합방식

국제거래에서 사전송금방식과 사후송금방식의 단점을 수출업자와 수입업자가 보완하기 위하여 물품대금의 일정 비율을 약정하여 두 가지의 결제방법을 혼합한 형태의 결제방식이다.

(4) 기타 결제방식

오늘날 무역거래에서 대금결제의 대부분은 신용장 또는 추심방식으로 이루어지고 있으나, 일부 무역기업은 특수한 거래형태나 거래환경을 고려하여 현재 많이 이용되고 있는 신용장, 추심방식 및 송금방식 이외에도 국제팩토링(International Factoring), 오픈어카운트(Open Account), 포피팅(Forfaiting)에 의한 결제방식 등도 이용되고 있다.

제 4 절 전자무역결제시스템의 도입과 전자무역시스템

1. 신용장거래의 감소와 그 메커니즘 구현

국제화와 글로벌화로 국제거래에서 그 동안 가장 안전하다고 하는 신용장에 의한 결제방식이 축소되고 있는 반면, 추심방식과 송금방식에 의한 결제방법이 증가하고 있다. 신용장은 거래당사자 간 상호 확실한 신뢰성을 보장할 수 없는 국제거래에 안전하게 이용되고 있으며, 추심방식은 본지사 간이나 오랜 기간 동안 거래를 지속해 온 상호 신뢰관계를 구축한 거래당사자 간에 주로 이용되고 있다. 그리고 송금방식은 소액거래에 주로 이용되고 있다.

한편 전자무역이 본격화되면서 전통적인 서류를 바탕으로 하는 신용장제도가 새로이 출현한 전자무역시스템 상에서 구현되고 있다. 즉 전자화폐, 전자자금이체 등과 같은 전자결제시스템이 개발되면서 신용장의 이용감소에는 영향을 미칠 수는 있지만, 근본적인 요인은 기업의 국제화·글로벌화 등과 같은 시대의 변화로 인한 것이다. 그러므로 전통적인 서류기반 신용장방식의 특징인 매도업자(수익자)에 대한 은행의 지급보장의 메커니즘은 전자무역시스템 상에서도 구현되고 있다. 다만 그 기능이 종이 기반에서 전자기반으로 이동할 뿐이다. 따라서 전자무역의 출현으로 종이가 사라지는 것이지 신용장의 메커니즘이 완전히 사라지는 것이 아니다.[13)]

[표 8-5] 연도별 주요 결제형태별 구성비 변동 추이

(단위 : %)

구 분		1997	2000	2006	2009	2010	2011
신용장 방식	수 출	43.1	27.6	19.0	16.4	15.6	15.2
	수 입	76.1	54.3	30.0	25.2	23.5	23.0
추심 방식	수 출	24.9	22.7	9.8	6.6	7.3	8.2
	수 입	7.8	10.1	4.2	3.6	3.5	3.1
송금 방식	수 출	29.3	43.0	56.0	59.9	60.2	62.3
	수 입	10.4	28.5	58.7	64.1	66.2	68.1
기타	수 출	2.7	6.7	15.2	17.1	6.9	14.3
	수 입	5.7	7.1	7.1	7.1	6.8	5.8

2. 전자무역결제시스템의 도입의 필요성과 그 요건

(1) 전자무역결제시스템의 도입 필요성

이와 같이 종래의 전통적인 국제무역이 종이 없는 전자무역으로 대체됨에 따라 기존의 결제방식의 대한 변화의 요구가 커지고 있으며, 그에 따라 오프라인(off-line)상에서 이용되는 주요 결제수단의 전자화가 범세계적으로 이행되고 있다. 아직은 세계적으로 확산되고 있지는 않지만 국제간 전자무역이 활성화되기 위해서는 모든 거래당사자가 불편 없이 전자무역의 효과를 실질적으로 누릴 수 있는 전자무역시스템과 전자무역플랫폼의 개발이 필수적이다. 즉 은행의 전자결제시스템을 핵심으로 전자금융시스템, 운송회사의 물류시스템, 무역유관기관의 업무시스템, 보험회사의 보험업무처리시스템 등 모든 무역관련 당사자의 통합된 단일의 무역플랫폼이다.

국제간의 무역결제방식의 전자화는 최근 정보통신기술의 발전에 따라 가상공간상에서 구현되거나 또는 소액거래에서는 신용카드(credit card), 전자화폐, 전자수표 등이 결제수단을 대신할 수 있겠으나, 국제간 B2B 거래에는 적합하지 않다. 거래상관

13) 신용장의 통지는 그 동안 우편 ⇒ 전신(텔렉스) ⇒ 스위프트(SWIFT)로 변화하여, 현재는 주로 SWIFT로 신용장을 통지하고 있다.

습을 달리하는 지구촌 전체의 국제상거래 당사자 간에 안정성과 신뢰성을 가지고 선택할 수 있는 보편적인 글로벌 전자결제시스템은 아직 활성화되지 못하고 있는 실정이다.[14)]

따라서 무역서류의 전자화를 비롯한 전자금융시스템과 연결된 전자결제시스템 및 거래당사자 간 업무시스템이 통합된 전자무역시스템의 도입이 필요하다. 현재 추진되고 있는 주요 전자무역시스템으로는 볼레로시스템, TradeCard 시스템, Identrust 시스템 등의 글로벌 시스템과 각 국가 간 또는 국가에서 추진하고 전자무역시스템 등이 있다.

(2) 전자무역결제시스템의 요건

국내 전자상거래의 전자결제의 특징은 이용고객이 금융기관을 직접 방문할 필요가 없고 현금 등의 실물이동이나 소지가 필요 없으며, 전자화된 메시지의 교환으로 거래에서 발생된 자금상의 채권채무를 결제할 수 있다는 점이다. 그러나 국제간 전자무역거래의 경우에는 정치, 경제, 사회, 문화, 법제도 등이 다르고 원격지에 있는 거래당사자 간의 거래이며, 또한 물품과 상환으로 물품대금을 즉시 결제할 수 없기 때문에 국내 거래보다 복잡하다. 따라서 국제전자결제제도와는 다른 차원의 접근이 필요하다.

[표 8-6] **전자무역 결제시스템의 요건**

요 건	내용
정확성	서류작성 및 서류검토 시 신용장과 제 서류 간의 일치성 여부 확인 서류전달 및 대금결제 과정의 정확성
신속성	서류의 전달, 결제과정의 지연 해소
통합성	관계당사자의 모든 업무시스템과 통합 필요
경제성	종이서류 방식을 대체하기 위한 시스템의 구축비용, 회원가입 및 업무처리 비용의 저렴성
안정성	시스템 보안, 법률적 기반
수용성	기존의 거래관행/관습
신뢰성	참여 당사자의 신뢰성
호환성	기존 결제시스템
편의성	이용자가 이용절차 상의 편리성
범용성	이용가능 대상국, 대상품목, 거래규모 등

자료 : 지식경제부, “전자무역결제시스템 구축 본격 추진”, 보완함

14) 한국무역협회자료 참고함.

우선, 물품대금을 결제하는 과정에서 자국의 은행을 비롯하여 여러 금융기관을 통하게 된다. 따라서 지체 없이 물품대금을 신뢰성 있는 금융기관을 통하여 안전하고 정확하게 전달될 수 있어야 하고, 또한 무역거래에 있어서 무역금융은 필수적이기 때문에 거래당사자는 물론 금융을 취급하는 은행에 불편이 없는 자동화된 전자시스템이 구축되어야 한다. 즉 전자무역시스템의 도입으로 무역금융의 취급절차가 더 복잡해지거나 또는 이를 전자무역시스템에서 수용하지 못하기 때문에 금융 업무를 별도의 전통적인 방법으로 이행되는 경우에는 전자무역의 효용성은 상실되므로 모든 당사자는 기피할 것이다.

그리고 전자무역시스템은 일부 당사자가 아닌 전 세계의 무역업자를 비롯한 관련당사자 모두 참여하고 이용할 수 있어야 한다. 이를 위해서는 안정된 거래기반을 위한 신뢰성이 있는 보안시스템, 법적기반, 기존 결제시스템과의 호환성 및 시간단축, 비용절감 등과 같은 효용성이 있어야 한다.

[표 8-7] 국제무역에서의 은행의 기능

무역대금결제 매개 기능	금융지원 기능	신용공여 기능
• 대금결제업무 －대금의 지급 및 수취 업무 －송금방식, 추심 팩토링, 포피팅 등 다양한 결제방법 제공 및 대행 • 외환(外換) 개입 －결제과정에서 환 개입 －국내 통화와 외국통화 간 환전	• 무역금융 －무역어음대출 －원자재 신용장개설 －원자재 내국신용장 개설 무역어음 할인 • 수출선적 서류 매입 (수출환어음 매입)	• 은행의 지급보증 －일반재 신용장(L/C) 개설 (일람불/기한부) －보증신용장 개설 (이행보증, 환급보증, 입찰보증, 현지금융) ※ 은행의 신용공여를 통하여 수출상의 신용위험과 수입업자의 상업위험 담보

☞ 무역거래와 연계하여 은행거래가 이루어진다.

3. 전자무역플랫폼과 전자무역시스템

(1) 전자무역플랫폼의 개념과 의의

전자무역플랫폼(electronic trade platform)이란 인터넷 환경에서 무역거래 관계당사자가 언제 어디에서나 가상공간에서 시장조사 및 정보수집, 거래처의 물색 및 선정, 거래제의, 거래협상 등 계약이전의 단계에서부터 청약과 승낙의 계약체결 과정과 신용장의 개설 및 통지, 통관절차, 대금결제 등의 계약이행 과정, 그리고 운송, 보험,

검사, 무역금융 등의 무역서비스에 이르기까지 모든 무역거래의 프로세스를 단절 없이 일원적(one stop)으로 처리할 수 있는 공유기반의 단일 업무공간이다. 이는 전자무역 플랫폼에 참여하는 무역거래의 여러 관계당사자가 한 곳에서 상호간에 협력적 무역업무가 가능하도록 산재되어 있는 무역관련 인프라의 통합을 의미한다.

이러한 모든 무역업무 프로세스가 단일의 플랫폼에서 처리된다는 의미는 다양한 무역거래 프로세스 상의 기능별 서비스가 어느 업자에 의해 제공되는지의 여부에 관계없이 실제로 이용자의 입장에서는 '단일의 서비스 창구'를 통해 모든 무역 업무를 처리할 수 있는 업무공간을 말한다. 따라서 각각 산재해 있는 여러 기능별 서비스를 연결·통합하고 간소화하여 이를 이용자 중심의 인터페이스(interface)를 통해 편리한 업무공간을 제공하는데 의의가 있다. 이러한 의미에서 전자무역플랫폼은 이에 참여하는 여러 기업을 연결하여 하나의 가상기업으로 통합하는 가상공간상의 가상 네트워크를 구성한다.

[표 8-8] 전자무역플랫폼의 3요소

요 소	내 용
서비스 시스템	각종 무역 업무를 처리할 수 있는 컨텐츠, 솔루션, 애플리케이션 등
인프라 구축	전자무역플랫폼의 운영기반 및 제공 서비스의 기반으로 전자문서의 송수신, 전자적 거래의 신뢰성을 확보를 위한 기반 구축이 중요하며 표준정립이 중요
네트워크(연계)	전자무역플랫폼과 전자무역 유관기관과의 네트워크(연결) 및 이들 시스템과 그 이용자 간의 네트워크(연결)

(2) 전자무역 네트워크와 전자무역시스템

서로 다른 국가 간 상거래에서 전자거래의 유용성을 극대화하기 위해서는 국내외의 모든 무역거래 당사자 및 무역서비스 제공업자를 연결할 수 있는 전자무역 네트워크가 구축되어야 한다. 그 이유는 무역거래의 특성상 교역 상대국과의 상호작용이 필수적이기 때문이다. 각국이 상대국과 상호 호환이 불가능한 독자적 네트워크를 구축하거나 또는 전자무역거래가 일부 지역에서만 이루어질 경우에는 각국의 상이한 시스템으로 인해 무역정보의 수집·상담, 해외시장조사, 마케팅, 신용조사, 계약체결, 통관, 운송, 대금결제 및 사후관리 등 전반적인 무역거래는 일부 지역에 한정될 수밖에 없다. 물론 거래의 중요성 또는 비중 및 효율성에 따라 지역적 인프라 구축도 필요하다. 그 사례로는 한국, 일본, 중국, 대만 등 동아시아 일부 국가들은 상호간 전자무역을 확산시키기 위해 정부와 민간의 다각적인 협력체인 “PAA(Pan Asia e-Commerce Alliance), 한·일 전자무역 네트워크, 한국과 유럽 간의 ASEM 네트워크 등이 있다.

전 세계의 모든 거래당사자가 업무공간과 시간의 제약 없이 단일의 전자무역플랫폼에서 무역 업무를 수행하기 위해서는 글로벌한 단일의 전자무역시스템의 구축과 이를 운용하기 위한 관련 운용규칙과 국제규범의 제정이 필요하고, 그 인프라 구축에 있어 지역(국가) 간 또는 다자 간 협력이 필수적이다. 궁극으로는 무역업자가 시공간의 제약 없이 전자무역시스템 상에서 전자무역플랫폼을 통하여 시장조사, 무역상담, 거래선 발굴 및 선정, 무역계약 등과 수출입승인, 통관, 물류, 대금결제, 무역금융 등 모든 무역 업무를 단절 없이 일원적으로 처리하는 서류 없는 완전한 전자무역을 실현하는 것이다. 즉, 모든 무역절차를 한 곳에서 처리하는 통합된 단일의 전자무역플랫폼을 구축하는 것이다. 현대 국제적으로 운용되고 있는 글로벌 전자무역시스템으로는 볼레로시스템, TradeCard 시스템, IdenTrust 등이 있다.

(3) 전자무역시스템의 필요성

국제무역거래는 물품인도에 대한 대금결제, 즉 물품이동과 자금이동이 핵심이다. 우선 물적 체인관리 자동화는 물품이동을 최적화한다. 그러나 물적 체인관리가 금융지원체인관리 보다 선행하여 발전하였기 때문에 많은 기업은 물적 체인관리와 금융지원체인관리 간의 부조화에 직면한다. 이러한 물적 체인관리와 금융체인관리 간의 연계는 이미 살펴 본 금융체인관리 내의 비즈니스 프로세스와 데이터(data)의 흐름을 전자화 및 자동화함으로써 촉진할 수 있다. 따라서 금융지원체인관리의 자동화는 기업의 지급채권 및 수취채권, 현금, 운전자본, 위험, 거래관리 등의 프로세스를 최적화하고, 은행의 무역금융 및 대금결제 등의 프로세스를 개선시키는 한편, 고객과의 관계강화 및 생산성 향상과 거래비용의 절감에 기여한다.[15)]

금융지원체인관리 자동화는 무역계약 절차에서부터 대금결제 및 사후관리에 이르기까지 전 무역거래를 자동화함으로써 이에 대응하는 무역서류와 자금이동을 최적화한다. 그런데 아직도 기업은 오랜 기간 동안 이용해 온 환어음을 발행하여 결제하는 오프라인(off-line)의 프로세스를 이용하고 있다. 현행 오프라인의 금융체인관리

15) TradeCard, “Financial Supply Chain Automation : The Missing Link in Supply Chain Management” (White Paper), 2002, pp.3-4 : bolero.codecirus.co.uk/solutions/financial supply chain.html, 2005. 6. 14 참고함.

프로세스는 수작업과 종이기반의 복잡한 프로세스로 운용되기 때문에 절차상의 진행과정에서 오류가 발생하기 쉽다. 그리고 오프라인 프로세스는 부정확한 주문입력의 정보는 물론 지급채무와 수취채권의 관리에 있어서 투명성 결여로 비효율적이고 시간 소모적이며, 운전자본 관리에 있어서도 비효율적이다. 이 외에도 불일치 및 오류가 발생하며 정확한 수취채권의 관리가 어렵기 때문에 기업은 필요한 운전 자본을 정확하게 계획할 수 없다.

따라서 기업이 그들의 물적 체인관리의 효율성을 개선하기 위하여 웹 기반의 기술을 이용하는 것과 마찬가지로, 금융지원체인관리를 자동화하기 위해 웹 기반의 최신 정보기술을 이용할 필요가 있다. 많은 기업이 이미 진행하고 있는 기존 업무 영역으로, 물품과 자금의 이동과정에서 두 체인 간의 접점을 맞춤으로써 더욱 귀중한 가치를 얻을 수 있기 때문이다.[16]

(4) 전자무역시스템의 유용성

전자무역은 궁극적으로는 무역거래 당사자가 시·공간의 제약 없이 인터넷을 통해 모든 무역거래절차를 한 곳에서 처리할 수 있는 통합된 단일의 글로벌 전자무역플랫폼을 구축하는 것이다. 주요 내용은 다음과 같다.[17]

첫째, 비즈니스 프로세스의 간소화 및 통합으로 비용절감 및 효율성 향상이다. 전통적인 서류작업을 제거하고 모든 통신문과 정보교환을 인터넷으로 운영하는 협력적인 공유기반의 플랫폼을 운영함으로써 거래비용을 절감하고 재입력 오류를 최소화하며, 또한 서류와 정보를 더욱 신속하게 처리함으로써 기업은 실질적인 비용절감을 가능하도록 한다. 그리고 모든 무역당사자를 위해 단일의 통합된 네트워크를 제공함으로서 매수업자와 매도업자 간의 무역거래를 동시·전자적으로 이행할 수 있도록 한다.

둘째, 효율적인 무역거래 데이터 관리와이다. 전자무역시스템은 모든 무역거래 당사자에게 정보공유를 허용하고 신속하고 정확성 있는 무역거래 서비스를 제공한다. 전자무역플랫폼을 이용하여 가상공간상에서 무역컨설팅, 정보수집, 거래상대방의 발굴과 선정, 신용조사, 거래오퍼의 게시 및 열람, 거래제의, 계약체결, 대금결제 등을 이행하는 데 필요한 모든 전자서류의 작성 및 송부, 그리고 이들 전자서류의 수정에 관한 모든 데이터를 안전한 업무공간에 저장하고 업데이트(update)할 수 있다.

16) TradeCard, *op.cit*, pp.3-4.

17) TradeCard 및 볼레로 사이트 자료를 기반으로 작성

셋째, 관계당사자 간의 접촉용이 및 거래의 투명성 제고에 있다. 매수인과 매도인은 언제든지 금융업자, 운송업자, 물품검사업자, 적하보험업자 등의 무역서비스업자와 온라인상에서 용이하게 접촉할 수 있으며, 또한 그 이용자는 그 거래상황을 언제든지 알 수 있다. 모든 관계당사자는 협력적인 온라인 업무공간에서 관련 거래 데이터를 수집할 수 있으며, 또한 모든 거래상황을 확인하고 최종적인 조치를 검토할 수 있다. 따라서 시스템의 운영자는 이용자가 필요로 하는 정확한 정보를 제공하여야 한다. 이를 위해서는 무역거래에 관계하는 모든 거래당사자가 참여하여야 한다. 그리고 필요할 경우 그 거래상황을 확인할 수 있으므로 거래의 투명성을 제고할 수 있다.

넷째, 무역대금결제를 위한 전자서류의 자동심사시스템 구축이다. 전통적인 무역결제시스템은 종이서류를 기반으로 한다. 즉 무역결제는 무역서류의 일치성 여부로 판단하며, 그 판단은 은행의 서류심사자의 육안에 의해 결정되고 있다. 반면 전자무역시스템은 계약이행에 필요한 제반 전자서류상의 데이터를 전자적으로 대조·확인할 수 있으며, 또한 그 제시서류의 일치성 여부에 따라 대금지급 여부를 결정한다.

다섯째, 안전한 보안시스템과 전자무역 네트워크이다. 대부분의 전자무역시스템은 전자무역플랫폼 내의 메시징 플랫폼(messaging platform)을 통하여 전송되는 무역서류를 보호하기 위하여 디지털서명과 암호화로 알려진 선진 암호기술을 이용하고 있다. 그리고 전자무역시스템은 완전한 네트워크로 보완된다. 전자무역시스템의 거래 네트워크는 전자무역거래에 필요한 서비스 제공업자들을 한 곳에 규합함으로써 매수인과 매도인이 무역거래를 이행하는 데 필요한 서비스를 용이하게 이용할 수 있도록 한다. 따라서 경력이 풍부하고 공신력 있는 기업들과 제휴하여 자금이체, 지급보장, 물품검사, 물류, 수출금융 및 적하보험 등의 부가가치 서비스를 제공한다.

제 5 절 전자무역시스템상 전자선하증권의 운용

1. 전자선하증권의 등장배경과 의의

(1) 전자선하증권의 등장배경

선하증권의 위기를 해결하기 위한 방안으로서 운송인이 선하증권대신 화물선취보증장 (Letter of Guarantee : L/G)을 받고 운송물을 인도하는 소위 보증도의 관행이 생겨나게 되었고 경우에 따라서는 선하증권을 수하인에게 직송하는 방식을 활용하게 되었다. 그러나 보증도는 선하증권의 제시 없이 운송물을 인도하게 됨으로써 운송인에게 과도한 위험부담을 지우는 결과를 야기하며, 선하증권을 수하인에게 직송하는 방법은 거래당사자 간에 깊은 신뢰관계가 없으면 이용될 수 없다는 사용상의 제약이 따른다.

선하증권의 위기를 회피하기 위한 다른 방법으로는 선하증권 대신 해상화물운송장(Sea Waybill)이나 스탠드바이 신용장(Stand-by Letter of Credit)을 이용하는 방안이 강구되었다. 해상화물운송장은 선하증권과는 달리 권리증권이 아니므로 이의 제시 없이도 운송물을 수하인에게 인도 가능하도록 한 것으로 운송 중 전매의 필요성이 없거나 신속하게 수하인에게 인도될 것이 요구되는 거래에서 그 효용가치가 크다. 또한 스탠드바이 신용장은 주로 건설, 부동산 개발 등의 분야에서 많이 이용되었으나, 화환신용장을 사용하지 않는 일반 물품매매계약에서도 얼마든지 이용될 수 있었기 때문이다.[18)]

그러나 종이기반의 전통적인 무역거래에서는 거래내역의 추적을 위해 선하증권의 배서·양도 등의 거래절차와 목적지에서 물품의 인도청구를 위해서 종이 선하증권이 제시가 필요했지만, 컴퓨터의 출현과 전자기술의 발전은 이러한 선하증권 거래에서의 전통적인 종이제시의 필요성과 중요성을 낮추었다. 따라서 해상화물운송장의 출현과 그 운용이 가능하게 되었다고 본다. 그러나 체계적이고 효율적인 운용상의 미흡 및 전통적인 선하증권의 관습적인 사용으로 활성화되지는 못했다.

그렇지만 인터넷의 등장과 정보기술의 발전은 전통적인 선하증권의 법적 기능을 구현하면서 과거와 같이 거래 시마다 선하증권을 제시해야 하는 불편을 덜 수 있게 되었다. 또 전자거래시스템을 구축하면 전자적·시스템적 운용상의 이점과 효율성은 물론 그 이용에 불편이 없기 때문에 전자선하증권의 운용과 이용의 효용성을 높일 것이다.

(2) 전자선하증권의 개념과 의의

국제무역에서 전통적인 선하증권(Bill of Lading)이란 화주와 운송인(선박회사) 간의 해상운송계약에 의하여 운송인이 발행하는 유가증권이다. 즉 운송인이 화주로부터

---

18) R.I.V.F. Bertrams, *Bank Guarantees in International Trade, 2nd revised edition*, Kluwer Law International, 1996, p.33 ; 우성구·김권수, "전자선화증권의 운용상 문제점에 관한 연구", 『산업경영』 제34집, 경남대학교 산업경영연구소, 2003, 116면.

의뢰받은 운송화물을 자신의 선박에 적재 또는 적재를 위해 당해 화물을 수령하였음을 증명하고 동 화물을 도착항에서 일정한 조건하에 수하인 또는 그 지시인에게 인도할 것을 약정한 유가증권이다. 한편 전자선하증권은 우선 선하증권은 전자적으로 발행되며, 또한 이러한 전통적인 선하증권의 운용과 법적 기능을 전자적으로 구현한 선하증권을 말한다. 즉 기존의 종이 선하증권이 그 발행형식과 인도, 배서 및 양도 등의 방식이 전자적으로 전화된 것에 불과하다.

따라서 그 운용을 무역관습과 법률적으로 인정함으로써 전통적인 종이 선하증권과 동일한 기능을 구현할 수 있게 되었다. 전통적인 선하증권의 기능인 ㉠ 선하증권의 소지자나 피배서인이 당해 물품에 대한 인도청구권을 주장할 수 있는 권리증권(document of title)적 기능, ㉡ 전통적인 선하증권과 마찬가지로 운송인과 송하인 간의 운송계약 증빙, 그리고 ㉢ 운송인이 선하증권상에 기술된 물품을 "선적" 또는 선적을 위해 기술된 조건으로 수령하였음을 증명하는 수령증(receipt of goods) 등의 기능을 구현한다.

(3) 전자선하증권의 법적 성질

선하증권의 법적 성질에 대하여 권리의 발생, 귀속, 내용, 처분, 행사의 면에서 살펴본다면 다음과 같다.[19)]

첫째, 선하증권상의 권리의 발생에 있어서는 어음 수표와 달리 증권상의 권리가 증권발행에 의하여 비로소 발생되는 것이 아니라 기존의 운송계약상의 법률관계 또는 권리를 증권에 결합시킨 것에 불과한 요인증권 또는 유인증권이다.

둘째, 선하증권상의 권리의 귀속에 있어서는 선하증권이 운송계약상의 권리를 표창하는 유가증권이고, 그 권리 곧 운송물에 대한 채권이 선하증권이라는 유형의 종이 곧 증권으로 구체화되어 있으므로 선하증권을 정당하게 취득하여 소지한 자가 증권상의 권리자가 되는 권리증권이 된다. 한편 무기명식 또는 소지인식의 선하증권 이외의 기명식 혹은 지시식의 선하증권에서는 수하인으로 기재되어있는 소지자 혹은 최후 피 배서인인 소지자가 정당한 선하증권상의 권리자로 추정된다. 그러나 이러한 선하증권의 소지인이 갖는 권리는 채권적 권리이며 소유권과 같은 물권을 지니는 것은 아니다.

19) 안병수, "전자식 선화증권의 실용화에 따른 문제점에 관한 연구", 『박사학사학위 청구논문』, 성균관대학교, 1998, 11-12면.

셋째, 선하증권상의 권리의 내용에 있어서는 물품증권 즉 영미법상의 권리증권이고, 증권 상의 당사자 간의 권리의무의 내용은 선하증권상의 기재가 아니라 선하증권의 발행 이전의 선하증권 수수의 원인관계인 실제의 운송계약에 의하여 결정짓는 비 문언증권이다. 다만 운송인과 선의의 선하증권 소지인 간의 관계에서는 운송물의 동일성 또는 그 수령·선적에 관한 한, 원칙적으로 실제의 운송관계가 아니라, 이른바 채권적 효력으로서의 선하증권의 기재에 의하여 결정되는 예외적인 문언증권이다.

넷째, 선하증권상의 권리의 처분에 있어서는 선하증권이 표창하는 운송물품의 처분은 선하증권으로써 하여야만 하는 처분증권의 성질을 지닌다. 이에 대하여는 증권의 인도에 의한 처분과 운송물 자체의 처분 사이의 충돌을 피하기 위한 것이라는 해석을 할 수 있다.[20]

다섯째, 선하증권상의 권리의 행사에 있어서는 증권의 제시를 요하는 제시증권이고 원칙적으로 목적항에서 운송물의 인도는 증권과의 상환으로 이루어지는 상환증권이다.

2. 전자선하증권에 관한 CMI규칙(1990)

(1) 도입배경과 개념

전자선하증권의 발행이 권리증권(document of title)으로서의 법적 성격을 갖추고 있는가라는 논란이 제기됨에 따라, 그 양도성을 보장하기 위하여 국제해사위원회(CMI)는 1990년 6월 '전자선하증권에 관한 규칙(Rules for Electronic Bill of Lading)'을 제정·공포하였다. 이 규칙(CMI)은 관계 당사자가 이 규칙에 따라 거래하기로 합의한 경우에만 적용되는 임의규칙이다(규칙 제1조). 또 이 규칙은 자료전송에 따른 당사자의 행위규범으로 ICC(International Chamber of Commerce; 국제상업회의소)가 제정한 UNCID(Uniform Rules of Conduct for Interchange of Trade Data by Tele-transmission ; 전송에 관한 무역자료교환에 관한 통일규칙)를 따르며, 전송자료는 국제표준으로 확립된 UN/EDIFACT(행정, 상업 및 운송 부문에 관한 유엔 전자자료교환 규칙 표준)로 작성하는 것을 원칙으로 하고 있다(규칙 제3조).

그리고 전자선하증권은 전통적인 종이 선하증권의 기재사항과 동일한 내용을 포

---

20) 이균성, "선하증권의 법률관계," 『무역상무연구』 제10권, 한국무역상무학회, 1997. 2, p.191.

함하도록 하고 있으며(규칙 제4조), 전통적인 선하증권이 점유로 가능했던 물품의 인도청구권 및 처분권의 이전을 유효한 개인키를 소유함으로써 대신할 수 있도록 하였다(규칙 제7조).

이로써 당사자 간의 합의가 있는 한, 전통적인 선하증권 대신에 전자문서(EDI)를 이용한 양도가능 또는 양도불능의 전자선하증권을 발행·전송하고 이에 CMI 규칙을 준거법으로 채택할 수 있게 되었다. CMI 규칙상 전자선하증권이 발행되면, 그 소지인은 운송인에 대하여 화물의 인도청구권, 수하인의 지정·변경권, 타인에게 화물의 지배·처분권의 이전 등 전통적인 선하증권의 소지인과 같은 권리를 갖는다(규칙 제7조 a항).

즉 전자문서는 서면과 동등한 효력을 가진다. 운송인과 송하인 및 이 규칙의 절차를 이용하는 모든 자는 컴퓨터 기억장치에 내장되어 있는 전자기록이 인간의 언어로 표현되거나 출력됨으로써 전송하고 확인할 수 있음을 합의하고, 기타 반대의 항변을 제기하지 못하도록 하고 있다(제11조).[21]

전자선하증권의 대표적인 구현사례로는 볼레로의 볼레로 선하증권(Bolero Bill of Lading; BBL)이 있다. 이 선하증권은 권리등록기관(Title Registry)을 통하여 발행·이전·양도 등 전통적인 선하증권의 기능이 구현되며, 또 코어 메시징 플랫폼(Core Messaging Platform ; CMP)을 통하여 해당 업무처리를 신청하고 그 처리결과가 전송된다.

(2) 거래구조

CMI규칙 하에서 전자선하증권에 의한 거래구조를 요약하면 다음과 같다.

① 송하인과 운송인은 전자적으로 송신하기로 합의하고, CMI규칙에 따라 종이 선하증권대신 전자선하증권을 사용하기로 합의한다.

② 운송인은 송하인의 선복 예약사항(booking note)을 확인하고, 송하인이 운송인에게 화물을 인도하면, 운송인은 화물에 대한 수령사실을 송하인에게 통지한다. 이 물품수령 메시지(receipt message)에는 물품에 대한 수량, 품질, 상태 등에 관한 명세가 포함되며, 운송인은 송하인에게 물품수령 메시지와 함께 개인키(private key)를 부여한다.

③ 송하인은 물품수령 메시지에 기재된 물품명세에 동의한다는 것을 운송인에게

21) 서정두, 전게서, 314-315면 보완함.

확인한다.

④ 송하인이 운송인에게 물품에 관한 지배, 처분권을 다른 사람에게 이전하고자 하는 경우 송하인은 권리이전의 의사를 운송인에게 통지한다.

⑤ 운송인은 이 통지를 확인한다.

⑥ 운송인은 새로이 개인키 소지인으로 예정된 자에게 물품의 명세를 전송한다.

⑦ 개인키 소지인으로 예정된 자는 운송인에게 물품명세에 관하여 확인하다.

⑧ 운송인은 현재(송하인)의 개인키를 폐기하고 새로운 소지인에게 새로운 개인키를 발급한다. 새로운 개인키 소지인도 위와 같은 방식으로 물품에 관한 권리를 다시 타인에게 이전할 수 있다.

⑨ 도착항에서 운송인은 개인키에 의하여 확인되는 화물인도 지시에 의하여 물품을 인도한 개인키를 폐기한다.

CMI규칙 하에서의 화환신용장의 거래방식도 신용장개설은행을 수하인의 대리인으로 지정하는 방식과, 동 은행을 수하인으로 하는 방식의 두 가지가 고려될 수 있으나 은행이 신용장당사자 및 화물에 대한 권리자로서 운송인으로부터 개인키를 부여받아 화물인도를 지시하게 되는 점이 다를 뿐 기본적인 권리이전절차와 구조는 동일하다.[22)]

3. 우리나라의 전자선하증권에 관한 규정

(1) 상법규정

우리나라 『상법』 862조에서는 운송인은 전통적인 종이 선하증권을 발행하는 대신에 송하인 또는 용선자의 동의를 받아 법무부장관 이 지정하는 등록기관에 등록을 하는 방식으로 전자선하증권을 발행할 수 있다. 이 경우 전자선하증권은 상법에서 정한 전통적인 선하증권(용선계약 포함)의 발행과 동일한 법적 효력을 갖는다고 규정하고 있다. 따라서 전자선하증권에는 상법에서 규정하고 있는 전통적인 기재사항의 정보가 포함되어야 하며, 운송인이 전자서명을 하여 송신하고 용선자 또는 송하인이 이를 수신하여야 그 효력이 생긴다.

그리고 전자선하증권의 권리자는 배서의 뜻을 기재한 전자문서를 작성한 다음 전자선하증권을 첨부하여 지정된 등록기관을 통하여 상대방에게 송신하는 방식으로

22) 우성구·김권수, 전게논문, 118면.

그 권리를 양도할 수 있다. 그리고 여기에서 정한 방식에 따라 배서의 뜻을 기재한 전자문서를 상대방이 수신하면 선하증권을 배서하여 교부한 것과 동일한 효력이 있고, 전자문서를 수신한 권리자는 선하증권을 교부받은 소지인과 동일한 권리를 취득한다.

마지막으로 전자선하증권의 등록기관의 지정요건, 발행 및 배서의 전자적인 방식, 운송물의 구체적인 수령절차와 그 밖에 필요한 사항은 대통령령으로 정한다고 규정하고 있다.

(2) 전자선하증권의 발행

전자선하증권의 발행은 전통적인 선하증권의 발행과 동일한 법적 효력을 갖기 때문에, 『상법』 제852조에서 규정하고 있는 바와 같이, 운송인은 운송물을 수령한 후 송하인의 청구에 의하여 1통 또는 수통의 선하증권을 교부하여야 한다.

그리고 운송인은 운송물을 선적한 후 송하인의 청구에 의하여 1통 또는 수통의 선적선하증권을 교부하거나 선하증권에 선적의 뜻을 표시하여야 하며, 이러한 업무 즉, 운송인은 선장 또는 그 밖의 대리인에게 선하증권의 교부 또는 당해 증권상에 선적의 뜻 표시를 위임할 수 있다.

(3) 전자선하증권의 법적 기재사항

전자선하증권에도 『상법』 제853조의 선하증권의 발행에 대한 규정을 적용한다. 즉, 선하증권에는 다음 내용을 기재하고 운송인이 기명날인 또는 서명하여야 한다. ㉠ 선박의 명칭·국적 및 톤수, ㉡ 송하인이 서면으로 통지한 운송물의 종류, 중량 또는 용적, 포장의 종별, 개수와 기호, ㉢ 운송물의 외관상태, ㉣ 용선자 또는 송하인의 성명·상호, ㉤ 수하인 또는 통지수령인의 성명·상호, ㉥ 선적항, ㉦ 양륙항, ㉧ 운임, ㉨ 발행지와 그 발행연월일, ㉩ 수통의 선하증권을 발행한 때에는 그 수, ㉪ 운송인의 성명 또는 상호, ㉫ 운송인의 주된 영업소 소재지 등이다.

그리고 위 기재내용 중 운송물의 중량·용적·개수 또는 기호가 운송인이 실제로 수령한 운송물을 정확하게 표시하고 있지 아니하다고 의심할 만한 상당한 이유가 있는 때 또는 이를 확인할 적당한 방법이 없는 때에는 그 기재를 생략할 수 있다.

(4) 전자선하증권의 법적 효력

『상법』 제853조제1항에 따라 선하증권이 발행된 경우 운송인과 송하인 사이에 선하증권에 기재된 대로 개품운송계약이 체결되고 운송물을 수령 또는 선적한 것으로 추정한다. 그리고 선하증권을 선의로 취득한 소지인에 대하여 운송인은 선하증권에 기재된 대로 운송물을 수령 혹은 선적한 것으로 보고 선하증권에 기재된 바에 따라 운송인으로서 책임을 진다.

4. 볼레로의 전자선하증권의 운용사례

볼레로는 전통적인 선하증권의 전자화를 위한 법적·기술적 타당성 검증을 거쳐 현재 전자선하증권을 운용하고 있다. 볼레로 선하증권은 이러한 전통적인 종이 선하증권에 대한 전자적인 대안으로 개발하여 신속성 및 효율성과 저렴한 비용으로 전통적인 종이 선하증권의 기능을 전자형식으로 구현했다.[23)]

23) 구체적인 내용은 본 서 제10장 제5절 '볼레로 선하증권의 운용' 참조

제 9 장

전자신용장제도와 eUCP

제 1 절 전자신용장 제도의 개요

1. 전자신용장 제도의 의의

(1) 신용장 제도의 개념과 의의

국제무역거래는 서로 다른 국가에 속하는 원격지간 거래이기 때문에 물품인도와 대금결제가 동시에 이루어질 수 없다는 특성이 있다. 따라서 이러한 공간적 장벽을 극복하기 위한 한 중요한 결제수단으로 은행의 신용장이 이용되어 왔다. 국제무역거래에서 신용장 제도는 무역당사자 간의 무역장벽을 해소하고 궁극적으로는 국제무역을 촉진하는데 기여해 왔다. 여기에서 신용장이란 수입업자의 신용을 그의 거래은행인 개설은행(issuing bank)이 보장하기 위해 수입업자인 개설의뢰인(applicant)의 요청과 지시에 따라 신용장을 개설하며, 그 증서로서 신용장에서 요구하는 제 조건과 일치하고 약정기간 내에 그에 약정된 서류가 제시되었을 때 수출업자인 수익자(beneficiary)에게 대금을 지급하겠다는 약정서(agreement)이며, 신용장에 명시된 조건과 국제표준은행관습의 준수를 전제로 한 대금지급을 확약하는 하나의 계약을 의미한다.[1)]

---

1) UCP(신용장 통일규칙) 600 제2조에서는 "신용장이란 개설의뢰인의 지시와 요청으로 또는 은행이 자신을 위하여 행동하는 한, 개설은행이 신용장의 제조건에 일치하는 소정의 서류와 상환으로 제3자인 수익자 또는 그 지시인에게 지급을 이행하거나 또는 수익자가 발행하는 환어음을 인수·지급하거나, 또는 타 은행에게 이러한 지급을 이행하도록 또는 그러한 환어음을 인수·지급하도록 수권하거나, 또는 타 은행으로 하여금 매입하도록 수

이러한 신용장 제도는 국제무역에서 개설은행이 수익자가 발행한 환어음을 수출물품의 담보가 되는 선적서류의 첨부를 조건으로 하여 인수 또는 지급할 것을 확약함으로서 수입업자의 지급능력을 조건부로 보장하는, 즉 거래신용(trade credit, commercial credit)을 은행신용(bank credit)으로 전환시켜주는 금융수단이다. 수출업자로서는 약정대금을 적기에 회수하고 수입업자로서는 약정물품을 적기에 수령하려는 각 거래당사자의 시차문제를 가장 효과적으로 담보할 목적으로 선택하는 대금결제 방식으로 이용되어 왔다.

따라서 은행이 국제거래에 개입하여 국제거래상의 장애요소를 해결해 주고 거래과정에서 발생하는 대금결제, 지급보장, 금융지원 및 제반 문제 등을 해결해 줌으로서 국제무역을 증진하는데 기여해 왔다.

(2) 전자신용장 제도의 도입과 의의

그 동안 국제무역에 있어서 중요한 결제수단으로 이용되어 온 신용장 제도는 그 기반이 되는 종이서류는 많은 수작업이 필요하며 또한 서류상 불일치는 신용장 제도를 운용하는데 있어서 장애가 되고 있으며, 그리고 이 문제는 어려운 협상과 통신을 통해서 해결되어야 했다. 이러한 전통적인 신용장은 거래의 속도가 느리고 많은 비용이 소요되고 오류가 많이 발생하는 등 거래의 비효율성으로 그 사용이 감소하고 있는 상황이다. 이와 같은 비효율성을 제거하기 위해서 종이기반의 전통적인 신용장에 상응하는 전자신용장 제도가 도입되고 있다.

여기에서 전자신용장(e-L/C)이란 개설은행이 수익자가 신용장의 조건에 일치하는 전자서류와 상환으로 대금지급을 보장하는 약정으로 eUCP(Supplement to the Uniform Customs and Practice for Documentary Credits for Electronic Presentation ; 전자제시를 위한 신용장통일규칙에 대한 보칙)을 적용하는 신용장을 의미한다. 즉, 종이서류의 제시를 기반으로 하는 화환신용장과 대응되는 개념으로 전자서류의 제시가 이루어지는 신용장을 의미한다.

따라서 인터넷과 정보기술을 도입하여 전통적인 신용장거래의 절차를 전자·자동화하고 있다. 즉 전자신용장 제도는 단순히 신용장을 전자적으로 개설하고 통지하는 것은 물론 전자서류의 매입(negotiation),[2] 전자서류의 심사, 전자서류의 도착통지 및

권하는 모든 약정을 의미한다."라고 규정하고 있다.

2) 여기에서 매입이라 함은 지정은행에 상환의무가 있는 은행영업일에 또는 그 이전에 수익자에게 대금을 선 지급하거나 또는 선 지급하기로 약정함으로써, 일치하는 제시에 따른

결제통보, 하자서류의 통지 및 보완(하자서류 매입 시), 수입대금의 결제 및 수출입 사후관리 등 전통적인 신용장거래의 기능과 수혜를 유지하고 전 프로세스를 전자적으로 이행하는 제도이다.

이에 따라 신용장제도는 웹과 전자시스템상에 저장·관리할 수 있는 디지털 서류로 전환되고 있으며, 신용장거래의 모든 프로세스를 간소화·자동화하여 거래의 효율성을 향상시키고 있다. 따라서 전자신용장 제도를 새로이 도입함으로써 전통적인 종이서류의 제시에서 전자서류의 제시로 전환되어, 국제무역 프로세스에서 모든 거래당사자는 온라인상에서 서류와 데이터(data)를 교환할 수 있게 되었다. 그리고 신용장거래의 프로세스를 크게 간소화시키면서 전통적인 신용장의 기능과 법적체계를 유지할 수 있게 되었다.

2. 전자신용장 제도의 운용기반과 프로세스

(1) 전자신용장 제도의 운용기반

국제무역거래에서는 그 거래비용과 효율성을 위해 종이를 기반으로 하는 전통적인 화환신용장의 전 프로세스를 전자화한 전자신용장제도를 도입·운용함에 따라 전자신용장를 거래하는데 있어서 전통적인 신용장거래에 적용하고 있는 신용장통일규칙(UCP)의 적용문제가 야기되기 때문에 그 "보완규칙"으로 eUCP를 제정하여 현재 시행 중에 있다.[3)]

eUCP는 실무적으로는 아직 본격적으로 적용되고 있지는 않지만, 그 기본원리는 신용장거래의 원칙과 전자제시에 관한 현행 관습을 바탕으로 하고 있으며, 또한 널리 전자상거래를 수용하고 있다. 그리고 그 근원은 신용장거래에 바탕을 둔 표준은행관습에 있기 때문에 eUCP를 해석하는데 있어서는 UCP와 연계하여, 그리고 UCP와 eUCP 내에 규정된 국제신용장관습의 견지에서 해석해야 한다.[4)] 따라서 전자신용장은 UCP의 명시적인 약정이 없어도 eUCP는 독립적으로 적용되는 것이 아니고 현행 신용장통일규칙과 연계하여 함께 적용된다.

환어음(지정은행 이외의 은행을 지급인으로 하여 발행된) 및/또는 서류의 지정은행에 의한 구매를 의미한다(UCP 600 제2조).

3) 채진익, "eUCP와 국제표준은행관습상 전자기록의 심사기준에 관한 연구", 『국제상학』, 제17권 제2호, 한국국제상학회, 2002. p.135.

4) Byrne, James E. & Dan Taylor, *ICC Guide to the eUCP*, ICC, 2002, p.14.

이와 같이 인터넷과 정보시스템을 기반으로 하는 전자신용장의 거래를 위해 신용장통일규칙을 보완한 eUCP의 제정·시행으로 전자무역기반의 전자신용장거래가 가능하게 되었다. 예컨대 볼레로의 경우에는 'eUCP XML Guide'에서 "볼레로 서류는 신용장에 별도의 규정이 없는 한, 현재 시행 중인 신용장통일규칙과 그 보완규칙인 eUCP를 준거법으로 적용한다."라고 규정하고 있다.5), 또한 전자무역사업자는 전자무역시스템의 운영을 위해 운영규칙 및 서비스 운영규칙 등을 제정·운용하고 있다.

이와 같은 서류의 전자제시를 위한 eUCP의 제정·시행으로 전자신용장의 제도적 기반이 구축되었기 때문에 실질적으로 전자신용장제도의 운용을 위한 기반을 갖추고 있다. 전자무역상의 최대 걸림돌로 작용하던 전자선하증권의 문제도 전자선하증권의 도입으로 해결되었고 전자신용장의 도입과 관련한 문제에 대해 전자제시에 대한 신용장통일규칙의 부칙에서 그 해결책을 제시함으로써 실질적으로 전자신용장이 이용되고 있다.6)

(2) 전자신용장거래의 프로세스

국제무역에서 신용장제도는 수입업자(개설의뢰인)의 요청에 따라 개설은행이 신용장을 개설하게 되면 수출업자의 국가에 있는 통지은행을 통하여 당해 신용장을 수익자에게 통지하게 된다. 이에 수출업자는 신용장을 수령하여 그 내용을 확인하고 이상이 없다고 판단되면, 물품을 제조 또는 확보하여 약정물품을 선적하고, 그 선적을 증명하는 서류를 환어음과 함께 매입은행(통상 자신의 거래은행)에 제시하여 수출대금을 회수하는 제도이다.

물론 대금회수를 보장받기 위해서는 제시하는 서류는 신용장의 조건과 일치해야 한다. 이러한 신용장거래의 모든 프로세스를 인터넷과 정보시스템을 이용하여 전자적으로 이행할 수 있는 전자신용장제도가 도입됨에 따라 수출업자가 직접 신용장을 수령하거나 매입하기 위해 은행을 직접 방문할 필요가 없이 전자무역시스템을 이용하여 신용장의 통지뿐만 아니라 서류의 전자적 유통을 포함하여 전통적인 신용장제도의 모든 프로세스가 전통적인 신용장의 기능을 유지하면서 수행된다.

예컨대 볼레로에서는 모든 이용자를 구속하는 범세계적으로 인정된 법적기반을 이용하여 온라인상에서 무역서류의 교환과 권리이전이 가능하도록 하는 개방적이고

5) Bolero, eUCP XML Guide, 2002, p.4.

6) 최석범, "UCP와 eUCP의 주요내용 비교에 관한 연구", 『통상정보연구』, 제4권 제1호, 한국통상정보학회, 2002. 6. 20, p. 54. 참고함.

중립적인 금융지원체인관리 솔루션을 통하여[7] 전자무역 결제서비스를 제공하고 있다. 따라서 기업은 '볼레로 화환신용장'(Bolero Documentary Credit)과 '오픈 어카운트'(Bolero Open Account) 제도 등을 통하여 금융지원 서비스를 제공받을 수 있다. 볼레로에서 제공하고 있는 전자신용장제도는 기존 전통적인 신용장거래 프로세스를 완전하게 구현하고 있으며, 더 나아가 거래당사자 간 거래주문과 체결도 할 수 있도록 함으로서 그 범위를 확대하고 있다. 즉 기존 신용장거래 이전단계인 무역계약의 프로세스까지 연결하고 있으며, 또한 그 절차를 간소화하여 전자적·자동적으로 수행되는 점이 다르다.[8]

제 2 절 전자신용장 제도의 운용시스템과 요건

1. 전자신용장 제도의 운용원칙

무역금융 및 결제시스템은 과거 수백 년 동안 많은 국면을 겪었다. 신용장은 전보와 전신이 출현한 이래 전자적으로 발행되었다. 그러나 지난 SWIFT의 출현, 신용장거래의 전산화, 그리고 거래업체에 대한 신용장의 개설절차는 지난 25년 동안 급격한 변화였다. 무역업자가 수년에 걸쳐 그들 무역거래의 신속성을 추구했지만 관련서류의 제시절차가 전자화되기 전까지는 거의 이룰 수 없었다. 그러나 eUCP의 제정·시행은 이를 위한 유일한 첫 단계이다. 전자적 제시는 무역거래의 전 프로세스가 전자화되는 개시 단계이다. eUCP에서 중요한 개념은 전자신용장의 거래를 위한 기본원칙, 특히 신용장거래의 "일관처리"를 위한 자동화된 일치성 점검이다.[9]

따라서 전통적인 신용장거래에서 준수되는 독립·추상성의 원칙과 서류의 일치성을[10] 전제로 대금결제가 이행되는 전통적인 종이서류를 기반으로 하는 메커니즘(mechanism)은 전자신용장거래에서도 적용된다. 이미 언급되었듯이 '전자적 제시를 위한 UCP의 보칙'(eUCP)은 독립적으로 적용되는 것이 아니고 UCP와 연계하여 함

---

7) http://www.bolero.net/downloads/FNC_Case_Study.PDF.
8) http://www.bolero.net/solutions/bolero_suites.html.
9) James G. Barnes and James E. Byrne, *op., cit*, p.25.
10) 일치하는 제시라 함은 신용장의 조건과 규칙 및 국제표준은행관습의 적용 가능한 규정에 일치하는 제시를 의미한다(UCP 600 제2조).

께 적용된다. 즉, eUCP 신용장은 UCP가 적용된다는 문언을 동 신용장상에 명시적으로 약정하지 않더라도 UCP와 연계하여 함께 적용되기 때문에 eUCP는 UCP의 모든 조항에 영향을 미치지 아니한다.11) 따라서 신용장거래의 원칙은 전자신용장 거래에 그대로 적용된다고 볼 수 있다.

(1) 신용장의 독립·추상성

신용장의 개설은 매매계약이나 그 밖의 관련 계약을 전제로 한다. 그러나 그 기초가 되고 있는 계약과는 전혀 관계가 없는 별개의 것이다.12) 즉, 신용장은 그것에 선행하는 어떤 매매계약의 존재를 의미하며 그 계약의 근거해서 개설되지만, 이 매매계약의 거래당사자 간의 특정 관계로 해당 신용장이 그 자체로서 기능을 발휘하는데 제약이나 위축을 받을 수 없다. 국제무역에서 전통적으로 신용장은 그 기초계약인 매매계약서를 근거로 개설되는 것이지만, 일단 개설되면 신용장은 그 매매계약으로부터 독립되어 그 자체로서 별도의 법률관계를 형성하는데, 이를 신용장의 독립성이라 한다(UCP 600 제3조). 이는 신용장거래의 기초가 되는 매매계약서로부터 신용장을 독립시켜 거래과정에서 발생할 수 있는 상호 불일치로부터 혼란을 예방하고 신용장거래의 안정성을 확보하기 위한 것이다. 본조의 독립성은 후술하는 추상성과 함께 신용장거래의 원활화를 위해서 불가결한 원칙으로 신용장의 본질을 규정하는 중요한 내용으로 간주되며 이는 영·미의 판례에 의해서 확립된 원칙이다.13)

그리고 신용장거래는 서류거래를 이행되는 것이며 그러한 서류들이 관련 될 수도 있는 물품, 용역 또는 계약이행으로 거래하는 것이 아니다(UCP 600 제4조). 즉 신용장거래에서 대금지급을 위한 일치성의 판단여부는 매매물품이 아닌 서류상으로 판단해야 한다는 것이다. 따라서 개설은행의 대금지급을 위한 전자서류의 일치성 여부는 전통적인 신용장제도와 마찬가지로 실제로 거래되는 매매물품이 아닌 수익자가 제시한 전자서류로 판단하여야 한다.

---

11) http://www.uscib.org/%5Cindex.asp?documentID=1975.

12) White and Summers, *Uniform Commercial Code*, 2nd ed., West Publication Co., 1980. pp.3-4.

13) H. C. Gutteridge & Marice Megrah, *The Law of Bankers' Commercial Credi*ts, 6th ed., 1979, p.62.

(2) 전자서류의 일치성

은행에 제시된 서류와 신용장조건과의 일치성 판단은 제시서류의 수리 여부에 관련된 신용장대금의 지급과 분쟁의 해결에 중요한 기준이 된다. 따라서 은행에 제시되는 모든 서류는 신용장의 조건과 서류의 문면상 일치성은 서류만을 기초로 하여 그 제시를 심사하여야 한다(UCP 600 제14조 a항).

전자신용장에서 서류의 일치성은 형식적·내용적으로 완벽성을 의미하는 것이 아니고 서류 상호간 또는 신용장의 조건과의 모순성이 없는 정도이면 충족할 것이며, 전자신용장 조건의 이행여부에 더 중점을 두어야 한다. UCP 600 제14조(d/e항)에 "서류상의 자료는 신용장, 서류 그 자체 및 국제표준은행관습에 따라 문맥상 검토하는 경우 그 자체서류, 그 이외의 규정된 서류 또는 신용장상의 자료와 일치할 필요는 없지만 이와 상충(모순)되어서는 안 된다. 서류상 약정물품의 명세를 비롯한 기술내용이 상호 모순되지 아니한 일반적인 용어로 실질적으로 일치하면 불일치로 간주하지 않는다는 것이다. 즉, 서류 상호간 또는 신용장상의 조건내용과 서류내용이 표현적으로 다르더라도 내용적으로 실질적으로 일치하다면 신용장조건에 일치한 것으로 간주한다.

따라서 서류 상호간 모순성이 없고 또한 서류상 하자가 경미하고 부수적이며, 그리고 그러한 하자가 서류심사자로 하여금 서류의 일치성 판단에 오도하지 않고 손해를 입히지 않는다면 사소한 자구상의 이탈은 허용된다고 봐야 하다고 본다.[14)]

2. 전자서류의 운용과 제시요건

전자신용장의 조건에 따라 제시된 전자서류는 일정한 요건을 갖추어야 한다. 전자신용장의 조건에 따라 제시된 전자서류는 일정한 요건을 갖추어야 한다. 그러나 현실적으로 전자신용장거래의 관계당사가 전자적 제시에 관한 조건을 불명확하게 약정하는 경우에는 전자서류의 심사에 대한 분쟁이 발생할 수 있다.

(1) 전자서류의 형식성

전자서류가 신용장의 조건과 일치한가의 여부는 종이서류를 기반으로 하는 전통

14) 채진익, "국제표준은행관습상 서류의 일치성 판단기준", 『무역상무연구』, 제13권, 한국무역상무학회, 2000. 2, p.640 보완함.

적인 신용장서류의 제시와 같이 전자서류도 형식적인 심사에 그치는 것이지, 그 서류의 진정성이나 표기된 내용에 대한 실질심사를 하여야 할 의무나 책임이 없다. 이것은 전자서류를 심사하는 은행 또는 전자무역사업자가 신용장개설의 기초가 된 매매계약서 등의 당사자가 아니며 또한 선하증권 등 증권의 진위감정전문가가 아니라는 것이다.[15] 따라서 매매거래나 진위감정의 전문가가 아닌 은행원 또는 전자시스템은 약정서류만으로 문면상 신용장조건의 준수 여부 및 서류 상호간의 모순성 여부 등을 형식적 심사로 서류의 수리여부를 결정해야 한다.

(2) 전자서류의 정규성

신용장에 명시된 내용과 제시된 서류가 일치하기 위해서는 법률적·사실적 요건을 구비하고 있어야 되며 또한 문면상 정규성을 구비하고 있어야 한다. 정규성과 상태성이 존재하는지에 대한 구체적인 기준으로는 첫째, 서류는 유효하고 합법적이어야 하며 둘째, 서류는 일반적으로 동 업계에서 통용되는 유형이어야 하며, 셋째 전자신용장이 요구하는 서류가 제시되어야 하며, 여러 서류로 구성된 한 통의 서류들이 서로 불일치나 모순이 없어야 한다는 것 등이 있다.[16] 따라서 전자신용장에 따른 제시서류는 반드시 법률적으로나 사실적으로 적법하고 유효성(validity)을 갖추어야 한다.[17] 서류는 신용장의 일자보다 이전의 일자가 기재될 수 있으나 그 서류의 제시일보다 늦은 일자가 기재되어서는 안 된다(UCP 600 제14조 i항).

(3) 전자서류의 인증성과 심사 가능성

전자신용장거래에서 전자서류는 전자적 수단에 의해 작성, 생성, 송신, 통신, 수신 및 저장이 가능한 자료로, 그 전자기록에 대한 송신자의 확실한 신원과 그 전자기록 내용의 확실한 출처 및 변조되지 아니한 완전한 상태인지의 여부에 대해 인증될 수 있어야 한다. 그리고 eUCP 신용장조건과의 일치성 여부를 심사할 수 있어야 한다(eUCP Art. e3(b)(i)). 여러 전자서류 상호간 서로 불일치 또는 모순이 없어야 한다. 또한 전자서식은 전자신용장에서 요구한 내용과 일치하여야 한다. 따라서 전자신용장의 조건과 심사가 불가능한 전자서류는 불일치한 서류로 간주하여 지급거절의 사

---

15) 桐容旁和, 信用狀統一規則の解說 Q & A, 經濟法令硏究會, 1993, p.23 일부 수정.

16) 오병석, “전자신용장거래에서 매입은행의 전자서류검토 의무와 책임에 관한 연구”, 『관세학회지』, 제3권 제2호, 한국관세학회, 2002, p.120.

17) *Midland Bank, Ltd. v. Seymour,(1955)* 2 Lloyd,s Rep. 147 at p.152.

유가 된다.

(4) 전자서류의 제시요건

모든 신용장은 서류의 제시를 위한 유효기일과 제시장소 및 전자주소 등 전자세시에 필요한 사항을 명시하여야 하며, 그 기한을 경과한 서류의 제시는 신용장과 불일치를 이유로 지급거절의 사유가 된다. UCP 600 제6조 a항에서는 "신용장에는 그 신용장이 사용될 수 있는 은행 또는 그 신용장이 모든 은행에서 사용될 수 있는지를 명시하여야 한다."라고 규정하고 있으며, 그리고 동조 d(i, ii)항에서는 "신용장은 제시를 위한 유효기일을 명기하여야 한다. 지급이행 또는 매입을 위하여 명시한 유효기일은 제시를 위한 유효기일로 본다.

그리고 신용장이 사용될 수 있는 은행의 장소는 제시장소이다. 모든 은행에서 사용될 수 있는 신용장에 의한 제시장소는 모든 은행의 장소이다. 개설은행의 장소가 아닌 제시장소는 개설은행의 장소에 추가된다."라고 규정하고 있다. 그리고 eUCP 제5조 a항에서는 반드시 전자서류가 제시되는 장소뿐만 아니라 종이서류의 제시장소도 명시하도록 하고 있다. 본 조항에서는 전자서류와 종이서류의 제시장소가 동일하여야 하는지에 관해서는 언급하지 않고 있으나 동일한 것으로 본다. 이는 전자서류와 종이서류가 각각 상이한 장소에 제시됨으로 인한 혼란을 예방하고자 하는 차원인 듯하다.

3. 전자서류의 심사범위와 방식

은행은 전자서류를 심사하는데 있어서 전자서류 심사범위는 전자서류에 포함되어 있는 하이퍼링크(hyperlink)까지도 심사해야 한다. UCP에서는 은행은 수익자가 제시해야 하는 서류만을 가지고 신용장의 조건과 일치하는가를 심사하는 것과는 달리, 전자서류의 경우 전자서류 자체뿐만 아니라 전자서류에 포함되어 있는 외부의 하이퍼링크의 내용까지도 신용장의 조건과 일치하는지를 심사해야 하는 의무가 추가되었다. 즉, 이것은 전자서류뿐만이 아니라 전자서류에 포함되어 있는 하이퍼링크의 내용까지도 신용장의 제반 서류에 포함되어 이와 같은 하이퍼링크의 내용이 신용장의 조건과 일치하지 않거나 하이퍼링크에 접속할 수 없는 경우에는 모든 서류상의 불일치로 간주하여 서류수리를 거부할 수 있다고 규정하고 있다.[18]

또 개설은행 또는 확인은행(있는 경우)이 eUCP 신용장에 지정한 제시형식으로 전자서류를 심사하지 못하거나, 또는 신용장에 그 형식을 지정하지 않았기 때문에, 수익자가 임의의 형식으로 제시한 전자서류를 심사할 수 없는 것은 거절사유가 되지 못한다(eUCP Art. e6(c)). 이는 원칙적으로 개설은행이 신용장에 전자서류의 제시형식을 지정하도록 하고 있기 때문에 이를 지정하지 않음으로 인해 야기되는 위험은 개설은행이 부담하도록 한 것으로 본다.[19)]

그리고 전자신용장거래에서의 전자서류의 심사는 은행의 자체시스템 또는 전자무역사업자의 전자시스템을 통하여 심사될 것이며, 향후 상당기간 전통적인 육안에 의한 방법과 병행될 것이다. 신용장대금의 지급여부를 위한 신용장의 조건과 서류의 일치성 여부의 판단은 전통적인 방법의 서류심사자의 육안 또는 전자시스템의 결정에 의하며, 또한 이에 관한 분쟁이 발생할 시 그 최종 판단은 법원에 맡겨야 할 것이다.[20)]

4. 전자신용장의 운용사례

(1) 볼레로의 볼레로 전자신용장

볼레로의 볼레로 신용장은 협업관리, 서류준비, 자동화된 일치성 점검 및 신용관리를 포함한다. 오픈 어카운트 방식과 같이, 단절이 없는 멀티은행(multi-Bank)에 대한 이 시스템은 또한 신용 솔루션을 제공한 은행을 위해 구현기술을 제공한다. 신용장 스위트의 기초적인 요소는 'BoleroAdvice'이며, 이 서비스 애플리케이션은 멀티 전자신용장 통지업무를 제공한다. 그리고 주문협업관리, 화환신용장협업관리, 화환신용장 통지, 일치성 점검, 결제관리 및 신용관리 등의 절차로 이행된다.[21)]

(2) e-L/C 유통관리시스템

지식경제부와 KTNET는 전자무역서비스 1차 사업(2004년 12월~2005년 6월)의

18) 오병석, 전게논문, p. 120.
19) 채진익, 전게논문, 한국국제상학회, 2002. pp.142-143.
20) eUCP에서는 전자서류의 자동심사에 관한 규정은 없다. 물론 은행의 필요에 따라 구축된 자동시스템화의 정도에 따라 심사관련 일상 업무의 처리과정은 신속하게 처리될 수 있을 것이다.
21) www.bolero.net 본 서 제10장 제3절 참조.

일환으로 온라인상에서 모든 신용장 거래업무를 처리하는 '전자신용장(e-L/C)유통관리시스템'을 구축하였다. 이 시스템은 신용장의 개설신청 및 통지에서 수출환어음의 매입에 이르는 전 과정을 전자화하고 체계적으로 관리하는 시스템이다.

그리고 주요 서비스로는 우선 유통관리 서비스이다. 사용자인 무역업체에게 e-L/C를 통지하고, 신용장 원본 확인을 요청하는 매입은행 등 제3자에게 공인전자문서센터에 저장된 e-L/C를 유통하는 기능을 이용할 수 있다. 즉 e-L/C 내도·통지·관리 기능, e-L/C 양도 및 매입신청·관리 기능, e-L/C 이력관리 기능 등이 있다. 또 한도관리 서비스가 있다. 이는 사용자인 통지 및 매입 은행을 위해 e-L/C의 한도, 매입내역, 통계 등을 관리하는 기능이다.[22]

제 3 절 전자신용장제도와 eUCP

1. eUCP의 제정배경과 그 특징

(1) eUCP의 제정배경

현행 신용장통일규칙(UCP)은 종이서류의 제시로 이행되는 대금결제에 관하여 규정하고 있다. 그러나 상업송장, 운송서류 등과 같은 서류의 전자적 제시에 관한 관습의 출현은 UCP의 적용문제를 야기한다. 따라서 이러한 기술적 변화를 수용할 필요성이 절실하였다. 또한 종이기반의 신용장에서 전자신용장으로 발전과 더불어, 신용장 업계에서는 ICC가 이러한 변화에 대한 지침을 제공해 주기를 기대하고 있었다.[23]

이에 2000년 파리회의에서 ICC 은행위원회는 전자무역에 큰 관심을 보이면서 현행 UCP와 종이기반의 신용장에 상응하는 전자기록[24]의 업무처리 간 연결기반의 필요성을 확인하였다. 이에 따라 화환신용장제도 하에서 전자적 제시에 관한 입장을 분명히 하고자 UCP의 "보완규칙"으로 적절한 규칙을 준비하기 위하여 UCP, 전자무

---

22) http://www.utradehub.or.kr/ 및 지식경제부, 보도자료
23) http://www.uscib.org/index.asp?documentID=2008
24) eUCP 제3조 a항 ii호에서 "書類"는 전자기록을 포함한다고 규정하고 있으며, 또 본 보칙 제7조에서는 "서류"(documents)라는 용어를 사용하고 있다. 그리고 전자제시는 서류의 전자제시를 의미한다. 따라서 일반적으로 전자기록과 전자서류는 동일한 의미로 혼용되고 있다.

역, 법적문제 및 운송과 같은 관련 산업계의 전문가로 구성된 작업반을 설치하였다.[25)]

동 작업반은 각국의 의견을 검토하기 위해 2000년 12월에 각국의 국내위원회에 초안을 발송하고 2001년에 2월에 접수된 의견에 대해 여러 차례 검토·심의의 과정을 거쳐, 2001년 11월 7일 독일 프랑크푸르트에서 개최된 ICC 은행위원회에서 본 보칙을 승인하였다. 이와 같은 18개월에 걸친 작업반의 집중적인 노력의 결과, "eUCP"(1.0 버전)가 제정되었다. 그리고 본 eUCP는 2002년 4월 1일 현재로 발효되었다. 그 후 2007년 UCP의 개정에 따라 eUCP도 개정되어 eUCP(1.1 버전)으로 시행되고 있다.

(2) eUCP의 주요 특징

① 서류의 전자제시에 적용

eUCP는 UCP를 개정한 규칙이 아니다. 종이서류에 상응하는 전자제시를 위해 필요한 규칙을 제공하게 될 UCP의 보완 규칙이다.[26)] 따라서 eUCP는 현행 UCP에서 사용되는 특정 용어를 전자제시에 적용할 수 있도록 다시 정의하고 있다. 예컨대 "서류"는 "전자기록"을 포함하고, 전자기록의 "제시장소"는 "전자주소"를 의미하는 것으로 정의하고 있다.[27)] 그리고 UCP와 eUCP가 함께 적용될 수 있도록 필요한 규칙을 규정하고 있다. 따라서 eUCP는 UCP 600의 모든 조항에 영향을 미치지 아니하며, 또한 종이서류로만 제시되는 경우에는 적용되지 않는다.[28)]

② 종이서류와 혼합제시 허용

eUCP는 완전한 전자제시 또는 종이서류와 같이 제시하는 부분 전자제시를 허용하고 있다. 이는 비록 관습이 변화하고 있더라도, 전적인 전자제시는 현재로서는 비현실적이며 또한 전적인 전자제시로의 변화도 이룰 수 없기 때문이다.

③ 신용장의 전자적 발행 및 통지에 관해서는 침묵

현행 신용장거래의 관습과 UCP가 신용장의 개설과 통지를 전자적으로 수행하는 것을 오랫동안 허용해 왔기 때문에 eUCP는 이에 관한 어떠한 문제도 언급하고 있지

---

25) ICC, *UCP+eUCP*, Pub. No. 522/2, 2002, p.53.

26) http://www.uscib.org/index.asp?documentID=2008

27) http://www.africaplc.com/docs/trade_finance_enters_digital_age.pdf, ; eUCP 제3조.

28) http://www.uscib.org/%5Cindex.asp?documentID=1975

않고 있다. 이러한 점에서 eUCP 이용자는 UCP의 여러 조항이 종이서류에 상응하는 전자제시에 의해 아무런 영향을 받지 않으며, 또한 전자제시를 수용하기 위한 어떠한 변화도 요구하지 않는다는 것을 이해하는 것이 중요하다. UCP와 eUCP를 연계하여 이해한다면 발전하고 있는 이와 같은 관습을 수용하고 있다는 것을 알 수 있을 것이다.

④ 지속적인 개정 고려

eUCP는 UCP의 특별 보완규칙이다. UCP의 차후 개정이 있기 전까지 관습과 기술의 발전에 따라, 필요할 경우에 계속 개정하여 후속 버전이 공포될 수 있도록 버전번호(version number)를 부여하여 공포되었다. 현행 버전은 1.1이다.

⑤ 특정 기술 및 시스템의 선택에 유연성 부여

eUCP는 특정 기술과 개발되고 있는 전자상거래시스템과는 관계없이 입안되었다. 즉 전자제시를 활성화하기 위해 필요한 특정 기술 또는 시스템을 언급하거나, 또는 그 정의를 하고 있지 않다. 이러한 기술은 지속적으로 개발되기 때문에 이용될 기술과 시스템에 관해서는 관계당사자가 자유롭게 합의할 수 있도록 하고 있다. 또한 eUCP는 전자통신문이 송신되는 형식에 관해서도 당사자가 합의하여 결정할 수 있도록 하고 있다.

⑥ UCP와 연계하여 적용

eUCP의 모든 조항은 전자제시와 특별히 관련되는 경우를 제외하고, UCP의 조항과 일치한다. 따라서 eUCP는 UCP와 연계하여 함께 적용된다. 즉 eUCP는 전자기록이 제시되는데 적용되지만, 특별히 전자제시와 관련된 경우를 제외하고는 UCP가 적용된다.

⑦ 기타

UCP의 조항과 eUCP 조항 간의 혼돈을 피하기 위해 eUCP의 각 조항번호 앞에는 “e”가 표기되었다. 그리고 수익자에게 서류제시의 완료통지를 요구하고 있으며, 제시된 전자기록이 변형된 경우에는 은행이 수익자에게 재제시를 요청할 수 있도록 하고 있다.

2. eUCP의 적용범위와 UCP와의 관계

(1) eUCP의 적용범위

eUCP는 완전한 전자기록(electronic record) 또는 종이서류와 혼합된 부분 전자기록의 제시에 적용하기 위해 UCP 600을 보완한다. 따라서 eUCP를 적용하는 신용장은 전자제시와 관련된 경우를 제외하고 UCP 600을 적용한다.

eUCP 제1조 b항에서는 신용장에 "....subject to eUCP(version 1.1)"과 같은 eUCP를 적용한다는 취지의 준거문언이 있는 경우에 UCP의 보칙으로 적용된다고 규정하고 있다. 이는 UCP가 강행법규가 아닌 임의규정이기 때문에 신용장상 "UCP 600"을 적용한다는 준거문언을 명시하여야 관계당사자를 구속한다는 것과 같은 취지이다.[29)30)]

그리고 신용장에는 반드시 eUCP의 버전도 명시하여야 한다(현행 버전은 1.1). 신용장에 버전번호를 명시하지 아니한 경우에는 신용장이 개설된 일자에 시행된 버전을 적용하고, 조건변경이 있었던 경우에는 수익자가 승낙한 조건 변경한 당시에 시행된 버전에 따르도록 하고 있다.[31)]

(2) eUCP와 UCP의 관계

eUCP는 UCP를 개정한 대체규정이 아니기 때문에 UCP를 보완하여 서류의 전자제시에 관한 관습에 적용된다. 반면, UCP는 종전과 같이 계속해서 전통적인 종이서류의 제시에 관한 관습에 적용된다. 따라서 eUCP 신용장은 UCP가 적용된다는 문언을 동 신용장상에 명시적으로 삽입하지 않더라도 UCP와 연계하여 함께 적용된다. 그러나 eUCP가 적용되는 경우 동 규정이 UCP를 적용했을 경우와 다른 결과가 발생할 경우에는 그 범위 내에서는 eUCP의 조항이 우선한다.[32)]

그리고 eUCP 신용장이 수익자에게 종이서류 또는 전자기록의 제시 중에서 선택할 수 있도록 허용하였으나, 수익자가 종이서류만 선택하는 경우에는 UCP만이 그

---

29) UCP 600 Art. 1.

30) ICC의 유권해석 R 248에 의하면 SWIFT 이용규약집(SWIFT Rule Book)에서 신용장 상에 별도의 명시가 없더라도 SWIFT 신용장을 개설한 경우에는 UCP가 적용된다고 명시되어 있으므로, SWIFT 신용장인 경우에는 별도의 다른 규칙을 적용한다는 명시가 없는 한 UCP를 적용한다(ICC Document 470/TA.378, 2000. 3. 1).

31) eUCP Art. e1(c).

32) eUCP Art. e2(a)(b).

제시에 적용된다. 또한 eUCP 신용장에 종이서류만을 허용하는 경우에도 UCP만이 적용된다.[33]

3. 전자기록의 발행과 제시

(1) 전자기록의 발행

① 전자기록의 정의

전자기록은 전자적 수단[34]에 의해 작성, 생성, 송신, 통신, 수신 및 저장이 가능한 자료로, 그 전자기록에 대한 송신자의 확실한 신원과 그 전자기록 내용의 확실한 출처 및 변조되지 아니한 완전한 상태인지의 여부에 대하여 인증될 수 있어야 된다. 또한 eUCP 신용장조건과의 일치성 여부를 심사할 수 있어야 한다.[35]

② 원본과 사본

현행 UCP 600 제17조에서는 서류의 "원본(original)"과 사본(copies)을 구별하고 있으나, eUCP 제8조에서는 "하나 이상의 전자기록의 원본 또는 사본의 제시를 위한 UCP 또는 eUCP 신용장의 요건은 하나의 전자기록을 제시함으로써 충족된다."라고 규정하고 있다. 따라서 신용장에서 1통(부) 이상의 원본과 사본을 요구하더라도 1통(부)의 전자기록을 제시하면 된다.

이에 관해 UCP 600 제17조에서는 "적어도 신용장에 명시된 각 서류의 1통의 원본은 제시되어야 한다. 서류 그 자체가 원본이 아니라고 표시하고 있지 아니한 한, 명백히 서류발행인의 원본서명, 표기, 스탬프, 또는 부전을 명시하고 있는 서류를 원본으로 다룬다. 또 서류가 별도로 명시되지 아니하는 한, 당해 서류가 다음에 해당하는 경우에는, 은행은 서류를 원본으로서 수리한다. 즉 서류발행인에 의하여 수기, 타자, 천공 또는 스탬프된 것으로 보이는 경우 ; 또는 서류발행인의 원본 서식에 기재된 경우 ; 또는 제시서류에 적용되지 아니하는 것으로 보이지 아니 하는 한, 원본이라는 명시가 있는 경우이다.

그리고 신용장이 사본 서류의 제시를 요구하는 경우에는, 원본 또는 사본의 제시는 허용된다. 또 본 조 e항에서는 신용장에서 2통(부)을 의미하는 "duplicate", "two

33) eUCP Art. e2(c).

34) 일반적으로 컴퓨터(P/C) 등과 같은 정보시스템을 의미한다.

35) eUCP Art. e3(b)(i).

fold", "two copies" 또는 이와 유사한 표현으로 다수의 서류를 요구할 경우, 서류 자체에 별도의 표시가 없는 한, 원본 1통(부)과 나머지 부수는 사본으로 제시해도 신용장조건이 충족되는 것으로 간주한다고 규정하고 있다.

③ 발행일자

접수된 전자기록상 특정한 발행일자가 없는 한, 그 발행인이 그 전자기록을 "송신[36]한 일자"를 발행일자로 간주한다. 그리고 접수일자도 분명하지 않는 경우에도 전자기록이 송신된 일자로 한다.[37] 이는 실무상 전자통신문의 송수신에 있어서의 송수신 일자는 송수신 장치에서 자동적으로 부여되는 것이 일반적이지만, 그 발행일자가 없는 경우를 흔히 볼 수 있다. eUCP에서는 이러한 특성을 고려한 것으로 생각된다.

④ 운송(선적)일자의 인정

운송을 증명하는 전자기록이 선적일자 또는 발송일자를 명시하고 있지 않는 경우에는 전자기록의 발행일자를 선적일자 또는 발송일자로 간주한다. 그러나 전자기록이 선적 또는 발송일자를 증명하는 부기가 있는 경우에는 그 부기일자를 선적 또는 발송일자로 간주한다. 부가적인 자료내용을 명시하고 있는 부기는 별도로 서명되거나 또는 인증될 필요는 없다.[38] 이는 전자적으로 발행되는 전자 운송서류의 발행일자를 UCP 600 상의 다양한 해석기준[39]을 선적일자 또는 발송일자로 단순화시키고 있다.[40] 일반적으로 운송서류는 선적 후에 발행하기 때문에 그 발행일자와 선적일자는 동일한 경우가 많으며, 또한 운송서류상에 물품이 지정선박에 본선적재 또는 선적되었다는 취지를 미리 인쇄된 문언에 의해 명시되는 경우, 그 발행일자는 본선적재일 또는 선적일로 간주되고, 그 밖의 모든 경우의 본선적재는 운송서류상에 표기 또는 부기하도록 규정하고 있다.

---

36) 데이터 통신문의 송신은 작성자와 수신자 간 별도의 합의가 없는 한, 데이터 통신문이 정보시스템에 입력되어 작성자 또는 그를 대리하여 데이터 통신문을 송신하는 자의 관리를 벗어난 때에 이루어진다(UNCITRAL Model Law on Electronic Commerce 1996, Art.15).

37) eUCP Art. e9.

38) eUCP Art. e10.

39) 전통적인 운송서류에 관한 운송(선적)일자의 해석기준은 UCP 600 Art. 19~25.

40) 姜元辰, "電子的 提示를 위한 UCP 500의 追錄(eUCP)에 관한 考察", 『國際商學』, 第17卷 第1號, 韓國國際商學會, 2002. 5, 255面.

(2) 서류의 전자제시와 그 통지

① 제시형식

UCP 600에서는 종이서류를 기반으로 하기 때문에 제시형식에 관해서는 특별히 규정하고 있지 않으나, eUCP 신용장은 전자기록이 제시되는 형식(format)을 명시하여야 한다. 전자기록이 제시되는 형식을 명시하지 않는 경우에는 수익자가 임의로 선택한 어떠한 형식으로도 제시될 수 있다.[41] 예컨대 전자우편 또는 은행 내외부의 각종 서류처리시스템 등과 같은 제시 가능한 다양한 형식을 통해서 제시할 수 있을 것이다.

② 제시장소

eUCP 제3조 a항 iii호에서는 전자기록의 제시를 허용하는 신용장은 그 전자기록의 제시를 위한 장소를 명시하도록 하고 있다. 여기에서 제시장소는 수익자가 송부가능한 전자주소를 의미한다.[42] 또한 본 보칙 제5조 a항에서는 전자기록과 종이서류 모두 허용하는 경우에는 종이서류의 제시를 위한 장소도 명시하도록 규정하고 있다. 이는 UCP에서 자유매입신용장의 경우에는 제시장소의 지정규정이 없기 때문에, 전자기록과 종이서류의 혼합제시를 허용하는 경우 동일한 신용장에 제시장소가 상이할 수 있으므로 실무상 발생할 수 있는 혼란을 방지하기 위한 것으로 본다. 물론 서류제시를 위한 유효기일은 UCP 600에 따른다.

③ 제시방법

eUCP 제5조 b항에서는 전자기록은 종이서류와 별도로 제시할 수 있으며, 종이서류와 동시에 제시될 필요는 없다고 규정하고 있다. 이는 일반적으로 전자기록과 종이서류는 동시에 제시되기가 어렵다는 특성을 고려했다고 생각된다. 물론 본 조항에 의해 전자기록의 각 발행기관이 독립적으로 은행에 제시하는 것도 가능하겠으나[43] 현실적으로는 어렵다. 그 이유는 수익자가 제시완료의 통지를 하기 위해서는 각 발행기관에게 그 조회를 하여야 할 뿐만 아니라, 그 전자기록이 신용장의 조건과 불일치한 경우에는 관계당사자 간 책임문제가 야기된다. 또한 은행에서도 업무절차의 복잡으로 많은 오류발생이 예상된다. 따라서 수익자가 모든 전자기록을 직접 제시하는 것을 원칙으로 하고, 각 전자기록의 발행기관은 불가피할 경우에만 보완차원에서 제시하는 것이 바람직하다고 본다.

41) eUCP Art. e4.

42) eUCP Art. e3(a)(iii).

43) http://www.mantissa.co.uk/support/newtrade.htm.

④ 제시완료 통지

eUCP 신용장이 하나 이상의 전자기록의 제시를 허용하는 경우, 수익자는 그 제시가 완료되었을 때는 은행에게 제시가 완료되었음을 알리는 통지를 할 책임이 있다. 그 완료통지는 종이서류 또는 전자기록으로 할 수 있다. 그 방법은 별도로 통지하거나, 또는 마지막에 제시되는 전자기록 또는 종이서류의 표지(covering letter)에 전자제시의 완료사실을 언급하면 될 것이다. bolero.net의 eUCP XML 지침서에서는 "제시완료" 항목에서 "완전"(complete) 또는 "불완전"(incomplete) 중 선택하여 입력하도록 하고 있다.[44] 이는 현행 서류의 제시관습을 반영하였다고 볼 수 있다. 즉, 실무현장에서는 수익자가 서류를 제시할 때 은행의 담당자에게 미비사항 및 그 보완여부를 통지하는 것이 일반적이다.

이러한 수익자의 완료통지가 접수되지 아니한 경우에는 제시되지 않은 것으로 간주한다.[45] 따라서 전자기록의 송부 자체로는 제시하였다고 볼 수 없기 때문에 제시완료한 후에는 제시은행에 그 사실을 반드시 통지하여야 한다. 한편 은행에서는 제시완료의 통지를 접수한 때부터 서류에 관한 업무절차가 개시된다. 은행 측과 수익자 측의 업무혼란을 방지하기 위한 합리적인 조치라고 생각된다.

그리고 그 완료통지와 당해 eUCP 신용장이 관련 있다는 사실을 확인하여야 한다. 완료통지 시에 해당 eUCP 신용장의 번호를 명시하면 될 것이다.

(3) 제시기한과 그 연장

UCP에서는 모든 약정서류는 신용장의 유효기일 이내에 지급, 인수 또는 매입은행에 제시하도록 규정하고 있다. 특히 운송서류를 요구하는 신용장의 경우에는, 이러한 유효기일에 추가하여 선적일 이후부터 운송서류의 제시기한도 규정하여야 한다. 만약 그 제시기한이 명시되지 아니한 경우에는 선적일 이후부터 21일 이내에 운송서류를 제시하여야 한다.[46] 그러나 모든 서류는 반드시 신용장의 유효기일 이전에 은행에 제시되어야 한다. 다만 신용장 유효기일의 만료일이 지정된 은행의 비영업일에 도래한 경우에는, 그 유효기일은 당해 은행의 최초 영업 개시일까지 연장된다. 이에 관해서는 eUCP에서도 동일하게 적용된다.

한편, eUCP 제5조 e항에서는 전자거래의 특성을 반영하여 시스템의 장애로 인한

44) bolero.net, *eUCP XML Guide*, 2002, p.6.

45) eUCP Art. e5(c).

46) UCP 600 Art. 14(c).

접수지연에 관하여 특별히 규정하고 있다. 즉 제시받는 은행이 영업을 하고 있으나, 당해 은행의 시스템이 약정된 유효기일 및/또는 선적 후 최종 제시기일에 송신된 전자기록을 접수할 수 없는 경우, 경우에 따라 은행의 영업을 종료한 것으로 간주하고, 최종 제시기일 및/또는 유효기일은 동 은행이 전자기록을 접수할 수 있는 다음 첫 은행영업일까지 연장된다. 그리고 이 경우 신용장에 약정된 모든 전자서류(기록)는 제시되고 완료통지만 남아 있는 경우, 그 완료통지는 전신, 텔렉스 등 일반 통신수단이나 또는 종이문서로 할 수 있으며,[47] 그 완료통지가 은행의 시스템이 접수할 수 있기 이전, 즉 은행시스템이 접수할 수 없었던 기간에 송부되었다면 적기에 통지된 것으로 간주한다.

(4) 전자기록의 접수

전자기록이 "수신되었다"는 의미는 그 전자기록이 정보시스템[48]에 의해 수용 가능한 형식으로 수신 가능한 수신자의 정보시스템에 입력되는 시점을 의미한다. eUCP 신용장하에서는 은행에서 어떠한 전자기록의 접수확인은 그 전자기록을 수리했다거나 또는 거절했다는 것을 의미하지 않는다.[49] 여기에서 "수신자"라 함은 전자문서의 작성자가 송신하고자 하는 상대방을 의미하며, 전자문서를 중개하는 자는 해당되지 않는다.[50] 이는 볼레로시스템과 같은 전자무역시스템을 경유하는 경우 볼레로시스템의 운영자가 아닌 거래상대방을 의미한다는 것이다. 또한 eUCP 신용장하에 제시되는 각각의 전자기록과 종이서류에는 그 제시와 관계있는 신용장번호 등을 명시하여, 당해 eUCP 신용장과의 관련성을 반드시 확인하여야 한다. 그렇지 않으면 접수되지 않은 것으로 간주한다.[51]

(5) 전자기록 제시의 진정성 확인

지정은행에서 전자기록을 송부하였다는 것은 그 지정은행이 외관상 전자기록의 진정성을 확인한 것으로 간주한다.[52] 현행 매입은행이 선적서류를 수익자로부터 제

---

47) http://www.uscib.org/%5Cindex.asp?documentID=1975

48) "정보시스템"이란 데이터 통신문을 생성, 송신, 수신 및 기타의 처리를 위한 시스템을 의미한다(UNCITRAL MODEL LAW on Electronic Commerce 1996, Art. 2(f)).

49) eUCP Art. e3(b)(ⅴ).

50) UNCITRAL Model Law on Electronic Commerce 1996, Art. 2(d).

51) eUCP Art. e5(d).

시받아 심사하고 개설은행에 송부하고 있는 관습을 반영한 것으로 본다.

(6) 제시 후 전자기록의 변질/변형

바이러스(virus) 또는 기타의 사유로 전자기록이 변질/변형된 경우, 은행은 제시인(presenter)에게 이를 통지하고 그로부터 30일 이내에 서류의 재제시를 요청할 수 있다.[53] 여기에서 재 제시에 관한 요청을 의무가 아닌 은행의 재량으로 규정한 것은 그 변질정도가 경미하여 물품통관에는 영향을 미치지 않는 경우, 개설의뢰인이 그 전자기록을 수리하는 경우에는 문제가 되지 않기 때문이다. 이는 종이서류상에 불일치사항이 있더라도 반드시 통지할 필요가 없는 취지와 같다고 볼 수 있다.

은행이 전자기록의 재제시를 요구한 경우 심사를 위한 기간이 정지되어 제시인이 동 전자기록을 재제시한 때 재개된다. 그리고 지정은행이 확인은행이 아닌 경우 그 지정은행은 개설은행과 확인은행(있는 경우)에게 재제시를 요청한 사실과 심사기간의 정지에 대해 통지하여야 한다.[54] 그러나 동일한 전자기록이 30일 이내 재 제시되지 않는 경우, 은행은 전자기록이 제시되지 아니한 것으로 간주한다. 또한 이를 위한 어떠한 최종 기한도 연장되지 않는다.[55] 따라서 신용장의 유효기일, 제시기일 및 최종 선적기일 등과 같은 최종 기한은 연장되지 않는다.

본 조항상의 재제시기한은 전자기록의 재제시를 위한 최종 기한이지만, 또한 그 기간 내 재제시를 하지 않는 경우 은행이 아무런 책임없이 훼손 또는 변질된 전자기록의 처분을 합법화하기 위한 조항으로 생각된다.

4. 전자기록의 심사와 거절통지

(1) 전자기록의 심사

① 심사범위

전자기록이 외부 시스템과의 하이퍼링크(hyperlink)를[56] 포함하거나 또는 외부시

---

52) eUCP Art. e6(b).

53) eUCP Art. e11(a).

54) eUCP Art. e11(b)(i)(ii).

55) eUCP Art. e11(b)(iii)(iv).

56) 하이퍼텍스트 문서 내 하나의 단어나 구(phrase), 기호, 화상과 같은 요소와 그 문서 내의 다른 요소 또는 다른 하이퍼텍스트 문서 내의 다른 요소 사이의 연결. 하이퍼텍스트 링

스템을 참조하여 심사될 수 있다고 명시하여 제시하는 경우에는, 하이퍼링크 또는 해당 시스템에서의 전자기록은 심사되어야 하는 전자기록으로 간주한다. 이는 심사 대상이 되는 전자기록은 외부시스템에 연결된 하이퍼링크와 외부시스템의 전자기록도 포함된다는 것이다. 그러나 전자심사 시에 요구된 전자기록이 시스템 상의 문제로 지정된 시스템에 접속할 수 없는 경우에는 불일치로 간주한다.[57]

그리고 개설은행 또는 확인은행(있는 경우)이 eUCP 신용장에 지정한 제시형식으로 전자기록을 심사하지 못하거나, 또는 신용장에 그 형식을 지정하지 않았기 때문에, 수익자가 임의의 형식으로 제시한 전자기록을 심사할 수 없는 것은 거절사유가 되지 못한다.[58] 이는 원칙적으로 개설은행이 신용장에 전자기록의 제시형식을 지정하도록 하고 있기 때문에[59] 이를 지정하지 않음으로 인해 야기되는 위험은 개설은행이 부담하도록 한 것이다.

② 심사방식

은행에서의 서류심사는 경우에 따라 은행 내외부의 자동시스템을 통한 자동심사가 가능하다. 그러나 신용장대금의 지급여부를 결정하기 위한 신용장의 조건과 서류의 일치성 여부의 판단은 전통적인 사람의 육안에 의하든 또는 은행의 내외부에서 개발한 자동점검시스템에 의하든 은행에서 결제업무가 이루어지는 경우에는 은행의 서류심사자에 있으며, 또한 이에 관한 분쟁이 발생할 시 그 최종 판단은 법원의 판사에 있기 때문에, 결국 전통적인 종이서류의 심사기준과 크게 다르지 않을 것이다. eUCP에서는 전자기록의 자동심사에 관한 규정은 없다. 물론 은행의 필요에 따라 구축된 자동시스템화의 정도에 따라 심사관련 일상 업무의 처리과정은 신속하게 처리될 수 있을 것이다.

③ 심사기간

eUCP는 서류심사의 기간에 관해서는 개시일만 규정하고 있을 뿐, 그 기간은 규정하고 있지 않다. 즉, 본 보칙 제7조 a항 i 호에서는 "서류심사의 기간은 수익자로부터 서류제시의 완료통지가 접수된 은행영업일의 다음 은행영업일에 개시된다."라고

크, 핫 링크라고도 한다. 링크란 웹 페이지에서 지정된 글자, 그림, 또는 이미지 등을 마우스 커서로 클릭(click)하여 특정 페이지, 특정 문서, 특정 파일 등으로 이동하여 열람할 수 있게 하는 수단이다(NAVER 지식사전).

57) eUCP Art. e6(a).

58) eUCP Art. e6(c).

59) eUCP Art. e4.

규정하고 있다. 반면 UCP 600 제14조 b항에서는 “은행이 제시서류가 일치하는지 여부를 결정하기 위해서 제시익일부터 최대 제5은행영업일을 가진다.”고 규정하고 있다. 따라서 eUCP 신용장의 심사기간은 수익자로부터 서류제시의 완료통지가 접수된 익일부터 제5은행영업일을 경과하지 아니한 범위 내에서 심사를 완료해야 한다. 다만 서류의 제시 또는 완료통지를 위한 기간이 연장된 경우, 심사기간은 제시받는 은행이 수익자의 완료통지를 접수할 수 있는 다음 첫 은행영업일에 개시된다.[60]

그러나 전자기록이 제시된 후에 그 기록이 변질된 경우에는 은행은 제시인에게 통지하여 재제시를 요구할 수 있다.[61] 이 경우에는 그 심사기간이 정지되며, 제시인이 전자기록을 재제시한 때 재개된다.[62]

(2) 거절통지

① 통지기간 및 방법

eUCP에서는 거절통지의 개시일과 그 기간에 관해 규정하고 있지 않으나, UCP 600 제16조에서는 은행이 서류가 불일치한 경우에는 대금지급 또는 매입을 거절할 수 있으며, 또 독자적인 판단으로 개설의뢰인과 불일치 사항에 대한 권리포기 여부를 교섭할 수 있다. 그리고 불일치로 인하여 제시서류를 거절하기로 결정한 경우에는 거절통지는 서류의 접수익일로부터 제5은행영업일의 마감시간 내에 그러한 취지의 통지해야 하다. 따라서 eUCP 신용장의 거절통지는 수익자로부터 완료통지를 접수한 익일부터 제5은행영업일의 마감시간 내에 통지하면 될 것이다.

또한 은행이 거절통지를 할 경우에는 거절사유가 된 모든 불일치사항을 명시하여 1회만 통지하여야 한다. 따라서 일단 거절통지를 한 후에는 추가적으로 불일치 사항의 후속통지를 할 수 없다. 우리나라 법원에서도 부당한 사유로 거절통지한 후 그 통지기간 경과 후에 정당한 사유로 다시 거절 통지한 경우, 제1차 통지는 부당한 거절통지로, 제2차 통지는 이미 거절권리가 상실한 후이기 때문에 효력이 없다고 판시한 바 있다.[63]

그리고 거절통지서에는 이와 동시에 제시인의 임의처분 하에 서류를 보유하고 있다든지 아니면 그 제시인 앞으로 반송하고 있는지 등을 분명하게 명시하여야 한다.[64]

---

60) eUCP Art. e7(a)(ii).

61) eUCP Art. 11(a).

62) eUCP Art. 11(b)(ⅰ).

63) 서울地法 1996. 4. 18. 宣告, 95가합46116 判決

② 거절서류(전자기록)의 처리

은행이 서류의 불일치를 이유로 지급 거절할 의사가 있었음에도 불구하고 서류를 임의로 처분한다든지 등 또는 서류에 대하여 본래의 상태가 아닌 어떠한 조치를 취한 경우에는 서류의 불일치를 주장할 수 없다.[65] 또 접수서류의 수리여부에 대해 통지하지 않은 것은 개설은행이 서류를 수리한 것으로 간주된다.[66]

이에 관해 eUCP 제7조 b항에서는 개설은행, 확인은행(있는 경우) 또는 그들을 대신하여 행동하는 지정은행이 전자기록을 포함한 제시에 대한 거절통지를 하였으나, 거절통지일로부터 30일 이내에 그 상대방으로부터 전자기록의 처분에 관한 아무런 지시를 받지 못한 경우, 은행은 이전에 반송되지 아니한 모든 종이서류는 제시인에게 반송하여야 하나, 전자기록은 아무 책임없이 적절한 방법으로 처분할 수 있다고 규정하고 있다. 이는 은행에게 거절된 전자기록을 처분할 수 있는 재량권을 부여한 것이다. 그러나 은행은 향후 면책을 위한 거절사유를 증명하기 위해서 그 제시근거를 보존할 필요가 있다.[67]

5. 은행의 면책

신용장를 거래하는 모든 은행은 신용장이 개설된 때부터 최종적으로 지급, 인수 또는 매입이 이행되기까지 각종 서류의 효력, 송달 중의 사고, 불가항력 그리고 피지시인의 행위, 타 은행의 이용에 따른 결과에 대하여 어떠한 책임도 부담하지 않는다.[68] 특히 UCP 600 제34조에 따르면 신용장거래에 있어서 모든 은행은 각종 서류의 효력에 대하여 아무런 책임 또는 의무를 부담하지 아니한다. 본 조에서 열거한 은행의 면책사항은 다음과 같다. 즉,

① 서류의 형식, 충분성, 정확성, 진정성, 위조 또는 법적효력, 그리고 서류에 명시되거나 또는 이에 부가된 일반조건 및/또는 특별조건,

② 물품, 용역 또는 기타 이행의 명세, 수량, 품질, 상태, 포장, 인도, 가액 또는 존재 여부,

---

64) UCP 600 Act. 16(c).

65) UCP 600 Art. 16(f).

66) *Bank Melli Iran v. Barclays Bank* (1951), Lloyd's Rep. 369.

67) http://www.africaplc.com/docs/trade_finance_enters_digital_age.pdf, 2002. 8. 21.

68) UCP 600 Art 34, 35, 36 & 37 참조.

③ 물품의 송하인, 운송인, 운송주선인, 수하인, 보험자 또는 기타 당사자의 성실성, 작위 및/또는 부작위, 지급능력, 채무이행 또는 신용상태 등.

한편, eUCP 제12조에 따르면 전자기록의 외관상 진정성을 점검함으로써 은행은 전자기록의 접수, 인증 및 출처확인을 위해 상업적으로 수용될 수 있는 자료처리를 이용하여 접수된 전자기록에서 명백한 경우를 제외하고 송신자의 신원, 정보의 출처, 또는 그 완전성과 무변조성에 대한 책임을 부담하지 않는다.

제 5 부

글로벌 전자무역시스템

제 10 장

볼레로시스템(Bolero System)

제 1 절 볼레로시스템의 개요

볼레로시스템(Bolero System)은 SWIFT(세계은행 간 금융통신망)[1], TT Club(통운송상호보험조합) 및 벤처캐피탈 회사인 Apax Partners에 의해 운영되고 있으며, 이들이 합작으로 설립한 볼레로인터내셔널(Bolero International Ltd ; Bolero net)은 볼레로협회(Bolero Association)와 함께 범세계적으로 무역서류의 전자화를 통한 비즈니스 서비스를 제공하고 있다. 볼레로 프로젝트는 1995년 7월부터 3개월 간 법적·기술적 타당성 검토를 위한 테스트를 거쳤으며, 이후 전 세계 18개국 무역국에 대한 법률적인 검토를 완료(1999년 1월)하고 시범서비스 기간(1999. 1～1999. 6)을 거쳐 상용서비스를 출범시켰다. 국내에서는 2000년 6월 한빛은행이 가입한 것을 시작으로 외환은행, 삼성전자, 포스코 등이 가입한 것으로 알려져 있다.

볼레로시스템은 전통적인 종이서류를 기반으로 하는 무역거래의 프로세스를 전자시스템화하기 때문에 무역거래 당사자들에게 많은 관심을 받았으며, 향후 무역거래의 전 프로세스를 모두 가상공간 한 곳에서 처리할 수 있는 단일의 완전한 전자무역 플랫폼을 구축하는 것을 목표로 하고 있다.

---

1) 1973년 벨기에 법에 의하여 북미 및 유럽 15개국 239개 은행이 연합하여 세계적으로 통용되는 금융기관 간의 메시지 통신망으로 SWIFT(Society for Worldwide Interbank Financial Telecommunication: 세계은행간 금융통신기관)를 창설하였다. 벨기에에 본사를 두고 있으며, 전 세계 주요 금융 중심지와 개발도상국 시장에 지사를 두고 있다. 현재 전 세계 209개국 이상에서 9,000여개 이상의 은행, 증권사 및 기업에게 메시지 교환을 위한 SWIFT 인터페이스(interface)를 제공하고 있다(http://www.swift.com, 2011. 11. 30).

1. 볼레로시스템의 도입배경과 그 개념

(1) 도입배경

종이서류를 기반으로 하는 전통적인 국제무역은 금융·물류 및 시간상 비효율성으로 매년 많은 국제비즈니스 비용[2)]이 지출되었다. 따라서 일련의 국제무역에 있어서 모든 관계당사자 간에 웹(web)을 기반으로 하는 전자적인 환경에서 서류와 자료를 교환할 수 있도록 허용하여 이러한 비효율성을 제거할 필요성이 대두되었다. 이에 볼레로(Bolero)는 국제무역과 물품운송의 이행을 촉진하기 위해 관계당사자 간 전자형식의 서류(documents)와 자료(data)를 교환하기 위한 "볼레로시스템"(Bolero System)을 고안·개발하게 되었다.

(2) 볼레로 프로젝트(Bolero Project)

1994년 6월 은행, 운송업자, 무역업자, 통신회사 등이 컨소시엄(consortium) 형태로 선하증권의 전자화를 위해 선하증권 전자등록 기구인 볼레로(Bolero : Bill of Lading Electronic Registry Organization)를 조직하고, 선하증권의 전자적 유통 가능성을 검증하기 위한 프로젝트를 착수하기 위해 파일럿 테스트(pilot test)를 실시하였다. 그 후 1995년 볼레로 프로젝트에 관심 있는 기업을 중심으로 한 볼레로협회(Bolero Association)를 창설하였으며, 1996년에는 볼레로 프로젝트를 착수하였다. 즉, 전통적인 선하증권에 있어서 권리증권의 전자유통 구현에 역점을 두었으며, 이는 또한 전자선하증권의 상업적 출현을 의미했다.

그 후 1998년 4월 SWIFT와 TT Club의 공동 출자로 볼레로인터내셔날(Bolero International Ltd)을 설립하여 bolero.net을 구축하였다. bolero.net은 선하증권의 전자화를 포함한 모든 무역서류를 전자화함으로서 궁극적으로는 종이 없는 무역거래를 실현할 수 있는 글로벌 전자 네트워크의 구축하고 거래과정에서 야기할 수 있는 보안문제를 해결하기 위해 전자서명과 전자인증시스템도 구축·보완하여 1999년 법적·기술적 타당성 검증을 위한 테스트를 완료하고, 그 해 9월 상용서비스를 개시하였다.

---

2) 범세계적인 종이서류의 작성비용이 매년 국제무역비용의 7% 정도인 4,200억 달러로 추산하고 있다(bolero.net(Dr. Anthony W. Kirby), "The Role of Bolero", *Electronic b2b Trade*, 2001, 4, s. 3).

[표 10-1] 볼레로시스템의 추진과정

년 월		내용
1994년		구주위원회에서 추진하던 BOLERO pilot 프로젝트 인수
1995년		BOLERO project에 관심을 기울인 기업을 중심으로 범 산업적 볼레로협회(Bolero Association) 창설
1996년		Bolero Project(전통적인 선하증권의 전자유통 가능성 검증) 착수
1997년	7월	노르웨이 국영 석유회사 Statoil, 일본 三井物産과의 실험결과 발표
	12월	Bolero Project의 연구결과를 토대로 실증사업계획 수립
1998년	4월	SWIFT와 TT Club의 공동투자(50:50)에 의해 볼레로인터내셔널(Bolero International Limited) 창설함(bolero.net을 구축하고 상호명으로 함) 선하증권의 전자화에서 전 무역서류의 전자화 및 보안시스템 보완함
1999년	9월	bolero.net 상용서비스 개시
2000년	4월	벤처캐피탈업자인 APAX, ING 및 Palio로부터 30만 달러의 벤처자금 조달
2001년	4월	• 75개 주요 고객, 즉 BtoB 기업, 물류기업, 운송중개인, 운송인, 은행, 보험회사, 검사기관 등을 포함한 기업 참여 • SWIFT와 기술적 관계 : 전문적인 서비스 기업 등을 포함한 Maersk Data와 40여개의 솔루션 파트너 • 영국, 미국, 독일, 프랑스, 홍콩, 일본 및 호주 등의 국가에서 100여개의 전문기업 참여 • SURF(전자결제 솔루션) 개발
2004년	10월	• BoleroAdvice 서비스 실시 : 온라인상에서 신용장 열람·출력 다운로드 가능
2005년 이후		• SWIFT와 SWIFTNet Trade Service(TSU) 개발/실험 착수 • 볼레로 애플리케이션(볼레로 신용장, 볼레로 오픈어카운트 방식)

(3) 볼레로시스템의 개념

볼레로시스템은 웹(web)을 기반으로 하는 시스템이다. 전자수단을 통하여 무역거래를 촉진하기 위한 기술적·법적인 기반으로, 메시지(message)를 전달하고 정보를 안전하게 저장하기 위한 디지털 정보기술을 의미한다. 즉 메시지 및 서류의 전달과 비즈니스거래를 촉진하기 위하여 볼레로인터내셔널(bolero International Ltd)에 의하여 제공되는 디지털 정보시스템이며, 비즈니스의 프로세스 및 방법이다. 그리고 本 시스템의 이용은 볼레로 규약집(Bolero Rulebook) 및 그 운영규칙에 의하여 규율된다.[3)]

3) bolero.net, Bolero Rulebook, 1999, Part 1.1(16).

그리고 볼레로의 비전은 글로벌 무역관리를 지원하는데 있어서 선도적인 금융지원체인 솔루션의 제공업자가 되기 위해 글로벌 기업의 무역에 대한 장벽을 제거하고 상업적, 금융적, 물류 및 제한적인 무역 프로세스의 통합을 위한 공유기반의 단일 전자무역플랫폼을 구축하는 것이다.[4)]

따라서 볼레로시스템은 무역서류의 전자화를 통해 국제무역에 관련된 모든 기업간의 B2B 전자상거래를 지원하는 웹기반의 글로벌 전자무역시스템이다.

2. 주요 특징

(1) 전통적 선하증권의 기능구현

온라인상에서 전통적인 선하증권의 기능을 구현, 즉 권리등록기관(Title Registry : TR)과 코어 메시징 플랫폼(Core Messaging Platform : CMP)을 통하여 전자선하증권의 발급, 유통 및 권리이전, 그리고 계약의 증빙 등의 기능이 가능하다.[5)]

(2) 글로벌 전자무역의 실현

모든 이용자를 구속하는 범세계적으로 인정된 법적기반을 이용하여 온라인상에서 무역서류의 교환과 권리이전이 가능한 개방적이고 중립적인 시스템을 제공함으로써,[6)] 수입업자, 수출업자, 운송업자, 운송주선인 및 은행 등의 모든 무역관계 당사자는 bolero.net을 통한 동일한 통신수단과 연결하여 비즈니스를 할 수 있도록 하고 있다. 즉 글로벌 무역거래 네트워크를 이용하여 신용장, 선하증권, 보험업무 등의 전자무역을 국경 없이 실현할 수 있다.

(3) 보장된 법적기반

1998년 Allen & Overy의 전자상거래의 법적문제에 관한 글로벌 연구를 통하여 볼레로 규약집을 코어 메시징 플랫폼에 적용한다. 따라서 공통의 법정 재판관할권, 개별 및 모든 볼레로 이용자 등 다자간에 발생되는 어떠한 분쟁도 해결이 가능한 분쟁해결 체계를 갖추고 있다. 이용자는 디지털 서명과 볼레로 메시지를 수용하기로 동

4) http://www.bolero.net/company/company_vision.html
5) http://www.bolero.net
6) http://www.bolero.net/downloads/FNC_Case_Study.PDF

의하여야 하며, 그 분쟁해결은 볼레로협회를 통해서 이루어진다.

(4) 국제 비즈니스의 효율성 향상

볼레로시스템은 국제무역의 모든 관계당사자가 안전하고 표준화된 방법으로 서류와 자료를 교환할 수 있음으로써, 국제무역의 이행기간의 단축과 이행비용을 절감시킨다. 그리고 안전하고 신뢰성 있는 저비용·효율적인 비즈니스 구조는 국제무역을 촉진시키고 그 효과를 극대화할 수 있다. 따라서 국제표준이 될 것이다.

(5) 안전한 정보보안

비즈니스적으로 이용할 수 있는 높은 수준의 보안을 제공하기 위하여 공개키 기반구조(Public Key Infrustructure : PKI)와 공개키 암호화(Rivest, Shamir, Adleman : RSA) 알고리즘(algorithm)을 이용한다. 따라서 볼레로에서는 전자무역서류의 안전한 송수신 체계를 확보하며, 또한 전자서류의 위·변조가 불가능하고 사기거래가 축소될 것이라고 판단하고 있다.

제 2 절 볼레로시스템(bolero.net)의 운용과 그 기반

1. 볼레로시스템의 계약구조

(1) 볼레로협회와 볼레로인터내셔널과의 관계

볼레로협회(Bolero Association Limited ; BAL)와 볼레로인터내셔널(Bolero International Ltd ; BIL)은 긴밀한 업무관계를 유지하고 있지만, 두 법인은 전적으로 독립된 법인체이다.

① 볼레로협회

볼레로협회는 국제무역거래를 위한 전자상거래 플랫폼(platform)을 개발하기 위해 전 세계의 많은 이해관계 법인에 의해 1995년에 설립되었다. 그 회원은 종이 기반의 무역에 대한 대안으로 완전한 전자무역을 실현하고자 하는 볼레로의 목표를 지원하는 전 산업계뿐만 아니라 볼레로의 모든 이용자를 포함한다.

그리고 볼레로협회는 볼레로시스템의 운영회사(볼레로인터내셔널: bolero.net)와 거래하는데 있어서 그의 회원과 참여업자를 대표하는데 있어서 중요한 역할을 하고 있다. 또한 볼레로시스템의 등록절차 및 볼레로 규약집의 변경·관리, 회원의 제재절차 및 관리, 그리고 본 협회의 회원 및 참여자의 개별적인 이해관계에 대한 쟁점(issues)을 해결하기 위해 많은 이용자 그룹을 운영한다.7)

② 볼레로인터내셔널

볼레로인터내셔널은 SWIFT(the Society for Worldwide Interbank Financial Telecommunications ; 세계은행 간 금융통신망)과 TT Club(통운송상호보험조합)의 주도로 1998. 4월 창설된 볼레로서비스((bolero.net)를 제공하는 법인이다. 본 법인은 SWIFT, TT Club, APAX Partner, Baring Private Equity Partners 및 Palio Portfolio Ltd가 공동 소유하고 있다. 따라서 이들 법인이 볼레로시스템의 운영을 책임지고 있다.8)

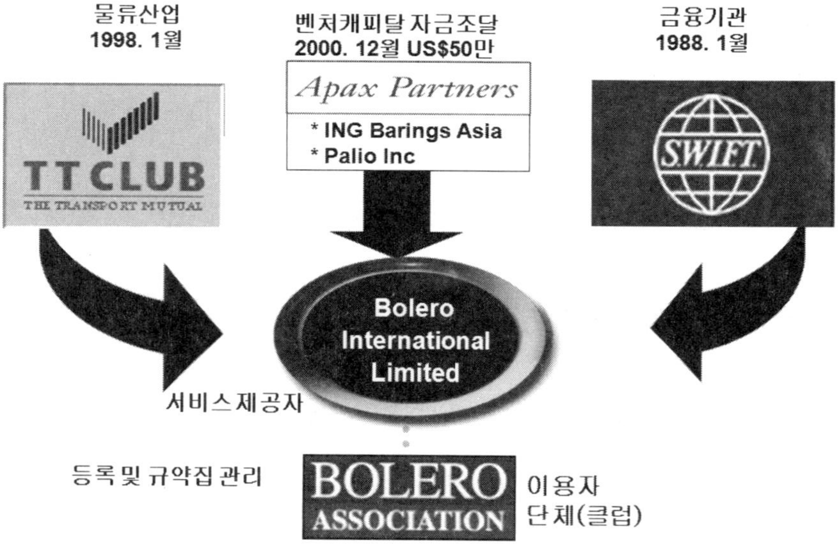

자료 : bolero.net, "The Latest Initiatives from Bolero", 15 May, 2001.

[그림 10-1] 볼레로시스템의 소유구조

(2) 이용자와 볼레로협회 간의 관계

이는 이용자의 견지에서 복잡한 법적문제를 야기하는 관계는 아니다. 이용자는 볼

7) http://www.boleroassociation.org.

8) http://www.boleroassociation.org/

레로협회가 제공하는 서비스계약에 서명한다. 볼레로협회는 법적인 측면과 관계있는 본질적인 기능을 수행한다. 즉, 볼레로 규약집의 적용을 받는 이용자의 대리인으로 행동한다.

(3) 이용자들 간의 관계

이용자들 간의 관계는 볼레로 규약집에 규정되어 있다. 이는 이용자 상호간에 bolero.net 메시지를 발송하는 기준을 결정하는 계약이다. 이용자가 bolero.net에 가입하면, 현재 및 미래의 전 세계 모든 bolero.net 이용자들과 계약을 체결하는 것이다. 이는 여러 국가가 참여한다는 점에서 다른 상거래계약과는 다르다. 즉, 수많은 거래당사자를 가지고 있다.

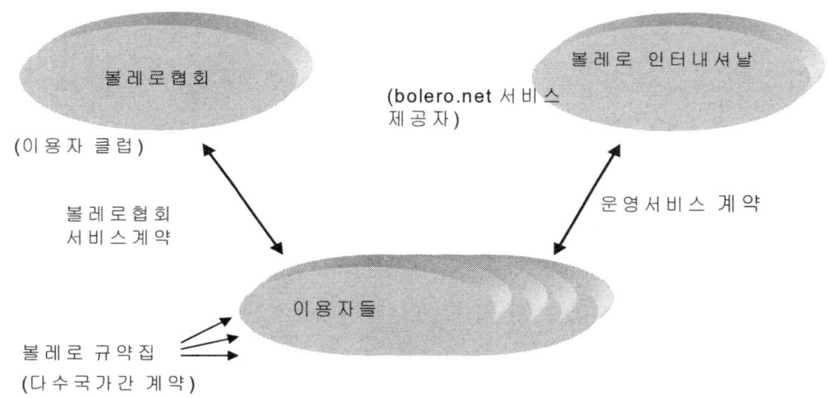

자료 : bolero.net, "EuroMoney Trade Finance Conference", June 29, 2001.

[그림 10-2] 볼레로시스템의 계약구조

(4) 볼레로(bolero.net)와 그 이용자 간의 관계

이 관계는 운영서비스계약(OSC)에 규정되어 있다. 이것은 bolero.net이 제공하는 서비스를 규정하고 있다. 즉 그의 서비스, 특히 메시징을 승인하기 위한 책임과 의무, 디지털인증서의 발행, 본 시스템이 제공하는 지원서비스 및 상거래 조건 등이다.

2. 볼레로넷(bolero.net)의 의의와 유용성

(1) 볼레로넷(bolero.net)의 개념과 의의

볼레로인터내셔널(bolero.net)은 은행 그룹과 글로벌 물류산업의 적극적인 지원으로 일반적인 비즈니스 표준을 개발하기 위해 중립적이고 신뢰성 있는 제3당사자로 1998년 창설되었다. 이 볼레로인터내셔널은 전 세계의 매수업자, 매도업자, 물류업자, 은행, 중개업자 및 세관 등 간 종이 없는 전자무역을 이행할 수 있는 공유기반의 플랫폼에서 이러한 비즈니스 서비스를 제공한다. 따라서 볼레로는 기업이 전자무역을 이용하여 이행되는 비즈니스 방법을 근본적으로 개선할 수 있도록 물류지원체인과 금융지원체인의 통합이 가능한 애플리케이션을 지원하고 있다.

볼레로는 기능적인 애플리케이션 표준을 개발하고, 범세계적인 무역체인(trade chain) 솔루션을 보호하는 보안과 법적문제를 해결하는 전자 네트워크(electronic network)를 지향하고 있다. 국제무역에 있어서 전자상거래가 가능하도록 하는 통합된 전자거래 기반을 제공한다. 표준화된 웹 브라우저(web browser)를 통한 boleroXML 환경의 서류관리, 메시지의 송수신을 위한 메일서비스 및 디지털서명 등을 지원한다. 또한 bolero.net은 공개표준을 사용하며, IP(Internet Protocol ; 인터넷

자료 : http://www.bolero.net/solutions/finacial supply chain.html

[그림 10-3] 분산된 현행 통신체계 및 커뮤니티

통신규약)을 사용하는 네트워킹(networking)을 지원한다.[9] 즉, 디지털서명과 인증서에 의하여 보호되는 디지털 메시징 시스템(digital messaging system)이다.

따라서 전 세계의 모든 이용자를 구속하는 범세계적으로 인정된 법적기반을 이용하여 온라인상에서 무역서류의 교환과 권리이전이 가능하도록 하는 개방적이고 중립적인 시스템을 제공함으로써,[10] 매수업자, 매도업자, 운송업자, 운송주선인 및 은행 등의 모든 무역관계 당사자는 볼레로를 통하여 비즈니스를 할 수 있도록 하고 있다.

(2) 볼레로넷(bolero.net)의 유용성

볼레로(bolero.net) 솔루션은 국제무역의 모든 관계당사자가 안전하고 표준화된 방법으로 서류와 자료를 교환할 수 있도록 함으로써, 국제무역 이행기간의 단축과 이행비용을 절감시킨다. 그리고 안전하고 신뢰성 있는 저비용·효율적인 비즈니스 구조는 국제무역을 촉진시키고 또 그 효과를 극대화할 수 있으며, 또한 고객과의 관계를 구축·유지하는데 요구되는 기간을 단축할 수 있다.

즉 전통적인 종이거래에 의한 방법보다 더 낮은 운영비용과 경비, 서류점검과 對査時間[11]의 단축 등으로 개선된 기간관리, 무역절차의 자동화와 통합으로 인한 이행절차상의 오류(error) 감축 및 모든 업무처리 절차의 완전한 일관처리, 개선된 위험관리, 위험과 사기의 감소, 거래 사이클 단축 등이 개선된다. 효과적인 고객관계관리로[12] 더욱 신속한 경영정보의 흐름, 혁신적이고 직접적인 부가가치, 그리고 새로운 비즈니스 개발을 위한 혁신적인 접근 등이 있다.[13]

---

9) 안전한 금융거래를 위해 현재 은행 간 이용되고 있는 세계은행 간 금융통신망(SWIFTNet) IP에 기반한 메시징 플랫폼(platform)을 지원한다(SWIFT(Johan Kestens), "SWIFT and bolero.net", Bolero Conf., 2002. 3. 28, s. 5).

10) http://www.bolero.net/downloads/FNC_Case_Study.PDF, 2002. 5. 4.

11) 이행된 해당 무역거래에 관련된 물품대금의 지급 또는 회수 여부를 대조·확인하는 업무를 은행에서는 대사업무라고 한다. 현재 은행에서는 이 업무에 많은 인력과 시간을 필요로 하고 있으나, 볼레로시스템을 이용한다면 업무의 효율성이 향상되리고 본다.

12) 고객의 편익과 기업의 수익 모두를 위해 고객과의 관계가 지닌 가치를 극대화하기 위해 고객을 파악, 확보 및 유지하는 일련의 활동으로 "고객유지율과 경영성과를 동시에 향상시키는 경영전략"이다(Frederick Newell, *loyalty.com*, McGraw-Hill, 2000, p.11).

13) bolero.net(Dr. Anthony W. Kirby), "The Role of Bolero", *Electronic b2b Trade*, 2001. 4. 4-5, s. 23.

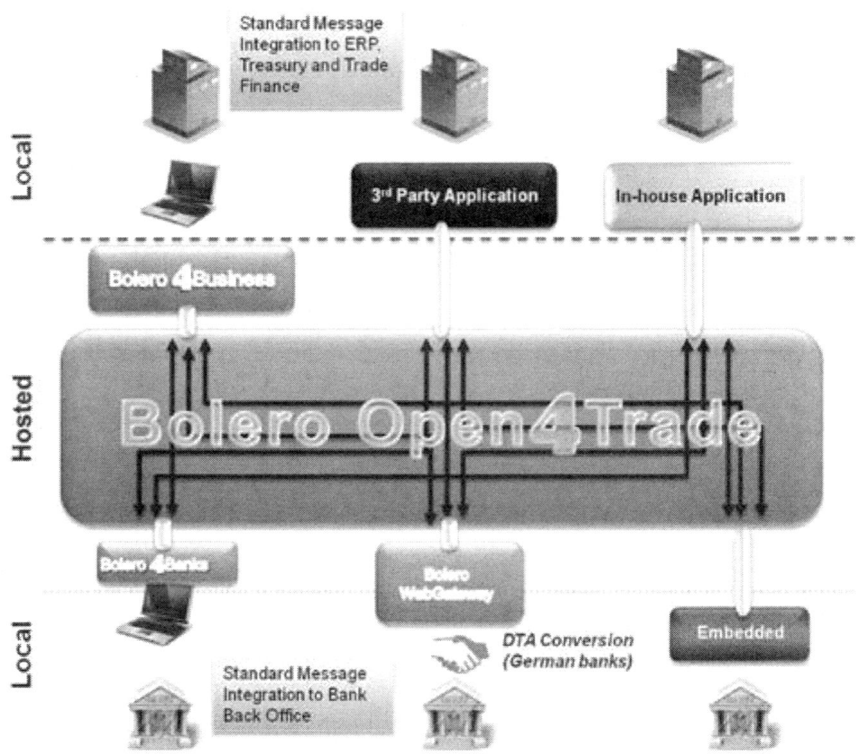

자료 : http://www.bolero.net/en/solutions/Overview.aspx.

[그림 10-4] bolero.net 솔루션

(3) boleroXML

현재 웹언어로 이용되는 HTML로는 아직 해결되지 아니한 문제, 즉 다른 기종의 응용 시스템과 통합, 서로 다른 형식의 데이터 통합, 상호 연결 가능한 파일 등의 호환성 문제는 정보검색, 전자상거래, 데이터 처리와 공유 등에서 웹을 수용하고 활용하는데 문제점으로 대두 되었다. 이와 같은 문제의 해결방안으로 1998년에 W3C에서는 XML(EXtensible Markup Language)을 발표하였다.

XML은 웹상에서 구조화된 문서의 전송이 가능하도록 설계된 표준화된 텍스트 형식의 마크업 언어로써 인터넷상에서 바로 사용 가능한 문서를 표현하는 표준이다. bolero.net에서는 이를 이용하여 'boleroXML' 솔루션을 개발하였다. boleroXML 솔루션은 안전한 환경에서 모든 관계당사자의 정보교환을 자동화함으로써 그들 상호간 지속적으로 상호 작용을 허용하는 법적으로 유효한 범세계적인 표준 솔루션이다. boleroXML의 목적은 커뮤니티(community) 회원 간에 상호 작용을 촉진할 일련의 표준화된 전자서류를 제공함으로써 bolero.net의 이용자가 안전한 전자상거래를 이용할 수 있도록 하는데 있다[14].

3. 볼레로시스템의 운용기반

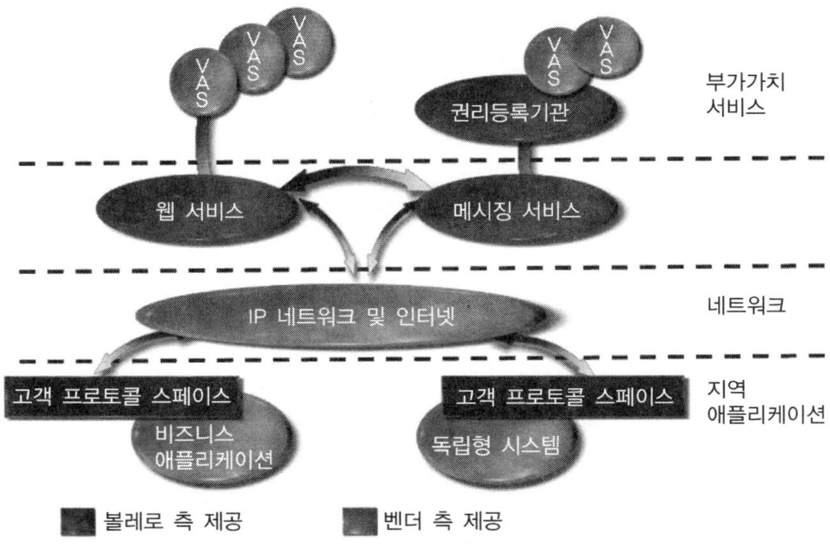

자료 : bolero.net, "The Latest Initiatives from Bolero", 15 May, 2001.

[그림 10-5] 볼레로시스템의 운용메커니즘

(1) 코어 메시징 플랫폼(Core Messaging Platform)

볼레로시스템(bolero.net)의 핵심기반으로, 이용자 간 및 이용자와 부가가치 서비스업자 간 모든 통상적인 기능을 책임진다.[15] 국제무역거래에서 모든 메시지의 송수신 및 그 승인과 그에 대한 감시·추적 서비스를 제공하며, 이들 정보를 권리등록기관에 송신하여 저장한다. 즉 웹을 통하여 전자서류를 안전하게 교환할 수 있도록 하는 중앙 메시징 관리시스템이다.

코어 메시징 플랫폼의 특징은 ① SWIFT에 의하여 운영되기 때문에 완전·무결성을 지니며, 또한 디지털 서명과 선진 암호기술을 사용하기 때문에 종이서류 보다 더 우수한 보안을 제공한다.[16] ② 전자서류의 전달을 보증한다. 예컨대 발신자가 메시

14) bolero.net, *Guide to boleroXML*, 2001, p.5

15) http://www.bolero.net/decision/service/index.php3, 2002. 1. 13 參照.

지를 전송하면 bolero.net은 즉시 그 메시지를 접수·승인한 후 그 메시지의 수신자에게 송신한다. 그리고 수신자가 그 메시지를 다운로드(download)하면 자동적으로 bolero.net에서 접수가 승인된다. bolero.net이 메시지를 전달할 수 없거나 또는 그 수신자가 허용된 기간 내에 접수할 수 없는 경우에는 그러한 사실을 발신자에게 즉시 통지한다. ③ 서류의 원본성이다. bolero.net은 서류가 발송될 때에는 발송된 내용과 원본의 내용을 대조한다. 만약 어떠한 문자가 훼손(변조)된 경우에는 bolero.net은 그 서류를 거절한다. ④ 우수한 호환성이다. ⑤ 상대방으로부터 접수한 메시지와 서류를 대조할 수 있는 거래환경, 서류의 신속한 변환, 서류의 긴급성의 구별[17] 등이 있다. ⑥ 중립적이고 신뢰성 있는 제3자로서, bolero.net은 발송된 메시지와 수신된 모든 메시지에 대한 전 거래과정을 기록·보존한다. 이들 거래정보의 기록은 bolero.net 운영센터에 확실하게 보존되고 3년 동안 저장되며, 디지털서명을 포함한 거래기록은 각 메시지에 이용되고 분쟁이 발생할 경우에 이용될 수 있다.[18]

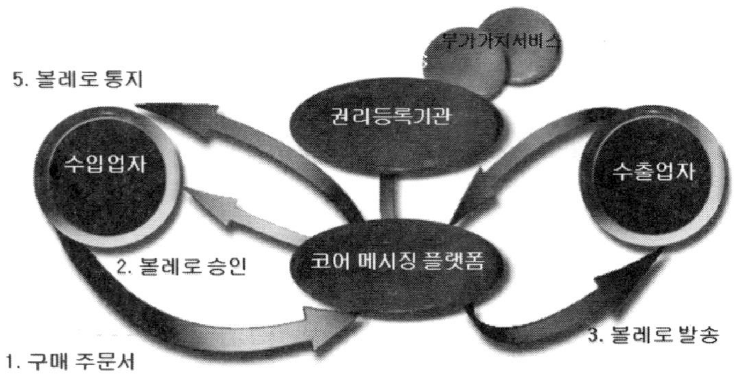

자료 : bolero.net, “The Latest Initiatives from Bolero”, 15 May, 2001.

[그림 10-6] 코어 메시징 플랫폼 운용과정

16) 예컨대 비밀문서는 복사될 수 있고, 그 문서발송자의 허락 없이 외부 당사자에게 노출될 수 있다. 또한 그 문서는 위조될 수 있고 연속적으로 원본으로 전달될 수 있다. 전자메일과 같이 인터넷에서 동일한 문서의 전달이 발생할 수 있다.

17) “타임아웃”(time out) 기능을 통하여 발신자는 서류가 그의 상대방에 의하여 접수되지 않았을 경우에는 bolero.net으로부터 경고를 받을 수 있다. 물론 발신자는 수신자가 적절하게 우선 순위를 결정할 수 있도록 메시지에 “긴급”(urgent)과 같은 표기를 할 수 있다.

18) http://www.bolero.net/decision/service/

(2) 권리등록기관(Title Registry)

볼레로 등록기관은 유통 가능한 서류의 작성 및 이전을 위한 저장 공간과 워크플로우(workflow)를 제공한다. 권리등록기관은 전자선하증권의 완전한 유통을 가능하게 하는 세계 유일의 서비스 이행을 의미한다.[19] 즉, 코어 메시징 플랫폼(Core Messaging Platform ; CMP)과 연결되어 있는 부가가치 서비스로 볼레로 선하증권의 권리와 의무를 기록하고 이전하기 위한 애플리케이션(application)이다. 볼레로 선하증권의 소유권과 그 이전에 관한 기능을 수행하기 위한 장치로, 볼레로 선하증권의 현재 상황을 기록하고 거래과정을 감시하고 추적하는 서비스를 제공한다.[20]

권리등록기관의 통상 목적은 전통적인 종이 선하증권의 기능을 전자적으로 구현하는 것이다. 그 레코드(Title Registry Record) 내의 필드(field)에 볼레로 선하증권의 운용절차와 그 절차상 이용자의 권리와 의무에 관한 정보를 저장한다.

그리고 무역거래 프로세스에서 권리등록기관의 주요 기능은 다음과 같다.[21]

첫째, 권리등록기관과 볼레로 선하증권은 전통적인 종이 선하증권의 기능을 완전하게 구현한다. 따라서 볼레로 선하증권은 발행·이전되고, 변경 및 양도될 수 있다. 각각의 경우에 수권받은 당사자는 권리등록기관에 거래를 이행하도록 지시할 뿐이다.

둘째, 볼레로 선하증권의 담보기능을 부여한다. 예컨대 신용장대금의 결제를 위해 종이 선하증권을 은행 앞으로 배서함으로써 적법한 담보로 제공할 수 있다. 권리등록기관에서는 이러한 담보권은 질권자(質權者)[22]의 추가를 통하여 부여된다.

셋째, 권리등록기관은 수권 당사자의 지시에 따라 실행하는 것은 물론 그 실행을 승인하고 그 내용을 관계당사자에게 자동적으로 통지한다. 또한 내부의 모든 거래를 감시하고, 볼레로 선하증권이 부당한 당사자에게 발송되는 것을 차단한다.

넷째, 볼레로 선하증권의 조건변경을 관리한다. 권리등록기관은 볼레로 선하증권을 작성(발급)한 운송인의 수권이 없으면, 모든 조건변경은 허용되지 않는다. 따라서 선하증권이 사기목적으로 변경될 가능성이 제거된다. 그리고 권리등록기관은 조건변경을 요청받으면, 운송인이 그 변경을 허용 또는 거절할 때까지 볼레로 선하증권에

---

19) http://www.bolero.net.

20) bolero.net, *Bolero Rulebook*, 1.1(53).

21) http://www.bolero.net/decision/service/title.php3, 2002. 1. 16.

22) 채무자가 채무를 상환할 때까지 채권자가 담보물을 보유할 권리가 있고, 채무자가 자신의 채무를 상환하지 아니할 때에는 그 것으로 우선변제를 받을 수 있는 권리가 있는 者이다.

관한 모든 실행을 중단한다. 또한 일상적인 일대일(one to one) 조건변경 이외에 볼레로 선하증권을 결합, 분할 및 전환(switching)하는 것을 지원한다.

다섯째, 연배서(endorsement chain)가 가능하다. 종이무역에 있어서 연배서는 선하증권의 모든 당사자를 포함한다. 권리등록기관은 거래당사자 간 권리와 의무의 이전을 반영하는 각 볼레로 선하증권에 대한 연배서를 관리한다. 또한 연배서에 있어서 각 배서내용의 일시기록(timestamp)을 관리하기 때문에 볼레로 선하증권에 관한 완벽하고 정확한 기록을 제공한다.

여섯째, 코어 메시징 플랫폼과 마찬가지로 권리등록기관은 모든 볼레로 선하증권 거래의 전 과정에 대한 거래정보를 관리한다. 디지털로 서명된 메시지에 비교되는 이들 거래정보는 거래의 무결성을 증명하고 모든 분쟁을 해결하기 위해 이용된다.

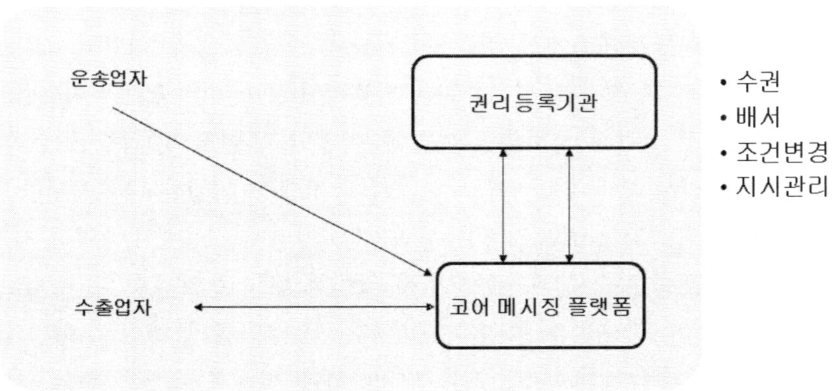

자료 : bolero.net(Dr. Anthony W.Kirby), "Bolero Update"

[그림 10-7] 타이틀 레지스트리(권리등록기관)의 운용절차

(3) 법적기반

볼레로에서 제공하는 서비스거래는 볼레로 규약집이 적용된다. 볼레로 규약집은 볼레로(bolero.net) 서비스의 이용자를 구속하는 다면계약이다.

따라서 공통의 법정 재판관할권, 개별 및 모든 볼레로 이용자의 다자간에 발생되는 어떤 분쟁도 해결이 가능한 분쟁해결 체계를 갖추고 있다. 그리고 분쟁해결은 볼레로협회를 통한다.

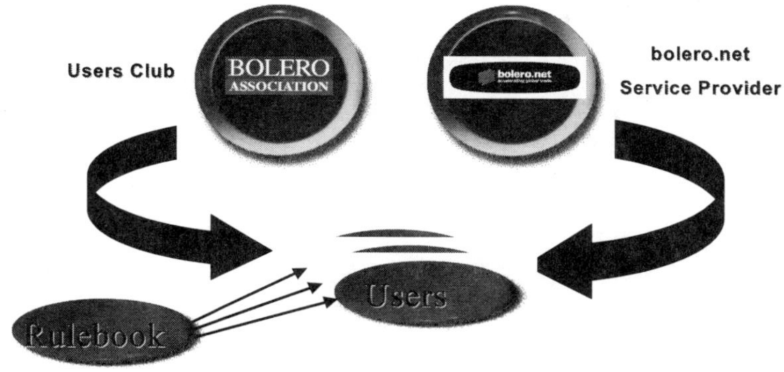

자료 : bolero.net, "The Latest Initiatives from Bolero", 15 May, 2001.

[그림 10-8] 중립적인 위치 : 통제

4. 금융지원체인 솔루션과 전자무역플랫폼(TTP)

무역거래 프로세스를 간소화·자동화하기 위해 볼레로에서는 '금융지원체인관리(financial supply chain management) 솔루션'을 개발하여 전 세계의 무역관련 당사자에게 서비스를 제공하고 있다. 여기에서 금융지원체인관리란 무역거래의 전 프로세스와 기업의 현금, 계정 및 운전자금을 관리하는 정보를 의미한다. 매수인의 관점에서는 조달에서 결제까지 전 과정을 말하며, 매도인에게는 주문에서 대금회수에 이르기까지의 전 사이클이다. 따라서 이러한 절차를 전자무역플랫폼에서 체계적이고 전자적으로 관리하기 위해 지급채무와 수취채권(accounts payable and receivable)관리, 자금관리(cash management), 운전자금(working capital)관리, 위험관리(risk), 행정절차(administration)관리, 거래비용(transaction costs) 등 금융지원관리의 자동화·통합화를 통하여 무역거래 프로세스의 최적화를 목표로 애플리케이션(application)을 개발하고 있다.[23)]

볼레로의 전자무역플랫폼은 볼레로에서 제공하고 있는 모든 서비스를 지원하는 핵심 인프라이며, 전자무역서류 또는 데이터(data)의 관리를 지원하는 안전한 메시징(messaging), 신뢰성 있는 제3자, 그리고 법적기반 및 표준을 제공한다. 이 플랫폼은 독립형(stand-alone) 솔루션을 제공하며 볼레로의 모든 애플리케이션(application Suite)을 위한 전제조건이다. 그리고 볼레로의 신뢰성 있는 무역플랫폼은 보안성을 갖추고 있으며 인증된 무역정보의 교환이 가능하도록 하는 임무지향의 인프라를 제공하여

23) http://www.bolero.net/solutions/finacial_supply_chain.html.

[표 10-2] TTP의 주요 기능

기 능	서비스 내용
서류 저장	서류전송의 보장과 분쟁에 대비한 추적기록을 제공하기 위해 메시지 허브에 모든 서류의 저장
결제시스템	단일의 일관성 있는 무역플랫폼 상에서 Documentary Credit와 Open account의 자동화 및 최적화
안전한 서류보안	플랫폼상에서 운용되는 서류의 인증성, 부인방지, 무결성 및 기밀성을 보장하기 위해 디지털서명과 암호화로 서류보안 완비
서류의 법적 구속력	계약은 전 세계의 주요 무역 재판관할권에 적용 가능
호환성 확보	boleroXML과 인터넷 규약의 채용으로 이종 시스템 간 호환성 보장
거래서류 제공	거래에 필요한 모든 종류의 거래서류 제공(100종 이상)
광범위한 산업에서 이용	광범위한 산업에 종사하는 수출입업자가 이용(섬유, 자동차, 전자 등)
안전한 업무공간	SWIFT에 의해 운영되며, 전 세계 대형은행의 80% 이상이 지원

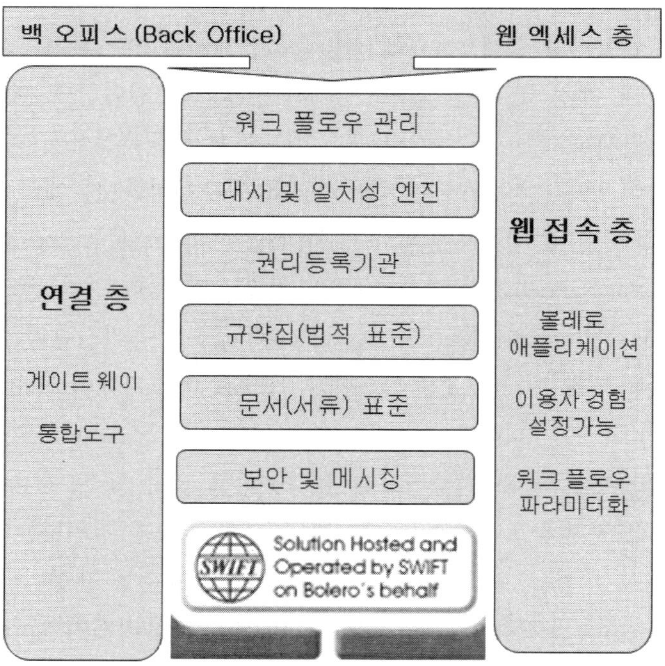

[그림 10-9] 볼레로 TTP의 운용기반

무역서류를 계약상으로 구속한다. 그리고 이 무역플랫폼은 국제무역서류를 전자화하는데 필요한 주요 기능을 통합한다. 전자무역플랫폼으로서 독립형 솔루션을 제공하는 이외 볼레로 솔루션 스위트를 위한 전제조건이다. 이 신뢰성 있는 전자무역플랫폼은 무역서류를 비 서류화하는데 필요한 핵심 기능을 통합한다.[24]

(1) 호스팅 및 운용(Hosting and Operations)

볼레로는 국제무역 커뮤니티의 엄격한 운영표준에 맞추어 고안된 호스트 서비스를 제공한다. 모든 볼레로 서비스는 단일의 장애지점 없이(no single point of failure ; NSPOF)[25], 즉 방사형 구조로 연결된 중복적이고 군집된 아키텍처로 설계되었다. 당해 서비스는 SWIFT 운영센터의 SWIFT에서 제공되며, 운영, 변경관리 및 감사에 대한 SWIFT 표준절차를 준수한다.

(2) 보안 및 메시징

볼레로 메시징 허브는 모든 서류의 송신보장 및 원본성 제공한다. 전송 및 메시지 포맷 프로토콜은 smtp, https IMAP 및 S/MIME의 인터넷 표준에 따른다. SWIFT가 고안한 메시징 프로토콜은 서류전달의 승인 및 통지 서비스를 한다. 볼레로 보안구조는 공개키(PKI)를 기반으로 하며, ISO 표준 X.509v3 및 IECC 표준 PKCS# 프로토콜을 준수한다. 등록기관 서비스는 은행을 통하여 제공되며, 그 인증기관은 SWIFT에 의해 운영된다. 모든 볼레로 메시지 및 승인은 1024 비트 키로 디지털 서명되고 선택적으로 3DES 프로토콜에 기반으로 한 128 비트로 암호화한다. 128 bits. 모든 상호 작용적 통신은 128비트로 암호화한다.

(3) 서류표준

볼레로는 구조화 및 비 구조화된 모든 서류를 지원한다. 비 구조화된 서류는 모든 마이크로 소프트, 이미지 및 텍스트 형식을 포함한 어느 형식으로도 제시할 수 있다. 볼레로의 중앙 데이터 서비스는 XML 구문을 기반으로 한다. 볼레로는 전 프로세스

24) bolero.net 자료를 중심으로 기술함.

25) 한 곳만 장애가 발생하면 전체 시스템이 동작하지 않는 부분을 일컫는 말인데, 모든 중요한 시스템은 이러한 단일 장애점(Single Point of Failure)이 없도록 주요 부분이 이중화되어 있거나 이것이 기술적으로 어려운 경우엔 이 부분은 거의 고장이 발생하지 않는 구조로 되어 있다.

의 무역 데이터 모델과 boleroXML 표준에 해당하는 100 종 이상의 관련서류를 개발했다. 또한 볼레로는 구조화된 포맷의 보편적인 번역이 가능한 번역 서비스를 지원한다.

(4) 볼레로 규약집(법적 기준)

볼레로 규약집은 모든 당사자가 볼레로 서비스의 핵심 요소를 규정하고 있는 일반 규칙을 준수하기로 합의한다는 다면 계약이다. 볼레로 규약집에 의해 규율된다는 것을 보장하는 다면(다국 간) 계약이다. 볼레로 규약집에 관한 연구는 런던에 기반을 둔 두 일류 국제법률회사인 Allen & Overy and Richards Butler가 맡았으며, 전자상거래관련 법적 이슈(issue)를 맡는 가장 광범위한 연구 중의 하나이다.

공통의 법정 재판관할권, 개별 및 모든 볼레로 이용자의 다자간에 발생되는 어떤 분쟁도 해결이 가능한 분쟁해결 체계를 갖추고 있다. 그리고 분쟁해결은 볼레로협회를 통한다.

(5) 대사 및 일치성 점검 엔진

볼레로는 다양한 비즈니스 거래에 사용되는 대사 및 일치성 엔진을 제공한다. 그 계층 아키텍처는 기초 인프라를 변경하지 않고 독특한 규약집의 신속한 적용을 허용한다. 대사와 일치성 엔진은 볼레로 애플리케이션 지원 기반이다.

(6) 워크플로우 관리

볼레로 워크플로우 엔진은 기업이 그들의 구체적인 비즈니스 업무절차를 서비스하기 위해 금융지원체인관리를 통합할 수 있도록 한다. 설정 가능한 아키텍처를 기반으로, 거래고객은 통합된 오픈 어카운트 결제 및 금융에서 전 절차의 화환신용장에 이르기까지 광범위한 비즈니스 업무 프로세스를 지원할 수 있다.

(7) 웹 액세스 레이어(Web Access Layer)

신속한 이행 및 설정 가능한 이용자 경험을 가능하게 함으로서, 볼레로 웹 액세스 툴(Web Access tool)은 당사의 고객에게 신뢰성 있는 무역플랫폼은 물론 볼레로 오픈 어카운트와 화환신용장 모듈에 접속할 수 있는 권한을 부여한다. 볼레로 웹 액세스 레이어는 완전한 기능적인 온라인 서류관리 환경에서는 물론 백 오피스(back office)로부터 서류의 업로드 및 다운로드를 허용한다.

(8) 커넥티비티 레이어(Connectivity Layer)

일원적 일관처리 자동화에 관심을 가지는 거래고객을 위해, 볼레로는 백오피스와 볼레로의 신뢰성 있는 무역플랫폼과 직접 연결하기 위해 게이트웨이와 통합도구를 제공한다. 그 게이트웨이는 디지털서명 생성과 인증, 메시지 생성, 승인 대사 및 백오피스 인터페이싱(interfacing)을 다룬다. 통합도구는 전 백오피스 포맷을 계획하고 번역하는 것을 돕는다.

(9) 코어 메시징 플랫폼(Core Messaging Platform)

볼레로시스템의 핵심기반으로 국제무역거래에서 모든 메시지의 송수신 및 그 승인과 그에 대한 감시·추적 서비스를 제공하고 이들 정보를 권리등록기관에 송신하여 저장하는 기능을 담당한다. 즉 웹을 통하여 전자서류를 안전하게 교환할 수 있도록 하는 중앙 메시지 관리시스템이다.

제 3 절 볼레로 애플리케이션

1. 볼레로 화환신용장 스위트(Bolero Documentary Credit Suite)

표준화된 모듈러 애플리케이션 스위트는 전통적인 또는 자동화된 화환신용장 환경에서 수입업자 및 수출업자에 유용성을 제공한다. 이 방식은 신용장 협업관리, 서류준비, 자동화된 일치성 점검 및 신용관리를 포함한다. 오픈 어카운트 방식과 같이, 단절이 없는 멀티은행(multi-Bank)에 대한 이 시스템은 또한 신용 솔루션을 제공한 은행을 위해 구현기술을 제공하다. 신용장 스위트의 기초적인 요소는 ‘BolerAdvice’이며, 이 서비스 애플리케이션은 멀티 전자신용장 통지업무를 제공하며, 다음과 같은 프로세스를 통하여 이행된다.[26)]

---

26) www.bolero.net 자료를 중심으로 보완함

[그림 10-10] 볼레로 화환신용장 스위트 프로세스

(1) 주문 협업관리(Order Collaboration)

정확하게 체결된 주문과 매매계약을 보장하는 것은 물류 및 금융 지원체인(Physical and Financial Supply Chain)에 중요하다. 대부분의 기업을 위해 이러한 종이 기반의 프로세스는 큰 절차적 비용을 수반한다. 볼레로 화환신용장 주문협업관리 모듈은 매수업자와 공급업자가 주문 또는 매매계약을 전자적으로 협상하고 체결할 수 있도록 한다. 당해 모듈은 주문협업관리 수혜가 전 금융지원체인(FSC)을 통하여 실현되는 것을 보장하기 위해 주문처리 프로세스와 통합할 수 있도록 한다. 이 모듈의 주요 서비스는 다음과 같다.

- 일관처리(STP) 및 매수업자의 백 오피스로부터 공급업자에게 주문관리
- 공급업자가 주문서 확인, 인쇄, 다운로드를 위한 온라인 시스템
- 쌍방의 거래당사자가 주문내역에 대한 조건변경의 확인, 거절 및 요청을 위한 인라인(in line) 협상 시스템
- 조건변경과 원 주문서의 온라인 대조

(2) 신용장 협업관리(Documentary Credit Collaboration)

볼레로의 화환신용장 협업모델은 이러한 화환신용장의 개설·운용 프로세스를 재설계한다. 당해 수입업자와 수출업자는 화환신용장의 조건에 따르며, 그 구체적인 조건은 수입업자가 자신의 은행에 지급보장을 신청하기 전에 약정된다. 이러한 협업관리는 주문서와 연계되어 있기 때문에 어떠한 변경도 신용장의 조건에 즉시 적용된다. 즉 전통적인 신용장의 경우 계약을 체결한 후에 거래당사자 간 계약조건을 변경한 경우에는 신용장개설의뢰인은 다시 그 근거 서류를 개설은행에 제시하여 신용장의 조건변경을 신청한다. 이 경우 계약조건을 변경하고 신용장의 조건을 변경하지 않는 경우 또는 이러한 과정에서 변경된 계약조건과 신용장의 조건변경에 오류가 발생하는 경우로 인하여 분쟁이 발생하는 경우가 많이 있다. 그러나 볼레로시스템은 거래당사자 간 계약조건의 변경은 즉시 신용장의 조건변경에 반영된다.

따라서 신용장조건의 변경과정에서 이러한 오류를 사전에 예방할 수 있으며, 또한 뱅킹시스템(banking system)을 통하여 불일치 위험과 조건변경관리의 필요성을 감소시킨다. 그리고 이와 같이 재설계된 프로세스는 수입업자의 내부 프로세싱 비용을 축소시키고 수출업자에 대한 거래비용을 감소시킨다. 이 모듈의 주요 서비스는 다음과 같다.

- 주문 협업 프로세스상의 신용장의 개설
- 일관성 유지를 위해 기초 주문서와 직접 연결(계)
- 거래은행이 개입하기 전에 쌍방의 거래당사자에게 신용장 내용에 대한 조건변경을 확인, 거절 및 요청할 수 있는 직접적 협상 장치
- 원 신용장과 조건변경의 요청서와 직접적인 대조(비교)

(3) 화환신용장의 통지(Documentary Credit Advising : BoleroAdvise)

전통적인 신용장이 이용되는 경우, 대부분 은행은 SWIFT(Society of Worldwide Interbank Financial Telecommunication ; 세계은행 간 금융통신망), 일반 전신(cable), 팩스(fax) 및 우편(mail) 등을 이용하여 수출업자에게 신용장의 통지 서비스를 제공한다. 신용장을 서면으로 통지를 하는 경우에는 추가적인 행정적 업무절차가 필요하며, 이는 또 은행이 발견하는 높은 율의 하자서류를 제시하는 주요인이다.

한편 볼레로의 화환신용장의 통지 모듈은 은행에 신용장을 전자적으로 통지하는 수단을 제공한다. 따라서 수출업자는 실시간으로 통지받으며, 백오피스(back office)와 통합을 위한 정보를 다운로드(download)할 수 있고 해당 부서와 통지내용을 전자적으로 공유한다. 또 BoleroAdvise는 서류가 일치성 점검을 위해 은행에 제시될 때 취급비용과 불일치의 위험을 축소시킨다.

그리고 'BoleroAdvise' 모듈의 주요 서비스는 다음과 같다.

- 안전한 단일의 웹 기반 시스템을 통하여 모든 통지의 접수를 위한 다양하고 완전한 은행 지원서비스
- SWIFT 네트워크를 통하여 은행이 접수하는 경우에는 완전한 통지보장
- SWIFT 포맷에 대한 사전지식 없이 해석될 수 있는 XML 포맷 서류로 변환(번역)
- 백 오피스와 통합을 위한 통지내용 다운로드 장치
- 다른 부서와 쉽게 공유하기 위해 아도비 아크로뱃(Adobe Acrobat) 포맷으로 제시

(4) 서류관리(Document Management)

일단 화환신용장이 개설되면 매도업자는 대금회수를 회수를 위해 거래은행에 서류제시에 필요한 상업송장, 운송서류, 검사증명서, 금융 서류 및 약정서류를 작성하거나 발급받아야 한다. 대다수의 매도업자들은 주문정보를 스프레드쉬트(spreadsheets)[27] 또는 워드 프로세싱 프로그램에 재입력(rekey)한다. 이러한 프로세스는 시간 소모적이고 하부(downstream) 프로세스에서 자주 나타나는 오류가 발생하기 쉽다. 또한 당해 정보에서의 불일치 때문에 적기의 대금결제가 어렵고 비용을 증가시킨다.

한편 볼레로 서류관리 모듈은 매도업자 및 제3자에게 화환신용장의 매입을 위해 그들의 거래은행에 제반 서류를 준비하고 제시하기 위해 웹 기반의 시스템(장치)을 제공한다. 이 모듈은 행정절차를 감축시키고 은행에 즉시이체 서비스를 제공하며, 대금결제를 지연시킬 수 있는 불일치 가능성을 감소시킨다. 그리고 이 모듈의 주요 서비스는 다음과 같다.

- 완전한 맞춤형 형태의 온라인 서류작성 시스템
- 재입력의 필요성을 제거하기 위해 주문서와 화환신용장의 통지에서부터 필요한 서류로 데이터의 자동이송
- 제3자 서류를 요청하는 프로세스와 은행에 최종 서류세트의 제출을 통하여 단계적으로 매도업자를 인도하는 설정 가능한 워크플로우
- 선하증권과 같은 유통서류 및 수출면장과 원산지 증명서와 같은 절차서류에 대한 지원을 포함한 모든 서류지원
- 디지털 증명서의 작성을 비롯한 풍부한 행정력 지원

(5) 서류점검(Compliance Checking)

화환신용장 프로세스의 핵심 요소는 서류와 신용장조건과의 일치성을 보장하는 것이다. 현행 종이기반 또는 은행이 이용하고 있는 스캐닝(scanning) 방법은 시간 소모적이며, 오류가 발생하기 쉽고 해석상 어려움이 따른다. 이는 긴 프로세싱(processing) 주기, 과도한 비용 및 분쟁위험의 증가를 초래한다. 이에 볼레로는 화환신용장의 조건과 무역서류를 대조하기 위한 은행의 엄격한 요건에 일치시키는 일치성 점검 모듈을 제공한다. 이 모듈은 은행에 전자원문을 바탕으로 서류를 자동 점검하는 수단을

---

27) 작업표에 데이터를 입력한 후 사용자가 원하는 계산 처리, 검색 및 관리, 도표 작성 등을 손쉽게 하도록 개발된 응용 프로그램(http://itdic.daum.net/dicit/search_result_total.do?type).

제공하며, 또한 많은 시간 또는 수일의 서류점검시간을 대폭 축소시킨다. 그리고 이 모듈의 주요 서비스는 다음과 같다.

- 모든 종류의 상업송장, 운송서류, 검사증명서, 보험서류 및 약정 서류의 일치성 점검
- 인적인 오류위험을 감소시키고 오역의 소지를 제거하는 이해하기 쉬운 점검 규약
- 수출업자의 사전 확인 및 하자서류의 반송/전달 옵션에 대한 지원
- 하자의 종류와 내용을 정확하게 기술한 상세하고 구조화된 불일치 보고서의 작성
- 거래금액에 대한 공차허용에 대한 지원
- 분할선적의 지원을 위한 누계관리

(6) 결제관리(Payment Management)

화환신용장에서의 무역결제는 서류의 일치성으로 조건으로 이행된다. 볼레로는 대금결제 프로세스를 간소화시키는 단절이 없고 완전히 통합된 무역결제관리 모듈을 제공한다. 이 모듈은 서류의 일치성을 조건으로 대금결제가 자동적으로 이행되고 전 거래은행 간 차기 및 대기의 거래명세를 제공한다. 그리고 이 모듈의 주요 서비스는 다음과 같다.

- 결제관리 모듈은 서류의 일치성을 근거로 한 자동적인 대금결제의 개시
- 일람불 및 연지급 대금결제 지원
- 차기/대기 확인서의 발행을 포함한 전 환거래은행의 대금결제 내역추적
- 지급채무 및 매출채권 업무와 대금결제 통보와 통합시스템을 지원

(7) 신용관리(Credit Management)

전자무역에 있어서도 화환신용장은 금융수단으로 이용되기 때문에 계속 이용될 것이다. 볼레로 신용관리 모듈은 전 과정의 화환신용장 프로세스와 금융의 지원과 관리를 통합한다. 이 모듈은 은행이 화환신용장을 근거로 금융을 단절 없이 지원할 수 있도록 하기 때문에 기업의 행정절차를 축소시키고 고객 서비스를 개선시킨다.

볼레로 결제관리 모듈은 단일의 구매에서 지급결제까지 주기의 일부로 결제과정을 통합하기 위해 은행과 제휴하여 사용된다. 이 모듈은 볼레로의 주문대사 모듈과 완전하게 통합하여 실시간 대금결제 지시를 활성화하기 위해 고안된 SWIFT 프로토콜(규약)을 채용한다. 그리고 이 모듈은 은행금융을 기반으로 한 법적으로 구속되는

"지급확약서"의 발행, 모든 당사자에 대한 위험노출을 축소시키기 위해 화환신용장의 확인, 기업에 금융지원을 최적화하기 위한 금융지원 신청, 회신 및 추적 시스템(장치), 금융지원에 영향을 미칠 수 있는 기초 비즈니스 거래에 있어서 변화된 모든 내용에 대해 은행에 자동적인 통지 서비스 등의 서비스를 제공한다.

2. 볼레로 오픈어카운트 스위트(Bolero Open Account Suite)

근래에 와서는 무역결제의 형태가 신용장방식에서 탈피하여 간편하고 편리한 오픈 어카운트 방식으로 이동되는 경향이 있다. 오픈 어카운트 방식이란 무역당사자 간의 상거래에 따른 대금결제를 그때그때 건별로 이행하지 않고 그 채권/채무관계를 장부에 기록하였다가 정기적으로 거래당사자 간 수출채권과 지급채무의 잔액을 상호 상쇄하고 차감잔액만 결제하는 방식을 의미한다. 볼레로에서 지원하는 표준화된 모듈러 애플리케이션 스위트는 대사 및 대금결제를 통하여 이와 같은 방식을 운용하기 위해 주문 협업관리를 제공한다.

실무적으로 오픈 어카운트 방식은 일종의 '선적통지 결제방식'으로 이 방식의 수출은 선적 후 은행에 관련 서류를 매입(수출채권 매각)하여 무역대금을 조기에 현금화할 수 있고 거래시간과 거래비용 등을 절감시켜 주는 유용하고 간편한 방식이다. 이 방식의 프로세스는 다음과 같다.

[그림 10-11] **볼레로 오픈 어카운트 스위트 프로세스**

(1) 주문협업관리(Order Collaboration)

볼레로의 오픈 주문협업관리 모듈(module)은 매수업자와 매도업자(또는 공급업자)가 주문 또는 매매계약을 전자적으로 협상하고 체결할 수 있도록 하는 시스템을 갖추고 있다. 이 모듈은 주문협업관리의 수혜가 전 금융지원체인(FSC)을 통하여 실현되는 것을 보장하기 위해 주문처리 프로세스와 통합할 수 있도록 하고 있다. 그리고 이 모듈의 주요 서비스는 다음과 같다.

• 매수인의 백오피스 시스템(back-office systems)로부터 공급업자에 이르기까지

주문의 일관처리(STP) 및 유통

- 공급업자가 백오피스 프로세싱에 대한 주문서를 검토, 출력 및 다운로드를 하기 위한 온라인 처리장치
- 쌍방의 당사자가 주문명세에 대한 조건변경을 확인, 거절 및 요청할 수 있는 인라인(in-line) 협상시스템
- 원 주문서(original order)와 조건변경 요청서의 인라인(in line) 비교

(2) 서류관리(Document Management)

주문협업관리에서 일단 주문서 또는 매매계약서가 체결되면, 매도업자는 상업송장, 운송서류, 검사증명서 및 물품선적에 필요한 절차서류(regulatory documents)를 작성하거나 또는 발급받는다. 전통적인 국제무역에서 대부분 매도업자들은 주문정보를 스프레이드시트(spreadsheets) 또는 워드 프로세싱 프로그램에 재입력(re-key)해야 한다. 또한 이 프로세스는 시간 소모적이고 하부(downstream) 프로세스에서 자주 나타나는 오류가 발생하기 쉬우며, 정확하고 적기의 재고 및 시재관리를 할 수 없다. 볼레로에서는 서류관리 모듈을 통하여 매도업자 및 제3자가 모든 무역서류를 준비하고 관리하기 위한 웹 기반의 시스템을 제공하고 있다. 이 모듈의 주요 서비스는 다음과 같다.

- 온라인 서류작성 시스템(장치)
- 재입력의 필요성을 제거하기 위해 주문서로부터 요구서류로 데이터의 자동이체
- 제3자 서류를 요청하는 프로세스와 최종 서류세트의 제출을 통하여 단계적으로 매도업자를 안내하는 설정 가능한 워크플로우
- 선하증권과 같은 유통서류 및 수출면장과 원산지 증명서와 같은 절차서류의 지원을 포함한 모든 서류지원
- 디지털 증명서의 작성을 비롯한 풍부한 행정력 지원

(3) 주문서 대사(Order Reconciliation)

주문서와 제시서류의 대사는 재고상태와 지급채무의 관리를 필요로 한다. 현행의 대사 프로세스는 종이를 기반으로 하거나 또는 유지관리의 비용이 높고 데이터의 재입력이 필요한 일반적인 매칭 소프트웨어(matching software)에 의존한다. 이러한 방식에 있어서 당해 주문서의 조건변경은 그 절차가 시스템화 되어있지 않기 때문에 종종 복잡하다. 이에 따라 볼레로에서는 최종 주문서와 전 세트의 서류를 대조하는데

이용하기 위해 종합적인 주문대사 모듈을 제공한다. 볼레로의 주문대사는 수동적인 점검(manual checking) 및 재입력의 필요성을 제거하고 분쟁을 신속하고 전문적으로 해결하기 위한 플랫폼을 제공한다. 그리고 당해 모듈은 다음 서비스를 제공한다.

- 최종적이고 조건 변경된 주문서와 단절 없는 연결
- 분할선적을 지원하기 위해 누계관리
- 전 세트의 서류에 대한 항목별 명세의 대사
- 서류점검 규약집
- 상세한 예외 보고서의 제출
- 정정을 위해 매도업자에게 반송하거나 또는 수입업자에게 직접 발송하기 위해 예외를 인정하기 위한 설정 가능한 워크플로우

(4) 결제관리(Payment Management)

볼레로의 결제관리 모듈은 매수에서 그 결제대금의 지급까지 단일 주기의 일부로 대금결제를 통합하기 위해 은행과 연계하여 사용된다. 당해 모듈은 볼레로의 주문대사 모듈과 완전하게 통합하여 실시간 대금결제 지시가 용이하도록 고안되어 있는 SWIFT 규약을 채용한다. 그리고 당해 모듈의 주요 서비스는 다음과 같다.

- 지급지시서의 자동 작성
- 수리된 서류 또는 대외 조건(external events)을 근거로 대금지급을 허용하거나 또는 거절하기 위한 설정 가능한(configurable) 프로세스
- 일람불 또는 연지급 결제를 위한 지원
- 송금자, 금액 및 결제일자 정보에 대한 사전 통보
- 통합된 차기 및 대기 통보, 그리고 이행 통보

(5) 금융관리(Financial Management)

국제무역에서 오픈 어카운트(Open-Account) 제도상 금융은 수입업자와 수출업자에게는 불편하고 많은 비용이 들 수 있다. 취소불능신용장과 달리 사전 또는 사후 오픈 어카운트 금융은 주문 또는 수취채권의 적격성에 대한 불확실성으로 은행에 더 큰 위험을 수반한다. 그 결과로 매도업자와 무역업자는 더 많은 운전자금이 필요하다.

그러나 볼레로 금융모듈은 전 프로세스의 무역 사이클에 대한 투명성을 제공하고, 매수업자에게 장래 지급채무의 할인을 기초로 한 새로운 수익원을 제공한다. 그리고

매도업자에게 더 경쟁력 있는 율(저렴한 이율)로 운전자금을 제공한다. 또한 은행은 보장된 주문서 또는 매매계약서를 근거로 하여 선적 전 금융을 지원할 수 있다. 반면 선적 후 금융은 볼레로 결제관리 모듈을 통하여 접수한 연지급결제 지시와 직접 연계될 수 있다. 따라서 이 금융지원 모듈은 수입업자 또는 수출업자와 그의 거래은행 간 금융신청의 편리성을 제공한다.

- 수입업자 또는 수출업자와 거래은행 간 금융신청의 간편성
- 매수인이 보장한 주문서, 매수업자 거래은행의 확인서, 매도업자의 매매계약서를 근거로 한 선적 전 금융지원
- 매수인의 지급보장, 물품의 양도확인서를 근거로 한 선적 후 금융지원

[표 10-3] **전통적 신용장제도와 전자 애플리케이션 비교**

비교 내용	전통적인 신용장제도	Bolero 애플리케이션 상의 신용장방식	TradeCard의 금융지원체인관리
지급보장	수입업자의 거래은행 (개설은행)	수입업자의 거래은행 (보장은행)	TradeCard의 제휴사인 Coface/GE Commercial Finance
개설한도 책정/배정	수입업자의 거래은행 (개설은행)	수입업자의 거래은행 (보장은행)	TradeCard의 제휴사인 Coface/GE Commercial Finance
조건변경	기초계약의 조건변경에 따른 별도의 신용장 조건 변경 필요	별도의 조건변경 불필요하며, 기초계약 조건변경 시 신용장 조건이 자동·전자적으로 변경 됨	별도의 조건변경 불필요하며, 기초계약 조건변경 시 신용장 조건 자동 변경됨
거래기반	전통적인 종이서류에 기반한 결제시스템	전자무역플랫폼(금융지원체인관리 애플리케이션)	금융지원체인관리 플랫폼
대금지급 여부 판단	제시서류의 일치성 심사(은행원)	전자서류의 일치성 심사 (Compliance Checking)	전자서류의 일치성 심사 (Compliance Engine)
불일치 통보 방법	개설은행의 서면 또는 전화통보	볼레로의 시스템의 전자형식에 의한 통보	TradeCard 시스템의 전자적 형식에 의한 통보
대금결제	개설은행의 지급지시(송금)/개설은행이 지정한 상환은행	대금지급 보장은행 (결국 거래은행)	TradeCard의 TCSS의 지급지시에 의해 JP Morgan Chase
주요 업무	회환신용장 개설, 신용장 통지, 서류심사, 무역결제, 금융업무	주문협업관리, 화환신용장협업, 화환신용장 통지, 서류관리, 일치성 점검, 결제관리, 신용관리	주문협업, 신용한도 신청 및 배정, 서류관리, 일치성 점검, 대금결제

제 4 절 정보보안 솔루션

1. 정보보안의 의의

(1) 전자거래상의 당면 문제

많은 사람이 이용하는 인터넷의 전자네트워크와 그 통신채널은 근본적으로 보안성이 취약하기 때문에 많은 사람에 노출되는 전자메시지(electronic message)는 변경되거나 또는 위조될 수 있다. 따라서 전자무역거래에서는 그 메시지를 어떻게 보호할 것인가? 가 선결과제가 되고 있다. 즉, 인터넷상에서 거래되는 전자메시지는 원하는 대상에게 안전하게 전달되어야 하는데 다음과 같은 당면 문제를 해결하는 것이다.

즉 신원이 확인된 데이터인가?, 변조되지 아니한 데이터인가?, 데이터의 송신자가 데이터의 송신을 부인할 수 없는가?, 그리고 데이터의 비밀유지가 가능한가? 등이다. 이와 같은 문제는 사회적 목적을 위해 단순히 이용한다면 그다지 중요하지 않을 수 있으나, 어느 상거래(B2C, B2B)에 관련이 있는가? 및 자금이체가 메시지의 진정성에 의존하는 경우에는 그 중요성은 크다. PC를 통하여 메시지를 접수했다면 그 것은 특정한 자로부터 수신되었다는 것을 의미한다.

그러나 실제로는 메시지를 발송한 자의 신원을 어떻게 확인하는 가?, 둘째 접수한 데이터가 실제로 발송한 것과 정확하게 동일하다는 것을 어떻게 확인하는 가? 그 메시지가 해커(hecker)에 의해 차단되어 변경되지 않았다는 것을 어떻게 확인하는 가이다. 셋째, 특정한 자로부터 수신된 정보는 부인되지 않는다는 것을 어떻게 확인하는가? 발송자가 메시지를 발송한 사실을 부인하는 경우이다. 즉 이 정보를 신뢰할 수 있는가이다. 넷째, 네트워크를 통해 정보가 전송되는 동안 다른 경쟁자에 의해 그 정보가 판독되지 않았다는 것을 어떻게 확인하는 가? 이다. 이는 정보의 기밀을 유지할 법적 의무가 있는 은행과 전문기관에 특히 중요하다. 또한 데이터 보호법이 적용되는 곳에서(일반적으로 BtoC 환경), 사적인 데이터를 안전하게 보호하여야 할 의무가 있다.[28)]

이러한 문제를 해결하기 위한 방법 중 하나로서 암호화 기법을 이용한 전자서명과 전자인증의 네트워크 보안기술이 사용된다.

---

28) bolero.net, “EuroMoney Trade Finance Conference”, 29 June 2001, s. 32.

(2) 전통적인 종이서류의 효과와 전자서명

서명은 개인에게 다소 유일하기 때문에 서류는 신원확인이 가능한 자에 의해 서명된다. 그리고 서면상의 필적은 변경하면 그 변경내용을 별견하기가 용이하기 때문에 서류가 서명된 후에는 변경되지 않는다. 그러므로 서명은 개인에게 그 서류의 귀속을 위한 증거로 제공된다. 또한 서명하는 것은 그 행위의 중요성을 인식시킨다. 따라서 서명된 서류는 법적으로 그 서명자에게 책임을 부담시킨다. 그 중요성은 거래상황에 달려 있다.[29] 이와 같은 효과를 어떻게 전자서류에서 확보하는 가이다. 전자서류의 전자인증 방법으로 가장 안전하고 널리 수용되는 것이 디지털서명이다.

2. 디지털서명의 운용 프로세스

(1) 공개키 기반의 디지털서명

모든 보안요건에 대한 솔루션은 공개키 기반(PKI)의 국제표준을 이용하는 디지털서명이다. PKI 시스템은 한 쌍의 암호 키를 사용한다. 즉 특정의 개인 또는 실체와 관련 있는 개인키[30]와 공개키이다. 이용자는 개인키를 비밀로 유지하여야 한다. 반면, 공개키는 개인키로 서명한 메시지를 신뢰하는 모든 사람에게 공개된다. 개인키는 완벽한 보안이 유지되어야 한다는 것은 절대적이다. 개인키는 메시지를 디지털로 서명하고, 공개키는 그 메시지를 대조·확인한다. 이 두 키는 이와 같은 방법으로 수학적으로 연결(link)되어 있기 때문에 공개키의 정보로부터 개인키를 알아내는 것은 불가능하다. 결과적으로 공개키가 메시지의 접수자에 의해 보존된다는 사실로는 보안위험이 발생하지 않는다는 것이다. 이 두 키는 복잡한 수학적인 알고리즘을 통하여 동시에 생성된다. 한 쌍의 키를 생성하는 소프트웨어는 널리 공개된다.

인증기관은 서명된 메시지를 대조하는 공개키가 사실상 특정인에게 발행되었다는 것을 입증한다. 인증기관 그 자체는 실제로 개인키는 알 수 없다. 이것은 그 메시지를 신뢰하는 개인에게 송신자의 신원이 제3자에 의하여 확인되었으므로 안심하도록 한다.[31]

---

29) bolero.net, "Information Security for Electronic Commerce", 2001, s. 3.

30) 비밀키(Private Key)는 자신이 작성한 문서의 진정성과 무결성을 증명하기 위해 첨부되는 전자서명을 생성하는데 활용하며 이를 검증하기 위해서는 사전에 한 쌍으로 작성된 공개키(Public Key)가 필요하다.

31) bolero.net, "EuroMoney Trade Finance Conference", 29 June 2001, s. 33.

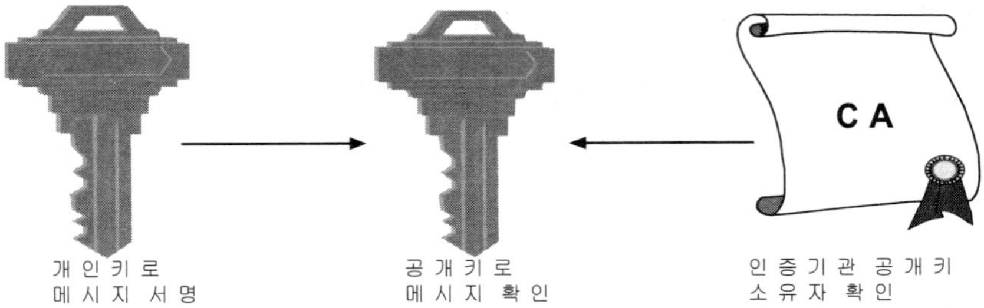

자료 : bolero.net, "EuroMoney Trade Finance Conference", 29 June 2001.

[그림 10-12] 송수신 메시지 확인과정

(2) 디지털서명의 생성과 확인절차

① 디지털서명의 생성

디지털서명은 전통적인 자필서명과 동일한 목적을 제공하고 동일한 효과를 이루지만 전적으로 그와 다른 과정을 통하여 이루어진다. 즉 자필은 잉크와 종이를 수반하는 반면, 디지털서명은 암호기술을 수반한다. 데이터가 외관상 무의미한 형식으로 전환되고, 다시 통제된 방법으로 원래의 형식으로 복원되는 수학적인 산술인 암호기술이다.

암호기술을 이용하여 서명자는 다음과 같이 디지털서명을 생성한다.32)

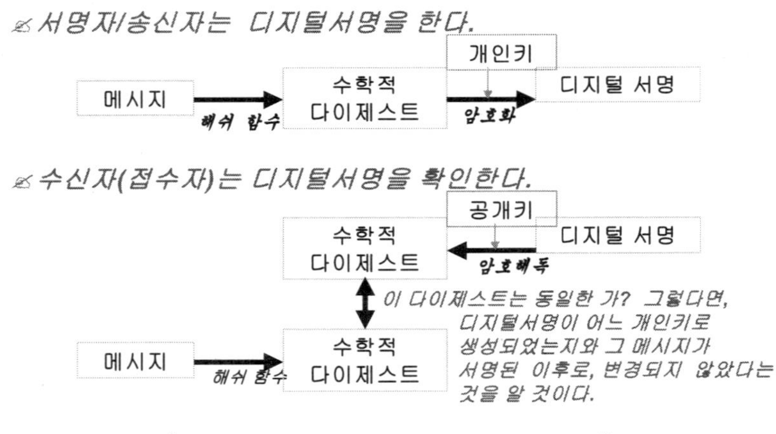

자료 : bolero.net, "Information Security for Electronic Commerce", 2001.

[그림 10-13] 디지털서명의 생성 및 확인과정

---

32) bolero.net, "Digital Signatures in the Bolero System", 3 Oct. 1999.

(가) 다이제스트 생성

메시지를 디지털로 "서명"한다는 것은 송신자가 수학적 알고리즘으로 메시지의 "다이제스트"를 생성하는 것이다. 또한 이 다이제스트는 지문 또는 해시 값(hash value)이라 칭한다. 그 해시 값은 메시지의 디지털 압축을 나타내며, 그 메시지에 유일한 것이다.

(나) 다이제스트 암호화

그리고 서명자는 자신의 개인키(비밀키)[33]를 이용하여 그 메시지의 수학적인 다이제스트를 암호화한다. 그 결과 암호화된 다이제스트는 그 메시지의 디지털서명이다. 그 디지털서명은 그 메시와 그 디지털서명을 생성하는데 이용된 개인키에 유일한 것이다. 본 디지털서명은 메시지 자체와 같이 수신자에게 전송된다.

② 디지털서명의 확인

그 메시지와 송신자의 디지털서명을 접수했다면, 수신자는 그 메시지와 서명을 다음과 같은 방법으로 확인한다.[34]

㉠ 송신자의 공개키로 송신자의 디지털서명을 해독한다. 누구나 송신자의 공개키에 접근할 수 있다는 것을 명심한다.

㉡ 이 과정은 송신자가 사용한 것과 동일한 알고리즘을 사용하여 다이제스트(해시값)를 다시 생성한다.

㉢ 그리고 확인자는 그 두 과정의 결과 치를 대조한다. 그 결과가 동일하다면 다음을 증명하는 것이다. 즉, 송신자의 공개키에 대칭되는 송신자의 개인키로 서명되었다는 것과 그 메시지가 서명된 이후로 변경되지 않았다는 것을 증명한다.

---

33) 서명자는 암호키를 비밀로 유지하여야 하기 때문에 그 암호키는 "비공개"이다. 이 키를 소유하고 있는 자는 누구나 서명자의 디지털서명을 위조할 수 있을 것이다. 다행히도 스마트카드와 같은 여러 유효한 방법이 이와 같은 키를 보호하기 위해서 존재한다. 이와 같은 키는 아주 큰 수이기 때문에 그것은 실질적으로 기억하는 것은 불가능하다. 그 대신에 이 키를 안전한 상태로 유지한다는 것은 얼마나 안전한 컨테이너에 그것을 보존하는 가에 따라 결정된다. 따라서 볼레로 규약집은 각 이용자로 하여금 그의 비밀키 또는 키들을 안전하게 보존하도록 하는 책임을 지도록 한다. 다른 사용자와 관련하여, 그 개인키의 소유자만이 그 키를 안전하게 관리할 수 있고, 또한 그렇게 하여야 한다. 그럼에도 불구하고 그 개인키를 분실하였다면, 그 인증서를 취소할 수 있다(bolero.net, the Operating Procedures 참조).

34) bolero.net, "EuroMoney Trade Finance Conference", 29 June 2001, s. 34.

3. 정보보안시스템의 운용과 법적 형식요건

(1) 정보보안 시스템의 신뢰성

이미 기술하였듯이 볼레로시스템 내의 코에 메시징 플랫폼을 통하여 전송되는 무역서류를 보호하기 위하여, bolero.net 서비스는 통상 디지털서명과 암호화로 알려진 선진 암호기술을 이용한다. 즉, 공개키(PKI) 기반의 디지털서명과 디지털인증을 이용한다. 이들 기술은 인터넷과 종이서류 상의 보안보다 더 안전한 보안을 제공한다. 예컨대 비밀서류는 복사될 수 있고 서류 발송자의 정보 없이 외부 당사자에게 노출될 수 있다. 또한 원본 서류로 위조하여 무사하게 전달될 수 있다. 전자메일과 같은 인터넷에서 전송되는 메시지도 동일한 상황이 발생할 수 있다. 그러나 이들 시나리오는 볼레로시스템에서는 불가능하다. 암호화 기법은 의도된 수신자 이외의 다른 당사자에 의해 서류가 판독되는 것을 차단한다. 그리고 디지털서명은 서류가 위조 또는 변조되지 않았다는 것 등을 보장한다.[35] 그러므로 디지털서명은 현재 이용되고 있는 종이서명보다 더 안전한 보안환경을 제공한다고 볼 수 있다.[36]

따라서 볼레로 메시징 시스템은 종이서류 기반의 무역거래를 이행하는 데 가지는 현행 비즈니스의 안전한 요소를 능가한다.

[표 10-4] 종이서명과 디지털서명의 비교

내 용	종이서명	디지털서명
신 뢰 성	(공증되지 아니한 경우에는) 신원확인의 신뢰성 약함	(인증기관이 신뢰성 있다면) 인증서에 통한 신원확인의 신뢰성 높음
위조 방지	기술적인 방법을 통하여 위조방지 불가	서명자는 공개키 보안을 통하여 위조방지 가능
변조 발견	교묘하고 사소한 변조는 발견하기 어렵다	모든 변경, 심지어 사소한 변경이라도 디지털 방법으로 발견된다.
서명 방법	서명은 대부분 수작업의 과정을 거친다.	인증은 자동화될 수 있으며, 낮은 수준의 조작으로도 이용된다.

자료 : bolero.net, "Information Security for Electronic Commerce", 2001.

35) http://www.bolero.net/decision/service/index.php3.

36) bolero.net(Robert Caplehorn), "EuroMoney Trade Finance Conference", 29 June 2001, s. 36.

(2) 볼레로시스템 내 디지털서명의 운용

이미 디지털서명과 인증서가 운용되는 과정을 기술하였다. 볼레로시스템 내에서 디지털서명은 다음과 같이 운용된다.[37]

① 볼레로에 등록된 이용자의 인증된 비밀키를 이용하여 각 메시지는 디지털로 서명되어야 한다. 그렇지 않으면 볼레로시스템은 그 메시지를 무시한다.

② 각 이용자의 메시지상의 디지털서명은 볼레로시스템의 데이터베이스에 보존된 인증서를 참조하여 확인된다.

③ 그리고 볼레로인터내셔널(bolero.net)은 그 메시지를 디지털로 서명하고 발송한다.

④ 그 메시지 접수자인 이용자 시스템은 볼레로인터내셔널의 디지털서명을 확인한다. 그리고 그 이용자 시스템은 볼레로인터내셔널이 원본 메시지상의 디지털서명을 인증하였다는 사실을 확인한다.

볼레로시스템을 통하여 전송된 모든 서류와 권리등록의 지시는 디지털로 서명되고 확인된 메시지에 첨부된다. 따라서 볼레로시스템 상의 각각의 메시지, 서류 및 권리등록지시의 진정성은 입증될 수 있고 안전하다.

(3) 디지털서명의 법적 형식요건

많은 법적 시스템은 서면으로 서명된 확실한 서류를 요구한다. 이들 요건의 이론적 근거는 진정성의 중요성에 있다. 즉, 서류가 서명되었기 때문에 완전한 상태로 남아 있다는 것은 서류의 서명자에게 확실한 책임을 부담시킬 수 있다는 것이다. 신뢰성 있는 인증서에 지정된 공개키로 디지털서명을 확인할 수 있다면, 이와 같은 목적은 잉크로 서명된 종이서류뿐만 아니라 디지털로 서명된 전자서류도 달성된다.

이와 같은 방법으로 볼레로 메시지가 적법하게 확인할 수 있는 디지털서명이 첨부되었다면, 볼레로 규약집은 그 볼레로 메시지가 적용 가능한 서면 및 서명요건을 충족하는 것으로 간주한다. 볼레로인터내셔널이 발행한 유효한 인증서에 명시된 공개키를 이용하여 디지털서명을 확인할 수 있다면, 그 디지털서명은 적법하게 확인될 수 있다. 서면과 서명요건이 충족되는 것으로 간주하는 것 외에, 모든 이용자는 볼레로 규약집이 적용되는 모든 소송에 있어서 상호간에 종이를 근거로 한 서면과 서명요건을 주장하지 않기 위해 볼레로 규약집에 합의한다.[38]

---

37) http://www.bolero.net/downloads/digisigs.pdf.

38) http://www.bolero.net/downloads/digisigs.

따라서 볼레로시스템에서 디지털로 서명된 메시지는 진정성을 훼손하지 않으면서 육필로 서명한 종이서류와 같은 효력이 있다. 실제로 디지털인증의 보안은 종이서류의 보안을 적법하게 대체할 수 있다. 그러므로 이용자는 볼레로시스템을 통하여 전송된 메시지가 안전하다는 것과 진정하다는 것을 확신할 수 있다.

제 5 절 볼레로 선하증권의 운용

1. 볼레로 선하증권의 개념과 구성요소

(1) 볼레로 선하증권의 개념

선하증권(Bill of Lading)이란 화주와 운송업자(선박회사) 간의 해상운송계약에 의하여 운송인이 발행하는 유가증권이다. 즉 운송인이 화주로부터 의뢰받은 운송하물을 자신의 선박에 적재 또는 적재를 위해 당해 화물을 수령하였음을 증명하고 동 화물을 도착항에서 일정한 조건 하에 수하인 또는 그 지시인에게 인도할 것을 약정한 유가증권으로 국제간 전통적인 무역거래에서 가장 핵심이 되는 서류이다. 선하증권은 본 증권상에 기재된 화물의 권리를 화체한 것으로서 선하증권의 유통은 바로 화물에 대한 권리의 이전을 의미한다. 화물을 처분할 시에는 반드시 관련 선하증권을 갖고 있어야만 한다. 오늘 날 국제무역에 있어서 대금결제 수단의 국제적 관습은 통상 화환어음(documentary bill)이며, 선하증권은 동 환어음을 취결하는데 상업송장 및 해상보험증권과 함께 그 기본이 되는 서류이다.

한편 볼레로 선하증권은 이러한 전통적인 종이 선하증권에 대한 전자적인 대안이다. 본 증권은 전통적 증권에 비해 신속성 및 효율성을 갖추었으며 저렴한 비용으로 전통적인 종이 선하증권의 기능[39]을 전자형식으로 구현한다. 또한 그 전자형식은 디지털 서명의 방법으로 위조와 사기를 예방하는 더욱 안전한 정보보안을 갖추고 있다.

(2) 볼레로 선하증권의 구성요소

볼레로 선하증권은 권리등록기관의 레코드(Title Registry Record)와 볼레로 선하

39) 전통적인 종이 선하증권은 물품수령증, 운송계약의 증빙, 유통가능한 유가증권으로의 기능이 있다.

증권의 텍스트(BBL Text ; Bolero Bill of Lading Text)로 구성된다. 우선 권리등록기관의 레코드는 주로 그 볼레로 선하증권이 종료(종이로 전환 또는 양도)될 때까지 볼레로 선하증권에 대한 모든 거래 기능을 지시한다. 한편 BBL Text는 전통적인 선하증권의 문면상 기재내용에 해당한다.[40)]

① 볼레로 선하증권의 문면(BBL Text)

운송인이 화주에게 발행하는 전통적인 선하증권과 아주 유사한 서류이다. 통상적인 해상관습에 따라 조건을 규정하거나 또는 무고장(clean)으로 발행할 수 있으며, 적재 또는 선적 등을 위한 수령증이다.[41)] 그리고 부가적으로 운송인의 일반 거래조건을 명시할 수 있다. 즉 이러한 선하증권의 기재요소가 코어 메시징 플랫폼을 통하여 전송되어 권리등록기관에 등록·저장되며, 해상 운송인이 물품의 수령을 승인하는 서류를 의미한다.[42)]

② 권리등록기관의 레코드(Title Registry Record)

BBL 텍스트와 관련된 거래정보로 권리등록기관은 각각의 볼레로 선하증권에 대한 "Title Registry Record"라는 데이터베이스를 보유한다.[43)]

Title Registry Record는 볼레로 선하증권이 생성되고, 그 BBL 텍스트가 발행된 후에 그 볼레로 선하증권에 관련된 거래를 이행한다. 볼레로 선하증권은 이용자가 권리등록기관의 레코드에 있는 기능(role)을 변경함으로써 이전된다. 또한 이용자는 권리등록기관의 레코드에 등록을 통하여 볼레로 선하증권을 양도하거나 또는 종이서류로 전환할 수 있다.[44)] 즉, 권리등록기관은 본 기관에 보존된 볼레로 선하증권에 관한 거래정보의 핵심적인 전자데이터베이스이다.

2. 볼레로 선하증권의 기능

(1) 운송인에 의한 물품수령증

이는 운송인이 선하증권 상에 명시된 물품을 "선적" 또는 선적을 위하여 명시된

40) bolero.net, *Appendix to Bolero Rulebook*, Section 3.6.1.
41) bolero.net, "Legal Aspects of a Bolero Bill of Lading", 1999, 11. 9.
42) bolero.net, *Bolero Rulebook*, Part 1.1(6).
43) bolero.net, *Appendix to Bolero Rulebook*, Section 4.1.1.
44) bolero.net, "Legal Aspects of a Bolero Bill of Lading", 1999, 11. 9.

조건으로 수령하였다는 확인서이다. 따라서 물품 수령증은 화주가 그의 물품을 운송인에게 위탁한 것에 대한 운송인의 승인서로서 기능을 한다. 즉, 전통적인 종이 선하증권에 명시하는 것과 같은 방법으로 전자서류에 선적한 물품을 명시하고 운송인이 디지털로 서명함으로써 물품 수령증으로 기능을 한다.[45]

(2) 물품운송을 위한 운송계약의 증빙

디지털로 서명된 전자서류도 전통적인 선하증권과 마찬가지로 현실적인 물품운송에 있어서 운송계약을 증빙하는 별도의 서류가 발행되지 않기 때문에 운송계약을 증빙한다. 볼레로 선하증권의 기재요소에 있어서 운송인은 물품운송을 약정하고 화주는 운임 등의 지급을 약속한다.

(3) 유통 가능한 권리증권

볼레로 선하증권은 전통적인 종이 선하증권과 마찬가지로 물품에 대한 소유권의 양도가 가능한 권리증권(title of documents)[46]이다. 기능적으로 볼레로 선하증권은 운송인으로부터 화주에게 이전되며, 궁극적으로는 물품의 매수업자에게 이전된다. 일정한 방법에 따라 은행과 같은 기타 기관의 점유를 통하여 소지할 수 있다. 관계당사자는 본 증권의 점유권의 취득에 의해 볼레로 선하증권에 관련한 권리와 의무를 취득한다.[47]

양도승인에 의하여 추정적인 점유이전, 예컨대 운송인에게 위탁된(bailed) 물품에 대한 위탁자의 권리를 이전함으로써, 일정한 양도가 전자적인 방법으로 이행될 때 운송인과 양수인 간에 운송계약이 경개되는 것으로 간주함으로써 운송계약이 양도된다.[48] 즉 볼레로 선하증권에 있어서 운송계약의 양도는 다른 상대방과 재계약하는 형식의 경개를 통하여 이루어진다. 볼레로시스템에서 각각의 운송인은 볼레로인터내셔널을 그의 대리인으로 행동하도록 지정하고, 볼레로인터내셔널은 운송인을 위하여 각각의 새로운 양수인과 각각의 운송계약서를 다시 작성한다.[49]

---

45) bolero.net, "Legal Aspects of a Bolero Bill of Lading", 1999, 11. 9 ; bolero.net, *Bolero Rulebook*, Part 3.1(1) 參照.

46) 권리증권이란 화물의 인도청구권이 표창된 유가증권으로 이를 양도하면 화물에 관한 의제점유가 양도되며 또한 화물의 소유권도 양도될 수 있는 증권을 말한다.

47) bolero.net, *Appendix to Bolero Rulebook,* Section 4.1.1.

48) bolero.net, *Bolero Rulebook*, Part 3.5.

그리고 이러한 경개를 통한 운송계약을 양도하는 것 이외에 위탁자(화주)의 물품상의 권리를 이전하는 것이 가능하다(그 권리는 "추정적인 점유"를 조건으로 한다). 그 이전을 위하여 현재의 추정적 점유자는 위탁물품에 대한 그의 권리를 양수인에게 이전한다.[50] 운송인은 그 자신을 위하여 볼레로인터내셔널이 전송한 메시지의 통지요건을 승인한다.

따라서 볼레로 선하증권은 전통적인 선하증권과 같이 유통에 의한 유가증권적 기능을 구현할 수 있다.

3. 볼레로 선하증권의 운용

볼레로 선하증권은 그 개시부터 종료까지 여러 거래과정 또는 상황을 거친다. 이러한 과정은 권리등록기관 내의 레코드(record)에서 볼레로 선하증권에 관한 데이터를 변경시키는 것이다. 이와 같은 데이터의 변경은 볼레로 규약집에 의거하여 볼레로 선하증권에 대한 이용자의 권리를 순차적으로 변경시키는 것이다. 이것은 전통적인 선하증권이 그 거래과정에 따라서 소지인을 변경하여 그 권리를 이전시키는 것과 매우 유사하다.

(1) 볼레로 선하증권의 발행

볼레로 선하증권을 발행한다는 것은 유효한 볼레로 선하증권(BBL) 텍스트로 저장된 기록에 관하여 권리등록기관에 볼레로 선하증권에 대한 새로운 레코드(record)를 초기 설정하는 것이다. 운송인은 다음과 같은 절차에 따라 볼레로 선하증권을 발행한다.[51]

볼레로 선하증권을 발행할 때, 운송인은 (a) 권리등록기관의 볼레로 헤더(Bolero header)[52]에서 등록지시에 따라 메시지를 작성한다. 즉 ㉠ 화주지정, ㉡ 볼레로 선하증권이 양도 가능인지 또는 양도 불능인지를 명시하며, 그리고 그 증권이 양도불능

49) 운송계약서는 양도되지 않는다. 그리고 운송계약은 많은 시민법적 체계에서는 그 양도 아니면 통지를 위한 서면요건을 겨냥하고 있다. 새로운 계약의 의무범위와 경개에 의해 해제된 구 계약의 의무범위에 관한 상세한 사항은 볼레로 규약집 3.5.1 참조.

50) "양도"(Attonment)는 위탁재산의 권리에 대한 위탁자에 의한 이전이다.

51) bolero.net, *Appendix to Bolero Rulebook*, Section 4.4.2.

52) 볼레로시스템 내부에서 메시지의 형태와 기능을 표시하고 권리등록기관 등에 데이터를 전달하는 메시지의 일부분이다.

인 경우는 수하인을 지정하고, 양도가능인 경우에는 최초의 지시인(To Order Party)을 지정하거나 또는 그 증권이 백지 배서되었다는 것을 명시한다. ㉢ 제시인(surrender party)[53]이 있는 경우는 그 제시인을 지정하고, ㉣ 볼레로 선하증권의 소지인의 지정, 그리고 ㉤ BBL 텍스트의 서류 식별번호(Document ID) 명시 등을 내용으로 작성한다.

그리고 (b) 그 지시서상에 명시된 Document ID와 매칭(matching)되는 Document ID를 가진 환어음이 없는 서류로서 그 메시지에 BBL 텍스트를 포함한다. (C) 그 다음에는 그 메시지를 서명하여 코어 메시징 플랫폼을 통하여 권리등록기관에 전송한다.

(2) 운용 중인 볼레로 선하증권의 양도

볼레로 선하증권의 양도는 볼레로 규약집의 규정(Part 3)에 따라 한 이용자로부터 다른 이용자에게 권리와 의무를 이전하는 것이다. 이용자는 해당 볼레로 선하증권에 대해 권리등록기관 레코드의 롤 필드(role field)에 다른 이용자를 지정함으로써 양도한다. 볼레로시스템은 종이 선하증권과 전통적인 관습에 근거하여 다음과 같은 4가지 유형의 양도승인을 한다.

① 한 소지인(Holder)에 의한 양수인에게 양도

소지인[54]의 권리이전은 그 것이 유형적인 형식인 경우라면, 선하증권의 물리적인 점유이전과 유사하다. 이러한 양도는 양수인을 지정하는 현재의 소지인을 구성한다.

② 수하인에게 양도

이러한 양도는 종이 선하증권에서의 "기명식"(straight) 또는 "비유통식"(non-negotiable) 선하증권을 발행하는 것과 유사하다. 수하인이 지명되어 있는 볼레로 선하증권은 지시인[55]에게 양도하거나 또는 백지 배서할 수 없다. 물론 소지인이 수하인인 경우에는 볼레로 선하증권을 인도하고 물품을 수령할 수 있다.

③ 지시인에게 양도

운송인이 새로운 볼레로 선하증권의 발행에 의하여 이행되는 경우, 지시인을 지정

---

53) 양육항에서 운송인의 대리인을 가르킨다.

54) 소지인(holder)은 만약 볼레로 선하증권이 유형적인 서류라면 그 증권을 물리적으로 점유하는 자와 아주 유사하다. 따라서 소지인은 볼레로 선하증권이 종이로 전환된다면, 종이 선하증권을 수취할 권리가 있는 자이다.

55) 지시인(To order Party)은 양도 가능한 볼레로 선하증권의 지시인이다.

하는 것은 유통 가능한 종이 선하증권을 피지정인의 지시식으로 발행하여, 그것을 소지인(화주)에게 인도하는 것과 유사하다. 물론 지시인이 소지인, 즉 소지지시인이 아닌 한 그의 권리는 매우 제한적이다. 현재의 소지지시인 또는 지참 소지인(bearer holder)이 소지지시인을 지정하는 경우에 그 효과는 선하증권을 지정된 지시인에게 배서하는 것과 유사하다.

④ 백지배서에 의한 지참 소지인에게 양도

백지배서는 볼레로 선하증권이 백지배서 됨으로써 기존의 지시인을 배제한다. 이것은 그 소지인을 단순히 변경함으로써 볼레로 선하증권은 양도 가능하다. 따라서 지참인식의 양도 가능한 종이 선하증권과 유사하다.

이와 같이 양도하는 과정에서 발생되는 새로운 소지인의 지정, 새로운 수하인 지정, 지시인의 지정, 백지배서 및 소지지시인의 지정, 담보거래 등 구체적인 절차는 운용절차에 상세히 규정되어 있다.[56]

(3) 볼레로 선하증권의 조건변경

일단 BBL 텍스트로 제공되는 기록을 포함한 모든 기록이 볼레로 선하증권에 파일(file)되면 변경되지 않고 처음에 접수된 상태로 보존된다. 이해관계가 있는 이용자(운송인 이외)는 조건변경을 요구할 수 있고, 조건을 변경할 경우 권리등록기관은 볼레로 선하증권의 운용을 중지시키고, 운송인이 그 변경 요청을 거부 또는 승인할 때가지 모든 지시가 거부된다. 따라서 권리등록기관은 변경요청 이전의 BBL 텍스트를 새로운 BBL 텍스트로 대체하는 것을 거절하거나 승인할 때까지 그 권리등록기관의 레코드와 관련된 활동을 일시 중지시킨다.[57]

그 절차는 BBL 텍스트의 조건변경을 요청하기 위하여, 그 소지인은 (a) 조건변경을 요청하는 권리등록기관의 지시를 포함한 메시지를 완성한다. (b) 그 메시지를 서명하여 코어 메시징 플랫폼을 통하여 권리등록기관에 송신한다.

그리고 코어 메시징 플랫폼을 경유하여 송부된 조건변경 요청을 접수한 운송인은 (a) 조건변경의 요청을 허용하거나, 또는 (b) 조건변경의 요청을 거절한다.[58]

56) bolero.net, *Appendix to Bolero Rulebook*, Section 3.4
57) bolero.net, *Appendix to Bolero Rulebook*, Section 3.4.5 참조.
58) bolero.net, *Appendix to Bolero Rulebook*, Section 4.4.5.1.

(3) 담보거래

담보거래는 선하증권과 관련한 금융 및 기타 기관의 활동을 의미하는 것으로, 세 가지의 주요 담보거래가 있다.[59)]

① 질권자 지정

현재의 소지지시인 또는 지참소지인을 질권자[60)]로 지정할 때, 볼레로 선하증권에 대한 질권자의 롤필드(role field)에 RID[61)]에 등록시킴으로써 그 증권이 담보 제공된 상태로 전환되는 것이다. 따라서 그 볼레로 선하증권이 담보로 제공되어 있는 동안 그 증권의 양도 및 소지지시인 또는 지참소지인의 권리를 중지시킨다. 볼레로 선하증권에 대한 최초의 질권자를 지정하는 것은 화환신용장의 개설을 위해 전통적인 선하증권을 은행에 담보로 제공하는 것과 유사하다. 물론 일단 질권자가 지정되면 양수인을 지정할 수 있다.

② 담보권 포기

담보로 제공된 상태로부터 보통의 양도 가능한 상태로 증권을 복원하기 위하여 질권자는 그 자신(또는 또 다른 이용자)을 소지인으로 지정함으로써 질권자 롤 필드로부터 그의 RID가 삭제되고, 그 것을 삭제하는 것은 그 담보를 포기하는 것이다.

③ 담보권 행사

질권자가 담보로 제공받은 그의 담보권을 행사할 경우, 그 질권자는 지시인이 이전에 지정되어 있거나, 또는 볼레로 선하증권이 백지 배서되어 있는 지참소지인식인 경우에는 자신을 현재의 소지지시인으로 지정한다. 따라서 볼레로 선하증권은 양도 가능하게 되고 더 이상 담보로 제공된 상태가 아니다.

---

59) bolero.net, *Appendix to Bolero Rulebook*, Section 4.4.4.

60) 질권은 채권자의 담보물로서 채무자 또는 물상보증인으로부터 받은 물건 또는 재산권을 변제가 있을 때까지 유치함으로써 채무변제를 간접적으로 강제하는 동시에 변제를 하지 않는 경우에는 그 목적물로부터 우선적으로 변제받는 담보물건임.

61) RID는 볼레로시스템 내에 등록하는 이용자의 식별기호이다. 모든 이용자는 개인 종업원 또는 회사를 대표하는 기타 자연인이기 보다는 회사이다. 따라서 각 RID는 회사를 의미한다. 유저회사는 여러 개의 RID를 가질 수 있으나, RID는 항상 한 이용자만을 의미한다. 볼레로인터내셔널은 이용자를 등록할 때 각 이용자에게 RID를 배정한다.

4. 볼레로 선하증권의 운용에 따른 법적문제

(1) 볼레로 선하증권의 법적 의의

볼레로 선하증권은 이미 기술하였듯이 선하증권에 관한 모든 법적인 정의와 일치하지는 않지만 전통적인 선하증권에 해당하는 기능을 한다. 그러나 종이를 근거로 하지 않는다는 사실은 그 법적근거를 적용하는데 있어서는 다르다.[62)]

법적으로 볼레로 선하증권은 본질적으로 전통적인 선하증권과 같은 의의를 가진다. 우선 전통적인 선하증권과 같이 서류상에 물품을 명시하고, 운송인이 디지털로 서명함으로써 물품수령증으로써 기능을 한다. 그리고 양도승인 즉, 운송인에게 위탁된 물품에 대한 위탁자의 권리를 이전함으로써 추정적인 점유권이 이전되는 유통 가능한 권리증권이다.[63)] 또한 어떠한 양도가 전자적으로 이행될 경우에, 운송업자와 양도인 간에 운송계약의 경개를 인정함으로써 운송계약이 양도된다.[64)]

(2) 볼레로 선하증권의 준거법 및 재판관할

현행법은 선하증권은 잉크로 서명되고 배서되는 종이서류라는 것을 가정한다. 한편 볼레로 선하증권은 그 증권이 발행된 후에 그 증권에 영향을 미치는 배서와 같은 거래정보를 기록하는 권리등록기관의 레코드(record)와 연결된 전자서류이다. 거래방법에 있어서 이와 같은 근본적인 변화는 현행 관련법규가 새로운 전자적인 방법에 부적합하고 그 적용여부도 불확실할 수 있다.[65)]

그러므로 적법한 규칙이 적용된다는 것을 보장하기 위하여, 볼레로시스템은 전자선하증권을 위해 제정된 주요 계약인 볼레로 규약집으로 현행법을 보완한다. 볼레로시스템에 등록하게 되면 이용자는 볼레로 규약집을 준수하기로 동의하게 된다.[66)] 볼

62) 볼레로 선하증권에 대한 법적기반은 그 증권이 법적 효력을 위한 제정법과 조약에 의지하지 않는다는 점에서 역시 다르다. 대신 볼레로 선하증권은 볼레로 규약집에 따른다. 그리고 그 것은 계약으로 채택된다. 볼레로 규약집은 헤이그 비스비 및 이와 유사한 규칙에 성문화된 것과 같이 전통적인 선하증권의 핵심개념을 유지하지만, 그 것은 종이없는 bolero.net의 환경을 위해 적용된다(bolero.net, “Legal Aspects of a Bolero Bill of Lading”, Nov., 9, 1999).

63) 전통적인 선하증권과 같이 볼레로 선하증권은 양도불능으로 발행가능하다(화주로부터 양수인으로의 단순한 양도는 제외)(bolero.net, *Bolero Rulebook*, Part 3.4).

64) bolero.net, *Bolero Rulebook*, Section 3.5.

65) bolero.net, “Bolero Bill of Lading under U.S. Trade and Commercial Law”, 1999.

레로 선하증권은 관련 협약과 제정법을 성문화한 기본적인 법적원칙에 바탕을 둔 볼레로 규약집에 근거한다.

따라서 볼레로 규약집은 관련 일반법의 견지에서 볼레로시스템을 통하여 운용되는 선하증권에 대한 기본적인 법적체계를 확립한다.[67] 볼레로 규약집은 영국법에 근거하고 해석되어야 한다고 규정하고 있다.[68] 그리고 영국 법원은 볼레로 규약집에 관한 쟁점에 대한 독점적인 재판관할권을 가진다.[69]

(3) 볼레로 규약집과 국내법 및 국제협약

운송인이 볼레로 선하증권을 생성하였다는 점에서 운송계약은 관련 국제협약을 준수하거나, 또는 동일한 조건 하에서 종이 선하증권이 그 운송계약에 의하여 발행되었을 경우에, 강제적으로 적용되는 국제협약을 발효하는 국내법을 준수한다. 이러한 관련 국제협약 또는 국내법이 그 볼레로 선하증권에 명시된 것으로 간주한다. 어떤 국제협약 또는 그 협약을 발효하는 국내법의 조항과 선하증권의 문면(BBL Text)에 포함된 운송계약의 기타 조항과 상충되는 경우에는 그 국내법 또는 국제법의 조항이 우선한다.[70]

(4) 볼레로 선하증권의 발행과 양도

볼레로시스템에서는 종이 선하증권의 발행을 요구하는 경우를 제외하고, 그 선하증권의 발행은 필요하지 않다. 더욱이 그 발행을 요구하였더라도 그것은 볼레로 규약집을 준수하기로 합의함으로써 포기될 수 있다.

그러나 국내법의 적용여부는 볼레로 선하증권이 각 제정법에서 의미하는 "선하증권"인가에 달려 있다. 그러한 제정법은 종이 선하증권과 종이거래의 메커니즘(mechanism)을 고려하여 입안되었기 때문에, 볼레로 선하증권은 그 법에 적용되지 않는 것은 당연하다. 물론 그러한 법은 볼레로 선하증권에서 배제된 수권되지 않는

---

66) bolero.net, *Bolero Rulebook,* Part 2.1.2(1).

67) bolero.net, *Appendix to Bolero Rulebook*, Section 2.3.

68) bolero.net, *Bolero Rulebook*, Part 2.5(2).

69) 당사자 간 논쟁 중인 유일한 문제는 볼레로 규약집을 준수하지 않거나 또는 위반한 경우에 이로 인한 클레임에 관한 모든 절차는 독점적인 영국법원의 재판관할에 따른다(bolero.net, Bolero Rulebook, 2.5(3)).

70) bolero.net, *Bolero Rulebook*, Section 3.2(4).

조건변경 및 사본증권과 같은 문제를 다룬다. 만약 그러한 제정법이 볼레로 선하증권에 적용되기 때문에 볼레로 규약집의 채택에 의해 대체되거나 또는 포기되지 않는 경우에는, 일반적으로 볼레로 선하증권의 서류적인 구성요소를 이용하여 적용할 수 있다.[71)]

(5) 담보물로서의 볼레로 선하증권

채권자는 전통적인 종이 선하증권과 같이 담보계약을 통하여 볼레로 선하증권 상에 명시된 물품의 담보권을 설정한다. 예컨대 그 담보계약은 신용장을 개설하기 위한 은행과 그의 고객 간에 계약의 일부를 형성할 수 있다.

볼레로 선하증권상에 명시된 물품의 담보권을 확보하기 위하여 담보취득자(the secured party)는 화주(shipper holder)에게 볼레로 선하증권의 채권자인 질권자(pledgee holder)를 지정하도록 요구할 수 있다.[72)] 또한 볼레로 규약집에 준거하여,[73)] 그 질권자는 양도승인(attornment)에 의하여 물품의 추정적인 점유권을 취득한다. 그리고 질권자는 운송인에게 위탁한 물품에 대한 위탁자의 권리를 취득한다.[74)]

볼레로인터내셔널은 소유권의 이전에 관하여 통지받는 담보취득자의 대리인이다. 그러므로 그 담보취득자는 볼레로 선하증권의 질권자로 지정받는 즉시 점유에 의하여 그의 담보권을 확보한다. 물론 안전장치로 담보취득자가 원하는 경우에, 인정된 서류에 의해서도 담보권을 확보할 수 있다.

그리고 계약상의 의무를 불이행할 경우에 그 담보취득자는 볼레로 선하증권의 소지지시인 또는 지참소지인을 사실상 대신함으로써 볼레로시스템을 통하여 그의 담보권을 행사할 수 있다. 운송계약 하에서 물품의 추정적 점유자와 수하인으로서 모든 권리를 담보취득자 또는 그의 지명인에게 위임한다. 또한 그 담보취득자는 그 담보를 포기할 수 있고, 그럼으로써 소지지시인 혹은 지참인에게 그 증권에 대한 통제권을 반환할 수 있다.

---

71) bolero.net, “Bolero Bill of Lading under U.S. Trade and Commercial Law”, 1999.

72) 물론 화주는 질권자를 지명할 권리가 있다.

73) 그러나 질권자는 운송계약에 있어서는 책임을 부담하지 않는다(bolero.net, Bolero Rulebook, Part 3.4.1).

74) 유통 가능한 서류에 의하여 담보 제공된 물품 이외의 담보가 수탁인에 의하여 보유되고 있는 경우에는, 담보권자는 수탁자가 담보권자의 권리를 통지받은 때부터 점유권을 취득하는 것으로 간주한다(UCC Section 9-305).

[표 10-5] 볼레로 선하증권에 대한 당사자별 권리범위

기 능	당 사 자						
	운송인	소지송하인	소지지시인	소지질권자	지참소지인	소지인	소지수하인
증권 발행	○	×	×	×	×	×	×
소지인 지정	○	○	○	○	○	○	○
지시인 지정	○	×	○	○	○	×	×
백지배서	○	×	○	×	×	×	×
소지지참인 지정	○	×	○	○	○	×	×
수하인 지정	○	×	○	○	○	×	×
소지질권자 지정	×	○	○	○	○	○	×
담보권 행사	×	×	×	○	×	×	×
증권 제시	×	×	○	×	×	×	○
조건변경 요청	×	○	○	○	○	○	○
조건변경 허용	○	×	×	×	×	×	×
조건변경 거부	○	×	×	×	×	×	×
종이로 전환	×	○	○	○	○	○	○

5. 볼레로 선하증권의 운용사례

이와 같은 볼레로 선하증권의 개념의 적용은 개시에서부터 종료까지 그 거래과정이 다음 사례와 같은 형태로 이루어진다.[75]

① 수출업자는 수입업자에게 화환신용장방식과 명시된 CIF 가격조건으로 스프로켓(sprockets)에 대한 매매계약을 체결한다.

② 수출업자는 물품선적을 위해 그 스프로켓을 운송인에게 인도하고, 운송인은 볼레로 선하증권을 발행하면서 수출업자를 화주 겸 본 증권의 소지인으로 지정하고, 수입업자를 지시인으로 지정한다.

③ 수출업자는 Bank A를 볼레로 선하증권의 소지질권자로 지정하고, 요구된 서류를 디지털 서명된 볼레로 메시지로 Bank A에게 송부한다.

④ Bank A는 볼레로 선하증권을 심사하여 이상이 없을 경우에는 수출업자의 계좌

75) http://www.bolero.net/downloads/bbis.pdf.

에 대금을 입금한다. 그리고 Bank B를 새로운 소지질권자로 지정한다. Bank B는 개설은행이고, Bank A는 확인은행(매입은행)이 된다.

⑤ Bank B는 요구한 서류를 추가적으로 심사하고, 수입업자로부터 대금을 회수한다. Bank B는 그의 담보를 포기하고 수입업자를 볼레로 선하증권의 소지인으로 지정한다. 그 수입업자는 이미 그 증권의 지시인이다. 또한 현재 수입업자는 소지인으로서 그 증권을 양도할 수 있다. 운송인을 위하여 볼레로인터내셔널(bolero.net)은 운송인의 지시에 따라 운송인이 물품을 보관하고 있다는 것을 수입업자에게 통지한다.

⑥ 수입업자는 운송 중에 스프로켓을 국내 매수인에게 매도한다. 따라서 그 수입업자는 그 매수인을 볼레로 선하증권의 소지인 겸 지시인으로 지정한다. 운송인을 위하여 볼레로인터내셔널은 운송인이 물품을 보관하고 있다는 것을 새로운 소지인 겸 지시인에게 통지한다.

⑦ 해당 물품이 목적항에 도착하면 국내 매수인은 볼레로 선하증권을 제시한다. 이로써 볼레로시스템을 기반으로 한 선하증권의 거래는 종료된다. 볼레로인터내셔널은 운송인에게 제시사실에 대한 통지를 하고, 그 매수인에게는 그 제시를 확인한다.

⑧ 운송인 및/또는 항만 당국은 그들이 요구한 신분증명으로 매수인을 항구에서 확인하고, 운송인은 그 물품을 매수인에게 인도한다.

이 사례는 전자매체의 이점이 제공되는 한, 볼레로 선하증권은 전통적인 선하증권의 거래기능 및 유용성뿐만 아니라 기본적인 법적 개념을 유지한다는 것을 실증한다. 또한 법적 유효성을 잃지 않고 국제무역업자에게 상당한 비용절감과 효율성을 개선시킨다.

제 6 절 SURF 전자결제 솔루션

1. SURF의 개념과 기능

(1) SURF의 개념

SURF는 무역서류의 결제과정을 완전하게 자동화한 볼레로(bolero.net)의 새로운 부가가치 서비스이다. 즉 전자적인 환경에서 무역결제 업무를 수행하는 표준화된 공유기반의 관리시스템이다.

SURF(Settlement Utility for managing Risk and Finance)는 볼레로시스템(bolero.net)의 코어 메시징 플랫폼(CMP)에서 제공되는 서비스를 이용하여, 그 약정서상의 약정내용과 제시된 서류내용을 점검하는 시스템이다. 따라서 전통적인 무역서류에서 이용되는 상업송장, 선하증권, 중량증명서 및 분석증명서 등과 같은 무역거래 관련 서류를 자동적으로 점검할 수 있다.76)

(2) SURF의 주요 기능

SURF의 주요 기능으로는 관계당사자 상호간의 약정서를 저장하기 위한 중앙 데이터베이스를 제공하고, 자동화된 시스템으로 서류의 일치성 여부의 점검, 불일치 서류의 취급의 편리성 제공, 대금결제의 이행 여부에 대한 대사 보고서의 작성 및 제공, 볼레로시스템의 권리등록기관 인터페이스(interface), 은행과 회사에게 기존 비즈니스 관계를 구축하는 것을 허용, 신뢰성 있는 안전한 시스템 제공, 새로운 금융서비스의 기회 제공, SURF 회원들 간 결제를 이행하는데 따른 B2B(business to business ; 기업 간 거래) 지원, 거래의 투명성 제공 등이 있다.77)

2. SURF의 운용 프로세스

SURF는 무역결제 절차에 있어서 모든 관계당사자 간 서류의 운용과정을 관리하고 SURF 약정서에 명시된 거래규칙에 근거하여 서류의 일치성 여부를 점검한다.

그 주요 운용절차는 ① 수입업자와 수출업자 간의 SURF 약정서 체결, ② 은행의 지급/이행 보증서 제공(은행과 보장/보증 약정이 되어 있는 경우), ③ 수출업자의 무역서류 제시(요구된 대로 선하증권의 “소지인”(holder)을 SURF로 지정한다), ④ 서류의 일치성 여부 점검 및 그 불일치 보고서 발급(서류상 불일치가 있는 경우), ⑤ 제시서류가 일치하는 경우 대금결제조건의 이행 요청, ⑥ 그 대금결제 조건이 이행되면 선하증권을 포함한 서류를 수입업자에게 인도 등의 거래절차로 종료된다.78)

---

76) http://www.bolero.net/decision/service/surf/index.php3, 2002. 1. 7.

77) bolero.net(Peter Scott), “E-Commerce and Correspondent Banking Cafe’ Royal”, 2001. 2. 20, s. 15 ; bolero.net(Dr. Anthony W. Kirby), “The Role of Bolero”, *Electronic b2b Trade*, 2001. 4. 4-5, s. 22.

그리고 이러한 절차는 관계당사자가 SURF의 중앙 데이터베이스(database)에 저장된 SURF 약정서에 의하여 관리된다. 그 SURF 약정서상에 약정된 대금결제방법으로 대금결제가 이행되며, 그 결제방법에 따라 각 관계당사자 간의 위험정도가 결정된다.

3. SURF 약정의 체결과정

(1) 상거래 계약의 체결

국제무역은 상거래 계약의 협상으로부터 개시된다. 여기에서는 인도조건과 수입업자의 모든 요구 서류가 약정된다. 그리고 이 단계에서는 당사자가 원하는 결제방법에 합의한다.[79] 수입업자가 물품수입을 위해 수출업자에게 전자구매주문서를 발송하면, 수출업자는 수입업자에게 전자 확인서로 회신한다. 이러한 상거래 계약은 다양한 방법으로 체결될 수 있다.[80]

(2) SURF 청약

거래당사자 간에 체결된 상거래 계약에 따라, 수출업자와 수입업자는 SURF와 그들이 상호 합의한 결제조건을 명시하는 내용의 약정을 한다. 본 약정서는 신용장 개설신청서와 유사한 정보를 포함하는 전자서류이다. 여기에는 계약당사자, 거래물품의 명세와 가격, 제시서류 및 결제조건 등에 관한 기초 계약의 정보가 명시된다.

SURF의 결제과정은 SURF 청약서를 발송함으로써 개시된다. 본 청약은 수입업자 또는 수출업자 어느 側이든 먼저 할 수 있다. 예컨대 수입업자가 청약서를 발송하면, SURF는 승낙을 위해 본 청약서를 수출업자에게 다시 발송한다. 결제조건이 신용장에 의한 방법인 경우에는 은행과의 지급보장 서비스를 약정한다.[81] 그 지급확약(보장)서는 기존의 신용장 제도와 마찬가지로 수출업자가 일치하는 무역서류의 제시를 조건으로 한다.

---

78) bolero.net, “SURF”, 2001, s. 4.

79) 현재 SURF에서 제공되는 결제방법은 신용장, 추심방식, 오픈 어카운트, 보증신용장 등이 있다.

80) http://www.bolero.net/decision/service/surf/surfhowwork.php3. 2002. 1. 7.

81) 현재 SURF에서 제공되는 결제방법에는 신용장방식, 추심방식, 오픈 어카운트, 보증신용장 및 선지급 방식이 있다.

(3) SURF 승낙

SURF 청약서를 접수하면, 수출업자는 전통적인 무역계약의 체결과정과 같은 방법으로 본 청약서를 승낙 또는 거절하거나 대응청약을 할 수 있다. 수출업자가 승낙한 경우에는 본 청약서는 SURF 약정서가 된다. 이 때 수입업자는 수출업자로부터 승낙 통지를 받는다.

(4) 지급보장에 관한 약정체결

상거래 계약을 체결하는데 있어서 수출업자는 수입업자에게 그의 거래은행의 지급보장을 요구할 수 있다. 이러한 경우에 지급보장(확약)서의 제시 여부는 SURF 약정서에 규정된다.[82)] 예컨대 결제조건이 신용장 방식인 경우에는 거래은행과 지급보장에 관한 약정을 체결하여야 한다. 이는 기존의 신용장 방식에 있어서 신용장의 개설신청과 유사하다고 볼 수 있다. 은행 측에서는 일종의 여신에 해당되므로 이를 위한 신용조사를 통하여 약정체결 여부를 결정할 것이다.[83)]

(5) 지급보장(확약)서 취득

은행이 지급보장을 제공하기로 하는 SURF 약정서가 체결되면, SURF 시스템은 수입업자가 지정한 그의 거래은행으로부터 지급보장(확약)서를 취득하는 과정을 자동적으로 이행한다. 즉 SURF는 수입업자의 거래은행에 지급보장 요청서를 발송한다. SURF는 수입업자의 거래은행으로부터 지급보장(확약)서를 제공받으면, 그 내용을 확인하여 SURF 약정서와 일치하면, 본 지급보장을 수출업자에게 통지한다.

지급보장의 기능으로는 화환신용장 제도와 유사한 은행의 의무로서, SURF 약정서상의 조건과 일치하는 서류제시를 조건으로 하는 은행의 조건부 지급약정이다. 따라서 수출업자가 일치하는 서류제시에도 수입업자가 대금결제를 하지 않는 경우에 지급하겠다는 약정이며, 수출업자의 선적 전 금융을 제공하는 근거 또는 담보로 제공 가능하고, 수출업자의 이행보증서와 같은 기능으로 수출업자가 SURF 약정서상 의무를 이행하지 않는 경우에 그 보상으로 명시된 금액을 지급하기로 하는 약정, 수

---

82) http://www.bolero.net/decision/service/surf/surfhowwork.php3. 2002. 1. 7.

83) 우리나라에서는 은행이 신용장개설신청의 요청을 받으면 신용조사와 함께 그 기업체의 신용평가를 하게 된다. 그 평가결과에 따라 개설금액의 한도가 결정되며, 물적담보 또는 인적담보, 아니면 무보증으로 할 것인가가 결정된다.

출업자가 약정서상의 의무를 이행하지 않는 경우에 선급금으로 수령한 자금을 반환하겠다는 약정, 신용장 제도에 있어서 신용장의 확인과 같은 제3은행의 확인, 수입업자 또는 그의 거래은행이 무역대금을 결제하였다는 확인, 그리고 수출업자의 거래은행이 그 대금을 수령하였다는 확인통지 등이다.[84)]

위와 같은 내용은 지급약정서에 반드시 모두 약정하는 것은 아니다. 즉 결제방법에 따라 또는 은행과 약정에 따라 선택적으로 명시된다.

(6) 서류준비

SURF에서 공식적으로 지원되는 서류로는 상업송장, 선하증권, 포장명세서, 운송업자의 화물수령증명서, 원산지증명서, 항공화물운송장, 중량증명서, 운송중개인 항공화물운송장(House Air waybill), 분석증명서, 해상화물운송장, 품질증명서, 운송중개인 선하증권(House B/L) 등이 있다.

이 외의 서류는 지속적으로 추가될 것이다.[85)]

따라서 수출업자는 수출을 위해서는 상거래 계약서에 따라 물품을 선적하고 SURF에 제시할 위와 같은 무역서류를 준비하여야 한다. 여기에는 관련 증명서, 허가서, 보험증권 및 운송서류 등을 포함한다. 이 단계에서는 물품의 권리(채권) 서류인 볼레로 선하증권을 발급(등록)하게 된다. 그 대신에 항공운송을 위한 해상화물운송장 또는 항공화물운송장을 발행할 수 있으나, 물품에 대한 권리가 표창되지 않는다.[86)] 제시서류 중 상업송장, 포장명세서 등은 수출업자 자신이 직접 준비하지만, 원산지증명서, 검사증명서 등과 같은 서류는 외부 관계기관에 발급을 요청하게 된다.

(7) 준비서류의 제시

수출업자는 서류가 모두 준비되면 선적한 물품이 상거래 계약서와 일치하다는 것을 입증하는 한 세트의 무역서류를 SURF에 제시하여야 한다. 이와 같은 서류는 일반적으로 선적 후에 즉시 제시되어야 한다. SURF 약정서에 제시조건이 규정되며 boleroXML 형식으로 작성되어야 한다.[87)]

---

84) bolero.net(Peter Scott), "E-Commerce and Correspondent Banking Cafe' Royal", 2001. 2. 20, s. 16 ; bolero.net(Stanley Ho), "CREDIT SUISSE FIRST BOSTON", 2001, ss. 35-36.

85) boler.net(Stanley Ho), "CREDIT SUISSE FIRST BOSTON", 2001, s. 37.

86) bolero.net, Standard Trade Settlement Protocols(2000), Art. 2.2.

87) http://www.bolero.net/downloads/surf.pdf, 2002. 1. 13, p.3.

SURF 약정서에서 선하증권의 제시를 요구하는 경우, SURF는 권리등록기관(Title Registry)을 통해 수출업자로부터 수입업자까지 권리의 이전관계를 관리한다. 즉 수출업자는 SURF를 볼레로 선하증권의 소지인으로 작성하여야 한다. 이렇게 함으로써 물품의 통제권이 이전된다.

(8) 서류의 일치성 점검·통지

수출업자가 서류를 제시하면, 현재 은행이 신용장의 조건과 관계 서류의 일치성 여부를 심사하듯이, SURF는 그 약정서의 조건과 무역서류의 내용을 확인한다. 그 결과 제시서류가 일치하다면 수출업자와 수입업자의 거래은행에 통지하고, 지정된 당사자에게 서류를 인도한다. 그러나 서류상에 불일치 사항이 발견된 경우에는 정형화된 불일치 보고서를 작성하여 그 서류를 거절하고 수출업자에게 반송하거나 또는 그 서류의 수리를 위해 수입업자와 거래은행에 송부될 것이다. 이것은 수출업자가 서류를 제시할 때 어느 선택을 하느냐에 달려 있다.[88)]

(9) 서류점검 결과보고서 작성

SURF는 서류점검 결과 및 불일치 보고서를 다음 정보를 기초로 제공한다. 물품명세, 수량, 단가 및 정형거래조건(Incoterms®)을 포함한 물품정보, 권리등록(title registry) 정보를 포함한 요구서류, 수령, 선적, 양륙 및 인도 등의 과정에 관한 정보, 대금지급 및 만기일, 그리고 정형화된(boleroXML) 불일치 보고서의 경우는 불일치 명세 및 그 불일치의 정도 등이다.

(10) 대금결제

SURF는 서류상 모든 불일치가 수리되면 대금지급에 대한 적법한 증거를 확보하고, 관련 무역서류를 그 약정서의 조건에 따라 수입업자 또는 그의 은행에게 인도한다. 그리고 SURF에 의해 서류가 양도(인도)되기 전에, 은행의 借記 또는 貸記 형식의 대금지급에 관한 증빙서가 요구된다. 수입업자의 거래은행은 기존 은행시스템을 통하여 수출업자에게 자금을 이체한다.

88) bolero.net, "BtoB Trade Security and Finance-Linking the Supply Chain", Second Annual Conference, 2001. 5. 15, s. 29.

(11) 물품의 도착통지

수입물품이 목적지에 도착되면, 전통적인 방법과 마찬가지로 수입국가의 운송대리점은 수입업자에게 볼레로시스템(코어 메시징 플랫폼)을 통하여 통지한다.

(12) 볼레로 선하증권의 제시 및 물품인도

수입업자는 물품을 인도수령하기 위하여 권리등록기관을 통하여 수입국가에 있는 운송인의 대리점에 볼레로 선하증권을 제시하여야 한다. 그 대리점은 볼레로 선하증권과 교환으로 수입업자가 물품을 수령할 수 있도록 그에게 인도지시서를 발급한다. 이로써 SURF의 결제과정은 종료된다.

4. SURF의 결제방법별 운용사례

현재 SURF에서 지원되는 결제방법에는 신용장, 추심(collections), 오픈 어카운트(open account), 보증신용장, 선지급 방식이 있다.[89] 본 절에서는 신용장방식, 추심방식 및 오픈 어카운트 방식의 프로세스에 관하여 기술한다.

(1) 신용장 방식

신용장은 그 조건과 일치하는 서류제시와 상환으로 수출업자에게 대금을 지급하겠다는 은행의 지급약정이다. 이에 따라 은행은 대금지급에 대한 책임을 부담하고 물품에 대한 권리를 통제할 수 있는 서류상의 통제권을 행사한다. 이 방법은 기존의 신용장제도와 같이 가장 안전한 결제방법으로, 수출업자에게 조건부 지급약정을 제공할 뿐만 아니라, 선적물품이 신용장의 조건과 일치하여야 한다는 점에서 수입업자의 권리를 보호한다.[90] 이 방법에 의한 거래는 "전자제시를 위한 신용장통일규칙의 보칙"(Supplement to the Uniform Customs and Practice for Documentary Credits for Electronic Presentation, Version 1.0 : eUCP)을 준거 문언으로 명시하는 경우, 본 규칙과 UCP 600의 적용을 받을 것이다.

---

89) boler.net(Stanley Ho), "CREDIT SUISSE FIRST BOSTON", 2001, s. 38.

90) bolero.net, Standard Trade Settlement Protocols(2000), p.15.

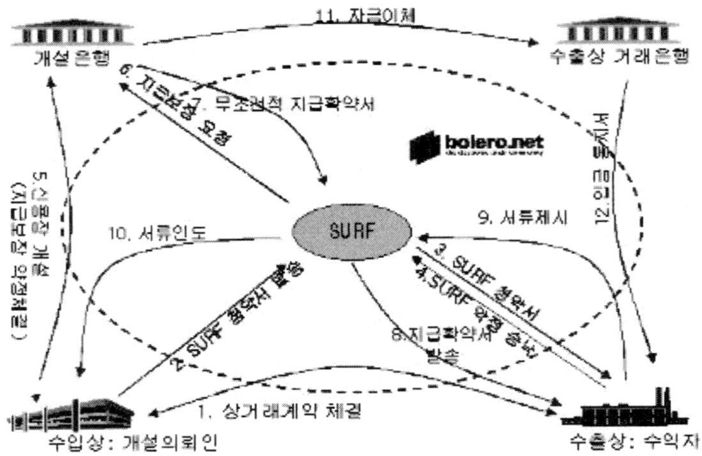

자료 : bolero.net(Stanley Ho), "CREDIT SUISSE FIRST BOSTON", 2001.

[그림 10-14] 신용장방식의 결제과정

(2) 추심방식

수출업자는 물품을 선적하고 자신의 거래은행에 제시할 관련 서류를 준비한다. 은행은 단지 서류를 취급하고 대금추심을 위한 선의의 중간 관리자로 행동할 뿐, 대금지급을 보장할 의무가 없다. 따라서 수출업자는 전적으로 대금지급의무를 이행하는 수입업자를 신뢰하여야 한다. 다만 물품에 대한 권리서류가 대금지급 또는 대금을 지급하겠다는 약정서와 교환으로 인도되기 때문에 수입업자에게 대금결제를 강제한다.

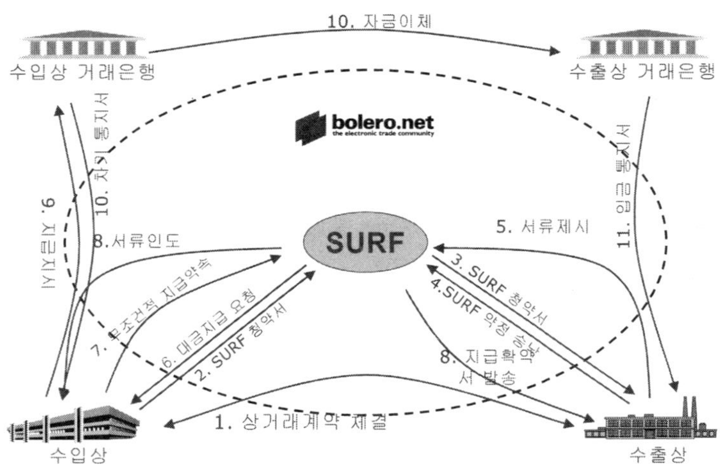

자료 : bolero.net(Stanley Ho), "CREDIT SUISSE FIRST BOSTON", 2001.

[그림 10-15] 추심방식의 결제과정

추심방법 중 D/P방식은 권리 서류의 통제를 통하여 양 당사자에게 안전장치를 제공한다. 그러나 수입업자가 대금결제를 하지 않는 경우에는 물품을 처리하는 과정에서 손해를 입을 수 있다. 그렇지만 수출업자가 물품의 통제권을 유지하고 있기 때문에 오픈 어카운트(open account)에 의한 방법 보다는 위험이 감소된다. 모든 추심은 추심에 관한 통일규칙 제522호(URC Pub. 522)에 따른다.91)

(3) 오픈 어카운트(Open Account)

이 방법은 수출업자가 물품선적을 이행하고 권리서류를 포함한 선적서류를 발송하고 수입업자로부터 직접 대금을 회수한다. 이 거래의 안전성은 이미 기술한 다른 방법 보다 가장 낮다. 이 방식의 거래에서 분쟁이 발생할 경우에는 이해관계가 있는 제3자(은행)가 개입하지 않기 때문에, 수출업자와 수입업자 모두 적기의 물품의 선적과 대금지급에 대한 보장을 받을 수 없다. 사실상 수출업자는 수입국가와 수입업자에 대한 대금회수의 위험을 부담한다.92)

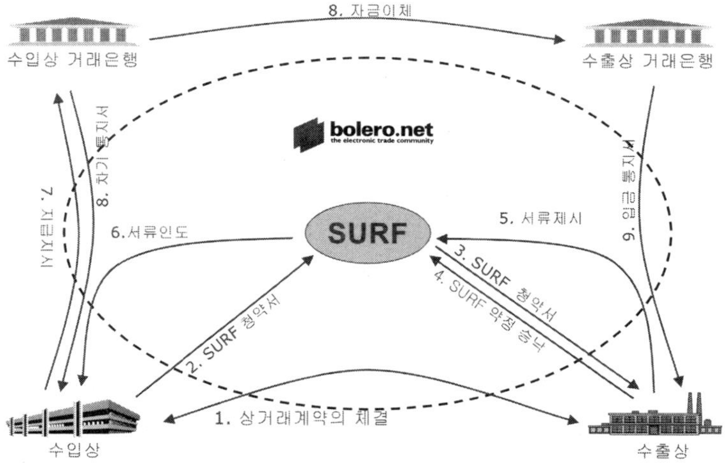

자료 : bolero.net(Stanley Ho), "CREDIT SUISSE FIRST BOSTON", 2001.

[그림 10-16] 오픈 어카운트 방식의 결제과정

91) bolero.net, Standard Trade Settlement Protocols(2000), p.10.

92) bolero.net, Standard Trade Settlement Protocols(2000), p.8.

제 11 장

TradeCard 시스템

제 1 절 TradeCard의 개요

1. TradeCard의 출현배경

국제무역에 있어서 자동화·시스템화는 국제거래 또는 기업경영의 효율성이라는 측면에서 매우 중요하다. 국제무역거래는 일단 계약이 체결되면 매도업자의 물품인도에 대한 매수업자의 대금결제, 즉 물품이동에 따른 물적체인관리와 이에 대한 자금이동에 따른 금융지원체인관리가 핵심이다.

그러나 컨테이너 적재에서 그 이행관리에 이르기까지 계속 개선되어 온 물적체인관리의 자동화는 정보통신기술의 발전으로 물적 흐름을 최적화하고 있다. 물적체인관리와 금융지원체인관리 간의 통합·연동은 이미 살펴 본 금융지원체인관리 내의 비즈니스 프로세스와 데이터(data)의 흐름을 전자화 및 자동화함으로써 촉진할 수 있다. 금융지원체인관리(Financial Supply Chain Management)의 전자·자동화는 기업의 지급채무와 수취채권, 현금, 운전자본, 위험, 거래비용 등의 관리를 최적화하고, 금융기관의 금융지원과 대금결제 및 지급보장 등의 자금흐름에 대한 프로세스를 개선시키는 한편, 거래고객과의 유대강화와 생산성 향상 및 거래비용의 절감에 기여한다.[1)]

그러므로 기업이 그들의 물리적 공급지원체인의 효율성을 개선하기 위하여 웹 기반의 기술을 이용하는 것과 마찬가지로, 금융공급체인의 효율성을 높이기 위해 웹

---

1) TradeCard, *op. cit.*, pp. 3-4 : bolero.codecirus.co.uk/solutions/financial_supply_chain.html, 2005. 6. 14 참고함.

기반의 협력수단을 이용할 필요가 있다. 이들 수단은 많은 기업이 이미 이행해 오고 있는 기존 업무로, 물품과 자금의 이동과정에서 발견되는 두 체인간의 접점을 맞춤으로써 더욱 귀중한 가치를 얻을 수 있다.

따라서 TradeCard는 금융지원체인관리에서 결여된 연결점을 제공한다. 즉, 무역계약의 체결절차에서부터 대금결제 및 그 사후관리에 이르기까지 전 무역거래의 프로세스를 자동화함으로써 이에 대응하는 무역서류와 자금이동의 프로세스를 최적화하는 것이다. 기업이 비용을 절감하고 금융과 프로세스의 효율성을 달성할 수 있는 안전하고 신뢰할 수 있는 비용 효과적인 이용자 지향의 금융지원체인 관리서비스를 제공한다.[2)]

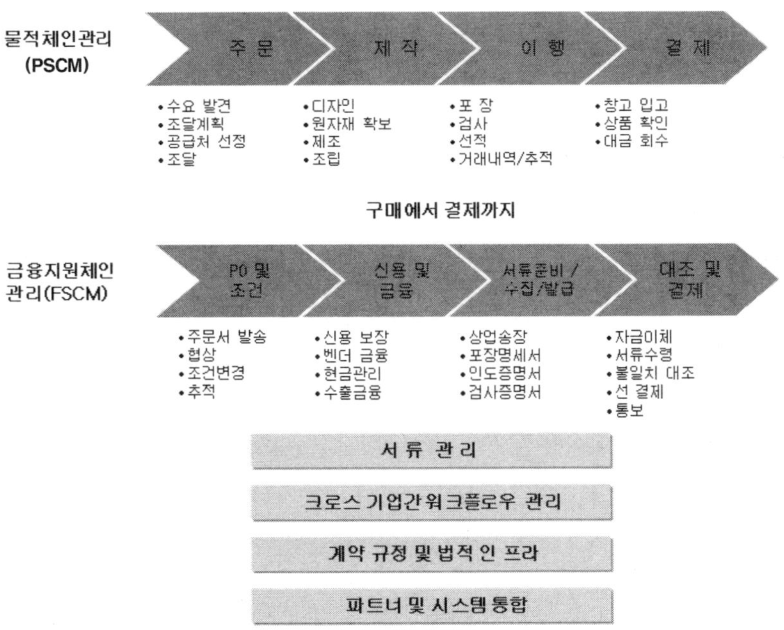

자료 : www.tradecard.com

[그림 11-1] 금융지원체인관리 자동화

2) *ibid*

2. TradeCard의 도입목적과 연혁

(1) 도입목적

기업 간 국제전자상거래의 시장은 급성장하고 있으나, 이러한 성장에 중대한 장애가 되고 있는 것은 국제간 결제 메커니즘의 부재에 있었다. 전통적인 국제무역은 종이서류를 기반으로 하는 복잡한 거래절차에 따른 많은 거래비용과 시간을 필요로 하기 때문에 비효율적이다. 따라서 TradeCard 시스템은 기존 구매주문(purchase order) 및 그 승인, 그리고 대금지급의 의사결정 및 대금결제 등에 필요한 거래절차를 간소화하고 시스템화함으로써, 저비용의 효율적인 금융지원체인관리를 기업에 제공하기 위해서 도입되었다.[3]

(2) 연혁

TradeCard는 1994년 국제무역을 촉진하는 비영리기구인 세계무역센터(WTCA)의 프로젝트에 의해 출발하였다. 그 목적은 인터넷이 중소기업의 수출입에 따른 비용을 얼마나 절감시키는지 조사하는 것이었다.[4] 주요 연혁은 다음과 같다.[5]

[표 11-1] TradeCard의 연혁

년 월		내 용
1994년		세계무역센터협회(WTCA)에서 TradeCard 솔루션의 개념 고안
1997년		공식적인 독립법인 설립
1998년		TradeCard 시스템(데이터 일치성 및 금융결제 엔진)으로 미국 특허취득(특허번호 : 5,717,989)
1999년	2월	Warburg Pincus로부터 투자유치 및 Kurt Carvano를 CEO로 임명
2000년	1월	데이터 일치성 및 금융결제 엔진으로 대만에서 특허 취득
	4월	TradeCard의 공식적인 상용서비스 개시
	11월	데이터 일치성 및 금융결제 엔진에 대한 미국특허 추가취득(특허번호 6,151,588)

3) http://www.tradecard.com/company/company.html, 2002. 12. 13.

4) http://www.tradecard.com/Resources/NewsArticles/CFOAsia_022001TRADE.pdf.

5) http://www.tradecard.com/company/company.html, 2002. 12. 13.

6) TradeCard 플랫폼은 미국, 대만, 싱가포르 및 EU 내 많은 국가에서 특허 받았다. 이외에도 TradeCard 플랫폼은 전 세계에 걸친 국가와 지역에서 추가적으로 특허가 진행 중이다.

년	월	내 용
2001년	3월	국내외 거래에 대한 금융결제의 금융공급체인 자동화에 대한 단일의 플랫폼 개시
	4월	TradeCard의 판매모델 소개(금융기관에게 TradeCard 플랫폼의 "White label"의 면허의 기회 제공)
	9월	Warburg Pincus & Co로부터 추가 투자자금(USD25만) 수령
2002년	4월	대만에서 추가 특허 취득(데이터 일치성 및 금융결제 엔진)[6]
	10월	Warburg Pincus & Co로부터 추가 투자자금(USD10만) 수령

3. TradeCard의 개념과 의의

(1) TradeCard의 개념

TradeCard는 TradeCard사가 개발하여 소유 및 운영하는 인터넷 기반의 시스템으로, 매수업자와 매도업자 및 무역서비스 제공업자가 안전한 네트워크를 이용하여 온라인 업무공간에서 무역거래를 개시, 이행 및 결제할 수 있도록 하는 금융지원체인 플랫폼이다.[7] 즉 TradeCard 시스템은 매도인과 매수인이 온라인상에서 국제무역거래를 개시, 이행 및 결제할 수 있도록 하는 기업 간 글로벌 전자상거래(Global B2B)의 인프라(infrastructure)이다.

TradeCard는 국제무역의 조달에서 결제까지의 관리하기 위한 안전한 시스템이다. 즉 물품구매에서 지급결제까지 인터넷 기반의 전자무역플랫폼 상에서 금융서비스를 자동화 및 통합하고 구매업자와 매도업자 및 거래 파트너들을 연결하여 무역거래를 자유롭고 편리하게 거래할 수 있도록 함으로서 프로세스의 효율성을 향상시키고 현금흐름을 개선시킬 목적의 시스템이다.[8]

TradeCard는 종이서류를 기반으로 하는 전통적인 신용장의 전자적인 대안으로 출발하였다.

7) http://www.tradecard.com/Resources/Glossary.html, 2002. 11. 1.

8) http://www.tradecard.com/Resources/NewsArticle/ITAsia_070101.

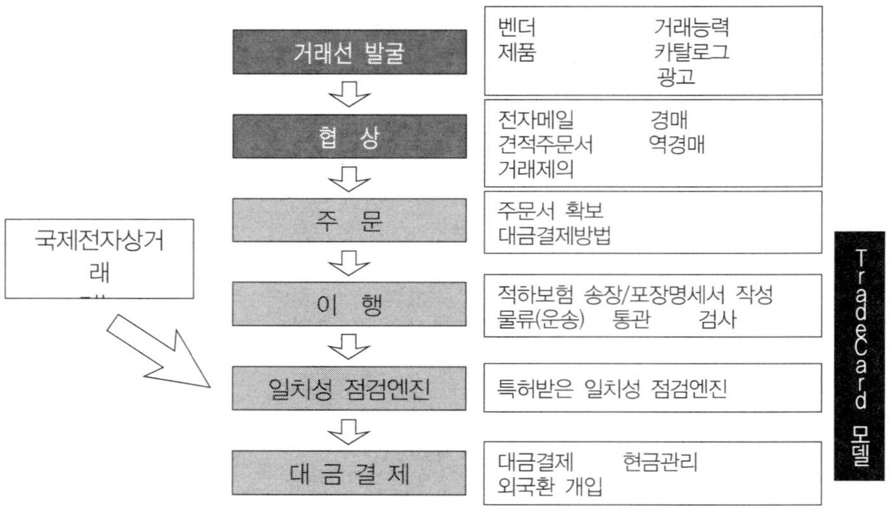

자료 : Chris Holloway, "Cash Flow", Logistics Asia, April 2001.

[그림 11-2] TradeCard 가치사슬

(2) TradeCard의 의의와 서비스

TradeCard는 무역거래에서 구매주문서의 송부 및 승인, 대금지급의 의사결정과 금융결제 등을 위해 필요한 절차를 간소화·자동화하고 보완함으로써 비용 저렴하고 효과적이며 실용적인 금융지원체인관리 서비스를 제공을 목표로 한다.9) 즉, 물리적 공급체인의 자동화가 물품의 이동을 최적화 하듯이 금융지원체인의 자동화는 물리적 공급체인에 상응하는 서류와 자금의 이동을 최적화하여 구매에서 지급결제까지 전 무역거래 프로세스를 자동화한다. 이러한 금융지원체인관리는 조달에서 대금결제에 이르기까지의 금융지원관리 프로세스 상에서 물품의 물리적 이동에서와 같은 관리와 가시성을 확보하는 것을 의미한다.

TradeCard는 전자무역플랫폼 상에서 서류 없이 매수업자, 매도업자 및 그들의 서비스 파트너를 연결하며 금융거래 프로세스를 자동화하는데 필요한 다양한 서비스를 지원한다. 이들 서비스는 TradeCard 회원의 비스니스 프로세스와 제휴한다. 당해 온라인 플랫폼의 가시성으로 TradeCard는 혁신적인 금융 서비스를 제공할 수 있다.

그리고 TradeCard는 직접적인 조달(구매)은 물론 국내외 무역거래를 지원하는 다양한 서비스의 제공을 목표로 하고 있다. 또한 TradeCard는 특허받은 데이터 컴플라이언스 엔진(compliance engine), 지급보장(payment protection), 자금이체(money movement),

9) TradeCard, "Corporate Fact Sheet"(Version 012002_US).

물류(logistics), 검사, 보험 및 금융의 서비스를 제공한다. TradeCard는 글로벌 무역거래 관리를 위한 융통성 있는 모듈식 플랫폼이며, 아래와 같은 두 가지 방법으로 이용자에게 서비스를 제공한다.[10)]

[표 11-2] TradeCard의 서비스 형태

서비스 형태	내 용
완전한 서비스 거래 (Full Service Transaction)	무역거래자는 TradeCard의 모든 거래 사이클을 이용할 수 있다. 즉, 거래파트너와 주문에서 시작하여 일치성 대조·확인의 과정과 금융데이터 결제로 거래를 종료한다.
개별거래 (Unbundled Transaction)	거래업자는 필요에 따라 TradeCard의 개별 서비스 상품을 선택할 수 있다. 예컨대 본 시스템의 이용자는 그들의 거래파트너와 P.O 및 송장으로 거래 및 협업하거나, 또는 지급보장 서비스와는 관계없이 금융결제를 이행할 수 있다.

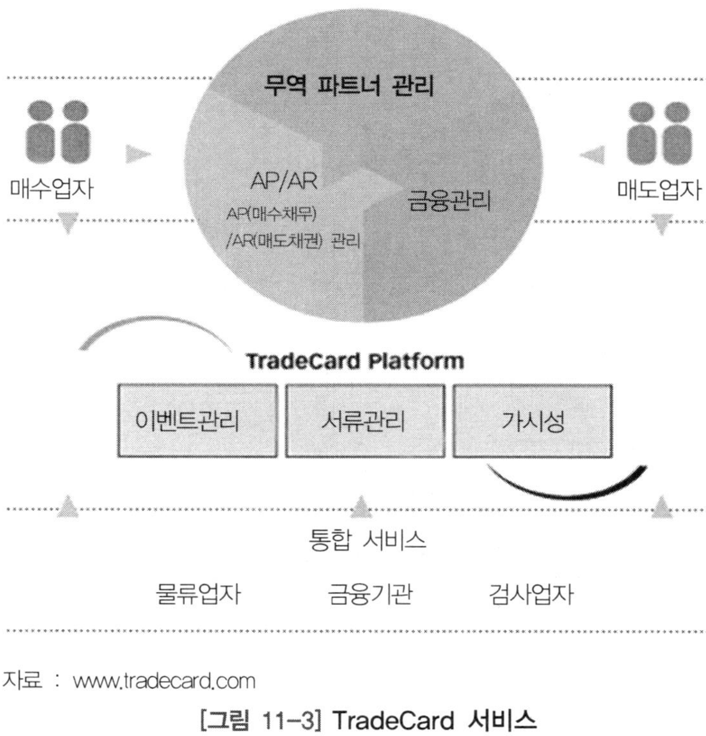

자료 : www.tradecard.com

[그림 11-3] TradeCard 서비스

10) http://www.tradecard.com/about/faq.html.

(3) TradeCard의 특징

매도업자와 매수업자는 TradeCard 플랫폼에 전자적으로 연결되어 있으며 이 플랫폼은 전 세계의 주요 금융기관 및 제3의 관계 당사자인 무역관련 서비스 제공업자들과 이미 연결·통합되어 있다. 구매에서부터 대금결제의 종료에 이르기까지 모든 거래당사자는 금융과 물류의 협업을 포함하는 비즈니스를 전자적으로 수행한다. 주요 기능은 다음과 같다.11)

[표 11-3] TradeCard의 특징

특징(기능)	내 용
국제적 네트워크(연결성)	세계 각지의 어느 곳이든 TradeCard를 통해 서로 연결하는 데는 웹 브라우저만 있으면 된다.
종이서류 없는 무역	증빙서류를 전자적으로 전송하고 저장/유통
거래 프로세싱 관리	거래절차 진행사항 통지 및 관리
모듈식 상품	세 가지 상품, 즉 거래파트너 관리, AP/AR 관리 및 금융관리를 특징
통합 금융 서비스	각종 서비스는 TradeCard의 워크 플로우에 통합

① 국제적 네트워크(연결성)

국제무역에서 거래당사자들이 세계 각지의 어느 곳에 있든 TradeCard를 통해 서로 연결하는 데는 웹 브라우저만 있으면 된다. 또한 TradeCard는 수많은 구매업자들이 채택하기를 원하는 정보시스템인 ERP 백앤드 시스템과 연결·통합이 가능하다. 현재 운용되고 있는 기술이나 비즈니스 절차를 변경할 필요가 없다.

② 종이서류 없는 무역

TradeCard는 거래 증빙서류를 전자적으로 전송하고 저장한다. 모든 거래당사자들은 거래가 진행됨에 따른 그 진행사항을 적절한 방법으로 접속하여 서류를 열람하고 수정할 수 있다.

③ 거래 프로세싱 관리

거래는 전 세계로 자동적으로 라우트 된다. 회원들은 워크플로우를 자사의 실정에 맞도록 용이하게 조정할 수 있다. TradeCard는 거래절차가 단계별로 진행될 때마다 그 내용을 다음 거래당사자에게 자동적으로 이메일로 통지하여 준다.

11) http://www.tradecard.com(whitepaper).

④ 모듈식 상품

TradeCard는 서로의 기반을 토대로 구축되는 세 가지 상품, 즉 거래파트너 관리, AP/AR 관리, 및 금융관리를 특징으로 한다(TradeCard 서비스 참조).

⑤ 통합 금융 서비스

TradeCard는 불분명한 종이 서류 중심의 세계에서 얻는 것보다 더 뛰어난 수익과 효율을 제공하는 특유의 금융 서비스를 제공한다. 이 같은 선택적인 서비스들은 TradeCard의 워크 플로우에 통합되어 있다. 이러한 기능이 가능하도록 하는 것은 TradeCard가 제공하는 가시성과 문서관리 및 자동화이다.

(4) TradeCard의 이용의 이점

TradeCard의 확장된 공급체인(supply chain) 서비스를 이용하기 위해 일정한 절차에 따라 등록하여, 거래 프로세스의 효율성을 높이는 통합된 시스템을 이용할 수 있다.

① 내부 운영적인 선택

우선 회사의 비즈니스 프로세스를 분석하고 TradeCard의 시스템과 연결시킨다. TradeCard는 본 시스템을 가장 효율적으로 이용할 수 있는 기술을 습득할 수 있는 맞춤형 교육을 개발한다.

② 거래파트너 채택

TradeCard는 풍부한 업력을 바탕으로 매수업자와 그 거래업계에 그의 서비스를 제공한다. TradeCard는 전 세계 각처에 확보하고 있는 지사와 거래 파트너를 통해 공급업자를 직접 방문하거나 공급업자 세미나를 개최하여 본 시스템을 홍보하고 교육하고 있다. 또한 TradeCard는 거래상대방이 TradeCard를 채택할 수 있도록 지원한다.

③ 전문성 있는 IT 통합

TradeCard의 유연한 웹 기반 시스템은 기업이 이용하고 있는 기존 메시징 아키텍처(XML, EDI 등)를 통해 기업의 ERP 시스템과 쉽게 통합할 수 있다. 그렇지 않으면 웹 브라우저를 통하여 로그인하여 직접 TradeCard에 접속할 수 있다. 현재 TradeCard를 통하여 접수되는 전체 주문 중 97%가 메시징을 통해 이루어진다. TradeCard 통합 모델에는 매수업자, 공급업자, 은행, 물류업자 및 제3당사자의 서비스 제공업자 위한 인터페이스가 포함되어 있다.

4. TradeCard의 거래 메커니즘(절차)

TradeCard는 모든 당사자가 그의 안전한 거래환경에 로그인함으로서 인터넷을 통해 접속하는 웹 기반의 플랫폼이다. 다음 프로세스는 전 서비스 거래와 자금이체를 기술하고 있다.

매수업자는 TradeCard 시스템에서 그들의 EDI, ERP 또는 사용자의 인터페이스를 통하여 구매주문서를 작성하여 발송한다. 매도업자는 구매주문서가 미결(pending) 상태에 있다는 내용의 전자메일을 TradeCard로부터 접수한다. 이에 매도업자는 당해 구매주문서를 승인하거나 또는 필요한 경우에는 매수업자와 매매조건을 협상한다. 매도업자가 승인한 구매주문서는 TradeCard에 저장된다. 그 거래 시점에서 매도업자는 필요한 경우에는 지급보장을 선택할 수 있다. 일단 물품의 선적준비가 되면, 매도업자는 TradeCard를 통하여 상업송장과 포장명세서를 작성한다. 대부분의 송장 데이터는 원본의 구매주문서에 있으므로 TradeCard는 자동적으로 당해 송장 서류를 사전에 작성·보유하고 있다. 따라서 매도인은 추가적인 데이터만 채우면 된다.

그 후에 특허받은 TradeCard 컴플라이언스 엔진은 송장과 포장명세서, 인도증명서 및 검사증명서와 같은 기타 선택적 서류를 원시 구매주문서와 대조한다. 그 결과 불일치 내용이 있는 경우 매수업자와 매도업자는 불일치 통지받으며, 또 온라인상에서 무료로 그 불일치 협상을 할 수 있다. 일단 불일치가 해결되면 지급지시가 자동적으로 이행되어 매수업자의 계좌에서 인출하여 매도인의 계좌에 입금하도록 하는 지시가 JP Morgan Chase에 송부되거나, 아니면 결제금액과 결제일자를 명시한 지급수권서를 발행하는 매수업자가 지급을 지시한다.[12)]

5. TradeCard 시스템의 기술적 기반

TradeCard는 보안, 세계적으로 적용되는 융통성, 확장성, 통합의 편리성에 초점을 두고 설계된 안전한 웹기반 시스템을 제공하고 있다. 기업은 기본적으로 인터넷 접속과 웹 브라우저만으로 TradeCard 시스템에 접속할 수 있다. ERP 시스템을 구축한 기업의 경우에도 기존 비즈니스 프로세스에 미치는 큰 영향 없이 용이하게 통합할 수 있다. 물론 하드웨어나 또는 소프트웨어를 별도로 설치할 필요가 없다.

12) http://www.tradecard.com/about/faq.html.

(1) 인증(Authentication)

TradeCard 는 세계 최고 수준의 통신 암호화(128비트)를 이용한 클라이언트 브라우저를 제공한다. 이용자명, 암호, 스마트카드 시스템을 조합하여 이용자의 인증을 관리한다.

또한 TradeCard는 디지털 서명을 이용하여 전자 데이터를 인증하고 특정한 이용자가 작성한 전자서류를 확인한다. 회원(member)이 TradeCard 시스템에 접속(log on)할 때마다 한 쌍의 유일한 디지털 키를 생성해야 한다.

그리고 TradeCard는 엄격한 보안관리에 대한 엄격한 평가 끝에 Ernst & Young으로부터 WebTrustTMF 인증을 취득했다.

(2) 아키텍처

TradeCard는 데이터를 중앙 집중화, 표준화 및 공유화하기 위한 저렴한 솔루션을 제공하는 안전한 호스팅 플랫폼이다. XML는 이종의 비즈니스 시스템으로부터 데이터를 번역(변환) 및 통합하기 위한 도구를 제공한다. TradeCard XML 스키마(schema)는 이용자의 데이터와 파트너의 데이터가 쉽게 호환(map)할 수 있다. 이는 포맷이나 애플리케이션에 상관없이 서류를 자유롭게 교환할 수 있도록 한다.

(3) 통합시스템

이용 가능한 IT 기술 및 리소스(resources)에 따라, TradeCard는 환경에 적합한 통합옵션을 제공한다.

① 가장 단순한 옵션 : 웹 브라우저 이용

웹 브라우저 기반 통합은 이용자가 표준 웹 브라우저를 통하여 서류를 업로드 및 다운로드를 할 수 있도록 하고 있다.

② 변화 최소화 : 기존 시스템과 통합

이용자의 데이터 맵핑(mapping) 엔진을 이용하여, EDI, 평면구조 파일, 비 TradeCard XML 등 어느 형식으로든 기존 시스템과 서류(문서)를 교환할 수 있도록 TradeCard의 환경을 설정할 수 있다.

그리고 메시지 기반 통합에는 이용자의 설계서 맞게 설정된 맞춤형 데이터 맵 및 워크플로우가 포함된다. 메시지 기반 통합을 선택하는 경우, 테스팅, 구현 계획을 개발하기 위해 이용자의 법인(조직체)과 협력·지원할 프로젝트 관리자를 할당받게 된다.

제 2 절 TradeCard 금융지원체인관리 솔루션

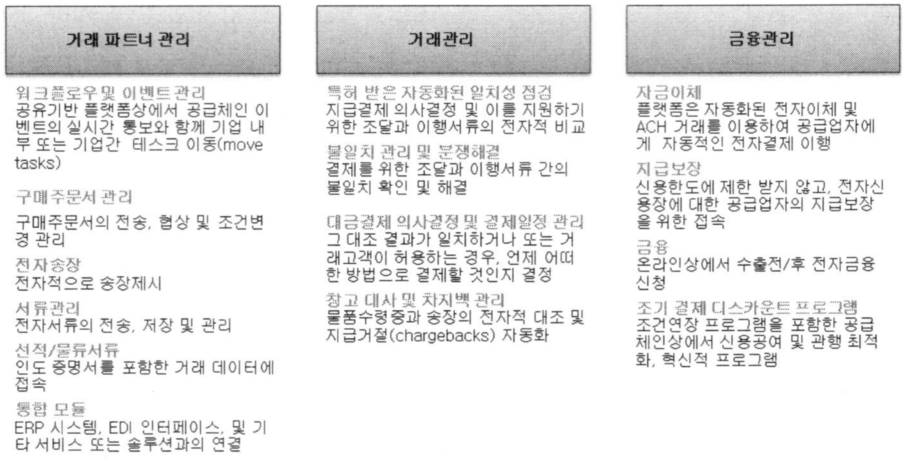

자료 : Tradecard

1. TradeCard 전자무역플랫폼

TradeCard는 공인받은 수익성 높은 무역관리 엔진이다. 국제무역거래에서의 모든 거래당사자를 위해서 TradeCard 플랫폼은 우수한 가시성, 서류관리 및 워크플로우를 갖춘 비용 효과적인 금융지원체인 자동화 솔루션을 제공한다.13)

TradeCard는 구매주문에서 무역결제에 이르기까지의 무역거래를 자동화한 시스템으로, 기본적인 서비스는 거래 정보를 안전하고 신속하게 전자적으로 전송 및 관리하는 강력한 기술 플랫폼이며, 구현 및 이용이 편리한 융통성 있는 서비스이다. 그리고 이 플랫폼은 모든 은행 또는 ERP 시스템과 연계하여 운용할 수 있다. 이 호스팅 플랫폼은 거래파트너 관리, AP/AR(매입채무/매출채권) 관리 및 금융지원관리 서비스를 제공한다.

따라서 국제거래의 모든 관계당사자가 동일한 전자 플랫폼에서 작업하면 반복되는 서류작업을 하지 않아도 된다. TradeCard는 주문서에서부터 상업송장에 이르기까지 모든 프로세스에서 거래파트너와 연결시키고, 관련 무역서류를 작성하고 전자방식으로 저장한다. 모든 거래당사자는 거래가 진행되는 동안 언제라도 서류에 접근하여 이를 확인하고 필요한 경우 수정할 수 있다. 종이 서류는 사용되지 않으며, 거래

13) TradeCard 홈페이지 자료를 참고하여 작성함.

확인을 위해 전화하거나 팩스를 발송할 필요 없고, 야간 선적 때문에 고민할 필요가 없이 용이하고 효율적으로 거래를 처리할 수 있다. TradeCard 플랫폼은 다음과 같은 주요 기능이 있다.

[표 11-4] 전자무역플랫폼의 주요 기능

주요 기능	내 용
가시성	거래 즉시 확인 가능, 거래의 투명성을 확보
서류관리	전자 파일링 캐비넷 단일의 온라인 환경에서 최신 버전의 거래관련 서류를 준비/관리
이벤트관리	거래당사자가 모든 거래 상황을 확인할 수 있도록 거래내용 실시간 통보

(1) 가시성 : 거래 즉시 확인 가능

공급업자가 홍콩에서 서류를 업데이트 하는 즉시, 뉴욕에 있는 매수업자가 이에 대한 통지를 받고, 최신 버전을 수취한다. 따라서 허용된 모든 당사자는 실시간으로 서류를 액세스할 수 있어 거래의 투명성을 확보할 수 있다.

(2) 서류관리 : 전자 파일링 캐비넷

한 장소에서 서류를 관리, 저장 및 검색할 수 있으며, 최신 버전의 모든 서류를 입수할 수 있다. 여러 개의 주문서에 대한 다양한 선적을 관리를 할 수 있다. TradeCard는 단일의 온라인 환경에서 최신 버전의 거래관련 서류를 준비·관리한다. 거래 서류의 송부, 교섭 및 수정을 쉽게 관리할 수 있다.

(3) 거래내용(이벤트) 관리 : 정확한 엔진으로 유연한 모든 프로세스 관리

TradeCard는 무역거래 프로세스가 단계적으로 진행되는 내용을 전자메일을 통하여 다음 당사자에게 자동적으로 이를 통보한다. 따라서 업무처리를 확인하기 위해 TradeCard에 접속(log on)할 필요가 없다. TradeCard는 전자메일로 필요한 업무정보와 함께 당해 거래와 직접 연결된 보안을 갖춘 하이퍼링크(hyperlink)를 제공한다. 공급지원체인상의 이벤트를 실시간으로 통지한다. 따라서 모든 거래당사자는 거래상황을 확인할 수 있다. 더 이상 의사소통의 단절을 걱정할 필요가 없다. TradeCard의 최상의 장점은 거래가 글로벌적으로 자동적으로 이루어진다는 것이다.

금융지원체인관리의 자동화의 이점
• 거래의 투명성 • 자동화된 프로세스는 효율성을 창출하고 오류제거 • 직접비용 절감 • 정보접근을 통하여 최적화된 금융 및 조달 결정 • 혁신적인 금융 프로그램 • 무역거래 사이클 단축 • 온라인상에서 신속한 불일치 해결/처리 • 무역거래 파트너 관계 개선

자료 : TradeCard

2. 거래파트너 관리

TradeCard의 안전한 웹기반 시스템에 연결하여 거래당사자의 금융거래 프로세스를 처리할 수 있다. 전자서류 발급 및 수집, 특혀 받은 서류의 일치성 대조·확인 시스템, 서류의 불일치(discrepancy) 해결, 지급결제의 자동화, 수취채권의 가시적 관리 등이며, 지급채무(accounts payable) 및 수취채권(accounts receivable)을 정확하게 관리할 수 있다.

(1) 이벤트 관리 : 정확한 엔진으로 유연한 모든 프로세스 관리

이미 언급되었듯이, 거래 프로세스가 단계적으로 진행됨에 따라 TradeCard는 이메일을 통하여 다음 당사자에게 자동적으로 이를 통보한다. 업무처리를 확인하기 위해 TradeCard에 로그온(log on)할 필요가 없다. TradeCard는 전자메일로 필요한 업무정보와 함께 당해 거래와 직접 연결된 보안을 갖춘 하이퍼링크를 제공한다. 공급지원체인 이벤트를 실시간으로 통지한다. 따라서 모든 거래당사자는 거래상황을 확인할 수 있다. 더 이상 의사소통의 단절을 걱정할 필요가 없다. TradeCard의 최상의 장점은 거래가 글로벌적으로 자동적으로 이루어진다는 것이다.

(2) 확장된 기업 커뮤니케이션을 위한 스마트[14] 링크

단순한 EDI 데이터 통로를 뛰어넘는 연결성, 즉 컨텐츠와 텍스트를 제공하는 스마트 링크다. 매수업자, 매도업자, 대리업자, 공장, 금융기관, 서비스 제공업자 모두가 안전한 보안을 갖춘 동일한 웹 기반 시스템에 연결되며, 단일의 동일한 플랫폼상에서 조건을 협상하고 서류를 교환하며 실시간으로 의사소통할 수 있다. TradeCard 회원은 어떠한 형태의 무역거래든 단순하고 효과적인 방법으로 그들의 무역거래를 관리하는 서류를 공유하고 보존할 수 있다. TradeCard 회원들은 브라우저를 통하여 간편하고 쉽게 액세스 하거나 또는 자신들의 기존의 ERP 시스템과 TradeCard 플랫폼을 통합할 수 있다.

(3) P.O 관리 : 자동적으로 주문서 발송 및 접수

글로벌 무역거래에서는 매수하는 제품의 수만큼이나 많은 조건이 존재한다. 그러나 거래당사자가 거래를 체결하기 위해 선택하는 거래형태에 상관없이 TradeCard는 이들 거래를 지원한다.

TradeCard를 통하여 P.O.의 모든 문제를 전자적으로 협상할 수 있다. 거래협상이 종료되면 매수업자는 공급업자에게 P.O를 발행하며, 당해 공급업자는 당해 P.O를 수리하거나 또는 거절할 수 있다. TradeCard는 모든 오해를 방지하기 위해 거래당사자에 의해 이루어진 변경내역을 저장한다. 그리고 TradeCard는 거래상 수정이 요구되는 경우에는 이들 모든 세부내역을 관리한다.

(4) 전자송장 작성/송부 : 효율적이며 오류를 방지

시간을 절약한다. TradeCard는 재입력할 필요가 있는 P.O.의 데이터로 전자송장에 필요한 정보를 미리 입력해 놓는다. 따라서 일단 공급업자가 송장을 발급하면, TradeCard가 이를 전자적인 방법으로 매수업자에게 송부하며, 당해 매수업자는 자신의 정보시스템에 그 송장을 직접 다운로드할 수 있다.

---

14) 소프트웨어나 하드웨어에 관하여 말할 때 정보 처리 능력을 가지고 있다는 것을 나타내는 용어. 특히 지금까지는 기대할 수 없었던 정도의 정보 처리 능력을 가지고 있다는 의미를 나타낸다. 지능화된 또는 지능형(intelligent)이라는 용어와 같은 의미이다 (http://enc.daum.net/dic100/contents).

(5) 서류관리 : 전자 파일링 캐비넷

한 장소에서 서류를 관리, 저장 및 검색할 수 있으며, 최신 버전의 모든 서류를 입수할 수 있다. 여러 개의 주문서에 대한 다양한 선적을 관리를 할 수 있다. TradeCard는 단일의 온라인 환경에서 최신 버전의 거래관련 서류를 준비·관리한다. 거래 서류의 송부, 교섭 및 수정을 쉽게 관리할 수 있다.

3. AP/AR 관리

TradeCard는 달러, 유로, 엔 등 거래상대방이 어떤 통화든 자유로이 거래할 수 있다. TradeCard와 그의 제휴 금융기관은 무역거래 당사자를 위한 현금흐름(cash flow)을 동시에 최적화하는 혁신적인 금융서비스를 제공한다.

(1) 단계 1 : 특허받은 자동 컴플라이언스 엔진

TradeCard의 특허받은 일치성 자동점검 엔진(compliance engine)은 최종적인 서류의 일치성 자동점검시스템이다. 이 엔진은 구매주문서, 송장, 포장 명세서, 검사 증명서 및 인도 증명서(proof of delivery)를 포함한 점검에 합의한 서류정보를 대조·확인한다. 그 다음 모든 데이터 필드(data fields)가 일치하는지 확인한다. 그리고 전자서류상 불일치 내용(discrepancy)이 발견된 경우, 각각의 무역거래당사자는 TradeCard 시스템의 불일치 리스트와 하이퍼링크를 첨부한 전자메일을 통하여 즉시 통지 받는다.

(2) 단계 2 : 불일치 내용의 해결

전자서류상에 불일치가 있는 경우 쌍방의 거래당사자는 온라인상에서 그 불일치 내용을 신속하게 해결할 수 있다. 그리고 거래당사자는 디스카운트(discounts ; 할인), 구상청구(charge back ; 환불관리) 등을 위해 온라인상에서 협상을 진행할 수 있다. 쌍방의 거래당사자가 온라인상에서 불일치 해결에 만족할 경우, 당해 거래는 일치한 것으로 간주하며, 자동화된 프로세스는 계속된다.

(3) 단계 3 : 지급결제 의사결정 및 일정

매수업자는 무역할인을 받을 수 있으며, 매도업자는 수출채권을 조기에 지급받을 수 있다. 제시서류상에 불일치한 내용이 없이 무역 및 금융서류를 완전하게 갖춘 양

당사자는 지급승인을 쉽게 받고 지급일자 및 지급일정을 결정한다. 실시간으로 AP(지급채무) 및 AR(수취채권)을 확인할 수 있다. 매도업자는 매수업자의 AP 부서의 도움 없이도 스스로 AR 내용을 확인할 수 있다.

(4) 단계 4 : 결제자금 지금이체

결제자금의 이체는 단순하지만 매우 중요한 자동화 단계이다. TradeCard는 매수업자 은행계좌에서 매도업자 은행계좌로 자금이체를 이행한다. 이 때 매수업자나 매도업자는 자신의 거래은행을 교체할 필요가 없다. 세계 최고의 금융기관이자 현금관리(cash management) 서비스의 선두주자인 JP Morgan Chase는 TradeCard에서 이루어지는 거래를 위한 주요 자금이체 서비스 제공업자이다. JP Morgan Chase는 이러한 거래를 위해 허용되는 대부분의 은행계좌에 차기(인출) 및 대기(입금) 업무를 이행하며 외국환 서비스를 제공한다.

4. 파이낸싱 관리

세계적인 선구적인 서비스 제공업자들이 제공하는 전자금융 및 무역서비스 통합한다. 이 통합 서비스는 TradeCard 회원이 되는 즉시 이용할 수 있다.

현금관리의 최적화에 대한 비법은 우수한 금융지원체인의 가시성에 있다. 즉 신속한 신용한도의 지원, 보다 나은 현금관리, 매수업자의 매도업자와의 오픈어카운트 거래 및 매도업자의 신용장거래 없이 지급보장 등을 원하는 경우 TradeCard에서 지원한다.

따라서 TradeCard는 회원들에게 정해진 절차에 따라 조기 지급결제 프로그램(자금이체 포함), 지급보장(신용장 대체) 및 수출금융 등을 지원한다.

5. 통합 서비스

검사, 물류, 금융 등 여기에서 모든 서비스를 제공한다. TradeCard는 100여개 이상의 무역 및 금융 서비스 제공업자와 네트워크를 구축하고 있다. 무역거래 워크플로우(workflow)는 적절한 시점에서 TradeCard는 매수업자와 매도업자에게 이러한 서비스를 자동적으로 제공하다. 서비스 파트너로 일단 선정되면 TradeCard는 서비스 파트너에게 거래 투명성을 제공하기 때문에, 적절한 조치를 취할 수 있고 전자적으로 서류 및 정보를 제공받을 수 있다.

[표 11-5] TradeCard와 주요 전통 결제방식과 비교

결제방법	내 용				
	신속성	지급보장	무서류	매수인에게 유리	매도인에게 유리
에스크로우(Escrow)	◉	✓			✓
선지급	◉	✓			✓
신용장		✓		✓	◉
TradeCard	✓	✓	✓	✓	✓
대금추심				✓	
오픈 어카운트				✓	

◉ 특별 조건에 따라 달려 있음

자료 : www.banksinopac.com.tw/bsp/eng/Corporate/CB_Cm3Trad.asp.

제 3 절 TradeCard의 운용과 프로세스

1. TradeCard의 주요 거래 유형

(1) AAP(Auto Approved Payment: 자동승인 지급방식)

이 유형의 거래는 매수인이 구매주문서를 작성하여 매도인과 조건을 협상하면서 개시된다. 수량 및 가격과 같은 기본조건은 물론 전자데이터의 일치성 기준(범위)과 지급보장과 같은 서비스를 선택적으로 약정한다. 대금지급은 TradeCard의 일치성 점검엔진이 선적 데이터와 원시 구매주문서 상의 데이터를 자동 점검하여 이미 합의된 기준에 일치하면, 자동적으로 대금결제가 이행되고 거래가 종료된다. 만약 상호 일치하지 않으면 불일치 내용이 인식되어 매도인과 매수인이 그 불일치를 해결한 후에 대금지급이 이루어진다.[15)]

(2) BAP(Buyer Approved Payment: 매수인승인 지급방식)

매수인이 승인한 대금결제는 자동승인 지급방식과 아주 유사하다. 그러나 이 방식은 대금지급 시 매수인의 최종적인 승인을 필요로 한다. TradeCard는 일치성 점검엔

15) http://www.tradecard.com/news/press/archive/tradecardPlatform.html.

진을 이용하여 원시 구매주문서 데이터와 선적 데이터를 이미 합의된 기준으로 대조·확인하고, 대금결제의 최종 승인을 위해 매수인에게 조회한다. 매수인은 기존의 오픈 어카운트(open account) 프로세스와 동일한 방법으로 결제금액과 결제시기를 결정한다.16)

(3) IP(Invoice Presentment: 송장제시 지급방식)

이 거래유형은 TradeCard 시스템의 다양한 접속방법 중의 한 방법을 통하여 매도인이 매수인에게 송장을 직접 제시하는 방법이다. 일단 송장을 접수하면, 매수인은 제시받은 송장을 근거로 하여 결제시기와 결제방법을 스스로 결정하여 대금결제를 한다.17) 따라서 매수인의 구매주문 및 그 승인절차가 필요 없다.

2. TradeCard의 운용 프로세스

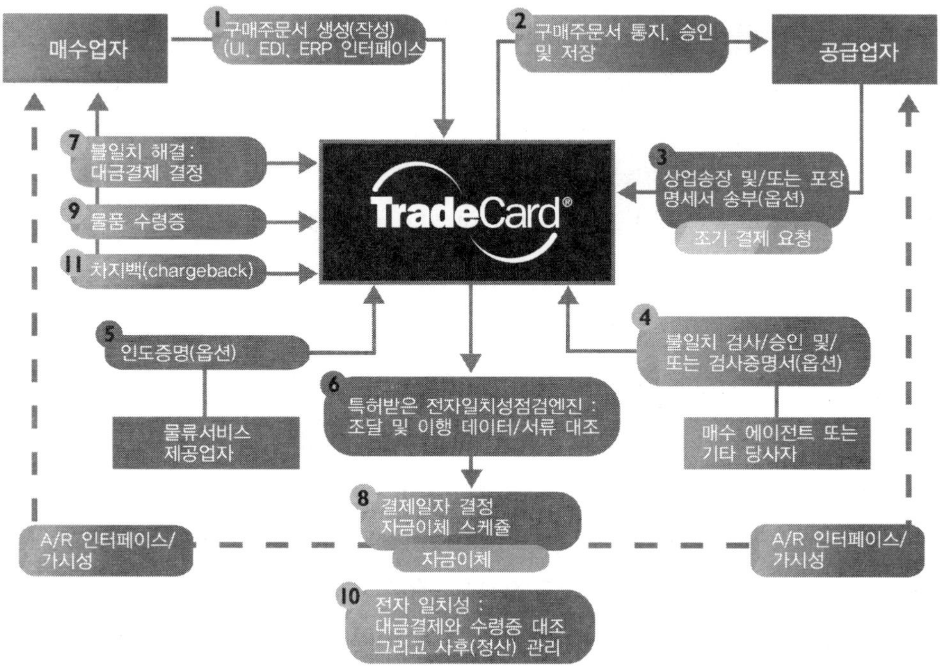

16) http://www.tradecard.com/news/press/archive/tradecardPlatform.html.

17) Helen Atkinson, op.cit., p. 32.

무역 파트너 관리	지급채권관리	금융관리
• 매도업자와 매수업자간 연결성 • 구매주문서 관리 • 워크플로우 및 이벤트관리 • 서류관리 • 공급체인 가시성 • 공급업자 포털	• 특허받은 자동화된 컴플라이언스 • 불일치 관리 • 지급결제 의사결정 및 스케쥴링 • 차지백 관리(chargeback)	• 자금관리 • 지급보장(L/C 대체) • 선적전후 수출금융 • 송장 디스카운팅(할인) * 여기에서 송장할인은 송장을 근거로 대출받는 것을 말함

자료 : TradeCard

[그림 11-4] TradeCard 거래의 프로세스

(1) TradeCard의 회원등록

① 가입신청서의 작성 및 송부

TradeCard 시스템을 이용하기 위해서는 거래당사자는 우선 TradeCard의 회원으로 등록해야 한다.18) 회원으로 등록하기 위해서는 TradeCard사의 웹 사이트에 접속하여 TradeCard 계약서를 확인하고 서명해야 한다. 웹상에서 신청할 경우에는 온라인상의 신청서식에 주요 정보, 즉 이용할 ID, 비밀번호(Password), 접속코드(Access Code), 회사명 및 전자메일 등을 포함한 정보를 입력·서명하여 전송한다. 또는 관련 자료를 다운받아 프린트를 하여 진행할 수도 있다.

반면, TradeCard는 가입신청서를 검토 및 신용평가 등의 일정한 절차에 따라 승인 여부를 결정하고, 승인하는 경우에는 이용자 ID, 비밀번호(Pass Word) 및 보안카드 번호(e-ID 접속코드) 등을 부여한다.19)

② 가입요건 및 이용대상

TradeCard의 회원이 되기 위해서는 우선 그 회원은 비즈니스를 이행하여야 하고, TradeCard가 지원하는 국가에 은행계좌를 가지고 있어야 한다.20) 회원가입을 위한 신청서 작성에 필요한 정보는 법인명 및 주소, 최고 경영진, 은행, 거래처 및 공급업자 정보를 포함한 기업정보 및 재무정보를 제공해야 한다.

TradeCard 가입조건은 가입신청 프로세스의 일부로 읽고 동의해야 하는 모든 비즈니스에 관한 약정서에 정의되어 있다. 이들 약정서에는 TradeCard Membership

18) Turloch Moony, "Reforming financial supply chains", *Lloyd's ftbAsia*, July/August, 2001. p.49.
19) TradeCard 시스템은 TradeCard 홈페이지 자료를 중심으로 작성함
20) TradeCard, "TradeCard Member Registration Fact Sheet", 2005. 11. 10, p.1.

Agreement, Platform Settlement Service Agreement, Coface Factoring Agreement, CIT Group/Commercial Service Factoring Agreement, Direction and Consent Agreement 등이다.

그리고 모든 신청자는 은행 서명 확인서(Bank Signature Verification Form)를 작성해야 하며, 위에 언급된 약정서와 같이 이 확인서는 TradeCard 시스템상에서 인증 및 지급수권이 필요하다. 현행 버전은 TradeCard 웹사이트에서 확인할 수 있다.

TradeCard 시스템의 이용자는 거래의 직접 당사자인 매도업자와 매수업자를 포함하여, 매도업자를 위해 매수업자의 신용평가 및 지급채무를 인수하는 기관으로는 세계적인 수출신용보험업자인 프랑스의 Coface와 미국의 범세계적인 금융업자인 GE Commercial Finance가 있으며, 자금이체 및 외국환 서비스 업무를 담당할 범세계적인 금융업자인 JP Morgan Chase 등의 거래지원기관이 있다. 그리고 거래관련 서비스업자로는 물류제공업자, 검사업자, 보험회사 및 금융기관 등이 있다.

③ 신용한도 배정

매수인은 TradeCard 시스템을 통하여 회원등록신청서를 접수하면, 신용제공업자로부터 본 시스템을 통하여 신용평가등급 및 신용한도를 배정받는다. 그 신용한도는 신용평가의 결과에 따라 결정된다.

(2) 구매주문서의 작성, 송부 및 승인

① 매수인의 구매주문서 작성 및 송부

매수인과 매도인이 거래하기로 합의하면, TradeCard 거래를 개시하기 위해서는 매수인은 본 시스템을 이용하거나, 아니면 기업의 ERP 시스템[21] 또는 온라인상의 가상공간에서 전자파일을 이용하여 전자구매주문서를 작성한다.[22] 본 주문서에는 매도인과 협상할 수 있는 가격, 결제조건, 수량, 품질, 단가, 물품명세, 선적기일 등의

21) 기업 내 통합정보시스템을 구축하는 것을 의미한다. 제조업무시스템을 중심으로 재무회계와 판매, 그리고 물류시스템 등을 통합한 것으로 가상기업을 지향하는 시스템이다. ERP는 인사·재무·생산 등 기업의 전 부문에 걸쳐 독립적으로 운영되던 인사정보시스템·재무정보시스템·생산관리시스템 등을 하나로 통합, 기업내의 인적·물적 자원의 활용도를 극대화하고자 하는 경영혁신기법이다. 따라서 ERP를 구축한 기업의 경우, 한 부서에서 데이터를 입력하기만 하면 전 부서의 업무에 반영되어서 즉시 처리할 수 있게 된다.

22) Philip Damas, "E-shippers kick the paper habit", American shipper LOGISTICS, *Howard Publications*, Inc., February 2001, p.22.

계약조건을 명시한다.

매수인이 구매주문서를 작성하기 위해 본 시스템에 접속하기 위해서는 가입시 부여받은 ID, Pass Word 및 Security Card를 입력하여야 한다. 이는 TradeCard 시스템을 이용하기 위한 거래상의 보안방법이다.

② TradeCard의 통지 및 매도인의 승인

그 다음 TradeCard 시스템은 구매주문서가 접수되었다는 사실을 매도인에게 통지한다. 이 때 매도인은 TradeCard 시스템으로부터 접수한 구매주문서의 내용을 확인하고, 추가 협상이 필요한 경우에는 매수인과 온라인상에서 계약조건에 관해 구체적으로 협상할 수 있다. 양 당사자가 승인할 때까지 협상과정이 계속된다. 일단 매수인과 매도인이 계약조건에 합의하여 전자거래가 체결되면, 양 당사자는 디지털로 서명하여 구매주문서를 공식적으로 승인하고 TradeCard 시스템에 송부한다.[23)]

③ 구매주문서의 저장 및 관리

TradeCard는 원시 전자구매주문서를 전자데이터베이스(electronic database)에 저장하고, 변경될 때마다 당사자에게 통지한다. 당해 구매주문서상의 데이터는 모든 거래서류에 대한 정보의 유효성과 안전성을 위해 이용된다.[24)] 따라서 TradeCard의 데이터베이스는 원시정보의 데이터를 이용하여 필요한 모든 무역 및 기타 서류를 관리한다.

(3) 선적준비 및 물품인도

① 상업송장 및 포장명세서의 작성 및 송부

TradeCard 시스템은 이미 저장된 구매주문서 상의 데이터를 이용하여 상업송장과 포장명세서를 자동적으로 작성하고 매도인에게 대금지급보장의 통지를 한다. 반면 매도인은 지급보장의 통지를 받으면 약정물품에 대한 선적준비를 한다. 그 선적준비가 완료되면 매도인은 승인된 물류서비스 제공업자에게 물품을 인도하고 선적지시를 한다. 그 다음 매도인은 TradeCard에서 이미 작성된 상업송장과 포장명세서를 보완·작성하고 디지털로 서명 및 승인하여 TradeCard 시스템에 송부한다. 일단 상업송장과 포장명세서가 작성되고 승인되면 매수인이 물품을 수령한 후에 그 대금을 자동적으로 지급하겠다는 것을 보장하는 지급보장서가 구매주문서에 첨부된다.

---

23) 물론 접수한 구매주문서의 조건에 동의하는 경우에는 추가 협상이 필요없다.
24) http://www.tradecard.com/Resources/NewsArticle/PRO2NET_071000.html.

② 인도증명서의 작성 및 송부

물류제공업자는 매도인과 물품의 인도약정에 따라 물품을 매수인에게 인도하고, TradeCard 시스템에서 인도증명서를 작성하고 인증하여 송부한다.

(4) 대금결제

① 전자서류의 일치성 점검 및 불일치 통지

TradeCard 시스템의 일치성 점검엔진은 대금결제를 하기 전에 원시 구매주문서와 상업송장, 포장명세서, 인도증명서 등과 같은 제반 전자서류를 대조·확인하여 모든 거래조건이 일치하는지를 전자적으로 확인한다. 그 결과 이미 약정된 일치성 기준의 범위 내에서 상호 일치하면 결제자금이 전자적으로 이체된다.[25)]

그리고 불일치한 경우에는 불일치 통지서(Discrepancy Notice)가 자동으로 생성되어 그 불일치 내용을 매도인과 매수인에게 각각 통지한다. 통지받은 양 당사자가 불일치를 수리하기로 합의하면 지급지시서가 발행된다.

② 자금이체 지시 및 제휴 금융기관의 자금이체

TradeCard 결제서비스(TradeCard Settlement Service : TSS)로부터 대금지급지시서를 접수한 제휴 금융기관(JP Morgan Chase)은 자신이 보유하고 있는 TCSS 계좌를 통하여 매수인 거래은행의 계좌에서 매도인 거래은행의 계좌에 전자 이체한다.

그 이후 매도인은 자신의 거래은행으로부터 대금을 수령하며, 반면 매수인은 자신의 거래은행에 물품대금을 지급한다.

(5) 물품의 수령

매수인은 위와 같은 절차가 종료되면 매도인으로부터 기존의 무역방식을 통하여 송부받은 운송서류를 가지고 물류제공업자로부터 물품을 수령한다. TradeCard 시스템에서는 운송서류(선하증권)에 대한 전자거래 시스템을 운영하지 않는다.

25) http://www.tradecard.com/Resources/NewsArticle/InternationalTrade_110100.pdf, 2002. 12. 13.

3. TradeCard의 주요 금융시스템

(1) 대금결제 서비스

JP Morgan Chase(JPMC)는 TradeCard 회원을 위해 자금이체와 외국환 서비스를 제공한다. 이들 서비스를 활성화하기 위해 TradeCard는 TradeCard 결제서비스(TCSS)를 운영하고 있다. TCSS는 TradeCard 회원을 위한 기탁유형의 계좌(escrow-type account)를 소유하기 위해 독립적으로 설립된 계열사이다. 본 계좌는 TradeCard와 서비스 제공업자에게 귀속되는 TradeCard 거래의 결제대금과 그 수수료를 보관한다.[26]

① 자금이체

TradeCard 시스템은 JPMC와 직접 이용자의 대금결제를 취급한다. 대금결제시 TradeCard는 JPMC가 보유하고 있는 TCSS의 계좌를 통하여 자금이체를 이행하도록 하는 자금이체 지시서를 JPMC에게 발행한다.

이에 JPMC는 매수인 거래은행의 계좌에서 자금을 인출하여 매도인 거래은행의 계좌에 자금을 이체한다.

② TCSS와의 관계

TradeCard 회원이 TCSS와 계약을 체결한다는 TCSS 이용자 약정서[27]에 서명함으로써, TCSS는 JPMC에 개설된 계좌의 권리자로 지명되며, 동 계좌에 예치되어 있는 자금이 TradeCard 회원의 자금이라는 점에서 기탁 대리인과 유사하다. 본 약정서와 기타 요건의 목적은 TradeCard 거래에 관계있는 모든 당사자의 자금을 보호하는 데 있다.

③ 결제서비스의 이점

우선, 신뢰성 있는 제3자의 서비스제공업자이다. 세계적인 금융업자이며 금융관리에 있어서 선도업자인 JPMC는 TradeCard 거래를 위한 주요 자금이체 서비스 제공업자이다.

---

26) TradeCard, “Money Movement & Financial Settlement Fact Sheet”(Version 102002_US).

27) TCSS는 TradeCard 거래의 대금결제를 위한 자금이체를 위임하는 TradeCard 회원과 TCSS 간의 약정서이다. 본 TCSS 이용자약정서는 모든 TradeCard 회원에게 통일적으로 적용된다. 본 약정서에 서명하는 것은 JP Morgan의 자금이체 서비스를 제공하는데 중요하다.

그리고 저렴한 비용[28]으로 자동 결제한다. 대금결제가 일정한 기준(동일한 결제일자, 은행계좌 및 통화)에 충족하면, TradeCard 시스템은 이용자와 그의 무역파트너를 위해 數回의 대금결제를 1回의 대금결제로 자동적으로 규합·이행한다. TCSS와 제휴한 JPMC는 명시된 일자에 자동적으로 양 계좌에서 차기 및 대기한다.

또한 기존 은행과의 관계를 유지한다. 따라서 TradeCard 회원은 기존 은행계좌를 그대로 이용한다. JPMC와 TCSS는 일반 은행계좌에서 차기 및 대기할 수 있으며, 원하는 경우 외국환 서비스를 제공할 수 있다.[29]

(2) 물품대금 지급보장 서비스

① 지급보장 서비스의 신청

TradeCard 회원은 TradeCard 신용제공업자의 신용 및 지급보장 서비스를 신청할 수 있다. 지급보장 서비스의 신청은 TradeCard 시스템에서 신규 구매주문서를 작성할 때, 현재 TradeCard의 제휴업자인 Coface의 계열회사인 CDP (Coface Debt Purchase Limited ; 채무인수회사)[30] 또는 GE Commercial Finance의 한 그룹인 GE Commercial Services(GECS) 중 한 회사를 신용제공업자로 선정한다. 이용자가 신용제공업자를 선정하면 본 시스템은 이용자의 무역파트너를 검토하여 신용승인서를 생성한다.

이에 CDP와 GECS는 매수인의 신용수준에 따른 지급보장을 한다.[31] 본 서비스는 선적 데이터가 일치하는 한, 물품선적에 대한 대금회수를 보장하는 지급보장 증명서를 매도인에게 제공하는 서비스로, 다음과 같은 이점이 있다.

(가) 대금지급보장의 신뢰성 및 안전성

신뢰성 있고 안전한 제3자의 지급보장 서비스를 제공한다. 현재 제휴업자인 Coface는 Fitch IBCA[32]에서 AA등급을 배정받았으며, 수출신용보험에 있어서 프랑

28) TradeCard를 이용하는 경우 결제수수료는 USD15이다(금융기관 평균 결제수수료는 USD20~UD80 정도).

29) TradeCard, “Money Movement & Financial Settlement Fact Sheet”(Version 102002_ US).

30) CDP는 TradeCard와 신용지원약정에 따라 TradeCard 거래채무를 인수하는 Coface의 자회사이다.

31) 회원가입과정의 일부로 매수인이 CDP를 신용제공업자로 선정한 경우에는 매수인은 Coface 신용등급약정서를 수용하여야 하고, 매도인은 Coface 채무인수약정서의 조건에 동의하여야 한다. 그리고 GECS를 선정한 경우에는 매도인은 GECS 팩토링 약정서에 동의하여야 한다.

스의 선도적인 신용정보업자이며 프랑스 정부의 수출보증 관리업자이다. 그리고 GE Commercial Services는 GE Commercial Finance의 한 그룹으로 주로 비투자 등급의 회사를 위한 금융 솔루션을 제공하는 선진 금융업자이다.

(나) 보장기간의 신축성

신용장과 마찬가지로 신용보장기간이 명시되나, 그 기간은 신축적이며, CDP 또한 GECS와 그 이외의 제3자와는 관계없이 이용자와 그의 거래파트너에 의해 정해진다. 즉 회원은 신용제공업자로 CDP를 선정한 경우는 선적일로부터 45일에서 180일, GECS를 선정한 경우는 45일에서 75일 사이에서 지급보장기간을 정할 수 있다. 지급보장은 매도인이 송장 승인 시에 개시된다. 또한 매도인은 선적 전에 보장금액을 정할 수 있다. 그렇게 함으로써 매수인의 신용등급 하향위험으로부터 보호받을 수 있다.

(다) 시간과 비용절감

회원은 추가적인 수수료의 부담 없이 온라인상에서 불일치한 내용을 협상하고 해결할 수 있다. 양 당사자가 불일치를 수리하기로 합의하는 한, CDP와 GECS는 회원과 그 거래상대방의 시간단축과 비용절감을 하면서 불일치 거래를 보호한다.

그리고 그 지급보장서비스의 비용은 매수인의 신용등급, 보장금액 및 지급보장기간에 따라 결정된다.

② 지급보장의 한도

Coface는 그의 子會社인 Cofacerating.com을 통하여 기업의 상거래채무의 지급능력을 평가하기 위하여 신용평가 시스템을 구축하고 있다. 본 시스템은 TradeCard와 신용지원약정서를 체결하여 R, @, @@, @@@, @@@@의 신용등급으로 평가하여 배정되고,[33] 매수인의 지급보장거래의 신용한도는 신용평가 시스템에 의해 수시로 당해 매수인에게 부여된 신용등급에 따라 산정된다.[34] 그리고 Coface는 수시로 매수인에게 부여하는 신용등급을 상향 또는 하향 조정가능하며, 또한 그 결과에 따라 신용한도도 자동적으로 상향 또는 하향 조정된다.

GE Commercial Services의 경우에도 유사하다. 매수인이 자신의 신용평가 및 신

---

32) Standard & Poor's, Moody's Investors Service와 함께 세계 3대 신용평가기관에 속하는 회사로, 1997년 영국의 IBCA 그룹과 미국의 Fitch Investors의 합병으로 현재 Fitch IBCA가 되었다.

33) http://www.cofacerating.com/en/home/notes.html.

34) CDP, Coface Debt Purchase Agreement(Version 052501), Clause 3. 1.

용점검을 위해 회원가입 시에 제공된 금융정보를 同 社에 송부하면, GECS는 자신이 소유한 데이터베이스 및 공공 도메인(domain)의 기타 데이터(data)에 기초하여 TradeCard 회원의 정보를 확인한다. GECS는 본 정보를 기초로 적정한 금액의 신용한도를 배정한다.[35]

[표 11-6] 신용등급에 따른 지급보장 승인 한도

신용등급	승인한도
R	EUR/USD 10,000.00
@	EUR/USD 20,000.00
@@	EUR/USD 50,000.00
@@@	EUR/USD100,000.00
@@@@	USD100,000 초과, 건별 결정하여 통지

자료 : http://www.cofacerating.com/en/home/notes.html

③ 불일치 서류의 지급보증 방법

거래에서 대금결제 및 지급보증은 일치한 서류의 제시와는 독립되어 있다. 그러나 CDP 또는 GECS 및 TradeCard와 거래당사자는 제3자의 개입 없이 무료로 온라인상에서 불일치를 협상하고 해결할 수 있다. 만약 거래당사자가 불일치의 해결에 합의한다면 CDP 또는 GECS는 불일치 거래를 보호한다.[36]

④ 지급거절 시 대금회수

매수인이 대금지급을 불이행할 경우에는 매도인은 대금결제일로부터 20일 이내 CDP에 클레임을 제기하여야 한다. 승인된 클레임은 모든 거래요건이 충족되는 한, 매도인은 클레임의 제기일로부터 30일 이내 CDP로부터 대금을 지급받는다. 따라서 CDP는 매수인이 대금지급을 불이행하는 경우에는 거래금액을 매도인에게 지급한다. 당해 지급보장 서비스는 계약조건을 완전하게 이행한 거래에만 제공된다.

35) TradeCard, "Credit Protection Services from GECS(Version 122002_US), p.1.
36) TradeCard, "Payment Protection Fact Sheet"(Version 102002_US), p. 2 ; TradeCard, "Credit Protection Services from GECS(Version 122002_US), p.2.

(3) 수출금융 서비스

회원은 네트워크를 통하여 그들의 이익을 증대시키고 거래비용을 절감할 수 있는 여러 종류의 수출금융을 제공받을 수 있다.37)

① 금융자금 형태

ⓐ 운전자금(수출 전 금융) : 매도인은 선적물품을 제조, 가공 또는 준비하는 데 필요한 운전자금을 확보하기 위하여 승인된 주문서를 제시하여 수출 전 금융을 신청할 수 있다.

ⓑ 유동자금(수출 후 금융) : 매도인은 현금자금을 확보하기 위하여 선적 시 또는 지급승인을 득하는 대로 수출 후 금융을 요청할 수 있다.

② 금융자금 신청

매도인이 융자신청서를 작성하고 승인하면, TradeCard 시스템은 本 신청서를 매도인과 직접 접촉하여 융자 조건을 협의할 선정된 금융서비스 제공자에게 송부한다. 이에 금융서비스 제공업자는 본 금융신청을 온라인상으로 승인 또는 거부하며, 그 신청결과는 시스템 상에 “승인”(approved) 또는 “거절”(declined)로 명시된다. 시스템은 금융 수수료를 부과하지 않고, 모든 수수료는 매도인과 융자은행 간에 정해진다.38)

③ 금융자금의 수령 및 상환

금융자금의 수령 시기는 이용자가 선택한 융자종류의 선택에 의해 결정된다. 수출 전 금융은 매도인이 구매주문서를 제시하여 신청한 금융이 승인되었을 때 금융자금을 수령하고, 수출 후 금융은 매도인이 상업송장을 제시하여 신청하면 물품선적 시 금융자금을 수취한다. 그리고 결제승인 조건부 금융자금의 수령은 매도인이 상업송장을 제시하여 본 금융자금을 신청하면, TradeCard의 데이터 일치성 점검엔진(자동승인지급) 또는 매수인(매수인 승인지급)에 의해 그 거래가 승인되었을 때, 금융자금을 수령한다.

그리고 일치성 점검엔진 또는 매수인이 대금결제를 승인한 후, 금융제공업자는 네트워크를 통하여 금융자금을 상환 받는다. 금융제공업자는 매도인이 지급하여야 하

37) Jonathan Bell, “E-trade finance” : The race is on, Euromoney, London ; *E-finance Special Issue*, Dec., 2000, p.57.

38) TradeCard, “Export Financing on the System”(Version 012002_US), p.1.

는 TradeCard 또는 그 이외의 서비스 제공업자의 수수료를 차감한 거래대금의 전액을 수령한다. 한편, 금융제공업자는 금융자금을 공제한 잔액을 매도인에게 직접 지급한다.[39]

④ 금융자금의 신청 취소

매도인은 금융제공업자의 승인 전에 융자신청을 취소할 수 있다. 그러나 일단 융자신청이 승인되면 취소할 수 없다.

(4) 물품검사 서비스

거래과정에 있어서 검사서비스를 간소화, 자동화 및 통합한다. 즉 매수인이 구매주문서를 제시하여 자동적으로 검사를 요청하면, 검사서비스 제공업자(Inspection Service Provider : ISP)는 검사일정을 전자적으로 통보받을 수 있도록 한다.[40]

① 검사서비스 신청

매수인은 구매주문서로 검사신청하고, 검사서비스 제공업자(ISP)와 계약하거나 또는 내부 당사자를 물품검사자로 지정할 수 있다. 검사서비스 제공업자가 검사를 이행하는 경우에는 TradeCard 시스템은 매수인과 검사조건 및 수수료를 약정하기 위해 접촉할 검사서비스 제공업자에게 검사 지시서를 발송한다. 자체적으로 검사하기로 한 경우에는 TradeCard 시스템은 검사에 관련된 모든 임무를 매수인에게 자동적으로 배정한다.

검사가 이행되는 동안 검사서비스 제공업자(또는 자체검사인 경우에는 매수인)는 TradeCard 시스템에서 검사증명서를 작성한다. 승인된 검사증명서는 모든 거래당사자가 검토할 수 있도록 TradeCard 시스템에서 이용할 수 있다. 서류의 일치성 및 금융결제를 위하여 검사증명서 상에 명시된 물품은 "통과"(passed) 상태이어야 한다.[41]

② 검사업자의 요건

TradeCard 거래에 참여하기 위해서는 검사서비스 제공업자는 TradeCard 네크워크에 가입하여야 한다. 이용자가 원하는 검사서비스 제공업자도 온라인상에서 등록함으로써 가입이 가능하다. TradeCard 웹 사이트에는 가장 최신의 검사서비스 제공업

---

39) TradeCard, "Export Financing on the TradeCard System"(Version 012002_US).

40) TradeCard, "Inspection Services Fact Sheet"(Version 012002_US).

41) TradeCard, "Inspection Services Fact Sheet"(Version 012002_US).

자가 목록되어 있다.

[표 11-7] 주요 국제전자무역시스템 비교

<table>
<tr><th colspan="2">항 목</th><th>bolero.net</th><th>TradeCard</th><th>Identrus</th></tr>
<tr><td colspan="2">설립년도
(서비스 개시)</td><td>1998년(1999년)</td><td>1997년(2000년)</td><td>1999년(2002년)</td></tr>
<tr><td colspan="2">본 부</td><td>영국, 런던</td><td>미국, 뉴욕</td><td>미국, 뉴욕</td></tr>
<tr><td colspan="2">주요 투자자</td><td>SWIFT, TT Club, Apax Parteners 포함한 벤처캐피털 업자</td><td>Warburg Pincus
Mitsui & Co., WTCA
Marsh Mclennan
TradeCard Staff</td><td>SWIFT, ABN AMRO, Barclays, Chase Manhattan Bank, Citi Group, Deutsche Bank 와 Vereinsbank</td></tr>
<tr><td rowspan="11">주요 특징</td><td>서비스 방향</td><td>전통적인 전 무역거래 프로세스 구현(전자화)</td><td>주문에서 대금결제까지 전자시스템화</td><td>전자상거래 신뢰기반 구축 및 전자 네트워크 구축</td></tr>
<tr><td>핵심 서비스</td><td>전통적 선하증권의 기능구현 및 전자 메시징 서비스</td><td>제휴금융기관을 통한 신용공여(신용도에 따른 한도배정)</td><td>전자인증서비스</td></tr>
<tr><td rowspan="2">결제시스템</td><td>볼레로 애플리케이션 SURF 전자결제 솔루션</td><td>FSCM
(금융지원체인관리)</td><td>Eleanor 전자결제 솔루션</td></tr>
<tr><td>화환신용장, 보증신용장 추심방식, 오픈 어카운트 방식 등의 전통적인 결제 방식의 기능구현</td><td>신용장의 전자적 대안 제휴 신용제공업자로부터 신용한도 배정(그 한도 범위내 지급보장)</td><td>자체개발 결제유형 (P/Order, P/Obligation, Certified Payment Obligation, Conditional Payment Obligation)</td></tr>
<tr><td>서류심사</td><td>자동시스템 개발</td><td>자동시스템 개발</td><td>자동시스템 개발</td></tr>
<tr><td>메시지 보안</td><td>RSA 방식의 디지털 서명</td><td>좌 동</td><td>좌 동</td></tr>
<tr><td>메시지 표준</td><td>bolero.XML</td><td>XML</td><td>XML</td></tr>
<tr><td>법적기반</td><td>Rule Book</td><td>Membership Agreement</td><td>IP-ICP
(Identity cert. policy)</td></tr>
<tr><td>권리이전</td><td>전자선하증권 운영
(전자선하증권의 생성, 이전 및 양도)</td><td>선하증권 거래 불가</td><td>선하증권 거래 불가</td></tr>
<tr><td>거래은행 역할</td><td>신용공여
(기존 거래관계 유지)</td><td>무역결제 중계
(역할 축소)</td><td>인증기관</td></tr>
<tr><td>거래규모</td><td>중견기업 이상 적합</td><td>중견/중소기업 이하 적합</td><td>중견(대)기업 이상 적합</td></tr>
</table>

제 12 장

SWIFTNet과 IdenTrust 시스템

제 1 절 SWIFTNet 시스템

1. SWIFT와 SWIFTNet

(1) 개념과 의의

1950년대 들어 국제간 무역과 외환 및 지급결제 업무 등이 급속하게 증가함에 따라 종래 은행들의 호환성이 없는 후진적 시스템으로는 이와 같은 업무를 처리하기에 한계가 이르게 되자, 보다 안전하고 신속한 국제간 업무처리를 위한 메시지 교환에 대한 은행 간 통신시스템을 표준화할 필요성이 대두되었다.

이에 따라 1973년 벨기에 법(Belgium Law)에 의하여 북미 및 유럽 15개국 239개 은행이 연합하여 세계적으로 통용되는 금융기관 간의 메시지 통신망으로 SWIFT (Society for Worldwide Interbank Financial Telecommunication: 세계은행간 금융통신기관)이 창설되었다.

SWIFT는 벨기에에 본사를 두고 있으며, 전 세계 주요 금융 중심지와 개발도상국 시장에 지사를 두고 있다. 현재 전 세계 209개국 이상에서 9,000여개 이상의 은행, 증권사 및 기업에게 메시지 교환을 위한 SWIFT 인터페이스(interface)를 제공하고 있다.[1)]

SWIFT는 전 세계의 은행을 포함한 금융기관 간 업무처리를 위한 메시징 시스템을 제공한다. 따라서 SWIFT의 가장 중요한 업무는 메시지 전달이다. 그러나 메시지

1) http://www.swift.com/kr/about_swift/company_information/index.page?

전송 중에 있는 금융정보를 저장하지는 않는다. 즉 데이터 전송매개로서 SWIFT는 두 금융기관 사이의 메시지를 전달하며, 고객 데이터는 안전하게 교환되고 데이터의 기밀성과 무결성이 보장된다. 주요 메시지의 처리내용으로는 국제간 지급결제, 송금, 자금이체, 신용장의 통지, 외국환 추심, 이외 각종 국제간 업무처리를 위한 메시지 송수신 등 국제관련 모든 업무를 지원하고 있다.

그리고 근래 들어 전자무역을 위한 솔루션 및 애플리케이션을 개발하여 서비스하고 있다. SWIFT는 bolero.net의 주주이며 벤처 파트너이다. 또한 코어 메시징 플랫폼(Core Messaging Platform : 중앙 메시징 처리시스템)의 제공자이자 운영자이며, 권리등록기관(Title Registry)의 운영자이다.

우리나라의 경우 1982년 전국은행연합회에서 SWIFT 가입을 승인함에 따라 1990년 8월 SWIFT와 금융결제원 간의 이용약정 조인을 마쳤다. 그리고 1991년 3월 SWIFT 이사회에서 한국 금융기관의 SWIFT 가입승인으로 1992년 3월부터 본 서비스가 개시되었다.

국내 기업 중 최초로 삼성전자가 2007년 SWIFT에 가입하여 전 세계 금융기관과 직접적으로 금융 메시지를 교환할 수 있게 되었다. 그리고 2009년 2월에는 SWIFT가 한국 지사를 설립하고, 한국이 동북아 지역의 금융허브 성장해 나가는데 필요한 지원을 강화하기로 했다.[2)]

(2) SWIFTNet과 TSU 시스템

국제무역에서 서류기반의 전통적인 결제시스템의 특징인 은행의 지급보장과 서류심사 등의 메커니즘은 전자결제시스템 상에서도 구현되고 있다. 다만 그 기능이 종이기반에서 전자기반으로 이동할 뿐이다. 따라서 전자무역의 출현으로 종이가 사라지는 것이지 전통적인 결제시스템의 기본 메커니즘이 완전히 사라지는 것이 아니다. 예컨대 그동안 신용장의 통지를 비롯한 업무적 통지는 우편에서 전신으로, 또 전신에서 SWIFT로 전환되어 왔으며, 현재는 주로 SWIFT로 통지되고 있다.

전자무역이 도입되면서 인터넷은 은행과 그들의 기업고객 간 표준통신 채널이 되었다. 또한 전자무역에 대한 은행 플랫폼(proprietary bank platform)이 제동되고 있으나 은행들 간 차별성이 거의 없는 서비스였다. 그리고 멀티 은행의 플랫폼은 시장에 출시되어, 현재 대기업을 위해 실제 서비스를 제공하고 있다. 마지막으로 SWIFT는

2) http://www.comas.co.kr/Comas_read.asp.

자신의 서비스를 확대해 왔으며, 현재 SWIFT 네트워크를 통해 은행에게 기업거래처 정보(corporates connections)를 제공하고 있다.[3)]

전자무역의 출현에 따라 신용장 시대가 종료했다거나 또는 곧 그 시대가 종료될 것이라는 주장이 실현되지 않았지만, 향후 10년 이후에도 실현되지 않을 것이다.[4)] 그리고 전자무역의 패러다임 하에서는 오픈 어카운트(open account) 방식의 거래가 증가할 것으로 예상된다. 이에 따라 오픈 어카운트 방식에 부합하는 전자무역시스템 상의 새로운 솔루션의 개발·제공의 필요성이 요구된다. 이와 같은 추세에 따라 볼레로(Bolero)에서는 전자무역 기반의 '오픈 어카운트'(Bolero Open Account)를 개발하여 서비스를 제공하고 있으며, SWIFT에서는 TSU를 개발하여 서비스를 제공하고 있다.

그리고 SWIFT에서는 전자무역제도에 있어서도 신용장제도의 수요는 지속할 것이기 때문에 신용장을 이용하는 거래당사자의 금융지원과 지급보장이란 전통적인 신용장제도의 기능을 추가한 TSU BPO를 개발하여 서비스를 제공하게 되었다.

(3) IdenTrust, 볼레로와 전략적 제휴

SWIFT는 전략적 차원에서 IdenTrust와 Bolero 등과 제휴 또는 투자를 통해 제휴사나 대주주의 위치에서 그 영향력을 적극 확대해 나가고 있다. 따라서 SWIFT는 IdenTrust와 2000년 9월 12일 SWIFT의 메시징시스템과 IdenTrust의 거래인증 서비스 제공의 장점을 결합하는 전략적 상호 제휴를 맺었다.

그리고 SWIFT는 볼레로(Bolero)의 창업자이며 주주이며, 볼레로 서비스의 운영자이다. 그리고 볼레로는 SWIFT에 SWIFTNet TSU의 기술제공자이다.

이로써 SWIFT는 국제 전자무역 및 국제 B2B 분야에 있어 은행 간 네트워크 시스템뿐만 아니라, 은행과 기업 간 네트워크 시스템에서도 결제와 인증을 결합한 무역결제서비스를 지원해 나가고 있다.[5)]

---

3) Katsman, Jacob, "What has changed in the last ten years", DCInsight, Vol No 3, July-September 2010, p.21.

4) Katsman, Jacob, op.cit

5) 금융결제원, 전게 연구자료, 2002. 3, 78면.

2. SWIFTNet TSU 시스템

(1) SWIFTNet TSU의 도입과 의의

SWIFTNet의 무역서비스 시스템(TSU)은 은행이 전 세계적으로 지원하는 산업표준이며 시스템인, 일반 메시징시스템을 이용하여 무역관련 정보에 대한 효율적 교환서비스를 은행에게 제공하고 있다. TSU는 2002년 JPMorgan Chase Bank, N.A를 포함하여 13개국의 세계 일류의 무역서비스 제공은행의 대표자로 구성된 SWIFT의 무역서비스 자문그룹(TSAG)에 의해 고안되었다. TSAG는 오픈 어카운트 무역방식의 증가 추세에 은행이 대응할 수 있는 방안으로 SWIFTNet TSU의 개발을 SWIFT 측에 제안했다. 오늘날 국제간 무역거래의 거의 90% 이상이 오픈 어카운트 방식이라는 것은 현실이다.[6)]

SWIFTNet TSU는 무역서류상 데이터의 일치성 여부를 대조하며, 그 매칭업무 프로세스를 위한 워크플로우를 제공한다. 그리고 본 시스템은 금융기관의 업무적 이용을 위해서 지원한다. 따라서 SWIFTNet TSU의 목적은 금융기관이 그의 기업 거래처에 지원하는 금융, 위험완화(축소) 및 정보 서비스 등과 같은 보완된 새로운 서비스를 제공하는데 필요한 은행 간 매칭업무 인프라를 제공하는 것이다.

SWIFTNet TSU는 두 개 이상의 금융기관이 제출한 무역서류상 데이터 요소에 대한 일치성 여부를 결정하는 매칭엔진을 제공하고 있다. TSU는 은행이 공급체인 문제를 해결하는데 도움을 주기 위해 고안된 협력적 중앙 매칭 시스템(utility)이다. 은행들은 자신의 거래처에게 기존 서비스 제공과 상호 보완되는 경쟁력 있는 서비스를 제공하기 위해 TSU의 핵심 기능(core functionality) 상에 서비스 애플리케이션을 개별적으로 구축할 것이다.[7)]

따라서 SWIFT의 TSU는 다른 은행 간 안전하고 정확한 정보교환을 보장하기 위해 선진화된 통신 프레임워크(시스템)를 갖춘 단일의 전자무역 플랫폼을 제공한다. 그것은 거래주기(라이프 사이클)의 단축과 기업 비용을 크게 감축하는 한편, 매출채권 회전율(DSO)을 단축하는데 도움을 준다.[8)]

---

6) Hennah, David, "Bringing the Bank Payment Obligation to market", DCInsight, Vol No 3, July-September 2010, p.10.

7) swift.com/solutions/standards/business_transactions/trade_services_management

8) http://www.swift.com/news/trade/facilitating_trade_bpo?lang=e

(2) SWIFTNet TSU의 운용기반

SWIFTNet TSU는 이미 언급했듯이 전자무역의 패러다임의 변화에 따라 무역결제 방식이 오픈어카운트 방식으로 이동되고 있는 시장 욕구에 대응하기 위해 고안된 솔루션이다.[9] 그러나 TSU는 BPO(Bank Payment Obligation)를 도입함으로써 완전한 전자결제시스템 솔루션이라고 볼 수 있다. 이와 같은 전자결제시스템에서 그 기반은 Bolero의 SURF(Settlement Utility for managing Risk and Finance) 기술에 기반하고 있다.[10]

따라서 SWIFT는 국제간 무역거래에서 은행을 포함한 금융기관이 무역업무 서비스를 SWIFTNet TSU를 통하여 제공할 수 있도록 하고 있다. TSU는 2006년 2월부터 6개월간 시범운영을 마쳤으며, JPMorgan Chase Bank, N.A를 포함하여 20여개의 세계 일류 은행이 관여하고 있다.[11] 현재 서비스에 가입한 전 세계 31개국에 위치한 106개의 금융기관에 접속이 가능하다.

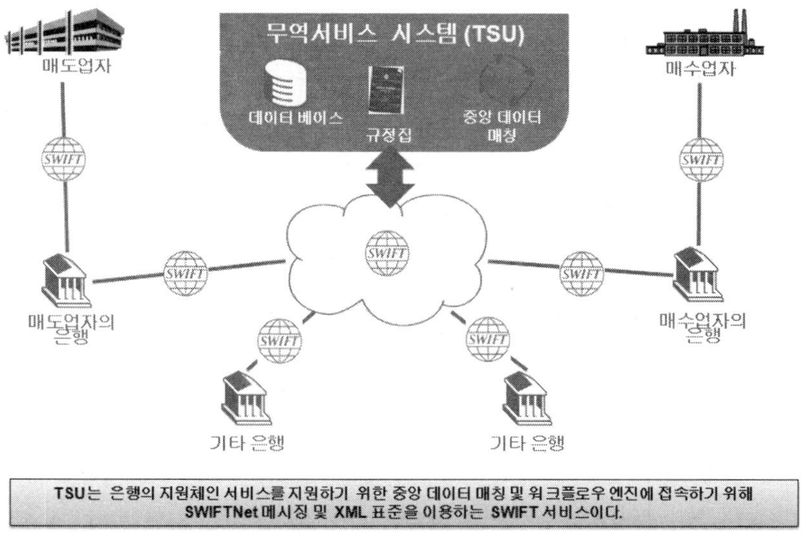

자료 : SWIFT, "How are banks and corporates working together to ensure supply chain efficiency", 2010. 10. 26.

[그림 12-1] SWIFTNet의 금융지원체인(TSU 기반 국제간 오픈어카운트 매칭

9) http://www.swift.com.

10) Bolrero, "SWIFTNet TSU Bolero positioning paper, 2004. 10, p. 1.

11) 채진익, "국제무역의 새로운 패러다임과 Open Account 제도의 활용방안", 『무역학회지』 제32권 제3호, 한국무역학회, 2007, 259면.

SWIFTNet TSU은 SWIFT에서 제공되는 애플리케이션이며 SWIFTNet TSU를 통해서 접속된다. 그리고 주요 특징은 기존 약정자료와 무역서류를 비교/대조, 매칭 프로세스와 관계있는 거래 워크플로우 제공, 금융기관 간의 이용을 위한 운영시스템(기업은 SWIFTNet TSU에 직접 접속 불가) 등이다.[12)]

(3) SWIFTNet TSU Open Account 프로세스

우선 추진 1단계에 있어서는 매수업자와 매도업자는 구매주문서류를 그들의 거래은행에 송부하며, 이를 수신한 은행은 관련 데이터를 SWIFT의 확장성 생성언어 구매주문서 베이스라인(XML PO Baseline)에 입력한다. 당해 TSU는 매수업자와 매도업자의 거래은행에서 제시한 베이스라인 데이터를 대조하여 모든 불일치 내용을 확인·통지한다. 일단 구매주문서 전체 데이터를 성공적으로 대조하면 매수업자와 매도업자는 거래명세를 확인하고, 은행은 당해 거래의 유효성에 있어서 더 큰 확신을 가지고 금융지원을 결정할 수 있다.

추진 2단계에서는 일단 PO 베이스라인이 대조되었으면 송장과 운송 데이터 정보와 같은 요구 서류를 제시할 수 있다. 매도업자는 필요한 송장 또는 운송정보를 그들의 은행에 제시한다. 그리고 그 데이터를 수집하여 표준 메시지를 TSU에 제시한다. 그 TSU는 그 기준선 데이터에 제시한 데이터를 대조하여 모든 불일치 내용을 확인한다. 양 거래은행은 그 일치 또는 불일치 여부를 통지받는다. 그 다음 매수업자는 일치여부를 통지받고 대금지급을 수권하거나 또는 거절한다.

그리고 첫 단계에서는 구매 주문서 솔루션에 초점을 맞추고 있다. 그러나 향후 TSU는 은행에서 제공하는 모든 측면의 무역서비스를 지원할 수 있는 시스템을 갖춘다. 여기에는 통합된 운전자본 및 현금관리 솔루션을 통하여 모든 종류의 무역/신용금융 및 위험완화 패키징(packing) 등을 포함한다.[13)]

12) Bolero, SWIFTNet TSU Positioning Paper, 2005. 2.

13) bolero.net, “SWIFTNet TSU Positioning Paper”, 2005. 2.

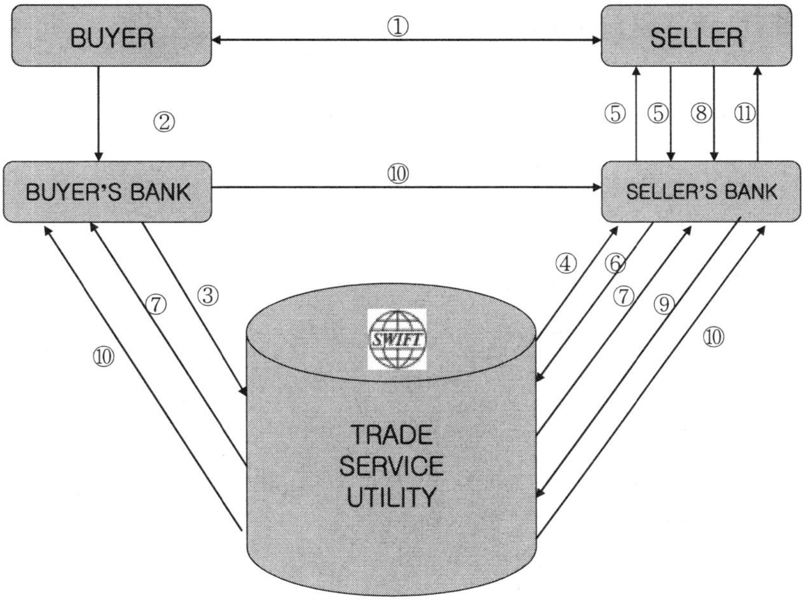

자료 : WWW.SWIFT.COM

① 거래당사자 간 계약에 합의 ⇒ ② PO 전자화 ⇒ ③ PO 입력 ⇒ ④ PO 대조 요청 ⇒ ⑤ 대조확인 위해 PO 출력 ⇒ ⑥ PO 데이터 대조 ⇒ ⑦ 일치여부 확인 ⇒ ⑧ 송장 생성(작성) ⇒ ⑨ 송장 입력 ⇒ ⑩ 송장 대조 및 자금이체 ⇒ ⑪ 매도인에게 대금지급

[그림 12-2] TSU 오픈 어카운트 프로세스

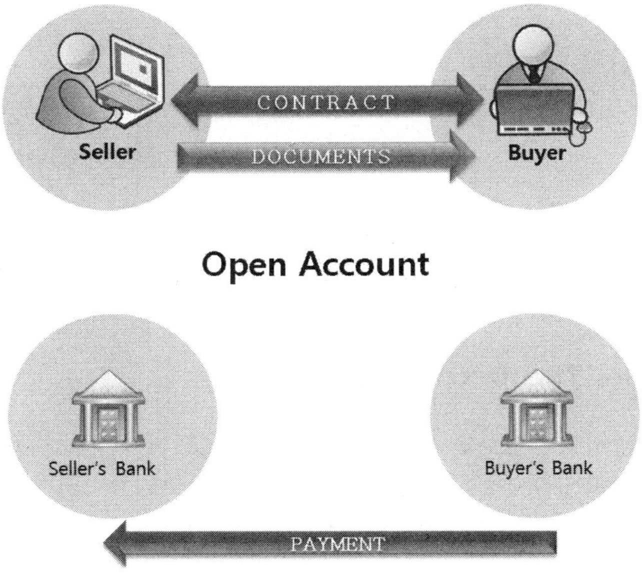

[그림 12-3] SWIFTNet TSU Open Account

3. SWIFTNet TSU BPO

(1) SWIFTNet TSU BPO의 개념과 의의

이미 언급했듯이 SWIFT에서는 전자무역의 패러다임과 국제무역에서 결제방식이 오픈 어카운트 방식으로 이동되는 경향에 대응하기 위해 전자무역 기반의 TSU를 개발했다. 따라서 TSU는 원칙적으로 오픈 어카운트 방식을 위해 고안되었으며, 또 이를 위한 매칭 및 워크플로우(matching and workflow) 솔루션이다.

그런데 근래에는 시장의 욕구를 충족하기 위해 고안한 것으로 기존의 TSU 오픈 어카운트 방식에 은행의 지급의무(Bank Payment Obligation)를 부여한 무역결제 방식이 TSU BPO(Bank Payment Obligation)를 개발했다.

따라서 SWIFT의 TSU BPO 방식은 매수업자의 거래은행인 채무은행이 모든 지급결제의 조건이 충족(일치)되어야 한다는 조건으로 매도업자의 은행에 대한 취소불능의 지급의무를 약정한다. 금융기관은 전통적인 신용장과 상응되는 은행의 지급의무가 부여된 오픈 어카운트 결제방법(BPO)을 이용하는 것으로 보인다.

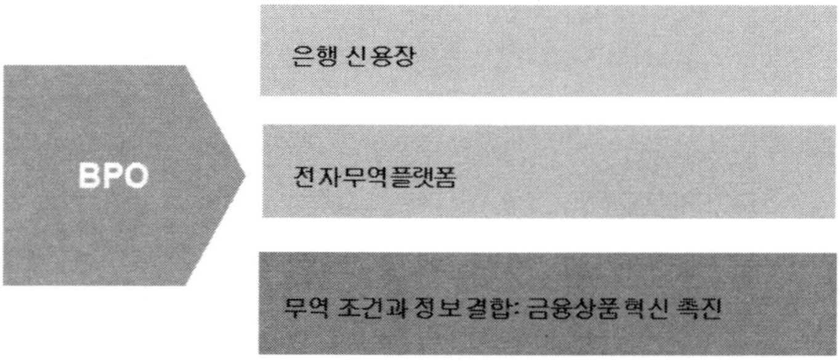

자료 : SWIFT, "How are banks and corporates working together to ensure supply chain efficiency", 26 October 2010.

[그림 12-4] SWIFTNet TSU BPO

(2) SWIFTNet TSU BPO의 프로세스

무역거래는 무역거래 파트너 간 구매약정을 의미하는 데이터 요소로 이용되는 조건인 '베이스라인'(baseline)을 제시하는 한 은행과 함께 시작된다.[14)]

TSU에 오픈 어카운트를 구축하는데 있어서 첫 번째 단계는 베이스라인에 합의하

---

14) swift.com/solutions/standards/business_transactions/trade_servicesmanagement

도록 하기 위해 참여은행을 위한 것이다. 즉 매수업자의 은행, 매도업자의 은행 그리고 잠재적 추가적인 은행을 위한 것이다. 그 베이스라인은 기본적으로 관련 구매주문서로부터 가져온 핵심 데이터(key data) 요소의 정확한 매칭(matching)이다. 일단 그 베이스라인이 구축이 되면, 상업송장, 운송, 보험 및 증명서들을 포함한 추가적으로 구조화된 데이터 세트가 입력되고 그 일치성이 확인될 수 있다.

일치성 엔진의 프로세스는 은행들이 금융서비스의 지원에 대한 가능 여부를 확인할 수 있도록 한다. 이러한 서비스는 일치하는 구매주문서를 근거로 한 선적 전 금융지원이나 또는 일치된 개별 송장을 근거로 한 선적 후 금융지원과 같은 일반적으로 금융과 관계된다. 위험완화, 현금흐름 예측, 분쟁해결 또는 비즈니스 프로세스의 내부 조달을 포함한 프로세스 효율성을 향상시키기 위해 추가적인 서비스가 제공될 수 있다. 동시에, 거래를 개시할 때 일반적 약정에 의한 베이스라인의 설정은 불일치, 분쟁 및 지연으로 인한 후발 위험을 상당히 감소시킨다.[15)]

그리고 베이스라인에 선택적으로 포함될 수 있는 조건(components) 중의 한 결제방식은 이미 언급한 BPO이다. BPO는 초기 베이스라인의 설정제시 시에 반드시 포함되는 것은 아니다. 모든 거래당사자가 합의한다면, 베이스라인의 변경을 통하여 후에 채택될 수 있다. 즉 처음에 오픈어카운트 거래를 약정하였다가 후에, 거래당사자의 합의에 의해 은행의 지급의무를 추가한 거래방식(BPO)으로 변경할 수 있다. 신용장제도에서는 수익자가 은행 시스템을 통하여 신용장의 조건에 일치한 서류제시를 조건으로 대금결제가 이행된다. 이와 같은 입장에서, BPO 제도에서는 채무은행(obligor bank; 개설은행)은 SWIFTNet TSU라 칭하는 중앙 매칭 시스템(central matching engine)을 통하여 일치하는 데이터의 제시를 조건으로 무역대금이 결제된다.

따라서 BPO는 단일 TSU 거래의 베이스라인에 따라서 수취은행에게 약정금액을 지급해야 하는 채무은행의 취소불능 의무(조건부)이다. BPO는 그 조건에 따라 집행가능한 적법한 기준에 의거 채무은행의 수취은행에 대한 법적 구속력, 유효성 및 집행 가능한 의무를 약정한다.[16)]

(3) SWIFTNet TSU BPO와 전통적 신용장

여기에서 가장 중요한 차이는 신용장제도가 전 세트의 서류에 대해 물리적 서류점

15) Hennah, David, “Bringing the Bank Payment Obligation to market”, DCInsight, Vol No 3, July-September 2010, p. 10 보완함.

16) Hennah, David, op.cit., p. 10.

검(physical checking)에 의존하는 반면, BPO는 약정된 베이스라인(baseline)에 따라 선택된 데이터 요소의 일치성 확인을 자동화된 시스템으로 이행된다. 관계 은행들은 BPO가 개시되기 위해서는 그 이행을 위해 필요한 조건에 합의해야 한다. 일반적으로 이 방식은 데이터의 일치성 확인(심사)을 근거로 결제된다. 그러나 불일치한 경우에도 은행들이 원한다면 당해 거래를 순조롭게 진행하기 위해 그러한 불일치를 수리하기로 거래당사잔 간 합의할 수 있다.

BPO의 경우, 지급의무의 부여가 기본적이며, 결국 기본 메커니즘은 전통적인 신용장의 메커니즘과 유사하다고 볼 수 있다. 다만 전통적인 거래에서와는 달리 거래방식이 처음부터 구분되어 별도의 약정에 의한 것이 아니다. 즉 오픈어카운트와 신용장 방식을 통합한 TSU에서 처음부터 은행의 지급의무가 부여된 TSU BPO를 약정할 수도 있지만, 일단 TSU(오픈어카운트)로 약정하고, 후에 거래당사자의 합의로 조건변경에 의해 자유로이 은행의 지급의무(BPO)를 추가할 수 있다. 따라서 결제방식의 구분이 큰 의미가 없고 거래조건의 선택과 합의가 중요하다는 것을 알 수 있다. 또 거래절차상의 편리성과 효율성, 그리고 자동화 등에 있어서 상당한 변화가 있다는 것을 알 수 있다.

(4) SWIFTNet TSU BPO의 운용

이 제도는 오늘날 기업 거래처들을 위해 활동하는 은행만이 TSU에 접속할 수 있기 때문에 은행들 간 엄격하다. 신용장과 마찬가지로 당해 BPO는 처음에는 우발채무[17]로서 기록된다. 베이스라인에 약정된 데이터 일치성 조건이 충족되거나 또는 어떠한 불일치가 합의로 포기되는 경우에는 직접 채무로 전환된다. 데이터의 일치성 여부가 자동적으로 확인되기 때문에, 그 데이터가 일치하든 또는 일치하지 않은 간에 그 결과는 분명하다. 종이서류의 육안적(물리적) 일치성 확인에서 발생할 수 있는 어떠한 주관성 요소도 제거된다.

TSU BPO는 서비스 약정과 모든 참여은행이 가입한 규정집(rule book)에 의거 규율된다. 이 규정집은 SWIFT를 포함하여 모든 참여 당사자들을 강제적 의무를 부여한다. 신용장이 UCP 600에 의해 규율되는 방법과 마찬가지로 BPO을 위한 법적 기반을 제공한다. UCP 하에서 취소불능 신용장은 개설은행의 지급확약을 구성한다.

17) 현재는 공식채무는 아니지만 장래 일정 조건이 충족되거나 발생하는 경우 공식 채무로 인정되는 것으로, 언제든지 채무가 될 수 있는 잠재적 채무를 의미한다. 주로 사채발행 지급보증, 신용장개설 관련 지급보증 등 지급보증 등이 해당한다.

단 신용장의 조건과 일치한 신용장에 약정된 서류가 지정은행 또는 개설은행에 제시되어야 한다. 이와 마찬가지로 제3의 또 다른 은행이 취소불능 신용장을 확약했다면, 일치하는 약정서류가 제시되어야 한다는 조건으로 확인은행의 지급확약을 구성한다.

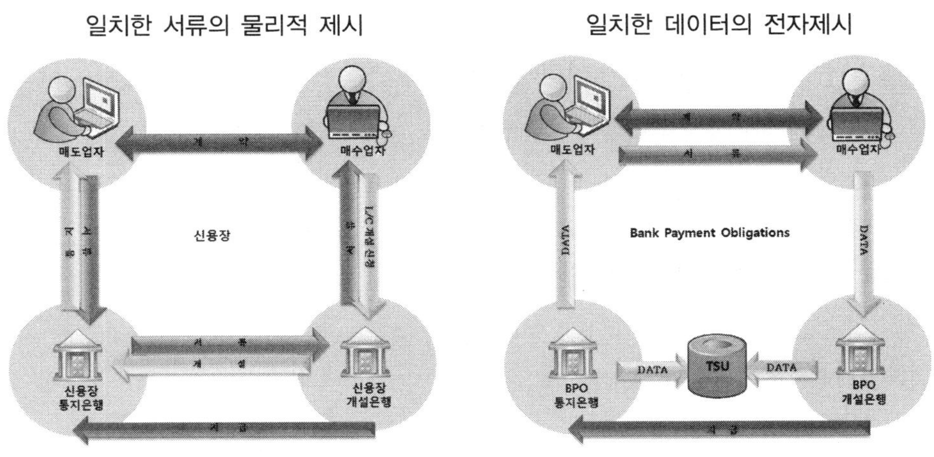

자료 : SWIFT, 26 October 2010.

[그림 12-5] **전통적신용장과 TSU BPO**

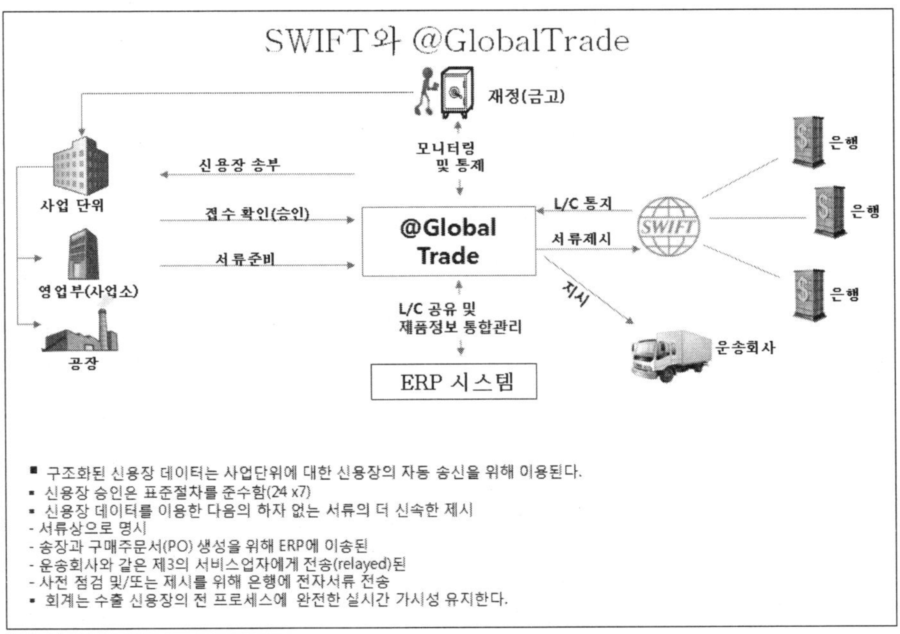

자료 : Hennah, David

[그림 12-6] SWIFT와 @GloabalTrade

따라서 BPO도 개설은행의 지급확약을 구성한다. 단, 명시된 데이터는 TSU에 약정된 베이스라인에 따라 제시되어야 한다. 당해 BPO는 매수업자의 은행에 의해서 개설되며, BPO가 제3의 은행에서 대신 개설된 경우에는 그 은행의 역할은 신용장에서 확인은행의 지급확약과 유사하다. 그리고 규정집은 참여 금융기관 간 모든 조건을 다루고 있으며, 규정집 이외에 보완적(추가적) 약정은 요구되지 않는다는 것을 인정되어 왔다. 또한 은행이 그의 기업과 체결할 수 있는 BPO와 관련된 서비스 약정에 관한 선택적 지침이 서비스 명세에 포함된다.[18]

제 2 절 아이덴트러스트(IdenTrust)

1. IdenTrust의 개요

IdenTrust는 전 세계의 글로벌 금융기관, 정부기관 및 부처, 그리고 무역업자들이 인정하고 있는 신뢰성 있는 신원인증 솔루션 분야에서 글로벌 리더이다. IdenTrust는 기관들이 신원인증과 관련된 위험을 효율적으로 관리할 수 있도록 한다. 즉 전 세계의 국가들과 상호작용, 자국의 정책과 법체계를 구축하는데 투자의 최소화, 그리고 신뢰성 및 더 스마트하고 신속하며 더욱 비용 효과적인 다양한 제품의 활용 등이다.

은행이 개발한 유일한 신원인증시스템인 IdenTrust는 범세계적으로 신원을 인증하고 이용하기 위해 법적으로 기술적으로 독특하고 상호 작용적인 환경을 제공한다. 당해 IdenTrust 인프라스트럭처는 신뢰성 있는 신원인증서를 발행하기 위한 종합적인 환경을 창출하기 위해 정책, 법적체계, 신뢰성 있는 운용 및 기술(P.O.L.T)을 결합한 전유 프레임워크를 기반으로 하고 있다. IdenTrust는 이들 4요소(P.O.L.T) 모두를 구체화하는 솔루션을 제공하는 유일한 회사이다. 고객 약정은 175개 이상의 국가에서 유효하고 구속력 있으며 시행가능하다. IdenTrust 신원인증서는 전 세계의 국가에서 인정한 통일된 수의계약(private contracts) 하에 글로벌적으로 상호 작용적이다.

IdenTrust는 기관들이 인터넷을 이용한 기업 간 전자상거래(B2B internet commerce)의 성장에 결정적인 장애를 극복하도록 하기 위해 신원인증을 제공한다. 참여하는 금융기관과 제휴를 통하여 기업은 인터넷을 통하여 무역업자들의 신원을 최종적으

18) Hennah, David, op.cit,, p.10.

로 확인할 수 있으며 IdenTrust 시스템에 참여하는 모든 당사자와 신뢰성 있는 B2B 거래를 이행할 수 있다.

따라서 IdenTrust는 기업들에게 금융기관과 제휴를 통하여 그들의 전자상거래 위험을 적극적으로 관리할 수 있도록 하고 있다. 특히 IdenTrust는 인터넷 무역거래 파트너들이 다른 당사자의 신원을 신뢰할 수 있는 법적 메커니즘과 기술을 제공한다. 기업은 인터넷을 이용하여 새로운 시장을 개척할 수 있고, 거래비용을 축소시키며 그들의 거래내역을 작성할 수 있다.[19)]

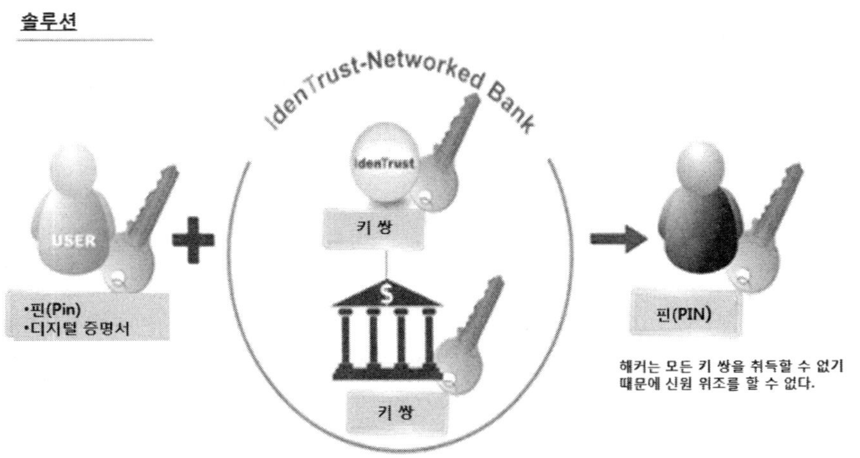

[그림 12-7] IdenTrust 솔루션

(1) IdenTrust의 설립과정

IdenTrust는 기밀성, 인증성, 무변조성, 및 거부방지 환경의 솔루션을 제공하기 위해 이미 기술한 선진 은행그룹에 의해 창설된 기업이다. 그리고 IdenTrust는 글로벌 전자상거래의 인프라(infrastructure)를 제공하는 미국의 뉴욕에 본부를 두고 있는 글로벌 기업이다. IdenTrust는 신뢰성 있는 거래를 지원하는 기술과 서비스를 제공한다.[20)]

IdenTrust™은 Citigroup, ABN AMRO, Bankers Trust(이후 Deutsche Bank에 의해 인수됨)와 같은 선진 금융기관에 의해 설립되었다. 절차적 승인을 받은 즉시, IdenTrust는 1999년 4월에 델웨어(Delaware) 유한회사로 설립되었다. 그 이후 IdenTrust는 계속 새로운 금융기관을 가입시켰다.

19) http://www.identrust.com/company/index.html.
20) http://www.identrus.com

2002년에 IdenTrust는 Zions Bancorporation(Nasdaq : ZION)과 미국 은행협회로부터 Digital Signature Trust Company(DST)를 인수했다. 그 인수는 디지털인증서와 인증서 운영 애플리케이션을 사용하여 금융기관과 그들의 거래처에 비즈니스 목표를 달성하기 위한 수단을 제공하기 위해 IdenTrust의 전 세계적인 진출과 DST의 검증된 수행역량을 결합한다.21)

IdenTrust는 글로벌 회사이며 샌프란시스코에 본부를 두고 있고, 영국 런던과 미국의 뉴욕, 위싱턴 D.C 및 솔트레이크 시티 등에 사무실을 두고 있다.

(2) IdenTrust의 개념과 의의

기본적인 인증서의 발급(identification) 및 확인(validation) 서비스 이외에 인증서 발급은행이 인증서 보유회사를 보증(warranty)하는 서비스를 제공한다. 또 각국 변호사들이 검토·작성한 운용규칙과 별도의 분쟁해결 절차를 가지고 국제거래에서 분쟁 발생시 용이하고 신속하게 분쟁을 해결할 수 있도록 지원하고 있다. IdenTrust의 인증 서비스가 중요한 이유는 상대방을 실제로 볼 수 없는 국제전자상거래에서 매도인과 매수인이 전자인증서 없이는 실제거래가 이루어질 수 없고, 거래가 이루어진다고 하더라도 중요한 선적서류 등의 교환에서 발생할 수 있는 법적·제도적인 기반(legal framework)이 반드시 필요하기 때문이다.

IdenTrust는 디지털거래 환경에서 공개키 기반구조(PKI)상의 최상위 인증기관으로, 기업 등 거래당사자들의 신원을 인증하는 최종 책임을 맡고 있다. 그리고 IdenTrust의 공인인증기관으로 지정된 은행은 인증기관으로서 인증서 발급 및 확인 서비스 등을 제공하고 회원은행 이외의 은행 고객에게도 디지털 인증서를 발행한다. IdenTrust 플랫폼은 금융기관과 그의 거래고객이 디지털 거래에 있어서 신원인증과 연계하여 위험을 효율적으로 관리할 수 있도록 법적·기술적 기반을 제공한다. IdenTrust 인증서는 국내외의 거래는 물론 기업 수준의 애플리케이션(application)을 지원하는데 신용을 평가할 수 있고 상호 이용할 수 있다. IdenTrust와 함께 은행은 온라인상에서 비즈니스 프로세스의 이행에 관련된 운영위험의 주요 요소를 효과적으로 관리할 수 있다. 또한 IdenTrust는 산업계 표준의 전자결제 솔루션인 Eleanor를 통하여 향상된 전자결제 서비스를 제공한다.22)

21) http://www.identrust.com/company/index.html
22) Identrus, “Piot Program”, 2003.

따라서 IdenTrust는 신원인증을 위한 글로벌 표준과 모든 측면의 안전한 전자거래를 위한 안전한 법적·기술적 기반과 서비스를 지원한다. 또 저렴한 비용과 신원인증, 기밀성, 무변조성 및 온라인 약정의 부인방지를 위해 보다 단축된 시간으로 인터넷을 기반으로 한 글로벌 파트너(global partener)와 자유롭게 거래할 수 있는 비즈니스(business) 수단이다. 그리고 IdenTrust는 안전한 거래를 위한 신원인증을 위해 수용되는 표준 공개키 기반(PKI) 기술을 이용한다. 그러나 IdenTrust는 더 많은 기술적 솔루션이 있다. 따라서 IdenTrust는 기업이 단골 거래파트너 및 신규 거래파트너와 경제·정치적인 차원을 넘어 인터넷상에서 유효하고 안전하게 거래할 수 있도록 지원하는 완전한 거래기반이다.[23)]

(3) IdenTrust/DST

IdenTrust|DST(이전 Digital Signature Trust Company)는 미 연방정부, 다수의 미 지방정부, 미국 국방부, 그리고 에너지 및 공급체인 마켓(Energy and supply chain markets)에 최상위 디지털 신원인증 서비스업자 중의 한 업자이다.

미 연방조달청(The U.S. General Services Administration (GSA))은 기업과 소비자가 미국 정부와 비즈니스를 전자적으로 이행할 수 있도록 디지털 인증서를 발행하기 위해 IdenTrust|DST를 "전자서비스를 위한 접속 인증서"(ACES) 인증기관으로 지정했다. 또한 IdenTrust|DST는 미 국방부(U.S. Department of Defense : DoD)의 임시 외부 인증기관(IECA) 프로그램에 따라 미 국방부의 외부 하청업자에게 디지털 인증서를 발행할 수 있는 인가를 미 국방부로부터 받았다. 따라서 IdenTrust|DST는 워싱턴 주와 같은 주정부와 계약을 체결했다. 그리고 IdenTrust|DST는 Ernst and Young의 WebTrust™ 인증을 받았다.

2. IdenTrust P.L.O.T

The IdenTrust P.L.O.T(Policies, Legal Framework, Operations Hosting, and Technology)는 글로벌 금융기관(170억 달러)이 생성한 신원인증을 위한 신뢰성 있는 규약집(rule set)이다. PLOT 규약집은 신원인증서가 발행되어 확인되고, 금융기관 내/외부, 국가적 및 국제적으로 이용된다는 것을 보장한다. 결과적으로 IdenTrust 신원

23) http://www.identrus.com/story_02xml

인증서는 175개국 이상에서 인정된 통일된 수의계약(private contracts) 하에서 국제적으로 상호 작용하여 운영된다.[24)]

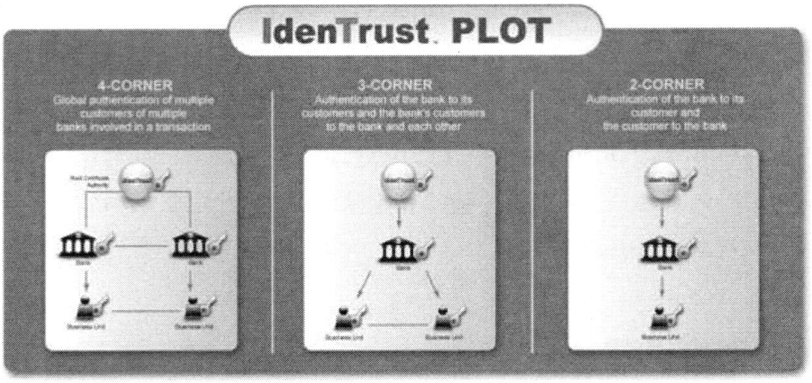

[그림 12-8] IdenTrust PLOT

(1) PLOT 운용

The PLOT는 접속 인증을 위한 기술로 시작한 인증[25)]을 확장한다. IdenTrust를 창립한 컨소시엄이 합의한 정책, 절차 및 법적 프레임워크에 기반하여, 모든 회원기관은 지속적으로 인증서를 발행하고 동 규칙 하에서 그 인증서의 취소 및 삭제를 취급한다. 다양한 접근인증의 통합으로 이를 결합하는 것, 키(key) 스토리지 메커니즘 및 소프트 인증서는 전 거래절차를 반영하는 신뢰기반(trust spectrum)을 확장한다. IdenTrust의 신뢰기반은 공개키 기반구조이다. 따라서 그 절차에서 참여자는 공개키와 개인키 쌍을 발행한다. 이것은 더 강한 인증을 제공하는 접근인증 기술과 함께 이용된다.

4-코너 모델을 위반하는 해커 또는 사기꾼을 위해, 다수의 기관이 관여하는 경우에는 이들은 각 거래당사자를 위한 PIN/패스워드에 추가하여 10의 쌍 키를 확보해야 한다. 3-코너 모델에 있어서는 거래의 개시자 및 수신자는 모두 동일한 금융기관을 이용한다. 그러나 여전히 그들의 신원인증이 필요하다. 2-코너 배치모델에서 조차도, 한 유저가 한 금융기관과 거래하는 경우, 해커는 이용자의 PIN/패스워드, 즉 당해 이

24) http://www.identrust.com/solutions/plot.html

25) 개체 인증을 위해 개인 생체 정보, 공개 키 인증서 등 2개 이상의 인증 요소(factor)를 사용하는 인증(http://enc.daum.net/dic100/contents.do?query1=15XXX23667).

용자의 공개키 및 개인키인 은행의 공개/개인키와 IdenTrust의 공개/개인키를 확보해야 한다. 수학적으로 이와 동일할 가능성은 매우 낮다. 배치된 신원인증서 모델에 의존하는 것은 이행되는 거래를 위해 적합한 X키 쌍이 요구된다. 즉 2-코너 모델은 6쌍의 키, 3-코너 모델은 8쌍의 키, 그리고 4-코너 모델은 10쌍의 키가 필요하다.[26)]

(2) PLOT 수혜

IdenTrust는 PLOT 구성요소 즉, 정책, 법체계, 운영 호스팅, 또는 기술의 완전한 콤비네이션을 갖춘 유일한 솔루션을 제공한다. 그리고 디지털 거래에서 위험관리를 위한 종합적인 솔루션을 제공한다. 정책과 절차는 신원을 인증하는 포괄적인 접근법을 제공하는 전 세계의 금융기관에 의해 개발되고 합의되었다.

IdenTrust 인증서는 전 세계 국가에서 인정되는 통일된 수의계약(private contracts)하에서 글로벌적으로 상호 작용적이다. 기타 시스템은 디지털 서명의 효력을 위한 공법이 필요하다. 93개 이상의 국가와 약정, 유효, 구속 및 강제력 있다.

그리고 IdenTrust는 신뢰서 있는 신원인증 서비스를 제공하기 위한 완전한 호스트 환경을 제공한다.

3. IdenTrust의 특징과 기능[27)]

(1) IdenTrust 비즈니스 모델의 특징

세계 주요 선진 은행들에 의해 만들어진 IdenTrust는 은행이 중심이 되는 국제 B2B의 공개키 기반을 요건으로 하고 있다. IdenTrust의 기본개념은 국내 공인인증기관과 마찬가지로 PKI방식의 전자인증서비스이다. 그러나 현행 인증체제하에서는 은행은 등록기관(RA)기능을 담당하지만, IdenTrust 비즈니스 모델 하에서는 CA(Certification Authority)의 역할을 담당하는 점이 다르다.

따라서 은행이 CA로서 인증서를 직접 발급(Identification), 갱신, 폐기 및 확인하며, 자신이 발급하지 않은 인증서에 대해서는 타 CA(은행) 앞 확인을 요청할 수 있다. 또한 매수인 은행(buyer Bank)에 의한 지급보증 서비스(warranty)도 제공하게 된다. 이처럼 은행이 거래 당사자들에게 신용을 보장해 주는 형태가 없다면 글로벌 트레이

26) http://www.identrust.com/solutions/plot.html
27) 금융결제원, 전게 연구자료, 123-125면.

드가 사실상 이뤄질 수 없을 것이며 이에 따라 트레이드 활성화도 기대할 수 없다.

은행이 거래의 중심에 있기 때문에 IdenTrust 체계 하에서는 은행 측에 돌아가는 메리트가 상당하다고 볼 수 있다. IdenTrust의 엄격한 심사를 거쳐 Level 1의 공인인증기관(CA : Certification Authority)으로 지정된 은행의 경우 하위기관(Level 2)인 등록기관(RA : Registration Authority)으로 가입하는 모든 은행들의 무역 프로세스를 매개하게 돼 부가적인 수익을 창출할 수 있는 기반이 마련된다. 전자인증서 발급 수수료 등 기초 수입 외에 회원은행 간 제휴를 통해 새로운 금융상품과 부가 서비스를 만들어낼 수 있기 때문이다. 또한 IdenTrust 가입 후 은행에서는 글로벌 기업이 모두 고객이 될 수 있기 때문에 일단 수익증대를 기대할 수 있고 자행 브랜드를 세계에 인지시킬 수 있으며 이에 따라 보다 효율적이고 고객 중심적인 서비스를 중점적으로 수행할 수 있게 될 것이다. 고객입장에서도 거래비용 및 시간을 절감할 수 있고 글로벌 e-트레이드로 인한 리스크를 줄일 수 있으며, 영업망 확대로 수익률이 높아진다는 이점이 있다.

국내 은행들이 IdenTrust를 도입하면 기업고객이 수익을 창출하는 거래 프로세스 전 단계에 참여할 수 있어 새로운 금융상품과 비즈니스 모델을 창출하는데 유리하다. 법적 구속력이 있는 전자 계약서를 작성할 수 있도록 하여 전자상거래시 기업의 분쟁해결 절차를 명확하게 해줄 수 있으며, 세계 시장에서 통용되는 애플리케이션이나 서비스를 개발하면 해외 은행들과 공동 사업을 추진하기도 쉬워진다. IdenTrust 가입 후 6개월간의 준비기간이 끝나면 CA 회원 은행은 기업 고객들에게 IdenTrust 글로벌 ID를 발급, 확인하고 인증하는 서비스를 제공할 수 있게 된다. 서비스 준비를 위한 지원 기간 6개월 후에는 은행 자체적으로 비즈니스 모델을 개발해야 한다. IdenTrust 서비스를 제공하는 은행은 기본적으로 인증서 발급과 갱신에 따른 수수료 수입을 올릴 수 있으며 e-마켓플레이스에 글로벌 아이디 서버 인증을 적용할 수 있다. 회원은행이 개발한 애플리케이션을 판매하거나 이용 수수료를 부과할 수도 있다.

(2) IdenTrust의 기능 및 서비스

IdenTrust는 국제전자상거래를 가능케 하는 전자인증 인프라이며, 기업 간 국제 전자상거래에서 기본적인 인증서 발급 및 확인 서비스 이외에 인증서발급 은행이 인증서 보유회사를 보증(warranty)하는 서비스를 제공한다. IdenTrust가 제공하는 인증서비스를 이용할 경우 거래기업체들은 거래상대방의 본인확인(authentication), 부인방지(non-reputation), 진정성(integrity), 비밀성(confidentiality) 등 전자무역에서 제기되고 있는 제반 문제점들을 해결하게 된다.

이 밖에도 IdenTrust는 메시지 변조를 예방하는 보안기술과 함께 전자상거래를 위한 은행업무의 상호 신뢰할 수 있는 법적·기술적 "프레임워크"(framework)를 제공한다. 이로써 국제 B2B 거래업체들은 글로벌 금융기관의 개방형의 시스템 활용이 가능하게 되고 공개키 기반구조(PKI)로 무역 거래가 이루어지기 때문에 구매, 협상, 운송, 지불 등 일련의 과정에서 보안 및 신뢰성이 보장되도록 해준다.

한편 IdenTrust가 제공하는 서비스는 ㉠ 서명보증(signature guarantee), ㉡ 지급보증(payment guarantee), ㉢ 이행보증(performance guarantee), ㉣ 전자지불(ePayment), ㉤ 거래보험(transaction insurance)이 있다. IdenTrust는 디지털 인증서를 발급하며 B2B 커뮤니케이션과 거래를 위해 고객들에게 e-패스포트를 제공한다. 이외에도 IdenTrust는 고객들에게 e-Biz에 필요한 각종 다양한 금융서비스를 제공하고 있는데, 통합 전자고지 및 납부서비스(EBPP), 지급결제 처리, 온라인 신용장, 그리고 외환 결제 등 다양한 서비스를 제공한다. 한편 IdenTrust 국제신용 시스템은 B2B 전자상거래의 국제 보안기술 표준으로서 50대 금융기관이 참여하고 있다. 이 시스템은 스마트카드, 공개키 기반구조(PKI), 디지털서명 및 그 외 다른 암호기술을 모두 망라한다. IdenTrust 국제 신용시스템 내에서 사용된 애플리케이션에는 온라인 공유, 안전한 전자메일 교환 및 전자지급 등이 포함된다.

이처럼 IdenTrust는 전자적인 무역계약의 체결과 선적서류의 전자적인 유통을 지원하고, 선적서류 등의 교환에 있어 발생할 수 있는 분쟁의 해결을 위한 법적 프레임워크(Legal Framework)의 제공 및 국제적인 상호 연동성(글로벌 interoperability)의 확보를 가능하게 해준다는 점에서 큰 강점이 있다.

4. IdenTrust의 가입요건과 4 코너모델(Corner Model) 사례

IdenTrust는 공개키 기반(PKI) 암호보안의 디지털 신원인증과 그 신원인증을 확인한다. 또한 IdenTrust는 중요한 비즈니스 및 운영규칙을 제공한다. 즉 보증(warranties)을 통한 디지털 신원인증의 보장, 모든 참여자를 구속하는 글로벌 강제계약, 분쟁해결을 위한 감시 가능한 전자정보의 기록이다.[28)]

28) http://www.identrus.com/story_02xml, 2003. 2. 13.

(1) 회원은행 가입요건

IdenTrust의 가입요건은 "레벨(level) 1" 수준의 인증기관(CA)의 역할을 수행하기 위한 자격요건은 엄격하였다. 즉, "레벨 1" 은행은 IdenTrust로부터 1차 인증서 발급기관의 자격을 얻어 실제 인증서 확인 및 발급을 할 수 있는 은행으로 BBB+ 신용등급을 유지해야 하고, 또 자산규모도 10억 달러 이상이여야 했다. 그러나 이러한 기준은 2003년 3월 기존의 신용등급기준과 준비금 10억 달러를 보유해야 하는 의무조항이 삭제됨에 따라 신용등급 및 자산규모에 관계없이 은행, 보험, 증권 등 모든 금융기관이 가입할 수 있게 되었다.

(2) IdenTrust의 4-Corner Model 사례

국제간 B2B 전자상거래(전자무역)에서 각 거래당사자를 보증하는 금융기관의 인증기관(매수인 금융기관의 CA, 매도인 금융기관의 CA)이 4 코너를 형성하여 신뢰기반을 구축하는 것이다. 이 때 각 금융기관이 운영하고 있는 CA는 IdenTrust의 루트(root) CA가 보증함으로 신뢰기반이 연결·구축된다. 이에 따라 IdenTrust의 업무프로세스는 회원은행이 거래당사자에게 전자인증서를 발급해 주면 그 은행은 B2B 거래에서 CA의 역할을 하며, 이를 기반으로 각 기업이 제출한 인증서의 진위 여부를 판별한다. 이후 상대방의 거래은행이 IdenTrust에 가입한 것을 확인하고 IdenTrust의 신용을 기반으로 거래하게 되는 것이 "4-Corner Model"이다.

좀 더 구체적으로 4-코너(Corner)모델은 국제간 B2B 거래에서 전자무역거래를 위해서 양 거래당사자의 거래은행에서 각각의 신용을 제공해 주며, 그리고 그 두 은행에 대한 신용은 IdenTrust에서 보장해 주는 모델이다. 이러한 일련의 거래과정에서 IdenTrust는 인증서 발행, 인증서 적법성 확인 등 업무처리 과정에서의 과실에 대한 보상 및 암호화 전자메일 서비스를 제공한다. IdenTrust 레벨1 회원사는 최상위 인증기관(CA)을 연결하는 상위 CA로 사실상 모든 개인·기업 고객을 대상으로 전자무역·B2B·전자문서교환(EDI) 등 다양한 응용분야에 국가간 인증서비스를 제공할 수 있다. 또한 하위 등록기관(RA)을 거느릴 수 있는 등 공개키 기반구조(PKI)의 '허브' 역할을 담당할 수 있다. IdenTrust의 결제기반인 '일레노'(Eleanor) 전자결제 솔루션의 경우에도 기본적으로 IdenTrust 4-코너 모델의 프로세스에 따르고 있다.[29)]

29) http://www.Identrus.com/

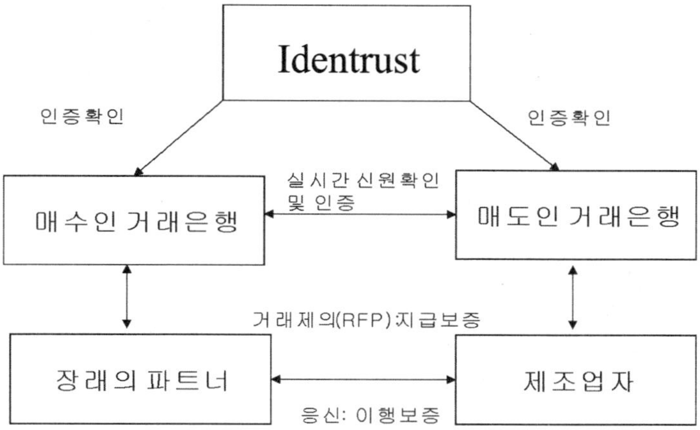

자료 : http://www.ldentrus.com/knowledge_center/pub/Overview_Brochure.pdf.

① 장래의 파트너는 매도인에게 거래제의(RFP)를 송신

② 제조업자는 자신의 거래은행에게 거래상대방인 장래 파트너의 신원인증 요청

③ 매도인의 거래은행은 매수인의 거래은행과 교섭

④ 매수인의 거래은행은 자신의 고객인 매수인의 신원인증

⑤ IdenTrust는 각 거래당사자 금융기관의 신원인증 및 그 보증

⑥ 거래상대방의 신원인증을 마친 제조업자는 장래의 파트너에게 응신

[그림 12-9] 4-corner Model에 의한 신원인증 절차

5. Eleanor 전자결제 솔루션

(1) 도입배경과 개념

Eleanor를 개발한 은행들은 그 당시 단순한 목적, 즉 그들의 거래고객에게 전통적인 거래은행에서 제공되는 안전한 거래서비스를 제공하는 것이다. 이러한 비전을 염두에 두고 개발은행들은 전자거래 업계에서 단순성, 신축성 및 폭넓게 수용되고 있는 수표 또는 어음과 같은 전통적인 수단을 구현하기 위한 목적이었다. 동시에 국내외의 B2B 전자상거래에 적합한 전자결제솔루션을 개발하기 위해서 조건부 지급 또는 이행보증의 개념을 부가하였다.30)

글로벌 거래약정을 근거로 하여 국제간의 대금결제에 적합한 B2B 전자상거래를 위한 완전한 전자결제 솔루션이다. 그리고 Eleanor는 기존 결제시스템을 이용하여 국제간 전자무역을 위해 적합하며, 서로 다른 국가 간 법적 확실성을 보장하기 위해

30) 이하 Identrust, “A Global Payment Initiation System from Identrus(White Paper)”, 2003 인용함.

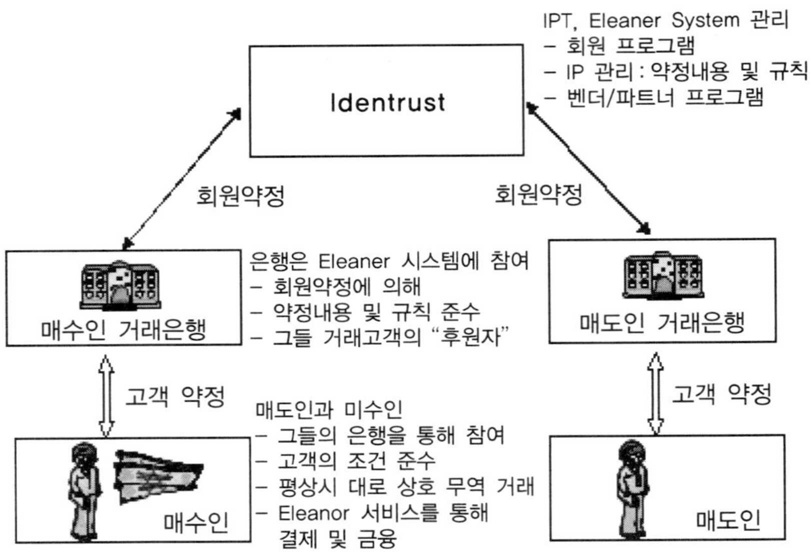

자료 : Identrust, "A Global Payment Initiation System from Identrus(White Paper)", 2003.

[그림 12-10] Eleanor 솔루션의 개념도

서 글로벌 운용규칙에 근거한다. 또한 전통적인 시스템과 양립할 수 있고 XML과 인터넷 프로토콜과 같은 개방형 표준을 기반으로 한다.

Eleanor는 IdenTrust가 구축한 인증 및 신용 서비스를 이용하는 전자결제 솔루션이다.

(2) Eleanor의 결제방법

[표 12-1] 결제방법의 유형

결제 유형	내 용	유사 방식	취소가능여부	양도가능성
Payment Order	매수인이 자신의 거래은행에 지급지시	지로결제, 전신송금, 전신이체 등	가 능	불가능
Payment Obligation	지정된 일자에 매수인이 소지인에게 상환의무	어음, 약속어음, 환어음, 무역인수	불가능	가 능
Certified Payment Obligation	매수인의 거래은행이 보증한 상환의무(그 은행은 지정일자에 결제)	(은행에서) 인수어음/배서된 약속어음, 지급보증	불가능	가 능
Conditional Payment Obligation	계약 시 합의한 조항을 준수하는 조건의 상환의무	에스크로우 결제, 화환추심	불가능	가 능

자료 : Identrust, "A Global Payment Initiation System from Identrus(White Paper)", 2003.

~ Payment Obligation에는 다시 Payment Obligation과 Certified Payment Obligation(은행이 지급보증 책임)으로 구분되며, Conditional Payment에는 Conditional Payment Order, Conditional Payment Obligation, Certified Conditional Payment Obligation(은행이 조건부 지급보증 책임)이 있다(Identrus, "Simplifying electronic payments with PROJECT ELEANOR", 2003).

Eleanor는 기존 은행 간 결제시스템 또는 결제 네트워크를 대체할 목적이 아니고, 은행 고객에게 대금결제를 전자적으로 이행할 수 있는 새로운 방법을 제공한다. 그리고 Eleanor는 간단한 "무담보"(clean) 결제에서부터 신용장을 대체하는 결제수단에 이르기까지 B2B 거래를 취급한다.

(3) 전자결제 프로세스

전자결제과정을 요약하면 다음과 같이 이루어진다. 즉, ㉠ 매수인과 매도인은 인터넷상에서 서로 알게 된다. ㉡ 매수인은 매도인의 카탈로그를 검색하여 주문한다. ㉢

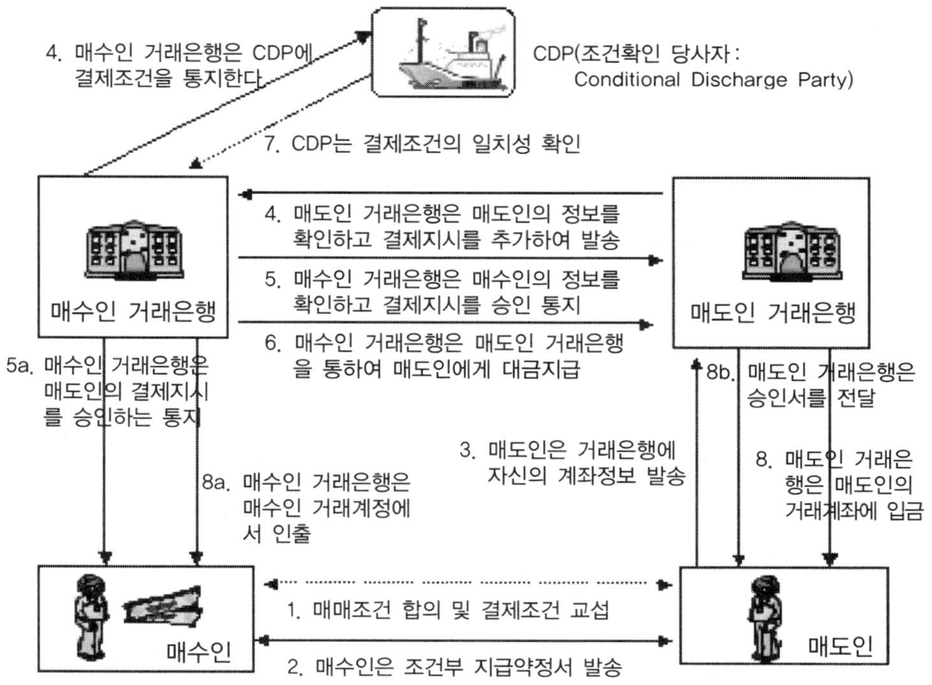

자료 : Identrust, "A Global Payment Initiation System from Identrus(White Paper), 2003.

[그림 12-11] 조건부 결제의무(Conditional Payment Obligation : simplified) 방식의 결제절차

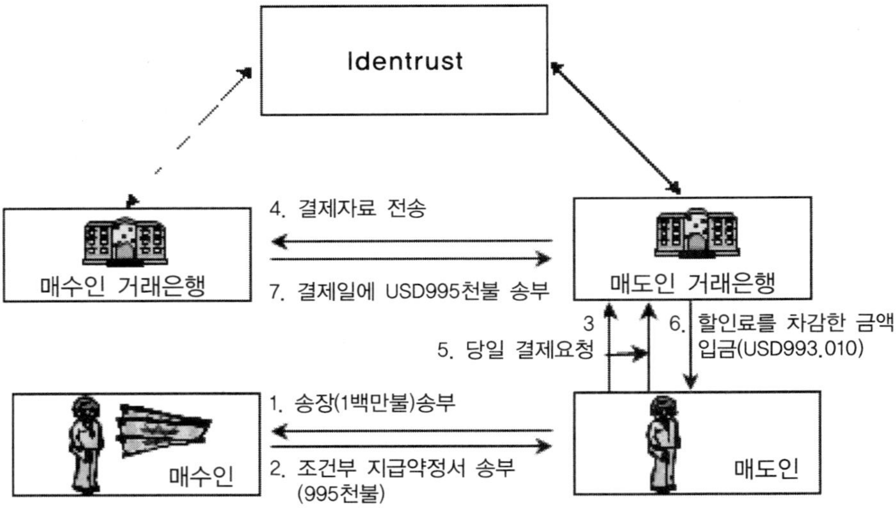

자료 : Identrust, "A Global Payment Initiation System from Identrus(White Paper), 2003.

[그림 12-12] 매수은행이 보증한 결제의무(Certified Payment Obligation) 방식 사례

① 매도인은 송장을 매수인에게 발송한다.
② 매수인은 미래 일자의 자신의 거래은행이 보증한 지급의무 약정서를 매도인에게 발송한다.
③ 매도인은 자신의 거래은행에게 거래은행의 계좌를 포함한 자신의 정보를 제공한다.
④ 매도인의 거래은행은 매수인의 거래은행에게 결제 자료를 발송한다.
⑤ 매도인은 "당일 결제"에 대한 소유권을 이전한다(결제요청).
⑥ 매도인의 거래은행은 할인료를 차감한 문면금액을 매도인의 계좌에 입금한다.
⑦ 매수인의 거래은행은 결제일자에 결제한다.
☞ 본 절차에서는 여러 단계, 예컨대 매수인의 거래은행이 보증을 승인하는 절차와 같은 단계가 생략되어 있다.

매도인은 대금결제를 요청한다. ㉣ 매수인은 네트워크상에서 대금지급의 이행을 약속한다. ㉤ 매도인은 송장을 발송한다. ㉥ 매수인은 거래은행에 연락하여 매도인의 거래은행에 대금결제를 의뢰한다. ㉦ 매도인은 후일에 대금을 수령한다. ㉧ 매도인 측의 실무자는 송장, 출력된 영수증과 대금결제를 대사한다. 또한 그 것을 수작업으로 송장과 같이 파일관리 한다. 그리고 그들의 후선 시스템에 주요 정보의 입력이 요구된다.

Eleanor 시스템에서 구체적인 거래절차는 아래 그림에 언급한 결제방법에 따라 그 절차가 다르다.

(4) Eleanor의 유용성

① 기업 이용자

운용상의 효율성으로는 거래절차의 자동화 및 업무의 일원적 처리와 결제대사와 관련된 수작업 처리과정의 제거를 들 수 있다. 또한 적극적인 위험관리에 있어서는 조건부 대금결제는 매수인을 보호하며, 대금지급보증은 매도인을 보호한다. 그리고 현금흐름의 관리 및 혁신적인 전자금융의 수단에 접근 등을 통한 보다 향상된 운전자금의 관리 등이다.

② 금융기관

우선 확실한 전자금융 서비스의 제공이다. 고객의 전자상거래 욕구의 충족, 글로벌한 범용성과 강제성, 고객관계의 강화, 새로운 서비스 기회 창출 등이 있다. 그리고 인터넷으로 가능한 현금관리에는 백오피스 비용의 절감, 향상된 고객거래를 통한 금융비용 절감, 고객 자동화/일원적 처리를 기반으로 한 재구축 여유 등이 있다.

부 록

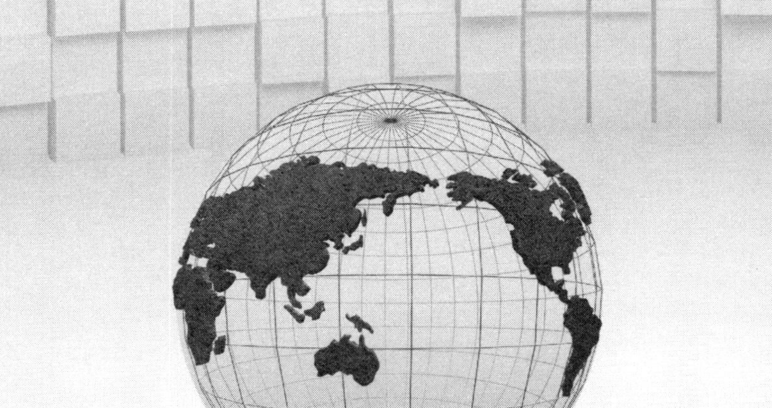

I 전자제시를 위한 UCP 600의 보칙(eUCP) 조문과 번역

SUPPLEMENT TO UCP 600
FOR ELECTRONIC PRESENTATION–VERSION 1.1
전자제시를 위한 UCP 600의 보칙–버전 1.1

Article e1 Scope of the eUCP

a. The Supplement to the Uniform Customs and Practice for Documentary Credits for Electronic Presentation ("eUCP") supplements the Uniform Customs and Practice for Documentary Credits(2007 Revision ICC Publication No. 600,) ("UCP") in order to accommodate presentation of electronic records alone or in combination with paper documents.

b. The eUCP shall apply as a supplement to the UCP where the Credit indicates that is subject to eUCP.

c. This version is Version 1.1. A Credit must indicate the applicable version of the eUCP. If it does not do so, it is subject to the version in effect on the date the Credit is issued or, if made subject to eUCP by an amendment accepted by the Beneficiary, on the date of that amendment.

제1조 eUCP의 적용범위

a. 전자제시를 위한 화환신용장통일규칙 및 관례의 보칙("eUCP")은 전자기록만의 제시 또는 종이서류를 동반한 전자기록의 제시를 수용하기 위하여 화환신용장통일규칙 및 관례(2007년 개정 국제상업회의소 간행물 600)("UCP")를 보완한다.
b. eUCP는 신용장이 eUCP을 적용한다는 명시가 있는 경우 UCP의 보칙으로 적용된다.
c. 본 버전은 1.1이다. 신용장은 적용되는 eUCP 버전을 명시하여야 한다. 신용장에 버전을 명시하지 않는 경우, 신용장이 개설된 일자에 시행되는 버전을 적용하고, 또는 수익자가 승인한 조건변경이 eUCP을 적용하도록 되어 있는 경우, 조건 변경한 일자에 시행되는 버전이 적용된다.

Article e2 Relationship of the eUCP to the UCP

a. A Credit subject to the eUCP("eUCP Credit") is also subject to the UCP without express incorporation of the UCP.
b. Where the eUCP applies, its provision shall prevail to the extent that they would produce a result different from application of the UCP.
c. If an eUCP Credit allows the Beneficiary to choose between presentation of paper documents or electronic records and it chooses to present only paper documents, the UCP alone shall apply to that presentation. If only paper documents are permitted under an eUCP Credit, the UCP alone shall apply.

제2조 UCP와 eUCP의 관계

a. eUCP을 적용하는 신용장("eUCP 신용장")은 또한 화환신용장통일규칙 및 관례(UCP)의 명시적인 삽입 없이도 화환신용장통일규칙 및 관례(UCP)와 함께 적용된다.
b. eUCP가 적용되는 경우, 본 조항은 UCP의 적용으로 다른 결과가 발생되는 범위 내에서는 우선한다.
c. eUCP 신용장이 수익자에게 종이서류 또는 전자기록 중 자유롭게 제시할 수 있도록 선택을 허용하였으나, 수익자가 종이서류만의 제시를 선택하는 경우에 UCP만이 그 제시에 적용된다. eUCP 신용장에서 종이서류만을 허용하는 경우에도 UCP만이 적용된다.

Article e3 Definitions

a. Where the following terms are used in the UCP, for the purposes of applying the UCP to an electronic record presented under an eUCP credit, the term:
   i. "appears on its face" and the like shall apply to examination of the data content of an electronic record.
   ii. "document" shall include an electronic record.
   iii. "place for presentation"of electronic records means an electronic address.
   iv. "sign" and the like shall include an electronic signature.
   v. "superimposed", "notation" or "stamped" means data content whose supplementary character is apparent in an electronic record.

b. The following terms used in the eUCP shall have the following meanings:
   i. "electronic record" means

- data created, generated, sent, communicated, received, or stored by electronic means
- that is capable of being authenticated as to the apparent identity of a sender and the apparent source of the data contained in it, and as to whether it has remained complete and unaltered, and
- is capable of being examined for compliance with the terms and conditions of the eUCP Credit.

ii. "electronic signature" means a data process attached to or logically associated with an electronic record and executed or adopted by a person in order to identify that person and to indicate that person's authentication of the electronic record.

iii. "format" means the data organisation in which the electronic record is expressed or to which it refers.

iv. "paper document" means a document in a traditional paper form.

v. "received" means the time when an electronic record enters the information system of the applicable recipient in a form capable of being accepted by that system. Any acknowledgement of receipt does not imply acceptance or refusal of the electronic record under an eUCP Credit.

제3조 용어의 정의

a. UCP에서 규정하고 있는 다음 용어가 eUCP 신용장하에서 제시되는 전자기록에 이용되는 경우, 이에 UCP를 적용하기 위한 용어, 즉:

i. "문면상" 및 이와 유사한 표현은 전자기록 자료내용의 심사에 적용된다.

ii. "서류"는 전자기록을 포함한다.

iii. 전자기록의 "제시장소"는 전자주소를 의미한다.

iv. "서명" 및 이와 유사한 표현은 전자서명을 포함한다.

v. "부기된", "표기" 또는 "스템프된"이란 전자기록에서 그의 부가적인 성격이 분명한 자료내용을 의미한다.

b. eUCP에 이용된 다음 용어는 다음과 같은 의미를 갖는다.

i. "전자기록"이란

- 전자수단에 의하여 작성, 생성, 송부, 통신, 수신, 또는 저장된 자료로
- 송부자의 확실한 신원과 전자기록에 포함된 자료의 확실한 출처, 및 그 전자기록이 변경되지 아니한 완전한 상태로 남아 있는 지의 여부에 관해 인증될 수 있는 것, 그리고

- eUCP 신용장의 조건과의 일치성 여부를 심사 가능한 것을 의미한다.

ii. "전자서명"이라 함은 전자기록에 첨부되거나 또는 전자기록과 논리적으로 연관되고, 또한 특정인의 신원을 확인하고 그의 전자기록의 인증을 표시하기 위하여 특정인에 의해 실행되거나 채택된 자료처리를 의미한다.

iii. "형식"이란 전자기록이 명시되거나 또는 그 것을 언급하는 자료구성을 의미한다.

iv. "종이서류"라 함은 전통적인 종이형식의 서류를 의미한다.

v. "수신된"이란 전자기록이 정보시스템에 의해 수용 가능한 형식으로 수신가능한 수신자의 정보시스템에 입력되는 시점을 의미한다. 어떠한 접수확인은 eUCP 신용장하에서 전자기록의 수리나 또는 거절을 의미하지 않는다.

Article e4 Format

An eUCP Credit must specify the formats in which electronic records are to be presented. If the format of the electronic record is not so specified, it may be presented in any format.

제4조 형식

eUCP 신용장은 전자기록이 제시되는 형식을 명시하여야 한다. 전자기록이 제시되는 형식을 명시하지 않는 경우에는 어떠한 형식으로도 제시될 수 있다.

Article e5 Presentation

a. An eUCP Credit allowing presentation of:

i. electronic records must state a place for presentation of the electronic records.

ii. both electronic records and paper documents must also state a place for presentation of the paper documents.

b. Electronic records may be presented separately and need not be presented at the same time.

c. If an eUCP Credit allows for presentation of one or more electronic records, the Beneficiary is responsible for providing a notice to the Bank to which presentation is made signifying when the presentation is complete. The notice of completeness may be given as an electronic record or paper document and must identify the eUCP Credit to which it relates. Presentation is deemed not to have been made if the Beneficiary's notice is not received

d. i. Each presentation of an electronic record and the presentation of paper documents under an eUCP Credit must identify the eUCP Credit under which it is presented.

ii. A presentation not so identified may be treated as not received.

e. If the Bank to which presentation is to be made is open but its system is unable to receive a transmitted electronic record on the stipulated expiry date and/or the last day of the period of time after the date of shipment for presentation, as the case may be, the Bank will be deemed to be closed and the date for presentation and/or the expiry date shall be extended to the first following banking day on which such Bank is able to receive an electronic record. If the only electronic record remaining to be presented is the notice of completeness, it may be given by telecommunications or by paper document and will be deemed timely, provided that it is sent before the bank is able to receive an electronic record.

f. An electronic record that cannot be authenticated is deemed not to have been presented.

제5조 제시

a. eUCP 신용장이:

i. 전자기록의 제시를 허용하는 경우 전자기록의 제시장소를 명시하여야 한다.

ii. 전자기록과 종이서류의 제시 모두 허용하는 경우에는 또한 종이서류의 제시장소를 명시하여야 한다.

b. 전자기록은 종이서류와 별도로 제시될 수 있으며, 그와 동시에 제시될 필요는 없다.

c. eUCP 신용장이 하나 이상의 전자기록의 제시를 허용하는 경우, 수익자는 그 제시가 완료되었을 때는, 제시은행에게 그 제시가 완료되었다는 사실을 통지할 책임이 있다. 완료통지는 전자기록 또는 종이문서로 할 수 있으며, 그 통지에는 그와 관계있는 eUCP 신용장임을 확인하여야 한다. 수익자의 이러한 통지가 접수되지 아니한 경우에는 제시되지 않은 것으로 간주한다.

d. i. eUCP 신용장하에 전자기록의 각 제시와 종이서류의 제시는 그러한 제시와 관계있는 eUCP 신용장임을 확인하여야 한다.

ii. 이와 같이 확인되지 아니한 제시는 접수되지 않은 것으로 간주한다.

e. 제시받는 은행이 영업을 하고 있으나, 동 은행의 시스템이 약정된 유효기일 및/또는 선적후 최종 제시기일에 송부된 전자기록을 접수할 수 없을 경우, 경우에 따라서는 은행의 영업을 종료한 것으로 간주하고, 제시기일 및/또는 유효기일은 동 은행이 전자기록을 접수할 수 있는 다음 첫 은행영업일까지 연장된다.
그리고 이 경우 그 전자기록의 제시완료 통지만 남아있는 경우에는 그 완료통지는 일반 통신수단이나 또는 종이문서로 할 수 있으며, 또한 은행의 시스템이 수신할 수 없었던 기간동안 내에 송부되었다면 적기에 통지된 것으로 간주한다.

f. 인증될 수 없는 전자기록은 제시되지 아니한 것으로 간주된다.

Article e6 Examination

a. If an electronic record contains a hyperlink to an external system or a presentation indicates that the electronic record may be examined by reference to an external system, the electronic record at the hyperlink or the referenced system shall be deemed to be the electronic record to be examined. The failure of the indicated system to provide access to the required electronic record at the time of examination shall constitute a discrepancy.

b. The forwarding of electronic record by a Nominated Bank pursuant to its nomination signifies that it has checked the apparent authenticity of the electronic records.

c. The inability of the Issuing Bank, or Confirming Bank, if any, to examine an electronic record in a format required by the eUCP Credit or, if no format is required, to examine it in the format presented is not a basis for refusal.

제6조 심사

a. 전자기록이 외부시스템과의 하이퍼링크(hyperlink)를 포함하거나 또는 전자기록이 외부시스템을 참조하여 심사될 수 있다는 것을 명시하는 제시인 경우, 하이퍼링크 또는 관계시스템에서의 전자기록은 심사되어야 하는 전자기록으로 간주된다. 심사 시에 요구된 전자기록이 지시된 시스템에 접속할 수 없는 경우에는 불일치로 간주한다.

b. 지정은행의 전자기록의 송부는 그 지정은행이 외관상 전자기록의 진정성을 확인하였다는 것을 의미한다.

c. 개설은행 또는 확인은행(있는 경우)이 eUCP 신용장에 의해 요구된 형식으로 전자기록을 심사하지 못하거나, 또는 형식을 요구하지 않은 경우 제시된 형식으로 전자기록을 심사하지 못하는 것은 거절사유가 되지 못한다.

Article e7 Notice of Refusal

a. i. The time period for the examination of documents commences on the banking day following the banking day on which the Beneficiary's notice of completeness is received.

ii. If the time for presentation of documents or the notice of completeness is extended, the time for the examination of documents commences on the first following banking day on which the bank to which presentation is to be made is able to receive the notice of completeness.

b. If an Issuing Bank, the Confirming Bank, if any, or a Nominated Bank acting on their behalf, provides a notice of refusal of a presentation which includes electronic records and does not receive instructions from the party to which notice of refusal is given within 30 calendar days from the date the notice of refusal is given for the disposition of electronic records, the Bank shall return any paper documents not previously returned to the presenter but may dispose of the electronic records in any manner deemed appropriate without any responsibility.

제7조 거절통지

a. i. 서류의 심사를 위한 기간은 수익자의 완료통지가 접수된 은행영업일의 다음 첫 은행영업일에 개시된다.

ii. 서류의 제시 또는 완료의 통지를 위한 기간이 연장되는 경우, 서류의 심사기간은 제시받는 은행이 완료의 통지를 접수할 수 있는 다음 첫 은행영업일에 개시된다.

b. 개설은행, 확인은행(있는 경우) 또는 그들을 대신하여 행동하는 지정은행이 전자기록을 포함한 제시의 거절통지를 하였으나, 거절통지일로부터 30일 이내에 거절통지를 한 당사자로부터 전자기록의 처분에 대한 지시를 받지 못한 경우에는 은행은 이전에 반송되지 아니한 모든 종이서류는 제시인에게 반송하여야 하나, 그 전자기록은 아무런 책임없이 적절한 방법으로 처분할 수 있다.

Article e8 Originals and Copies

Any requirement of the UCP or an eUCP Credit for presentation of one or more originals or copies of an electronic record is satisfied by the presentation of one electronic record.

제8조 원본 및 사본

하나 이상의 전자기록의 원본 또는 사본의 제시를 위한 UCP 또는 eUCP 신용장의 요건은 하나의 전자기록을 제시함으로써 충족된다.

Article e9 Date of Issuance

Unless an electronic record contains a specific date of issuance, the date on which it appears to have been sent by the issuer is deemed to be the date of issuance. The date of receipt will be deemed to be the date it was sent if no other date is apparent.

제9조 발행일자

전자기록상 특정한 발행일자가 없는 한, 그 발행인에 의해 송신이 완료된 일자를 발행일자로 간주한다. 수신일자도 명확하지 않는 경우에는 전자기록이 송신된 일자로 한다.

Article e10 Transport

If an electronic record evidencing transport does not indicate a date of shipment or dispatch, the date of issuance of the electronic record will be deemed to be the date of shipment or dispatch. However, if the electronic record bears a notation that evidences the date of shipment or dispatch, the date of the notation will be deemed to be the date of shipment or dispatch. A notation showing additional date content need not be separately signed or otherwise authenticated.

제10조 운송

운송을 증명하는 전자기록이 선적일자 또는 발송일자를 명시하고 있지 않는 경우에는 전자기록의 발행일자를 선적일자 또는 발송일자로 간주한다. 그러나 전자기록이 선적 또는 발송일자를 증명하는 부기가 있는 경우에는 그 부기일자를 선적 또는 발송일자로 간주한다. 부가적인 자료내용을 명시하고 있는 부기는 별도로 서명되거나 또는 인증될 필요는 없다.

Article e11 Corruption of an Electronic Record after Presentation

a. If an electronic record that has been received by the Issuing Bank, Confirming Bank, or another Nominated Bank appears to have been corrupted, the Bank may inform the presenter and may request that the electronic record be re-presented.

b. If the Bank requests that an electronic record be re-presented:
 i. the time for examination is suspended and resumes when the presenter re-presents the electronic record ; and
 ii. if the Nominated Bank is not the Confirming Bank, it must provide the Issuing Bank and any Confirming Bank with notice of the request for re-presentation and inform it of the suspension ; but
 iii. if the same electronic record is not re-presented within thirty(30) calender days, the Bank may treat the electronic record as not presented, and
 iv. any deadlines are not extended.

제11조 제시 이후 전자기록의 훼손/변질

a. 개설은행, 확인은행, 또는 다른 지정은행이 수신한 전자기록이 변질된 것으로 보이는 경우에, 은행은 제시자에게 통지하고 전자기록의 재제시를 요구할 수 있다.

b. 은행이 전자기록의 재제시를 요구하는 경우:
 i. 심사기간은 정지되며 제시인 전자기록을 재 제시할 때 재개된다. ; 그리고
 ii. 지정은행이 확인은행이 아닌 경우, 그 지정은행은 반드시 개설은행과 확인은행(있는 경우)에게 재제시를 요청한 사실과 심사기간의 중지에 대해 통지하여야 한다. 그러나
 iii. 동일한 전자기록이 30일 이내에 다시 제시되지 않는 경우 은행은 전자기록이 제시되지 않은 것으로 간주한다.
 iv. 어떠한 최종 기간도 연장되지 아니한다.

Article e12

Additional Disclaimer of Liability for Presentation of Electronic Records under eUCP

By satisfying itself as to the apparent authenticity of an electronic record, Banks assume no liability for the identity of the sender, source of the information, or its complete and unaltered character other than that which is apparent in the electronic record received by the use of a commercially acceptable data process for the receipt, authentication, and identification of electronic records.

제12조 eUCP하의 전자기록의 제시를 위한 추가적인 면책

전자기록의 외관상 진정성에 관해서는 그 자체를 충족시킴으로써, 은행은 전자기록의 접수, 인증 및 출처확인을 위해 상업적으로 수용될 수 있는 데이터 프로세스를 이용하여 접수된 전자기록에서 명백한 경우를 제외하고 송신자의 신원, 정보의 출처, 또는 그 완전성과 무변조성에 대한 책임을 부담하지 않는다.

II BOLERO RULEBOOK의 조문과 번역

1. Definitions and Interpretation

1.1. Definitions

(1) Applicant User : A User who instructs a bank to issue a Documentary Credit.

(2) Authority : Any central, national, state, provincial or local government ; any agency of such government ; or any body or person empowered to make regulations or issue directions or requirements legally enforceable against the User in relation to the :

(a) administration of any seaport, canal, waterway, airport, road or railway;

(b) import, export or transport of goods;

(c) transfer of any cash or securities;

(d) imposition of any tax or duty ; or

(e) enforcement of law.

(3) Accept, Acceptance : In relation to a Certificate, to manifest approval of a Certificate, whether expressly or by implication such as by creating a Digital Signature Verifiable by reference to that Certificate.

(4) Annual Charge : The lump sum fee payable annually by a User as set out in the Charges Schedule to the Operational Service Contract.

(5) BAL Service Contract : The contract between Bolero Association Limited and each

User, as amended from time to time.

(6) BBL Text : A Document which :

(a) is sent into the Core Messaging Platform and recorded in the Title Registry as the documentary component of the Bolero Bill of Lading ; and

(b) acknowledges the receipt of goods by a Carrier for carriage by sea.

(7) Bearer Holder : A User who is or becomes Designated a Holder of a Blank Endorsed Bolero Bill of Lading.

(8) Beneficiary User : A User who is designated under a Documentary Credit as the party to whom, or to whose order, payment is to be made or whose bills of exchange are to be accepted and paid.

(9) Blank Endorse : To render, by the process described in the Operating Procedures, a Bolero Bill of Lading capable of transfer simply by Designation of a new Bearer Holder.

(10) Bolero Association : The Bolero Association Limited, a corporate body created to represent the Users of the Bolero System and to perform administrative and disciplinary functions assigned to it by the BAL Service Contract.

(11) Bolero Bill of Lading : A BBL Text together with its related Title Registry Record.

(12) Bolero Certificate : A Certificate for use in the Bolero System and listing a Public Key used to Verify the Digital Signature on a Message Digitally Signed by a User.

(13) Bolero Header : The part of a Message indicating its type and function within the Bolero System and conveying data into the Bolero System's logs, User Database, Title Registry, and other records, and, in some cases, prompts one or more actions by the Bolero System.

(14) Bolero International : The owners or operators of the Bolero System for the time being, or their successors in title.

(15) Bolero Services : The services supplied by the Bolero System as set out in the Operational Service Contract.

(16) Bolero System : The business processes and methods, together with the digital information system, which are provided by Bolero International for communicating Messages and Documents and facilitating business transactions, as well as the Bolero Rulebook and Operating Rules governing their use. The Bolero System does not include any system, software, or equipment whose use is expressly limited to testing and/or non-binding transactions by agreement with Bolero International.

(17) Carrier : A User which contracts with another User to carry goods by any means

of transport, regardless of whether the Carrier is the owner or operator of the means of transport used. Synonym : Originator.

(18) Certificate : A unit of information which, at a minimum :
   (a) lists its Issuer by name ;
   (b) lists a Public Key;
   (c) lists by name, or otherwise indicates, a User holding the Private Key corresponding to the listed Public Key ;
   (d) is Digitally Signed by its Issuer ; and
   (e) has the meaning consistent with this definition ascribed to it in its Documentary Form.

(19) Certifier : A person that Issues one or more Certificates to Users. The Certifier which issued a particular Certificate is also termed its "Issuer".

(20) Chartered Bill of Lading : An acknowledgement by a Carrier of the receipt of goods for carriage on board its ship in respect of which there is a charterparty, other than a bareboat or demise charter, concurrently in force in respect of the use of the ship either for the same voyage (voyage charter) or for a period of time (time charter) within which the said carriage is to take place.

(21) Consignee : A User Designated as such, being thereby identified as the party to whom delivery of the goods must be made by the Carrier and also indicating the intention to make the Bolero Bill of Lading non-transferable

(22) Consignee Holder : A User simultaneously Designated as Consignee and Holder of a Bolero Bill of Lading.

(23) Core Messaging Platform : The messaging system of the Bolero System as described in the Operating Procedures.

(24) Designate : To name or appoint a User to a role in the Title Registry. "Designation" means the act of Designating or the state of having been Designated.

(25) Digital Signature : A mathematical result calculated from a unit of digital information and a Private Key, such that one having the unit of information and the corresponding Public Key can, through Verification, accurately determine
   (a) whether that mathematical result was created using that Private Key, and
   (b) whether the unit of information has been altered since that mathematical result was calculated.

(26) Document : A contract, bill, or other unit of substantive, often textual, information sent as a subdivided part of a Message. Synonyms : Attachment, attached Document.

(27) Documentary Credit : Any documentary credit, including standby letters of credit, as defined by The Uniform Customs and Practice for Documentary Credits or the International Standby Practices 1998, both of the International Chamber of Commerce, in effect at the time of the issue of the documentary credit.

(28) Documentary Form of a Certificate : A textual interpretation of a Certificate authorised by its Issuer.

(29) Enrol : To become a User of the Bolero System through the BAL Service Contract and Operational Service Contract. "Enrolled" means to have become and to remain a User in accordance with those contracts.

(30) Head Charter : A charterparty contract, other than a charter by demise or bareboat charter, between a Carrier, as owner or disponent owner of a ship and another User as charterer, for the use of the Carrier's ship for the purpose of carrying cargo either for a specific voyage or series of voyages or for a period of time.

(31) Head Charterer : A User who has entered into a Head Charter with a Carrier.

(32) Holder-to-order : A User who is or becomes simultaneously Designated both Holder and To Order Party of a Bolero Bill of Lading.

(33) Holder : A User who is or becomes Designated to the role of Holder. "Holdership" is the status of being a Holder. A User may be the Holder of a Bolero Bill of Lading without occupying another Role, or Holdership may be joined to another role as in the case of a Holder-to-order, Bearer Holder, Pledgee Holder, or Consignee Holder.

(34) Issue a Certificate : To list oneself as Issuer in a Certificate and Digitally Sign that Certificate.

(35) Issuer : With reference to a Certificate, the Certifier which Issued the Certificate.

(36) Key Pair : In a scheme of asymmetric or Public K cryptography, a Private Key and its mathematically related Public Key, which together have the property that the Public Key can Verify a Digital Signature that the Private Key creates.

(37) Message : Any communication, notice or other information sent through the Bolero System as described in the Operating Procedures.

(38) Operating Procedures : The document by that title appended to the Rulebook.

(39) Operational Rules : Those parts of the Operating Procedures which contain mandatory provisions and designated as Operational Rules in the Operating Procedures.

(40) Operational Service Contract : The standard form contract between each User and

Bolero International, as amended from time to time.

(41) Originator : See "Carrier", paragraph (17) above.

(42) Pledgee Holder : A User who is or becomes Designated as both Pledgee and Holder simultaneously.

(43) Private Key : The key of a Key Pair used to create a Digital Signature.

(44) Public Key : The key of a Key Pair used to Verify a Digital Signature.

(45) Revoke : In relation to a Certificate, to include the Certificate in a class of Certificates, for which the Issuer of the Certificates gives notice that they (each or together) are Revoked.

(46) Rulebook : The Bolero Rulebook, as amended from time to time, governing the relationship between Users and their rights and obligations arising from the Bolero System.

(47) Sea Waybill : A Document, other than a BBL Text or a Ship's Delivery Order, which is such a receipt for goods as contains or evidences a contract for the carriage of goods by sea and identifies a User to whom delivery of the goods is to be made by the Carrier in accordance with that contract.

(48) Shipper : A User which is the original contracting party with whom a Carrier enters into the contract for the carriage of goods.

(49) Ship's Delivery Order : A Document, other than a BBL Text or a Sea Waybill, which contains an undertaking to the User identified in the Document to deliver identified goods to that User, given under or for the purposes of a contract of carriage of those goods or of goods which include those goods.

(50) Signed : Properly Digitally Signed, which is to say, bearing a Digital Signature which can be Verified using the Public Key listed in a Certificate Issued by Bolero International and which was a Valid Certificate when the Digital Signature was created.

(51) Surrender : The presentation of a Bolero Bill of Lading to the Carrier or another User appointed by the Carrier, in accordance with the Operational Rules, in order to obtain delivery of the goods at the end of the carriage.

(52) Surrender Party : A User who is or becomes Designated as such and thereby identified as the person to whom the Bolero Bill of Lading must be presented to obtain delivery of the goods at the end of the carriage.

(53) Title Registry : An application operated by Bolero International and providing :

(a) the means to execute the functions relating to Holdership and transfer of Bolero Bill of Lading ;

(b) a record of the status of current Bolero Bills of Lading ; and

(c) an audit trail of dealings with such Bolero Bills of Lading.

(54) Title Registry Instruction, Instruction : The portion of a Bolero Header which directs the Title Registry to enter or change certain specified information in the Title Registry Record for a specified Bolero Bill of Lading.

(55) Title Registry Record : The structured information kept in the Title Registry, linked to the BBL Text, and derived from Title Registry Instructions involving the related Bolero Bill of Lading.

(56) Transport Document : Any Document originated by a Carrier which is either a Sea Waybill or a Ship's Delivery Order.

(57) To Order Party : A User Designated as such who is not also designated as the Holder of the Bolero Bill of Lading.

(58) User : A person who is Enrolled as a User of the Bolero System.

(59) User Database : The records concerning Users kept in the Bolero System.

(60) Root Identifier : A name uniquely identifying a User within the Bolero System.

(61) User Support Resources : The support services as well as the online information and functions provided by the Bolero System via a secured WorldWide Web interface.

(62) User System : The means by which a User connects with and utilises the Bolero System. It includes the digital networking connection to the Bolero System to be established by the User pursuant to the Operational Service Contract, software and hardware for composing, sending, and receiving Messages, reading or processing Documents, as well as computer security facilities and other components.

(63) Valid Certificate : A Certificate which is valid according to the terms specified in its Documentary Form. If no such terms are specified or available to a User relying on that Certificate, the Certificate is valid if has been signed by its Issuer and has not expired on its face or been Revoked as set out in the Operating Procedures.

(64) Verify, Verification : In relation to a given Digitally Signed Message and Public Key, to determine accurately that :

(a) the Digital Signature on the Message was created by the Private Key corresponding to that Public Key ; and

(b) that the Message has not been altered since its Digital Signature was created.

번역

제1부 정의 및 해석

1.1. 정의

(1) 개설의뢰인 이용자 : 은행에게 화환신용장의 개설을 지시하는 이용자.

(2) 당국 : 중앙, 국가, 주, 지역 또는 지방 정부 ; 이러한 정부의 기관 ; 또는 다음 사항에 관련하여 이용자에 대한 법적 집행력이 있는 규칙을 제정하거나 또는 지침이나 요건을 발행할 권한이 부여된 기구나 사람;

(a) 항구, 운하, 수로, 공항, 도로 또는 철도의 관리;

(b) 물품의 수출, 수입 또는 운송;

(c) 현금 또는 증권의 양도;

(d) 세금 또는 관세의 부과 ; 또는

(e) 법의 집행

(3) 승인하다, 승인 : 인증서와 관련하여, 명시적 또는 묵시적이든 간에 해당 인증서를 참조하여 확인할 수 있는 디지털서명을 생성함으로써 인증서를 명백히 승인하는 것.

(4) 연회비 : 운영 서비스계약의 수수료율 표에 규정된 대로 이용자가 매년 지급하는 총 수수료 금액.

(5) 볼레로협회 서비스계약 : 볼레로협회와 이용자 간의 계약으로 수시로 변경 가능함.

(6) 볼레로 선하증권 문면 :

(a) 볼레로 선하증권의 서류적인 구성요소로서 코어 메시징 플랫폼에 전송되어 권리등록기관에 등록된 서류 ; 그리고

(b) 운송인이 해상운송을 위해 물품수령을 승인하는 서류.

(7) 지침소지인 : 백지 배서된 볼레로 선하증권의 소지인으로 지정되었거나 지정되는 자.

(8) 수익자 이용자 : 화환신용장에 따라 대금결제를 지시하거나, 또는 대금을 지급받거나 또는 그의 환어음이 인수되어 그 대금을 지급받는 당사자로 지정된 이용자.

(9) 백지배서 : 운영절차에 규정된 프로세스에 따라, 새로운 지참소지인을 지정하여 볼레로 선하증권을 단순히 양도하는 것.

(10) 볼레로협회 : 볼레로시스템의 이용자를 대표하고 볼레로협회 서비스계약에서 부여된 관리 및 제재 기능을 수행하기 위해 조직된 법인체.

(11) 볼레로 선하증권 : 볼레로 선하증권 관련 권리등록 기록과 볼레로 선하증권 문면.

(12) 볼레로 인증서 : 이용자가 디지털로 서명한 메시지에 첨부된 디지털서명을 확인하는데 사용되는 공개키의 목록을 열거한 볼레로시스템에서 사용되는 인증서.

(13) 볼레로 헤더 : 볼레로시스템 내에서 메시지의 형태와 기능을 지정하고 볼레로시스템의 기록관리 원부, 이용자 데이터베이스, 권리등록기관, 기타 기록원부로 데이터를

전송하는 메시지의 일부, 그리고 어떤 경우에는 볼레로시스템에 의해 행해지는 신속한 조치.

(14) **볼레로인터내셔널** : 당분간 볼레로시스템의 소유자 또는 운영자이거나, 또는 그 권리 승계자.

(15) **볼레로 서비스** : 운영 서비스계약에 규정에 따라 볼레로시스템에 의해 제공되는 서비스.

(16) **볼레로시스템** : 메시지와 문서를 송수신하고 비즈니스 거래를 촉진하기 위해 볼레로인터내셔널사에 의해 제공되고 볼레로시스템 이용자의 이용을 규율할 볼레로 규약집 및 운영규칙에 의해 제공되는 디지털 정보시스템이며, 비즈니스 과정 및 방법이다. 볼레로시스템은 볼레로인터내셔널사와 합의에 의하여 테스팅 및/또는 구속력이 없는 거래에 명시적으로 제한되는 시스템, 소프트웨어, 또는 장비의 사용은 포함되지 않는다.

(17) **운송인** : 운송인이 사용된 운송수단의 소유자이든 또는 운영자이든 지와는 관계없이, 운송수단으로 물품을 운송하기 위해 다른 이용자와 계약을 체결하는 이용자.

(18) **인증서** : 정보의 단위로서 최소한 다음과 같은 사항을 포함한다.

(a) 인증서 발행자의 명의;

(b) 공개키의 목록;

(c) 목록된 공개키에 대칭되는 개인키를 소유하고 있는 이용자의 명의;

(d) 인증서 발행자의 디지털서명 ; 그리고

(e) 화환 형식의 인증서 정의와 일치하는 의미

(19) **인증기관** : 이용자에게 인증서를 발행하는 자. 특정한 인증서를 발행한 인증기관을 "발행기관"이라고도 한다.

(20) **용선계약부 선하증권** : 운송인이 체결된 용선계약에 따라 물품운송을 위해 본선상에 물품수령을 승인한 것으로서, 항해용선이나 정기용선에 의한 선박의 사용은 효력을 인정하지만 임대차계약(나용선)은 허용되지 않는다.

(21) **수하인** : 운송인에 의해 물품인도를 수령하는 당사자로 지정·확인된 이용자로, 물론 볼레로 선하증권은 유통불능으로 발행된다.

(22) **소지수하인** : 볼레로 선하증권의 수하인이면서 소지인으로 동시에 지정된 이용자.

(23) **코어 메시징 플랫폼** : 운영절차에 규정된 볼레로시스템의 메시징 시스템.

(24) **지정하다** : 권리등록기관에서 이용자의 역할을 지명 또는 지정하는 것. "지정"은 지정하는 행위 또는 지정된 상태를 의미한다.

(25) **디지털서명** : 디지털정보 단위 및 개인키로부터 산술된 수학적 결과를 의미하며, 정보단위와 이에 대칭되는 공개키는 확인과정을 통해, (1) 그 개인키를 이용하여 수학적 결과치가 생성된 것인지, 그리고 (2) 수학적 결과치가 산술된 이후에 정보단위가

변경된 것은 아닌지 여부를 정확하게 결정할 수 있다.

(26) **서류** : 메시지를 다시 분류한 것으로 발송된 계약서, 어음, 또는 기타 내용이 있는, 종종 본문 형태의 정보단위, 동의어 ; 첨부물, 첨부 문서.

(27) **화환신용장** : 국제상업회의소에 의해 제정·공표된 화환신용장통일규칙 또는 1998년 국제보증신용장관습에 의해 정의된 보증신용장을 포함한 모든 화환신용장.

(28) **인증서의 서류형식** : 인증서 발행기관에 의해 수권된 인증서에 대한 텍스트 형식의 해석.

(29) **등록** : 볼레로협회 서비스계약과 운영 서비스계약을 통해 볼레로시스템의 이용자가 되는 것. "등록된"이란 이들 계약에 의거 이용자가 되거나 유지된다는 의미이다.

(30) **주 용선계약서** : 선박의 소유자 또는 운항소유자인 운송인과 특정한 항해 또는 일련의 항해, 또는 일정기간 동안 화물의 운송을 목적으로 운송인의 선박을 사용하는 항해용선자 또는 정기용선자인 다른 용선자 간에 체결된 용선계약서로, 선박임대차계약(나용선 계약)은 제외한다.

(31) **주 용선자** : 운송인과 주 용선계약서를 체결한 이용자.

(32) **소지지시인** : 볼레로 선하증권의 소지인인 동시에 지시인으로 지정된 이용자.

(33) **소지인** : 소지인으로 역할 하도록 지명되었거나 또는 지명되는 자. "소지인의 지위"란 소지인이 된 상태를 말한다. 이용자는 또 다른 역할의 점유 없이 볼레로 선하증권의 소지인이 될 수 있으며, 아니면 소지인의 지위는 소지지시인, 지참소지인, 소지질권자, 또는 소지수하인의 경우에서와 같이 또 다른 역할이 결합될 수도 있다.

(34) **인증서 발행** : 발행인이 인증서에 자신을 명시하고 그 인증서에 디지털로 서명하는 것.

(35) **인증서 발행인** : 인증서와 관련하여 인증서를 발행한 자.

(36) **한 쌍의 키** : 비대칭형 또는 공개키 암호화방식에서, 개인키와 수학적으로 관련있는 공개키, 그 공개키는 개인키가 생성한 디지털서명을 확인할 수 있는 기능을 함께 가지고 있다.

(37) **메시지** : 운영절차에 규정된 대로 볼레로시스템을 통하여 송신되는 통신, 통지 또는 기타 모든 정보.

(38) **운영절차** : 규약집의 부록으로 첨부된 제목의 문서.

(39) **운영규칙** : 강제조문이 포함된 운영절차의 일부로서 운영절차에서 운영규칙으로 명시되어 있다.

(40) **운영 서비스계약** : 각 이용자와 볼레로인터내셔널사간의 표준 형식의 계약서로, 언제든지 조건변경 가능하다.

(41) **생성자** : 전 (17)항의 운송인과 동일인.

(42) **소지질권자** : 질권자이면서 동시에 소지인으로 지정되었거나 지정되는 자.

(43) **개인키** : 디지털서명을 생성하는데 사용되는 키.

(44) **공개키** : 디지털서명을 확인하는데 사용되는 키.

(45) **철회** : 인증서와 관련하여, 개인키와 공개키 각각의 키 또는 그 한 쌍의 키가 철회되었다는 것을 인증서의 발행기관이 통지하는 행위로, 인증서의 등급에 있어서 인증서를 포함한다.

(46) **규약집** : 볼레로시스템에서 일어나는 이용자들 간 및 그들의 권리와 의무 간의 관계를 규율하는 볼레로 규약집으로, 수시로 조건변경 가능하다.

(47) **해상화물운송장** : 볼레로 선하증권 문면 또는 본선 인도지시서 이외의 문서로서, 그 운송장은 해상화물의 운송계약과 물품수령을 증명하고, 그 운송계약에 따라 운송인이 이용자에게 물품을 인도한다는 것을 확인하는 서류.

(48) **송하인** : 물품운송을 위해 운송인과 계약을 체결하는 최초의 계약당사자인 이용자.

(49) **본선 인도지시서** : 본선인도지시서로 확인된 이용자에게 확인된 물품의 인도를 보장하는 볼레로 선하증권 문면 또는 해상화물운송장 이외의 서류이다. 그 물품을 포함하는 운송계약을 위해서 발행된다.

(50) **서명된** : 적법하게 디지털로 서명된, 즉 볼레로인터내셔널사에 의해 발행된 인증서에 명시된 공개키를 이용하여 확인될 수 있는 디지털서명을 첨부하고, 그 디지털서명이 생성되었을 때 유효한 인증서라는 의미다.

(51) **제시** : 운송의 목적지에서 물품을 인도수령하기 위해 운영규칙에 따라 운송인이나 또는 그 운송인이 지명한 다른 이용자에게 볼레로 선하증권을 제시하는 것을 의미한다.

(52) **제시자** : 운송목적지에서 물품인도를 수령하기 위해 볼레로 선하증권을 제시해야 하는 자로 지정된 자 또는 지정되는 자이며, 그렇게 함으로써 확인되는 자.

(53) **권리등록기관** : 볼레로인터네셔널사에 의해 운영되는 애플리케이션으로, 다음 사항을 규정하고 있다.

   (a) 볼레로 선하증권의 소유권과 양도에 관련한 기능;

   (b) 볼레로 선하증권의 현재 상태에 관한 기록 ; 그리고

   (c) 그 볼레로 선하증권의 거래과정을 감시추적.

(54) **권리등록 지시, 지시** : 특정 볼레로 선하증권을 위해 권리등록기관의 레코드 내에 특정 정보를 등록하거나 변경하도록 권리등록기관에 지시하는 볼레로 헤더의 일부.

(55) **권리등록기관 레코드** : 볼레로 선하증권 문면과 연계되고 관련 볼레로 선하증권에 관한 권리등록 지시를 받아 생성되는 권리등록기관에 보존된 구조화된 정보.

(56) **운송서류** : 운송인이 생성하는 해상화물운송장 또는 본선인도지시서.

(57) **지시인** : 볼레로 선하증권의 소지인으로 지정되지 않은 지시인으로 지정된 이용자.

(58) **이용자** : 볼레로시스템의 이용자로 등록된 자.

(59) **이용자 데이터베이스**: 볼레로시스템에 보존된 이용자에 관한 기록

(60) **루트 식별자**: 볼레로시스템 내에서 이용자를 유일하게 식별하는 명의.

(61) **이용자 지원 리소스**: 안전한 웹 인터페이스를 통해 볼레로시스템에 의해 제공되는 온라인 정보 및 기능뿐만 아니라 지원 서비스.

(62) **이용자 시스템**: 이용자가 볼레로시스템과 연결하여 활용하는 수단이다. 이용자 시스템은 메시지를 작성하여 송수신하고 서류를 판독 및 처리하기 위한 운영서비스 계약과 소프트웨어 및 하드웨어뿐만 아니라 컴퓨터 보안장치, 기타 구성요소에 따라 이용자가 설치한 것으로, 볼레로시스템과 연결된 디지털 네트워킹을 포함한다.

(63) **유효한 인증서**: 인증서의 서류형식으로 명시된 조건에 따른 유효한 인증서이다. 그 조건이 명시되지 않았거나 또는 그 인증서를 신뢰하는 이용자에게 이용될 수 없는 경우, 인증서 발행기관에 의해 서명되고 문면상 유효기일이 경과하지 않았거나 또는 운영절차에 규정된 절차에 따라 철회되지 아니한 경우에는 그 인증서는 유효하다.

(64) **확인하다, 확인**: 제공된 디지털로 서명된 메시지 및 공개키와 관련하여, 다음 사항을 정확하게 확인하는 것이다.

(a) 공개키에 대칭되는 개인키로 생성된 메시지상의 디지털서명 ; 그리고

(b) 그 디지털서명이 생성된 이후 그 메시지가 변조되지 않았다는 것.

1.2. Interpretation

(1) "May" and "Shall". "May" shall be construed as permissive. "Shall" shall be construed as imperative.

(2) Singular Includes Plural. Words importing only the singular number shall include the plural number and vice versa.

(3) Gender. Words importing only the neuter gender shall include the masculine and feminine genders. Words importing persons shall include companies or associations or bodies of persons whether incorporated or unincorporated.

(4) English. This document is drafted in the English language, and its original English version is controlling in all questions of interpretation.

번역

1.2 해석

(1) "May"와 "Shall". May는 가능한 것으로 해석한다. "Shall"은 의무가 있는 것으로 해석한다.

(2) **단수는 복수를 포함한다**. 단수를 표시하는 단어는 복수를 포함하며, 그 역도 마찬가지

다.

(3) 성. 중성만을 나타내는 단어는 남성과 여성을 포함한다. 개인을 표시하는 단어는 법인이든 아니든 기업 또는 협회 또는 기구를 포함한다.

(4) 영어. 이 문서는 영어로 작성되며, 그 원문 영어 버전이 모든 해석문제를 결정한다.

2. General Provisions

2.1 Scope and Application

2.1.1. Parties

(1) Effect as Agreement between Users. The Rulebook constitutes an agreement between Users, and between each User and the Bolero Association acting on its own behalf, and on behalf of all other Users from time to time, and, where necessary, on behalf of Bolero International.

(2) Obligations between Users. The Bolero Association and Bolero International do not undertake or accept any responsibility for the performance of any obligation or duty owed by one User to any other User under this Rulebook or otherwise.

(3) Effect of Service Contracts. No liability on the part of the Bolero Association or Bolero International to any User shall arise except under and in accordance with the terms of, in the case of the Bolero Association, the BAL Service Contract, and in the case of Bolero International, the Operational Service Contract.

번역

2.1. 적용범위

2.1.1. 당사자

(1) 이용자 간 약정서로서의 효과. 규약집은 이용자 간, 및 각 이용자와 볼레로협회 자신을 위해서, 이따금 모든 다른 이용자를 위해서, 필요한 경우에 볼레로인터내셔널사를 위해서 행동하는 볼레로협회와의 약정을 구성한다.

(2) 이용자 간의 의무. 볼레로협회와 볼레로인터내셔널사는 본 규약집이나 다른 규칙에 따라 한 이용자에 의해 다른 모든 이용자에게 부과되는 의무나 책무의 이행을 위한 모든 책임을 보장하거나 수용하지 않는다.

(3) 서비스계약의 효과. 볼레로협회나 볼레로인터내셔널사 측의 모든 이용자에 대한 책임은 볼레로협회의 경우에는 볼레로협회 서비스계약, 볼레로인터내셔널사의 경우에는

운영 서비스계약 조건에 의해서만 발생한다.

2.1.2. Applicability

(1) Rulebook. Each User agrees, when Enrolling into the Bolero System, to be bound by this Rulebook.

(2) Incorporation of Operating Procedures. The Operating Procedures describe the Bolero System and provide factual background. They are hereby incorporated into it as if fully set forth herein.

(3) Operational Rules. Portions of the Operating Procedures are labelled "Operational Rules"(abbreviated "Op. Rule"). The Operational Rules are binding obligations according to their terms, the same as any other obligation of this Rulebook. The remaining descriptive portions of the Operating Procedures are in the nature of non-mandatory recitals.

(4) Inapplicable to Bolero Test Bed and Other Systems. This Rulebook and the Operating Rules shall not apply to any Message, Document, or Title Registry Instruction that is not sent via the Bolero System, or to a Bolero Bill of Lading whose BBL Text was not a Document sent via the Bolero System.

번역

2.1.2. 적용가능성

(1) **규약집.** 각 이용자는 볼레로시스템에 등록할 때, 볼레로 규약집을 준수할 것에 합의한다.

(2) **운영절차의 규정화.** 운영절차는 볼레로시스템을 기술하고 사실상 배경을 제공함으로서 운영절차에 완전하게 규정된 대로 구체화되어 있다.

(3) **운영규칙.** "운영규칙"은 운영절차의 일부로, "운영규칙"이라 칭한다. 본 운영규칙은 볼레로 규약집의 다른 의무와 마찬가지로 그 조건에 의거한 구속력 있는 의무이다. 그 운영절차의 나머지 서술 부분은 성격상 구속력 없는 설명 부분이다.

(4) **볼레로 테스트 베드 및 기타 시스템에 적용할 수 없다.** 본 규약집과 운영규칙은 볼레로시스템을 통해 발송되지 않은 모든 메시지, 서류, 권리등록 지시, 또는 볼레로 선하증권의 문면(BBL Text)이 볼레로시스템을 통해 발송되지 아니한 볼레로 선하증권에는 적용되지 않는다.

2.1.3. Enrolment

(1) Bolero Association's Requirements. Each User affirms that it has fully complied with the requirements of the Bolero Association regarding Enrolment.

(2) Information Provided During Enrolment. Each User warrants that the information that it provides to the Bolero Association and/or Bolero International in connection with Enrolment is accurate and complete. Further, the User shall promptly notify the Bolero Association and Bolero International if any information previously provided becomes inaccurate or misleading.

번역

2.1.3. 등록

(1) 볼레로협회의 요건. 각 이용자는 볼레로협회의 등록요건을 완전히 준수한다고 확약한다.

(2) 등록 중에 제공되는 정보. 각 이용자는 등록과 관련하여 볼레로협회 및/또는 볼레로인터내셔널사에 제공되는 정보가 정확하고 완벽하다는 것을 보장한다. 더욱이 이용자는 이전에 제공된 정보가 부정확하고 오해 소지가 있는 경우에는 볼레로협회 및 볼레로인터내셔널사에 신속하게 통지해야 한다.

2.2. Messages

2.2.1. Operations

(1) Authentication. Each User agrees that all Messages sent by it or on its behalf via the Bolero System shall :

(a) be Signed by it ;

(b) identify the sender ; and

(c) identify the recipient.

(2) Presumption of Sending. A User shall be presumed to have sent a Message as soon as the User has Signed and sent the Message in accordance with the Operational Rules.

(3) Presumption of Receipt. A User shall be presumed to have received a Message as soon as Bolero International has correctly forwarded the Message to such User in accordance with the Operational Rules.

(4) Equipment and Applications. Each User shall operate a User System that the User shall take all reasonable care to maintain in good order.

(5) Misdelivery. If a Message which is clearly addressed to one User is delivered to another, the User in receipt of the misdelivered Message shall :
  (a) return the Message to its sender via the Bolero System as soon as the error is discovered ;
  (b) take reasonable measures to refrain from storing or retaining any copy of the Message ; and
  (c) treat the information contained in the Message as confidential and not use or disclose it for any purpose.

번역

2.2. 메시지

2.2.1. 운영

(1) **인증성.** 각 이용자는 볼레로시스템을 통해 자신에 의해 또는 그 자신을 위해 발송되는 모든 메시지가 다음 사항에 합의한다.
  (a) 이용자에 의해 서명되고;
  (b) 송신자를 확인하며 ; 그리고
  (c) 수신자를 확인한다.
(2) **발송의 추정.** 이용자가 운영규칙에 따라 메시지를 서명하여 발송하는 순간 그 메시지가 발송된 것으로 간주한다.
(3) **수신의 추정.** 볼레로인터내셔널사가 운영규칙에 따라 이용자에게 메시지를 정확하게 전달하는 순간, 이용자가 그 메시지를 수신한 것으로 간주한다.
(4) **장치 및 애플리케이션.** 각 이용자는 이용자 시스템이 정상적으로 유지될 수 있도록 모든 합리적인 주의를 다하여 그 시스템을 운영한다.
(5) **인도오류.** 특정 이용자에게 전달되어야 할 메시지가 다른 이용자에게 전달된 때, 잘못 전달된 메시지를 수령한 이용자는 다음과 같은 조치를 해야 한다.
  (a) 그 오류를 발견한 순간 볼레로시스템을 통해 그 메시지 발송자에게 그 메시지를 반송하고;
  (b) 그 메시지의 사본을 저장 또는 보존을 제지하는 합리적인 조치를 취하며;
  (c) 그 메시지에 포함된 정보를 비밀로 취급하여 다른 목적으로 사용 또는 공개되지 않도록 한다.

2.2.2. Validity and Enforceability

(1) Writing Requirements. Any applicable requirement of law, contract, custom or practice that any transaction, document or communication shall be made or evidenced in writing, signed or sealed shall be satisfied by a Signed Message.

(2) Signature Requirements. The contents of a Message Signed by a User, or a portion drawn from a Signed Message, are binding upon that User to the same extent, and shall have the same effect at law, as if the Message or portion thereof had existed in a manually signed form.

(3) Undertaking not to Challenge Validity. No User shall contest the validity of any transaction, statement or communication made by means of a Signed Message, or a portion drawn from a Signed Message, on the grounds that it was made in electronic form instead of by paper and/or signed or sealed.

번역

2.2.2. 유효성 및 강제집행

(1) 서면요건. 모든 거래, 서류 또는 통신은 서면으로 작성되거나 증거력이 있어야 하고, 서명되거나 또는 날인되어야 한다는 법률, 계약, 관습 또는 관행에 적용되는 모든 요건은 서명된 메시지에 의해 충족된다.

(2) 서명요건. 이용자에 의해 서명된 메시지의 내용, 또는 서명된 메시지로부터 발췌된 부분은 그 범위 내에서는 이용자에게 동일한 구속력이 있으며, 그 메시지 또는 그 메시지의 일부분이 수기서명의 형식으로 존재하는 것과 동일한 법적 효력이 있다.

(3) 유효성에 문제가 되지 않는 확약. 어떤 이용자도 서명된 메시지 또는 그 메시지의 일부분이 종이서류 및/또는 서명 또는 날인되지 않고 전자형식으로 작성되었다는 이유로 서명된 메시지, 또는 서명된 메시지로부터 발췌된 부분으로 이행되는 모든 거래, 진술 또는 통신의 유효성에 이의를 제기하지 않는다.

2.2.3. Messages as Evidence

(1) Admissibility. Each User agrees that a Signed Message or a portion drawn from a Signed Message will be admissible before any court or tribunal as evidence of the Message or portion thereof.

(2) Primary Evidence. In the event that a written record of any Message is required, a copy produced by a User, which Bolero International has authenticated, shall be accepted by that User and any other User as primary evidence of the Message.

(3) Authenticated Copies to Prevail. Each User agrees that if there is a discrepancy

between the record of any User and the copy authenticated by Bolero International, such authenticated copy shall prevail.

번역

2.2.3. 증거력으로서의 메시지

(1) 수용성. 각 이용자는 서명된 메시지 또는 그 서명된 메시지로부터 발췌된 부분이 모든 법원 또는 법정에서 당해 메시지 또는 그 메시지 일부의 증거로서 허용된다는 것에 합의한다.

(2) 1차적 증거. 서면으로 된 메시지의 기록을 요구하는 경우, 볼레로인터내셔널사가 인증한 이용자가 작성한 복사본은 그 이용자 및 다른 모든 이용자는 그 메시지의 1차적 증거로 인정된다.

(3) 인증된 복사본의 우선적용. 이용자의 기록과 볼레로인터내셔널사가 인증한 복사본과의 차이가 있는 경우에는 인증된 복사본이 우선 적용된다는 것에 각 이용자는 합의한다.

2.2.4. Responsibility for Messages

(1) Private Key Security. Each User is responsible for all Messages Signed by means of its Private Key, regardless of any failure to maintain the security of its own Private Key.

(2) Site Security. Each User is responsible for implementing all necessary security procedures and measures at its site to ensure that data transmissions to and from the Bolero System are protected against unauthorised access, alteration, delay, loss or destruction.

번역

2.2.4. 메시지에 대한 책임

(1) 개인키 보안. 각 이용자는 자신의 개인키 보안유지 여부에 관계없이, 개인키로 서명한 모든 메시지에 대하여 책임을 진다.

(2) 사이트 보안. 각 이용자는 볼레로시스템을 통하여 송수신되는 데이터 전송이 승인되지 않은 접속, 변조, 지연, 멸실 또는 훼손을 예방하기 위해 사이트에서 필요한 모든 보안절차와 조치를 이행할 책임이 있다.

2.2.5. Notice

Each User undertakes to give immediate notice to Bolero International and to comply with the relevant Operational Rules, in the event that its Private Key has been lost or compromised or it has reasonable grounds for believing that such Private Key has been or may be misused, or used by an unauthorised person.

번역

2.2.5. 통지

이용자의 개인키가 분실되었거나 손상된 경우 또는 개인키가 잘못 사용되었거나 인증되지 아니한 당사자에 의해 사용되었다는 신뢰할 만한 합리적인 근거가 있는 경우, 각 이용자는 볼레로인터내셔널사에 즉시 통지하고 관련 운영규칙에 따를 것을 약정한다.

2.3. Illegality

(1) Compulsory Requirements. Each User undertakes to comply with any compulsorily applicable legal requirements as to the permitted form in which data may be transmitted electronically and as to the content of such data.

(2) Illegal Trading and Transfers. Users shall not use the Bolero System for the transmission of Messages in the course of or to facilitate any :

(a) illegal trading,

(b) trading of goods which are contraband, or

(c) illegal transfers of money.

(3) Compliance with Regulations. Each User is responsible for ensuring that it complies with any law or regulation applicable to any transaction in which it participates via the Bolero System and for the observance of regulations relating to data protection or encryption.

번역

2.3. 불법성

(1) 강제요건. 각 이용자는 데이터가 전자적으로 전송되는 인정된 형식 및 내용에 관해 강제적으로 적용되는 법적요건을 준수할 것을 약정한다.

(2) 불법거래와 이체. 이용자는 다음에 해당하는 거래를 하거나 또는 조장하는 메시지의 전송에 대해서는 볼레로시스템을 이용할 수 없다.

(a) 불법거래,
(b) 금지품목 거래, 또는
(c) 불법적 자금이체,

(3) 규정 준수. 각 이용자는 자신이 참여하는 볼레로시스템의 거래에 적용되는 법률 또는 규칙을 준수할 것을 확약하고 데이터의 보호 또는 암호화에 관련된 규칙을 준수할 책임이 있다.

2.4. Consequences of Resignation or Termination

(1) Messages. When a User ceases to be Enrolled, that User shall ensure that :
(a) all its existing Messages sent from the Bolero System before the effective date of termination are collected and read ;
(b) all other Users from whom it expects to receive Messages are advised of its departure from the Bolero System ; and
(c) it takes all reasonable steps to give other Users the necessary information to enable future communications to be received by it.

(2) Switch to Paper by Terminated User. If, at the time of the termination of a User's right of access in accordance with the provisions of the Operational Service Contract or the BAL Service Contract, that User is a Holder, Holder-to-order, Bearer Holder, or a Pledgee Holder of a Bolero Bill of Lading, it shall follow such instructions as Bolero International or Bolero Association may give, including, but not limited to, an instruction to initiate the Switch to Paper procedure under Rule 3.7 (Switch to Paper). Neither Bolero International nor the Bolero Association shall, however, be under any obligation to issue such instructions.

번역

2.4. 포기 또는 종료의 효과

(1) 메시지. 이용자가 등록을 포기할 때, 그는 다음 사항을 보장한다.
(a) 유효기일 이전에 볼레로시스템으로부터 발송된 기존의 모든 메시지가 접수되어 판독되고;
(b) 메시지의 수신이 예상되는 기타 모든 이용자에게 자신이 볼레로시스템으로부터 탈회하였다는 사실을 통지하며, 그리고
(c) 다른 이용자가 접수할 수 있는 향후 통신에 필요한 정보를 다른 이용자에게 제공하기 위한 모든 합리적인 조치를 취한다.

(2) **탈회된 이용자에 의한 종이로 전환.** 운영 서비스계약 또는 볼레로협회 서비스계약의 규정에 따라 이용자의 접속권리가 만료된 때, 그 이용자가 볼레로 선하증권의 소지인, 소지지시인, 지참소지인, 또는 소지질권자인 경우에는 규칙 3.7(종이로 전환)에 의한 종이로의 전환절차에 따르며, 볼레로인터내셔널사나 볼레로협회의 지시를 따라야 한다. 그러나 볼레로인터내셔널사나 볼레로협회는 이러한 지시서를 발급할 의무는 없다.

2.5. Miscellaneous

(1) Partial Invalidity. If any provision in this Rulebook is held to be invalid, illegal or unenforceable by any competent court, tribunal or regulatory body, such invalidity, illegality or unenforceability shall attach only to that provision, and :
  (a) the validity legality or enforceability of the remaining provisions shall not be affected and this Rulebook shall apply as if such invalid, illegal or unenforceable provisions had not been included ;
  (b) the validity, legality or enforceability in any other jurisdiction of the offending or any other provision shall not be affected.

(2) Applicable Law. This Rulebook is governed by and shall be interpreted in accordance with English Law.

(3) English Jurisdiction. Where the sole matter at issue between the parties is a claim for non-compliance with or breach of this Rulebook, all proceedings in respect of such claim shall be subject to the exclusive jurisdiction of the English courts.

(4) Non-exclusive Jurisdiction. Any other dispute arising out of this Rulebook shall be subject to the non-exclusive jurisdiction of the English courts. Nothing in this Rule 2.5 limits the right of a User to bring proceedings in connection with this Rulebook, other than those which fall within paragraph (3)of Rule 2.5, in any other court or tribunal of competent jurisdiction.

번역

2.5. 잡칙

(1) **부분 무효.** 관할법원, 법정 또는 적법한 기관에 의해, 볼레로 규약집에 어떠한 조항이 무효, 불법 또는 실행 불가능하다고 선고되면, 이러한 무효, 불법 또는 강제불능은 해당 조항에만 구속되며, 그리고:
  (a) 그 이외 규정의 유효성, 합법성 또는 강제력은 영향을 받지 않고 볼레로 규약집은 마

치 그러한 무효, 불법 또는 실행 불가능한 조항이 규정되지 아니한 것처럼 적용된다.
(b) 법에 위반되는 기타 재판관할권 또는 기타 조문상의 유효성, 합법성 또는 강제력에는 영향을 받지 않는다.

(2) **준거법**. 본 규약집은 영국법을 준수하며, 영국법에 따라 해석하기로 한다.

(3) **영국 재판관할권**. 당사자 간의 분쟁사안이 본 규약집을 준수하지 않거나 또는 위반한 경우, 이에 대한 모든 소송절차는 영국법원의 독점적 재판관할권에 따른다.

(4) **비배타적 재판권할권**. 본 규약집에서 발생하는 기타 모든 분쟁은 영국법원의 비 배타적인 재판관할권에 따른다. 다만, 당해 재판관할권의 다른 법원 또는 법정에서 규칙 2.5(3)이 적용되는 경우에는 그러하지 않다.

3. Bolero Title Registry

3.1. Creation of a Bolero Bill of Lading

(1) Contents of BBL Text and Identification. Each Carrier agrees that any Message sent by him as a Bolero Bill of Lading other than a Message intended to operate as a Chartered Bill of Lading shall, within the BBL Text :
(a) include an acknowledgement by the Carrier of the receipt of goods shipped on board a vessel or received for shipment by that Carrier ; and
(b) contain or evidence the terms of the contract of carriage. The Message shall be transmitted to the Title Registry.

(2) Chartered Bills of Lading. Where a Carrier creates a Bolero Bill of Lading intended to operate as a Chartered Bill of Lading and Designates the Head Charterer as Shipper and Holder, the BBL Text need not contain or evidence the terms of the contract of carriage between the Carrier and Head Charterer. The BBL Text shall, however, include an acknowledgement by the Carrier of the receipt of goods shipped on board a vessel or received for shipment by that Carrier.

(3) Statements Relating to Goods Received. Without prejudice to the generality of section 2.2.2, any statement a Carrier makes as to the leading marks, number, quantity, weight, or apparent order and condition of the goods in the BBL Text will be binding on the Carrier to the same extent and in the same circumstances as if the statement had been contained in a paper bill of lading.

(4) Original Parties. When a Carrier creates a Bolero Bill of Lading the Carrier must :
(a) Designate a Shipper ; and

(b) Designate a Holder of the Bill of Lading, and
(c) Either :
(1) Designate a To Order Party (who shall not be the same as the Designated Holder),
(2) Designate a Consignee (who shall not be the same as the Designated Holder), or
(3) Blank Endorse the Bolero Bill of Lading, thereby Designating the Holder as a Bearer Holder, in accordance with the Shipper's instructions. In the absence of any instructions as to (b) or (c), the Carrier shall Designate the Shipper as the Bearer Holder.

번역

3.1 볼레로 선하증권의 생성

(1) **볼레로 선하증권 문면 내용 및 신원확인.** 각 운송인은 BBL 텍스트 내에서 용선계약부 선하증권으로 운용을 의도한 메시지가 아닌 볼레로 선하증권으로서 자신이 발송한 모든 메시지가
(a) 그 운송인이 선적을 위해 물품의 본선적재 또는 선적을 위해 수령했음을 승인하는 것을 포함한다. 그리고
(b) 운송계약의 조건을 포함하거나 또는 입증한다는 것에 합의한다.
그 메시지는 권리등록기관으로 전송된다.

(2) **용선계약부 선하증권.** 운송인이 용선계약부 선하증권으로 운용되는 볼레로 선하증권을 생성하고 주 용선자를 송하인 겸 소지인으로 지정하는 경우, 볼레로 선하증권 문면은 운송인과 주 용선자 간 운송계약의 조건을 포함하거나 또는 입증할 필요는 없다. 그러나 볼레로 선하증권 문면에는 그 운송인이 물품이 본선적재 또는 선적을 위해 수령하였음을 승인하는 것을 포함한다.

(3) **물품수령에 관한 진술.** 2.2.2조의 일반원칙에 침해되지 않는 범위 내에서, 볼레로 선하증권 상의 주화인, 증권번호, 수량, 중량, 또는 외관상 물품의 상태에 관한 운송인의 진술은 종이 선하증권에 포함된 진술과 같이 운송인을 구속한다.

(4) **최초의 당사자.** 운송인이 볼레로 선하증권을 생성한 경우, 그 운송인은 ;
(a) 송하인을 지정하고 ; 그리고
(b) 선하증권의 소지인을 지정하고, 그리고
(c) 송하인의 지시에 따라
(1) 지시인(지명된 소지인과 동일인은 아님)을 지정하거나,
(2) 수하인(지명된 소지인과 동일인은 아님)을 지정하거나, 또는
(3) 볼레로 선하증권을 백지 배서함으로써, 소지인을 지참소지인으로 지정한다. 세 가지 방법 중의 하나를 지정한다.

(b) 또는 (c)의 지시가 없는 경우, 그 운송인은 송하인을 지참소지인으로 지정한다.

3.2. Incorporation by Reference

(1) Standard Terms and Conditions. In order to incorporate its standard terms and conditions, otherwise than by setting the said terms and conditions out in full in the BBL Text, a Carrier shall :

(a) Express in the BBL Text that external terms and conditions be incorporated into the BBL Text ; and

(b) Indicate where such terms and conditions can be found and read, electronically or otherwise.

(2) Effect of Incorporation. Each User agrees that such incorporation shall be effective to make such terms and conditions binding upon the parties to the contract of carriage.

(3) Incorporation of Charterparty Terms. Without prejudice to the generality of section 2.2.2, each User agrees that words contained in the BBL Text incorporating the provisions of any charterparty shall have the same effect as if such wording had appeared as part of the written terms of a paper bill of lading issued by the Carrier

(4) International Conventions. A contract of carriage in respect of which the Carrier has created a Bolero Bill of Lading shall be subject to any international convention, or national law giving effect to such international convention, which would have been compulsorily applicable if a paper bill of lading in the same terms had been issued in respect of that contract. Such international convention or national law shall be deemed incorporated into the Bolero Bill of Lading. In the event of a conflict between the provisions of any international convention or national law giving effect to such international convention and the other provisions of the contract of carriage as contained in the BBL Text, the provisions of that national law or that international convention shall prevail.

(5) Special Clauses. The clause set out in the Annex shall form part of this Rulebook, in the circumstances in which it is applicable.

번역

3.2 참조사항의 삽입

(1) **표준 거래조건.** 볼레로 선하증권 문면에 표준 거래조건을 완전하게 규정하지 않고, 그 표준 거래조건을 명시하기 위해서는 운송인은 :
   (a) 외부 거래조건을 볼레로 선하증권 문면에 삽입하도록 그 볼레로 선하증권 문면에 명시해야 하고 ;
   (b) 전자적이든 또는 그렇지 않든 간에 이러한 거래조건이 발견되어 판독될 수 있는 곳을 표시해야 한다.

(2) **삽입의 효과.** 각 이용자는 그러한 삽입이 운송계약 당사자를 구속하는 거래조건에 유효하다는 것에 합의한다.

(3) **용선계약 조건의 삽입.** 제2.2.2조를 침해하지 않고, 용선계약의 조항을 삽입하고 있는 볼레로 선하증권 문면에 포함된 문언이 마치 운송인에 의해 발행된 종이 선하증권의 서면조건의 일부로 명시된 것과 동일한 효과를 갖는다고 각 이용자는 합의한다.

(4) **국제협약.** 운송인이 볼레로 선하증권을 생성하였다는 점에서 운송계약은 관련 국제협약을 준수하거나 또는 그 운송계약과 관련하여 종이 선하증권이 동일한 조건 하에서 발행되었을 경우에 강제적으로 적용되었을 관련 국제협약을 발효하는 국내법의 적용을 받는다. 이러한 국제협약 또는 국내법은 볼레로 선하증권에 삽입된 것으로 간주한다. 국제협약 또는 그 국제협약을 발효하는 국내법의 규정이 볼레로 선하증권 문면에 포함된 운송계약의 조항과 상충되는 경우, 국제협약 또는 국내법의 규정이 우선한다.

(5) **특별조항.** 적용 가능한 경우에 부록에 규정된 조항은 본 규약집의 일부가 된다.

3.3. Rights over a Bolero Bill of Lading

(1) Transferability. A Bolero Bill of Lading may be transferable or non-transferable.

(2) Making Transferable. Where the Carrier intends to create a transferable Bolero Bill of Lading it shall Designate a To Order Party or Blank Endorse the Bill.

(3) Effect of Designating To Order Party. If the Carrier Designates a To Order Party, the Carrier is thereby deemed to have agreed that :
   (a) such To Order Party who becomes the Holder-to-order of the Bolero Bill of Lading can Designate a new To Order Party, a Pledgee Holder, a Bearer Holder or a Consignee ; and
   (b) any subsequent Holder-to-order, Pledgee Holder or Bearer Holder can do likewise.

(4) Effect of Blank Endorsement. If the Carrier gives a Title Registry Instruction that the Bolero Bill of Lading shall be Blank Endorsed, it is thereby deemed to have

agreed that :

(a) the Holder is a Bearer Holder and can Designate a new Bearer Holder, a To Order Party, a Holder-to-order, a Pledgee Holder or a Consignee ; and

(b) any subsequent Holder-to-order, Pledgee Holder or Bearer Holder can do likewise.

(5) Holder To Order or Bearer Holder Not Shipper. By creating a Bolero Bill of Lading in which it Designates a Bearer Holder who is not the Shipper, the Carrier thereby acknowledges that it holds the goods described in the Bolero Bill of Lading to the order of that Bearer Holder.

(6) Making Non-transferable. If a Carrier Designates a Consignee, the Bolero Bill of Lading shall be non- transferable.

(7) Carrier's Responsibility for Compliance with Contract of Carriage. The Carrier shall ensure that the Designations it makes in the Title Registry Instruction accurately reflect:

(a) the express or implied instructions of the Shipper and ;

(b) the terms and effect of the contract of carriage as contained in or evidenced by the BBL Text ; or

(c) in the case of a Chartered Bill of Lading in which the Head Charterer is Designated Shipper, the terms set out in the BBL Text as if the same were the terms of the contract of carriage.

번역

3.3 볼레로 선하증권상 권리

(1) 양도성. 볼레로 선하증권은 양도가능 또는 양도불능으로 발행할 수 있다.

(2) 양도 가능으로 전환. 운송인이 양도 가능한 볼레로 선하증권의 생성을 의도하는 경우에는 지시인을 지정하거나 또는 그 증권을 백지 배서한다.

(3) 지시인의 지정효과. 운송인이 지시인을 지정한 경우, 운송인은 다음 내용에 합의한 것으로 간주한다.

(a) 볼레로 선하증권의 소지지시인이 되는 이러한 지시인이 새로운 지시인, 소지질권자, 지참소지인 또는 수하인을 지정할 수 있으며 ; 그리고

(b) 승계 소지지시인, 소지질권자 또는 지참소지인도 마찬가지이다.

(4) 백지배서의 효과. 운송인이 볼레로 선하증권을 백지 배서하도록 권리등록 지시를 한 경우, 그 운송인은 다음 내용에 합의한 것으로 간주한다.

(a) 소지인은 지참소지인이며, 새로운 지참소지인, 지시인, 소지지시인, 소지질권자 또는 수하인을 지정할 수 있고,

(b) 승계 소지지시인, 소지질권자 또는 지참소지인도 마찬가지로 지정할 수 있다.

(5) **소지지시인 또는 송하인이 아닌 지참소지인.** 송하인이 아닌 지참소지인을 지정하는 볼레로 선하증권을 생성함으로써, 운송인은 볼레로 선하증권에 명시된 물품을 그 지참소지인의 지시에 따라 소지한다는 것을 승인한다.

(6) **양도 불가능으로 전환.** 운송인이 수하인을 지정하는 경우, 볼레로 선하증권은 양도가 불가능하다.

(7) **운송인의 운송계약 준수책임.** 운송인은 권리등록 지시로 이행된 지정이 정확하게 다음 내용을 정확하게 반영한다는 것을 보장한다.

(a) 송하인의 명시적 또는 묵시적 지시 ;

(b) 볼레로 선하증권 문면에 포함되거나 또는 그 문면에 의해 입증된 운송계약의 조건과 효과 ; 또는

(c) 주 용선자가 지정한 송하인인 용선 계약부 선하증권의 경우에는 볼레로 선하증권 문면에 규정된 조건이 운송계약의 조건과 동일함을 보장해야 한다.

3.4. Transfer of Possession

3.4.1. Procedure for Transfer of Possession.

(1) By Designation. The transfer of constructive possession of the goods, after the creation of a transferable Bolero Bill of Lading, shall be effected by the Designation of :

(a) a new Holder-to-order,

(b) a new Pledgee Holder,

(c) a new Bearer Holder, or

(d) a Consignee Holder.

(2) Effect of Designations. The Carrier shall, upon Designation of such Holder-toorder, Pledgee Holder, Bearer Holder or Consignee Holder, acknowledge that from that time on it holds the goods described in the Bolero Bill of Lading to the order of the new Holder-to-order, Pledgee Holder, Bearer Holder or Consignee Holder, as the case may be.

(3) To Order Party Becomes Holder. Where a new To Order Party is Designated, no transfer of constructive possession of goods shall take place until such time as the To Order Party also becomes Designated as Holder and so becomes a Holder to order.

(4) Consignee Becomes Holder. Where a new Consignee is Designated, no transfer of constructive possession shall take place until such time as the Consignee also

becomes Designated Holder.

(5) Refusal by Transferee. If any Designated Holder-to-order or Consignee Holder refuses to accept the novation of the contract of carriage in accordance with Rule 3.5.2, the Carrier shall cease to hold the goods to the order of such Designated Holder-to-order or Consignee Holder and constructive possession of the goods shall remain with the immediately preceding Holder-to-order, Bearer Holder, Pledgee Holder or, if none, to the Shipper.

(6) Rejection by Pledgee. Where a Designated Pledgee Holder rejects the Bolero Bill of Lading by returning Holdership to the immediately preceding Holder, the Carrier shall cease to hold the goods to the order of such Designated Pledgee Holder and the constructive possession of the goods will automatically revert to the immediately preceding Holder-to-order, Bearer Holder, Pledgee Holder or, if none, to the Shipper.

번역

3.4 점유이전

3.4.1 점유이전의 절차

(1) 지정에 의해서. 양도 가능한 볼레로 선하증권을 발행한 후에 물품의 추정적 점유이전은 다음의 지정에 의해 효력이 발생하는 것으로 한다.
  (a) 새로운 소지지시인,
  (b) 새로운 소지질권자,
  (c) 새로운 지참소지인, 또는
  (d) 소지수하인을 지정함으로서 효력이 발생하는 것으로 한다.

(2) 지정의 효과. 운송인은 이러한 소지지시인, 소지질권자, 지참소지인 또는 소지수하인을 지정하는 순간부터 볼레로 선하증권에 명시된 물품이, 경우에 따라 새로운 소지지시인, 소지질권자, 지참소지인 또는 소지수하인의 지시에 의해 처분되는 것을 승인한다.

(3) 지시인이 소지인으로. 새로운 지시인이 지정되는 경우, 지시인이 소지인으로 지정되고 소지지시인으로 되기 전에는 물품의 추정적 점유이전은 발생하지 않는다.

(4) 수하인이 소지인으로. 새로운 수하인이 지정되는 경우, 수하인이 소지인으로 지정되기 전에는 물품의 추정적 점유이전은 발생하지 않는다.

(5) 양수인에 의한 거절. 지정된 소지지시인 또는 소지수하인이 규칙 3.5.2에 따라 운송계약의 경개를 거부하는 경우, 운송인은 그 지정된 소지지시인 또는 소지수하인의 지시에 따라 물품의 소유권은 중지되고, 물품의 추정적 점유권은 바로 이전의 소지지시인, 지

참소지인, 소지질권자, 또는 이들이 없으면 송하인에게 복원된다.

(6) **질권자에 의한 거절.** 지정된 소지질권자가 바로 이전의 소지인에게 소유권을 반환함으로써 볼레로 선하증권을 거부하는 경우, 운송인은 이와 같이 지정된 소지질권자의 지시에 따라 물품의 소유권을 중지되고, 물품의 추정적 점유권은 바로 이전의 소지지시인, 소지지시인, 소지질권자, 또는 이들이 없는 경우에는 송하인에게 자동적으로 복원된다.

3.4.2. Bolero International as Carrier's Agent

Each Carrier hereby irrevocably appoints Bolero International as its agent for the following purposes :

(a) To acknowledge that the Carrier holds the goods to the order of any Designated Holder-to-order, Pledgee Holder, Bearer Holder or Consignee Holder or Shipper under Rule 3.4.1 paragraphs 3.4.1(2), 3.4.1(5), or 3.4.1(6) (Procedure for Transfer of Possession.), and.

(b) To receive notice of any refusal of any such transfer of possession by such Designated Holder-to-order, Pledgee Holder, Bearer Holder, or Consignee Holder.

번역

3.4.2 운송인의 대리인으로서 볼레로인터내셔널사

각 운송인은 다음과 같은 목적을 위해 그 대리인으로서 볼레로인터내셔널사를 취소불능으로 지명한다.

(a) 운송인이 규칙 3.4.1(2), 3.4.1(5), 또는 3.4.1(6)(점유이전의 절차)에 의거 지정된 소지지시인, 소지질권자, 지참소지인 또는 소지수하인 또는 송하인의 지시에 따라 물품의 소유권을 승인하기 위해, 그리고

(b) 지정된 소지지시인, 소지질권자, 지참소지인, 또는 소지수하인에 의한 그러한 점유이전의 거절통지를 접수하기 위해.

3.5. Novation of the Contract of Carriage

3.5.1. Occurrence and Effect

The Designation of a new Holder-to-order or a new Consignee Holder after the creation of the Bolero Bill of Lading, other than one who is also the Head Charterer, shall mean that the Carrier, the Shipper, the immediately preceding Holder-to-order, if any, and the new Holder-to-order or Consignee Holder agree to all of the following terms in this section 3.5.1 :

(1) New Parties to Contract of Carriage. Upon the acceptance by the new Holder-to-order or Consignee Holder of its Designation as such, or, at the expiry of the 24 hour period allowed for the refusal of the transfer under Rule 3.5.2 (New Holder's Right to Refuse Designation), whichever is the earlier, a contract of carriage shall arise between the Carrier and the new Holder-to-order or Consignee Holder either :
   (a) on the terms of the contract of carriage as contained in or evidenced by the BBL Text ; or
   (b) when the Shipper is a Head Charterer, on the terms set out or incorporated in the BBL Text, as if this had contained or evidenced the original contract of carriage.

(2) Accession to Rights and Liabilities. The new Holder-to-order or Consignee Holder shall be entitled to all the rights and accepts all the liabilities of the contract of carriage as contained in or evidenced by, or deemed to be so contained in or evidenced by, the Bolero Bill of Lading.

(3) Prior Designee's Rights and Liabilities Extinguished. The immediately preceding Holder-to-order's rights and liabilities under its contract of carriage with the Carrier shall immediately cease and be extinguished, unless :
   (a) such immediately preceding Holder-to-order is also the Shipper, in which case its rights but not its liabilities under its contract of carriage with the Carrier shall cease and be extinguished ; or
   (b) such immediately preceding Holder-to-order is the Head Charterer, in which case neither its rights nor its liabilities under its contract of carriage with the Carrier shall cease or be extinguished.

번역

3.5 운송계약의 경개

3.5.1 발생과 효력

볼레로 선하증권을 생성한 후에 주 용선자가 아닌 새로운 소지지시인 또는 새로운 소지수하인을 지정한다는 것은 운송인, 송하인, 존재하는 경우 직전의 소지지시인, 그리고 새로운 소지지시인 또는 소지수하인은 본 조항 3.5.1의 다음 모든 조건에 합의한다는 것을 의미한다.

(1) 운송계약의 새로운 당사자. 이와 같이 지정된 새로운 소지지시인 또는 소지수하인에 의해 승인되는 즉시, 또는 규칙 3.5.2(새로운 소지인의 지정 거부권)에 의해 이전거부

를 허용한 24시간이 종료한 시점 중, 먼저 도래하는 시점에 운송인과 새로운 소지지시인 또는 소지수하인 간에는 다음의 운송계약이 생성된다.

(a) 볼레로 선하증권 문면에 명시되거나 또는 그 문면에 의해 입증된 운송계약의 조건에 관한 ; 또는

(b) 송하인이 주 용선자인 경우에는 운송계약이 마치 최초의 운송계약을 포함하거나 또는 증명한 것처럼 볼레로 선하증권 문면에 규정하거나 또는 명시하는 조건에 관한 운송계약이 생성된다.

(2) 권리와 의무의 취득. 새로운 소지지시인 또는 소지수하인은 볼레로 선하증권에 포함되거나 또는 그 증권에 의해 입증되거나, 또는 그 증권에 포함되는 것으로 또는 그 증권에 의해 입증되는 것으로 간주하는 운송계약의 모든 권리를 취득하고 모든 의무를 승인하기로 한다.

(3) 이전 피지정인의 권리와 의무 소멸. 운송인과의 운송계약에서 바로 직전 소지지시인의 권리와 의무는 다음에 해당하지 아니하면 즉시 중지되고 소멸된다.

(a) 이러한 바로 직전 소지지시인이 송하인인 경우, 운송인과 체결한 운송계약에서의 의무가 아닌 권리가 중지되고 소멸되거나 ; 또는

(b) 이러한 바로 직전 소지지시인이 주 용선자인 경우, 운송인과 체결한 운송계약 상의 어떠한 권리와 의무, 어느 것도 중지되거나 또는 소멸되지 않는다.

3.5.2. New Holder's Right to Refuse Designation

(1) Refusal. The new Holder-to-order or Consignee Holder may, within 24 hours of having received notification thereof, reject his Designation as new Holder-to-order or Consignee Holder in accordance with Operational Rule 30, in which case all rights and obligations under the contract of carriage between the previous Holder-to-order and the Carrier remain vested in the previous Holder-to-order, or if none, the Shipper, as if no attempt to novate the contract had been made.

(2) Acceptance. If within the 24 hour period and before rejection of his Designation, the Designated Holder-to-order or Consignee Holder represents that it accepts the novation or attempts to exercise any rights to the goods, by taking delivery or commencing proceedings against the Carrier for loss of or damage to the goods or otherwise, it shall be deemed to have accepted its Designation at the time it was made for the purposes of Rule 3.5 (Novation of the Contract of Carriage). Any subsequent refusal given pursuant to paragraph (1) of this Rule 3.5.2shall be void.

번역

3.5.2. 새로운 소지인의 지정 거부권

(1) 거부. 새로운 소지지시인 또는 소지수하인은 통지를 접수한 후 24시간 이내에 운영규칙 제30조에 따라 자신이 새로운 소지지시인 또는 소지수하인으로 지정되는 것을 거부할 수 있다. 이 경우에는 마치 운송계약의 경개가 이루어지지 않은 것과 같이, 이전의 소지지시인과 운송인 간에 체결된 운송계약 하에서의 모든 권리와 의무는 이전의 소지지시인, 또는 소지지시인이 없는 경우에는 송하인에게 부여된다.

(2) 승인. 24시간 이내 및 지정을 거부하기 전에 지정된 소지지시인 또는 소지수하인이 경개를 승인하거나 또는 물품인도 또는 물품의 멸실 또는 손상에 대하여 운송인을 상대로 소송절차를 개시함으로써, 물품에 대한 권리행사의 의사표시를 하는 경우, 규칙 3.5(운송계약의 경개)의 목적을 위해 행동하는 시점에 그 지정을 승인한 것으로 간주된다. 규칙 3.5.2(1)에 따른 그 이후의 거절은 무효이다.

3.5.3. Pledgee Holders

(1) No Novation. There shall be no novation of the contract of carriage between the Carrier and a Pledgee Holder as such.

(2) Pledgee Holder who is also To Order Party. A Pledgee Holder that is also the current To Order Party enforcing its pledge over a Bolero Bill of Lading shall automatically become the Holder-to-order, with the consequence that the contract of carriage is novated in accordance with the provisions of Rule 3.5. (Novation of the Contract of Carriage).

(3) Enforcement by Pledgee Holder who is Not To Order Party. When a Pledgee Holder, who is not the current To Order Party, enforces its pledge over a Bolero Bill of Lading, the current To Order Party, if any, shall be automatically deleted from the Title Registry Record, and the Pledgee Holder shall automatically become the Bearer Holder.

번역

3.5.3. 소지질권자

(1) 경개 불인정. 운송인과 소지질권자 간에는 운송계약의 경개는 없는 것으로 한다.

(2) 지시인 겸 소지질권자. 볼레로 선하증권 상의 담보권을 행사하는 현재의 지시인 겸 소지질권자는 자동적으로 소지지시인이 된다. 결과적으로 운송계약이 규칙 3.5(운송계약의 경개) 조항에 따라 경개된다.

(3) 지시인이 아닌 소지질권자에 의한 행사. 현재 지시인이 아닌 소지질권자가 볼레로 선하증권상의 담보권을 행사할 때, 현재의 지시인이 있는 경우 그 지시인은 권리등록기관의 레코드로부터 자동적으로 삭제되고 소지질권자는 자동적으로 지참소지인이 된다.

3.5.4. Bearer Holders

(1) No Novation. There shall be no novation of the contract of carriage between the Carrier and a Bearer Holder as such.

(2) Exercise of Rights. A Bearer Holder who wishes either to claim delivery of the goods or commence proceedings against the Carrier for failure to deliver the goods shall first Designate itself as Holder-to-order, whereupon it shall become a party to the contract of carriage in accordance with the provisions of Rule 3.5. (Novation of the Contract of Carriage).

번역

3.5.4 지참소지인

(1) 경개불인정. 운송인과 지참소지인 간에는 운송계약의 경개는 없는 것으로 한다.

(2) 권리행사. 물품인도를 청구하거나 운송인을 상대로 물품의 불인도 대한 소송절차를 개시하려는 지참소지인은 자신을 우선 소지지시인으로 지정해야 하고, 또한 규칙 3.5 (운송계약의 경개)의 조항에 따라 운송계약의 당사자가 된다.

3.5.5. Bolero Bill of Lading Terms and Conditions to Apply

For the avoidance of doubt, any User who is or was the Holder, Pledgee Holder, Bearer Holder, Holder-to-order or Consignee Holder of a Bolero Bill of Lading, irrespective of whether such Designation has been rejected, agrees that any claim against the Carrier for loss of or damage to the goods shall be subject to the terms of the contract of carriage as contained in or evidenced by the BBL Text.

번역

3.5.5 볼레로 선하증권의 조건 적용

확실하게 하기 위해, 볼레로 선하증권의 소지인, 소지질권자, 지참소지인, 소지지시인 또는 소지수하인이거나 또는 어떤 이용자는, 이러한 지정이 거절되었는지 여부에 관계없이 물품의 멸실 또는 훼손에 대해 운송인을 상대로 제기하는 클레임은 볼레로 선하증권 문면에 포함되거나 또는 그 문면에 의해 증빙되는 운송계약의 조건에 따른다.

3.6. Delivery of the Goods

(1) Persons Entitled to Delivery. Under a contract of carriage in respect of which a Bolero Bill of Lading has been created, delivery of the goods shall only be made by the Carrier to, or to the order of, a Holder-to-order or Consignee Holder which duly Surrenders the Bolero Bill of Lading.

➢ **Note**

Pledgee Holders and Bearer Holders are also entitled to delivery of the goods, but have to make themselves into Holders-to-order first. This is a matter entirely within their power and discretion, and is therefore no fetter on their immediate right to possession of the goods.

(2) Surrender of the Bolero Bill of Lading. The Bolero Bill of Lading shall be Surrendered either to the User identified as the Surrender Party or, if none, to the Carrier in accordance with the Operational Rules.

(3) Termination of Bolero Bill of Lading. Once the Title Registry Record has recorded that the Bolero Bill of Lading has been Surrendered, the Bolero Bill of Lading shall cease to be effective as a Bolero Bill of Lading and no further dealings with it through the Title Registry shall be possible.

번역

3.6 물품인도

(1) 인도가능한 자. 볼레로 선하증권이 생성된 것과 관련된 운송계약에서, 운송인은 볼레로 선하증권을 정당하게 제시한 소지지시인 또는 소지수하인에게 또는 그들의 지시에 따라 물품을 인도한다.

주(註) : 소지질권자와 지참소지인도 물품을 인도할 권리가 부여되어 있지만, 우선 그들 자신을 소지지시인으로 작성하여야 한다. 이는 전적으로 그들의 권한과 재량권의 범위내의 문제이므로 그들의 즉각적인 물품점유권에 구속되지 않는다.

(2) 볼레로 선하증권의 제시. 볼레로 선하증권은 제시자로 확인된 이용자이거나 또는 제시자가 없는 경우에는 운영규칙에 따라 운송인에게 제시된다.

(3) 볼레로 선하증권의 종료. 일단 볼레로 선하증권이 제시되었다는 사실이 권리등록기관에 등록되면, 그 선하증권은 그 자체로의 효력이 중지되며, 더 이상 권리등록기관을 통하여 그 등록기관과 거래할 수 없다.

3.7. Switch to Paper

(1) Persons Entitled to Switch to Paper. At any time before the goods to which the Bolero Bill of Lading relates have been delivered by the Carrier, a current Holder, Holder-to-order, Pledgee Holder or Bearer Holder shall be entitled to demand that the Carrier issue a paper bill of lading in accordance with the Operational Rules.

(2) Form of Paper Bill of Lading. The Carrier shall, immediately upon receipt of such a demand, issue a paper bill of lading which sets out :

(a) all the data contained in and all of the terms and conditions contained in or evidenced by the original BBL Text ;

(b) a statement to the effect that it originated as a Bolero Bill of Lading,

(c) the date upon which it was issued in paper form ; and

(d) a record issued by Bolero International of the chain of Users which have been parties to contracts of carriage with the Carrier, from the date of the creation of the Bolero Bill of Lading until the date on which its switch to paper demand was sent by Bolero International.

(3) Discrepancies. In the event of any discrepancy between the paper bill of lading so issued and the electronic record of the Bolero Bill of Lading, the electronic record shall prevail.

(4) Delivery of Paper Bill of Lading. The Carrier shall deliver that paper bill of lading in accordance with the instructions of the person currently entitled to hold it, being :

(a) the current Pledgee Holder ; or if none

(b) the current Holder-to-order or Bearer Holder ; or if none

(c) the current Holder.

(5) End of Bolero Bill of Lading. A User that has knowledge or notice that the switch to paper has been demanded shall give no further Title Registry Instructions in relation to the Bolero Bill of Lading. The Bolero Bill of Lading shall cease to be effective as from the moment of the issue of the paper bill of lading by the Carrier.

번역

3.7 종이서류로 전환

(1) 종이서류로 전환가능한 자. 운송인이 볼레로 선하증권과 관련된 물품을 인도하기 전에는 언제든지, 현재의 소지인, 소지지시인, 소지질권자 또는 지참소지인은 운영규칙에

따라 운송인에게 종이 선하증권의 발행을 요청할 자격이 있다.

(2) **종이 선하증권의 형식.** 운송인은 이러한 요청을 접수하는 즉시 다음과 같은 사항을 규정한 종이 선하증권을 발행해야 한다.

(a) 원본의 볼레로 선하증권 문면에 명시된 모든 데이터, 그리고 그 원본 증권에 포함되었거나 또는 그 증권에 의해 증빙되는 모든 거래조건;

(b) 이것이 볼레로 선하증권에 근거하고 있다는 취지의 문언,

(c) 종이형식으로 발행된 일자 ; 그리고

(d) 볼레로인터내셔널사가 볼레로 선하증권을 생성한 일자로부터 종이 선하증권으로 전환 요청서를 발송한 일자까지 운송인과 운송계약 당사자인 일련의 이용자에게 발행한 기록.

(3) **불일치.** 이와 같이 발행된 종이 선하증권과 볼레로 선하증권의 전자기록 간에 불일치한 경우에는 그 전자기록이 우선한다.

(4) **종이 선하증권의 교부.** 운송인은 다음의 종이 선하증권을 소지할 자격이 있는 자의 지시에 따라 교부한다.

(a) 현재 소지질권자 ; 또는 없는 경우에는

(b) 현재 소지지시인 또는 지참소지인 ; 또는 없는 경우에는

(c) 현재 소지인.

(5) **볼레로 선하증권의 종료.** 종이 선하증권으로 전환을 요구한 사실을 인지하거나 또는 통지받은 이용자는 볼레로 선하증권과 관련한 더 이상의 권리등록 지시를 해서는 안 된다. 볼레로 선하증권은 운송인이 종이 선하증권을 발행한 순간부터 효력이 중지된다.

3.8. Powers of Parties to a Bolero Bill of Lading

(1) Table of Powers. The parties to a Bolero Bill of Lading, as defined below, shall be entitled to execute functions in relation to that Bolero Bill of Lading in accordance with the following table :

(2) Timing of Carrier's Rights. The Carrier may perform the functions indicated in the table, other than grant or deny amendments, only at the time of the creation of the Bolero Bill of Lading and only in accordance with the provisions of paragraph 3.1(4) of Rule 3.1 (Creation of a Bolero Bill of Lading).

(3) Shipper Holder Designating To Order. A Shipper which is also a Bearer Holder of a Bolero Bill of Lading can Designate a To Order Party.

(4) Shipper, Consignee, or To Order Party Not Holder. Unless a Shipper, Consignee, or To Order Party is also simultaneously the Holder, it is not empowered to give any

Title Registry Instructions.

(5) One Holder Only. There shall not be more than one Holder (whether Bearer Holder, Holder-to-order, Pledgee Holder, Consignee Holder or Holder) of a Bolero Bill of Lading at any one time.

(6) Pledgee Automatically Holder. The Designation of a Pledgee shall cause the removal of the previous Holder and the automatic Designation of the Pledgee as Holder. Any To Order Party also then Designated remains so Designated until the pledge is either relinquished or enforced.

(7) Pledgee Not Bearer Holder. Where a Bolero Bill of Lading is Blank Endorsed, the Designation of a Pledgee shall make the User so Designated a Pledgee Holder, not a Bearer Holder.

(8) Underlying Contractual Obligations. Nothing in this Rulebook shall be construed as permitting any User to Designate any person in breach of the User's obligations or duties arising under or in relation to any underlying contract governing the transaction.

(9) Non-limitation. Nothing in this Rule shall limit the right of a Shipper, who is the Holder of a Bolero Bill of Lading, to insist upon an amendment of the Bolero Bill of Lading.

Functions	Functions Parties						
	Carrier	Shipper and Holder	Holder-to-order	Pledgee Holder	Bearer Holder	Holder Consignee	Holder
Create Bill	Yes	No	No	No	No	No	No
Designate Holder	Yes	Yes	Yes	Yes	Yes	Yes	Yes
Designate To Order	Yes	No	Yes	Yes	Yes	No	No
Blank Endorse	Yes	No	Yes	No	No	No	No
Designate Bearer Holder	Yes	No	Yes	Yes	Yes	No	No
Designate Consignee	Yes	No	Yes	Yes	Yes	No	No
Designate Pledgee Holder	No	Yes	Yes	Yes	Yes	Yes	No

Functions	Functions Parties						
	Carrier	Shipper and Holder	Holder-to-order	Pledgee Holder	Bearer Holder	Holder Consignee	Holder
Enforce pledge	No	No	No	Yes	No	No	No
Surrender Bill	No	No	Yes	No	No	No	No
Request Amendment	No	Yes	Yes	Yes	Yes	Yes	Yes
Grant Amendment	Yes	No	No	No	No	No	No
Deny Amendment	Yes	No	No	No	No	No	No
Switch to Paper	No	Yes	Yes	Yes	Yes	Yes	Yes

➢ Note

The purpose of this Rule is to preserve the Shipper's right in appropriate cases, prior to delivery of the goods or of the bill of lading, to redirect the goods away from the original consignee or To Order Party.

(10) Instructions to Carrier under Bolero Bill of Lading. Where a Bolero Bill of Lading is currently in force or the relevant shipping documents exist in electronic form, the Carrier may require that all instructions to the Carrier shall only be given by Messages.

번역

3.8 볼레로 선하증권 당사자의 권한

(1) 권리범위. 다음에 규정된 볼레로 선하증권의 당사자는 아래 일람표에 따라 볼레로 선하증권에 관련된 기능을 수행할 자격이 부여된다.

(2) 운송인의 권리 시점. 운송인은 조건변경을 허용하거나 또는 거부하는 것 이외에, 볼레로 선하증권의 생성 시점 및 규칙 3.1.(볼레로 선하증권의 생성)의 조항에 따라서만 앞의 표에 명시된 기능을 수행할 수 있다.

(3) 소지송하인의 지시인 지정. 볼레로 선하증권의 지참소지인 겸 송하인은 지시인을 지정할 수 있다.

(4) 송하인, 수하인, 또는 소지인이 아닌 지시인. 송하인, 수하인, 또는 지시인인 동시에 소지인이 아닌 경우, 어떠한 권리등록을 지시할 권한이 없다.

(5) **한 명의 소지인만.** 특정 시점에서 볼레로 선하증권의 소지인(지참소지인, 소지지시인, 소지질권자, 소지수하인 또는 소지인인지 여부에 관계없이)은 1명만 될 수 있다.

(6) **질권자의 자동 소지인.** 질권자의 지정은 이전의 소지인을 해제하고 자동적으로 질권자를 소지인으로 지정된다. 지시인 또한 담보권이 포기되거나 행사될 때까지 그대로 남는다.

(7) **지참소지인이 아닌 질권자.** 볼레로 선하증권이 백지 배서된 경우, 질권자의 지정은 그 이용자를 지참소지인이 아닌 소지질권자로 지정하도록 한다.

(8) **기초 계약상의 의무.** 본 볼레로 규약집은 거래를 규율하는 기초계약에 의거 또는 그와 관련하여 발생되는 이용자의 의무를 위반하면서 특정인을 지정하는 것은 허용되지 않는다.

(9) **권리제한 없음.** 본 볼레로 규칙의 어느 조항도 볼레로 선하증권의 조건변경을 주장하기 위해 선하증권의 소지인인 송하인의 권리를 제한해서는 안된다.

주 : 본 규약의 목적은 물품 또는 선하증권을 인도하기 전에 송하인의 권리를 보호하여 최초의 수하인 또는 지시인으로부터 물품을 재 지배할 수 있도록 하기 위함이다.

(10) **볼레로 선하증권 하에서 운송인의 지시.** 볼레로 선하증권이 현재 실행되거나 또는 관련 선적서류가 전자적인 형식인 경우, 운송인은 자신에게 제공되는 모든 지시를 메시지 형태로 요구할 수 있다.

기 능	당 사 자						
	운송인	송하인겸 소지인	소지인겸 지시인	소지질권자	지참소지인	소지인	소지수하인
증권 발행	○	×	×	×	×	×	×
소지인 지정	○	○	○	○	○	○	○
지시인 지정	○	×	○	○	○	×	×
백지배서	○	×	○	×	×	×	×
지참소지인 지정	○	×	○	○	○	×	×
수하인 지정	○	×	○	○	○	×	×
소지질권자 지정	×	○	○	○	○	○	×
담보권 행사	×	×	×	○	×	×	×
증권 제시	×	×	○	×	×	×	○
조건변경 요청	×	○	○	○	○	○	○
조건변경 허용	○	×	×	×	×	×	×
조건변경 거부	○	×	×	×	×	×	×
종이로 전환	×	○	○	○	○	○	○

3.9. Transport Documents

(1) Creation of Transport Documents. Where, instead of creating a Bolero Bill of Lading, a Carrier by a Message creates a Transport Document, such Message will take effect, for the purposes of the operation of any international convention or national law, as if it were a Transport Document which had been issued by the Carrier in paper form.
(2) Rights and Liabilities of User Identified. Any User identified in a Transport Document will obtain the same rights and liabilities under the contract of carriage, by reason of having been so identified, as it would have done under a paper version of such a Transport Document.
(3) Rights and Liabilities of Named User. Where a User is named by a party entitled to do so under a contract of carriage made with a Carrier as the person to whom delivery of the goods is to be made, that User shall acquire the same rights and liabilities as it would have done if the relevant Transport Document had been issued in paper form.
(4) Duration. In no circumstances shall any rights or liabilities created by the operation of this Rule be any greater or continue for any longer period of time, than would have been the case if the relevant Transport Document had been issued in paper form.
(5) Paper copies of Transport Documents. Once a Carrier has created a Transport Document any subsequent paper copy of such document shall clearly state that it is a copy only. In the event of any discrepancy between the paper copy and the electronic record, the electronic record shall prevail.
(6) Termination of Rights and Liabilities. In the event that the right to the delivery of the goods under a contract of carriage to which this Rule applies, is transferred to a party who is not a User, all rights and liabilities created by the operation of this Rule shall immediately be terminated.

번역

3.9 운송서류

(1) 운송서류의 생성. 운송인이 볼레로 선하증권을 생성하는 대신에 메시지로 운송서류를 생성하는 경우, 이러한 메시지는 국제협약 또는 국내법의 적용을 위해 운송인이 종이 형식으로 발행한 운송서류와 동일한 효력이 있다.

(2) **확인된 이용자의 권리와 의무.** 운송서류에서 확인된 이용자는 그와 같이 확인되는 것을 근거로 하여 종이 운송서류를 사용하는 운송계약에서 취득되는 것과 동일한 권리와 의무를 취득한다.

(3) **지명된 이용자의 권리와 의무.** 물품인도를 수령하는 당사자인 운송인과 체결된 운송계약에서 이용자가 물품을 인도할 권리가 있는 당사자에 의해 지명되는 경우, 그 이용자는 마치 관련 운송서류가 종이형식으로 발행된 경우에 취득되는 것과 동일한 권리와 의무를 취득한다.

(4) **존속기간.** 어떠한 경우에도 본 규약의 적용에 의해 발생되는 일체의 권리 또는 책임은 당해 운송서류가 종이문서로 발행된 경우보다 더 오랜 기간 동안 지속되지 않는다.

(5) **운송서류의 종이 사본.** 일단 운송인이 운송서류를 발행하면, 그 이후 일체의 운송서류의 종이사본은 그것이 사본임을 분명히 명시해야 한다. 종이사본과 전자기록 간에 차이가 있는 경우에는 전자기록이 우선한다.

(6) **권리와 의무의 종료.** 본 규약이 적용되는 운송계약에서 물품인도에 대한 권리가 이용자가 아닌 당사자에게 이전되는 경우, 본 규약의 적용에 의해 발생되는 모든 권리와 의무는 즉시 종료된다.

3.10. Ownership and Contracts of Sale

(1) Transfer of Ownership. If as a result of either the intention of the parties to the transaction or the effect of any applicable law, the transfer of constructive possession of the goods and/or the novation of the contract of carriage as provided for in this Rulebook have the effect of transferring the ownership or any other proprietary interest in the goods (in addition to constructive possession thereof), then nothing in this Rulebook shall prevent such transfer of ownership or other proprietary interest from taking place.

(2) Rulebook Does not Effect Transfer. Nothing in this Rulebook shall be construed as effecting the transfer by the owner of property in the goods which are subject to a contract of carriage contained in or evidenced by a Bolero Bill of Lading or other Transport Document.

(3) Validity of Electronic Tender of Documents. Each User agrees that, where a contract of sale between Users requires that shipping documents are to be tendered to the buyer of those goods or to another party nominated by the buyer, a tender of documents by means of the Bolero System shall not be rejected on the grounds that the documents tendered are in the form of electronic messages or images provided

that they contain all of the information required by the contract of sale.

(4) Sale Concluded by Electronic Interchange. Where a contract of sale between Users is concluded (in whole or in part) by means of a Message or by a series of Messages, each User agrees that such Message or Messages shall constitute or evidence the contract concluded between them.

(5) Switch to Paper for Contracts of Sale. Upon a request from any User entitled to demand the original contract of sale, a contracting User will print and sign in writing the Message or Messages in accordance with any and all formalities required by any applicable law to give effect to the contract.

(6) Date of Contract of Sale. A sale contract switched to paper by the procedure set out in paragraph (5) shall take effect as if the sale contract had been made and signed in writing on the date of the relevant Message or Messages.

번역

3.10 소유권 및 매매계약

(1) **소유권 이전.** 거래 당사자의 의지 또는 준거법의 효력으로 인한 결과이건, 본 규약집에 규정된 물품의 추정적 점유이전 및/또는 운송계약의 경개가 물품의 소유권 또는 그 이외의 모든 소유이익을 이전시키는 효과가 있다면, 본 규약집의 어느 조항도 이러한 물품의 소유권 또는 기타 소유이익의 발생을 제지하지 못한다.

(2) **규약집은 이전효력이 없다.** 본 규약집은 볼레로 선하증권 또는 기타 운송서류에 포함되었거나 또는 그들에 의해 증빙된 운송계약을 이행하는 물품 소유권자에 의한 이전은 효력이 없는 것으로 간주한다.

(3) **전자서류 제공의 유효성.** 이용자 간의 매매계약이 선적서류를 물품의 매수인 또는 매수인이 지명한 제3자에게 제공할 것을 요구하는 경우, 볼레로시스템을 이용한 서류제시는 당해 제시된 서류가 매매계약에서 요구하는 모든 정보를 포함하는 것을 전제로 하여 전자 메시지 또는 이미지 형식이라는 이유로 거절해서는 안 된다.

(4) **전자자료교환으로 체결된 매매계약.** 이용자 간에 매매계약이 하나의 메시지 또는 일련의 메시지에 의해 체결된 경우(일부 또는 전부), 각 이용자는 이러한 메시지가 그들간에 체결된 계약을 구성하거나 또는 계약의 증거가 된다는 것에 합의한다.

(5) **매매계약서에 대한 종이 전환.** 매매계약서 원본을 요구할 수 있는 자격이 있는 이용자로부터 요청받으면, 계약체결 이용자는 계약의 효력을 인정하는 준거법에서 요구하는 모든 형식에 따라 메시지를 서면으로 출력하고 서명한다.

(6) **매매계약 일자.** (5)항에 규정된 절차에 의해 종이로 전환된 매매계약은 마치 관련 메

시지가 발행된 일자에 서면으로 작성하여 서명된 것과 동일한 효력을 갖는다.

3.11. Documentary Credits

(1) Validity of Electronic Presentation of Documents. This Rulebook will apply and the presentation of any Documents by electronic transmission through the Bolero System will be accepted as if they were the equivalent paper documents, where a User issues, advises or confirms a Documentary Credit on the instructions of an Applicant User under which a Beneficiary User is required to present stipulated documents in order to operate the Documentary Credit, provided that:

(a) the Documentary Credit expressly indicates that presentation under the Bolero System is acceptable ; and

(b) the data contained in such transmissions is presented in Documents whose description matches that of the documents required to be presented by the terms of the credit ; and

(c) where the Documentary Credit requires that a particular document is issued, authenticated or signed by a particular person, the data transmission is Signed by that person or by a User who is authorised to act and take responsibility on his behalf.

(2) Electronic Documents to be "Originals", Any requirement under the terms of a Documentary Credit, to which this Rulebook apply, that an "original" document be presented shall be satisfied by the presentation of a Document from a Message bearing the Signature of the person said to have issued or created the document or that of a User who is authorised to act and to take responsibility on his behalf.

(3) Copies. Where the terms of a Documentary Credit, to which this Rulebook apply, require that a number of copies of a document be presented by a Beneficiary User to another User ("the recipient User") :

(a) such a requirement shall be satisfied by a single transmission of the equivalent Document to such recipient User ; and

(b) The recipient User shall be entitled or empowered to make the number of onward transmissions, or, as the case may be, to create the number of copies, of that document as would have been necessary to complete the transaction in a paper environment, provided always that no Bolero Bill of Lading shall have more than one Holder (whether Holder-to-order, Bearer Holder, Pledgee Holder, Consignee Holder or Holder) at any one time.

(4) Banks as Holders of Bolero Bills of Lading. Where a User acting as an issuing or

confirming bank is designated as a Pledgee Holder or Bearer Holder of a Bolero Bill of Lading for the purposes of the performance of a Documentary Credit, the User shall only acquire such property in and responsibility for the goods as the parties to the Documentary Credit transaction intend.

번역

3.11 화환신용장

(1) **전자서류 제시의 유효성.** 화환신용장을 운용하기 위해 수익자 이용자에게 규정된 서류의 제시를 요구하는 개설의뢰인 이용자의 지시에 따라 이용자가 화환신용장을 개설하고 통지 또는 확인하는 경우, 본 규약집은 다음 사항을 전제로 적용되고, 볼레로시스템을 통하여 전송되는 서류의 제시는, 이에 상응하는 종이서류와 같이 수리된다.

(a) 화환신용장에 볼레로시스템을 통한 제시를 수리한다는 것을 명시적으로 규정하고 ; 그리고

(b) 서류로 제시되는 이러한 전송 데이터상의 그 명세는 신용장의 조건에 의해 제시되는 요구 서류의 명세와 일치하여야 하며 ; 그리고

(c) 화환신용장이 특정인에 의해 특정 서류가 발행되어 인증되거나 또는 서명되어야 한다는 것을 요구하는 경우, 자료전송은 그 당사자 또는 그를 대신하여 행동할 권리와 책임을 부여받은 이용자에 의해 서명되어야 한다.

(2) **전자서류의 "원본성".** 본 규약집이 적용되는 화환신용장의 조건에 의한 제시서류의 원본의 요건은, 당해 서류를 발행하고 생성한 것으로 간주되는 자 또는 그를 대신하여 행동하고 책임을 부여받은 이용자의 서명이 있는 메시지 서류를 제시함으로써 충족된다.

(3) **사본.** 본 규약집이 적용되는 화환신용장 조건에서 수익자 이용자에게 많은 수의 사본을 다른 이용자(수령인 이용자)에게 제시할 것을 요구하는 경우에는 다음과 같다.

(a) 이러한 요건은 그 수령인 이용자에게 이에 상응하는 1 통의 서류를 전송함으로써 충족된다. 그리고

(b) 특정 시점의 볼레로 선하증권의 소지인이 단 1명인 것(소지지시인, 지참소지인, 소지질권자, 소지수하인 또는 소지인의 여부에 관계없이)을 전제로 하여, 수령인 이용자는 필요한 경우에 종이기반 환경에서 거래를 완결하는데 필요했던 만큼의 전자서류, 그 사본을 발행하기 위해 여러 수의 전송서류를 발행할 자격과 권한이 있다.

(4) **볼레로 선하증권의 소지인으로서 은행.** 개설은행 또는 확인은행으로 행동하는 이용자가 화환신용장의 거래이행을 위해 볼레로 선하증권의 소지질권자 또는 지참소지인으로 지정된 경우, 그 이용자는 화환신용장 거래의 당사자로서 물품의 소유권과 그 물품의 책임만을 취득한다.

Annex U.S. Law Clauses

These Clauses are to form part of this Rulebook and where applicable shall do so as part of the provisions of Rule 3.2 (Incorporation by Reference).

(1) Ad valorem Declarations. If the carriage covered by a Bolero Bill of Lading includes carriage to or from a port or place in the United States of America, the Carrier shall provide the Shipper of the Bolero Bill of Lading the opportunity to declare a value of the goods to be carried by him and will include any such declaration in the Bolero Bill of Lading. Any declaration or absence thereof will be binding on the first Holder and any successive Holder to the same extent as if the opportunity to declare a value had been contained in a paper bill of lading.

(2) International Conventions. Where the carriage covered by the Bolero Bill of Lading evidences Carriage to or from a port or place in the United States, the United States Carriage of Goods by Sea Act 1936 shall be deemed to be incorporated and form part of the contract of carriage contained in or evidenced by the Bolero Bill of Lading.

번역

부 록

미국법 조항

이 조항은 본 규약집의 일부를 구성하고 적용할 수 있는 경우에는 규칙 3.2(참조에 의한 삽입)의 일부로 적용된다.

(1) 가격 신고. 볼레로 선하증권의 대상이 되는 운송이 미국의 항구 또는 지역을 왕복하는 경우, 운송인은 볼레로 선하증권의 송하인에게 자신이 운송하는 물품가격을 신고할 수 있는 기회를 제공하고 볼레로 선하증권에 이러한 신고를 포함시킨다. 이러한 신고 또는 신고의 누락은 마치 가격을 신고할 수 있는 그 기회가 종이 선하증권에 포함되어 있는 것과 마찬가지로 최초의 소지인과 승계 소지인을 구속한다.

(2) 국제협약. 볼레로 선하증권의 대상인 운송이 미국에 있는 항구 또는 지역의 왕복을 입증하는 경우, 미국의 1936년 해상물품운송법은 볼레로 선하증권에 의해 포함되거나 또는 그 증권에 의해 입증되는 운송계약에 삽입되어 운송계약의 일부를 형성하는 것으로 간주한다.

참고문헌

국내문헌

김성희·장기진, e-Business 원론, 무역경영사, 2001.

김학민, 전자무역의 이론과 실무, 경문사, 2007.

김석철, 무역계약론 별쇄본, 두남, 2002.

남경두, 인터넷무역, 정보문화사, 2000.

서정두, 무역상무, 탑북스, 2011.

양영환·오원석, 무역상무론, 법문사, 2002.

양영환·오원석, 박광서, 무역상무, 삼영사, 2011.

안중호·박철우, 인터넷과 전자상거래, 홍문사. 2000.

이도희 역, 마스터링 TCP/IP, 성안당, 2001.

이봉수, 사이버무역론, 형설출판사, 2002.

이준한, e-비즈니스의 이해, 대명, 2005.

이상진, 전자무역론, 도서출판 두남, 2011

정영화·남인석, 전자상거래법, 다산출판사. 2000.

한국무역협회 무역아카데미, 전자무역, 2002.

한국무역협회, 전자무역, 2003.

강원진, "전자적 제시를 위한 UCP 500의 추록(eUCP)에 관한 고찰", 『국제상학』, 제17권 제1호, 한국국제상학회, 2002. 5.

김준한, "소프트웨어 및 인터넷 콘텐츠 편: 전자 지급결제 시스템", 『정보통신산업동향』, 정보통신정책연구원, 2002.

박홍균, "전자선화증권과 기능상 동등물가치", 『국세상학』 제16권, 한국국제상학회

서정두, "전자무역에 관한 국제신용장관습의 최근 동향과 과제", 『무역상무연구』, 제15권, 한국무역상무학회, 2001. 2.

손경한, "전자상거래의 법적문제", 『무역상무연구』 제11권, 한국무역상무학회, 1998. 2.

안병수, "전자식 선화증권의 실용화에 따른 문제점에 관한 연구", 『박사학위 논문』, 성균관대학교, 1998.

안세기, "Global EC & e-Trade Strategy", 전자거래진흥원, 2002.

양유석, "전자상거래의 비즈니스 모델과 미국의 EC동향", 삼성경제연구소, 2000.

이균성, "선화증권의 법률관계", 『무역상무연구』 제10권, 한국무역상무학회, 1997.

오병석, "전자신용장거래에서 매입은행의 전자서류검토 의무와 책임에 관한 연구", 『관세학회지』, 제3권 제2호, 한국관세학회, 2002.

우성구·김권수, "전자선화증권의 운용상 문제점에 관한 연구", 『산업경영』 제34집, 경남대학교 산업경영연구소, 2003.

장재경, "전자상거래 현황 및 전망", 한국전자거래진흥원, 2002. 8. 27.

정완용, "UNCITRAL 제39차 전자상거래작업반회의 참가보고서", 2002. 3. 23.

홍승표 외, "B2C 및 B2B 전자상거래 현황과 비즈니스 유형"(주간기술동향 01-23).

최석범, "UCP와 eUCP의 주요내용 비교에 관한 연구",『통상정보연구』, 제4권 제1호, 한국통상정보학회, 2002. 6. 20

______, "신용장 전자화에 따른 문제점 분석에 관한 연구", 「e-비즈니스연구」 제7권 제2호, 국제e-비즈니스학회, 2006. 6.

채진익, "글로벌 전자무역에서 SWIFT의 TSU BPO의 도입과 과제", 『무역상무연구』 제49권, 한국무역상무학회, 2011. 2.

______, "전자무역시스템 하에서 전자무역서비스업자 제도의 문제점과 개선방안", 『e-비즈니스연구』, 국제e비즈니스학회, 2010. 3.

______, "글로벌 전자무역의 활성화를 위한 전자신용장제도의 운용과 개선방향", 『무역학회지』 제33권 제1호, 한국무역학회, 2008. 2.

______, "국제무역의 새로운 패러다임과 Open Account 제도의 활용방안", 『무역학회지』 제32권 제3호, 한국무역학회, 2007.

______, "글로벌 전자무역시스템의 도입에 따른 은행의 대응과 전략", 『무역학회지』, 제30권 제5호, 한국무역학회지, 2005. 12.

______, 글로벌 전자무역에서의 금융지원체인관리 솔루션의 운용현황과 개선방향, 「무역상무연구」, 제33권, 한국무역상무학회, 2007. 2.

______, 볼레로시스템 상 전자무역거래의 정보보안에 관한 연구, 『인터넷비즈니스 연구』 제4권 제2호, 한국 인터넷비즈니스 학회, 2003. 12.

______, "電子貿易시스템 上 볼레로 船貨證券의 運用과 法的問題에 관한 硏究", 『전자상거래학회지』, 제4권 제1호, 한국전자상거래학회, 2003. 6.

______, "TradeCard 시스템 상의 글로벌 전자무역 플랫폼에 관한 연구", 『전자상거래학회지』, 제3권 제2호, 한국전자상거래학회, 2002. 12.

______, "전자무역시스템 상 boleroSURF의 운용프로세스에 관한 연구", 『무역학회지』, 제27권 제3호, 한국무역학회, 2002. 9.

______, "eUCP와 국제표준은행관습상 전자기록의 심사기준에 관한 연구", 『국제상학』, 제17권 제2호, 한국국제상학회, 2002. 8.

______, "국제표준은행관습 상 서류의 일치성 판단기준", 『무역상무연구』, 제13권, 한국무역상무학회, 2000. 2.

금융결제원, "국제 B2B 결제·인증 네트워크 확산과 은행권의 대응과제", 2002. 3, 38.

지식경제부, "전자무역 확산전략", 2002. 5.

_________, e-비즈니스 백서(2006) & (2007)

_________, 국내연수보고서, 2002.

_________, 지식경제부, 대외무역법규 주요 개정내용 해설, 2006.

_________, 보도자료(2006. 8. 16)

전자무역추진센터, 법제도 개선 및 추진동향, 2008. 2. 15.

_________, "전자문서 표준화 현황 및 추진방향", 2008. 2. 15.

_________, "전자무역 글로벌 확산", 2008. 2. 15.

전경련, B2B 특별위원회 "eKOREA 추진을 위한 사이버무역 활성화 방안", 2001. 5.

한국은행, "전자상거래 지급결제수단 현황", 2001. 5.

_______, "아이덴트러스트 설명회 내용", 2001. 7. 19.

한국무역보험공사, 단기수출보험(전자무역) 제도 해설, 2005. 1.

통계청, "2007년 연간 및 4/4분기 전자상거래 통계조사 결과", 2008. 3.

미래에셋 - '전자상거래 : B2C보다는 B2B, 2008. 2. 11.

전자신문, 2002. 2. 15, 2002. 4. 4, 2002. 6. 7, 2003. 9. 23, 2003. 12. 10, 2011. 10.3

세계일보, 2007. 10. 24.

아이티뉴스, 2005. 5. 12, 2007. 8. 1.

한국아이닷컴, 2007. 11. 29.

디지털타임즈, 2008. 1. 16, 2006. 1. 17, 2012. 5. 3

금융IT 이슈, 2011. 1. 3

한국무역협회 설문조사, 2002. 8. 4.

한국무역협회, "O/A 거래 이용현황과 활성화 방안", 2001.

EBS-TV(심상렬), 전자상거래관리사 방송강의자료, 2000.

이동렬, 전자상거래와 e-Trading 자료.

일본문헌

內田 貴, "電子商去來と法(1)", 商事法務硏究會, 「NBL」 No. 600, 1996. 9.

西 賢, 當事者自治の原則と比較法的動向,「現代契約法大系」第9卷.

浦野直義,『金融法務事情』第1371號, 1993.

桐容旁和, 信用狀統一規則の解說 Q & A, 經濟法令硏究會, 1993

伊澤孝平, 商業信用狀論, 有斐閣, 1962 & 1976.

서양문헌

Byrne, James E. & Dan Taylor, *ICC Guide to the eUCP*, ICC, 2002.

Kurkela, Matti, *Letter of Credit under International Trade Law ; UCC, UCP and Law Merchant,* Oceana Publications Inc., 1985.

White and Summers, *Uniform Commercial Code*, 2nd ed., West Publication Co., 1980.

Schmitthoff. Clive M., *Export Trade, 9th ed.*, Stevens & Sons, 1990.

bolero.net, *Bolero Rulebook*, 1999,

bolero.net, *Operational Service Contract Premier Founder User,* 1999.

bolero.net, *Guide to boleroXML,* 2001.

bolero.net, *eUCP XML Guide,* 2002

bolero.net, *Standard Trade Settlement Protocols,* 2000.

bolero.net, *Appendix to Bolero Rulebook,* 1999.

Dolan, John F., *The Laws of Letter of Credit : Commercial and Standby Credits,* Warren, Gorham & Lamont, 1996.

Frederick Newell, *loyalty.com,* McGraw-Hill, 2000

Kurkela, Matti, *Letter of Credit under International Trade Law ; UCC, UCP and Law Merchant*, Oceana Publications Inc., 1985.

Kalakota, Ravi & Whinston, Andrew B., *Electronic Commerce,* Addison -Wesley, 1997.

Kalakota, Ravi & Robinson, Marcia, *e-Business Roadmap for Success,* Addison-Weley, 2000.

R.I.V.F, Bertrams, *Bank Guarantee in International Trade*, 2nd edition, Kluwer Law International, 1996.

Swift, Ronald S, *ACCELERATING Costomer Relationships,* Prentice-Hall, Inc., 2001.

ICC, *Documentary Credit* : UCP 500 & 400 Compared, 1993.

ICC, *UCP 500 + eUCP,* Publication No. 500/2, 2002.

Atkinson, Helen, "New options from TradeCard", LOGISTICS/TECHNOLOGY, *Journal of Commercial Week,* 2001. 3. 26 –2001. 4. 1.

Barnes, James G. & Byme, James E., "E–Commerce and Letter of Credit Law and Practice", *The International Lawyer(Vol. 35. No. 1),* Spring, 2001.

Bell, Jonathan, "E–trade finance : The race is on, Euromoney", *E–finance Special Issue,* Dec., 2000.

bolero.net, "SURF", 2001.

bolero.net, "Bolero Bill of Lading under U.S. Trade and Commercial Law", 1999.

bolero.net, "Legal Aspects of a Bolero Bill of Lading", 1999.

bolero.net, "BtoB Trade Security and Finance–Linking the Supply Chain", *Second Annual Conference,* 2001. 5. 15.

bolero.net(Andy Tagart), "Launching a SURF Backed Service", 2002. 3.

bolero.net(Robert Caplehorn), "EuroMoney Trade Finance Conference", 2001. 6. 29.

bolero.net, "The Role of Bolero : Electronic b2b Trade", 2001. 4. 4–5.

bolero.net, "E–Commerce and Correspondent Banking Cafe' Royal" 2001. 2. 20,

bolero.net(Stanley Ho), "CREDIT SUISSE FIRST BOSTON", 2001.

bolero.net, "Information Security for Electronic Commerce", 2001.

bolero.net, "The Latest Initiatives from Bolero", 15 May, 2001.

bolero.net(Dr. Anthony W. Kirby), "Bolero Update", April 6, 2001.

bolero.net, "Bolero, a retailers perspective", 2002. 6. 27.

bolero.net, "SWIFTNet TSU Positioning Paper", 2005. 2.

Byrne, James E., "UCP 500 Explored : The Standard of Care in Documentary examination", *7 Letter of Credit Update 6,* 1991.

Barnes, James G. & Byme, James E., "E–Commerce and Letter of Credit Law and Practice", *The International Lawyer(Vol. 35. No. 1),* Spring, 2001.

Damas, Philip, "E–shippers kick the paper habit", *American shipper LOGISTICS, Howard Publications, Inc.,* February 2001.

Gamble, Richard H., "Rewriting the Letter of Credit" *E–Procurement, Business Finance,* 2001.

Gustin, David & Larsen, Jonathan, "The focused view, Banking strategies", 75(1), *Chicago,* Jan/Feb., 1999.

Gustavus, Joseph D., "Letter of Credit Compliance under Revised UCC Article 5 and CP 500", *114 Banking Law Journal*, 1997.

Holloway, Chris, "Cash Flow", *Logistics Asia,* April 2001.

Hennah, David, "Bringing the Bank Payment Obligation to market", *DCInsight*, Vol No 3, July– September 2010.

Hennah, David, "Bringing the Bank Payment Obligation to market", *DCInsight,* Vol No 3, July– September 2010.

Identrus, "A Global Payment Initiation System from Identrus"(White Paper), 2003.

Identrus, "Piot Program", 2003.

Kozolchyk, B., "Strict Compliance and The Reasonable Document Checker", *Brooklyn Law Review(*Vol. 56), 1990.

―――――, "The 'Best Practices' Approach to The Uniformity of International Commercial Law : The UCP 500 and The NAFTA Implementation Experience", *Arizona Journal of International and Comparative Law(*Vol 13), 1997.

Katsman, Jacob, "What has changed in the last ten years", *DCInsight,* Vol No 3, July– September 2010, p. 21.

Leander, Tom, "Tricks of the Trade", *CFO Asia,* Feb., 2002.

Moony, Turloch, "Reforming financial supply chains", *Lloyd's ftbAsia,* July/August, 2001.

Ryder, F.R. and Ellinger, E.P.,"Reasonable time for examination of documents", *Journal of Business Law,* Stevens, 1985.

SWIFT, "How are banks and corporates working together to ensure supply chain efficiency", 26 October 2010.

SWIFT, "SWIFT and bolero.net", *Bolero Conf.,* 2002. 3. 28.

SWIFT, "SWIFT's Trade Services Utility InfoPack, 2007.

TradeCard, "Web–Based Financial Settlement Comes of Age", WorldTrade_040101.pdf.

TradeCard, "Financial Supply Chain Automation : The Missing Link in Supply Chain Management"(White Paper), 2002.

TradeCard(Elike Chan), "The Supply Chain : How does financial settlement fit in?", 2001. 07. 24.

TradeCard, "Corporate Fact Sheet"(Version 012002_US)

TradeCard, "Export Financing on the TradeCard System"(Version 012002_ US).

TradeCard, "Inspection Services Fact Sheet"(Version 012002_US).

TradeCard, "Money Movement & Financial Settlement Fact Sheet"(Version 102002_US).

TradeCard, "Technical Architecture"(Version 012002_US).

TradeCard, "TradeCard Member Registration Fact Sheet"

TradeCard, "Payment Protection Fact Sheet"(Version 102002_US).

TradeCard, "Credit Protection Services from GECS"(Version 122002_US).

TradeCard, TradeCard Membership Agreement.

Coface, Coface @Rating Agreement(Version 061501_US).

CDP, Coface Debt Purchase Agreement(Version 052501).

ICC Document 470/TA.378, 2000. 3. 1.

UNCITRAL Model Law on Electronic Commerce 1996

First Commercial Bank v. Gotham, 64 N. Y.2d 287, 486 N.Y.S.2d 715 (1985).

Westminster Bank Ltd. v. Banca National di Credito, (1928), 31 Llioyd's Rep. 306.

Bank Melli Iran v. Barclays Bank (1951), Lloyd's Rep. 369.

http://www.agrotrade.net/

http://www.bolero.net/downloads/FNC_Case_Study.PDF.

http://www.banksinopac.com.tw/bsp/eng/Corporate/CB_Cm3Trad.asp.

http://www.boleroassociation.org.

http://www.bolero.net/aboutus/corporate/swift.php3.

http://www.bolero.net/decision/service/.

http://www.bolero.net/decision/service/title.php3.

http://www.bolero.net/downloads/digisigs.pdf.

http://www.bolero.net/decision/casestudies.

http://www.bolero.net/downloads/uslaw.pdf.

http://www.bolero.net/downloads/bbis.pdf.

http://www.bolero.net/downloads/surf.pdf.

http://bamgasi.com/etc/

http://www.bok.or.kr/index.jsp

http://kr.biz.yahoo.com/reference/eglossary/89/8942.heml?p=scm

http://blog.naver.com/in4337/70010907858

http://kr.blog.yahoo.com/culculu/1328622

http://computer.howstuffworks.com/web-server2.htm.

http://blog.naver.com/rjm2004?Redirect=Log&logNo=10022844317.

http://www.comas.co.kr/Comas_read.asp. 2011. 1. 20.

http://cafe.daum.net/free-mto/Cmpm/12

http://cafe.daum.net/erp1/I2Gk/2.
http://cafe.daum.net/note4me/3EwM/
http://blog.daum.net/skatn1666/445016
http://www.dpc.or.kr/info.
http://www.ceda.or.kr/System/Vision.jsp
http://www.ebizkorea.or.kr
http://www.ebxml.or.kr/edstandard/standardorgan1.asp
http://www.kmuetc.or.kr/study/study13.jsp.
http://www.uscib.org/index.asp?documentID=2008
http://helloec.net/network/extranet.htm.
http://www.ndealer.com/member-files/files/3-11.htm.
http://ibiznet.com.
http://www.cnbnews.com, 2008. 3. 8
http://homepage.ktnet.co.kr/ktnet
http://www.Identrus.com/knowledge_center/pub/Overview_Brochure.pdf.
http://www.kr.encycle.yahoo.com/final.html?id=700187.
http://www.tradecard.com/Resources/NewsArticles/CorporateFinance_012002.pdf.
http://www.tradecard.com/Resources/Glossary.html.
http://www.tradecard.com/Solution/Solution.html.
http://www.tradecard.com/Platform/Platform.html.
http://www.tradecard.com/documents/TradeCardPatent.pdf.
http://www.tradecard.com/Platform/Features/TransactionManagement.html.
http://www.tradecard.com/Product/Transaction/Type.html.
http://www.tradecard.com/Resources/NewsArticles/PRO2NET_071000.html.
http://www.veritas-usa.com/index_eng.html?historv/tradecard.html~main.
http//www.terms.co.kr.
http://www.internet4u.pe.kr/i-start.htm.
http://www.identrust.com/company/index.html.
http://rock2.new21.net/tech_study/tech_com_6.htm.
http://netro.ajou.ac.kr/~escape/nag/.
http://www.ic2000.wo.to/.
http://www.internet4u.pe.kr/i-svc2.htm.
http://kr.encycl.yahoo.com/final.html?id=700187.
http://www.helloec.net/network/extranet.htm.
http://www.ec1.wo.to/.

http://www.hunet.co.kr/
http://www.ecclass.co.kr./
http://www.ecrc-korea.or.kr
http://www.expo-networks.com
http://www.hong21.pe.kr/
http://www.toeicmania.com/cyber/settle/body17.htm
http://www.kingstel.co.kr/safety/safety32.htm.
http://www.comedu.pe.kr/infbook/book/.
http://www.injaejeil.co.kr/injae99_1112/section2/se2_cont_net_main.html.
http://oxen.konkuk.ac.kr/~gwan/license/cyber/data/data7/cm011.htm
http://www.topsecui.com/.
http://210.104.18.1/study/comr/kyg/.
http://www.ecommerce.go.kr/tong3.asp.
http://www.swift.com/ 2011. 1. 9.
http://kmh.ync.ac.kr/NetworkProg/ec/ecommercial/7.htm.
http://www.ecommerce.go.kr/tong1.asp.
http://www.ecmc.or.kr/edstandard/edocument1.asp.
http://etrade.kita.net/etrade/committee/committee2.html
http://cafe.naver.com/kjh791215.cafe?iframe_url=/ArticleRead.nhn%3Farticl
http://www.kotis.net/trade_guide/.
http://oxen.konkuk.ac.kr.
http://www.sme.or.kr/tradehelp/thelp5/107.html.
http://www.bolero.net/aboutus/corporate/swift.php3
http://www.mic.go.kr/jsp/it_10000000/it_10000000_r.jsp?code=01.
www.uni.co.kr/uni_home/read.cgi?board=commu_board_kr&y_number=47&n
http://www.uncitral.org/english/sessions/unc/unc-34/483e.pdf
http://members.tripod.lycos.co.kr/osep/ecmmerce/index.htm.
http://www.itmast.com/ec/concept/000220b4.html
http://biz.mk.co.kr/biznews/school/school_basic.php?gubun=1&level1=1&lev
http://korea.internet.com/channel/content.asp?cid=74&nid=1568.
http://112rotc.net/force112/management/imktingterms.htm.
http://www.kita.net/
http://www.toeicmania.com/cyber/settle/body7.htm#.
http://www.kyungwon.ac.kr/~profsjh/ec/e-comm.htm.
http://www.kiec.or.kr/

http://kr.ec21.com/doc/app/kcontent/support04.html.
http://www.ktnet.co.kr/
http://www.banksinopac.com.tw/bsp/eng/Corporate/CB_Cm3Trad.asp.
http://www.identrus.com/story_02xml
http://www.identrus.com/community/index.xml.
http://www.uscib.org/index.asp?documentID=2008.
http://www.africaplc.com/docs/trade_finance_enters_digital_age.pdf.
http://www.mantissa.co.uk/support/newtrade.htm.
http://www.ndealer.com/member-files/files/3-11.htm.
http://www.e-payworld.com/frame1.html
http://www.cybik.com/tn/home.cgi.
http://www.sparxcom.com/faq_answer3.html.
http://wwwk.dongguk.ac.kr/~rpi/rpi_doc/non-1-9.html.
http://shinan.hongik.ac.kr.
http://www.ctradeworld.com/mainbrd/other/introduce.html.
http://www.swift.com/solutions/standards/business_transactions
http://www.scitech.co.kr/upload/book_image/s_033/e-Business%20Ch01.PDF
http://qtv.freechal.com/movie/QTVMovieView.asp?docid=484813.
ttps://www.utradehub.or.kr/
http://www.uni.co.kr/uni_home/read.cgi?board=commu_board_kr&y_num
http://211.173.74.24/pub/docu/kr/AE/BC/AEBC2001001/AEBC-2001-001.
http://www.tradecard.com/news/press/archive/tradecardPlatform.html.
http://www.lawizice.tistory.com
http://new.yeongdo.go.kr
http://www.oss.kr

찾아보기

저자 소개

채 진 익

- 중앙대학교 경제학과 졸업(경제학사)
- 성균관대학교 대학원 수료(경제학 박사)
- 호원대학교/배화여자대학 겸임교수
- 국제무역사 출제위원
- 충남공무원교육원 강의
- 공주대학교 입학사정관
- 공주대학교 경제경영연구소장
- 일렉콤뱅크 대표

현) 공주대학교 부교수
무역영어시험 출제위원
중소기업청 경영컨설턴트
한국통상정보학회 상임이사 외

전자무역론 - 개정2판

초　판 1쇄 발행 —— 2008년 8월 30일
개정판 1쇄 발행 —— 2009년 8월 30일
개정2판 1쇄 발행 —— 2012년 9월 1일
지은이 —— 채 진 익
펴낸이 —— 전 두 표
펴낸곳 —— 도서출판 두남
서울시 강동구 성내로6길 34-16 두남빌딩
신 고 : 제25100-1988-9호
TEL : 02) 478-2065, 2066, 2067, 2311
FAX : 02) 478-2068
E-mail : dunam1@unitel.co.kr
http://www.dunam.co.kr

정가 29,000원

ISBN 978-89-6414-335-3　93320